DR. D. ZÁVADA – R. HARTGENBUSCH

LEXIQUE PHRASÉOLOGIQUE DE LA CORRESPONDANCE COMMERCIALE

SATZLEXIKON DER HANDELSKORRESPONDENZ

Allemand – Français

Première édition 1971

OSCAR BRANDSTETTER VERLAG KG · WIESBADEN

In diesem Wörterbuch werden, wie in allgemeinen Nachschlagewerken üblich, etwa bestehende Patente, Gebrauchsmuster oder Warenzeichen nicht erwähnt. Wenn ein solcher Hinweis fehlt, heißt das also nicht, daß eine Ware oder ein Warenname frei ist.

ISBN 3 87097 050 2

Copyright © 1971 by Oscar Brandstetter Verlag KG, Wiesbaden
Monophotosatz, Druck und Buchbindereiarbeiten
durch Oscar Brandstetter Druckerei KG, Wiesbaden
Printed in Germany

VORWORT

Der Umfang des Schriftwechsels in Handel und Industrie, insbesondere in den exportintensiven Branchen, ist so stark angewachsen, daß eine Rationalisierung auch der fremdsprachlichen Handelskorrespondenz unumgänglich geworden ist.

Hier ist das vorliegende Satzlexikon eine echte Hilfe für die alltägliche Praxis. Es bietet nach alphabetisch geordneten Leitwörtern Textbausteine, die zahlreiche Satzbeispiele und Redewendungen der Handelskorrespondenz enthalten, wobei fachliche, stilistische und werbepsychologische Gesichtspunkte im Vordergrund stehen. Durch Fettdruck werden die Unterstichwörter hervorgehoben, die wiederum als Wegweiser zum Auffinden weiterer Textbausteine dienen. Mit Hilfe dieses Satzlexikons ist es möglich, schnell die Standardtexte aufzufinden und sie durch Streichungen oder Einfügungen zu einem individuellen französischen Brief zusammenzustellen, elementare Kenntnis der französischen Sprache vorausgesetzt. Einige Beispiele für die Benutzung der Textbausteine bei der Abfassung von Geschäftsbriefen finden Sie auf der Seite IX.

Diese Baustein-Sammlung basiert auf Dr. Závada's „Satzlexikon der Handelskorrespondenz, Deutsch – Englisch", dessen erste Auflage 1969 bald vergriffen war. Die sofort aus allen Benutzerkreisen einsetzenden Nachfragen nach einem gleichartigen Werk mit französischen Entsprechungen haben Verlag und Autor veranlaßt, die vorliegende Version herauszugeben. Diese entspricht strukturell dem bewährten Aufbau der deutsch-englischen Fassung. Der Praktiker hat damit für die beiden meistgefragten Handelssprachen der Welt ein grundlegendes Hilfsmittel in der Hand.

Um dieses Buch auch in der Richtung Französisch – Deutsch voll nutzen zu können, ist am Schluß des Stichwortteils ein französisch-deutscher Index angefügt, mit dem das Aufsuchen des gewünschten deutschen Textbausteines durch Angabe des Leitwortes ermöglicht wird.

Verlag und Autor sind überzeugt, daß das vorliegende Satzlexikon als Arbeitshilfsmittel in Industrie und Handel günstige Aufnahme finden wird und benutzen diese Gelegenheit, den Mitarbeitern ihren Dank für die vielen Hinweise, Anregungen und Vorschläge auszusprechen; ganz besonders sei Herrn Konferenz-Dolmetscher Hans-Dieter Mangold für die praktische Mitarbeit und Unterstützung gedankt sowie Mme Ludewig, licenciée ès lettres, für die Durchsicht des französischen Textes.

April 1971   René Hartgenbusch

PRÉFACE

L'ampleur de la correspondance dans le commerce et l'industrie, et tout spécialement dans les branches tournées vers l'exportation, s'est tellement accrue qu'une rationalisation s'impose également dans le domaine de la correspondance commerciale étrangère.

Ce dictionnaire phraséologique représente une aide véritable pour la pratique de tous les jours. Il offre, après les mots-vedettes groupés par ordre alphabétique, des éléments de texte qui contiennent de nombreux exemples de phrases et tournures de la correspondance commerciale, la préoccupation dominante portant sur l'exactitude, le style et la psychologie publicitaire. Les caractères gras font ressortir les mots-vedettes secondaires qui, à leur tour, servent d'indicateurs pour trouver d'autres éléments de texte. Le dictionnaire phraséologique permet de trouver rapidement les textes standard et, en ajoutant ou retranchant, d'en faire une lettre individuelle en français, pour peu que l'on ait une connaissance élémentaire de la langue française. Quelques exemples pour l'emploi des éléments de texte dans la rédaction de lettres d'affaires se trouvent à la page IX.

Ce recueil d'éléments est basé sur le «Dictionnaire phraséologique Allemand – Anglais de la correspondance commerciale» du Dr. Závada, dont la 1ère édition en 1969 fut rapidement épuisée. Les milieux intéressés ayant immédiatement demandé un ouvrage semblable avec des équivalents français, l'éditeur et l'auteur ont été incités à préparer cette version. La structure correspond à celle, ayant fait ses preuves, de la version Allemand – Anglais. Le praticien a ainsi en main un auxiliaire de base pour les deux langues les plus demandées dans le monde du commerce.

Pour également pouvoir se servir de ce livre du français vers l'allemand, on a ajouté à la fin un répertoire français-allemand qui permet de rechercher l'élément de texte allemand grâce au mot-vedette.

L'éditeur et l'auteur sont persuadés que ce dictionnaire phraséologique sera un instrument de travail bien accueilli dans l'industrie et le commerce et ils profitent de l'occasion pour remercier leurs collaborateurs de leurs nombreux conseils et suggestions, ces remerciements vont tout spécialement à M. Hans-Dieter Mangold, interprète de conférence, pour sa collaboration pratique ainsi qu'à Mme. Ludewig, licenciée ès lettres, pour la révision du texte français.

Avril 1971   René Hartgenbusch

Inhaltsverzeichnis

Deutsches Vorwort	VI
Französisches Vorwort	VII
Inhaltsverzeichnis	VIII
Beispiele für die Benutzung der Textbausteine bei der Abfassung von Geschäftsbriefen	IX
Die Form des französischen Geschäftsbriefes	X
Französische Telegramme	XIII
Zusammenstellung der Abkürzungen für besondere Dienste im Telegrafendienst	XVIII
In der französischen Korrespondenz übliche Abkürzungen	XXI
Literaturhinweis	XXIII
SATZLEXIKON	1
Répertoire Français – Allemand	378

Beispiele für die Benutzung der Textbausteine bei der Abfassung von Geschäftsbriefen

Text des Briefes:	Notwendige Sätze:
Wir nehmen Bezug auf den Besuch Ihres Vertreters und **bestellen zur sofortigen Lieferung.**	**Besuch** 12 (Seite 62) nous nous rapportons au passage de votre représentant **Bestellen** 2 (Seite 60) commander pour livraison immédiate
Wir **bestätigen mit Dank den Empfang Ihres** Auftrages vom ...	**Bestätigen** 6 (Seite 59) je vous confirme la réception de votre offre et je vous en remercie
Als Anlage senden wir Ihnen unsere **Pro-forma-Rechnung zweifach,** damit Sie die **Einfuhrlizenz besorgen können.**	**Anlage** 7 (Seite 18) nous nous permettons de vous envoyer ci-joint (od. sous ce pli) **Pro-forma-Rechnung** (Seite 231) veuillez nous adresser en double exemplaire la facture pro forma relative aux vêtements **Besorgen** 3 (Seite 59) procurer une licence d'importation
Um **die Ware in die Produktion geben** zu können, bitten wir, sofort **alles Nötige** für die **Eröffnung des Akkreditives veranlassen** zu wollen.	**Produktion** 20 (Seite 230) mettre les marchandises commandées en fabrication **Nötig** 3 (Seite 213) nous allons entreprendre toutes les démarches nécessaires dans cette affaire **Eröffnung** 1 (Seite 107) veuillez nous aviser l'ouverture de l'accréditif
Wir bestätigen den Empfang Ihres Briefes vom ... und **teilen Ihnen mit, daß** wir **die Sendung** am ... **als Frachtgut** an Sie **absenden** werden.	**Empfang** 5 (Seite 94) nous avons l'honneur de vous accuser réception de votre lettre **Mitteilen** 6 (Seite 199) nous nous permettons de vous faire savoir que ... **Absenden** 4 (Seite 5) expédier ... en petite vitesse
Infolge einer Betriebsstörung muß die **Lieferung auf die nächste Woche verschoben** werden.	**Betrieb** 29 (Seite 64) à la suite d'un arrêt de fonctionnement **Lieferung** 61 (Seite 187) il a fallu remettre la livraison à la semaine prochaine
Wir haben heute die Waren per Bahn an Ihre Adresse abgesandt und **hoffen, daß Sie mit der Ausführung Ihres Auftrages zufrieden sein werden.**	**Absenden** 1 (Seite 5) nous avons expédié aujourd'hui les marchandises à votre adresse par chemin de fer **Ausführung** 22 (Seite 34) nous espérons que vous serez satisfaits de l'exécution de votre commande

(Die halbfett gedruckten Satzteile sind in diesem Lexikon enthalten.)

Anmerkung

Die Stichworte beginnen alle mit einem Versalbuchstaben, um unter einem Stichwort alle Wortarten bringen zu können. Somit muß der Benutzer nur in einem Absatz nachsehen.
Die Genusbezeichnung hinter dem Stichwort bedeutet nicht, daß dieses nur als Substantiv gebraucht wird.

Die Form des französischen Geschäftsbriefes

Die Adresse:

Handelt es sich um **einen** Inhaber, so schreibt man:
    Monsieur Armand DUVAL

Handelt es sich um zwei Inhaber, so heißt es:
    Messieurs A. DUVAL et R. DUBOIS

Ist es eine Firma ohne bezeichneten Inhaber, so heißt es:
    Maison DESPIC
oder   Etablissements MONTGOLFIER.

Bei einem Firmentitel, der die Branche kennzeichnet, heißt es dann einfach:
    Papeterie Commerciale
oder: Imprimerie LEJEUNE
oder: Compagnie des Messageries.

Ist der Brief an offizielle Persönlichkeiten gerichtet, so heißt es z. B.:
    A Son Excellence Monsieur ...
    Ambassadeur de France
oder: A Monsieur le Ministre ...
    A Monsieur le Gouverneur ...
oder: A Monsieur ...
    Ministre de l'Intérieur
    A Monsieur ...
    Gouverneur à ...

Schreibt man z. B. an einen Rechtsanwalt, so heißt es:
    Monsieur DUPONT
    Avocat
oder: A Maître DUPONT

Soll der Brief an einen bestimmten Bearbeiter gesandt werden, so schreibt man unter die Firmenbezeichnung:
    à l'attention de M. ...

Es folgt dann die Straßenbezeichnung **vor** dem Ortsnamen, dann die Postleitzahl mit dem F (= France) davor, was folgendermaßen aussieht:

    Messieurs LEGRAND et Cie.,
    15, rue des Arbitres,
    F 67 STRASBOURG.

In einer Adresse, sowohl auf dem Briefumschlag als im Brief, wird Monsieur oder Messieurs stets ausgeschrieben. Im Brieftext dagegen kürzt man M. oder MM. ab, wenn man von dritten Personen spricht.

Das Datum: steht oben rechts im Briefkopf. Man kann entweder alles ausschreiben, also

    Paris, le 5 mars 1971
oder Paris, le 17/3/71
oder Paris, le 17-3-71

Der Monat wird stets kleingeschrieben.

Dann folgt links „Betreff" und „Bezug".
OBJET: (= Betreff)
REF.: = référence (= Bezug)

Die Anrede:
bei **einem** Inhaber: Monsieur, ...
bei einer Inhaberin: Madame, ...
Ist man mit dem Inhaber bekannt: Cher Monsieur, ...
bezw.   Chère Madame, ...
Bei Firmen mit mehreren Inhabern bzw. ohne deren Bezeichnung:
                                           Messieurs, ...

Wendet man sich an eine bestimmte Person, die ein höheres Amt bekleidet, so lautet die Anrede:

    Monsieur le Directeur,
    Monsieur le Président,
    Monsieur l'Ambassadeur,
    Monsieur le Ministre,
    Monsieur le Député, etc

Briefanfänge:
Monsieur, Messieurs, Monsieur le Directeur

    J'ai bien reçu votre lettre du ... No ... concernant

    Vous nous signalez dans votre lettre du ..., mentionnée en référence, que ...

    Je vous prie de bien vouloir m'envoyer votre catalogue ainsi que le prix-courant de vos articles ...

    Nous désirerions recevoir une documentation complète relative à la fabrication de vos meubles de luxe ...

    Voudriez-vous me faire savoir à quelle date vous comptez nous envoyer les dépliants publicitaires dont nous avons besoin d'urgence ...

    Je me permets d'attirer votre attention sur le fait que ...

    Suite à votre lettre du ...

    En réponse à votre lettre du

    J'ai déjà attiré l'attention sur les difficultés que ...

    Nous vous serions très reconnaissants de ...

    J'ai l'honneur de vous faire connaître que M. ...

    Nous avons l'honneur de vous demander de bien vouloir nous faire connaître si ...

In Briefen an eine hochgestellte Persönlichkeit oder eine übergeordnete Dienststelle heißt es: «Je vous prie de vouloir bien» also nicht: «de bien vouloir».

Imperativformen werden in französischen Texten (Verträgen) nie gebraucht; man ersetzt sie durch das Futurum. Wenn man im Deutschen sagen würde: „Der Kunde hat die Zolldokumente zur gegebenen Zeit vorzulegen", so würde es im Französischen heißen: «le client **présentera** les documents en temps voulu» oder «le client est demandé (prié) de présenter les documents en temps voulu ...»

Partizipialformen werden im Französischen sehr oft gebraucht, wo es im Deutschen z. B. heißt: „da ich die Ware nicht zeitig erhalten habe, werde ich ..." beginnt man den französischen Text folgendermaßen: «n'ayant pas reçu la marchandise dans les délais prévus» oder «la marchandise n'étant pas arrivée à temps, je ...»

Als Bitte, Aufforderung oder Auflage gebraucht man stets **veuillez**; z. B. anstatt: „telegrafieren Sie sofort" (télégraphiez immédiatement) = veuillez télégraphier immédiatement ... Oder: „Veranlassen Sie das Erforderliche" = Veuillez bien faire le nécessaire ... Oder: Haben Sie die Liebenswürdigkeit, die Sendung möglichst schnell auf den Weg zu bringen" = Veuillez avoir l'obligeance de faire expédier l'envoi le plus vite possible ...

Höflichkeitsformeln am Briefende:

Im Französischen macht man sehr viel Nuancen bei Höflichkeitsformeln. Die uns hier interessierenden bei Geschäftsbriefen und solche an Persönlichkeiten der Industrie und des öffentlichen Lebens (Ämter, Verwaltungen, Banken, etc.) lauten u. a. wie folgt:

– Veuillez (je vous prie d') agréer, Monsieur (le Directeur etc.), l'assurance de mon profond respect.

– Veuillez agréer, Monsieur (le Président), l'assurance de ma très haute considération.

– Veuillez agréer, Monsieur (le ...), l'expression de ma haute considération. Oder: l'expression de ma considération très distinguée (die letzten beiden entsprechen unserem „Mit vorzüglicher Hochachtung")

– Veuillez recevoir, Messieurs, nos sincères salutations.

– Veuillez recevoir, Messieurs, nos salutations empressées.

– Je vous prie d'accepter, Monsieur, l'assurance de ma considération (très) distinguée.

– Je vous prie de croire, Monsieur, à mes sentiments dévoués.

– Je vous prie d'agréer, Monsieur, l'assurance de nos sentiments sincères.

– Dans l'attente de vous lire, nous vous prions d'agréer, Monsieur (Messieurs), nos sincères salutations.

– Veuillez recevoir, Monsieur (Messieurs), l'assurance de mes meilleurs sentiments.

– Veuillez agréer, Monsieur (Messieurs), l'expression de notre parfaite considération.

Bei einer Dame:

Veuillez agréer, Madame, mes (très) respectueux hommages.
Veuillez agréer, Madame, l'hommage de mes sentiments respectueux.
Veuillez agréer, Madame, l'hommage de mon profond respect.

Die Wahl der Nuance bleibt dem Schreiber überlassen und hängt von der Art der Beziehungen ab.

Die Unterschrift unter dem Brief (Maschinenschrift) bringt erst die Firmenbezeichnung, dann läßt man Platz für die Unterschrift, darunter in Maschinenschrift Name und Rang des Unterschreibenden, also

MAISON GRANDJEAN (S.A.)

....

DUPONT
Président – Directeur Général.

Links unten: **Anlage(n)** =
P. J. (= Pièces jointes)
oder: Annexe(s):

Französische Telegramme*

Es gelten folgende Grundsätze:

1. Mit jedem einzelnen Wort möglichst viel ausdrücken

a) in offener Sprache – als ein Wort werden 15 Buchstaben berechnet:**

Deutsch	Es muß im Französischen heißen	*Anstatt*
abrechnen	régler	*établir la note des frais*
kann **akzeptiert** werden	acceptable	*peut être accepté*
ansehen	considérer, examiner	*aller voir quelque chose*
bisher	jusqu'ici	*jusqu'à présent*
einbeziehen	englober, inclure	*faire entrer en ligne de compte*
spätestens **Ende** März	au plus tard 31/3	*au plus tard vers la fin mars*
kommt nicht in **Frage**	impossible	*rien à faire*
herabsetzen	réduire, rabattre	*diminuer le prix*
sofort	immédiatement	*tout de suite*
telegrafisch	télégraphique	*par dépêche*
umgehend	immédiat	*par retour du courrier*
umsonst	gratis	*sans frais*
auf diese **Weise**	ainsi	*de cette manière*

b) bei **Zahlen, Zeichen** und **künstlicher Sprache** (Abkürzungen und Kodewörter) werden als ein Wort immer 5 Ziffern, Zeichen bzw. Buchstaben berechnet, weitere werden als weiteres Wort berechnet.

Unrichtig	Wörter	richtig	Wörter
10.000	2	10000	1
100.000	2	centmille	1
25 × 25	3	25×25	1
10 pour cent	3	10-%	2
KZ 126	2	KZ126	1
B. S. A.	3	BSA	1
11 h. 30 min.	4	11.30	1

---

* Bearbeitet von Inge Bollendorf-Loew.
** Zum Beispiel das Wort „électrométallurgie" hat mehr als 15 Buchstaben, wird also als 2 Wörter berechnet.

Abkürzungen, die ein oder mehrere Wörter ersetzen, die in Telegrammen vorkommen, z. B. für die folgenden Wendungen:

A/C	avis de crédit	*Gutschriftsanzeige*
B/	billet à ordre	*Eigenwechsel*
B.P.	boîte postale	*Post(schließ)fach*
C.A.F., caf	coût, assurance, fret	*Kosten, Versicherung, Fracht*
C.A.F.C.I., cafci	coût, assurance, fret, commission et intérêts	*Kosten, Versicherung, Fracht, Provision und Zinsen*
cc C/C	compte courant	*Kontokorrent*
C/P	charte-partie	*Charterpartie*
D/A	documents contre acceptation	*Dokumente gegen Akzept*
D/P	documents contre payement	*Dokumente gegen Bezahlung*
ETA	arrivée du navire	*erwartete Ankunftszeit des Schiffes*
etc	et caetera	*und so weiter*
f.a.p.	franc d'avarie particulière	*frei von Partikularhavarie*
F.A.S.	franco le long du navire	*frei Längsseite [Seeschiff]*
F/F	frais et fret	*Kosten und Fracht*
FOB	franco à bord	*frei an Bord*
F.O.R.	franco sur wagon	*frei Waggon*
F.O.T.	franco sur camion	*frei LKW*
l/cr	lettre de crédit	*Kreditbrief, Akkreditiv*
Lstg	livre sterling	*Pfund Sterling*
p.ex.	par exemple	*zum Beispiel*
P.P.	poste principale	*Hauptpostamt*
R.F.A.	République Fédérale Allemande	*Bundesrepublik Deutschland*

2. Zusammenziehungen besonders in folgenden Fällen anwenden:

Eigennamen	Lebon, Saintsaëns, deVinci	*anstatt:* Le Bon, Saint-Saëns, de Vinci
Schiffsnamen	Lehavre, Lefrance	Le Havre, le France
Straßennamen	Ruedelapaix, QuaiduLouvre, Avenuedelopéra	Rue de la Paix, Quai du Louvre, Avenue de l'Opéra
Pronomen mit Verb	cest, jai	c'est, j'ai
Zahlen	deuxcents, troisfoisdeux, quatrevingts	deux cents, trois fois deux, quatre-vingts
Maße und Gewichte	18km, 25KW	18 kilomètres, 25 kilowatt

3. Auslassungen, wo sie den Sinn nicht stören

Artikel	marchandises terminées	*anstatt:* les marchandises sont terminées
Personal- und Possessivpronomen	demandons confirmation	*anstatt:* nous demandons confirmation
Relativpronomen	dates livrerons	*anstatt:* dates auxquelles nous livrerons
Präpositionen	à, de, par, en, retour courrier	*anstatt:* par retour du courrier
	acceptons payement l/cr	*anstatt:* acceptons payement contre lettre de crédit

bekannte, voraussetzbare oder leicht festzustellende Angaben	Ménétrier arrive 31/10 SK955 [= SAS Flug 955]	*anstatt:* Ménétrier arrive Orly *14.28 31 octobre par avion*
die Unterschrift, wenn schon aus dem Text klar hervorgeht, wer das Telegramm sendet		Das Telegramm muß jedoch unbedingt die Unterschrift enthalten, falls eine solche vom Bestimmungsland ausdrücklich vorgeschrieben ist z. B. in der VAR, wo es aber genügt, die Telegrammadresse des Absenders im Telegramm anstatt der Unterschrift anzuführen.
Daten und Zeitangaben		nur in Zahlen ausdrücken: conférence à 14.00 le 17/2; *anstatt:* la conférence aura lieu le 17/2 à 14.00.

4. Vermeiden

Berufungen auf Telegramme oder Briefe	am Anfang: V/25/1 *anstatt:* en référence à votre lettre du 25/1; V/8/10 *anstatt:* nous avons pris connaissance de votre télex du 8/10.
zwecklose Redseligkeit	envoyez B/L *anstatt:* nous vous informons que nous n'avons pas reçu votre connaissement.
weitschweifige Redewendungen	wie sie in pompöser und gewählter Ausdrucksweise vorkommen: commande no. 53181/209 quatre machines à percer prêtes pour inspection. *anstatt:* nous avons le plaisir de vous informer que les quatre machines faisant l'objet de la commande no. 53181/209 sont prêtes pour inspection.
Höflichkeitsformeln	z. B. merci, regrettons, oder excusez *anstatt:* nous vous remercions, nous sommes désolés etc. – ausgenommen Fälle, wo wir uns für einen begangenen Fehler entschuldigen, in Glückwunschtelegrammen (für welche man aber auch die ermäßigte Gebühr für solche Telegramme oder auch Brieftelegramme benutzen kann), in Telegrammen an bedeutende Persönlichkeiten bzw. bedeutende Persönlichkeiten untereinander. Auch hier fallen die Schlußphrasen weg (sincèrement, salutations) u. ä.
Interpunktionszeichen	(Punkte, Kommata, Doppelpunkte, Bindestriche, Ausrufezeichen) werden normalerweise nicht befördert, soweit der Absender dies nicht ausdrücklich verlangt; in diesem Falle müssen die Interpunktionen entweder in Worten ausgeschrieben oder unterstrichen werden. Außerdem wird der Wunsch auf dem Formblatt des Telegramms (unten) vermerkt – etwa in folgender Art: „unterstrichene Punkte und Abteilungszeichen sind zu befördern".
Titel	bzw. M. bei Einzelpersonen und MM. bei Firmen (s. Seite X).

5. Ausnützen

registrierte Telegrammadressen,
und zwar nicht nur in der Adresse und Unterschrift des Telegrammes, sondern auch im Text: BNCI refuse payement, *anstatt:* La Banque Nationale du Commerce et de l'Industrie refuse le payement.

Kombinationen verschiedener Sprachen
procurez importlicence, *anstatt:* veuillez nous procurer la licence d'importation.

kurzgefaßte Ausdrucksweise
livraison quinzaine, *anstatt:* livraison dans les quinze jours; 3% contre l/cr *anstatt:* nous accordons un rabais de 3% contre lettre de crédit.

Halbkodieren,
wenn die Partner vorher miteinander vereinbart haben, daß stereotype Angaben in einer bestimmten Reihenfolge angeführt werden: 102603/50 8205/6230 15/6 du Pasdecalais à Douvres, *anstatt:* wagon-no. 102603 chargé de 50 caisses 8205 brut 230 net par Schenker du Pas-de-Calais à Douvres.

Kodieren,
welches, wie aus dem nachfolgenden Vergleich ersichtlich am lakonischesten ist:

schlecht stilisiert:	Telegrammstil:	laut Unicode
en référence à votre télégramme du 29/3	votre (votteleg) 29/3	(zzodp)
commande-no. 16115 n'est pas entièrement en stock	commande 16115 pas en stock	(16115 hgkdb)
veuillez aviser télégraphiquement si le client accepte une livraison semblable à l'ordre 19327	cablez accord livraison semblable à 19327	(giqao 19327)
veuillez nous informer par câble quand vous effectuerez la livraison de la commande Z 8118	cablez date livraison Z8118	(gcnsc Z8118)
le client menace d'annuler sa commande	client menace annulation	(fgtdq)
l'objet ne peut pas être reporté davantage	ajournement impossible	(preft)
insgesamt 63 Wörter	22 Wörter	10 Wörter

Aufgabe von Telegrammen

Telegramme werden meistens in deutlicher Maschinenschrift, in kleinen Buchstaben mit Zeilenauslassung aufgegeben.

Verschiedene Zeichen kann man nicht telegrafieren und solche müssen wie folgt ausgeschrieben werden:

°	(Grad)	degré
%	(Prozent)	pour cent
‰	(Promille)	pour mille
&	(ampersand)	et
§	(Paragraph)	paragraphe
⌀	(Durchmesser)	diamètre
£	(Pfund Sterling)	livre sterling
$	(Dollar)	dollar
=	(gleich)	égal
:	(gebrochen, zu, Doppelpunkt)	double point
!	(Ausrufezeichen)	point d'exclamation
II	(römisch 2)	2 romain

Folgende Zeichen können wohl als solche telegrafiert werden, sie können aber auch wie folgt ausgeschrieben werden:

'	(Strich, Minute)	ligne, minute
"	(Zoll, Sekunde, Anführungszeichen)	pouce, seconde, entre guillemets

Es empfiehlt sich, das Telegramm noch am gleichen Tage schriftlich zu bestätigen. Anstelle eines separaten Briefes genügt ein Durchschlag des Telegramms mit der Überschrift: „confirmation du télégramme" und vorgedrucktem Text: „nous vous avons envoyé aujourd'hui le télégramme suivant." Manchmal wird dafür ein Stempel auf dem Durchschlag des Telegramms verwendet.

Zusammenstellung der Abkürzungen für besondere Dienste im Telegrafendienst

Gebührenpflichtiger Dienstvermerk	Bedeutung	Zuschlaggebühren für die besondere Behandlung (Stand: 31. 3. 1971) Inland DM	Ausland DM
BAHNPOSTLAGERND (nur im Inland)	postlagerndes Telegramm beim Postamt im oder beim Bahnhof	—	—
CTA	alle Anschriften mitteilen (nur in Telegrammen mit dem gebührenpflichtigen Dienstvermerk = TMx =)	—	—
D (Inland)	dringendes Telegramm	—	—
URGENT (Ausland)	dringendes Telegramm	—	—
EXPRES (Ausland)	Zustellung des Telegramms im Landzustellbereich der Bestimmungstelegrafenstelle durch Eilboten	Die Eilbotengebühr soll beim Empfänger eingezogen werden	
FS (faire suivre)	nachzusendendes Telegramm	Die Nachsendegebühren sollen beim Empfänger eingezogen werden	
GP (télégramme adressé poste restante)	postlagernd	—	—
GPR (nur Ausland)	postlagernd eingeschrieben	—	0,50
ELT (nur Ausland) (lettre-télégramme)	Brieftelegramm nach Ländern des europäischen Vorschriftenbereichs	—	—
LT	Brieftelegramm im Inland und nach Ländern des außereuropäischen Vorschriftenbereichs		
LXx (Inland)	a) Ausfertigung auf Schmuckblatt (LX mit einer Nummer, auch wenn die Nummer des Schmuckblatts nicht vom Absender angegeben)	1,00	—
	b) Ausfertigung auf Schmuckblatt in besonderer Ausführung (LX mit einem Kennbuchstaben)	5,00	—
LX (Ausland)	Ausfertigung auf Schmuckblatt	—	1,00
LXDEUIL (nur Ausland)	Ausfertigung auf Schmuckblatt für Trauerfälle	—	1,00
MDT (Artbezeichnung) (mandat-télégramme)	Telegramm des Geldverkehrs	Besondere Überweisungsgebühren	

Gebührenpflichtiger Dienstvermerk	Bedeutung	Zuschlaggebühren für die besondere Behandlung (Stand: 31. 3. 1971)	
		Inland DM	Ausland DM
MP	eigenhändig	—	—
NACHTS (Inland) **NUIT** (Ausland)	Das Telegramm soll auch nachts zugestellt werden (nur bei Telegrafenstellen mit Nachtdienst möglich)	—	—
PAV (nur Ausland) (télégramme à acheminer par poste aérienne)	Telegramm nach dem Ausland, das mit Luftpost weiterbefördert werden soll	—	0,80
PC (accusé de réception télégraphique)	Der Absender will telegrafisch benachrichtigt werden, wann sein Telegramm zugestellt worden ist	Telegrafengebühr für 7 Wörter	für 7 Wörter
POSTE (nur Ausland)	Telegramm nach dem Ausland, das brieflich weiterbefördert werden soll	—	—
PR (nur Ausland)	Telegramm nach dem Ausland, das als eingeschriebener Brief weiterbefördert werden soll	—	0,50
RM	Funktelegramm an ein Schiff auf See, das durch Vermittlung von anderen Schiffen (höchstens 2) dem Bestimmungsschiff zugeleitet werden soll	je Wort 0,55	je Wort 0,55
RP... (réponse payée)	Telegramm mit vorausbezahlter Antwort, ... (Betrag) im Inland in DM, im Verkehr mit dem Ausland in Goldfranken	—	—
TAGS (Inland) **JOUR** (Ausland)	Telegramm, das nur während der Tageszeit (6.00 bis 22.00 Uhr) zugestellt werden soll	—	—
TC	Telegramm mit Vergleichung	50% der Gebühr für ein gewöhnliches Telegramm gleicher Wortzahl	
TELEXOGRAMMxy (nur Ausland)	Telegramm, das von einer Telegrafenstelle des Aufgabelandes dem Empfänger, der Telexteilnehmer sein muß, unmittelbar über Telexanschluß zugestellt werden soll (x = Telexnummer, y = Kennung des Telexanschlusses des Empfängers)	—	—
TF... (télégramme à téléphoner à l'arrivée)	Telegramm, das dem Empfänger über Fernsprechanschluß zugestellt werden soll (...Fernsprechrufnummer)	—	—

Gebührenpflichtiger Dienstvermerk	Bedeutung	Zuschlaggebühren für die besondere Behandlung (Stand: 31. 3. 1971)	
		Inland DM	Ausland DM
TLX ...	Telegramm, das dem Empfänger über Telexanschluß zugestellt werden soll (... Telexrufnummer)	—	—
TM ...	Mehrfachtelegramm mit ... (Anzahl) Anschriften: Zuschlag für die Vervielfältigung		
	für jede Ausfertigung bis 50 Gebührenwörter	1,40	1,40
	für jede weitere volle oder angefangene Reihe von 50 Gebührenwörtern	0,70	0,70
TR	telegrafenlagernd	—	—
WEITERGESANDT VON ... (Inland)	ein von ... (Ort) weitergesandtes Telegramm	Die Gebühren für die Weitersendung werden beim Empfänger eingezogen	
REEXPEDIE DE ... (Ausland)	ein von ... (Ort) weitergesandtes Telegramm		
XP (nur Ausland) (exprès)	Zustellung des Telegramms im Landzustellbereich des Auslands-Bestimmungsamtes durch Eilboten, Botenlohn ist vorausbezahlt	—	siehe Gebührenbuch für Telegramme

In der französischen Korrespondenz übliche Abkürzungen

Arr.	Arrondissement	Stadtbezirk (von Paris)
Art.	Article	Artikel
A.	Avoir	Haben
a/s	aux soins	per Adresse
B.P.	Boîte postale	Postfach
B.S.G.D.G.	Breveté sans garantie du Gouvernement	patentiert unter Haftausschluß des Staates
br., bt.	brut	brutto
cm	centimètre	Zentimeter
c.à d.	c'est-à-dire	das heißt
C.V. od. Ch.	Cheval-vapeur	Pferdestärke
C.P.	Colis-postal	Postpaket
Compt.	Comptant	Bar, Bargeld
C.	Compte	Konto
C.C.P.	Compte chèque postal	Postscheck-Konto
C/C cc	Compte courant	laufendes Konto
cf.	confer	vergleiche
C/rembt.	contre remboursement	gegen Nachnahme
c., crt.	courant	(des) laufenden (Monats)
C.A.F.	Coût, Assurance, Fret	C.I.F.
D.	Doit	Soll
Dz.	Douzaine	Dutzend
etc	et caetera	und so weiter
Ex.	Exemple	Beispiel
F	(ancien) Franc	(alter) Franc
FF od. NF	(nouveau) Franc	(neuer) Franc
fco	franco	franko, frei
F.A.B.	Franco à bord	F.O.B.
F.A.S.	Franco le long du navire	franko Längsseite Seeschiff
F.O.R.	Franco sur wagon	frei Waggon
g	gramme	Gramm
gr.	grosse (12 douzaines)	Gros (144 Stück)
hl	hectolitre	Hektoliter
id.	idem	idem
kg od. kil.	kilogramme	Kilogramm
km	kilomètre	Kilometer
l	litre	Liter
M^e	Maître	Herr Rechtsanwalt
Mme	Madame	
Mmes	Mesdames	
Mlle	Mademoiselle	
m	mètre	Meter
mm	millimètre	Millimeter
M.	Monsieur	
MM.	Messieurs	
mn od. m	minute	Minute
N/réf.	Notre référence	Unser Zeichen (Bezug)
N.B.	Nota bene	Notabene
P. Pon	Par procuration	Per Prokura
P. et P.	Pertes et Profits	Gewinn und Verlust
P.D.	Port dû	unfrei, unfrankiert
P.P.	Port payé	Fracht bezahlt
P.-S.	Post-scriptum	Postskriptum

P.R.	Poste restante	postlagernd
P.C.C.	Pour copie conforme	für die Richtigkeit der Abschrift
P.P.C.	Pour prendre congé	um sich zu verabschieden
q.q.	quelque(s)	einige
R.C.	Registre du Commerce	Handelsregister
Règlt.	Règlement	Zahlung, Ausgleich
S.v.pl.	S'il vous plaît	wenn es Ihnen beliebt, bitte
S.N.C.F.	Société nationale des Chemins de fer français	Französische Staatsbahn
t	tonne	Tonne
T.s.v.p.	Tournez, s'il vous plaît	bitte wenden
Vve	Veuve	Witwe
V°	Verso	Rückseite
V/C	Votre compte	Ihr Konto
V/O	Votre ordre	Ihre Order
V/réf.	Votre référence	Ihr Zeichen (Bezug)

Literaturhinweis

Bertaux-Lepointe	Französisch-deutsches Wörterbuch Brandstetter Verlag Wiesbaden 1966
Commer	EWG-Wörterbuch Erich Schmidt Verlag 1960
Doucet	Wörterbuch der deutschen und französischen Rechtssprache C. H. Beck'sche Verlagsbuchhandlung 1966
Haensch-Renner	Deutsch-französische Wirtschaftssprache Max Hueber Verlag 1965
Herbst	Wörterbuch der Handels-, Finanz- und Rechtssprache Translegal A. G., Zug/Schweiz 1966
Lange-Kowal/Wilhelm	Handwörterbuch Deutsch/Französisch Langenscheidt Berlin 1963
Potonnier	Wörterbuch für Wirtschaft, Recht und Handel Brandstetter Verlag 1970
Rabe-Rieffel	Deutsch-französisches Satzlexikon Deutsche Verlags-Anstalt Stuttgart 1922
Robert	Dictionnaire de la langue française Société du nouveau Littré, Paris 1967
Weinhold	Fachwörterbuch für Rechtspflege und Verwaltung Baden-Baden 1949
Weis-Mattutat	Wörterbuch der französischen und deutschen Sprache Ernst Klett Verlag, Stuttgart 1967

A

Abändern, 1 die Akkreditiv**bedingungen** so ~, daß ... 2 das **Datum** wurde vom 10. Mai auf den 15. Mai abgeändert 3 den **Preis** "franko Ihr Hafen" auf "franko belgische Grenze" ~

Abänderung *f* 1 ~ des **Frachtvertrages** 2 wir **verlangen** folgende ~ des Kontraktes 3 "–en vorbehalten"

Abbau *m* 1 **Lager**– 2 **Lohn**– 3 **Personal**– 4 **Preis**– 5 ~ der Handels- und Zoll**schranken** 6 ~ der **Selbstkosten**

Abbauen, 1 **Beschränkungen** ~ 2 **Lager**(bestände) ~ 3 die **Steuervergünstigungen** werden abgebaut

Abbrechen, 1 die **Beziehungen** zu der Firma A. E. Bax ~ 2 die **Verhandlungen** ~

Abbringen, die Partei **von** der Fortsetzung ihres unlauteren Verhaltens ~

Abfahren, 1 das **Schiff** fährt am 15. Juni von Rotterdam ab 2 Herr Keul fährt **schon morgen** ab 3 der **Zug** fährt um 21.00 Uhr vom Hauptbahnhof ab

Abfahrt *f* 1 Schiffs–en **alle** 14 Tage 2 das Schiff ist –s**bereit** 3 Schiffs–s**datum** 4 Schiffs–s**liste** 5 regelmäßige ~ des Zuges 6 die Schiffs– ist für den 10. Juli **vorgesehen** 7 –**zeit**

Abfall *m* –**verwertung**

Abfassen, 1 einen **Bericht** über die Verhandlung ~ 2 über die Besichtigung wurde ein **Protokoll** abgefaßt 3 den **Wortlaut** eines Vertrages ~

Abfertigen, die Waren zollamtlich ~

Abfertigung *f* 1 die **Erklärung** zur ~ der zollfreien Ware einreichen 2 die **Gepäck**– 3 sorgfältige **Muster**– 4 die **Zoll**– wird im Flughafen (ou im Hafen) vorgenommen

Abfindung *f* mit dieser ~ haben sie sich **zufriedengestellt**

Abfliegen, 1 das **Flugzeug** ist wegen Schlechtwetters (ou technischer Störung) nicht abgeflogen 2 ich beabsichtige, morgen um 6.15 Uhr **nach London** abzufliegen

1 modifier les conditions de l'accréditif de telle façon que ... (od. de manière à ; de façon telle que ...) 2 la date a été reportée du 10 mai au 15 mai 3 modifier le prix «franco votre port» en «franco frontière belge»

1 modification du contrat d'affrètement 2 nous demandons la modification suivante du contrat 3 «modifications réservées»

1 réduction du stock 2 réduction des salaires 3 réduction du personnel 4 réduction (od. baisse) des prix 5 suppression des barrières commerciales et douanières 6 compression du prix de revient

1 supprimer les restrictions 2 diminuer les stocks 3 les allègements fiscaux seront supprimés (od. les avantages fiscaux seront réduits progressivement)

1 rompre les relations avec la firme A. E. Bax 2 interrompre les négociations

dissuader la partie de conserver (od. poursuivre) son attitude déloyale

1 le navire part le 15 juin de Rotterdam 2 M. Keul part déjà (od. dès) demain 3 le train part de la gare principale à 21.00 heures

1 partance des navires tous les 15 jours 2 le navire est prêt au départ 3 la date de départ du navire 4 calendrier des partances 5 départ régulier du train 6 le départ du navire est prévu pour le 10 juillet 7 heure de départ

utilisation des déchets

1 rédiger un rapport sur les négociations 2 un procès-verbal (od. compte rendu) a été établi sur la visite 3 rédiger le texte (od. les termes) d'un contrat

dédouaner les marchandises

1 présenter la déclaration pour le dédouanement des marchandises admises en franchise 2 enregistrement des bagages 3 expédition soigneuse des échantillons 4 les formalités douanières seront réglées à l'aérodrome (od. au port)

ils se sont contentés de cette indemnité

1 l'avion n'est pas parti en raison de mauvais temps (od. d'un incident technique) 2 j'ai l'intention de partir demain en avion à 6.15 h pour Londres ; j'ai l'intention de prendre l'avion de 6.15 h demain pour Londres

Abflug *m* 1 der **regelmäßige** ~ des Flugzeuges von Frankfurt nach London wurde wegen Nebels um 50 Minuten **verschoben** 2 –zeit

Abfuhr *f* ~ von der **Bahn**

Abgabe *f* (s.a. Steuer, Zoll) 1 **Einfuhr**– 2 inländische –n von eingeführten Waren **erheben** 3 **Export**– 4 da diese Ware –nfrei ist 5 **Rückvergütung** für inländische –n 6 **Vermögens**– 7 **Zoll**–

Abgang *m* 1 der ~ des Waggons wird Ihnen telegraphisch **avisiert** werden 2 –sdatum der Sendung 3 –shafen 4 benannter –sort 5 –sstation 6 vor ~ der Waren aus der Fabrik

Abgeben, 1 ein verbindliches **Angebot** bis zum 19. 3. ~ 2 Sie müssen sich mit dieser Sache ~ 3 die **Steuererklärung** ~

Abgehen, 1 „Frei Bord –der **Flußkahn**" 2 die Ware ging als **Frachtgut** ab 3 „Frei –der **Lastkraftwagen**" 4 wir können nicht von unseren **Preisen** ~ 5 der **Zug** geht um 9.42 Uhr von München ab

abgesehen, von diesen **Mängeln** ~

Abhängen, die Produktion hängt vor allem **von** zeitgerechten Rohstofflieferungen ab

Abhängig, 1 unsere **Bestellung** ist von der Bedingung ~, daß ... 2 –e **Länder**

Abheben, heben Sie bitte das **Geld** bei der Bank spätestens bis Ende dieser Woche ab

Abhebung *f* Bar– des Kontoinhabers vom laufenden Konto

Abholen, 1 unser Herr Krönke wird Sie vom **Bahnhof** (ou **Flugplatz**) ~ 2 die Waren vom **Hafen** ~

Abkaufen, Devisen von Importeuren ~

Abkommen *n* (s.a. Abmachung, Vereinbarung, Vertrag) 1 das ~ über Warenaustausch zwischen Österreich und Norwegen wurde am 1. Juni **abgeschlossen** 2 **Allgemeines Zoll- und Handels**– 3 dem ~ zu diesen Bedingungen **beitreten** 4 **bilaterales** ~ 5 **dreiseitiges** ~ 6 **Durchführungs**– 7 **Finanz**– 8 **Geheim**– 9 das ~ wird für die Dauer von 1 Jahr vom heutigen Tag an **gelten** 10 während der

1 le départ (od. le décollage) régulier de l'avion de Francfort à (destination de) Londres est retardé de 50 minutes par suite de brouillard 2 heure de départ (od. de décollage)

camionnage depuis la gare des marchandises

1 taxe (od. droits) à l'importation 2 percevoir (od. lever) des taxes intérieures à l'importation de marchandises 3 taxe à l'exportation 4 cette marchandise étant exempte (od. exonérée) de taxes 5 restitution (od. remboursement) de taxes intérieures 6 impôt sur la fortune (od. le capital) 7 droits de douane

1 le départ du wagon vous sera avisé par télégramme 2 date de départ de l'envoi 3 port de départ 4 lieu de départ désigné 5 gare de départ 6 avant le départ des marchandises de la fabrique

1 soumettre une offre ferme jusqu'au 19 mars 2 vous devez vous occuper de cette affaire 3 déposer la déclaration d'impôts

1 «franco bord péniche en partance» 2 les marchandises ont été expédiées en petite vitesse 3 «franco camion prêt au départ» 4 nous ne sommes pas en mesure de nous écarter de nos prix 5 le train part à 9.42 h de Munich

à part (outre; abstraction faite de) ces défauts

la production dépend surtout de l'arrivée à temps des matières premières

1 nous passons notre commande à la condition que ... (od. notre commande est soumise à la condition que ...) 2 pays dépendants

veuillez s'il vous plaît retirer l'argent à la banque au plus tard jusqu'à la fin de la semaine

prélèvement en espèces du titulaire de son compte courant

1 M. Krönke de notre firme (od. société) viendra vous prendre à la gare (od. à l'aéroport) 2 faire prendre les marchandises au port

acheter des devises des importateurs

1 la convention sur les échanges commerciaux entre l'Autriche et la Norvège a été conclue le 1er juin 2 (GATT) Accord général sur les tarifs douaniers et le commerce 3 adhérer à l'accord (od. la convention) à ces conditions 4 accord bilatéral 5 accord tripartite 6 accord sur les modalités d'application 7 accord financier 8 accord secret 9 l'accord restera en vigueur (pour la durée d')une

Gültigkeit dieses –s 11 ein gütliches ~ treffen 12 **Handels**– 13 das ~ kündigen 14 **langfristiges** ~ 15 **mehrseitiges** (ou **multilaterales**) ~ 16 **Neben**– 17 **Preis**– 18 **Rahmen**– 19 im **Rahmen** eines zwischenstaatlichen –s 20 **Rohstoff**– 21 ein ~ **schließen** 22 **schriftliches** ~ 23 die Zahlung erfolgt im **Sinne** des –s vom 31. Mai 24 **Sonder**– 25 wir empfehlen, klare und bindende ~ zu **treffen** 26 das ~ wurde **unterzeichnet** 27 die **Verhandlungen** über das Zahlungs– werden dauernd in die Länge gezogen 28 **Verrechnungs**– 29 **Währungs**– 30 **Zahlungs**– 31 **Zoll**– 32 von diesem ~ **zurück**treten 33 **zwischenstaatliches** ~

année à compter de ce jour 10 pendant la validité de cet accord 11 faire un arrangement à l'amiable 12 accord commercial 13 dénoncer (od. résilier) l'accord 14 accord à long terme 15 accord multilatéral 16 accord accessoire 17 accord sur les prix 18 accord type; accord cadre 19 dans le cadre d'un accord intergouvernemental 20 accord sur les matières premières 21 conclure un accord 22 accord par écrit 23 le paiement sera effectué au sens défini par l'accord du 31 mai 24 accord spécial; convention particulière 25 nous recommandons de conclure des accords clairs et fermes 26 l'accord a été signé 27 les négociations relatives à l'accord de paiement sont constamment traînées (od. tirées) en longueur 28 accord de compensation (od. clearing) 29 accord monétaire 30 accord de paiement 31 accord douanier 32 résilier cet accord 33 accord intergouvernemental

Abladekosten *pl* ~ **entrichten**
Abladen, die Waren vom **Waggon** ~
Ablader *m* (s.a. Verlader), auf –s **Gefahr**
Ablassen, 1 den Kunden bewegen, von... abzulassen 2 von dem vereinbarten **Vorhaben** müssen wir leider ~
Ablauf *m* 1 die Reklamation wurde nach ~ der **Garantiefrist** erhoben 2 die Sendung wurde nach ~ der **Gültigkeit** des Akkreditives abgefertigt 3 vor ~ des **Jahres** 1972 4 **reibungsloser** ~ der Produktion 5 **vor** ~ der Zahlungsfrist die Schuld begleichen

payer les frais de déchargement
décharger les marchandises du wagon
aux risques du déchargeur
1 amener (od. inciter) le client à se désister de ... 2 nous regrettons de devoir nous désister du projet convenu
1 la réclamation a été déposée (od. formulée) après l'expiration du délai de garantie 2 l'envoi a été expédié après (l') expiration de la validité de l'accréditif 3 avant l'écoulement de l'année 1972 4 déroulement régulier de la production 5 payer la dette avant l'échéance du délai de paiement

Ablaufen, die **Gültigkeit** der Bewilligung ist am 3. 9. abgelaufen
Ablegen *n* das ~ der **Korrespondenz**
Ablehnen, 1 die **Bewilligung** wurde aus folgenden Gründen abgelehnt 2 das **Einverständnis** zum Vertrag grundlos ~ 3 **höflich** ~ 4 wir lehnen die **Übernahme** der Ware ab 5 sie lehnen jede **Verantwortung** für die Beschädigung ab 6 der **Vorschlag** wurde mit Stimmenmehrheit abgelehnt
Ablehnung *f* 1 **entschiedene** ~ 2 die ~ des Gesuches war zu **erwarten** 3 **grundlose** ~
Ablieferung *f* –skosten
Abmachen s. Vereinbaren
Abmachung *f* 1 **ausdrückliche** ~ 2 **bindende** ~ 3 sich an eine ~ **halten** 4 **Kartell**– 5 **Kompensations**– 6 eine ~ **vereinbaren**
Abmessung *f* 1 die genauen –en **angeben** 2 die Kisten **haben** folgende –en: Länge

la validité de la licence est expirée le 3 septembre
le classement de la correspondance
1 la licence a été refusée pour les raisons suivantes 2 refuser sans motif le consentement au contrat 3 regretter de devoir refuser 4 nous refusons l'acceptation de la marchandise 5 ils déclinent toute responsabilité pour la détérioration 6 la proposition a été refusée par majorité des voix
1 refus catégorique 2 le refus de la demande était à prévoir 3 refus sans motif
frais de livraison

1 accord formel 2 accord à titre obligatoire 3 respecter les stipulations d'un accord 4 convention de cartel 5 accord de compensation 6 conclure un accord
1 indiquer les dimensions exactes 2 les caisses ont les dimensions suivantes:

Abmessung — Abschätzung

... Breite ... Höhe ... 3 (nicht) **übliche** –en
Abnahme f 1 bei einer ~ über 100 Tonnen 2 die unmittelbar drohende **Gefahr** einer bedeutenden ~ der Ausfuhr aufhalten 3 ~ einer **Maschine** 4 **Nicht**– der Lieferung 5 –**protokoll** 6 –**prüfungen** finden im Werk des Verkäufers statt 7 wir **vereinbarten** die ~ von 50 Waggons

Abnehmen, 1 die Geschäfts**möglichkeiten** nehmen ab 2 unser Waren**vorrat** nimmt rasch ab 3 die **Ware** werden wir nur unter dieser Bedingung ~

Abnutzung f 1 normale ~ 2 ~ des **Schiffes**
Abrechnen, die Bank hat uns den **Erlös** der Dokumente abgerechnet
Abrechnung f (s.a. Rechnung) 1 **Bank**– 2 **End**– 3 **Provisions**– 4 **Spesen**– 5 **vergleichen** Sie die ~ mit Ihren Aufzeichnungen 6 **Verkaufs**– 7 **vierteljährliche** ~ 8 **vorläufige** ~ 9 die ~ werden Sie uns bis zum 28. eines jeden Monats **vorlegen** 10 **Vorschuß**– 11 ~ über diskontierte **Wechsel**

Abreisen, Herr Garnier **ist** abgereist, ohne seine Adresse hinterlassen zu haben
Abruf m die **Lieferung** auf ~
Abrunden, die Gebühren **auf** volle DM nach **oben** oder **unten** ~
Absagen, s. Ablehnen
Absatz m 1 **Anmerkung** zu ~ B. 2 im 2. ~ des **Briefes** 3 **garantierter** ~ 4 für Bier ein anderes –**gebiet** suchen 5 das Inlands–**gebiet** 6 der ~ dieser Ware ist durch Vertrag **gesichert** 7 unsere Ware hat **guten** ~ 8 die Ware findet keinen guten ~ 9 –**krise** 10 ~ in größeren Mengen 11 im Ausland bestehen keine –**möglichkeiten** für Ihre Waren 12 die –**möglichkeiten** prüfen 13 **reger** ~ 14 die Ware findet **reißenden** ~ 15 –**rückgang** 16 **schneller** ~ 17 **schwacher** ~ 18 –**schwierigkeiten** 19 **steigender** ~ 20 den ~ **steigern** 21 einer Ware ~ **verschaffen**

Abschaffung f ~ der **Zölle**
Abschätzung f (s.a. Schätzung) 1 bei **annähernder** ~ 2 **durch** ~ festgestellte

longueur ... largeur ... hauteur ... 3 dimensions (non) usuelles
1 pour un achat de plus de 100 t 2 neutraliser la menace imminente d'un ralentissement important des exportations 3 réception (od. prise en charge) d'une machine 4 non-réception de la livraison 5 procès-verbal de réception 6 les essais de réception seront effectués en usine du vendeur 7 nous avons convenu l'achat de 50 wagons

1 les possibilités d'affaires (od. de commerce) ralentissent 2 notre stock de marchandises diminue rapidement 3 nous n'accepterons (od. ne prendrons) les marchandises qu'à cette condition

1 usure normale 2 usure du navire

la banque nous a crédité le produit (réalisé) des documents
1 relevé de compte bancaire 2 décompte final 3 liquidation des commissions 4 décompte des frais 5 veuillez comparer le décompte avec vos écritures 6 décompte des ventes 7 décompte trimestriel 8 décompte provisoire 9 vous voudrez bien nous présenter le décompte pour le 28 de chaque mois 10 relevé des avances 11 décompte des effets à l'escompte

M. Garnier est parti sans avoir laissé d'adresse
livraison sur appel
arrondir les taxes au DM supérieur ou inférieur

1 remarque relative à l'alinéa B. 2 à l'alinéa 2 (od. au 2ème alinéa) de la lettre 3 débouché garanti 4 rechercher un autre débouché pour la bière 5 le secteur de vente intérieur 6 la vente de cette marchandise est assurée par contrat 7 notre marchandise se vend bien (od. a un bon débit) 8 la marchandise ne se vend pas bien (od. ne trouve pas un bon débit) 9 crise de vente 10 vente en quantités importantes 11 à l'étranger, il n'existe aucune possibilité de vente pour vos marchandises 12 étudier les possibilités de vente 13 marché animé 14 la marchandise s'enlève 15 régression des ventes 16 écoulement facile 17 écoulement difficile 18 difficultés d'écoulement 19 écoulement croissant 20 intensifier la vente 21 trouver un débouché pour une marchandise

suppression des droits de douane
1 par évaluation (od. estimation) approximative 2 quantité estimée 3 estima-

Abschätzung — Absenden

Menge 3 **sachverständige** ~
Abschlag *m* (s.a. Abzug, Ermäßigung, Nachlaß) **–szahlung**
Abschließen, 1 wir betrachten die ganze **Angelegenheit** als abgeschlossen 2 die **Bücher** ~ 3 das **Geschäft** kann nur unter der Voraussetzung der Zahlung in $ abgeschlossen werden 4 der **Handelsvertrag** zwischen Mexiko und USA wurde abgeschlossen 5 die **Verhandlung** wurde erfolgreich abgeschlossen 6 schließen Sie eine **Versicherung** gegen Diebstahl bei der Ersten Allgemeinen Versicherungsanstalt ab
Abschließend, ~ möchten wir Ihnen **versichern,** daß . . .
Abschluß *m* 1 dies wurde gleich beim ~ des Geschäftes **abgemacht** 2 **Bilanz–** 3 beim ~ unserer **Geschäftsbücher** haben wir festgestellt, daß . . . 4 zum ~ unserer **Nachricht** 5 **Rechnungs–** 6 wir möchten die Sache gern zu einem **zufriedenstellenden** ~ bringen
Abschnitt *m* 1 ~ der internationalen **Paketkarte** 2 **Produktions–** 3 **Zeit–**

Abschreiben, 1 diese Expedition ist von **Akkreditiv** Nr. 1453 abzuschreiben 2 eine dubiose **Forderung** ~ 3 der betreffende Betrag wird von der nächsten **Rechnung** abgeschrieben werden 4 für Abnutzung werden 10% vom **Wert** des Schiffes abgeschrieben
Abschreibung *f* die ~ beträgt DM 19211,—
Abschrift *f* 1 eine ~ des Briefes **anfertigen** 2 **beglaubigte** ~ 3 für die **Richtigkeit** der ~ 4 die ~ **stimmt** mit dem Original überein
Abschwächen, der Markt war **abgeschwächt**
Absehen (s.a. Abgesehen) von einer **Reklamation** ~
Absenden (s.a. Expedieren, Versenden) 1 heute haben wir die Waren an Ihre **Adresse** per Bahn abgesandt 2 . . . als **Eilgut** ~, 3 das Paket mit **Flugpost** ~ 4 die Sendung als **Frachtgut** ~ 5 die Waren **franko** (ou **frei**) an unsere Adresse, Bahnstation Bacharach ~ 6 mit **Lastkraftwagen** ~ 7 die Muster als **Paket** ~ 8 die Ware wurde heute mit Paketpost abgesandt 9 den Brief mit der **Post** ~ 10 . . . **postwendend** ~ 11 die Sendung auf Rechnung und Gefahr des Kunden ~ 12 die Waren mit **Sammelwaggon** ~ 13 mit **Schiff** ~ 14 die Ware ist **spätestens** bis Ende dieses Monats abzusen-

tion par expertise
paiement par acompte(s)

1 nous considérons toute l'affaire comme liquidée 2 clôturer (od. arrêter) les livres 3 la transaction ne peut être contractée (od. conclue) qu'à (la) condition d'un paiement en dollars 4 le traité de commerce entre le Mexique et les Etats-Unis d'Amérique a été conclu 5 les négociations ont été menées à bonne fin 6 veuillez contracter une assurance contre le vol avec la Erste Allgemeine Versicherungsanstalt

pour conclure nous voudrions vous assurer que . . .

1 ceci a été convenu dès la conclusion de l'affaire 2 clôture du bilan 3 en clôturant nos livres nous avons constaté que . . . 4 pour conclure notre information 5 clôture des comptes 6 nous voudrions mener cette affaire à bonne fin

1 récépissé du bulletin d'expédition international pour colis postal 2 tranche de production 3 période
1 cet envoi doit être déduit de l'accréditif n° 1453 2 amortir une créance douteuse 3 le montant en question sera déduit de la prochaine facture 4 10% de la valeur du navire ont été amortis pour usure

l'amortissement s'élève à DM 19211,—

1 faire une copie de la lettre 2 copie certifiée conforme 3 pour copie conforme 4 la copie est conforme à l'original

le marché était languissant

renoncer à une réclamation

1 nous avons expédié aujourd'hui les marchandises à votre adresse par chemin de fer 2 expédier en grande vitesse 3 expédier le colis par poste aérienne 4 expédier l'envoi en petite vitesse 5 expédier les marchandises rendues franco à notre adresse, gare de Bacharach 6 expédier . . . par camion 7 expédier les échantillons par colis postal 8 la marchandise a été expédiée aujourd'hui par colis postal 9 envoyer la lettre par la poste 10 expédier . . . par retour du courrier 11 expédier l'envoi aux risques et périls du client 12 expédier les marchandises par wagon collecteur 13 expédier par navire 14 la

Absenden — Abwarten

den 15 durch **Spediteur** ~ 16 die Ware **über** (ou **via**) Hamburg ~ 17 **vorzugsweise** ~ 18 als **Waggonladung** ~

Absender *m* vom ~ **bezahlt**
Absendung *f* 1 wir müssen auf ~ der Ware in kürzester Zeit **drängen** 2 die ~ **einstellen** 3 –**sort** 4 **veranlassen** Sie gefälligst die sofortige ~ 5 wir werden wahrscheinlich die ~ um 2–3 Monate **verschieben** müssen 6 **verspätete** ~ 7 der Kunde ist wegen der ständigen **Verzögerung** der ~ von Ersatzteilen erbittert 8 damit es in der ~ der Ware zu keinem **Verzug** kommt

Absetzen, wir hoffen, daß es uns gelingen wird, die **Ware** zu einem annehmbaren Preis abzusetzen
Absicht *f* 1 offensichtlich ohne **betrügerische** ~ 2 **böse** ~ 3 das würde unsere –**en durchkreuzen** 4 **ermitteln** Sie die ~ des Kunden 5 wir **haben** die ~, die Messe in Gent zu beschicken

Absolut, 1 ~ **ausgeschlossen** 2 –er **Mangel** an Rohstoffen 3 –e **Mehrheit**
Abstand *m* 1 in Ermangelung von Beweisen wurde von der **Klage** ~ genommen 2 **Zeit**–
Abstimmen, das **Verzeichnis** der Lizenzen ~
Abteilung *f* 1 **Buchhaltungs**– 2 **Devisen**– 3 **Einkaufs**– 4 **Export**– 5 **Finanz**– 6 **Handels**– der Gesandtschaft (ou Botschaft) 7 **Kalkulations**– 8 **Kontroll**– 9 –**sleiter** 10 **Patent**– 11 **Personal**– 12 **Produktions**– 13 **Rechnungs**– 14 **Rechts**– 15 **Transport**– 16 **Übersetzungs**– 17 **Verkaufs**– 18 **Verwaltungs**– 19 **Werbe**–

Abtreten, wir haben den **Fall** zur Erledigung (ou Stellungnahme) abgetreten

Abwarten, 1 wir wollen vorerst Ihre **Antwort** ~, ehe wir die Waren abschicken 2 wir warten weitere **Anweisungen** ab 3 Sie müssen die **Gelegenheit** ~ 4 sie nehmen eine –de **Haltung** ein

marchandise doit être expédiée au plus tard jusqu'à la fin de ce mois 15 expédier par l'intermédiaire d'un entrepreneur de transport 16 expédier la marchandise via Hambourg 17 expédier par préférence 18 expédier par wagon complet
payé par l'expéditeur
1 nous devons insister sur l'expédition de la marchandise dans le plus court délai 2 arrêter l'expédition 3 lieu d'expédition 4 veuillez ordonner l'expédition immédiate 5 nous serons probablement obligés de différer l'expédition de 2–3 mois 6 expédition retardée (od. en retard) 7 le client est contrarié à cause des retards permanents de l'expédition des pièces de rechange 8 pour qu'il n'y ait plus de (od. afin de prévenir tout) retard dans l'expédition de la marchandise
nous espérons réussir à vendre la marchandise à un prix acceptable

1 apparemment sans intention frauduleuse 2 mauvaise intention 3 ceci s'opposerait à nos intentions 4 veuillez déterminer les intentions du client 5 nous avons l'intention d'exposer à la foire commerciale de Gand
1 absolument impossible 2 (le) manque total de matières premières 3 majorité absolue
1 faute de preuves il a été renoncé à l'action en justice ; la plainte a été retirée pour manque de preuves 2 laps de temps
contrôler le registre des licences
1 service de (la) comptabilité 2 service des devises 3 service des achats 4 service des exportations 5 service financier 6 section commerciale de l'ambassade 7 service de(s) calcul(s) (des coûts ou des prix de revient) 8 service de contrôle(s) 9 chef de service (od. de section) 10 service des brevets 11 service du personnel 12 section de production 13 service de facturation 14 service du contentieux (kurz: le contentieux) 15 service des transports 16 service de(s) traduction(s) 17 service de(s) vente(s) 18 service administratif 19 service de (la) publicité
nous nous sommes dessaisis de cette affaire en vue de sa liquidation (od. pour prise de position)
1 nous voulons d'abord attendre votre réponse avant d'expédier les marchandises 2 nous attendons d'autres instructions 3 vous devez attendre que l'occasion se présente 4 ils adoptent une attitude expectante

Abweichen, 1 von den **Bestimmungen** ~ 2 –de **Meinung** 3 soweit **nichts** Abweichendes vereinbart ist 4 wir sind in keiner Weise von der **Vereinbarung** abgewichen

1 s'écarter des dispositions (od. stipulations) 2 opinion divergente 3 sauf convention différente 4 en aucun point nous ne nous sommes écartés de l'accord ; nous n'avons en aucune manière dérogé à l'accord

Abweichung *f* 1 **Gewichts–** 2 zulässige **Maß–**

1 tolérance (od. différence) de poids 2 tolérance admissible des dimensions (od. mesures)

Abweisen (s.a. Ablehnen), die **Klage** wurde wegen Verjährung abgewiesen

la demande (od. la plainte) a été rejetée pour (cause de) prescription

Abwertung *f* ~ des **Pfundes**

dévaluation de la livre sterling

Abwesenheit *f* 1 die Prüfung wurde in ~ des Herrn Späth durchgeführt 2 wegen ~ des Herrn Schlosser wurde die Verhandlung **vertagt**

1 le contrôle a été effectué en l'absence de M. Späth 2 la négociation a été ajournée à cause de l'absence de M. Schlosser

Abwicklung *f* die ~ des **Zahlungsverkehrs** stellen wir uns folgendermaßen vor:

nous concevons le déroulement des transactions financières de la façon suivante:

Abwiegen, 1 die Waren wurden **amtlich** auf der Bahn (ou auf dem Kai) abgewogen 2 lassen Sie bitte die Kisten **einzeln** auf einer Dezimalwaage ~

1 les marchandises ont été pesées officiellement à la gare (od. à quai) 2 veuillez faire peser les caisses une par une sur une balance décimale

Abzahlung *f* (s.a. Anzahlung) 1 ~ in **Raten** 2 Mietverkauf und –s**verkäufe**

1 paiement à tempérament 2 location-vente et ventes à tempérament (od. à crédit)

Abziehen, für die fehlende Kiste wird ein angemessener Betrag von der nächsten Rechnung abgezogen werden

un montant adéquat sera déduit de la prochaine facture pour la caisse manquante

Abzug *m* 1 **Gewichts–** 2 unter ~ von 2% **Kassaskonto** 3 ~ vom **Kaufpreis** 4 gegen bar **ohne** ~ 5 von der **Rechnung** haben wir DM 150,— in ~ gebracht 6 ~ für **Taragewicht**

1 bonification sur le poids 2 avec déduction de 2% d'escompte (pour paiement) au comptant 3 déduction sur le prix d'achat 4 (au) comptant sans escompte 5 nous avons déduit DM 150,— de la facture 6 bonification sur la tare

Abzüglich, ~ 2% **Kassaskonto** (ou Skonto)

moins 2% d'escompte (pour paiement) au comptant

Acht *f* wir empfehlen Ihnen, die Angelegenheit nicht **außer acht** zu lassen

nous vous recommandons de ne pas négliger cette affaire

Achten, 1 Sie müssen besonders **auf die** Qualität ~ 2 **sorgfältig** darauf ~, daß . . .

1 vous devez particulièrement veiller (od. faire attention) à la qualité 2 veiller soigneusement à ce que . . .

Achtgeben, man muß **darauf** sehr ~

il y a lieu d'y apporter une grande attention

Achtung *f* 1 wir **begrüßen** Sie hoch–svoll 2 die angeführte Firma **erfreut** sich in Geschäftskreisen einer hohen ~ 3 mit vorzüglicher **Hoch–**

1 nous vous prions d'agréer nos salutations distinguées 2 la firme mentionnée jouit d'une grande estime dans les milieux commerciaux 3 nous vous prions de croire à notre meilleure considération

Addition *f* 1 –s**fehler** 2 **nach** ~ aller Posten

1 erreur d'addition 2 après l'addition de tous les postes

Adressat *m* (s. a. Empfänger) 1 der ~ hat das Paket nicht ab**geholt** 2 der ~ ist **unbekannt** 3 der ~ **verweigerte** die Abnahme

1 le destinataire n'a pas enlevé le paquet 2 le destinataire est inconnu 3 le destinataire a refusé l'acceptation (od. kurz: acceptation refusée)

Adreßbuch *n* 1 **allgemeines** ~ 2 Export- und Import- ~ 3 **Fach–** 4 **Firmen–** 5 ~ der **Großhändler** 6 Handels– 7 Industrie– 8 **internationales** ~ 9 neuestes ~

1 annuaire général (in Frankr.: Bottin; in Belgien: livre d'adresses) 2 annuaire pour le commerce extérieur et intérieur 3 annuaire des groupements profession-

Adreßbuch — Akkord

10 ~ der **Produktionsunternehmen** 11 **vollständiges** ~

nels 4 annuaire du commerce 5 annuaire des grossistes 6 annuaire du commerce 7 annuaire de l'industrie 8 annuaire (pour le commerce) international 9 (dernière édition du) livre d'adresses (od. [de] l'annuaire) le plus récent 10 annuaire des entreprises industrielles 11 annuaire complet

Adresse *f* 1 die Ware haben wir gestern an Ihre ~ **abgesandt** 2 wir werden ab 1. Juli unsere ~ **ändern** 3 der Fragesteller vergaß, seine ~ **anzuführen** 4 die ~ dieser Firma ist uns nicht **bekannt** 5 Adreßbüro 6 ~ des **Empfängers** (der Waren) 7 die ~ **ergänzen** 8 wir **ersuchen** höflich um Adressen von Firmen, die diese Ware führen 9 **genaue** ~ 10 Herr Powell ist abgereist, ohne seine ~ **hinterlassen** zu haben 11 registrierte **Kurz**– 12 wir danken Ihnen, daß Sie unseren Namen und unsere ~ der Firma I.H.G. **mitgeteilt** haben 13 **nähere** ~ 14 Herr K. Brunner **per** ~ M. Lebrun 15 ab 1. 6. wollen Sie die Korrespondenz an unsere neue ~ **richten** 16 **Rück**– 17 Anfragen **senden** Sie an die ~ ... 18 **Telegramm**– 19 **unleserliche** ~ 20 **unvollständige** ~ 21 Ihre ~ **verdanken** wir der Liebenswürdigkeit des Herrn Bauer 22 **vorübergehende** ~ 23 er **wendete** sich an die falsche ~

1 nous avons expédié hier la marchandise à votre adresse 2 à partir du 1er juillet nous changerons notre adresse 3 le questionneur (od. demandeur) a oublié (od. omis) d'indiquer son adresse 4 nous ne connaissons pas l'adresse de cette firme 5 agence d'adresses 6 l'adresse du destinataire (des marchandises) 7 compléter l'adresse 8 nous vous prions de nous indiquer les adresses de firmes qui tiennent ce genre de (od. cette) marchandise(s) 9 adresse exacte 10 M. Powell est parti sans avoir laissé d'adresse 11 adresse télégraphique enregistrée 12 nous vous remercions d'avoir communiqué nos nom et adresse à la firme I.H.G. 13 adresse plus détaillée 14 M. K. Brunner aux bons soins de M. Lebrun 15 à partir du 1er juin veuillez envoyer la correspondance à notre nouvelle adresse 16 adresse pour la réponse (od. le renvoi) 17 veuillez envoyer les demandes à l'adresse ... 18 adresse télégraphique 19 adresse illisible 20 adresse incomplète 21 nous devons votre adresse à l'amabilité de M. Bauer 22 adresse temporaire 23 il a fait appel à la mauvaise adresse; il s'est trompé d'adresse

Adressieren, 1 Ihre an die Handelskammer adressierte **Anfrage** 2 **falsch** ~ 3 den Brief zu **Händen** des Herrn Baxter ~ 4 die **Sendung** ~ 5 ungenau (ou unzulänglich) ~
Advokat s. Rechtsanwalt
Agent *m* (s. a. Vertreter, Handelsvertreter) 1 **Auslieferungs**– 2 **Handels**– 3 **Schiffs**– 4 **Verschiffungs**– 5 **Versicherungs**– 6 **Zoll**–
Agentur *f* (s. a. Vertretung) 1 **Handels**– 2 **Inseraten**– 3 **Presse**– 4 **Werbe**–

Ahnen, wenn wir geahnt hätten, daß ...
Ähnlich, 1 etwas –es ist gar nicht vorgekommen 2 ~ in der **Farbe** 3 –e **Qualität** 4 und –e

Ahnung *f* 1 ich habe nicht die **geringste** ~ davon 2 wir haben **keine** ~, ob ...
Akkord *m* 1 –**arbeit** 2 in ~ **arbeiten** 3 –**lohn**

1 votre demande adressée à la Chambre de Commerce 2 mettre une adresse erronée 3 adresser la lettre à l'attention de M. Baxter 4 adresser l'envoi 5 mettre une adresse incomplète (od. insuffisante)

1 commissionnaire de transport 2 représentant de commerce 3 agent maritime 4 transitaire maritime 5 agent d'assurance 6 commissionnaire en douane
1 agence commerciale 2 bureau d'annonces 3 agence de presse 4 agence de publicité
si nous avions pressenti que ...
1 quelque chose de pareil ne s'est pas produit jusqu'ici; pareille chose ne s'est pas produite jusqu'à présent 2 semblable (od. ressemblant) en couleur 3 qualité analogue 4 et des choses semblables
1 je n'ai pas la moindre idée de ceci 2 nous n'avons aucune idée si ...
1 travail à la pièce 2 travailler à la pièce 3 salaire à la pièce

Akkreditiv *n* 1 ein ~ **abändern** 2 diese Expedition vom ~ No. 1453 **abschreiben** 3 folgende Änderung im ~ veranlassen 4 ein ~ **annullieren** 5 –**auftraggeber** 6 der **Avis** über die –eröffnung für Auftrag Nr. 2572 ist bei uns am 12. April eingetroffen 7 **avisiertes** ~ 8 –**bank** 9 –**begünstigter** 10 das ~ ist **benutzbar** durch 30 Tage-Tratte auf Sie gegen folgende Dokumente 11 (nicht) / od. (un)**bestätigtes** ~ 12 das ~ über den **Betrag** von $ 15.000; bis zu dem Betrag von $ 15.000 13 diese Rechnung wird vom ~ **bezahlt** 14 dieses ~ **deckt** alle offenen Aufträge 15 **Deckung** eines –s 16 **Dokumenten**– 17 **Entnahme** aus einem ~ 18 wir veranlassen sofort die **Erhöhung** des –s um DM 1.200,— auf einen Betrag von DM 7.200,— 19 die Firma K.V.O. **eröffnete** telegraphisch ein ~ zu Ihren Gunsten für den Auftrag Nr. 256 über $ 26.210,— bei der Chase Manhattan Bank 20 der Bank den Auftrag zur –**eröffnung** erteilen 21 das ~ ist vollkommen **erschöpft** 22 das ~ ist gegen Präsentierung folgender Dokumente **fällig** 23 (un)**gedecktes** ~ 24 das ~ ist bis 31. März **gültig** 25 die Dresdner Bank hat ein ~ über DM 8.911,— zu Ihren **Gunsten** eröffnet 26 **Handels**– 27 (nicht)**negoziierbares** ~ 28 wir können Ihr ~ nicht rechtzeitig (aus)**nutzen** 29 sukzessive **Nutzung** des ~ 30 **Reise**– 31 **Rembours**– 32 der **Rest** des –s in der Höhe von sfrs 185,— 33 **revolvierendes** ~ 34 einheitliche **Richtlinien und Gebräuche** für Dokumenten–e 35 **Teil** eines übertragbaren –s 36 (un)**teilbares** ~ 37 ~ **über** höchstens $ 2.250,— 38 das ~ wurde um DM 1.200,— überschritten 39 (un)**übertragbares** ~ 40 das ~ ist am 28. Februar **verfallen** 41 **verfügbares** ~ 42 veranlassen Sie die sofortige **Verlängerung** des –s bis 28. Mai 43 das ~ ist gültig für **Vorlage** bis 16. Juni 44 **Waren**– 45 das ~ Nr. 932 wurde am 11. Mai **widerrufen** 46 (un)**widerrufliches** ~ 47 **Zahlung** durch ~, das bei einer erstklassigen Bank zu eröffnen ist 48 im ~ sind Teillieferungen nicht **zugelassen**

1 modifier un accréditif 2 déduire cet envoi de l'accréditif n° 1453 3 ordonner la modification suivante de l'accréditif 4 annuler un accréditif 5 demandeur d'un accréditif 6 l'avis sur l'ouverture d'un accréditif pour la commande n° 2572 est arrivé chez nous le 12 avril 7 accréditif avisé 8 banque ouvrant l'accréditif 9 bénéficiaire de l'accréditif 10 l'accréditif est disponible par effet à 30 jours tiré sur vous contre présentation des documents suivants 11 accréditif (non) confirmé 12 l'accréditif portant sur un montant de $ 15.000; pour un montant jusqu'à $ 15.000 13 cette facture sera réglée par l'accréditif 14 cet accréditif couvre toutes les commandes en cours 15 couverture d'un accréditif 16 accréditif documentaire 17 prélèvement sur un accréditif 18 nous ordonnons immédiatement une augmentation de DM 1.200,— du montant de l'accréditif pour le porter à un total de DM 7.200,— 19 la firme K.V.O. a ouvert par télégramme auprès de la Chase Manhattan Bank un accréditif en votre faveur pour la commande n° 256 s'élevant à $ 26.210,— 20 donner l'ordre à la banque pour l'ouverture d'un accréditif 21 l'accréditif est entièrement épuisé (od. utilisé) 22 l'accréditif est exigible à la présentation des documents suivants 23 accréditif (non) couvert 24 l'accréditif est valable jusqu'au 31 mars 25 la Dresdner Bank a ouvert un accréditif de DM 8.911,— en votre faveur 26 accréditif commercial 27 accréditif (non) négociable 28 nous ne pouvons utiliser votre accréditif en temps opportun (od. dans le délai imparti) 29 l'utilisation successive des documents habituels 30 accréditif de voyage 31 accréditif documentaire 32 le solde de l'accréditif de sfrs 185,— 33 accréditif rotatif 34 directives et usances uniformes pour accréditifs documentaires 35 partie d'un accréditif transférable 36 accréditif (in)divisible 37 accréditif pour une somme de $ 2.250,— au maximum 38 l'accréditif a été dépassé de DM 1.200,— 39 accréditif (in)transférable 40 l'accréditif est expiré le 28 février 41 accréditif disponible 42 veuillez provoquer la prolongation immédiate de l'accréditif jusqu'au 28 mai 43 l'accréditif est valable pour (une) présentation jusqu'au 16 juin 44 accréditif documentaire 45 l'accréditif

Aktie *f* 1 die –n sind um DM 6,50 von DM 1.918,— auf DM 1.911,50 **gefallen** 2 die –n sind um DM 4,— von DM 815,— auf DM 819,— **gestiegen** 3 der **Kurs** der –n war DM 3.128,60 4 **Nennwert** (ou **Nominalwert**) der ~ 5 **Stamm**– 6 **Vorzugs**–n

Aktiengesellschaft *f* eine ~ gründen

Aktion *f* 1 die ganze ~ wurde auf einer breiten Basis **angelegt** 2 eine gemeinschaftliche ~ unternehmen 3 **Reklame**– 4 **Verkaufs**– 5 **Werbe**–

Aktionär *m* den –en eine **Dividende** zahlen

Aktiv, 1 –e **Bilanz** 2 –er **Restbetrag** 3 an der Leitung des Betriebes ~ **teilnehmen**

Aktiva *n pl* ~ und **Passiva**

Aktuell, –e **Frage**

Akzept *n* (s.a. Annahme, Wechsel) 1 **Bank**– 2 **Blanko**– 3 der von der Einreicher-Bank beauftragte Korrespondent wird die **–einholung** der Tratte **besorgen** 4 Dokumente gegen ~ 5 der **Protest** mangels ~ 6 den Wechsel zum ~ **vorlegen** 7 das ~ des Wechsels haben sie ohne Angabe des Grundes **verweigert**

Akzeptieren, 1 sie akzeptierten unseren Vorschlag ohne jede **Änderung** 2 wir sind geneigt, Ihr **Angebot** zu ~, jedoch unter der Voraussetzung, daß ... 3 wir ~ nur unter der **Bedingung** der Bezahlung in $ 4 die Tratte in **blanko** ~ 5 unter diesen **Umständen** können wir Ihren Vorschlag nicht ~ 6 wir ~ unter der Voraussetzung, daß ... 7 dieses Angebot unter **Vorbehalt** ... ~ 8 den Wechsel bei **Vorlage** ~

Allein, 1 eine Ware im **–verkauf** haben 2 **–vertreter** für Indien

Allgemein, 1 –es Zoll- und Handelsabkommen 2 –es **Adreßbuch** 3 –e **Lieferbedingungen** für den Export von Maschinen und Anlagen 4 –e **Bedingungen** 5 ~ **bekannt** ist die Tatsache, daß ... 6 ~ wird eine Preiserhöhung **erwartet** 7 **–gültig** 8 –e **Steuer** 9 –e **Unkosten** 10 –e **Versicherungsbedingungen** 11 –er **Zolltarif**

n° 932 a été révoqué le 11 mai **46** accréditif (ir)révocable **47** paiement par accréditif ouvert auprès d'une banque de premier rang **48** suivant les termes de l'accréditif des livraisons partielles ne sont pas admises

1 les actions ont baissé de DM 6,50 en passant de DM 1.918,— à DM 1.911,50 2 les actions ont monté de DM 4,— en passant de DM 815,— à DM 819,— 3 la cote des actions était de DM 3.128,60; les actions étaient cotées à DM 3.128,60 4 la valeur nominale de l'action 5 action ordinaire 6 les parts bénéficiaires (od. de fondateurs)

constituer (od. créer) une société anonyme

1 toute l'action a été organisée sur une large base 2 entreprendre une action en commun 3 campagne publicitaire 4 campagne de vente 5 campagne de publicité

payer (od. distribuer) un dividende aux actionnaires

1 bilan actif (od. excédentaire) 2 balance excédentaire 3 participer activement à la direction de l'entreprise

actifs et passifs

problème d' (e grande) actualité

1 acceptation de banque 2 acceptation en blanc 3 le correspondant de la banque remettante s'occupera de l'acceptation de la traite 4 documents contre acceptation 5 protêt faute d'acceptation 6 présenter la traite pour acceptation 7 ils ont refusé l'acceptation de la traite sans en indiquer le motif (od. sans motivation)

1 ils ont accepté notre proposition sans aucune modification 2 nous sommes disposés à accepter votre offre à condition que ... 3 nous n'acceptons qu'à condition d'un paiement en dollars U.S. 4 accepter la traite en blanc 5 dans ces circonstances nous ne pouvons pas accepter votre proposition 6 nous acceptons à condition que ... 7 nous acceptons cette offre sous réserve que ... 8 accepter la traite à sa présentation

1 avoir le droit de vente exclusive 2 agent exclusif pour les Indes

1 Accord général sur les tarifs douaniers et le commerce 2 annuaire général 3 conditions générales de livraison pour l'exportation de machines et installations 4 conditions générales 5 c'est un fait bien connu que ... 6 on s'attend en général à une augmentation de prix 7 généralement valable 8 impôt général 9 frais généraux 10 conditions générales (des

Allmählich, das führt ∼ zu Warenknappung
compagnies) d'assurance(s) **11** tarif douanier général
cela conduit successivement à une pénurie de marchandises
Alphabet n nach dem ∼ **einreihen**
classer dans l'ordre alphabétique
Alphabetisch, 1 –es **Register** 2 Warenbezeichnung in –er **Reihenfolge** anführen 3 –es Waren**verzeichnis**
1 registre alphabétique **2** indiquer les désignations des marchandises par ordre alphabétique **3** registre alphabétique des marchandises

Alt, 1 –er **Kunde** 2 –e **Nummer** einer Zeitschrift
1 client ancien **2** ancien numéro d'un périodique
Alternative f 1 die zweite ∼ müssen wir entschieden **ablehnen** 2 wir geben der ∼ Nr. 6 den **Vorrang** 3 wir möchten Ihnen folgende zwei –n **vorschlagen** 4 wir werden der vorgeschlagenen ∼ **zustimmen**
1 nous devons refuser résolument la deuxième alternative **2** nous donnons la préférence à l'alternative n° 6 **3** nous voudrions vous proposer les deux alternatives suivantes **4** nous donnerons notre accord à l'alternative proposée
Amnestie f Steuer–
amnistie fiscale
Amortisation f 1 ∼ eines **Gebäudes** 2 ∼ eines **Wechsels**
1 amortissement d'un immeuble **2** amortissement d'une traite
Amortisieren, die **Maschine** wird in 10 Jahren amortisiert sein
la machine sera amortie dans 10 ans
Amt n 1 –sblatt 2 **Finanz**– 3 –s**formalitäten** 4 **Hafen**– 5 **Melde**– 6 **Patent**– 7 **Post**– 8 **Staats**ämter 9 das **Statistische Bundes**– 10 bei jeder –s**stelle** der Staatssparkasse oder bei jedem Postamt bezahlen 11 –s**stunden** 12 **Telegraphen**– 13 der –s**weg** muß eingehalten werden 14 von Amts **wegen** 15 **Zoll**–
1 bulletin officiel **2** administration des contributions **3** formalités officielles **4** direction portuaire **5** bureau des déclarations de résidence; bureau d'inscription **6** (in Frankreich) Institut National de la Propriété Industrielle; (sonst) office des brevets **7** bureau de poste **8** offices gouvernementaux **9** Office Fédéral de la Statistique **10** payer à toutes les agences de la Caisse d'Epargne d'Etat ou à tous bureaux de poste **11** heures de service **12** service (od. bureau) télégraphique **13** la voie administrative doit être respectée **14** d'office **15** bureau de douane

Amtlich, 1 die Waren wurden ∼ auf der Bahn (ou auf dem Kai) **abgewogen** 2 –e **Bekanntmachung** 3 –e **Bescheinigung** 4 –e **Besichtigung** 5 es unterliegt der –en **Genehmigung** 6 ∼ festgesetztes **Gewicht** 7 beim amtlichen Devisen**kurs** $ 2,40 für 1 Pfund Sterling 8 ∼ festgesetzter **Preis** 9 –es **Protokoll** 10 –er **Sachverständiger** 11 –es **Siegel** 12 –e **Stückzählung** wurde veranlaßt 13 –e **Urkunde** 14 der Kunde besteht auf der –en **Verwiegung** aller Sendungen
1 les marchandises ont été pesées officiellement à la gare (od. à quai) **2** publication officielle (in Frankr.: avis) **3** certificat officiel **4** visite (od. inspection) officielle **5** soumis à une autorisation officielle **6** poids constaté officiellement **7** au cours (od. taux) de change officiel de $ 2.40 pour 1 livre sterling **8** prix fixé officiellement **9** protocole (od. procès-verbal) officiel **10** expert officiel **11** cachet officiel **12** un comptage officiel à la pièce a été ordonné **13** document officiel **14** le client insiste sur le pesage officiel de tous les envois

Analyse f 1 die ∼ des gelieferten Materials **entspricht** nicht der vereinbarten Qualität 2 wir nahmen eine **Markt**– vor 3 **Material**– 4 **Preis**– 5 Resultat der **Qualitäts**– 6 ein von einem amtlichen Laboratorium ausgestelltes –n**zertifikat** vorlegen
1 l'analyse du matériel livré montre qu'il ne correspond pas à la qualité convenue **2** nous avons effectué une analyse (od. un sondage) du marché **3** analyse des matières premières **4** analyse de prix **5** résultat de l'analyse de qualité **6** présenter un certificat d'analyse d'un laboratoire officiel

Anbahnen — Ändern

Anbahnen, weitere **Geschäfte** ~

Anbieten, 1 bei **Abnahme** einer Mindestmenge von 10 Tonnen können wir 3% Rabatt ~ 2 wir behalten uns das Recht vor, unsere Ware **anderweitig** anzubieten 3 es wurde ihnen eine **Anleihe** angeboten 4 bei der gegenwärtigen Marktlage bieten wir die günstigsten **Bedingungen** an 5 wir sind **bereit,** Ihnen zu äußerst günstigen Bedingungen unsere Erzeugnisse anzubieten 6 einen **Beweis** für . . . ~ 7 kein Konkurrent war bisher in der Lage, diese Ware so **billig** anzubieten 8 die gleiche Ware bietet die Firma A. E. Bax um 3% **billiger** an 9 wir bieten Ihnen unsere **Dienste** an 10 wir sind sehr **erfreut,** Ihnen folgende Waren ~ zu können 11 wir bieten **fest** an 12 auf Ihre Anfrage bieten wir Ihnen **freibleibend** unsere Geräte an 13 wir benützen diese **Gelegenheit,** um Ihnen unsere Waren anzubieten 14 wir erlauben uns erneut, Ihnen für den Bedarfsfall jederzeit unsere **Hilfe** anzubieten 15 wir könnten Ihnen eine andere **Qualität** ~ 16 wir sind tatsächlich nicht in der **Lage,** Ihnen zu dieser Zeit diese Sorte anzubieten 17 wir bieten Ihnen eine fünfmonatige **Lieferfrist** an 18 der von Ihnen angebotene **Preis** ist zu hoch 19 die Firma bietet uns ihre Waren zu einem besonders niedrigen **Preis** an 20 wir bitten, uns alle **Sorten** von Nadeln in allen möglichen Qualitäten anzubieten 21 die Konkurrenz bietet um 3% **unter dem** Weltpreisniveau an 22 **unverbindlich** ~ 23 wir bieten Ihnen . . . **verbindlich** zur Lieferung in 30 Tagen nach Empfang des Auftrages an 24 diese Waren werden in diesem Land frei zum **Verkauf** angeboten 25 wir können nur durch **Vermittlung** unseres Vertreters, Herrn Sloane ~ 26 wir bieten unter der **Voraussetzung** einer schriftlichen Bestätigung spätestens bis zum 31. 8. an 27 . . . **vorbehaltlich** Zwischenverkauf ~ 28 wir können Ihnen äußerst **vorteilhafte** Preise ~ 29 wir können Packung nach **Wunsch** des Kunden ~

préparer le terrain pour d'autres affaires

1 pour un achat d'au moins 10 t nous pouvons offrir un rabais de 3% 2 nous nous réservons le droit d'offrir notre marchandise ailleurs 3 un emprunt leur a été proposé 4 dans la situation actuelle du marché nous offrons les conditions les plus favorables 5 nous sommes disposés à vous offrir nos produits à des conditions extrêmement avantageuses 6 présenter (od. fournir) des preuves pour . . . 7 aucun concurrent n'était jusqu'à présent en mesure d'offrir cette marchandise à un prix aussi avantageux 8 la firme A. E. Bax offre la même marchandise 3% moins cher (od. meilleur marché) 9 nous vous offrons nos services 10 nous avons le plaisir de pouvoir vous offrir les marchandises suivantes 11 nous soumettons une offre ferme; nous offrons à prix ferme(s) 12 suite à votre demande nous vous soumettons sans engagement une offre pour nos instruments 13 nous saisissons (od. profitons de) cette occasion pour vous offrir nos marchandises 14 nous nous permettons à nouveau de vous offrir notre aide à tout moment où vous en auriez besoin 15 nous pourrions vous offrir une autre qualité 16 nous ne sommes effectivement pas en mesure de vous offrir cette espèce (od. ce type) en ce moment 17 nous vous proposons un délai de livraison de 5 mois 18 le prix de votre offre (od. que vous avez offert) est trop élevé 19 la firme nous offre ses marchandises à un prix extrêmement bas 20 nous vous prions de nous offrir toutes les sortes d'aiguilles dans toutes les qualités disponibles 21 la concurrence offre à 3% en dessous des prix du marché mondial 22 offrir sans engagement 23 nous vous offrons à titre ferme . . . pour livraison dans les 30 jours après (la)réception de la commande 24 ces marchandises sont offertes à la vente libre dans ce pays 25 nous ne pouvons faire offre que par l'intermédiaire de notre représentant M. Sloane 26 nous vous offrons sous condition d'une confirmation par écrit au plus tard au 31 août 27 offrir . . . sous réserve de vente intermédiaire 28 nous pouvons vous offrir des prix extrêmement avantageux 29 nous pouvons offrir l'emballage suivant les désirs du client

Ander-, 1 ein anderes **Mal** 2 falls **nichts** anderes vereinbart 3 **unter** anderem

Ändern (s.a. Abändern) 1 den Preis

1 une autre fois 2 à moins qu'il n'en soit convenu autrement 3 entre autres

1 modifier le prix «franco votre port» en

„franko Ihr Hafen" **auf** „franko belgische Grenze" ~ **2** das konnte nicht mehr geändert werden
Änderung *f* **1** ~ des **Beförderungsweges 2** die Auftrags– muß vorerst mit der Fabrik **besprochen** werden **3** die ~ wäre nur dann **durchführbar**, wenn ... **4** vorläufig ist keine ~ **eingetreten 5** der Vorschlag **erfuhr** bereits einige –en **6** folgende ~ **im** Akkreditiv veranlassen **7** wir haben es **ohne** jedwede ~ akzeptiert **8** „~ des **Programm**es vorbehalten" **9** diese Vorschriften **unterliegen** oft –en **10** –svorschlag

Anderweitig, wir behalten uns das Recht vor, die Ware ~ **anzubieten**
Andeuten, er hat **uns** angedeutet, daß ...
Andrang *m* **1** wegen großen **Arbeits**–s **2** Güter– im Dock

Androhung *f* mahnen Sie den Schuldner unter **Klage**–
Anerkennen, 1 Ihren Schadensersatzanspruch haben wir in vollem Umfang anerkannt **2** Herr Keul ist eine anerkannte **Autorität** in seinem Fach **3** unsere **Einwendung** wird als berechtigt anerkannt werden **4** es wird als **Nachweis** über die erfolgte Frachtzahlung anerkannt **5** eine **Schuld** ~ **6** Ihre **Verdienste** werden anerkannt werden

Anerkennung *f* **1** wir möchten Ihnen unsere ~ für Ihre Hilfe **aussprechen 2** schriftliche **Schuld**– **3** es **wurde** uns ~ für unsere Arbeit **zuteil**
Anfang *m* **1** am ~ der Saison **2** –sbestand **3** –s des **Jahres** 1971 **4** –skapital **5** ~ **März 6** ~ nächsten **Monats 7** sich in den –sstadien der Entwicklung befinden **8** von ~ an
Anfertigen, 1 eine **Abschrift** des Briefes ~ **2** die verlangten **Fotografien** werden angefertigt

Anfordern, 1 von dem Vertreter **Berichte** über die von ihnen eingeleiteten Schritte ~ **2** für Besorgung von Dokumenten müssen wir eine angemessene **Frist** ~ **3** einen **Vorschlag** ~
Anforderung *f* wir **unterbreiten** Ihnen folgende –en
Anfrage *f* **1** Ihre an die Handelskammer **adressierte** ~ **2** auf Ihre ~ **3** in Beant-

«franco frontière belge» **2** ceci (od. cela) ne pouvait plus être changé

1 changement de l'acheminement (od. de l'itinéraire de transport) **2** la modification de la commande doit d'abord être discutée avec la fabrique **3** la modification ne pourrait être exécutée (od. ne pourrait intervenir) que si ... **4** pour le moment aucun changement n'est intervenu **5** la proposition a déjà subi plusieurs changements **6** ordonner les modifications suivantes dans l'accréditif **7** nous l'avons accepté sans aucune modification **8** «changement de programme réservé» **9** ces règlements sont souvent soumis à des amendements **10** proposition de changement (od. de modification)

nous nous réservons le droit d'offrir la marchandise ailleurs
il nous a fait sous-entendre que ...
1 en raison d'une surcharge de travail **2** accumulation de marchandises dans l'entrepôt
sommez le débiteur sous menace d'une action judiciaire
1 nous avons reconnu votre droit à indemnisation en totalité **2** M. Keul est une autorité reconnue dans sa profession (od. branche) **3** notre objection sera reconnue (comme) bien-fondée (od. légitime) **4** ceci sera reconnu comme (od. en tant que) justification du paiement du prix de transport **5** reconnaître une dette **6** vos services (od. mérites) seront reconnus

1 nous voudrions (vous) exprimer notre reconnaissance pour votre assistance **2** reconnaissance de dette par écrit **3** notre travail a été reconnu
1 au début de la saison **2** stock initial **3** au début de l'année 1971 **4** capital initial **5** (au) début (de) mars **6** au début du mois prochain **7** se trouver en début (od. dans les phases initiales) du développement **8** dès le début
1 faire une copie de la lettre **2** les photo(graphie)s demandées seront faites

1 demander au représentant des rapports sur les démarches entreprises par eux **2** pour pouvoir nous procurer des documents nous devons demander un délai approprié **3** demander une proposition
nous vous soumettons les exigences suivantes
1 votre demande adressée à la Chambre de Commerce **2** comme suite à votre

Anfrage — Angabe

wortung Ihrer ~ vom 13. Mai 4 für Ihre Anfrage vom 6. Dezember **danken** wir Ihnen 5 **dringliche** ~ 6 wir **erhielten** Ihre ~ von vorgestern hinsichtlich ... 7 wir **erlauben** uns die ~, ob und unter welchen Bedingungen Sie ... würden 8 eine ~ **nach** Wolle einsenden 9 **richten** Sie in dieser Angelegenheit eine ~ an die Bank 10 **-n senden** Sie an die Adresse ... 11 ~ über Likörpreise 12 die ~ **über** Herrn Spencer 13 wir haben uns Ihre ~ vom 10. Dezember **vorgemerkt** 14 **wiederholte** ~ 15 **zu** Ihrer ~ vom 6. August teilen wir mit

demande 3 en réponse à votre demande du 13 mai 4 nous vous remercions de votre demande du 6 décembre 5 demande urgente 6 nous avons bien reçu votre demande d'avant-hier concernant ... 7 nous nous permettons de vous demander si vous pouviez ... et dans quelles conditions 8 remettre une demande pour de la laine 9 dans cette affaire veuillez faire une demande auprès de la banque 10 veuillez envoyer les demandes à l'adresse ... 11 demande de prix sur les liqueurs 12 la demande concernant M. Spencer 13 nous avons pris note de votre demande du 10 décembre 14 demandes répétées (od. réitérées) 15 nous référant à votre demande du 6 août nous vous informons (de ce) que ...

Anfragen, bei dem Spediteur Transporttarife ~

demander les tarifs (de transport) au commissionnaire de transport

Anführen, 1 die **auf** der beigelegten Rechnung angeführten Waren 2 führen Sie in der gesamten weiteren Korrespondenz unsere **Bestellnummer** an 3 führen Sie es **direkt** im Vertrag an 4 führen Sie als **Empfänger** unsere Firma an 5 aus den angeführten **Gründen** 6 der **in** der Rechnung angeführte Betrag 7 der **oben** angeführte Betrag 8 in Ihren Instruktionen wurde nichts in diesem **Sinne** angeführt 9 der **unten** angeführte Preis 10 die im **Verzeichnis** angeführten Waren

1 les marchandises indiquées dans la facture ci-jointe 2 veuillez (s'il vous plaît) indiquer notre numéro de commande dans toute (la) correspondance ultérieure 3 veuillez le mentionner directement dans le contrat 4 veuillez indiquer notre firme comme destinataire 5 pour les raisons mentionnées (od. indiquées) 6 le montant indiqué dans la facture 7 le montant cité ci-dessus 8 dans vos instructions rien n'a été indiqué dans ce sens; vos instructions n'ont rien mentionné dans ce sens 9 le prix mentionné ci-dessous 10 les marchandises indiquées dans la liste

Angabe *f* 1 wir **benötigen** noch –n über die Abmessungen 2 diese –n **entsprechen** der Wahrheit 3 **ergänzen** Sie Ihr Gesuch mit den erforderlichen –n 4 es **fehlen** eingehende (ou genaue) –n über die Qualität 5 ohne ~ des **Grundes** 6 ~ des **Interesses** an der Lieferung 7 **nähere** –n über Herrn Klein 8 **Personal**– n 9 ohne **Preis**– ist das Angebot gegenstandslos 10 es würde uns freuen, wenn Sie uns nähere ~ über ... **senden** könnten 11 wir bitten Sie, Ihr Angebot umgehend mit **technischen** –n zu ergänzen 12 Ihre –n müssen mit der Wirklichkeit **übereinstimmen** 13 **unrichtige** ~ des Gewichts 14 telegrafieren Sie täglich die Verladungen **unter** ~ der Waggonnummer, des Gewichts und der Menge 15 wir vermissen noch immer die **verlangten** –n 16 **notwendige** –n **verschaffen** 17 **vollständige** und **wahrheitsgemäße** ~ über den für die Waren tatsächlich gezahlten Preis 18 ~ der **Währung** 19 **Wert**–

1 nous avons encore besoin d'informations sur les dimensions 2 ces indications correspondent à la vérité 3 veuillez compléter votre requête par les renseignements nécessaires 4 il manque des indications détaillées (od. exactes) sur (od. concernant) la qualité 5 sans indication du motif (od. des raisons) 6 sans indication de l'intérêt à la livraison 7 plus amples détails concernant M. Klein 8 détails personnels 9 sans indication de prix l'offre ne peut être considérée (od. est sans objet) 10 nous vous serions obligés si vous pouviez nous envoyer de plus amples renseignements concernant ... 11 nous vous prions de compléter votre offre par des données techniques par retour du courrier 12 vos informations doivent correspondre à la réalité 13 déclaration incorrecte du poids 14 veuillez télégraphier tous les jours les expéditions en indiquant le numéro du wagon, le poids et la quantité 15 nous ne sommes toujours pas en

Angeben, 1 die genauen **Abmessungen** ~ 2 in der Rechnung soll die **Importlizenznummer** angegeben werden 3 auf der Verpackung muß der **Inhalt** angegeben sein 4 die **Preise** sind für Lieferung ab Werk angegeben 5 die in **Preislisten** angegebenen Preise verstehen sich ohne Verpackung 6 angegebener **Wert** 7 diese Summe in **Worten** und Ziffern ~
Angeblich, 1 die Kisten **enthielten** ~ Taschentücher 2 diese Waren sollen ~ $ 16.257,— **kosten**
Angebot *n* 1 ein neues, diesen Forderungen entsprechendes, **abgeändertes** ~ 2 ein verbindliches ~ bis zum 19. März **abgeben** 3 wir sind geneigt, Ihr ~ zu **akzeptieren,** jedoch unter der Voraussetzung, daß ... 4 das ~ können wir zu den von Ihnen vorgeschlagenen Bedingungen nicht **annehmen** 5 wir sind bereit, unser ~, wie von Ihnen vorgeschlagen, zu revidieren 6 das ~ **aufrechterhalten** 7 ein ~ auf diese Ware **ausarbeiten** 8 **Ausnahme**— 9 in Übereinstimmung mit den **Bedingungen** Ihres –es 10 **befristetes** ~ 11 Ihre –e werden wir erst nach dem 26. August **behandeln** können 12 bemühen Sie sich, ein annehmbares ~ für Radioapparate zu **besorgen** 13 unter **Bezugnahme** auf Ihr ~ vom 1. Januar 14 das **billigste** ~ 15 unser heutiges ~ ist nur bis zum 10. April **bindend** 16 wir **bitten** um Ihr niedrigstes ~ für Kakao 17 für ein ~ dieser Waren werden wir Ihnen **dankbar** sein 18 wir **danken** Ihnen für Ihr ~, müssen Ihnen aber leider mitteilen, daß ... 19 ein gleiches ~ ist auch von der Firma A. E. Bax **eingegangen** 20 das beste Baumwolle-, das derzeit **eingeholt** werden konnte, ist ... 21 Ihr ~ muß Verpackung und Lieferung F. O. B. **einschließen** 22 ich bestätige mit Dank den **Empfang** Ihres –es 23 sich ein vorteilhaftes ~ **entgehen** lassen 24 teilen Sie uns bitte mit, ob Ihnen unser ~ **entspricht** 25 wir bitten Sie, Ihr ~ umgehend mit technischen Angaben zu **ergänzen** 26 das ~ wurde zur **Ergänzung** mit technischen Angaben zurückgeschickt 27 da wir inzwischen günstigere Preis–e **erhalten** haben 28 ein ~ **in Erwägung**

possession des informations demandées 16 se procurer les informations nécessaires 17 indications complètes et véridiques sur le prix réellement payé des marchandises 18 indication de l'unité monétaire 19 indication de la valeur
1 indiquer les dimensions exactes 2 dans la facture le numéro de la licence d'importation doit être indiqué 3 le contenu doit être indiqué sur l'emballage 4 les prix sont indiqués pour livraison départ usine 5 les prix indiqués dans les listes de prix s'entendent sans emballage 6 valeur déclarée 7 indiquer cette somme en toutes lettres et en chiffres
1 les caisses contenaient prétendument des mouchoirs 2 ces marchandises coûtent prétendument $ 16.257,—
1 une nouvelle offre modifiée répondant à ces exigences 2 soumettre une offre ferme jusqu'au 19 mars 3 nous sommes disposés à accepter votre offre à (la) condition que ... 4 nous ne pouvons pas accepter votre offre aux conditions proposées 5 nous sommes disposés à revoir notre offre comme vous l'avez proposé 6 maintenir l'offre 7 préparer une offre pour cette marchandise 8 offre exceptionnelle 9 en concordance (od. accord) avec les conditions de votre offre 10 offre à (od. pour une) durée limitée 11 nous ne pourrons étudier vos offres qu'après le 26 août 12 veuillez vous efforcer d'obtenir une offre acceptable pour (les) postes de radio 13 nous référant à votre offre du 1er janvier 14 l'offre la meilleur marché; l'offre la moins chère 15 notre offre d'aujourd'hui ne nous engage que jusqu'au 10 avril 16 nous vous prions de nous faire parvenir votre offre la plus basse (od. avantageuse) pour du cacao 17 vous nous obligerez en nous faisant parvenir une offre pour ces marchandises 18 nous vous remercions de votre offre, mais (nous) regrettons de devoir vous informer que ... 19 une offre identique a été présentée également par la firme A. E. Bax 20 l'offre la plus avantageuse pour du coton qui a pu être obtenue actuellement est celle de ... 21 votre offre doit s'entendre emballage et livraison F. O. B. inclus 22 je vous confirme la réception de votre offre et vous en remercie 23 laisser échapper une offre avantageuse 24 veuillez nous faire savoir si notre offre vous convient 25 nous vous prions de compléter votre offre par des données techniques par retour du cour-

ziehen 29 wir **erwarten** baldigst ein ~ mit Mustern 30 –e sind **erwünscht** 31 festes ~ 32 **fiktives** ~ 33 ein **freibleibendes** ~ vorlegen 34 ein ~ **für** Nadeln 35 von Ihrem ~ können wir leider keinen **Gebrauch machen** 36 durch dieses ~ betrachten wir uns nur eine Woche **gebunden** 37 **Gegen**– 38 **Gesetz** von ~ und Nachfrage 39 dieses ~ ist einen Monat **gültig** 40 **günstiges** ~ 41 **interessantes** ~ 42 wir haben **Interesse** an Ihrem CIF-- 43 sie zeigen kein **Interesse** für das ~ 44 **Konkurrenz**– 45 **konkurrenzloses** ~ 46 liefern Sie uns die Ware **laut** ~ vom 15. März 47 unser **letztes** ~ 48 wir haben das Vergnügen, Ihnen dieses ~ zu **machen** 49 **mündliches** ~ 50 **nachträgliches** ~ 51 das **niedrigste** ~ 52 ~ auf **Preisbasis** CIF 53 **promptes** ~ 54 wir müssen ihr **schriftliches** ~ abwarten 55 **sofortiges** ~ 56 **Sonder**– 57 **Spezial**– 58 wir sind gezwungen, das ~ zu **stornieren** 59 **telegrafisches** ~ 60 betrachten Sie unser ~ vom 10. Juli als **ungültig** 61 die Frist zur **Unterbreitung** der –e 62 unser ~ ist **unverbindlich** 63 **verbindliches** ~ 64 verlangen Sie ein ~ für dieses Erzeugnis 65 wir **vermissen** immer noch das verlangte ~ für das neue Modell 66 **vernünftiges** ~ 67 wir haben Ihnen unser ~ mit einer Musterkollektion **vorgelegt** 68 das **vorteilhafteste** ~ 69 **vorteilhaftes** ~ 70 wir **wenden** uns an Sie mit dem ~ unserer allerneuesten Sorten

rier 26 l'offre a été renvoyée pour en compléter les données techniques 27 ayant reçu entre-temps des offres de prix plus avantageuses 28 prendre une offre en considération 29 nous attendons le plus rapidement possible une offre avec échantillons 30 des offres sont bienvenues 31 offre ferme 32 offre fictive 33 soumettre une offre sans engagement 34 une offre pour (livraison d')aiguilles 35 nous regrettons de ne (pas) pouvoir profiter de votre offre 36 nous ne nous considérons liés à cette offre qu'une semaine 37 contre-offre; contre-proposition 38 la loi de l'offre et de la demande 39 cette offre est valable pour un mois 40 offre favorable 41 offre intéressante 42 nous nous intéressons à votre offre (basée sur la clause) C. A. F. (coût, assurance et fret) 43 ils ne montrent aucun intérêt pour l'offre 44 offre de concurrence 45 offre défiant toute concurrence 46 veuillez nous fournir la marchandise conformément à votre offre du 15 mars 47 notre dernière offre 48 nous avons le plaisir de vous soumettre cette offre 49 offre verbale 50 offre supplémentaire 51 offre la plus basse 52 offre (basée sur la clause) C.A.F. 53 offre (pour livraison) immédiate 54 nous devons attendre votre offre écrite 55 offre immédiate 56 offre spéciale 57 offre particulière 58 nous sommes obligés d'annuler notre offre 59 offre par télégramme (od. télégraphique) 60 veuillez considérer notre offre du 10 juillet comme non valable 61 le délai pour la présentation des offres 62 notre offre s'entend sans engagement 63 offre ferme 64 veuillez demander une offre pour ce produit 65 nous ne sommes toujours pas en possession de l'offre sollicitée pour le nouveau modèle 66 offre raisonnable 67 nous vous avons présenté notre offre avec une collection d'échantillons 68 l'offre la plus avantageuse 69 offre favorable 70 nous nous adressons à vous avec une offre de notre dernier assortiment

Angelegenheit f 1 wir betrachten die ganze ~ als **abgeschlossen** 2 wir möchten gerne diese ~ zu einem zufriedenstellenden **Abschluß** bringen 3 wir empfehlen Ihnen, die ~ nicht außer **acht** zu lassen 4 sich einer ~ persönlich **annehmen** 5 wir wären Ihnen verbunden, wenn Sie sich dieser ~ bald **annehmen** könnten 6 der betreffenden ~ wurde nicht ausreichende **Aufmerksamkeit** gewidmet 7 wir **befassen** uns jetzt mit dieser ~ 8 es

1 nous considérons (toute) cette affaire comme liquidée 2 nous voudrions mener cette affaire à bonne fin 3 nous vous recommandons de ne pas négliger cette affaire 4 s'occuper personnellement d'une affaire 5 nous vous serions obligés de bien vouloir vous charger bientôt de cette affaire 6 l'affaire en question n'a pas été suivie avec une attention suffisante (od. avec suffisamment d'attention) 7 nous nous occupons actuellement de

als eine ~ von gemeinsamem Interesse **betrachten** 9 **betreffende** ~ 10 die ~ ist äußerst **dringend** 11 die ~ zur **Entscheidung** vorlegen 12 über die ~ ist noch nicht **entschieden** worden 13 **erledigen** Sie diese ~ nach eigenem Ermessen 14 Herr Meixner war bevollmächtigt, diese ~ mit Ihnen zu **erörtern** 15 wir bitten Sie, diese ~ noch einmal sorgfältig zu **erwägen** 16 über die ~ wird noch **erwogen** 17 telegrafieren Sie, wie weit die ~ **fortgeschritten** ist 18 es handelt sich um eine **Geschäfts**– 19 **heikle** ~ 20 wir erwarten weitere **Nachrichten** in dieser ~ 21 es ist eine **offene** ~ 22 die ~ in **Ordnung** bringen 23 **peinliche** ~ 24 **Privat**– 25 nach sorgfältiger **Prüfung** der ~ sind wir zum Schluß gekommen, daß ... 26 **Rechts**– 27 eine ~ auf sich vorläufig **ruhen** lassen 28 **streitige** ~ 29 wir werden die ganze ~ unserem Rechtsanwalt **übergeben** 30 die ~ wird vom Ministerium **überprüft** werden 31 **unaufschiebbare** ~ 32 **unerledigte** ~ 33 diese ~ wird der Kommission **unterbreitet** werden 34 wir **verfolgen** diese ~ sehr sorgfältig 35 die ~ wird Gegenstand von **Verhandlungen** sein 36 die Erledigung der ganzen ~ nicht um Monate **verzögern** 37 in dieser ~ **wenden** Sie sich bitte an Herrn Braun 38 auf diese ~ werden wir in Kürze **zurückkommen**

cette affaire 8 considérer ceci comme une affaire d'intérêt commun 9 l'affaire en question 10 l'affaire est extrêmement urgente 11 soumettre l'affaire pour décision 12 aucune décision n'a encore été prise à ce sujet 13 veuillez résoudre cette affaire à votre convenance 14 M. Meixner était autorisé à discuter cette affaire avec vous 15 nous vous prions de reconsidérer soigneusement cette affaire 16 cette affaire est encore à l'étude 17 veuillez nous télégraphier dans quelle mesure cette affaire a progressé 18 il s'agit d'une affaire commerciale 19 affaire épineuse 20 nous attendons des informations complémentaires à ce sujet 21 c'est une affaire non réglée (od. pendante) 22 régler cette affaire 23 affaire embarrassante 24 affaire privée 25 après un examen scrupuleux (od. approfondi) de cette affaire nous sommes arrivés à la conclusion que ... 26 affaire juridique 27 laisser une affaire provisoirement en suspens 28 affaire litigieuse 29 nous allons remettre toute l'affaire entre les mains de notre avocat 30 l'affaire sera examinée par le ministère 31 affaire urgente (od. pressante) 32 affaire en suspens 33 cette affaire sera soumise à la commission 34 nous (pour)suivons cette affaire attentivement (od. avec beaucoup de soins) 35 cette affaire fera l'objet de négociations 36 ne pas laisser traîner le règlement de cette affaire pendant des mois 37 dans cette affaire veuillez vous adresser à M. Braun 38 nous reviendrons sur cette affaire sous peu

Angemessen, 1 –er **Anteil** an dem Welthandel in diesem Erzeugnis 2 –e **Forderungen** 3 –e **Frist** 4 –e **Gewinnspanne** 5 die damit verbundenen **Kosten** sind ~ 6 –er **Preis** 7 mit –er **Sorgfalt** 8 es ist den Umständen ~

1 une quote-part équitable au commerce mondial dans ce produit 2 prétentions (od. exigences) raisonnables 3 délai raisonnable 4 marge de bénéfice raisonnable 5 les frais (od. coûts) y afférents sont raisonnables 6 prix raisonnable 7 avec le(s) soin(s) approprié(s) 8 ceci est approprié aux circonstances

Angestellter m 1 Herr Amendola **ist** unser ~ 2 im Betrieb sind 18 Angestellte **tätig** 3 **verantwortlicher** ~
Angleichen, den **Preis** den neuen Konkurrenzpreisen ~
Ängstlich, 1 Sie müssen ~ darauf **achten** 2 die Kunden **werden** derzeit etwas ~ bezüglich ...
Anhäufung f die große ~ von **Aufträgen** für diesen Artikel hat die Lieferung verzögert
Ankauf m 1 –sermächtigung 2 –skurs für Pesos beträgt ... 3 –sprovision von 8%

1 M. Amendola est notre employé 2 l'entreprise occupe 18 employés 3 employé responsable
ajuster (od. adapter) le prix aux nouveaux prix de la concurrence
1 vous devez y veiller scrupuleusement 2 les clients s'inquiètent un peu actuellement de ...
l'accumulation importante de commandes dans cet article a retardé la livraison

1 autorisation d'achat 2 le taux de change du peso à l'achat est de ... 3 com-

Ankauf — Annähernd

4 ~ von **Valuten**

Anknüpfen, 1 wir knüpfen an unser heutiges **Gespräch** an 2 **Verbindung** mit dem Erzeuger ~

Ankommen, 1 Ihr **Brief** kam ohne Anlage an 2 ,,Frei Bord –der **Flußkahn**'' 3 es aufs Äußerste ~ **lassen** 4 ,,frei –der **Lastkraftwagen**'' 5 bevor die **Nachricht** vom Spediteur ankommt 6 es kommt darauf an, **ob** ... 7 wir möchten es nicht auf einen **Prozeß** ~ lassen 8 mit diesem Preise bei dem Kunden **schlecht** ~ 9 die Korrespondenz kommt in letzter Zeit sehr **unregelmäßig** an 10 der **Zug** kommt um 20.15 in Wien an

Ankunft f 1 **Avis** über die ~ der Ware 2 planmäßiges –s**datum** des genannten Schiffes 3 ,,Frei –s**flugzeug**'' 4 ~ des Schiffes im **Hafen** 5 **nach** ~ des Kahns in Hamburg 6 –s**ort** 7 ,,Frei –s**waggon**'' 8 ,,Frei –s**waggon Binnenhafen**'' 9 teilen Sie uns die genaue –s**zeit** (des Flugzeuges, Schiffs, Zugs) mit

Anlage f 1 **Fabrik**– 2 unserem Brief wurden versehentlich keine –n **hinzugefügt** 3 komplette **Industrie**– 4 **Kapital**– 5 **maschinelle** ~ 6 Ihr Brief kam **ohne** ~ an 7 als ~ **übersenden** wir Ihnen ...

Anlaß m 1 es gibt ~ zu **Befürchtungen** 2 die Qualität **gab** ~ zu einer Beschwerde

Anläßlich ~ Ihres **Besuches**

Anlegen, 1 die **Aktion** wurde auf breiter Basis angelegt 2 angelegtes **Kapital**

Anleihe f 1 sie haben eine ~ von DM 50.000,— **abgeschlossen** 2 es wurde ihnen eine ~ **angeboten** 3 **Auslands**– 4 **Bank**– 5 sie ersuchten um Gewährung einer ~ 6 man hat ihnen die ~ **gekündigt** 7 kurzfristige ~ 8 langfristige ~ 9 öffentliche ~ 10 **zinsfreie** ~

Anleitung s. Anweisung

Anmelden, 1 **Konkurs** ~ 2 ein **Patent** ~ 3 einen **Schaden** bei der Versicherungsanstalt ~ 4 sie haben **sich** nach der Ankunft noch nicht polizeilich angemeldet

Anmeldeschein m statistischer ~

Anmeldung f 1 eine **Patent**– einreichen 2 internationale **Zoll**–

Annähernd (s. a. Ungefähr), –e **Menge**

mission d'achat de 8% 4 achat de devises (étrangères)

1 nous faisons suite à notre entretien d'aujourd'hui 2 entrer en relation avec le fabricant

1 votre lettre est arrivée sans l'annexe 2 «franco bord péniche à l'arrivée» 3 risquer (l'affaire jusqu'à) l'extrême 4 «franco camion à l'arrivée» 5 avant l'arrivée de l'avis du commissionnaire de transport 6 il importe de savoir si ... 7 nous ne voudrions pas risquer un procès 8 réussir mal auprès du client avec ce prix 9 la correspondance arrive très irrégulièrement ces derniers temps 10 le train arrive à Vienne à 20 h 15

1 avis relatif à l'arrivée de la marchandise 2 date d'arrivée prévue du bateau indiqué 3 «franco avion à l'arrivée» 4 arrivée du bateau au port 5 après l'arrivée de la péniche à Hambourg 6 lieu d'arrivée 7 «franco wagon à l'arrivée» 8 «franco wagon à l'arrivée au port fluvial» 9 veuillez nous communiquer l'heure d'arrivée exacte (de l'avion, du bateau, du train)

1 établissement 2 par mégarde nous n'avons pas joint les annexes à notre lettre 3 installation industrielle complète 4 investissement de capital (od. de fonds) 5 installation mécanique 6 votre lettre est arrivée sans annexe 7 nous nous permettons de vous envoyer ci-joint (od. sous ce pli) ...

1 cela donne lieu à des inquiétudes 2 la qualité a donné lieu à une réclamation

à l'occasion de votre visite

1 l'action a été organisée sur une large base 2 capital investi

1 ils ont contracté un emprunt de DM 50.000,— 2 un emprunt leur a été proposé 3 emprunt extérieur 4 emprunt émis par une banque 5 ils ont sollicité l'octroi d'un emprunt 6 on leur a dénoncé l'emprunt 7 emprunt à court terme 8 emprunt à long terme 9 emprunt public 10 emprunt sans intérêts

1 se déclarer en faillite 2 déposer un brevet 3 aviser la compagnie d'assurances d'un sinistre 4 ils n'ont pas encore fait leur déclaration de séjour après leur arrivée; ils n'ont pas encore déclaré leur arrivée

fiche de déclaration statistique

1 remettre une demande de brevet (d'invention) 2 déclaration en douane internationale

quantité approximative

Annahme f (s.a. Akzept, Voraussetzung) 1 ~ der Waren zur **Beförderung** 2 wir sind zur ~ nicht **berechtigt** 3 die ~ des Wechsels **besorgen** 4 –**frist** setzen 5 wenn berechtigter **Grund** zur ~ besteht 6 den Wechsel **mangels** ~ protestieren 7 das ist **reine** ~ 8 die ~ der Tratte **verweigern** 9 der anderen Partei diesen revidierten Text zur ~ **vorlegen**

1 acceptation des marchandises pour le transport 2 nous ne sommes pas autorisés à l'acceptation (od. la prise en charge) 3 s'occuper de l'acceptation de la traite 4 fixer un délai pour l'acceptation 5 s'il y a (od. existe) de bonnes raisons de croire 6 protester une traite faute d'acceptation 7 ceci est une simple supposition 8 refuser l'acceptation de la traite 9 soumettre à l'autre partie ce texte révisé pour approbation

Annehmbar, 1 diese **Lösung** scheint ~ (zu sein) 2 zu einem –en **Preis**

1 cette solution semble être acceptable 2 à un prix acceptable

Annehmen, 1 **allgemein** wird angenommen, daß ... 2 ihre Bedingungen ohne **Änderung** ~ 3 dieses **Angebot** können wir zu den von Ihnen vorgeschlagenen Bedingungen nicht ~ 4 wir danken Ihnen dafür, daß Sie sich der **Angelegenheit** angenommen haben 5 den Vorschlag in vollem **Ausmaß** ~ 6 wir nehmen Ihre **Bedingungen** an 7 wir hoffen, daß Sie unsere **Entschuldigung** wegen verspäteter Absendung ~ 8 wir nehmen mit triftigem **Grund** an 9 unsere Direktion hat sich Ihrer **Firma** immer angenommen 10 sich einer Angelegenheit **persönlich** ~ 11 die **Preise** ~ 12 der **Sache** müßte sich unser Rechtsvertreter ~ 13 sie **weigern** sich, die Ware anzunehmen Kontraktes ist, ... 3 wir sind überzeugt,

1 il est communément admis que ... 2 accepter leurs conditions sans (aucune) modification 3 nous ne pouvons pas accepter cette offre aux conditions (que vous avez) proposées 4 nous vous remercions de vous être occupé(s) de cette affaire 5 accepter la proposition dans toute son étendue 6 nous acceptons vos conditions 7 nous espérons que vous accepterez nos excuses pour le retard d'expédition 8 nous admettons à bonne raison 9 notre direction a toujours embrassé les intérêts de votre firme 10 s'occuper personnellement d'une affaire 11 accepter les prix 12 cette affaire devrait être remise entre les mains de notre avocat 13 ils refusent d'accepter la marchandise

Annullieren, zu unserem lebhaften **Bedauern** müssen wir unseren Auftrag ~

nous regrettons sincèrement de devoir annuler notre commande

Annullierung f 1 wir müssen Sie um ~ des Auftrags **bitten** 2 **Grund** der ~ des Kontraktes ist ... 3 wir sind überzeugt, daß es nicht zur ~ des Auftrages **kommen** wird 4 die ~ des Auftrages **vormerken**

1 nous devons vous demander l'annulation de la commande 2 la raison pour l'annulation du contrat est ... 3 nous sommes convaincus que l'annulation de la commande n'adviendra pas 4 prendre note de l'annulation de la commande

Anordnen, die **Einfuhrstellen** haben angeordnet, daß ...

les autorités d'importation ont décrété que ...

Anordnung, s. Verordnung

Anpassen, 1 wir werden bemüht sein, uns Ihren **Forderungen** anzupassen 2 passen Sie danach die **Kalkulation** an 3 teilen Sie uns mit, ob Sie die Erzeugnisse dem eingesandten **Muster** entsprechend ~ können 4 die **Produktion** einer veränderten Marktlage ~

1 nous nous efforcerons de nous conformer à vos exigences 2 veuillez ajuster le calcul en conséquence 3 veuillez nous faire savoir si vous pouvez adapter les produits conformément à l'échantillon envoyé 4 adapter la production à une situation changée du marché

Anrechnen, Sie haben **zuviel** angerechnet

vous nous avez facturé (od. compté) en trop

Anrechnung f man muß die Zinsen in ~ bringen

les intérêts doivent être portés en compte

Anrecht n (s.a. Anspruch, Recht) 1 wir möchten sehr ungern das ~ auf Schadenersatz **einbüßen** 2 wir werden lieber auf das ~ auf eine Ersatzlieferung **verzichten**

1 il nous déplairait beaucoup de perdre notre droit au dédommagement (od. aux dommages-intérêts) 2 nous préférons renoncer au droit d'une livraison de remplacement

Anregung f wir taten es **auf** ~ des Spediteurs

Anruf s. Gespräch

Anrufen, 1 eine höhere **Instanz** ~ 2 jede Partei kann zur Festlegung einer angemessenen Lieferfrist das **Schiedsgericht** ~ 3 wir werden Sie **telefonisch** ~

Ansässig, 1 der **Gläubiger** ist in London ~ 2 eine in Kanada –e **Person**

Anschaffung f 1 ~ des **Ertrags** 2 –skosten 3 –en von **Vorräten** 4 den –swert der Möbel abschreiben

Anscheinend, hier liegt ~ ein **Mißverständnis** vor

Anschließen, 1 wir schließen uns dem **Vorschlag** an 2 dieser **Waggon** war an den Personenzug angeschlossen

Anschluß m 1 im ~ an unseren **Brief** 2 in ~ an unser heutiges Ferngespräch mit Ihnen

Anschrift s. Adresse

Ansehen n 1 die Gültigkeit eines widerruflichen Akkreditivs wird sechs Monate nach dem Datum als **erloschen** angesehen 2 wir würden es als große **Gefälligkeit** ~ 3 mit besonderem **Interesse** haben wir uns Ihre Musterkollektion angesehen

Ansehnlich, wir verbürgen Ihnen einen –en Gewinn

Ansicht f 1 abweichende ~ 2 allgemeine ~ 3 **anderer** ~ sein 4 wir können uns Ihrer ~ nicht **anschließen** 5 sie haben sich bemüht, Ihre ~ **durchzusetzen** 6 **Einheitlichkeit** der –en 7 im **Einklang** mit dieser ~ 8 **Exemplar** zur ~ 9 sie **kamen** zur ~, daß ... 10 **nach** ~ der Fachleute 11 **Rechts**– 12 das ist eine –ssache 13 die Ware zur ~ **senden** 14 –ssendung 15 wir **teilen** die ~, daß ... 16 **Übereinstimmung** der –en 17 wir **vertreten** die ~, daß ...

Anspruch m 1 abgelehnter ~ 2 Ihren Schadenersatz– haben wir in vollem Umfang **anerkannt** 3 er wird unseren ~ **auf** Ersatz in vollem Ausmaße **befriedigen** 4 **berechtigter** ~ 5 die unseren ~ auf Ersatzentschädigung dieser Sendung **beweisenden** Belege 6 einen Ent–

nous l'avons fait sur proposition (od. suggestion) du commissionnaire de transport

1 faire appel à une instance supérieure 2 chaque partie peut recourir (od. faire appel) au tribunal arbitral pour la détermination d'un délai de livraison équitable 3 nous vous contacterons par téléphone (od. nous vous téléphonerons)

1 le créancier est domicilié à Londres 2 une personne résidant (od. domiciliée) au Canada

1 effectuer la couverture du rapport 2 frais d'acquisition 3 achats de stocks (de marchandises) 4 amortir la valeur d'acquisition des meubles

il s'agit ici apparemment d'un malentendu

1 nous nous rallions à la proposition 2 ce wagon était joint au train de voyageurs

1 comme suite à notre lettre 2 comme suite à notre conversation téléphonique de ce jour avec vous

1 la validité d'un accréditif révocable est considérée (comme) expirée 6 mois après la date de notification 2 nous le considérerions comme une grande complaisance 3 nous avons examiné votre collection d'échantillons avec un intérêt particulier

nous vous garantissons un bénéfice appréciable

1 opinion divergente 2 point de vue général 3 être d'un autre avis 4 nous ne pouvons nous rallier à votre opinion 5 ils se sont efforcés de faire accepter leur point de vue 6 unanimité des opinions 7 en concordance avec cette opinion 8 exemplaire à vue 9 ils aboutirent à la conclusion que ... 10 à (od. selon) l'avis des experts 11 opinion juridique 12 c'est (une) affaire d'opinion 13 envoyer la marchandise au choix (od. à vue) 14 envoi au choix 15 nous partageons l'avis (od. l'opinion) que ... 16 conformité des opinions 17 nous sommes d'avis que ...

1 revendication rejetée 2 nous avons reconnu votre demande d'indemnité dans toute son étendue 3 il donnera entièrement satisfaction à notre demande de compensation 4 revendication justifiée 5 les preuves justifiant notre demande de réparation du dommage intervenu à

Anspruch — Ansuchen

schädigungs– einreichen 7 diese Waren entsprechen unseren Ansprüchen 8 Ihr Provisions– entsteht in dem Augenblick, wenn ... 9 ~ auf Entschädigung **erheben** 10 dieser Bericht **erhebt** keinen ~ auf Vollständigkeit 11 **Ersatz**– geltend machen 12 **eventueller** ~ 13 die aus dem Vertrag **fließenden** Ansprüche geltend machen 14 **früherer** ~ 15 **gesetzlicher** ~ 16 die Ausführung des Auftrags würde ungefähr 2 Monate **in** ~ nehmen 17 die Dienste einer Bank in ~ **nehmen** 18 **Patent**– 19 **Rechts**– 20 das wird große Ansprüche an die Beförderung **stellen** 21 **(un)streitiger** ~ 22 nach **Überprüfung** Ihres –es auf Entschädigung 23 **unbestreitbarer** ~ 24 **Verfall** des –es 25 **verfallener** ~ 26 Ihr ~ ist bereits **verjährt** 27 wir raten Ihnen, auf die erhobenen Ansprüche zu **verzichten** 28 Sie müssen sich mit Ihrem ~ an den Spediteur **wenden** 29 **Zahlungs**– 30 wir können von unserem ~ nicht **zurücktreten**

l'envoi **6** introduire une demande d'indemnité **7** ces marchandises répondent à nos exigences **8** votre droit à une commission naît au moment où ... **9** revendiquer un droit à (une) indemnité **10** ce rapport ne prétend pas être complet **11** faire valoir un droit à réparation du dommage **12** revendication (od. prétention) éventuelle **13** faire valoir les droits découlant du contrat **14** revendication antérieure **15** revendication légitime **16** l'exécution de la commande demanderait un délai d'environ 2 mois **17** recourir aux services d'une banque **18** revendication de brevet **19** prétention juridique **20** ceci demandera de gros efforts pour le transport **21** revendication (incontestable) litigieuse **22** après examen de votre demande d'indemnité **23** revendication incontestable **24** déchéance d'un droit **25** revendication déchu **26** votre demande d'indemnité a été introduite hors délais; votre droit est périmé **27** nous vous conseillons de renoncer aux droits revendiqués **28** pour votre réclamation veuillez vous adresser à votre transitaire **29** droit à paiement **30** nous ne pouvons nous désister de notre droit

Anstalt *f* 1 **Kredit**– 2 **Versicherungs**–

1 établissement (od. institut) de crédit 2 (öffentliche) Caisse Nationale (od. institution) d'Assurance / (sonst) société (od. compagnie) d'assurances

Anstand *m* 1 dieses Vorgehen hat die **Grenzen** des –es überschritten 2 Anstände gegen eine **Rechnung** vorbringen 3 sie haben nicht einmal soviel ~ gezeigt ...

1 cette manière d'agir a dépassé les bornes de la convenance 2 contester une facture 3 ils n'ont même pas montré la décence de ...

Anständig, sie haben sich sehr ~ **verhalten**

ils se sont comportés d'une manière très décente (od. honnête)

Anstandslos, Ihr Projekt wurde ~ **angenommen**

votre projet a été accepté sans aucune objection

Ansteigen *n* 1 infolge starken –s der **Nachfrage** nach Zitronen 2 weil ein ~ der **Preise** erwartet wird 3 das wesentliche ~ der **Produktion** macht es erforderlich, daß wir ... 4 der **Verkauf** dieses Artikels ist im ~

1 par suite de l'accroissement important de la demande en citrons 2 du fait qu'une hausse des prix est à prévoir 3 l'augmentation considérable de la production exige que nous ... 4 la vente de cet article croît

Anstoß *m* wir haben an der mangelhaften Ausführung ~ **genommen**

nous avons trouvé à redire à l'exécution peu satisfaisante

Anstreben, eine **Einigung** mit dem Lieferanten ~

rechercher un arrangement avec le fournisseur

Ansturm *m* wir haben den ~ der Aufträge **bewältigt**

nous avons pu faire face à l'affluence des commandes

Ansuchen *n* 1 das ~ um Zahlungsbewilligung wurde **abgewiesen** 2 zur **Begründung** dieses –s legen wir nachstehende Unterlagen vor ... 3 suchen Sie sofort um die Einfuhr**bewilligung** bei ...

1 la requête d'autorisation de paiement a été refusée 2 à l'appui de cette requête nous soumettons les documents suivants ... 3 veuillez faire immédiatement la demande de licence d'importation auprès

Ansuchen — Antwort

an 4 **dringendes** ~ 5 wir **entsprechen** Ihrem ~ und ... 6 **ergänzen** Sie unverzüglich Ihr ~ um ... 7 wir werden eine günstige **Erledigung** Ihres –s empfehlen 8 auf **Grund** Ihres –s um ein Visum 9 die **Importeure** suchen bei der Zentralbank um Devisenzuteilung zur Bezahlung der eingeführten Waren an 10 wir versprechen Ihnen, Ihr ~ zu **unterstützen**

Anteil *m* 1 **Fest**– 2 **Gesellschafts**– 3 **Gewinn**– 4 **Gründer**– 5 **prozentuale** –e am Gesamtaußenhandel 6 einen entsprechenden Kosten– **übernehmen**

Anteilig s. Verhältnismäßig
Antidumping *n* einen –zoll bis zur Höhe der Dumpingspanne **erheben**

Antrag *m* 1 einen **Abänderungs**– einbringen 2 einen ~ **annehmen** 3 auf ~ unseres Vertreters 4 ~ **auf** Stückzählung 5 **Schluß**– 6 einen ~ auf Gewinnteilung **stellen** 7 einen **Visum**– bei dem mexikanischen Konsulat einreichen

Antrieb *m* (s.a. Anlaß, Anregung) aus unserem eigenen ~

Antwort *f* 1 **ablehnende** ~ 2 wir wollen vorerst Ihre ~ **abwarten,** ehe wir die Waren abschicken 3 **ausweichende** ~ 4 **baldige** ~ 5 **befriedigende** ~ 6 **bejahende** ~ 7 der Kunde **dringt** auf ~ 8 die ~ **eilt** sehr 9 **endgültige** ~ 10 unter der Voraussetzung, daß wir Ihre ~ rechtzeitig **erhalten** 11 wir **erwarten** Ihre ~ mit Ungeduld 12 wir **freuen** uns auf Ihre baldige ~ 13 **günstige** ~ 14 **klare** ~ 15 –**postkarte** 16 **postwendende** ~ 17 internationaler –**schein** 18 Sie **schulden** uns bisher ~ auf unseren Brief 19 wir bitten um **sofortige** ~ 20 **sofortige** ~ 21 **Telegramm** mit bezahlter ~ 22 **umgehende** ~ 23 wir **vermissen** bis heute Ihre ~ auf unseren Brief vom 10. Juni 24 **verspätete** ~ 25 wir bedauern, daß wir Sie so lange auf ~ **warten** lassen mußten 26 **zustimmende** ~

de ... 4 requête urgente 5 nous donnons suite à votre requête et ... 6 veuillez compléter sans délai votre requête de ... 7 nous recommanderons qu'une suite favorable soit donnée à votre requête 8 à la suite de votre demande pour un visa 9 les importateurs demandent auprès de la Banque Centrale une allocation de devises pour le paiement des marchandises importées 10 nous vous promettons d'appuyer votre requête

1 proportion fixe 2 apport de sociétaire 3 part de bénéfice 4 part de fondateur 5 pourcentages sur le total du commerce extérieur 6 supporter (od. prendre en charge) une partie des frais correspondants

percevoir un droit antidumping allant jusqu'au montant de la marge de dumping

1 (jur) déposer un amendement / (sonst) soumettre une proposition de modification 2 accepter une demande 3 sur (od. à la) demande de notre représentant 4 demande de comptage à la pièce 5 (Prozeß) conclusion 6 déposer une demande de distribution des bénéfices 7 introduire (od. faire) une demande de visa auprès du Consulat Mexicain
de notre propre initiative

1 réponse négative 2 pour l'instant, nous attendons votre réponse avant d'expédier les marchandises 3 réponse évasive 4 réponse prochaine 5 réponse satisfaisante 6 réponse affirmative 7 le client insiste sur une réponse 8 la réponse est très urgente 9 réponse définitive 10 à condition que nous recevions votre réponse en temps utile 11 nous attendons votre réponse avec impatience 12 en attendant le plaisir de votre réponse prochaine 13 réponse favorable 14 réponse claire et nette 15 carte-réponse 16 réponse par retour du courrier 17 coupon-réponse international 18 vous nous devez encore une réponse à notre lettre 19 nous demandons une réponse immédiate 20 réponse immédiate (od. par retour du courrier) 21 télégramme RP (réponse payée) 22 réponse par retour du courrier 23 nous sommes toujours sans votre réponse à notre lettre du 10 juin à ce jour 24 réponse tardive 25 nous regrettons de vous avoir fait attendre une réponse aussi longtemps 26 réponse affirmative

Antworten (s.a. Beantworten) **postwendend** ~ — répondre par retour du courrier

Anvertrauen, 1 wir müssen das anvertraute **Geheimnis** wahren 2 die Sendung, die Sie unserer **Obhut** anvertraut haben, ist in Ordnung angekommen

Anwalt *m* s. Rechtsanwalt

Anweisen, wir sind **auf** Ihre Information angewiesen 2 dem Lieferanten **Geld** ~ 3 wir werden die Bank in diesem **Sinn** ~

Anweisung *f* 1 die ~ **abzureisen** 2 weitere –en **abwarten** 3 wir haben hiermit unsere –en **aufgehoben** 4 die –en des Kunden **ausführen** 5 –en für die **Ausstattung** der Ware 6 die –en genau **beachten** (ou befolgen) 7 –en für die **Bedienung** vom Hersteller erbitten 8 **Dienst**–en 9 **diesbezügliche** –en 10 wir haben alle Ihre –en sorgfältig **durchgeführt** 11 die erteilten –en **einhalten** 12 wir lagern die Waren bis zum **Eintreffen** Ihrer –en ein 13 **entgegen** unseren –en 14 **entgegengesetzte** ~ 15 den –en **entsprechen** 16 bis zum **Erhalt** Ihrer –en 17 die Fabrik hat bereits die erforderlichen –en **erhalten** 18 in **Ermangelung** anderer –en 19 rechtzeitig vollständige und genaue –en zur Expedition **erteilen** 20 falls keine anderen –en **erteilt** sind 21 **Gebrauchs**– 22 im entgegengesetzten Fall würde ~ zur Einstellung der Produktion **gegeben** werden 23 sofern nicht ausdrücklich **gegenteilige** –en erteilt sind 24 die Kisten müssen **genau** unseren –en gemäß bezeichnet werden 25 **halten** Sie sich genau an unsere –en 26 diesen Betrag haben wir Ihnen durch internationale **Post**– gesandt 27 dem Spediteur eine **schriftliche** ~ erteilen 28 **spezielle** –en hinsichtlich des rechtlichen Vorgehens im Falle der Nichtzahlung 29 **Transport**–en 30 im Sinne Ihrer –en **veranlassen** wir die Nachwiegung der Sendung 31 unser Auftrag wurde nicht in **Übereinstimmung** mit unseren –en ausgeführt 32 auf Grund der –en **verfahren** 33 der Spediteur erhält von uns genaue **Versand**–en 34 wir **widerrufen** unsere –en vom 6. November 35 **Zahlungs**–

1 nous devons maintenir le secret qui nous a été confié 2 l'envoi que vous avez confié à nos soins est bien arrivé

1 nous sommes tributaires de vos informations 2 mandater de l'argent au fournisseur 3 nous donnerons des instructions dans ce sens à notre banque

1 ordre de partir 2 attendre des instructions complémentaires 3 par ce fait nous avons révoqué (od. annulé) nos instructions 4 exécuter les instructions du client 5 les instructions pour la présentation de la marchandise 6 respecter strictement les instructions 7 demander au fabricant des instructions (od. des notices) d'emploi 8 instructions de service 9 des instructions correspondantes 10 nous avons scrupuleusement exécuté toutes vos instructions 11 respecter les instructions données 12 nous entreposons les marchandises jusqu'à l'arrivée de vos instructions 13 contrairement à nos instructions 14 instructions contraires 15 être conforme aux instructions 16 jusqu'à la réception de vos instructions 17 l'usine a déjà reçu les instructions nécessaires 18 à défaut d'autres instructions 19 donner en temps utile des instructions complètes et précises pour l'expédition 20 si aucune autre instruction n'est donnée 21 mode d'emploi 22 dans le cas contraire des instructions seraient données pour l'arrêt de la production 23 si des instructions contraires n'ont pas été données expressément 24 les caisses devront être marquées strictement suivant nos instructions 25 veuillez vous conformer exactement à nos instructions 26 nous vous avons envoyé ce montant par mandat international 27 donner une instruction écrite au commissionnaire de transport 28 des instructions spéciales relatives aux actions en justice en cas de non-paiement 29 instructions de transport 30 conformément à vos instructions nous ordonnons la vérification du poids de l'envoi 31 notre commande n'a pas été exécutée en conformité avec nos instructions 32 procéder suivant les instructions 33 le commissionnaire de transport reçoit de notre part des instructions précises d'expédition 34 nous révoquons nos instructions du 6/11 35 mandat (od. ordre) (de paiement)

Anwendbar, soweit ~
pour autant que cela est applicable

Anwenden, 1 vorübergehend angewendete **Einfuhrverbote** 2 bei der Herstellung wurden die neuesten wissenschaftlichen **Forschungsergebnisse** angewandt 3 damit wir nicht andere **Mittel** ~ müssen 4 es wird zu diesem **Zweck** laufend angewandt
1 les prohibitions d'importation temporairement appliquées 2 les derniers résultats des recherches scientifiques ont été appliqués lors de la fabrication 3 pour ne pas être obligés d'appliquer d'autres moyens 4 ceci est couramment utilisé dans ce but

Anwendung f 1 die ~ dieses Zollsatzes auf solche Ware war vorübergehend **aufgehoben** 2 zu **sofortiger** ~ 3 **unbeschränkte** ~ 4 **unrichtige** ~ 5 besondere **Vorschriften** für die ~ der allgemeinen Richtlinien
1 l'application de ce taux de douane pour de telles marchandises était temporairement suspendue 2 pour utilisation immédiate 3 utilisation illimitée 4 utilisation non conforme (od. incorrecte) 5 des prescriptions particulières pour l'application des directives générales

Anwesend, Ihr Monteur war **beim Öffnen der Kiste**
votre monteur était présent à l'ouverture de la caisse

Anwesenheit f Ihre persönliche ~ bei der Verhandlung ist unbedingt **notwendig**
votre présence personnelle à la négociation est absolument nécessaire

Anzahl f 1 **angemessene** ~ 2 **annähernde** ~ 3 **beschränkte** ~ 4 **genaue** ~ 5 **geringere** ~ 6 **gesamte** ~ 7 die um 3 Stück **höhere** ~ 8 die ~ der Kisten telegrafisch melden 9 **Mindest–**
1 nombre approprié 2 nombre approximatif 3 nombre limité 4 nombre précis 5 nombre plus faible (od. moins important) 6 nombre total 7 le nombre supérieur de 3 pièces 8 signaler télégraphiquement le nombre de(s) caisses 9 nombre minimum

Anzahlung f 1 den als ~ erhaltenen Betrag werden wir von der Rechnung **abziehen** 2 die ~ muß bei einer zuverlässigen örtlichen Bank **hinterlegt** werden 3 der Lieferant **verlangt** eine ~ von DM 4.500,—
1 le montant reçu en acompte sera déduit de la facture 2 l'acompte doit être déposé auprès d'une banque locale solide 3 le fournisseur demande un acompte de DM 4.500,—

Anzeichen n 1 es machen sich die ersten ~ eines Rückganges der Nachfrage **bemerkbar** 2 die Lieferung wies ~ einer **Beschädigung** auf 3 aus den ~ kann man **schließen,** daß ... 4 allen ~ am Markt **zufolge**
1 les premiers indices d'une baisse (od. d'un recul) de la demande sont à remarquer 2 l'envoi présentait des signes d'endommagement 3 les indices permettent de conclure que ... 4 d'après tous les indices du marché

Anzeige f 1 unverzügliche **Absendung** der ~ 2 **–nagentur** 3 **amtliche** ~ 4 **–ausschnitt** 5 wir **beziehen** uns auf Ihre ~ in der Nürnberger Zeitung 6 **–nbüro** 7 die **Eingangs–** 8 die ~ sollte täglich **eingeschaltet** werden 9 **Empfangs–** 10 nach **Erhalt** Ihrer ~ 11 eine ~ in der Zeitung **erscheinen** lassen 12 aus Ihrer ~ in der Zeitschrift **ersehen** wir 13 **Fernschreib–** 14 **ganzseitige** ~ 15 **Größe** der ~ 16 **Klein–**n 17 **Ladungs–** 18 **schriftliche** ~ 19 den niedrigsten **–ntarif** berechnen 20 **telegrafische** ~ 21 wir haben eine ~ **vergeben** 22 **Verlust–** 23 **Versand–** 24 **Verschiffungs–** 25 die **Vor–** 26 **–nwerbung**
1 expédition immédiate de l'avis 2 agence de publicité 3 annonce officielle; avis officiel 4 coupure d'annonce 5 nous référant à votre annonce dans la Nürnberger Zeitung 6 agence de publicité 7 l'avis d'arrivée 8 l'annonce devrait paraître tous les jours 9 accusé de réception 10 après la réception de votre avis 11 faire paraître une annonce dans le journal 12 nous tirons de votre annonce dans le périodique (od. la revue) 13 avis par télex 14 annonce sur (une) page entière 15 la grandeur de l'annonce 16 petites annonces 17 avis de chargement 18 avis par écrit 19 facturer le tarif de publicité le plus bas 20 avis par télégramme 21 nous avons conclu une annonce 22 avis de perte 23 avis d'expédition 24 avis d'embarquement 25 avis préalable 26 publicité par annonces

Anzeigen, der Kontoinhaber muß der Bank jede Veränderung in der Kontobenennung **schriftlich** ~
Anzeiger *m* 1 **Amtlicher** ~ 2 **Bundes–**

le titulaire du compte doit notifier à la banque par écrit chaque changement de la désignation du compte
1 bulletin officiel 2 bulletin du Gouvernement fédéral

Apparat *m* 1 **am** ~ war Herr Knapp 2 **Verwaltungs–**

1 M. Knapp était à l'appareil (téléphonique) 2 appareil administratif

Arbeit *f* 1 **administrative** ~ 2 **Akkord–** 3 wegen großen **–sandrangs** 4 unter normalen **–sbedingungen** der Fabrik 5 die Monteure haben ihre ~ am 3. Juni **beendet** 6 sorgen Sie dafür, daß mit der ~ sofort **begonnen** wird 7 ~ auf **Bestellung** 8 die ~ **einstellen** 9 **Fach–** 10 gelegentliche ~ 11 **Handwerks–** 12 der Auftrag ist bereits **in** ~ 13 **–skarte** 14 **komplizierte** ~ 15 **–skraft** 16 Auslagen für Material und für **geleistete** ~ 17 **Lohn–** 18 **–slos** 19 **–slosigkeit** 20 **mangelhafte** ~ 21 **Mehr–** 22 **–sordnung** 23 wir beabsichtigen, es auf das **–sprogramm** zu setzen 24 **–sprozeß** 25 **Qualitäts–** 26 **–sruhe** 27 **Serien–** 28 **tadellose** ~ 29 **–stag** 30 wegen **–süberlastung** 31 **Überstunden–** 32 **unaufschiebbare** ~ 33 ~ **verschaffen** 34 **Vor–en** 35 diesen **–s-vorgang** in weniger als einer Minute vollenden 36 **–szeit** 37 in **Zusammen–** mit Ihnen

1 travail administratif 2 travail à la pièce 3 en raison d'une surcharge de travail 4 dans des conditions normales de travail de l'usine 5 les monteurs (od. mécaniciens) ont terminé leur travail le 3 juin 6 veuillez veiller à ce que le travail commence immédiatement 7 travail sur commande 8 cesser (od. arrêter od. suspendre) le travail; se mettre en grève 9 travail de métier (od. de spécialiste) 10 travail occasionnel 11 travail artisanal 12 la commande est déjà en production 13 fiche de travail (od. de pointage) 14 travail compliqué 15 travailleur; ouvrier 16 dépenses pour matières et main-d'œuvre 17 travail à façon 18 sans travail; en chômage 20 travail défectueux 21 travail supplémentaire 22 règlement de travail (od. d'atelier) 23 nous avons l'intention de l'introduire dans notre programme de travail 24 procédé de travail; processus de travail 25 travail de qualité 26 arrêt (od. interruption) du travail 27 production en série 28 travail sans défauts; travail irréprochable (od. impeccable) 29 jour ouvrable; jour de travail 30 en raison de surcharge de travail 31 heures de travail supplémentaires 32 travail urgent 33 procurer du travail 34 travaux préparatoires 35 effectuer cette opération de travail en moins d'une minute 36 heures de travail 37 en coopération avec vous

Arbeiten, 1 in Akkord ~ 2 wir ~ schon lange in diesem **Fach** 3 mit **Gewinn** ~ 4 wir ~ an der **Lieferung** für Ihr Unternehmen 5 sie ~ auf eigene Rechnung 6 sie ~ mit **Verlust**

1 travailler à la pièce (od. tâche) 2 nous travaillons depuis longtemps déjà dans cette spécialité 3 travailler avec bénéfice 4 nous travaillons à la livraison pour votre entreprise 5 ils travaillent pour leur propre compte 6 ils travaillent avec perte

Arbeiter *m* 1 **Fach–** 2 Herrn Schwarz als **tüchtigen** ~ empfehlen

1 ouvrier spécialisé (od. qualifié) 2 recommander M. Schwarz comme ouvrier capable (od. de valeur)

Arbitrage *f* (s.a. Schiedsgericht) 1 alle Streitfälle durch ~ endgültig **schlichten** 2 die Angelegenheit der ~ **unterbreiten** 3 das **–verfahren** wurde am 23. März eingeleitet

1 trancher définitivement tous les litiges par arbitrage (od. juridiction arbitrale) 2 soumettre l'affaire à l'arbitrage (od. au tribunal d'arbitrage) 3 la procédure arbitrale a été engagée (od. introduite) le 23 mars

Archiv *n* 1 im ~ **aufbewahren** 2 **–exemplar** 3 aus dem ~ **heraussuchen**

1 conserver dans les archives 2 exemplaire pour les archives 3 rechercher dans les archives

Argument *n* 1 **triftiges** ~ 2 neue –e für und wider **vorbringen** 3 dem Partner die –e **widerlegen**

Arrangieren, die Kollektion ist sehr geschmackvoll arrangiert

Art *f* 1 wir würden gerne erfahren, **auf** welche ~ die Kontingente festgesetzt werden 2 ~ der **Beschädigung** 3 **festgesetzte** ~ und Weise 4 an weiteren **Geschäften** dieser ~ haben wir kein Interesse 5 **in** der ~ 6 wir würden eine Zusammenarbeit jeglicher ~ begrüßen 7 ~ der **Sendung** 8 ~ des **Transports** 9 **Verpackungs**– 10 geben Sie uns die ~ der **Verwendung** an 11 auf richtige ~ und **Weise** 12 die Frage der **Zahlungs**– ist immer noch ungelöst

1 argument solide (od. fondé) 2 produire de nouveaux arguments pour et contre 3 réfuter les arguments du partenaire
la collection a été arrangée avec beaucoup de goût
1 nous aimerions savoir de quelle manière les contingents sont fixés 2 la nature de l'endommagement (od. du dégât) 3 manière (od. façon) prévue 4 nous ne trouvons plus aucun intérêt à des affaires futures de ce genre 5 dans ce genre; de cette manière 6 nous serions favorables à une coopération de toute nature 7 nature de l'envoi 8 mode de transport 9 méthode d'emballage; nature de l'emballage 10 veuillez nous indiquer la méthode d'emploi 11 d'une manière correcte 12 la question du mode de paiement n'est pas encore résolue

Artikel *m* (s.a. Ware) 1 **gangbarer** ~ 2 **Industrie**– 3 **Leit**– in der heutigen Zürcher Zeitung 4 **Marken**– 5 **Massen**– 6 **Massenbedarfs**– 7 **Mode**– 8 **Saison**– 9 schwer **verkäuflicher** ~ 10 mit Interesse haben wir den im „Handelsblatt" **veröffentlichten** ~ betreffs Ihrer Füllfeder gelesen 11 **Vertrags**– 12 **Zeitungs**–

1 article de bon débit 2 produit industriel 3 l'éditorial de la Zürcher Zeitung d'aujourd'hui 4 produit de marque 5 article de grande série (od. de masse) 6 article de consommation de masse 7 article de modes 8 article de vente saisonnière 9 article difficile à placer; article de mauvaise vente 10 nous avons lu avec intérêt votre article publié dans le «Handelsblatt» au sujet de votre stylo 11 article (od. clause) du contrat 12 article de journal

Assoziation *f* 1 **Europäische** Freihandels–– 2 **Lateinamerikanische** Freihandels––

1 Association Européenne de libre-échange A.E.L.E. (EFTA) 2 Association d'Amérique latine de libre-échange

Attaché *m* 1 der **Handels**– hat seine **Hilfe** zugesagt 2 nach **Intervention** des Handels–s beim Ministerium

1 l'attaché commercial a promis son assistance 2 après l'intervention de l'attaché commercial auprès du ministère

Attrappe *f* 1 **Packungs**– 2 **Schaufenster**–

1 emballage de décoration 2 maquette d'exposition en vitrine

Aufbau *m* die Ausstellung **ist** noch im ~

l'exposition est encore en (cours de) construction

Aufbauen, sie haben ein gut gehendes Unternehmen aufgebaut

ils ont monté une entreprise prospère

Aufbewahren, 1 die Ware unter **Dach** und Fach ~ 2 bewahren Sie den Beleg für späteren **Gebrauch** auf 3 die Ware **gesondert** ~ 4 **kühl** ~ 5 die Waren haben wir im **Lagerhaus** ~ lassen 6 **trocken** ~ 7 bewahren Sie die Muster **vorläufig** bei Ihnen auf

1 stocker (od. entreposer) la marchandise à l'abri (od. sous toit) 2 veuillez conserver cette pièce justificative pour utilisation ultérieure 3 entreposer les marchandises séparément 4 tenir au frais 5 nous avons fait emmagasiner les marchandises à l'entrepôt 6 tenir au sec 7 veuillez garder (od. conserver) provisoirement les échantillons chez vous

Aufbewahrung *f* 1 ~ der Handels**bücher** 2 ~ der **Korrespondenz**

1 conservation des livres 2 conservation de la correspondance

Aufenthalt *m* 1 **anläßlich** Ihres letzten –es in Paris 2 –s**dauer** auf 5 Tage schätzen 3 –s**erlaubnis** 4 –s**kosten** den Monteuren vergüten 5 ein Hotel, wo sie **unbedenk**-

1 à l'occasion de votre dernier séjour à Paris 2 estimer la durée de séjour à 5 jours 3 autorisation de séjour 4 rembourser les frais de séjour aux monteurs (od. méca-

lich ~ nehmen können 6 vorübergehender ~
Auferlegen, 1 eine **Geldstrafe** von 1% des C.I.F. Wertes der Waren kann auferlegt werden 2 dieser Ware wurde eine 6%ige **Steuer** auferlegt 3 durch den Vertrag werden uns folgende **Pflichten** auferlegt
Auffordern, 1 den Käufer **schriftlich** zur Abnahme der Lieferung innerhalb einer angemessenen Frist ~ 2 wir wurden zur Teilnahme an einem öffentlichen **Wettbewerb** bezüglich Zündhölzer aufgefordert
Aufforderung *f* 1 auf Ihre ~ vom 2. September 2 der ~ hierzu nicht **nachkommen**
Aufgabe *f* 1 die –n des Vertreters abgrenzen 2 Sie haben sich Ihrer ~ gut **entledigt** 3 wir müssen vor allem die gegebene ~ **erfüllen** 4 es sind uns neue –n **erwachsen** 5 Ihre ~ **ist** es vor allem, den Schiffsraum zu besorgen 6 wir **machen** es uns zur ~ 7 **-ort** 8 ~ der Sendung auf der Bahn 9 **-stempel** 10 wir machen uns diese Intervention **zur** ~

Aufgeben, 1 eine Sendung am **Bahnhof** ~ 2 einen **Brief** auf der Post ~ 3 wir können unsere **Forderungen** auf ... nicht ~ 4 das **Geschäft** ~ 5 wir geben die **Hoffnung** nicht auf, daß ... 6 als Sammelsendung aufgegebene **Pakete** 7 ein **Telegramm** auf dem hiesigen Telegrafenamt ~

Aufhalten, 1 wir müssen uns **darüber** ~ 2 die unmittelbar drohende **Gefahr** einer bedeutenden Abnahme ihrer Ausfuhr ~ 3 den **Waggon** unterwegs ~

Aufheben, 1 die **Kontingentierung** dieser Ware ~ 2 hiermit heben wir unsere **Weisungen** auf 3 den **Zoll** auf die angeführten Waren ~

Aufhebung *f* 1 ~ der **Ausfuhrzölle** 2 verlangen Sie die ~ der **Entscheidung**
Aufkaufen, die **Konkurrenz** hat sämtliche Waren aufgekauft
Aufklären, Sie müssen uns **darüber** ~

Aufklärung *f* 1 Sie **schulden** uns noch eine ~ 2 nach ~ der ganzen **Situation**

Aufkommen, für eventuelle Ihnen be-

niciens) 5 un hôtel où ils peuvent séjourner sans hésiter 6 séjour temporaire
1 une pénalité pécuniaire de 1% sur la valeur C.A.F. des marchandises peut être appliquée 2 cette marchandise a été frappée d'une taxe de 6% 3 les obligations suivantes nous ont été imposées par le contrat
1 inviter le client par écrit à prendre livraison de la marchandise dans un délai raisonnable 2 nous avons été invités à participer à un concours public pour la livraison d'allumettes

1 comme suite à votre requête du 2 septembre 2 ne pas donner suite à une demande (od. requête; sommation)
1 définir les fonctions (od. tâches) du représentant 2 vous vous êtes bien acquitté de votre mission 3 avant tout nous devons accomplir la tâche qui nous a été dévolue 4 de nouvelles tâches nous ont été créées 5 votre mission consiste avant tout à retenir le tonnage requis à bord d'un navire 6 nous nous faisons un devoir de 7 lieu d'expédition 8 expédition de l'envoi par chemin de fer 9 cachet d'expédition 10 nous nous faisons un devoir d'intervenir dans cette affaire
1 expédier l'envoi par chemin de fer 2 expédier une lettre par la poste 3 nous ne pouvons pas abandonner (od. renoncer à) nos revendications concernant ... 4 se retirer d'une affaire (od. entreprise) 5 nous ne perdons pas l'espoir que ... 6 des colis postaux expédiés par envoi collectif 7 envoyer un télégramme du bureau télégraphique local

1 nous devons faire des objections à ce sujet 2 neutraliser le danger imminent d'un ralentissement important de leurs exportations 3 arrêter le wagon en cours de route
1 annuler (od. supprimer) les contingentements pour ces marchandises 2 par la présente nous annulons nos instructions 3 supprimer les droits de douane pour les marchandises en question
1 suppression des droits à l'exportation 2 exigez l'annulation de la décision
la concurrence a acheté en bloc toutes les marchandises
vous devez nous donner des explications à ce sujet
1 vous nous devez encore une explication 2 après éclaircissement de la situation dans son ensemble

nous répondons de toutes les dépenses que

reits entstandene **Kosten** kommen wir auf

Auflade-, 1 **–einrichtung** 2 **–gebühr**

Aufladen *n* die **Beschädigung** ist beim ~ entstanden

Auflage *f* die **Zeitschrift** erscheint in einer ~ von 10 000 Exemplaren

Auflösen, das Konsignations**lager** wurde aufgelöst

Auflösung *f* Vertrags–

Aufmachung *f* 1 die ~ der Waren muß **geschmackvoll** sein 2 die Dokumente entsprechen der äußeren ~ **nach** den Akkreditiv-Bedingungen

Aufmerksam, 1 wir machen Sie **ausdrücklich** darauf ~, daß ... 2 Sie wurden **bestimmt** darauf ~ gemacht, daß im Falle ... 3 mit unserem Briefe haben wir Sie auf die Insolvenz dieser Firma ~ **gemacht**

Aufmerksamkeit *f* 1 wir **danken** Ihnen für Ihre ~ 2 wir **empfehlen** die Ausführung dieses Auftrags Ihrer besonderen ~ 3 es dürfte Ihrer ~ **entgangen** sein, daß ... 4 dieses Erzeugnis **erregte** die ~ aller Besucher 5 die Ausstellung **fesselte** unsere ~ 6 wir senden Ihnen eine **kleine** ~, die Ihnen hoffentlich gefallen wird 7 wir möchten Ihre ~ darauf **lenken**, daß ... 8 ihre ~ namentlich auf ausländische Erzeugnisse **richten** 9 der Sortierung volle ~ **widmen** 10 allen Ihren Aufträgen wird die sorgfältigste ~ **zuteil** werden

Aufnahme *f* 1 nach Rückkehr unseres Herrn Macchi **danken** wir Ihnen für die freundliche ~, bei Ihnen zuteil wurde 2 ~**fähigkeit** des Marktes 3 ~ des **Schadens** 4 die ~ auf Postkartenformat **vergrößern**

Aufnehmen, 1 wir möchten, daß diese **Bedingung** in den Vertrag aufgenommen wird 2 den **Betrieb** ~ 3 sie möchten gerne Handels**beziehungen** mit der Firma Boss ~ 4 es ist notwendig, mit H. John wieder **Fühlung** aufzunehmen 5 die Nachricht über die Verhandlung wurde mit **Genugtuung** aufgenommen 6 unsere Erzeugnisse wurden **günstig** aufgenommen 7 die Waren auf **Lager** ~ 8 Schuh**produktion** ~ 9 über die Kontrolle wurde ein **Protokoll** aufgenommen 10 lassen Sie den entstandenen **Schaden** ~ 11 wir werden **Verhandlungen** bezüg-

vous avez éventuellement déjà faites

1 installation de chargement 2 taxe de chargement

le dommage (od. dégât) s'est produit lors du chargement

le périodique paraît avec un tirage de 10 000 exemplaires

le stock en consignation a été liquidé

annulation du contrat

1 la présentation des marchandises doit être de bon goût 2 d'après leur apparence extérieure les documents répondent aux conditions d'un accréditif

1 nous attirons particulièrement votre attention sur le fait que ... 2 votre attention a certainement été attirée sur le fait que si (od. dans le cas où) ... 3 dans notre lettre nous avons attiré votre attention sur l'insolvabilité de cette firme

1 nous vous remercions de votre attention 2 nous recommandons l'exécution de cette commande à votre attention particulière 3 il a apparemment échappé à votre attention que ... 4 ce produit a attiré l'attention de tous les visiteurs 5 l'exposition a fixé notre attention 6 nous vous envoyons ce petit présent en espérant qu'il vous plaira 7 nous voudrions porter votre attention sur le fait que ... 8 fixer particulièrement leur attention sur les produits étrangers 9 consacrer son entière attention au triage 10 toutes vos commandes recevront notre plus grande attention

1 après le retour de M. Macchi de notre firme (od. société) nous tenons à vous remercier du bon accueil que vous lui avez réservé 2 capacité d'absorption du marché 3 établissement d'un procès-verbal de dégât (od. d'avarie; de détérioration) 4 agrandir la photo au format d'une carte postale

1 nous voudrions que cette condition soit inclue dans le contrat 2 commencer les activités (od. opérations) 3 ils voudraient entrer en relations commerciales avec la firme Boss 4 il est nécessaire de reprendre contact avec M. John 5 l'information sur les négociations a été reçue avec satisfaction 6 nos produits ont été favorablement accueillis 7 admettre (od. accepter) les marchandises en stock 8 lancer la production de chaussures 9 un procès-verbal (od. protocole) a été établi sur le contrôle 10 veuillez faire constater le dégât intervenu 11 nous allons entamer des négocia-

lich einer Kompensation ~ 12 wir bitten Sie, uns eine Firma zu empfehlen, mit der wir **Verbindung** ~ könnten

Aufpassen, Sie müssen gut auf alles ~

Aufrechterhalten, 1 das **Angebot** ~ 2 die **Geschäftsverbindung** ~ 3 das **Vertrauen** in diese Währung ~

Aufrichtig, 1 es war ~ **gemeint** 2 wir senden Ihnen unsere –en **Wünsche**

Aufrunden, die **Spesen** nach oben auf volle DM ~ ; die Gebühr nach oben auf ganze DM ~

Aufschlag *m* 1 ~ auf den **Einfuhrpreis** dieser Ware 2 **Kurs**– 3 **Preis**– 4 der **Steuer**– beträgt 5%

Aufschluß *m* 1 ~ über unsere Zahlungsfähigkeit können Sie von der Firma ... **erhalten** 2 in dieser Angelegenheit müssen wir Ihnen **näheren** ~ geben.

Aufschub *m* 1 die **Angelegenheit** verträgt keinen (weiteren) ~ 2 ~ der **Zahlungsfrist** gewähren 3 ein ~ würde eine schwerlich gutzumachende Schädigung **verursachen** 4 **Zahlungs**–

Aufschwung *m* 1 ein nie dagewesener ~ im **Handel** 2 ~ der **Wirtschaft**

Aufsicht *f* 1 **amtliche** ~ 2 **Devisen**– 3 –s**rat** 4 unter **Regierungs**– sein 5 unter ~ **stehen** 6 die Waren unter **Zoll**– vernichten

Aufstapeln, die **Ware** ~
Aufstellen, 1 jährlich eine **Bilanz** ~ 2 einen **Plan** ~
Aufstellung *f* 1 **detaillierte** ~ der Waren 2 **Gesamt**–
Aufstieg *m* 1 **Kurs**– 2 jäher **Preis**–

Aufteilung *f* 1 ~ der **Gesamtgewinne** 2 ~ der **Märkte** 3 ~ der **Versorgungsquellen**

Auftrag *m* 1 zu diesem Preis kann der ~ **abgeschlossen** werden 2 die –s**änderung** muß vorher mit der Fabrik besprochen werden 3 die große **Anhäufung** von Aufträgen für diesen Artikel hat die Lieferung verzögert 4 zu unserem lebhaften Bedauern müssen wir unseren ~ annul-

tions pour la compensation **12** nous vous prions de nous indiquer une firme avec laquelle nous pourrions entrer en relation
vous devez faire bien attention à tout ce qui se passe
1 maintenir l'offre **2** maintenir (od. entretenir) les relations commerciales **3** garder la confiance en ce système monétaire
1 c'était à bon dessein **2** nous vous présentons nos souhaits (od. vœux) sincères
arrondir les frais (od. dépenses; débours) au DM supérieur; arrondir les taxes au DM supérieur
1 majoration sur le prix d'importation de cette marchandise **2** différence en plus du pair **3** augmentation de prix **4** la taxe additionnelle (od. la surtaxe fiscale) s'élève à 5%
1 vous pouvez vous renseigner sur notre solvabilité auprès de la firme ... **2** nous devons vous donner des informations plus détaillées à ce sujet
1 cette affaire n'admet aucun retard (supplémentaire) **2** accorder un atermoiement **3** un retard pourrait provoquer une perte (od. un désavantage) difficilement réparable **4** sursis de paiement; atermoiement
1 un essor de commerce jamais observé jusqu'à présent **2** la reprise industrielle
1 surveillance officielle **2** contrôle des changes **3** conseil de surveillance (od. d'administration) **4** être soumis au contrôle gouvernemental **5** être sous contrôle **6** détruire les marchandises sous (le) contrôle douanier
empiler la marchandise
1 établir (od. dresser) le bilan annuel **2** dresser un plan
1 une liste détaillée des marchandises **2** une liste globale
1 hausse des cours **2** hausse précipitée des prix
1 partage des bénéfices totaux **2** compartimentage des marchés **3** répartition des sources d'approvisionnement (od. de ravitaillement)
1 la commande peut-être passée à ce prix **2** la modification de la commande doit d'abord être discutée avec la fabrique **3** l'accumulation importante de commandes pour cet article a provoqué le retard dans la fourniture **4** nous regrettons sincèrement de devoir annuler notre com-

Auftrag — Auftrag 30

lieren **5** wir sind überzeugt, daß es nicht zur **Annullierung** des ~es kommen wird **6** sonst wird der ~ nicht in **Arbeit** gegeben **7** allen Ihren Aufträgen wird sorgfältigste **Aufmerksamkeit** zuteil werden **8** es wurde **auftragsgemäß** veranlaßt **9** im **ausdrücklichen** ~ des Kunden **10** wir erwarten die umgehende **Ausführung** unseres ~es **11** wir haben Ihren ~ vom 2. Juni **ausgeführt 12** wir hoffen, durch Ihre Aufträge **beehrt** zu werden **13** wir sind im **Besitz** Ihres ~s für Schreibtische **14** wir **bestätigen** dankend Ihren ~ Nr. A/168 **15** –**bestätigung 16** ~ im **Betrage** von DM 10.000,— **17** einen ~ **buchen 18** wir danken Ihnen bestens für Ihren ~ **19** unsere Produktion ist durch Aufträge **gedeckt 20** die Bank haftet für die rechtzeitige und richtige **Durchführung** des ~s zum Kauf von Aktien **21 Eil– 22** Lieferung binnen zwei Monaten nach –**seingang 23** wir bieten Ihnen verbindlich zur Lieferung in 30 Tagen nach **Empfang** des ~es an **24** nicht **erfüllte** Aufträge **25** die Bank **erhielt** den telegrafischen ~, das Akkreditiv zu eröffnen **26** die eingegangenen Aufträge **erledigen** wir in der Reihenfolge, wie sie angekommen sind **27** wir empfehlen die **Erledigung** dieses ~es Ihrer besonderen Aufmerksamkeit **28** einen ~ für Gartenmöbel der Firma ... **erteilen 29** die Hälfte des Preises ist bei –**serteilung** zu bezahlen **30 Expeditions– 31** wir können Ihrem ~ nicht **Folge leisten 32** weitere Aufträge werden **folgen 33** wir **freuen** uns auf Ihre zukünftigen Aufträge **34 –geber 35 im** –e und für Rechnung von Herrn Meunier **36 Inkasso– 37 Mindest– 38** dieses Akkreditiv deckt alle **offenen** Aufträge **39 Probe– 40** die Bank hat sich nach dem von Ihnen erteilten ~ vom 5. 2. **gerichtet 41 Speditions– 42 Transport– 43** die in unseren Listen angegebenen Preise gelten für Aufträge **über** 100 Stück **44** als Anlage **überreichen** wir Ihnen unseren ~ Nr. 391 zur sofortigen Lieferung **45 Überweisungs– 46** einen ~ für Kaffee bei der Firma A. Bax **unterbringen 47** der **Verkaufs– 48** wir müssen mit Bedauern feststellen, daß wir seit einiger Zeit Ihre Aufträge **vermissen 49 Versand– 50 Verschiffungs– 51** einen **Versicherungs–** dem Spediteur erteilen **52** Ihren **weiteren** Aufträgen sehen wir gern entgegen und verbleiben **53** sollte der **Wert** Ihrer Aufträge den Betrag von DM 5.000,—

mande **5** nous sommes convaincus que l'annulation de la commande n'aura pas lieu **6** faute de quoi la commande ne pourra être mise en production **7** toutes vos commandes auront notre plus grande attention **8** les dispositions ont été prises conformément à votre commande (od. à vos instructions) **9** sur ordre (od. instructions) formel(les) du client **10** nous comptons sur l'exécution immédiate de notre commande **11** nous avons exécuté votre commande du 2 juin **12** nous espérons être honorés de vos commandes **13** nous sommes en possession de votre commande de bureaux **14** nous vous confirmons votre commande n° A/168 et vous en remercions **15** confirmation de commande **16** commande s'élevant à DM 10.000,— **17** noter une commande **18** nous vous remercions beaucoup de votre commande **19** notre production est couverte par des commandes **20** la banque est responsable de l'exécution prompte et correcte de l'ordre d'achat des actions **21** commande urgente **22** livraison dans les deux mois après réception de la commande **23** nous vous offrons à titre ferme pour livraison dans les 30 jours après réception de la commande **24** commandes non exécutées **25** la banque a reçue télégraphiquement l'ordre d'ouverture de l'accréditif **26** nous exécutons les commandes reçues dans l'ordre de leur arrivée **27** nous recommandons l'exécution de cette commande à votre attention particulière **28** passer une commande pour meubles de jardin à la firme ... **29** la moitié du prix est payable à la passation de la commande **30** ordre d'expédition **31** nous ne pouvons donner suite à vos instructions **32** des commandes ultérieures suivront **33** nous attendons le plaisir de recevoir vos commandes futures **34** client (od. commettant; donneur d'ordre) **35** au nom et pour compte de M. Meunier **36** mandat (od. ordre) d'encaissement **37** commande minimum **38** cet accréditif couvre toutes les commandes non réglées **39** commande d'essai **40** la banque s'est conformée à vos instructions du 5 février **41** ordre d'embarquement (od. d'expédition) **42** ordre (od. instructions) de transport **43** les prix indiqués dans nos listes s'entendent pour commandes de plus de 100 pièces (od. unités) **44** veuillez trouver en annexe (od. ci-joint) notre commande n° 391 pour livraison immédiate **45** mandat (od. ordre) de virement **46** placer une

überschreiten 54 den ~ **widerrufen** 55 **Zahlungs–** 56 der Bank den ~ **zur** Akkreditiveröffnung erteilen 57 sie haben den Aufträgen **zuwidergehandelt**

commande de café chez la firme A. Bax 47 l'ordre de vente 48 nous regrettons de devoir constater que depuis quelque temps nous n'avons plus reçu aucune commande de votre part 49 ordre d'expédition 50 ordre d'embarquement 51 donner au commissionnaire de transport un ordre de contracter une assurance 52 nous attendons avec plaisir vos commandes ultérieures et vous prions de bien vouloir agréer nos salutations sincères 53 dans le cas où vos commandes dépasseraient la valeur de DM 5.000,— 54 révoquer la commande 55 ordre (od. mandat) de paiement 56 donner ordre à la banque d'ouvrir un accréditif 57 ils ont agi contrairement aux instructions

Auftragen, wir haben unserem **Vertreter** aufgetragen, Sie über alles zu unterrichten

nous avons chargé notre représentant de vous renseigner sur tous les points

Auftreten *n* 1 das Geschäft wurde durch das ~ der Firma A. E. Bax am **Markt** beeinflußt 2 **tadelloses** ~

1 l'affaire a été influencée par l'apparition de la firme A. E. Bax sur le marché 2 conduite (od. attitude) irréprochable (od. impeccable)

Aufwand *m* 1 unter ~ aller **Kräfte** ist es schließlich gelungen 2 **Material–** 3 einen **Mehr–** von DM 460,— erfordern 4 der damit **verbundene** ~ hat bereits den angesetzten Betrag um 15% überschritten

1 en déployant tous les efforts (od. toute notre énergie) nous sommes finalement parvenus à ... 2 consommation de matériels (od. matières) 3 nécessiter une dépense supplémentaire de DM 460,— 4 les dépenses y afférentes ont déjà dépassé de 15% le montant évalué (od. fixé)

Aufweisen, 1 die Lieferung wies **Anzeichen** einer Beschädigung auf 2 die **Bilanz** weist ein Defizit von DM 723,— auf 3 die Preise weisen eine fallende (steigende) **Tendenz** auf

1 la livraison présentait des signes d'endommagement 2 le bilan accuse un déficit (od. découvert) de DM 723,— 3 les prix accusent une tendance à la baisse (à la hausse)

Aufwenden, Sorgfalt bei der Auswahl ~

apporter les plus grands soins à la sélection (od. au choix)

Aufwendung *f* (s.a. Aufwand) 1 unsere –en für die **Ausbildung** 2 **Repräsentations–**en 3 **tatsächliche** –en 4 **werterhöhende** ~

1 nos dépenses pour l'instruction (od. l'éducation) 2 dépenses de représentation 3 dépenses réelles 4 dépenses pour améliorations

Aufwertung *f*

revalorisation

Aufwiegen, das wiegt den verursachten **Schaden** nicht auf

cela ne compense pas le dommage provoqué

Aufzeichnung *f* 1 bei der **Durchsicht** unserer –en haben wir festgestellt, daß ... 2 es ist notwendig, darüber genaue –en zu **führen** 3 **vergleichen** Sie die Abrechnung mit Ihren –en

1 à l'examen de nos écritures nous avons constaté que ... 2 il est nécessaire de prendre minutieusement note de ce(s) fait(s) 3 veuillez comparer le décompte avec vos écritures

Aufzwingen, er bemüht sich, seine **Meinung** den Kunden aufzuzwingen

il s'efforce d'imposer son opinion aux clients

Augenblick *m* (s.a. Zeitpunkt) 1 Ihr Provisionsanspruch entsteht **in** dem ~, sobald ... 2 im **letzten** ~ 3 im **passenden** ~ 4 wir müssen den **richtigen** ~ für unseren Einkauf erkennen 5 sie ver-

1 votre droit à une commission naît au moment où ... 2 au dernier moment 3 au moment opportun 4 pour notre achat il nous faudra attendre le bon moment 5 ils ne perdent pas une seconde

lieren keinen ~ 6 **widmen** Sie uns bitte einige ~e
Augenmerk *n* **richten** Sie stets Ihr ~ auf diesen Umstand
Auktion *f* (s.a. Versteigerung) 1 **Baumwoll**– 2 die Importeure müssen Devisen auf –en **kaufen** 3 –s**lokal** 4 –s**muster** 5 ~ von Havariewaren

Ausarbeiten, 1 ein **Angebot** auf neue Waren ~ 2 wir haben den **Bericht** ausgearbeitet 3 diese **Kalkulation** wurde bereits mit Rücksicht auf die Preiserhöhung ausgearbeitet
Ausbauen, Handelsbeziehungen ~

Ausbedingen, wir bedingen uns eine prompte **Ausführung** des Auftrages aus
Ausbleiben, Ihre **Zahlung** ist ausgeblieben

Ausbrechen, 1 auf dem Schiffe ist **Feuer** ausgebrochen 2 im Hafen soll ein **Streik** ~

Ausdehnen, die **Gültigkeitsdauer** wird auf den nächstfolgenden Arbeitstag ausgedehnt
Ausdruck *m* 1 nehmen Sie den ~ unseres aufrichtigen **Beileids** entgegen 2 Irrtümer bei der Übersetzung von **technischen** Ausdrücken 3 **ungenaue** Ausdrücke, wie „übliche Risiken" sollen nicht verwendet werden
Ausdrücken, 1 einen in Dollar ausgedrückten **Preis** in die betreffende Währung umrechnen 2 den **Wunsch** ~ 3 der Monat kann durch **Zahlen** ausgedrückt werden
Ausdrücklich, 1 –es **Angebot** 2 wir machen ~ darauf **aufmerksam,** daß . . . 3 im –en **Auftrag** des Kunden 4 sofern das Akkreditiv dies nicht ~ **erlaubt** 5 im Vertrag ~ **genannte** Teile der Maschine 6 mit –er **Genehmigung** des Absenders 7 sofern nichts anderes ~ **vereinbart** ist 8 auf Herrn Regners –en **Wunsch** 9 –e **Zustimmung**

Auseinandersetzen, wir müssen uns darüber **gerichtlich** ~
Ausfahren, das **Schiff** soll gegen 9 Uhr aus dem Hafen ~
Ausfall *m* 1 ~ an **Gewicht** 2 **Produktions**–

Ausfallen, 1 das **Geschäft** ist nicht gut ausgefallen 2 die **Schiffsabfahrt** ist ausgefallen

6 veuillez nous consacrer quelques instants
veuillez toujours vous rappeler ces circonstances
1 vente de coton aux enchères 2 les importateurs doivent acheter les devises à l'enchère 3 hôtel des ventes aux enchères 4 échantillon de vente aux enchères 5 vente aux enchères (od. vente publique) de marchandises avariées

1 élaborer une offre pour de nouvelles marchandises 2 nous avons rédigé le compte rendu 3 ce calcul a été fait en tenant compte déjà de l'augmentation des prix
développer les relations commerciales
nous insistons sur l'exécution immédiate de notre commande
votre paiement ne nous est pas parvenu
1 un incendie s'est produit sur le bateau 2 une grève semble(rait) éclater au port

la durée de validité est prolongée jusqu'au prochain jour ouvrable

1 veuillez croire à nos plus sincères condoléances 2 erreurs dans la traduction de termes techniques 3 des expressions imprécises, telles que «risques usuels» ne devraient pas être utilisées

1 convertir un prix exprimé en dollars en la monnaie correspondante 2 exprimer le désir 3 le mois peut être exprimé en chiffres

1 offre formelle 2 nous attirons explicitement votre attention sur le fait que . . . 3 sur instructions explicites (od. formelles) du client 4 à moins que l'accréditif ne le permette explicitement 5 des parties de la machine mentionnées expressément au contrat 6 avec autorisation expresse de l'expéditeur 7 à moins qu'il n'en ait été expressément convenu autrement 8 sur demande expresse de M. Regner 9 consentement (od. accord) explicite

nous devons faire trancher le litige par voie judiciaire
le bateau quittera le port vers 9 heures

1 perte de poids 2 perte (od. arrêt) de production
1 la transaction n'a pas bien réussi 2 le départ du bateau a été supprimé

Ausfertigen — Ausführung

Ausfertigen, 1 die Konsularrechnung muß in 5 **Exemplaren** ausgefertigt werden 2 das Amts**protokoll** wurde in Gegenwart von beiden Parteien ausgefertigt 3 einen **Vertrag** ∼ 4 fertigen Sie bitte ein detailliertes **Verzeichnis** der beschädigten Waren aus

Ausfertigung *f* (s.a. Abschrift, Duplikat, Exemplar, Kopie) in **einfacher**/zweifacher/dreifacher ∼ 2 **Paß**– 3 nach **Vertrags**–

Ausfuhr *f* 1 –**antrag** 2 –**artikel** 3 die ∼ dieser Ware **aus** Österreich nach Japan 4 eine Subvention **bei** der ∼ dieser Ware gewähren 5 –**beschränkungen** 6 die Sendung ist für die ∼ be**stimmt** 7 –**bewilligung** 8 die ∼ dieser Waren ist an ... **gebunden** 9 die ∼ wird in letzter Zeit ziemlich stark **eingeschränkt** 10 wir planen für das nächste Jahr eine **Erhöhung** der ∼ von Maschinen 11 die ∼ wird vom Staat ge**fördert** 12 – ohne **Gegenwert** 13 –**händler** 14 –**kontrolle** 15 –**land** 16 –**lizenz** 17 –**subvention** 18 –**verbot** 19 vorübergehend angewendetes –**verbot** 20 Zollzertifikat für **vorübergehende** ∼

1 la facture consulaire doit être établie en 5 exemplaires 2 le protocole officiel a été établi en présence des deux parties 3 dresser (od. rédiger) un contrat 4 veuillez établir une liste détaillée des marchandises endommagées

1 en un/double/triple exemplaire(s) 2 délivrance d'un passeport 3 après rédaction du contrat

1 demande de licence d'exportation 2 article d'exportation 3 l'exportation de ces marchandises de l'Autriche au Japon 4 allouer une subvention d'exportation pour ces marchandises 5 restrictions d'exportation 6 l'envoi est destiné à l'exportation 7 permis d'exportation 8 l'exportation de ces marchandises est liée à (la condition que) ... 9 l'exportation a été considérablement restreinte ces derniers temps 10 nous nous proposons une augmentation de l'exportation de machines pour l'année prochaine 11 l'exportation est encouragée par l'Etat 12 exportation sans contrevaleur 13 négociant-exportateur 14 contrôle des exportations 15 pays exportateur 16 permis (od. certificat) de sortie; licence d'exportation 17 subvention d'exportation 18 interdiction (od. prohibition) d'exportation 19 interdiction d'exportation temporaire 20 certificat de douane pour l'admission à l'exportation temporaire

Ausführen, 1 es ist nicht erlaubt, diesen **Artikel** auszuführen 2 die letzte **Aufmachung** wird an der Ware ausgeführt 3 der **Auftrag** muß restlos bis spätestens 14. 8. ausgeführt werden 4 hinsichtlich der noch nicht ausgeführten **Lieferungen**

Ausführlich, 1 –es **Angebot** 2 die Gründe ∼ **auseinandersetzen** 3 –e **Bedingungen** 4 die festgestellten Mängel ∼ **beschreiben** 5 –er **Katalog** 6 –es **Verzeichnis** aufstellen

Ausführung *f* 1 wir empfehlen die ∼ dieses Auftrages Ihrer besonderen **Aufmerksamkeit** 2 die ∼ des **Auftrages** würde ungefähr 2 Monate in Anspruch nehmen 3 **billige** ∼ 4 **einwandfreie** ∼ 5 wir **empfehlen** diese ∼ für den erwähnten Zweck 6 die ∼ **entspricht** unseren Erwartungen 7 die ∼ von ... **entspricht** nicht ... 8 **geschmackvolle** ∼ 9 in dieser ∼ wird es heute nicht mehr hergestellt 10 von der ∼ dieser **Lieferung** hängen weitere Aufträge ab 11 **makel**-

1 l'exportation de cet article n'est pas autorisée 2 le finissage de la marchandise est en cours (de réalisation) 3 la commande doit être exécutée intégralement jusqu'au 14 août au plus tard 4 en ce qui concerne les livraisons non encore exécutées
1 offre détaillée 2 exposer les raisons en détail 3 conditions détaillées 4 détailler les défauts constatés 5 catalogue détaillé 6 établir une liste détaillée

1 nous recommandons l'exécution de cette commande à votre attention particulière 2 l'exécution de la commande demanderait un délai d'environ 2 mois 3 type simple (od. bon marché) 4 exécution impeccable (od. irréprochable) 5 nous recommandons ce type pour le but mentionné 6 l'exécution correspond à nos attentes 7 l'exécution de ... ne correspond pas à ... 8 confection de bon goût 9 les produits ne sont plus fabriqués dans ce modèle 10 d'autres commandes dépen-

Ausführung — Auskommen

lose ~ 12 die Preise unterscheiden sich je **nach** der ~ 13 wir bedingen uns eine **prompte** ~ des Auftrages aus 14 die **Sonder**– 15 in **Standard**– 16 **Tropen**– 17 **übliche** ~ 18 wir erwarten die **umgehende** ~ unseres Auftrages 19 in **verbesserter** ~ 20 **verlangte** ~ 21 ~ **wie** bei der letzten Sendung 22 wir hoffen, daß Sie mit der ~ Ihres Auftrages **zufrieden** sein werden

dront de la bonne exécution de cette fourniture 11 exécution impeccable (od. parfaite) 12 les prix varient en fonction de l'exécution (od. la finition) des marchandises 13 nous insistons sur une exécution prompte de notre commande 14 exécution spéciale; modèle (od. type) spécial 15 exécution standard; modèle (od. type) standard 16 modèle tropicalisé 17 exécution usuelle 18 nous attendons l'exécution immédiate de notre commande 19 d'une finition améliorée 20 type demandé 21 exécution conformément à la dernière livraison 22 nous espérons que vous serez satisfait(s) de l'exécution de votre commande

Ausfüllen, 1 die **Bestellung** für Kohle laut Vordruck ~ 2 die Formulare müssen **detailliert** ausgefüllt werden 3 das **Formular** mit Schreibmaschine oder handschriftlich in Blockschrift ~ 4 schicken Sie uns bitte den **Fragebogen** ausgefüllt zurück

1 remplir le formulaire pour la commande de charbon 2 les formulaires doivent être intégralement remplis 3 remplir le formulaire à la machine (à écrire) ou à la main en caractères d'imprimerie 4 veuillez nous renvoyer le questionnaire dûment rempli (od. complété)

Ausgabe ƒ 1 –**datum** 2 **Devisen**–n 3 **Mehr**– 4 **persönliche** –n des Vertreters 5 ~ (der **Rechenmaschine**) 6 –**schein**

1 date d'émission 2 dépenses en monnaie étrangère 3 dépenses additionnelles 4 dépenses personnelles du représentant 5 résultat (output) (de l'ordinateur) 6 bon de délivrance

Ausgang m 1 ~ des **Jahres** 2 wir hoffen, daß die Sache einen guten ~ **nimmt** 3 –**spreis** der Ware 4 –**spunkt** zu weiteren Verhandlungen war ...

1 à la fin de l'année; en fin d'année 2 nous espérons que l'affaire se terminera bien 3 le prix initial de la marchandise 4 le point de départ pour les négociations complémentaires était ...

Ausgeben, 1 die Lizenzen für die Einfuhr von Aluminium werden nur in einer beschränkten **Anzahl** ausgegeben werden 2 **Geld** ~

1 les licences d'importation d'aluminium ne seront allouées qu'en nombre restreint 2 dépenser de l'argent

Ausgehen, 1 es ist **gut** ausgegangen 2 wir sind von der **Voraussetzung** ausgegangen, daß ... 3 die **Vorräte** gehen aus

1 tout c'est bien passé 2 nous sommes partis de l'hypothèse que ... 3 les stocks s'épuisent

Ausgleich m 1 bei der Ausfuhr eine –s**abgabe** erheben 2 den ~ **annehmen** 3 zum ~ Ihrer **Faktura** 4 gütlicher ~ 5 –**szoll** 6 **Zwangs**–

1 percevoir une taxe de compensation à l'exportation 2 accepter le paiement pour solde 3 pour solde de votre facture 4 arrangement à l'amiable 5 taxe (od. droit) de compensation 6 concordat judiciaire

Ausgleichen, 1 Herr Peter hat sich im Vorjahr mit seinen **Gläubigern** ausgeglichen 2 den Gewichts**unterschied** werden wir mit der nächsten Lieferung ~

1 M. Peter s'est arrangé avec ses créanciers l'année dernière 2 nous compenserons la différence de poids lors de la prochaine livraison

Aushändigen, 1 die Waren können wir nur gegen **Bestätigung** ~ 2 veranlassen Sie bitte bei Ihrer Bank, daß uns rechtzeitig die Schiffs**dokumente** ausgehändigt werden 3 die **Dokumente** gegen Zahlung des Warenwertes ~

1 nous ne pouvons délivrer les marchandises que contre accusé de réception 2 veuillez faire le nécessaire auprès de votre banque pour que les connaissements nous soient remis à temps 3 remettre les documents contre paiement du montant de la marchandise

Auskommen, 1 mit dem Personal **gut** ~ 2 mit dem gelieferten **Material** werden

1 s'entendre (od. s'accorder) avec le personnel 2 le matériel fourni ne nous

wir höchstwahrscheinlich nicht ~

Auskunft *f* (s.a. Information) 1 –sbüro 2 eine ausführliche ~ über Herrn Lebrun **erteilen** 3 diese ~ wird ohne **Garantie** erteilt 4 wir **geben** Ihnen die gewünschte ~ nur unter dem ausdrücklichen Vorbehalt, daß ... 5 –sstelle des Bundes für den Außenhandel 6 betrachten Sie bitte diese ~ als streng **vertraulich** 7 sich wegen ~ an das Reisebüro **wenden**

Ausladen, die Waren **aus** dem Schiff ~

Auslage *f* 1 einschließlich der **Arbeits**–n 2 die Waren in der ~ **ausstellen** 3 Bar–n 4 die –n **decken** wir, sobald ... 5 infolge fehlerhafter Deklaration sind uns –n in der Höhe von DM 86,— **entstanden** 6 –nrechnung 7 die **Rückerstattung** der Bar–n 8 die mit dem Transport **verbundenen** –n sind unverhältnismäßig hoch 9 um unnötige –n zu **vermeiden** 10 Werbe–n

Auslagerung *f* ~ der **Stoffe** nach Düsseldorf

Ausland *n* 1 –sanleihe 2 in –sbeziehungen stehen 3 finanzielle Lage **gegenüber** dem ~ 4 eine Überweisung **ins** ~ durch eine Bank vornehmen 5 –sinvestition 6 Pakistan verfügt über besondere –skredite 7 –sreise 8 –svertretung 9 Wert in –swährung

Ausländisch, 1 –e Bank 2 die in den Vereinigten Staaten akkreditierten –en **diplomatischen** oder konsularischen Vertretungen 3 –es **Kapital** 4 Waren –en **Ursprungs** 5 –e **Versorgungsquellen** 6 –e **Währung**

Auslaufen, das **Schiff** ist von Hamburg am 10. Juli ausgelaufen

Auslegen, 1 der Partner legt sich die Klausel ganz **anders** aus 2 eine mit Teerpapier / Ölpapier oder Wachstuch ausgelegte **Kiste** 3 Sie dürfen es nicht **übel** ~ 4 die Waren werden zum **Verkauf** ausgelegt

Auslegung *f* 1 **irrige** (falsche) ~ eines Vertrages 2 **nach** ihrer ~ bedeutet dieser Punkt, daß ... 3 „Incoterms 1953", Internationale **Regeln** für die ~ der handelsüblichen Vertragsformeln

suffira probablement pas (en quantité)

1 bureau (od. agence) de renseignements 2 donner (od. fournir) des renseignements détaillés sur M. Lebrun 3 ce renseignement est donné sans garantie 4 nous ne vous donnons les renseignements demandés que sous la réserve expresse que ... 5 Centre fédéral d'Informations pour le Commerce Extérieur 6 nous vous prions de considérer ce renseignement comme confidentiel 7 s'adresser à l'agence de voyages pour demander des informations

décharger (od. débarquer) les marchandises du navire

1 y compris les frais de travail (od. de main-d'œuvre) 2 exposer les marchandises à l'étalage (od. en vitrine) 3 dépenses en espèces 4 nous réglerons les dépenses aussitôt que ... 5 la déclaration incorrecte nous a occasionné des dépenses s'élevant à DM 86,— 6 décompte des dépenses 7 remboursement des dépenses nettes 8 les dépenses liées au transport sont excessivement élevées 9 afin d'éviter toutes dépenses superflues (od. inutiles) 10 dépenses de publicité

sortie de stock des tissus pour destination de Düsseldorf

1 emprunt extérieur 2 être en contact (od. relation) avec l'étranger 3 situation financière par rapport à l'étranger 4 effectuer un virement à l'étranger par l'intermédiaire d'une banque 5 investissements à l'étranger 6 le Pakistan dispose de crédits extérieurs particuliers 7 voyage à l'étranger 8 représentation à l'étranger 9 valeur en monnaie étrangère

1 banque étrangère 2 les missions diplomatiques ou consulaires étrangères accréditées aux Etats-Unis d'Amérique 3 capital étranger 4 marchandises d'origine étrangère 5 sources d'approvisionnement étrangères 6 monnaie étrangère

le navire est parti de Hambourg le 10 juillet

1 le partenaire interprète la clause d'une façon entièrement différente 2 une caisse revêtue de papier goudronné / huilé ou de toile cirée 3 il ne faut pas l'interpréter aussi mal 4 les marchandises sont étalées pour la vente

1 interprétation erronée (fausse) d'un contrat 2 selon leur interprétation ce point signifie que ... 3 «Incoterms 1953», Règles Internationales pour l'Interprétation de Termes Commerciaux

Auslieferung — Ausreichend

Auslieferung f (s.a. Lieferung) 1 –**sagent** 2 –**sauftrag** 3 Fracht- oder Transportkosten sind **bei** ~ zu zahlen 4 die Firma **ersucht** um ~ der ganzen Bestellung auf einmal 5 ein **Irrtum** in der ~ der Ware 6 –**sschein** 7 ~ der Ware gegen **Sicherheitsleistung** 8 wir haben uns Ihre Bestellung zur ~ im Monat Mai **vorgemerkt**

1 commissionnaire de transport 2 ordre de livraison 3 le fret ou les frais de transport sont payables à la livraison 4 la firme demande la livraison de la commande en un seul lot 5 une erreur dans la livraison de la marchandise 6 bordereau de livraison 7 délivrance de la marchandise contre cautionnement 8 nous avons noté votre commande pour livraison au mois de mai

Ausmachen, die **Beförderung** würde DM 500,— ~

les frais de transport s'élèveraient à DM 500,—

Ausmaß n 1 den Vorschlag in vollem ~ **annehmen** 2 **äußeres** ~ der Kiste angeben 3 in **beschränktem** ~ 4 ~ der Beschädigung **feststellen** 5 die Aktion nimmt ein **gewaltiges** ~ an 6 die Ausstellung wird in einem **größeren** -e veranstaltet 7 in dem unbedingt **notwendigen** ~ 8 das **Versicherungs**- 9 Sie werden unseren Anspruch auf Ersatz in **vollem** -e befriedigen 10 **zu** welchem ~ ?

1 accepter la proposition dans toute son étendue 2 indiquer les dimensions extérieures de la caisse 3 en proportion limitée 4 constater l'ampleur de la détérioration 5 l'action prend des proportions formidables 6 l'exposition aura lieu à une échelle assez importante 7 dans la mesure strictement nécessaire 8 l'étendue de l'assurance 9 ils donneront satisfaction à notre demande d'indemnité dans toute son étendue 10 dans quelle mesure?

Ausnahme f 1 –**angebot** 2 eine ~ wurde nur für diesen Fall **bewilligt** 3 Pinsel und Bürsten **bilden** eine ~ 4 –**fall** 5 im –**fall** 6 –n unter besonderen Sicherungsvorkehrungen **genehmigen** 7 diese ~ **gilt** auch für Sie 8 auch in Ihrem Fall können wir keine ~ **machen** 9 mit ~ der Frankfurter Messe 10 –n von der **Regel** der Nicht-Diskriminierung 11 –**tarif**

1 offre exceptionnelle 2 une exception n'a été admise que pour ce cas 3 les pinceaux et les brosses font (une) exception 4 cas exceptionnel 5 dans le cas exceptionnel 6 autoriser des exceptions sous réserve de l'application de mesures de sécurité 7 cette exception est également applicable en votre faveur 8 nous ne pouvons faire d'exception non plus dans votre cas 9 à l'exception de la Foire de Francfort 10 exceptions à la règle de non-discrimination 11 tarif exceptionnel

Ausnahmsweise, 1 ~ gewährter **Nachlaß** 2 zu einem ~ niedrigen **Preise**

1 réduction (od. remise) accordée exceptionnellement 2 à un prix exceptionnellement bas

Ausnehmen, 1 **Fälle** höherer Gewalt ausgenommen 2 Meßinstrumente sind von der **Garantie** ausgenommen

1 excepté les (od. à l'exclusion des) cas de force majeure 2 les appareils de mesure sont exclus de la garantie

Ausnutzen, 1 nützen Sie dieses günstige Angebot aus 2 die **Bekanntschaft** mit der angeführten Firma ~ 3 diese einzigartige **Gelegenheit** bestens ~

1 profitez de cette occasion favorable 2 profiter de la connaissance de la firme en question 3 profiter au mieux de l'unique occasion

Ausnutzung f 1 unbeschränkte ~ des **Kontingents** 2 ~ der **Lizenz**

1 utilisation illimitée du contingent 2 exploitation de la licence

Auspacken, 1 die Kiste wurde in **Anwesenheit** Ihres Monteurs ausgepackt 2 nach dem ~ der Kiste wurde festgestellt ...

1 la caisse a été déballée en présence de votre monteur 2 après le déballage de la caisse il a été constaté ...

Ausrangieren s. Ausschalten

Ausrauben, 1 das **Paket** wurde ausgeraubt

le colis a été dépouillé

Ausrede f –n machen

avancer des excuses (od. prétextes)

Ausreden, das **lassen** wir uns unter keinen Umständen ~

en aucune circonstance nous ne nous laisserons dissuader de ...

Ausreichend, 1 die **Erklärung** ist ~ 2 -e **Garantie** 3 –er **Gegenwert** 4 –er **Grund**

1 l'explication est suffisante 2 garantie suffisante 3 contre-valeur suffisante 4

Ausreichend — Äußern

5 –e **Mittel** 6 –er **Nachweis** 7 –e **Verpackung** 8 die bewilligte Devisenzuteilung ist nicht ~

Aussage *f* die ~ der Sachverständigen **bestätigte** ...
Aussagen, die **Zeugen** sagten aus, daß ...

Ausschalten, den **Wettbewerb** ~
Ausschlaggebend, die **Lieferzeit** ist ~ dafür, ob wir den Auftrag erhalten
Ausschließen, 1 absolut ausgeschlossen 2 ein **Fehler** unserseits ist ausgeschlossen 3 eine **Konkurrenz** ist praktisch ausgeschlossen 4 wir können diese **Möglichkeit** nicht ~ 5 die Waren vom **Transport** ~ 6 der Vertretervertrag schließt Geschäfte durch dritte Personen aus
Ausschließlich, 1 wir **befassen** uns ~ mit Reexport 2 die Ware ist ~ für Werbezwecke **bestimmt** 3 –es **Eigentum** 4 –er **Gerichts**stand Hamburg 5 –es **Recht** 6 **Zahlung** ~ über Clearing

Ausschnitt *m* 1 wir haben dieses Fachgebiet bei einem Kanadischen Zeitungs—**büro** abonniert 2 **Inserat**– 3 **Presse**– über dieses Ereignis

Ausschreiben, 1 es wurde eine **Belohnung** für einen Werbeentwurf ausgeschrieben 2 einen **Wettbewerb** auf Lieferung von 200 Lkw (Lastkraftwagen) ~
Ausschuß *m* 1 er wurde in den ~ **gewählt** 2 wertlose –**ware**
Ausschütten, das Unternehmen schüttet eine 3%ige **Dividende** aus
Aussehen *n* 1 die Kunden werten die Ware **nach** ihrem ~ 2 die **Situation** sieht leider so aus, daß ...
Außenhandel *m* 1 –**spolitik** 2 –**sstatistik** 3 –**sumfang** 4 –**sumsatz** 5 –**sunternehmen**

Außenstände *m pl* ~ im **Ausland**
Äußer- (s.a. **Äußerst**) –e **Verpackung**
Außergewöhnlich, unter –en **Umständen**

Äußerlich, 1 in ~ guter **Beschaffenheit** 2 im ~ guten **Zustand**

Äußern, 1 diese **Ansicht** hat die Firma A. E. Bax geäußert 2 **bis** das Ministerium sich geäußert hat 3 die Bank hat sich

raison suffisante 5 moyens suffisants 6 preuve suffisante 7 emballage suffisant (od. satisfaisant) 8 l'allocation de devises n'est pas suffisante
le rapport des experts a confirmé ...
les témoins ont énoncé (od. déclaré) que ...
éliminer la compétition
il dépendra du délai de livraison si la commande nous est passée ou non
1 absolument exclu (od. impossible) 2 une erreur de notre part est exclue 3 une concurrence est pratiquement exclue 4 nous ne pouvons exclure cette possibilité 5 exclure les marchandises du transport 6 le contrat de représentation exclut toutes transactions par l'intermédiaire de tierces personnes
1 nous traitons exclusivement les affaires de réexportation 2 la marchandise est destinée exclusivement à des fins publicitaires 3 propriété exclusive 4 pour toutes contestations le tribunal de Hambourg est seul compétent 5 droit exclusif 6 paiement exclusivement par clearing
1 nous avons abonné cette matière auprès d'un bureau d'extraits de presse canadien (in Frankr. argus de presse) 2 coupure d'annonce 3 coupure de presse sur cet événement
1 une récompense a été offerte pour un dessin publicitaire 2 ouvrir une mise en adjudication pour la livraison de 200 camions
1 il a été élu dans le comité 2 marchandise de rebut
l'entreprise distribue un dividende de 3%
1 les clients jugent la marchandise par son apparence 2 la situation est malheureusement telle que ...
1 politique du commerce extérieur 2 statistique du commerce extérieur 3 volume des échanges avec l'extérieur; volume du commerce extérieur 4 chiffre d'affaires du commerce extérieur 5 entreprise de commerce extérieur
créances à recouvrer à l'étranger
emballage extérieur
dans des circonstances exceptionnelles (od. extraordinaires)
1 en apparence de bonne constitution (od. condition) 2 dans un bon état en apparence
1 la firme A. E. Bax a exprimé cette opinion 2 jusqu'à ce que le ministère ait exprimé son avis 3 la banque n'a pas en-

Äußern — Ausstellen

noch nicht endgültig geäußert 4 sich lobend über die Art der Verpackung ~ **5** Sie haben sich bisher zu unserem Vorschlag nicht geäußert
Außerordentlich, 1 –e **Ausgaben 1** –er **Eindruck 3** –er **Preis 4** –e **Sorgfalt 5** –e General**versammlung**

core répondu définitivement **4** faire l'éloge de la nature de l'emballage **5** vous n'avez pas encore répondu à notre proposition jusqu'à présent
1 dépenses extraordinaires **2** impression extraordinaire **3** prix spécial **4** soins particuliers **5** assemblée générale extraordinaire

Äußerst, 1 es auf das –e **ankommen** lassen **2** im –en **Falle 3** –e **Frist 4** es hat den Anschein, daß sie bis zum –en **gegangen** sind **5** –e **Grenze 6** ~ **wichtig** sein

1 risquer (l'affaire jusqu'à) l'extrême **2** à l'extrême; dans la dernière éventualité **3** délai de rigueur **4** il semble qu'ils soient allés jusqu'à l'extrême **5** dernière limite; limite extrême **6** être d'extrême importance

Außerstande, wir waren ~, den Auftrag zum festgesetzten Termin zu **beenden**
Äußerung f **1 klare** ~ **2** erst **nach** ihrer ~ **3** wir haben den Fall unserer Zentrale zur ~ **übergeben 4** wir erwarten Ihre **verbindliche** ~ **5** vermeiden Sie soweit wie möglich eine bindende ~ über ... **6** es zur ~ an die Fabrik **weiterleiten 7** zum Vertragsabschluß ist beiderseitige gleichlautende **Willens**– notwendig

nous étions hors d'état de terminer votre commande à la date prévue
1 réponse claire et nette **2** après votre réponse seulement **3** nous avons transmis ce cas à notre bureau central pour avis **4** nous attendons votre réponse ferme **5** veuillez éviter autant que possible de vous prononcer fermement sur ... **6** transmettre l'affaire à la fabrique pour avis **7** une déclaration de volonté mutuelle et conforme est nécessaire pour la conclusion du contrat

Aussetzen, 1 ihre Waren sind einer **Diskriminierung** ausgesetzt **2** die Sendung war der **Gefahr** der Vernichtung ausgesetzt **3** die Ware ist dem **Regen** ausgesetzt **4** die Waren zum **Verkauf** ~
Aussicht f **1** unsere –en haben sich gebessert **2** in absehbarer Zeit **besteht** keine ~ auf eine Belebung des Marktes **3** wir haben gute –en auf **Erfolg 4** –en auf **Geschäfts**abschlüsse **5** die Lieferung frühestens innerhalb eines Monats in ~ **stellen 6 Verkaufs**–en **7** die –en auf **Verkauf** dieses Artikels sind sehr gering

1 leurs marchandises sont exposées à une discrimination **2** l'envoi était exposé au risque d'une destruction **3** la marchandise est exposée à la pluie **4** mettre les marchandises en vente
1 nos chances se sont améliorées **2** il n'y a aucune chance de réanimation du marché dans le proche avenir **3** nous avons de bonnes chances de succès **4** chances de conclure des marchés **5** promettre de livrer au plus tôt dans un mois **6** perspectives de vente **7** les perspectives de vente de cet article sont très médiocres

Aussondern, die **schlechten** Stücke werden ausgesondert

les pièces défectueuses seront mises à part

Aussprechen, 1 wir möchten Ihnen unseren aufrichtigen **Dank** für Ihre Gefälligkeit ~ **2** sich **gegen** diese Maßnahme ~ **3** wir benützen diese Gelegenheit, Ihnen unsere herzlichsten **Glückwünsche** für das neue Jahr auszusprechen

1 nous tenons à vous remercier sincèrement de votre obligeance **2** se prononcer contre cette mesure **3** nous saisissons cette occasion pour vous présenter nos meilleurs vœux pour la nouvelle année

Ausstattung f **1** Betriebs- und **Geschäfts**– **2 geschmackvolle** ~ **3 tadellose** ~

1 matériel d'installation et d'équipement **2** présentation de bon goût **3** présentation parfaite

Ausstehend, überweisen Sie bitte den –en **Betrag** auf unser Konto bei der Bank

veuillez avoir l'obligeance de virer le montant dû à notre compte auprès de la banque

Ausstellen, 1 die Zollrechnung muß auf dem vorgeschriebenen **Formular** ausgestellt werden **2 Konnossemente** ~ **3** falls Sie auf unserer **Messe** ~ wollen, wenden

1 la facture douanière doit être établie sur le formulaire réglementaire **2** établir des connaissements **3** si vous désirez exposer à notre foire, veuillez vous adres-

Sie sich bitte an ... 4 auf **Order** ausgestellte Dokumente 5 eine **Rechnung** ~ 6 einen **Wechsel** ~ 7 das **Zertifikat** soll von einer international anerkannten Kontrollorganisation ausgestellt sein
Aussteller *m* 1 –**ausweis** 2 **Einzel**– 3 bitte sich an den ~ des **Wechsels** zu wenden
Ausstellung *f* 1 die ~ ist noch im **Aufbau** 2 die ~ fesselte die **Aufmerksamkeit** der Kunden 3 wir würden die ~ gerne **beschicken** 4 eine ~ **besuchen** 5 Firmen, die sich an unserer ~ **beteiligen** wollen, mögen sich mit ... in Verbindung setzen 6 Rechnungs–s**datum** 7 –s**dauer** 8 **Fach**– 9 –s**fläche** 10 –s**gelände** 11 **gesamtstaatliche** ~ 12 –s**güter** 13 **Industrie**– 14 **Kunstgewerbe**– 15 **Landwirtschafts**– 16 **landwirtschaftliche** ~ 17 wir würden uns gerne –s**raum** für unsere Erzeugnisse auf der dortigen Messe sichern 18 Nummer, Datum und Ort der ~ des **Reisepasses** 19 **Sonder**– 20 **ständige** ~ 21 die ~ wird vom 15. bis 29. 3. **stattfinden** 22 die ~ wird in einem größeren Ausmaß **veranstaltet** 23 **Verkaufs**– 24 des großen Erfolges wegen wird die ~ **verlängert** 25 –s**vitrine** 26 **Wander**– 27 ~ eines **Wechsels** 28 **Welt**–

ser à ... 4 documents établis à ordre 5 établir une facture 6 tirer une traite 7 le certificat devra être délivré par une organisation internationale de contrôle reconnue
1 carte d'exposant 2 exposant individuel 3 s'adresser au tireur de la traite
1 l'exposition est encore en (cours de) construction 2 l'exposition a captivé l'attention des clients 3 nous voudrions bien participer à l'exposition 4 visiter une exposition 5 les firmes désirant participer à notre exposition sont invitées à se mettre en relation avec ... 6 date d'établissement de la facture 7 durée de l'exposition 8 exposition spéciale 9 aire d'exposition 10 terrain d'exposition 11 exposition nationale 12 marchandises d'exposition 13 exposition (od. foire) industrielle 14 exposition des arts décoratifs 15 exposition agricole 16 exposition agricole 17 nous aimerions nous assurer un stand pour l'exposition de nos produits à votre foire 18 numéro, date et lieu d'établissement (od. de délivrance) du passeport 19 exposition spéciale 20 exposition permanente 21 l'exposition aura lieu du 15 au 29 mars 22 l'exposition aura lieu à une echelle assez importante 23 exposition de vente 24 en raison du grand succès, la durée de l'exposition est prolongée 25 vitrine d'exposition 26 exposition ambulante 27 tirage d'une traite 28 exposition mondiale

Aussuchen, stichprobenweise ausgesucht
Austausch *m* 1 wir würden einen **Erfahrungs**– auf diesem Gebiete begrüßen 2 wir bestätigen unseren gestrigen ~ von **Fernschreiben** bezüglich des neuen Vertrags 3 ~ alter Banknoten **gegen** neue 4 beim Besuch des Kunden kam es zu einem **Meinungs**– über die Qualität 5 **Waren**–
Austauschen, fehlerhafte Stücke werden wir Ihnen ~
Austreten, Herr Frost ist aus der **Firma** ausgetreten
Austritt *m* –s**kontrolle**
Ausüben, es wird auf ihn ein **Druck** ausgeübt, um ...
Ausverkauf *m* 1 mit dem ~ der Vorräte **beginnen** 2 wir haben den ~ zu ermäßigten Preisen **eröffnet** 3 **Räumungs**– 4 **Saison**–
Ausverkaufen, 1 in den in Frage kommenden Sorten sind wir **völlig** ausverkauft 2 weil unsere Vorräte **vollkommen** ausverkauft sind

choisi (od. prélevé) au hasard
1 nous souhaiterions un échange d'expériences dans ce domaine 2 nous confirmons notre échange de messages télex d'hier concernant le nouveau contrat 3 échange d'anciens billets de banque contre des nouveaux 4 un échange de vues sur la qualité a eu lieu lors de la visite du client 5 échange de marchandises
nous vous échangerons les pièces défectueuses
M. Frost a quitté la firme

contrôle de sortie
une pression est exercée sur lui pour ...
1 commencer par solder les stocks 2 nous avons commencé les soldes à prix réduits 3 liquidation des stocks 4 soldes saisonnières
1 les types (od. modèles) en question sont complètement épuisés 2 parce que nos stocks sont complètement épuisés

Auswahl — Authentisch

Auswahl *f* 1 freie ~ 2 wie **mannigfaltig** unsere ~ ist, können Sie aus dem Werbematerial ersehen 3 **reiche** ~ 4 wir senden Muster **zur** ~

1 libre choix 2 vous pouvez vous persuader de la richesse de notre choix en consultant notre matériel publicitaire 3 riche choix 4 nous envoyons des échantillons au choix

Auswärtig, Bundesministerium des –n
Ministère fédéral des Affaires Etrangères

Auswechseln, ausgewechselte oder reparierte Teile
pièces remplacées ou réparées

Ausweg *m* 1 dieser ~ wäre für uns **annehmbar** 2 irgendein ~ wird sich bestimmt **finden** 3 es **gab** keinen ~ 4 wir **suchen** einen ~ aus dieser Situation

1 cette solution nous paraît acceptable 2 une solution quelconque sera certainement trouvée 3 il n'y avait pas d'autre solution 4 nous cherchons une solution pour sortir de cette situation

Ausweichend, –e Antwort
réponse évasive

Ausweis *m* 1 **Arbeits**– 2 einen ~ über Lieferungen **ausstellen** 3 **Aussteller**– 4 **Identitäts**– 5 **Jahres**– 6 **Messe**– 7 **Monats**– der Bank 8 **Personal**– s. **Identitäts**– 9 **Reise**–

1 carte de travail 2 établir une liste (od. un relevé) des livraisons 3 carte d'exposant 4 carte d'identité 5 (Person) carte annuelle (Bank) état (od. relevé) annuel 6 carte d'exposition 7 état (od. relevé) mensuel de banque 8 carte d'identité 9 passeport

Ausweisen, 1 der **Auszug** Ihres Kontos weist einen Saldo von DM 618,— zu unseren Gunsten aus 2 einen großen **Erfolg** ~ 3 Sie müssen sich mit dem **Reisepaß** ~

1 le relevé de votre compte fait ressortir un solde de DM 618,— en notre faveur 2 faire preuve d'un grand succès 3 vous devez vous légitimer par passeport

Ausweitung *f* 1 wesentliche ~ eines bestehenden Wirtschaftszweiges 2 Bemühungen **zur** ~ ihrer Inlandsmärkte

1 expansion importante d'une branche économique existante 2 efforts pour l'expansion de leurs marchés intérieurs

Auswertung *f* ~ der Werbeaktion
évaluation de la campagne de publicité

Auszahlen, 1 das Akkreditiv wird gegen Vorlage von folgenden Dokumenten ausgezahlt 2 **bar** ~ 3 eine Empfangsbestätigung über den ausgezahlten **Betrag** unterschreiben 4 zahlen Sie ihm bitte jeden **Betrag** bis zur Höhe von DM 5.000,— aus 5 **das** zahlt sich nicht aus

1 l'accréditif sera payé sur présentation des documents suivants 2 payer comptant 3 signer un récépissé pour le montant payé 4 veuillez lui payer toute somme jusqu'à un montant de DM 5.000,— 5 cela ne vaut pas la peine; ce n'est pas payant

Auszahlung *f* –en werden nur auf Grund eines schriftlichen Auftrags des Kontoinhabers **durchgeführt** 2 der –**skupon** dient als Beleg für den Kontoauszug 3 die ~ wird durch die Post an Ihre Adresse **vorgenommen werden** 4 die Identität der Person feststellen, die den Scheck zwecks ~ vorlegt

1 les paiements ne seront effectués que sur ordre écrit du titulaire du compte 2 le coupon de paiement sert de justificatif pour le relevé de compte 3 le paiement sera effectué par la poste à votre adresse 4 vérifier l'identité de la personne qui présente le chèque au paiement

Auszug *m* 1 **Bank**– 2 der ~ Ihres **Kontos** weist einen Saldo von DM 550,— zu Ihren Gunsten aus 3 der Auszahlungskupon dient als Beleg für den **Konto**– 4 **Kontokorrent**– 5 wir erlauben uns, darauf hinzuweisen, daß der Betrag von DM 105,10 **laut** ~ vom Juni d. J. noch immer offen steht 6 nach Erhalt des **Rechnungs**–es 7 **Tageskonto**–

1 relevé (de compte) bancaire 2 le relevé de votre compte fait ressortir un solde de DM 550,— en votre faveur 3 le coupon de paiement sert de justificatif pour le relevé de compte 4 relevé de compte courant 5 nous nous permettons de vous faire observer que le montant de DM 105,10 selon relevé du mois de juin de l'année courante n'a pas encore été réglé 6 après réception du relevé de compte 7 relevé de compte journalier

Authentisch 1 –e Erklärung 2 ~ nur
1 déclaration authentique 2 seul le texte

im deutschen **Wortlaut**
Auto s. Lastkraftwagen, Personenkraftwagen, Wagen
Autonom, -er Zolltarif
Autorität *f* 1 Herr Keul ist eine **anerkannte** ~ in seinem Fach 2 wir haben unsere ~ **geltend gemacht** 3 sich die nötige ~ **verschaffen**
Avis *m* od. *n* (s.a. Anzeige) 1 **Bank**– 2 der ~ ist bei uns **eingegangen** 3 ~ **über** die Ankunft der Ware 4 **vorläufiges** ~

Avisieren, 1 avisiertes **Akkreditiv** über Kohle 2 die Eröffnung des **Akkreditives** ~ 3 –de **Bank** 4 der **Versand** wird Ihnen telegrafisch avisiert werden

allemand est authentique

tarif douanier autonome
1 M. Keul est une autorité reconnue dans sa profession (od. branche) 2 nous avons imposé notre autorité 3 se procurer l'autorité nécessaire
1 confirmation bancaire (od. avis de banque) 2 nous avons reçu l'avis 3 l'avis de l'arrivée de la marchandise 4 avis préliminaire
1 accréditif avisé pour la fourniture de charbon 2 aviser l'ouverture de l'accréditif 3 banque avisant (l'ouverture de l'accréditif) 4 l'expédition vous sera avisée par télégramme

B

Bahn *f* 1 **Abfuhr** der Ware von der ∼ 2 die Maschinen per ∼ **absenden** 3 die Waren sind per ∼ am 12. August in Regensburg **angekommen** 4 **Bundes-** 5 Deutsche **Bundes-** 6 Eisen-**frachtbrief** 7 mit der ∼ als **Frachtgut** senden 8 senden Sie uns die Ware –**lagernd**

1 camionnage de la marchandise à partir de la gare 2 expédier les machines par chemin de fer 3 les marchandises sont arrivées à Ratisbonne le 12 août par chemin de fer 4 chemin de fer fédéral 5 Chemins de fer fédéraux allemands 6 lettre de voiture pour transport ferroviaire 7 expédier par chemin de fer en petite vitesse 8 veuillez nous expédier la marchandise en gare restante

Bahnamtlich, -e **Verwiegung** der beladenen Waggons

pesage officiel des wagons chargés

Bahnhof *m* 1 „Ab ∼" 2 unser Herr Krönke wird Sie vom ∼ **abholen** 3 eine Sendung am ∼ **aufgeben** 4 Grenzübergangs- 5 Güter- 6 warten Sie auf dem Haupt- in Mainz am 16. d. M. um 9.56

1 pris en gare 2 M. Krönke de notre firme (ou. société) viendra vous prendre à la gare 3 faire enregistrer un envoi à la gare (de départ) 4 gare (od. station) frontière 5 gare de marchandises 6 veuillez attendre à la gare centrale de Mayence le 16 courant à 9 h 56

Baisse *f* auf ∼ **kaufen** (ou verkaufen)

acheter (ou. vendre) à la baisse

Baldig, 1 -e **Antwort** 2 diese Angelegenheit muß –st **erledigt** werden 3 –e **Nachricht** 4 –e **Erledigung**

1 prompte réponse 2 cette affaire doit être réglée le plus vite possible 3 prompte information 4 prompte exécution

Ballen *m* 1 **Baumwoll-** 2 wir verkaufen nicht stück- sondern –**weise**

1 ballot de coton 2 nous ne vendons pas à la pièce mais au ballot

Band *n* am **laufenden** ∼ erzeugen

(immerfort) produire sans interruption; (Fließarb.) produire à la chaîne (od. bande)

Bank *f* 1 –**abrechnung** 2 **Akkreditiv-** 3 –**akzept** 4 –**anleihe** 5 wir werden die ∼ in diesem Sinn **anweisen** 6 der ∼ den **Auftrag** zur Akkreditiveröffnung erteilen 7 –**auskunft** über Herrn Scherze besorgen 8 **ausländische** ∼ 9 ∼ für den **Außenhandel** 10 –**auszug** 11 **avisierende** ∼ 12 die ∼ mit der Einholung der Annahme des Wechsels **beauftragen** 13 die –**bedingungen** 14 durch unsere ∼ **beglaubigter** Scheck 15 ... durch die ∼ **begleichen** 16 **bestätigende** ∼ 17 der volle Vertragspreis der Waren wird in Pfund Sterling bei Lloyds ∼ **bezahlt** 18 Deutsche **Bundes-** 19 bei der ∼ **deponieren** 20 **Devisen-** 21 –**diskont** 22 die verlangten **Dokumente** der ∼ **vorlegen** 23 das Akkreditiv muß **durch** unsere ∼ bestätigt werden 24 –**einlage** 25 **Einreicher-** 26 ∼ von **England** 27 **erstklassige** ∼ 28 **Eskompte-** 30 –**feiertag** 31 –**garantie** 32 nehmen Sie bitte das **Geld** bei der ∼ in Empfang 33 das verlangt eine vorhergehende **Genehmigung** der Zentral- 34 –**geschäfte** 35

1 décompte de banque 2 banque ouvrant l'accréditif 3 acceptation de banque 4 emprunt émis par une banque 5 nous donnerons ordre à la banque dans ce sens 6 donner l'ordre à la banque pour l'ouverture de l'accréditif 7 se procurer un renseignement de banque sur M. Scherze 8 banque étrangère 9 banque pour le commerce extérieur 10 relevé de compte bancaire 11 banque avisant (l'ouverture de l'accréditif) 12 charger la banque de requérir l'acceptation de la traite 13 les conditions bancaires 14 chèque certifié par notre banque 15 payer ... par la banque 16 banque confirmant (un crédit) 17 le prix contractuel des marchandises sera payé entièrement en livres sterling à la Lloyds Bank 18 Banque Centrale de la République fédérale d'Allemagne 19 déposer dans une banque 20 banque de change 21 escompte bancaire 22 présenter à la banque les documents demandés 23 l'accréditif doit être confirmé par notre banque 24 dépôt en banque 25 banque remettante 26 Banque d'Angleterre 27 banque ouvrant (l'accréditif) 28 banque de

Handels– 36 –haus 37 hiesige ~ 38 die Anzahlung muß bei einer verläßlichen örtlichen ~ **hinterlegt** werden 39 nach **Hinterlegung** dieses Geldbetrages am –schalter 40 –**information** 41 der ~ den Wechsel zum **Inkasso** überreichen 42 **Inkasso**– 43 ~ für **internationalen** Zahlungsausgleich 44 Europäische **Investitions**– 45 –**konto** 46 durch eine **Korrespondenz**– ihrer eigenen Wahl 47 –**kredit** 48 bei der ~ um einen **Kredit** ansuchen 49 **Landes**zentral– 50 wir haben bei der ~ ein **laufendes** Konto 51 **Lokal**– 52 teilen Sie uns bitte den **Namen** Ihrer ~ mit 53 die **negoziierende** ~ hat das Recht, der eröffnenden ~ die auf Grund des Akkreditivs erhaltenen Dokumente auszuliefern 54 –**noten** 55 –**papier** 56 –**provision** 57 –**referenzen** 58 –**revers** 59 –**scheck** 60 –**spesen** 61 die ~ hat die **Überweisung** am 11. März ausgeführt 62 eine **Überweisung** ins Ausland durch eine ~ vornehmen 63 unsere –**verbindung** 64 **verläßliche** ~ 65 durch **Vermittlung** der ~ 66 –en**verrechnungs**stelle 67 –e**wechsel** 68 wenden Sie sich an Ihre ~ 69 im –**wesen** 70 **zahlende** ~ 71 **Zentral**– 72 –**zinsen** 73 **Zweigstelle** einer ~

premier ordre **29** banque d'escompte **30** jour férié bancaire **31** garantie bancaire **32** veuillez toucher l'argent à la banque **33** ceci exige une autorisation préalable de la Banque Centrale **34** opérations bancaires **35** banque de commerce **36** établissement bancaire; banque **37** banque locale **38** l'acompte doit être déposé auprès d'une banque locale digne de confiance **39** après la remise en dépôt de ce montant au guichet de la banque **40** information de banque **41** remettre à la banque une traite pour encaissement **42** banque de recouvrement (od. d'encaissement) **43** Banque pour les Règlements Internationaux (Abk. B.R.I.) **44** Banque Européenne d'Investissement **45** compte bancaire **46** par un correspondant de banque de votre propre choix **47** crédit de banque **48** demander un crédit à la banque **49** Banque Centrale de Land **50** nous avons un compte courant en banque **51** banque locale **52** veuillez nous indiquer le nom de votre banque **53** la banque négociante a le droit de remettre à la banque ouvrant l'accréditif les documents reçus au titre de celui-ci **54** billets de banque **55** titre de banque **56** commission de banque **57** références bancaires **58** déclaration bancaire de garantie **59** chèque de banque **60** frais de banque **61** la banque a effectué le virement le 11 mars **62** effectuer un virement à l'étranger par l'intermédiaire d'une banque **63** notre relation bancaire **64** banque digne de confiance **65** par l'intermédiaire de la banque **66** chambre de compensation des banquiers **67** effet de banque **68** veuillez vous adresser à votre banque **69** dans l'organisation bancaire **70** banque effectuant le paiement **71** banque centrale **72** intérêt bancaire **73** filiale de banque
1 déclarer la faillite **2** faire faillite

Bankrott *m* (s. a. Konkurs) 1 ~ **erklären** 2 ~ **machen**
Bar, 1 die –**auslagen** 2 in ~ **einkaufen** 3 ~ bei **Empfang** 4 gegen ~ ohne Abzug 5 –**verkauf** 6 **zahlbar** in ~ 7 in ~ **zahlen** 8 –**zahlung**

1 débours effectifs 2 acheter au comptant 3 au comptant à la réception 4 au comptant sans escompte 5 vente au comptant 6 payable au comptant 7 payer au comptant 8 paiement au comptant

Basis *f* 1 Preise auf **Dollar**– 2 auf **Gegenseitigkeits**– 3 **Kalkulations**– 4 **Kontingent**– 5 **Preis**– 6 Angebot auf C.I.F. **Preis**– 7 auf **vertragsloser** ~

1 prix sur la base de dollars 2 sur la base de réciprocité 3 la base de calcul 4 la base des contingents 5 base de prix 6 offre sur la base de prix C.A.F. 7 sur une base non contractuelle

Bausch, in ~ und Bogen einkaufen
acheter en bloc

Beachten, 1 zu diesem Zweck sind folgende **Bestimmungen** zu ~ 2 die **Weisungen** ~

1 à cette fin, les stipulations suivantes doivent être respectées (od. observées) 2 se conformer aux instructions

Beachtung *f* zur gefälligen ~

Beachtungswert, der **Inhalt** ihres Schreibens ist ~

Beamter *m* 1 **Bank**– 2 **Verkaufs**– 3 **Zoll**–

Beanspruchen, 1 wir würden einen **Nachlaß** ~ 2 **Schadenersatz** ~ 3 die Verhandlungen bezüglich der ganzen Angelegenheit werden eine bestimmte **Zeit** ~

Beanstanden, 1 die **Mängel** der Ware ~ 2 die **Qualität** ~

Beanstandung *f* 1 wir können Ihre ~ nicht **anerkennen** 2 die **Frist** für ~ der Mängel 3 es **laufen** ständig neue –en **ein** 4 wir **lehnen** Ihre ~ in vollem Umfange **ab** 5 um Ihren –en **vorzubeugen** 6 **wenden** Sie **sich** mit der ~ direkt an ...

Beantragen, 1 ~ Sie sofort die **Erteilung** einer Ausfuhrbewilligung 2 ~ Sie beim zuständigen Ministerium die **Genehmigung**

Beantworten, der Kunde hat unseren **Brief** vom 15. Mai noch nicht beantwortet

Beantwortung *f* 1 in ~ Ihres **Briefes** vom 8. Dezember 2 Ihren Brief haben wir von Herrn Hecht zur ~ **erhalten**

Bearbeiten, 1 wir werden Ihre **Angebote** erst in der zweiten Hälfte des Monats März ~ können 2 diese **Angelegenheit** bearbeitet Herr Fuchs 3 einen neuen **Markt** intensiv ~ 4 **roh** oder einfach bearbeitet

Bearbeitung *f* 1 die **End**– der Ware wurde in den USA durchgeführt 2 unsere Konkurrenten haben mit einer intensiven **Markt**– für eine Absatzsteigerung begonnen 3 die Waren wurden in Belgien der ~ **unterzogen**

Beauftragen, 1 wir beauftragten die **Bank,** ein Akkreditiv in Höhe von US $ 1.680,— zu eröffnen 2 einen Sachverständigen mit der Erstattung eines **Berichts** ~ 3 der von der Einreicher-Bank beauftragte **Korrespondent** wird das Inkasso der Handelspapiere besorgen 4 mit der **Wahrung** der Geschäfte beauftragt werden

Bedacht *m* mit ~ vorgehen

Bedarf *m* 1 –**sartikel** 2 **augenblicklicher** ~ 3 den ~ **befriedigen** 4 den ~ bei einer anderen Firma voll **decken** 5 den ~

prière de prendre note; veuillez prendre en considération

le contenu de votre lettre mérite attention

1 employé de banque 2 employé du service des ventes (od. commercial) 3 agent des douanes

1 nous revendiquerions une réduction de prix 2 revendiquer un droit à une indemnité 3 les négociations concernant toute cette affaire exigeront un certain temps

1 réclamer la défectuosité de la marchandise 2 contester la qualité

1 nous ne pouvons pas accepter votre réclamation 2 le délai de notification de défauts 3 de nouvelles réclamations nous parviennent continuellement 4 nous rejetons votre contestation dans toute son étendue 5 afin de prévenir vos réclamations 6 en ce qui concerne votre réclamation, veuillez vous adresser directement à ...

1 veuillez immédiatement demander la délivrance d'une licence d'exportation 2 veuillez demander l'autorisation au ministère compétent

le client n'a pas encore répondu à notre lettre du 15 mai

1 en réponse à votre lettre du 8 décembre 2 M. Hecht nous a transmis votre lettre pour réponse

1 nous ne pourrons procéder à l'étude de vos offres que pendant la deuxième quinzaine du mois de mars 2 M. Fuchs s'occupe de cette affaire 3 prospection intensive d'un nouveau marché 4 brut ou simplement usiné

1 le finissage de la marchandise a été effectué en U.S.A. 2 nos concurrents ont commencé une prospection intensive du marché en vue d'une extension (od. expansion) de leur volume d'affaires 3 les marchandises ont subi un usinage en Belgique

1 nous avons chargé la banque d'ouvrir un accréditif s'élevant à US $ 1.680,— 2 charger un expert de soumettre un rapport 3 le correspondant chargé par la banque remettante s'occupera de l'encaissement des effets de commerce 4 être chargé de l'expédition (od. l'exécution) de toutes les affaires courantes

agir avec réflexion

1 article de nécessité courante 2 besoin immédiat 3 satisfaire aux besoins 4 couvrir les besoins entièrement auprès d'une

voll **decken** 6 **dringlicher** ~ 7 **für eigenen** ~ 8 **im –sfalle** 9 wir **haben** gegenwärtig für den genannten Artikel keinen ~ 10 nur einen verhältnismäßig geringen Teil des **Inland**–s decken 11 wir **kennen** den ~ der hiesigen Kunden gut 12 den ~ für das nächste Jahr **melden** 13 **nach** ~ 14 **unbefriedigter** ~ 15 **unerläßlicher** ~

autre firme 5 couvrir complètement les besoins 6 besoin urgent; nécessité urgente 7 pour (notre, votre, leur) propre usage 8 en cas de besoin 9 pour le moment nous n'avons pas besoin de l'article proposé 10 couvrir une partie relativement petite des besoins du marché intérieur 11 nous connaissons très bien les besoins de la clientèle locale 12 annoncer les besoins pour l'année prochaine 13 suivant (od. selon) les besoins 14 besoins non satisfaits 15 besoins essentiels

Bedauerlich, dieses –e **Ereignis** verursachte, daß ...
ce regrettable incident a donné lieu à ...

Bedauern *n* 1 zu unserem lebhaften ~ müssen wir unseren Auftrag **annullieren** 2 Sie haben Ihr ~ **ausgedrückt** 3 mit ~ **erfuhren** wir, daß ... 4 zu unserem ~ können wir Ihre Bestellung nicht vor dem 1. Juni **erledigen** 5 mit ~ müssen wir Ihnen **mitteilen** 6 wir ~ **sehr, daß** ... 7 wir ~ ihn **wegen** seiner schweren Krankheit

1 nous regrettons sincèrement (od. vivement) de devoir annuler notre commande 2 vous avez exprimé (od. présenté) vos regrets 3 nous avons appris avec regret que ... 4 nous regrettons de ne pas pouvoir exécuter votre commande avant le 1er juin 5 nous regrettons d'avoir à vous informer 6 nous regrettons sincèrement que ... 7 nous le plaignons à cause de sa grave maladie; nous regrettons (od. déplorons) qu'il soit gravement malade

Bedenken *n* 1 wir **geben** Ihnen zu ~ 2 der Vertreter **hat** keine ~ 3 bitte, ~ Sie diese **Möglichkeit**

1 nous vous prions de prendre en considération 2 le représentant n'a aucune objection 3 veuillez considérer cette possibilité

Bedenkzeit *f* wir **brauchen** eine ~
nous avons besoin d'un délai de réflexion

Bedeuten, das bedeutet für Ihre Firma einen gewissen **Nachteil**
ceci signifie un certain désavantage pour votre firme

Bedeutend, 1 Herr Kruge nimmt eine –e gesellschaftliche **Stellung** ein 2 –e **Stellung** 3 die Firma hat –e **Verluste** erlitten

1 M. Kruge occupe un rang important dans la société 2 position importante 3 la firme a subi des pertes considérables

Bedeutung *f* 1 Worte ähnlicher ~ 2 sie haben dem Vertrag große ~ **beigelegt** 3 **exakte** ~ der laufend benutzten Vertragsformeln 4 **grundsätzliche** ~ 5 das ist nicht **von** ~

1 mots de sens analogue 2 ils ont attaché une grande importance au contrat 3 le sens exact des stipulations commerciales usuelles 4 importance fondamentale 5 ceci n'a aucune importance

Bedeutungslos, es ist ~
ceci est insignifiant (od. sans importance)

Bedienen, 1 die **Kunden** gut ~ 2 eine **Maschine** ~ 3 bitte ~ Sie **sich** unserer Bank

1 bien servir la clientèle 2 faire fonctionner une machine 3 veuillez faire usage des services de notre banque

Bedingen, diese Änderung bedingt eine Preiserhöhung
cette modification exige une augmentation de prix

Bedingung *f* 1 ... von der ~ **abhängig** machen 2 **Absatz**-en 3 die **Akkreditiv**-en im Sinne des Vertrages abändern 4 wir **akzeptieren** nur unter der ~ der Bezahlung in $ 5 **allgemeine** –en 6 Ihre –en können wir nicht **annehmen** 7 **Arbeits**-en 8 **ausdrückliche** ~ 9 **Bank**-en 10 unter den **Betriebs**-en 11 **detaillierte** –en 12 die vereinbarten –en aufs strengste **einhalten** 13 im **Einklang** mit den –en

1 subordonner ... à la condition 2 conditions de vente 3 modifier les conditions de l'accréditif dans le sens du contrat 4 nous n'acceptons qu'à condition d'un paiement en dollars U.S. 5 conditions générales 6 nous ne pouvons pas accepter vos conditions 7 conditions de travail 8 condition expresse 9 conditions bancaires 10 dans les conditions d'exploitation 11 conditions détaillées 12 respecter

Ihres Angebots 14 allen –en des Akkreditivs ist **entsprochen** worden 15 wir haben sämtliche –en **erfüllt** 16 wollen Sie **ermitteln**, zu welchen –en es möglich wäre, Einkäufe zu tätigen 17 –en für **Eröffnung** und Führung eines laufenden Kontos 18 bessere –en **erreichen** 19 **Erzeugungs**–en 20 wir sind bestrebt, bessere –en zu **erzielen** 21 **feste** –en 22 Allgemeine **Geschäfts**–en 23 wir **gewähren** Ihnen noch günstigere –en als das letztemal 24 unser Angebot **gilt** unter der ~, daß ... 25 auf **Grund** der –en unserer Charterpartie bieten wir fest an 26 wir können Ihnen zu außerordentlich **günstigen** –en liefern 27 **Handels**–en 28 unter **jeder** ~ 29 unter **keiner** ~ 30 konkurrenzfähige –en 31 **Kredit**–en 32 allgemeine **Liefer**–en für den Export von Maschinen und Anlagen 33 **Liefer**–en 34 eine Lieferzeit von 4 Wochen wurde zur ~ **gemacht** 35 im Falle der **Nichterfüllung** dieser –en 36 der Vertrag **richtet sich** nach unseren allgemeinen Verkaufs–en 37 Allgemeine Deutsche **Seeversicherungs**- –en 38 Allgemeine Deutsche **Spediteur**- –en 39 wir haben dies als ~ **gestellt** 40 wir können Ihnen weitaus günstigere –en **stellen** als jede andere Firma 41 **Transport**–en 42 in **Übereinstimmung** mit den –en Ihres Angebotes 43 **Übernahme**–en 44 wir bestellen ... zu den **üblichen** –en 45 **unter** diesen –en lehnen wir die Übernahme ab 46 die übrigen –en bleiben **unverändert** 47 unter den **veränderten** –en 48 unsere allgemeinen **Verkaufs**– und Lieferungs–en sind auf der Rückseite unserer Auftragsbestätigung angeführt 49 laut **Versicherungs**- –en 50 **Vertrags**–en 51 **vorteilhafteste** Transport–en 52 **Wettbewerbs**–en 53 **Witterungs**–en 54 mit Ihren **Zahlungs**- –en sind wir einverstanden 55 das Angebot können wir **zu** den von Ihnen vorgeschlagenen –en nicht annehmen

(od. observer) strictement les conditions 13 en concordance avec les conditions de votre offre 14 toutes les conditions de l'accréditif ont été satisfaites 15 nous avons rempli toutes les conditions 16 veuillez constater dans quelles conditions les achats pourraient être effectués 17 les conditions d'ouverture et de tenue d'un compte courant 18 obtenir de meilleures conditions 19 conditions de production 20 nous nous efforçons d'obtenir de meilleures conditions 21 conditions fermes 22 conditions générales de vente 23 nous vous accordons des conditions plus avantageuses que la dernière fois 24 notre offre est valable à condition que ... 25 nous vous soumettons une offre ferme sur la base de notre contrat d'affrètement 26 nous sommes en mesure de vous livrer à des conditions exceptionnellement avantageuses 27 conditions commerciales 28 en tous cas 29 d'aucune façon (od. en aucun cas) 30 conditions compétitives 31 conditions de crédit 32 conditions générales de livraison pour l'exportation de machines et installations 33 conditions de livraison 34 un délai de livraison de 4 semaines a été imposé comme condition 35 en cas de non-accomplissement de ces conditions 36 le contrat sa base sur nos conditions générales de vente 37 Conditions générales des assurances maritimes allemandes 38 Conditions générales des commissionnaires de transport allemands 39 nous avons imposé ceci comme condition 40 nous pouvons vous offrir des conditions beaucoup plus avantageuses que toute autre firme 41 conditions de transport 42 en concordance avec les conditions de votre offre 43 conditions de la prise en charge (od. de l'acceptation) 44 nous vous passons commande aux conditions usuelles 45 dans ces conditions nous refusons d'accepter (la fourniture) 46 les autres conditions restent inchangées 47 dans les conditions (od. circonstances) modifiées 48 nos conditions générales de vente et de livraison sont imprimées au verso de notre confirmation de commande 49 conformément aux conditions d'assurance 50 stipulations (od. clauses) du contrat 51 les conditions de transport les plus avantageuses 52 conditions de concours 53 conditions atmosphériques 54 nous sommes d'accord avec vos conditions de paiement 55 nous ne pouvons accepter votre offre aux conditions proposées

Bedürfen s. Benötigen, Brauchen
Bedürfnis *n* ihr Angebot **entspricht** unseren –sen am besten
leur offre correspond au mieux à nos besoins

Beehren, 1 wir hoffen, daß Sie uns mit Ihren **Aufträgen** ~ werden 2 wir ~ uns, Ihnen **bekanntzugeben** 3 wir fühlen uns durch Ihr **Vertrauen** beehrt
1 nous espérons être honorés de vos commandes 2 nous avons l'honneur de vous informer 3 nous sommes honorés de votre confiance

Beeiden, der Zollbeamte kann die **Tatsache** ~
l'agent en douane peut affirmer le fait sous serment

Beeilen, sich mit den **Lieferungen** ~
accélérer les livraisons

Beeinflussen, die gute Ernte wird die **Preise** günstig ~
la bonne moisson aura une influence favorable sur les prix

Beeinträchtigen, 1 wir hoffen, daß dies unsere zukünftigen **Beziehungen** nicht ~ wird 2 dadurch haben Sie unsere **Provision** beeinträchtigt
1 nous espérons que ceci ne portera pas préjudice (od. atteinte) à nos relations futures 2 par ce fait vous avez porté atteinte à notre commission

Beeinträchtigung *f* ohne ~ der **Qualität**
sans diminution du niveau de qualité

Beenden, 1 die Monteure haben ihre **Arbeit** am 3. Dezember beendet 2 die **Lieferung** aller Ware zum vereinbarten Datum ~
1 les monteurs ont terminé leur travail le 3 décembre 2 terminer les livraisons à la date convenue

Beendigung *f* 1 nach ~ der **Geschäftsreise** 2 ~ der **Messe**
1 après avoir terminé le voyage d'affaires 2 clôture de la foire (commerciale)

Befassen, 1 wir ~ uns jetzt mit dieser **Angelegenheit** 2 sie ~ sich mit der **Erzeugung** von Möbeln 3 sie ~ sich ausschließlich mit dem **Weinhandel** 4 die mit dem **Inkasso** befaßten Banken
1 nous nous occupons maintenant de cette affaire 2 ils s'occupent de la production de meubles 3 ils s'occupent exclusivement du commerce des vins 4 les banques chargées de l'encaissement

Befinden, 1 die Ware befindet sich noch im **Bahnhofslagerhaus** 2 die Ware wurde als **mangelhaft** befunden 3 wir ~ uns in nicht geringer **Verlegenheit**
1 la marchandise se trouve encore dans l'entrepôt de la gare 2 la marchandise a été trouvée défectueuse 3 nous nous trouvons dans une situation très embarrassante

Befolgen, die **Weisungen** genau ~
observer strictement les instructions

Befördern, 1 per **Bahn** ~ 2 ~ Sie die Waren in das **Dock** 3 in den **Hafen** ~ 4 ins **Lager** ~ 5 per **Lastkraftwagen** ~ 6 auf dem **Luftweg** ~ 7 auf dem **Wasserweg** ~
1 expédier par chemin de fer 2 veuillez faire transporter les marchandises au dock 3 transporter au port 4 transporter à l'entrepôt 5 expédier par camion 6 expédier par avion 7 transporter par voie d'eau

Beförderung *f* 1 –sart 2 bevorzugte ~ 3 mit eigenen –smitteln 4 es wird eine möglichst **rasche** –sart benützt werden 5 –sschein 6 –sweg
1 mode (od. régime) de transport 2 transport prioritaire 3 avec propres moyens de transport 4 un régime (od. mode) de transport aussi rapide que possible sera utilisé 5 bulletin (od. certificat) de transport 6 voie de transport; itinéraire

Befragen, 1 die Handelskammer **darüber** ~ 2 die Lieferanten **darüber** ~
1 consulter la chambre de commerce à ce sujet 2 interroger les fournisseurs sur cette question

Befreien, den Reeder von der **Verantwortlichkeit** für Transportschäden ~
délier le fréteur de la responsabilité en cas de dommages de transport

Befreiung *f* 1 uneingeschränkte ~ 2 wegen der ~ dieser Ware **von** Abgaben oder Zöllen
1 exemption (od. exonération) sans restriction 2 en raison de l'exonération de taxes et droits de douane pour cette marchandise

Befremden, 1 es befremdet uns, daß ... 2 **mit** ~ ersehen wir aus Ihrem Briefe, daß ...
1 nous sommes surpris que ... 2 nous sommes étonnés de constater dans votre lettre que ...

Befriedigen — Beglaubigen

Befriedigen, 1 sie werden unseren **Anspruch** auf Ersatz in vollem Ausmaß ~ 2 Ihre **Lieferung** hat uns nur teilweise befriedigt

1 ils donneront satisfaction à notre demande d'indemnité dans toute son étendue 2 votre livraison ne nous a satisfaits qu'en partie

Befriedigend, 1 –e **Antwort** 2 –er **Beweis** 3 das Geschäft **entwickelt** sich ~

1 réponse satisfaisante 2 preuve satisfaisante 3 l'affaire se développe d'une façon satisfaisante

Befriedigung *f* der Bericht über die Tätigkeit wurde mit ~ **aufgenommen**

le rapport d'activité a été reçu avec satisfaction

Befristen, 1 befristetes **Angebot** 2 die **Verpflichtungen** sind befristet

1 offre pour une durée (od. validité) limitée 2 les obligations sont d'une durée limitée

Befugnis *f* die –se einer solchen Notadresse klar und vollständig **bestimmen**

préciser (od. déterminer) d'une façon claire et complète les droits d'une telle adresse au besoin (od. en cas de besoin)

Befugt (s. a. Unbefugt) unsere **Vertreter** sind ~, auch Bargeld anzunehmen

nos représentants sont autorisés à accepter de l'argent en espèces

Befund *m* 1 zollamtlicher **Beschau**– 2 **Sachverständigen**– 3 **Zoll**–

1 résultat de la vérification par la douane 2 rapport (od. compte rendu) d'expert 3 constatation de douane

Befürchten, wir ~ mit Grund das **Äußerste**

nous avons des raisons de craindre le pire

Befürchtung *f* 1 dies gibt **Anlaß** zu –en 2 **begründete** –en 3 **gegenstandslose** –en 4 –en **hegen**

1 ceci donne lieu à des inquiétudes 2 des inquiétudes (od. craintes) justifiées (od. motivées) 3 inquiétudes non fondées 4 éprouver (od. avoir) des inquiétudes

Begebbar, –es **Konnossement**

connaissement négociable

Begeben, 1 er wird sich am 11. März auf die **Reise** ~ 2 einen **Wechsel** ~

1 il partira en voyage le 11 mars 2 négocier une traite (od. un effet)

Begebenheit *f* zufällige ~

un événement occasionnel

Begegnen, 1 wir sind noch nie einem solchen **Interesse** begegnet wie bei diesem Kunden 2 Sie werden bestimmt einer großen **Konkurrenz** ~

1 nous n'avons encore jamais rencontré autant d'intérêt qu'auprès de ce client 2 vous allez certainement rencontrer une forte concurrence

Begehen, wir begingen den **Fehler** zu glauben, daß ...

nous avons commis la faute (od. l'erreur) de croire que ...

Beginn *m* 1 bei ~ der Garantie**frist** 2 seit **Jahres**– 3 zu ~ des **Jahres** 1972 4 **Messe**– 5 der ~ der **Verhandlungen** wurde für den 21. September festgesetzt 6 **von** ~ **an** 7 **zu** ~ möchten wir Ihnen dafür danken, daß ...

1 au commencement du délai de garantie 2 depuis le début de l'année 3 au début de l'année 1972 4 début de la foire commerciale 5 l'ouverture des négociations a été fixée pour le 21 septembre 6 dès le début 7 nous voudrions vous remercier tout d'abord

Beginnen, 1 sorgen Sie dafür, daß mit der **Arbeit** sofort begonnen wird 2 bevor mit dem **Ausladen** begonnen wird 3 die **Frist** beginnt mit dem 1. Juni 4 mit der **Lieferung** kann sofort begonnen werden 5 unsere Konkurrenten haben mit einer intensiven **Marktbearbeitung** für eine Absatzerhöhung begonnen 6 die Garantiefrist beginnt mit dem **Tage,** an dem ... 7 die **Versicherung** beginnt ab Verladung der Fracht

1 veillez à ce que le travail puisse commencer immédiatement 2 avant de commencer le déchargement 3 le délai commence à courir (od. prendre effet) le 1er juin 4 la livraison peut commencer immédiatement 5 nos concurrents ont commencé une prospection intensive du marché en vue d'une extension (od. expansion) de leur volume d'affaires 6 la garantie commence à courir à la date à laquelle ... 7 l'assurance prend effet dès le chargement de la cargaison

Beglaubigen, 1 beglaubigte **Abschrift** 2 lassen Sie die Fakturen durch das

1 copie certifiée conforme 2 veuillez faire légaliser les factures par le Consulat

Beglaubigen — Begünstigung

brasilianische **Konsulat** ~ 3 beglaubigte **Übersetzung**

Beglaubigung *f* 1 Konnossemente **bedürfen** keiner ~ durch die Handelskammer 2 –s**gebühr** 3 wir bitten um **gerichtliche** ~ der Unterschrift 4 eine Nachweisung oder ~ des Gewichts **vorschreiben**

Begleichen, 1 den **Betrag** ~ 2 unsere **Rechnung** wurde bisher nicht beglichen 3 damit wird die **Schuld** beglichen sein 4 wir erlauben uns, Sie auf bisher unbeglichene **Zahlungs**rückstände aus dem vergangenen Zeitabschnitt aufmerksam zu machen

Begleichung *f* 1 verabfolgen Sie die Sendung nur nach ~ der Frachtgebühr 2 zur ~ der beigefügten **Rechnung**

Begleiten, von einem **Rimessenbrief** begleitet sein

Beglückwünschen (s. a. Gratulieren) wir ~ Sie aufrichtig zu Ihrem **Erfolg**

Begnügen, 1 wir können uns nicht mit dieser **Entschuldigung** ~ 2 der Kunde wird sich mit einem kleineren **Nachlaß** ~

Begriff *m* 1 unsere Gesellschaft ist in der Fachwelt zu einem ~ **geworden** 2 aus den beiliegenden Prospekten können Sie sich einen ~ von unseren Erzeugnissen **machen**

Begründen, 1 begründete **Befürchtungen** 2 ihre Behauptung~ sie dadurch, daß ... 3 wir betrachten die **Stornierung** des Auftrags als begründet 4 es begründet die **Verbindlichkeit** dieser Bank gegenüber Ihrer Firma 5 begründeter **Verdacht** 6 wir hegen begründete **Zweifel**

Begründung *f* 1 zur ~ unseres **Ansuchens** legen wir nachstehende Unterlagen vor 2 ihre **Einwendungen** schriftlich mit ~ niederlegen 3 sie haben **ohne** ~ die Annahme unserer Lieferung verweigert

Begrüßen, 1 Ihren **Besuch** werden wir jederzeit ~ 2 wir ~ Sie **freundlich** 3 wir ~ Sie mit vorzüglicher **Hochachtung**

Begünstigen, 1 der Verkaufs**erfolg** wurde durch die Werbung begünstigt 2 **Steigerung** der Einfuhren aus Jamaika ~

Begünstigter *m* 1 **Akkreditiv**– 2 vom Begünstigten **gezogene** Wechsel negoziieren

Begünstigung *f* 1 Sie **genießen** die gleichen Zahlungs–en wie unsere führenden Kunden 2 auf Grundlage der Gleichberechtigung und beiderseitigen **Meist**-

brésilien 3 traduction certifiée conforme

1 les connaissements ne nécessitent pas de légalisation par la chambre de commerce 2 droit de légalisation 3 nous demandons la certification judiciaire de la signature 4 prescrire une attestation ou certification du poids

1 régler (od. payer) le montant 2 notre facture n'a pas encore été réglée 3 par ce paiement la dette est acquittée 4 nous nous permettons d'attirer votre attention sur les arriérés de paiement de la dernière période

1 ne délivrez l'envoi qu'après le paiement des frais de transport 2 en règlement de la facture ci-joint

être accompagné d'une lettre de remise

nous vous félicitons de votre succès

1 nous ne pouvons nous contenter de cette excuse 2 le client se contentera d'une petite remise

1 notre société jouit d'une bonne renommée dans les milieux professionnels 2 nos prospectus ci-joints vous donneront une idée de la variété de nos produits

1 craintes (od. inquiétudes) justifiées (od. motivées) 2 ils justifient leur affirmation par le fait que ... 3 nous considérons l'annulation de la commande comme justifiée 4 ceci constitue l'engagement de la banque vis-à-vis de votre firme 5 suspicion justifiée 6 nous avons des doutes bien fondés

1 pour justifier notre requête nous joignons les documents suivants 2 fixer leurs objections avec leur justification par écrit 3 ils ont refusé l'acceptation de notre livraison sans en donner les motifs

1 votre visite nous sera agréable à tout moment 2 avec nos meilleures salutations 3 veuillez agréer l'expression de notre parfaite considération

1 le succès des ventes a été favorablement influencé par la publicité 2 favoriser l'augmentation des importations de la Jamaïque

1 bénéficiaire de l'accréditif 2 négocier les traites tirées par le bénéficiaire

1 vous profitez des mêmes conditions de paiement préférentielles que nos meilleurs clients 2 sur la base de l'égalité de droits et de traitement préférentiel réciproque

Begünstigung — Beiderseitig

3 **Meist–sklausel** 4 **Steuer–** 5 die Waren nach dem Meist–s**tarif** verzollen 6 **Zahlungs–**en

Begutachtung *f* 1 eine ~ **durch** die Einfuhrbehörde 2 das hängt ausschließlich von der ~ durch **Fachleute** ab 3 ~ des **Schadens**

Behalten, wir sind bereit, die **Sendung** unter der Bedingung zu ~, daß ...

Behälter *m* 1 **innerer** ~ 2 **Transport–**

Behandeln, 1 Ihr **Angebot** werden wir erst nach dem 26. Juli ~ können 2 die Briefe ~ diesen **Fall** 3 die Schiffssendung muß **vorsichtig** behandelt werden

Behandlung *f* 1 der Schaden ist durch **schlechte** ~ der Ware entstanden 2 diese Ware erfordert **sorgfältige** ~ 3 die Ware wurde durch **unsachgemäße** ~ beschädigt

Beharren, wir müssen auf unserem **Standpunkt** ~

Behaupten, 1 der Kunde behauptet das **Gegenteil** 2 bemühen Sie sich, auf dem **Markt** zu ~ 3 wir können nicht mit **Sicherheit** ~, daß ... 4 wir müssen unseren **Standpunkt** ~ 5 12 Säcke, von denen **ursprünglich** behauptet wurde, sie wären beschädigt gewesen

Behauptung *f* 1 er **beharrt** auf seiner ~ 2 laut ~ eines **Fachmannes** 3 diese ~ ist keineswegs **übertrieben** 4 das wird Ihre ~ **unterstützen**

Beheben, einen Mangel ~

Beherrschen, 1 die Konkurrenz beherrscht vollständig den **Markt** 2 er beherrscht die deutsche **Sprache** in Wort und Schrift

Behilflich, 1 bei **Beschaffung** der nötigen Visa ~ sein 2 wenn wir Ihnen noch **mit etwas** ~ sein können, wenden Sie sich ohne weiteres an uns

Behörde *f* 1 **dortige** –n 2 **örtliche** –n 3 **Steuer–** 4 die Weisung erhielten wir von unseren **vorgesetzten** –n 5 bei den **zuständigen** –n wegen der Erteilung des Visums intervenieren

Beibehaltung *f* ~ von **Finanzzöllen**

Beibringen, 1 wir überlassen es Ihnen, dem **Kunden** beizubringen, daß ... 2 es ist unmöglich, den Verlust**nachweis** beizubringen

Beiderseitig, 1 die Vereinbarung tritt erst nach –er **Bestätigung** in Kraft 2 in

3 clause de la nation la plus favorisée 4 allégement fiscal 5 dédouaner les marchandises au tarif préférentiel (od. au régime douanier de la nation la plus favorisée) 6 facilités de paiement

1 une expertise (od. un avis) de l'office des importations 2 ceci dépend uniquement de l'avis des experts 3 estimation des dégâts

nous sommes disposés à garder l'envoi à condition que ...

1 le récipient (od. container) intérieur 2 container de transport

1 nous ne pourrons nous occuper de votre offre qu'après le 26 juillet 2 les lettres traitent de ce cas 3 la cargaison doit être maniée avec précautions

1 le dommage a été occasionné par fausse manipulation 2 cette marchandise exige d'être manipulée avec précautions 3 la marchandise a été endommagée par une manipulation incorrecte

nous devons maintenir notre point de vue

1 le client prétend le contraire 2 efforcez-vous de maintenir votre position sur le marché 3 nous ne pouvons pas prétendre avec certitude que ... 4 nous devons maintenir notre point de vue 5 les 12 sacs dont on avait prétendu à l'origine qu'ils avaient été endommagés

1 il maintient son affirmation 2 conformément à l'affirmation de l'expert 3 cette affirmation est loin d'être exagérée 4 ceci consolidera votre affirmation

remédier à un défaut

1 la concurrence domine complètement le marché 2 il connaît à fond la langue allemande; il parle et écrit couramment la langue allemande

1 prêter assistance en vue de l'obtention des visas nécessaires 2 si nous pouvons vous aider pour quoi que ce soit n'hésitez pas à vous adresser à nous

1 les autorités de votre ville 2 autorités locales 3 administration des contributions; le fisc 4 nous avons reçu l'instruction de notre autorité supérieure 5 intervenir auprès des autorités compétentes pour la délivrance du visa

maintien des taxes de douane prélevées dans un but fiscal

1 nous vous laissons le soin de faire savoir au client que ... 2 il n'est pas possible de fournir la preuve de la perte

1 l'accord n'entre en vigueur qu'après (la) confirmation mutuelle (od. des deux

–em **Einverständnis** ... festsetzen 3 die Lösung der Probleme ist in unserem –en **Interesse** 4 sie haben sich auf der Grundlage –er **Zuständnisse** geeinigt

Beifall *m* wir hoffen, daß die sorgfältige Ausführung der Bestellung Ihren ~ findet
Beifügen, 1 erlauben Sie uns, einige **Bemerkungen** betreffs ... beizufügen 2 das **Duplikat** des Frachtbriefes war nicht beigefügt 3 wir bitten Sie, Ihrem Angebot einige **Muster** beizufügen
Beilage *f* s. Anlage
Beiläufig (s. a. Ungefähr) 1 –es **Datum** 2 die Reparatur würde ~ DM 150,— kosten 3 –e **Schätzung**
Beilegung *f* 1 wir sind bereit, auf vernünftige, **freundschaftliche** ~ einzugehen 2 er bemüht sich um **gütliche** ~ 3 zur vollständigen ~ der **Reklamation** 4 wir erwarten Ihren **Vorschlag** zur ~ dieses Falles
Beileid *n* nehmen Sie den **Ausdruck** unseres aufrichtigen –s entgegen
Beiliegend
Beimessen, dem ist keine große **Bedeutung** beizumessen
Beischließen, unserem Briefe wurden versehentlich keine **Anlagen** beigeschlossen
Beiseite, 1 diese **Angelegenheit** mußten wir ~ lassen 2 **legen** Sie bitte die fehlerhaften Stücke ~
Beispiel *n* 1 **Muster** ~ 2 wir sollten uns an ihnen ein ~ **nehmen** 3 zum ~
Beistellen, der **Waggon** wurde nicht beigestellt
Beitrag *m* diese **Summe** ist als unser ~ zur Deckung Ihrer Auslagen anzusehen
Beitragen, 1 das wird zur **Besserung** unserer Geschäftsbeziehungen ~ 2 zur **Förderung** des Fremdenverkehrs ~ 3 dem Vertreter zur **Werbung** ~

Beitreten, 1 dem **Abkommen** zu diesen Bedingungen ~ 2 dieser **Ansicht** ~

Bejahend, 1 –e **Antwort** 2 –enfalls bitten wir um sofortige Nachricht

Bekämpfen, unlauteren **Wettbewerb** ~
Bekannt, 1 die **Adresse** dieser Firma ist uns nicht ~ 2 **allgemein** ~ ist die Tatsache, daß ... 3 es ist uns nichts **darüber** ~ 4 aus Ihnen –en **Gründen** 5 **gut** (hinreichend) ~ 6 wie Ihnen vielleicht ~ **ist** 7 wir werden Sie mit ihm ~ **machen** 8 sich mit dem Direktor (mit der

côtés) 2 déterminer ... d'un commun accord 3 la solution des problèmes est dans notre intérêt commun 4 ils se sont arrangés sur la base de concessions réciproques

nous espérons que l'exécution soignée de la commande trouvera votre approbation
1 permettez-nous d'ajouter quelques observations concernant ... 2 le duplicata de la lettre de voiture n'était pas annexé 3 nous vous prions de joindre quelques échantillons à votre offre

1 date approximative 2 la réparation s'élèverait à environ DM 150,— 3 estimation approximative
1 nous sommes disposés à accepter un arrangement à l'amiable 2 il s'efforce de trouver un arrangement à l'amiable 3 pour le règlement total de la réclamation 4 nous attendons votre proposition pour le règlement de ce cas
veuillez agréer nos bien sincères condoléances
ci-joint (sous ce pli, ci-inclus)
il ne faut pas attribuer une trop grande importance à ce fait
par mégarde nous n'avons pas joint les annexes à notre lettre
1 nous avons été obligés de laisser cette affaire de côté 2 veuillez mettre les pièces défectueuses de côté
1 exemple typique 2 nous devrions les prendre comme modèle 3 par exemple
le wagon n'a pas été mis à disposition

cette somme doit être considérée comme notre contribution à vos dépenses
1 ceci contribuera à l'amélioration de nos relations commerciales 2 contribuer à l'encouragement (od. au développement) du tourisme 3 contribuer aux frais de publicité du représentant
1 adhérer à l'accord (od. à la convention) sous ces conditions 2 se ranger à cette opinion
1 une réponse affirmative 2 dans le cas affirmatif nous vous prions de nous en informer immédiatement
combattre une concurrence déloyale
1 nous ne connaissons pas l'adresse de cette firme 2 c'est un fait bien connu que ... 3 nous n'avons aucune connaissance de ce fait 4 pour des raisons que vous connaissez 5 bien connu 6 comme vous le savez certainement 7 nous vous mettrons en relation avec lui 8 se présen-

Bekannt — Belegen 52

Sache) ~ **machen** 9 sie sind als verläßliche Lieferanten ~ 10 wir erlauben uns, Sie mit unserem jetzigen **Verkaufsprogramm** bekanntzumachen 11 dies wird bald ~ **werden**
ter au directeur, se mettre au courant d'une affaire 9 ils sont connus comme des fournisseurs sérieux 10 nous nous permettons de porter à votre connaissance notre programme de production actuel 11 ceci sera bientôt connu

Bekanntgabe *f* wir **bitten** um ~, wann . . .
nous vous prions de nous faire connaître quand . . .

Bekanntgeben, 1 wollen Sie uns hierzu Ihre **Bemerkungen** ~ 2 den Besuch werden wir Ihnen im voraus **brieflich** ~
1 veuillez nous faire connaître vos remarques à ce sujet 2 nous vous annoncerons préalablement la visite par lettre

Bekanntmachung *f* 1 amtliche ~ 2 öffentliche ~
1 publication officielle 2 avis au public

Bekanntschaft *f* 1 die ~ mit der angeführten Firma **ausnützen** 2 wir möchten die persönliche ~ von Herrn Lang **machen** 3 es wird uns freuen, Ihre **persönliche** ~ zu machen
1 profiter de la connaissance avec la firme en question 2 nous voudrions faire la connaissance personnelle de M. Lang 3 nous serons heureux de faire votre connaissance personnelle

Bekennen, wir müssen unsere **Schuld** an der fehlerhaften Musterlieferung ~
nous devons nous avouer coupables de la livraison des échantillons défectueux

Beklagen, der Kunde beklagt sich über die langen **Lieferfristen**
le client se plaint des trop longs délais de livraison

Bekommen s. Erhalten, Empfangen

Beladen, der **Wagen** darf nicht über das zulässige Gewicht ~ werden
le camion ne doit pas être chargé au-delà du poids admissible

Belangen, wenn Sie nicht zahlen, werden wir Sie **gerichtlich** ~
si vous ne payez pas, nous serons obligés de vous poursuivre en justice

Belanglos, die kleine **Differenz** ist ~
la petite différence est insignifiante

Belasten, 1 wir ~ Ihr **Konto** mit diesem Betrag 2 wir ~ Sie auf FF 6,30 für Spesen 3 die Sendung ist mit **Nachnahme** belastet 4 unsere neuen **Verpflichtungen** ~ uns sehr
1 nous débitons votre compte de ce montant 2 nous portons à votre débit FF 6,30 pour débours 3 l'envoi est payable contre remboursement 4 nos nouveaux engagements constituent pour nous une lourde charge

Belastung *f* 1 –sanzeige 2 zulässige Maximal– 3 Steuer– 4 zulässige ~
1 note de débit 2 charge maximum admissible 3 charge fiscale 4 charge admissible

Belaufen, die **Kosten** für die Entsendung eines Monteurs ~ sich auf DM 450,—
les frais pour le détachement d'un monteur s'élèvent à DM 450,—

Beleben, der **Markt** beginnt sich zu ~
le marché commence à se ranimer

Belebung *f* 1 in absehbarer Zeit besteht keine Aussicht auf eine ~ des **Marktes** 2 wirtschaftliche ~
1 dans un avenir proche il n'y a aucune espérance d'une animation du marché 2 redressement économique (od. reprise de l'activité)

Beleg *m* 1 den ~ für späteren Gebrauch aufbewahren 2 Ausfuhr–e 3 Bank– 4 Begleit–e 5 Einfuhr–e 6 –exemplar 7 Kassen– 8 Rechnungs– 9 Schadens–e 10 Speditions– 11 Transport–e 12 Verrechnungs–e 13 Zahlungs– 14 Zoll–
1 garder la pièce justificative pour utilisation ultérieure 2 documents d'exportation 3 pièce comptable de banque 4 feuilles de route; (Fracht) documents 5 documents d'importation 6 (Zeitung) numéro de journal justificatif 7 bon (od. pièce) de caisse 8 pièce comptable 9 preuves du dommage 10 document d'expédition 11 documents de transport 12 bons de virement 13 bon (od. pièce) de caisse 14 document douanier

Belegen, 1 wie belegt **durch** Konnossementsdatum 2 das **Gesuch** wurde ordnungsgemäß belegt 3 im Wettbewerb
1 comme justifié (od. prouvé) par la date du connaissement 2 la demande (od. requête) a été justifiée en bonne et due

haben wir den ersten **Platz** belegt 4 der Ersatz der tatsächlich belegten **Schäden**

Beleidigen, wir wollten Sie mit unserem Vorschlag **nicht** ~
Beliebtheit *f* 1 diese Waren **erfreuen** sich einer besonderen ~ 2 die letzten Muster haben große ~ **gewonnen**
Beliefern, wegen Maschinenschadens konnten wir Sie nicht **termingerecht** ~

Belohnung *f* 1 es wurde eine ~ für einen Werbeentwurf **ausgeschrieben** 2 Sonder–
Bemängeln, die Firma bemängelte die letzte **Sendung** von Schrauben wegen ungenügender Packung
Bemerken, 1 es lassen sich die ersten **Anzeichen** eines Rückganges der Nachfrage ~ 2 wir **möchten** ~, daß ... 3 wir ~ **zusätzlich,** daß ...

Bemerkung *f* 1 erlauben Sie uns, einige –en betreffs der Qualität **anzuführen** 2 wollen Sie uns hierzu Ihre –en **bekanntgeben** 3 wir senden Ihnen unsere –en zur **Verhandlung** mit Herrn Kraft 4 falls Sie keine **weiteren** –en haben

Bemessen, die **Steuer** wird auf der Grundlage von DM 350.000,— ~ werden
Bemühen, 1 wir werden bemüht sein, uns Ihren Forderungen **anzupassen** 2 ~ Sie sich, ein annehmbares Angebot für Radioapparate zu **besorgen** 3 wir sind darum aus allen **Kräften** bemüht 4 sich **soviel** als möglich darum ~

Bemühung *f* **trotz** aller –en ist es uns nicht gelungen ...
Benachrichtigen, 1 wir haben unseren **Kunden** hiervon schon benachrichtigt 2 wir werden Sie darüber **postwendend** ~ 3 Sie werden **rechtzeitig** durch ein Rundschreiben unserer Zentralstelle benachrichtigt werden
Benachrichtigung *f* 1 ~ unverzüglich nach **Ankunft** der Ware 2 Änderungen ohne **vorherige** ~ vorbehalten
Benennen, die Ware ist **falsch** benannt

Benennung *f* 1 jede Veränderung in der **Konto**– 2 die ~ eines **Schiedsrichters** beantragen 3 genaue **Waren**– laut Warenverzeichnis für die Außenhandelsstatistik
Benötigen, 1 wir ~ noch die **Angaben** über

forme 3 au concours nous avons été reçus à la première place 4 l'indemnité pour les dégâts effectivement justifiés
nous ne voulions pas vous offenser par notre proposition
1 ces marchandises jouissent d'une grande popularité 2 les derniers modèles ont obtenu de grands succès
à cause d'une avarie (od. panne) de machine nous n'avons pas pu livrer dans les délais convenus
1 une récompense a été offerte pour un projet publicitaire 2 récompense particulière
la firme a contesté le dernier envoi de vis à cause de l'emballage insuffisant
1 les premiers indices d'une baisse (od. d'un recul) de la demande se font remarquer 2 nous voudrions faire remarquer que ... 3 nous remarquons en outre (od. de plus) que ...
1 nous nous permettons de faire quelques remarques (od. observations) concernant la qualité 2 veuillez nous faire parvenir vos remarques à ce sujet 3 nous vous envoyons nos observations relatives à la négociation avec M. Kraft 4 si vous n'avez pas d'autres remarques
l'impôt sera basé sur un montant de DM 350.000,—
1 nous nous efforcerons de (od. nous ferons de notre mieux pour) nous conformer à vos exigences 2 veuillez vous efforcer d'obtenir une offre acceptable pour (les) postes de radio 3 pour cette raison nous ferons les plus grands efforts 4 faire tous les efforts possibles à ce sujet
malgré tous nos efforts nous n'avons pas réussi à ...
1 nous en avons déjà informé notre client 2 nous vous informerons à ce sujet par retour du courrier 3 vous serez informés en temps opportun par une lettre circulaire de notre bureau central
1 avis immédiat après l'arrivé de la marchandise 2 modifications réservées sans obligation d'avis préalable
la marchandise est dénommée d'une façon incorrecte
1 chaque changement de l'appellation du compte 2 demander la désignation d'un arbitre 3 désignation exacte des marchandises conformément au classement des produits pour la statistique d'exportation
1 nous avons encore besoin des informa-

Benötigen — Berechtigt

die Abmessungen 2 wir ~ die Waren sehr **dringend** 3 alle **Informationen,** die Sie vielleicht ~ sollten 4 **Rohstoffe** zur Herstellung von Erzeugnissen ~

Benutzbar, 1 das **Akkreditiv** ist ~ durch 30-Tage-Tratte auf Sie gegen folgende Dokumente 2 das Akkreditiv ist bei dieser **Bank** ~
Benützung *f* 1 zu allgemeiner ~ 2 **normale** ~
Beobachten, 1 schon **längere Zeit** haben wir beobachtet 2 wir haben größtmögliche **Sorgfalt** beobachtet
Beraten, 1 wir werden Sie jederzeit **fachgemäß** ~ 2 sich mit dem **Rechtsanwalt** ~
Berater *m* 1 **Rechts**– 2 **Steuer**– 3 **technischer** ~

Beratung *f* 1 –**sdienst** 2 die ~ wird für Donnerstag den 15. Februar, 9 Uhr **einberufen** 3 **Rechts**– 4 –**sstelle** 5 –**stätigkeit** 6 an einer ~ über Verkehrsfragen **teilnehmen**

Berechnen, 1 die Pacht DM 26,70 für jeden Tag wird **ab** 4. April berechnet 2 sie haben DM 16,25 für diesen **Artikel** berechnet, den die schwedische Konkurrenz jetzt zu DM 14,50 liefert 3 keine **Fracht** für gelieferte Waren ~ 4 die **Frist** wird mit dem 1. März beginnend berechnet 5 die Preise ~ wir nach dem derzeitigen Dollar**kurs** 6 die Ware zum alten **Preis** ~ 7 die Vertragsstrafe wird vom **Werte** der nichtausgelieferten Ware berechnet 8 **Zinsen** werden von dem nach Versand der Ware ausstehenden Betrag zum Satze von 6% pro anno berechnet werden 9 der **Zoll** wird vom Wert der Ware berechnet 10 für Verpackung ~ wir einen **Zuschlag** von 4% 11 **zuviel** ~

Berechnung *f* 1 **Fehler** in der ~ 2 **Kosten**– 3 wir **protestieren** gegen die ~ der Muster 4 wir **senden** Ihnen die ~ der Schadenersatzforderungen 5 **Zins**– der Bank 6 Grundlage für die **Zoll**–

Berechtigen, diese **Gründe** ~ uns zu diesen Maßnahmen
Berechtigt, 1 wir sind zur **Annahme** nicht

tions sur les dimensions 2 nous avons un besoin urgent de ces marchandises 3 toutes les informations dont vous pourriez avoir besoin 4 avoir besoin de matières premières pour la fabrication des marchandises

1 l'accréditif est disponible par effet à 30 jours tiré sur vous contre présentation des documents suivants 2 l'accréditif est disponible auprès de cette banque
1 pour emploi (od. usage) général 2 emploi normal
1 nous avons déjà remarqué depuis longtemps 2 nous avons apporté le plus grand soin
1 nous vous donnerons à tout moment nos conseils en la matière 2 tenir conseil avec l'avoué (l'avocat)
1 conseiller juridique; avocat conseil 2 conseiller (od. expert) fiscal 3 conseiller (od. expert) technique

1 service de consultation 2 la réunion consultative a été convoquée pour jeudi, le 15 février à 9 h 00 3 conseil juridique 4 centre de consultation (od. d'information) 5 fonction consultative 6 participation à une réunion consultative concernant les problèmes de transport

1 le prix du bail (od. loyer) de DM 26,70 par jour sera compté à partir du 4 avril 2 pour cet article ils ont facturé DM 16,25 tandis que la concurrence suédoise fournit actuellement à DM 14,50 3 ne pas facturer des frais de transport pour les marchandises livrées 4 le délai commence à courir à partir du 1 mars 5 nous calculons les prix sur la base du cours de change actuel du dollar 6 facturer la marchandise à l'ancien prix 7 la pénalité sera comptée sur la valeur de la marchandise non livrée 8 l'intérêt sera calculé sur le montant de la marchandise non réglée (od. payée) après la livraison à raison de 6% par an 9 les droits de douane sont calculés sur la valeur de la marchandise 10 nous facturons une majoration de 4% pour l'emballage 11 compter en trop; facturer en trop

1 erreur dans le calcul 2 calcul des frais (od. coûts) 3 nous contestons la facturation des échantillons 4 nous vous soumettons le calcul (od. décompte) de la demande d'indemnité 5 décompte (od. calcul) des intérêts de la banque 6 base pour le calcul des droits de douane
ces raisons justifient les mesures que nous avons prises
1 nous ne sommes pas habilités à prendre

Berechtigt — Berichtigung

~ 2 -er **Anspruch** 3 die über das Konto zu **disponieren** -e Person unterschreibt in der unteren rechten Ecke 4 die Unterschriften der zur **Unterzeichnung** von Fakturen –en Personen beim Konsulat registrieren 5 über die Sendung **verfügungs**– sein
Berechtigter *m* Verzicht des Berechtigten auf die erhobenen Ansprüche
Berechtigung *f* 1 die ~ der Forderungen **anerkennen** 2 die ~ der Reklamation **beurteilen** 3 die ~ des Anspruchs durch beigelegte Dokumente **beweisen** 4 **Zeichnungs**–
Bereich *m* 1 das **fällt** nicht in unseren Tätigkeits– 2 **Wirkungs**–
Bereit, 1 wir sind ~, Ihnen zu äußerst günstigen Bedingungen unsere **Erzeugnisse anzubieten** 2 die Sendung –**stellen** 3 die Ware ist zur **Übernahme** ~ 4 die Ware ist **versand**–

Bereiten, 1 es bereitet uns große **Schwierigkeiten** 2 obgleich wir unseren Kunden nur sehr ungern **Unannehmlichkeiten** ~
Bereitwilligkeit *f* sie sind uns mit nicht alltäglicher ~ **entgegengekommen**
Bereuen, Sie werden es **nicht** ~, sich zum Kaufe entschlossen zu haben
Bericht *m* 1 einen ~ über die Verhandlung **abfassen** 2 von dem Vertreter ~ über die von ihm eingeleiteten Schritte **anfordern** 3 **End**– 4 einen ausführlichen ~ **erstatten** 5 einen Sachverständigen mit der **Erstattung** eines –s beauftragen 6 Messe–**erstattung** 7 **Gesamt**– 8 **Jahres**– 9 **Markt**– 10 **Presse**– 11 **Reise**– 12 ein **Sachverständigen**–ist beigeschlossen 13 erstatten Sie einen **schriftlichen** ~, was Sie ausgerichtet haben 14 einen ~ über ... unverzüglich **senden** 15 Ihr ~ traf zu **spät** ein 16 erbitten Sie von ihnen einen **Spezial**– 17 einen ~ **vermissen** 18 auf Grund eines –es unseres Londoner **Vertreters** 19 **vierteljährlicher** ~ 20 einen ~ **zusammenstellen**

Berichten, er soll uns **laufend** über seine Tätigkeit ~
Berichtigen, 1 wollen Sie den **Betrag** von hfl. 4.810,— auf hfl. 4.180,— ~ 2 ~ Sie bitte diesen **Fehler**
Berichtigung *f* 1 ~ der **Buchung** 2 ~ des **Konnossements** 3 **Preis**– 4 **Rechnungs**– 5 –**sschreiben**

livraison 2 revendication justifiée 3 la personne ayant pouvoir de disposition d'un compte signera dans le coin droit inférieur 4 faire enregistrer au consulat les signatures des personnes habilitées (od. autorisées) à signer les factures 5 être autorisé à disposer de l'envoi
le renoncement de l'ayant droit (od. de l'intéressé) à la revendication d'un droit
1 reconnaître le bien fondé des exigences (od. revendications) 2 juger la justification de la réclamation 3 prouver la justification de la revendication par documents annexés 4 autorisation de signer
1 ceci ne tombe pas dans notre domaine d'activité 2 champ d'action
1 nous sommes disposés (prêts) à vous offrir nos produits aux conditions les plus avantageuses 2 préparer l'envoi 3 la marchandise est prête à la prise en charge (od. à l'enlèvement) 4 la marchandise est prête à l'expédition
1 ceci nous occasionne de grandes difficultés 2 bien que ce soit à contre-cœur que nous occasionnons des ennuis à nos clients
ils nous ont donné satisfaction avec une complaisance inhabituelle
vous ne regretterez pas de vous être décidé à l'achat
1 rédiger un rapport sur les négociations 2 demander au répésentant un rapport sur les démarches qu'il a entreprises 3 rapport final 4 soumettre un rapport détaillé 5 charger un expert de soumettre un rapport 6 rapport de la foire commerciale 7 rapport général 8 rapport annuel 9 bulletin du marché; mercuriale 10 information de presse 11 relation de voyage 12 le rapport d'expert est joint en annexe 13 veuillez soumettre un compte rendu écrit sur vos démarches 14 envoyer immédiatement un rapport concernant ... 15 votre rapport est arrivé trop tard 16 veuillez leur demander un rapport spécial 17 être encore sans rapport; attendre encore un rapport 18 sur la base d'un rapport de notre représentant de Londres 19 rapport trimestriel 20 établir (od. rédiger) un rapport
il devra nous tenir (od. qu'il nous tienne) au courant de ses activités
1 veuillez rectifier le montant de hfl. 4.810,— à hfl. 4.180.— 2 veuillez corriger cette erreur
1 rectification d'une écriture 2 rectification du connaissement 3 révision (od. ajustement) des prix 4 rectification (od.

Berücksichtigen, 1 alle **Anmerkungen** ~ 2 bei der **Kalkulation** der Preise haben wir ... berücksichtigt 3 **Reklamationen** können nur binnen 8 Tagen nach Erhalt der Waren berücksichtigt werden 4 den **Wunsch** des Kunden ~

Berücksichtigung *f* 1 unter ~ der **Besonderheiten** des Verkehrs 2 unter ~ aller **Umstände**

Beruhen, 1 dieser Mangel beruht auf einem **Fehler** der Konstruktion, des Materials oder der Ausführung 2 das beruht auf einer **Unterlassung** des Verkäufers

Beruhigen, 1 wir **können** Sie ~, daß ... 2 der **Markt** beruhigt sich

Beruhigung *f* die Nachricht über die Beendigung des Streikes **verursachte** eine ~ auf dem Markt

Berühren, die die **Einfuhr** –den Schutzmaßnahmen treffen

Beschädigen, 1 **Ersatz** für die beschädigten Waren 2 die beschädigte Ware werden wir durch andere **ersetzen** 3 die Ware wurde infolge fehlerhafter **Verpackung** beschädigt 4 den Plomben**verschluß** ~

Beschädigung *f* 1 **absichtliche** ~ der Waren 2 Anzeichen einer ~ **aufweisen** 3 stellen Sie das **Ausmaß** der ~ fest 4 **böswillige** ~ 5 die ~ ist beim Aufladen **entstanden** 6 äußerlich **erkennbare** ~ 7 es droht **Gefahr** einer ~ 8 diese ~ konnte nur durch **schonungslose** Behandlung während des Transportes entstehen 9 **Schwer**– 10 **unbedeutende** ~ 11 ~ der Maschine auf dem Weg zu dem im Vertrag festgelegten Bestimmungsort **vermeiden** 12 **Wertminderung** der Ware durch ~

Beschaffen, 1 die Ware **anderweitig** ~ 2 eine zugunsten des Käufers geltende **Versicherungspolice** ~

Beschaffenheit *f* 1 in äußerlich **guter** ~ 2 mit **Rücksicht** auf die ~ der Maschine

Beschaffung *f* 1 ~ von Waren **durch** staatliche Stellen für staatliche Zwecke 2 ~ von **Finanzmitteln** 3 bei ~ der nötigen **Visa** behilflich sein

Beschäftigen, 1 sie haben sich mit dieser **Angelegenheit** überhaupt nicht beschäf-

correction) de la facture 5 lettre rectificative

1 tenir compte de toutes les remarques 2 dans le calcul du prix nous avons tenu compte de ... 3 les réclamations ne seront admises que dans les 8 jours après la réception des marchandises 4 tenir compte du désir du client

1 en tenant compte des particularités du trafic 2 en tenant compte de toutes les circonstances

1 cette défectuosité provient d'un défaut de construction, de matériel ou de fabrication 2 ceci est dû à une négligence du vendeur

1 nous pouvons vous assurer que ... 2 le marché se consolide

la nouvelle de la fin de la grève a occasionné une consolidation du marché

prendre des mesures de protection concernant l'importation

1 remplacement pour les marchandises endommagées 2 nous remplacerons la marchandise endommagée 3 la marchandise a été endommagée par suite d'un emballage incorrect 4 endommager le plomb de sécurité

1 détérioration délibérée (od. intentionnelle) des marchandises 2 présenter des signes d'endommagement 3 veuillez constater l'ampleur de la détérioration 4 détérioration par mauvaise intention 5 l'endommagement s'est produit lors du chargement 6 dommage apparent 7 il y a danger d'endommagement 8 cette détérioration n'a pu se produire que par un maniement sans ménagements pendant le transport 9 détérioration grave 10 endommagement insignifiant 11 éviter un endommagement de la machine en cours de route jusqu'au lieu de destination convenu contractuellement 12 dépréciation de la marchandise par suite d'endommagements

1 s'approvisionner ailleurs 2 procurer une assurance en faveur du client

1 apparemment en bon état 2 en tenant compte de l'état de la machine

1 approvisionnement de marchandises par les services officiels pour les besoins gouvernementaux 2 rassemblement de moyens financiers 3 prêter assistance en vue de l'obtention des visas nécessaires

1 ils ne se sont pas du tout occupés de cette affaire

Beschäftigen — Beschränken

tigt 2 ich **bin** sehr beschäftigt
Beschäftigter *m* es wird von großer Bedeutung für die im **Außenhandel** Beschäftigten sein
Beschäftigung *f* zur Erreichung und Erhaltung der produktiven **Voll**–
Beschau *f* 1 zollamtlicher–**befund** 2 **Hauszoll**– 3 **Zoll**–

Bescheid *m* 1 abschlägiger ~ 2 **definitiven** ~ 3 der **Kompensations**– 4 wir bitten um **umgehenden** ~ 5 wir ersuchen um einen **vorläufigen** ~ 6 **Zwischen**–

Bescheinigung *f* 1 amtliche ~ 2 **Empfangs**– über DM 180,— 3 ~ über den **Erhalt** der Exportlizenz, falls diese erforderlich 4 ~ über höhere **Gewalt** 5 **Gewichts**– 6 ~ über das Musterziehen 7 **Postversand**– 8 **Qualitäts**– 9 **Speditions**– 10 **Verlade**– 11 **Versand**– 12 **Verschiffungs**– 13 **Versicherungs**– 14 **Wareneingangs**–

Beschicken, wir würden die **Messe** gerne ~
Beschlagnahme *f* 1 es **droht** ~ der Waren 2 gegen **unberechtigte** ~ protestieren 3 die Waren gegen ~ **versichern**
Beschlagnahmen, 1 die beschlagnahmten Waren wurden **versteigert** 2 die Waren wurden vom **Zollamt** beschlagnahmt
Beschleunigen, 1 die **Auslandung** könnte durch Nachtschichten beschleunigt werden 2 beschleunigtes **Eilgut** 3 wir danken Ihnen im vorhinein für die beschleunigte **Erledigung** 4 beschleunigt liefern 5 die Lieferungen ~
Beschleunigung *f* mit **größtmöglicher** ~

Beschließen, 1 wir haben beschlossen, Ihnen 10% Nachlaß zu **gewähren** 2 eine **Maßnahme** ~
Beschluß *m* 1 gegen den ~ der Kommission ist keine **Berufung** zulässig 2 einen ~ fassen 3 **Gerichts**– 4 **maßgebender** ~ 5 dieser ~ ist **nichtig** 6 **unwiderruflicher** ~

Beschränken, 1 in beschränktem **Ausmaß** 2 **Einfuhr** von Lebensmitteln ~ 3 beschränkte **Haftung** 4 –de **Handelsvorschriften** 5 sie beschränkten sich nur auf die Lager**posten** 6 zeitlich beschränkt

2 je suis très occupé
ce sera d'une grande importance pour ceux qui s'occupent du commerce extérieur
en vue d'atteindre et de maintenir à l'avenir le plein emploi productif
1 résultat de la vérification par la douane 2 vérification par la douane à domicile 3 vérification par la douane

1 décision négative 2 rendre une décision définitive 3 avis de compensation 4 nous vous demandons votre avis le plus vite possible 5 nous vous demandons votre avis préliminaire 6 avis (od. réponse) préliminaire
1 certificat officiel 2 récépissé de DM 180,— 3 un accusé de réception de la licence d'exportation au cas où celui-ci serait nécessaire 4 certificat de force majeure 5 certificat de poids 6 attestation de prélèvement d'échantillons 7 bulletin postal d'expédition 8 certificat de qualité 9 accusé de réception du transitaire 10 avis de chargement 11 avis d'expédition 12 avis d'embarquement 13 certificat d'assurance 14 attestation d'entrée dans le pays de destination

nous voudrions bien exposer à la foire commerciale
1 il y a danger de saisie des marchandises 2 protester contre la saisie injustifiée 3 assurer les marchandises contre les risques de saisie
1 les marchandises saisies ont été vendues aux enchères 2 les marchandises ont été saisies par la douane
1 le déchargement pourrait être accéléré par des équipes de nuit 2 régime ferroviaire accéléré 3 nous vous remercions d'avance de l'exécution accélérée 4 livrer rapidement 5 accélérer les livraisons

avec la plus grande rapidité possible; le plus rapidement possible
1 nous avons décidé de vous accorder une remise de 10% 2 décider une mesure

1 contre la décision de la commission aucun recours n'est admissible 2 prendre une décision 3 décision du tribunal 4 résolution décisive 5 cette décision est nulle et non avenue 6 décision irrévocable
1 dans une proportion restreinte 2 restreindre (od. limiter) l'importation des produits alimentaires 3 responsabilité limitée 4 prescriptions commerciales restrictives 5 ils se bornaient uniquement à des lots de magasin 6 limité dans le temps

Beschränkung *f* 1 Ausfuhr– 2 –en beseitigen 3 Devisen–en 4 devisenrechtliche –en 5 ohne mengenmäßige –en 6 Produktions– 7 Transport– 8 neue –en für den Transfer **untereinander** einführen

Beschreiben, die **Waren** können in allgemein gehaltenen Ausdrücken beschrieben sein
Beschreibung *f* 1 die Ware **entspricht** vollkommen der ~ und den Angaben, die in der Spezifikation angeführt sind 2 die ~ der Einrichtung **ergänzen** 3 **falsche** ~ 4 eine **genaue** und **klare** ~ des angebotenen Erzeugnisses 5 **technische** ~ 6 genaue ~ der **Verpackungs**art 7 **Waren**–

Beschwerde *f* 1 abgelehnte ~ 2 ähnliche –n kommen in der letzten Zeit sehr oft vor 3 eine schriftliche ~ wegen dieses Vorgehens **einreichen** 4 bisher haben wir keine einzige ~ dieser Art **erhalten** 5 wir müssen ~ beim Ministerium **erheben** 6 solange unsere ~ nicht **erledigt** ist 7 unserer Ansicht nach ist Ihre ~ nicht voll **gerechtfertigt** 8 unserer Meinung nach haben Sie keinen **Grund** zu ~ über schlechte Qualität 9 **ständige** –n 10 **unaufhörliche** ~ 11 **unbegründete** ~ 12 **vorgebrachte** ~ 13 wir werden alles daransetzen, um es in der Zukunft nicht zu **weiteren** –n kommen zu lassen

Beschweren, der Kunde beschwert sich über die **Qualität** der gelieferten Ware
Beseitigen, 1 den **Fehler** so schnell wie möglich ~ 2 wir stellen fest, daß die **Mängel** noch nicht beseitigt wurden
Beseitigung *f* zur ~ dieser **Schwierigkeiten**

Besetzen, 1 das **Flugzeug** ist voll besetzt 2 Ihre **Nummer** war besetzt 3 wir müssen wegen Todesfalls des Herrn . . . die **Stelle** ~
Besichtigen, 1 der Gegenstand wurde inzwischen von zwei **Sachverständigen** dieses Spezialfachs besichtigt 2 die reklamierte **Sendung** von einem unpateiischen Fachmann ~ lassen
Besichtigung *f* 1 die Ware steht zur endgültigen ~ **bereit** 2 wir verlangen, daß die ~ von einem amtlichen Sachverständigen **durchgeführt** wird 3 die **Muster** zur ~ übersenden 4 über die ~ wurde ein **Protokoll** abgefaßt 5 ~ durch den **Sachverständigen** 6 **Schadens**–

1 restriction d'exportation 2 supprimer les restrictions 3 restrictions en matière de devises 4 restrictions de change 5 sans restrictions quantitatives 6 réduction de la production 7 restriction de transport 8 introduire de nouvelles restrictions de transfert par accord mutuel
les marchandises peuvent être décrites en termes généraux

1 la marchandise correspond entièrement à la description et aux données indiquées dans la spécification 2 compléter la description de l'équipement 3 description incorrecte 4 une description détaillée et claire des produits proposés 5 description technique 6 description exacte de la méthode d'emballage 7 description de la marchandise

1 une plainte rejetée 2 des réclamations analogues se répètent très souvent ces derniers temps 3 porter plainte par écrit contre cette action 4 jusqu'à présent nous n'avons reçu aucune réclamation de ce genre 5 nous devons interjeter recours auprès du ministère 6 aussi longtemps que notre recours n'est pas réglé 7 à notre avis votre réclamation n'est pas entièrement justifiée 8 à notre avis vous n'avez aucune raison de vous plaindre de la mauvaise qualité 9 des plaintes continues 10 des plaintes persistantes 11 plainte non justifiée 12 réclamation soulevée 13 nous ferons de notre mieux pour éviter d'autres plaintes (od. réclamations) à l'avenir
le client se plaint de la qualité de la marchandise fournie
1 remédier au défaut le plus vite possible 2 nous constatons que les défauts n'ont pas encore été éliminés
pour l'aplanissement (od. la solution) de ces difficultés
1 l'avion est complet 2 votre numéro (de téléphone) était occupé 3 à cause du décès de M. . . . nous devons combler la vacance
1 entre-temps l'objet a été examiné par deux experts spécialistes 2 faire examiner l'envoi contesté par un expert impartial

1 la marchandise est prête pour l'inspection finale 2 nous exigeons que l'inspection soit effectuée par un expert officiel 3 envoyer les échantillons pour examen (od. expertise) 4 l'expertise a fait l'objet d'un procès-verbal 5 inspection par l'expert 6 certificat de sinistre de

durch den Sachverständigen 7 **übliche** ~ 8 die Waren zur **unverbindlichen** ~ auslegen 9 die Ausrüstung soll wieder zur ~ und Prüfung zur **Verfügung** stehen 10 die ~ wird am 6. April **vorgenommen** werden

Besitz *m* (s. a Eigentum, Vermögen) die Waren in den ~ des Kunden **überführen**

Besitzen, 1 die Ware besitzt die von Ihnen geforderten **Eigenschaften** 2 wir ~ eine **Einfuhrlizenz**

Besonder, 1 –e **Aufmerksamkeit** 2 dieses Muster erfreut sich einer –en **Beliebtheit** 3 auf Grund einer –en **Ermächtigung** 4 etwas –es 5 **im** –en 6 wir legen –en **Nachdruck** darauf 7 es ist uns ein –es **Vergnügen,** Ihnen mitteilen zu können 8 –e **Vorschriften** für die Anwendung der Richtlinien

Besonderheit *f* unter Berücksichtigung der –en des **Verkehrs**

Besorgen, 1 bemühen Sie sich, ein annehmbares **Angebot** für Radioapparate zu ~ 2 die **Annahme** des Wechsels ~ 3 eine **Einfuhrlizenz** ~ 4 **Einkäufe** ~ 5 wir werden versuchen, Ihnen diese **Information** zu ~ 6 den **Transport** der Waren besorgt unser Spediteur 7 den **Transport** ~

Besorgnis *f* s. Befürchtung

Besprechen, 1 die **Auftragsänderung** muß vorerst mit der Fabrik besprochen werden 2 wir möchten mit Ihnen das ganze **Geschäft** eingehend ~ 3 nur die wesentlichsten **Punkte** ~

Besprechung *f* s. Diskussion, Beratung

Bessern, 1 unsere **Aussichten** haben sich gebessert 2 es würde uns freuen, wenn sich unsere **Beziehungen** ~ 3 der **Markt** bessert sich langsam

Besserung *f* das wird zur ~ unserer **Beziehungen** beitragen

Bestand *m* 1 –**buch** 2 **eiserner** ~ 3 den **Kassen**– überprüfen 4 **Rest**– 5 ~ an **Rohstoffen**

Bestandteil *m* 1 unsere Verkaufsbedingungen bilden einen **unstrennbaren** ~ dieses Vertrages 2 **wesentlicher** ~

Bestätigen, 1 bestätigtes **Akkreditiv** 2 **amtlich** ~ 3 unter diesen geänderten Bedingungen können wir Ihren **Auftrag** nicht ~ 4 –de **Bank** 5 sind Sie mit unserem Vorschlag einverstanden, ~ Sie uns dies bitte mit **Brief** 6 ich bestätige mit **Dank** den Empfang Ihres Angebotes 7 wir ~ den **Empfang** des in der Rechnung angeführten Betrages 8 **mündlich** ~ 9 **postwendend** ~ 10 wir ~ unser

l'expert 7 examen habituel 8 exposer les marchandises pour examen sans obligation 9 l'équipement devra de nouveau être disponible pour inspection et essais 10 l'inspection aura lieu le 6 avril

mettre les marchandises en possession du client

1 la marchandise présente les qualités que vous exigez 2 nous sommes en possession d'une licence d'importation

1 attention particulière 2 ce dessin jouit d'une grande popularité 3 en raison d'une autorisation particulière 4 quelque chose de particulier 5 en particulier 6 nous insistons particulièrement sur le fait 7 nous avons le grand plaisir de pouvoir vous informer 8 des prescriptions particulières pour l'application des directives

en tenant compte des particularités du trafic

1 veuillez vous efforcer d'obtenir une offre acceptable pour (les) postes de radio 2 veiller à l'acceptation de la traite 3 procurer une licence d'importation 4 faire des achats 5 nous essayerons de vous procurer ces informations 6 notre transitaire se chargera de l'expédition des marchandises 7 prendre soin du transport

1 la modification de la commande doit d'abord être discutée avec la fabrique 2 nous voudrions discuter toute cette affaire en détail avec vous 3 ne discuter que les points essentiels

1 nos chances se sont améliorées 2 nous serions heureux si nos relations pouvaient s'améliorer 3 le marché se ranime lentement

ceci contribuera à l'amélioration de nos relations

1 livre inventaire 2 stock permanent 3 contrôler l'encaisse 4 reliquat 5 stock de matières premières

1 nos conditions de vente font partie intégrante de ce contrat 2 partie essentielle

1 un accréditif confirmé 2 confirmer officiellement 3 dans ces conditions modifiées nous ne pouvons confirmer votre commande 4 banque confirmant (un crédit ou un chèque) 5 si vous êtes d'accord avec notre proposition, veuillez nous le confirmer par lettre 6 je vous confirme la réception de votre offre et je vous en remercie 7 nous accusons réception du montant indiqué dans la facture

Bestätigen — Bestellung

heutiges **Telegramm** 11 **termingemäß** ~

Bestätigung *f* 1 **Auftrags**– 2 eine ~ über den Zustand der Ware für Verzollungszwecke **ausstellen** 3 die Vereinbarung tritt erst nach **beiderseitiger** ~ in Kraft 4 **briefliche** ~ unseres Auftrages folgt 5 **Devisenzuteilungs**– 6 wir bitten, die Zusendung der **fehlenden** ~ zu beschleunigen 7 die Ware können wir nur **gegen** ~ ausliefern 8 ~ der höheren **Gewalt** 9 **Gewichts**– 10 wir bieten unter Voraussetzung **schriftlicher** ~ spätestens bis 31. August an 11 die **Speditions**– 12 **Unbedenklichkeits**– 13 **verlangen** Sie eine ~ 14 mit **Vorbehalt** der ~ dieses Auftrages durch unseren Lieferanten

Bestehen, 1 der Kunde besteht **auf** der amtlichen Verwiegung aller Sendungen 2 alle Waren, die ganz oder teilweise **aus** Holz ~ 3 wir ~ auf genauer und rechtzeitiger **Erfüllung** 4 bestehende **Gesetze** 5 die Ware wird im **Konkurrenzkampf** schwer ~ 6 wir müssen auf sofortiger **Lieferung** ~ 7 es besteht **Mangel** an diesen Waren 8 die **Sendung** besteht aus 2 Sorten 9 der **Unterschied** besteht in der Qualität

Bestell-, 1 –**buch** 2 führen Sie in der gesamten weiteren Korrespondenz unsere –**nummer** an 3 beiliegende –**scheine** benutzen
Bestellen, 1 die mit Ihrem **Brief** vom 12. März bestellte Ware 2 zur sofortigen **Lieferung** ~ 3 die Ware laut **Muster** ~ 4 Waren für DM 400,— gegen **Nachnahme** ~ 5 auf Grund Ihrer **Preisliste** ~ wir 6 ... auf **Probe** ~ 7 der Kunde bestellt einen **Vertreter,** der als Notadresse bei Nichtakzeptierung tätig sein soll

Bestellung *f* 1 **Anfangs**– 2 die große **Anhäufung** von –en hat uns verhindert, die Lieferfrist einzuhalten 3 Ihre ~ können wir unter sonst unveränderten Bedingungen **annehmen** 4 **ansehnliche** ~ 5 **Arbeit** auf ~ 6 ... **auf** ~ erzeugen 7 die

8 confirmer verbalement 9 confirmer par retour du courrier 10 nous vous confirmons notre télégramme d'aujourd'hui 11 confirmer dans les délais
1 confirmation de commande 2 délivrer un certificat de confirmation sur l'état de la marchandise pour les formalités douanières 3 l'accord n'entre en vigueur qu'après (la) confirmation mutuelle 4 la confirmation écrite de notre commande vous sera transmise 5 confirmation de l'attribution de devises 6 nous vous prions d'accélérer l'envoi de la confirmation manquante 7 nous ne pouvons délivrer la marchandise que contre accusé de réception 8 certificat de force majeure 9 certificat de poids 10 nous vous offrons sous condition d'une confirmation écrite au plus tard jusqu'au 31 août 11 l'accusé de réception du transitaire 12 déclaration de non-opposition 13 veuillez demander une confirmation (od. un accusé de réception) 14 sous réserve de la confirmation de cette commande par notre fournisseur

1 le client exige le pesage officiel de tous les envois 2 tous les articles consistant totalement ou partiellement en bois 3 nous exigeons (od. tenons à) l'accomplissement correct et ponctuel 4 les lois en vigueur 5 la marchandise supportera difficilement la concurrence 6 nous devons exiger (od. demander) une livraison immédiate 7 il y a pénurie dans ce genre de marchandise 8 l'envoi se compose de deux sortes 9 la différence consiste dans la qualité

1 livre de commandes 2 veuillez indiquer dans toute correspondance ultérieure notre numéro de commande 3 veuillez utiliser les bons de commande ci-joints
1 la marchandise commandée par votre lettre du 12 mars 2 commander pour livraison immédiate 3 commander la marchandise conformément à l'échantillon 4 commander des marchandises d'une valeur de DM 400,— contre remboursement 5 sur la base de votre prix-courant nous vous commandons 6 commander à titre d'essai 7 le client désigne un représentant qui interviendra en tant qu'adresse au besoin en cas de non-acceptation
1 commande préliminaire 2 l'accumulation importante de commandes nous a empêché de maintenir le délai de livraison 3 nous pouvons accepter votre commande sans autres modifications des conditions 4 commande importante 5 travail

~ wurde gemäß Ihren Anweisungen **ausgeführt** 8 unter diesen veränderten Bedingungen sind wir nicht in der Lage, die ~ zu **bestätigen** 9 wir **bestätigen** mit Dank Ihre ~ Nr. A/168 10 **beträchtliche** ~ 11 wir hoffen, daß Sie uns mit Ihrer ~ **betrauen** werden 12 andernfalls werden wir diese ~ nicht als **bindend** betrachten 13 wir sind mit Aufträgen so überhäuft, daß wir keine weiteren –en **entgegennehmen** können 14 **erhaltene** –en 15 die **Erledigung** der ~ zurückstellen 16 ~ **lautet** auf 1000 kg 17 **Muster**– 18 **Nach**– 19 unsere Preise gelten nur im Falle einer **postwendenden** ~ 20 eine ~ kann nur unter der Bedingung einer **Preisermäßigung** in Frage kommen 21 **Probe**– 22 Sie können mit unserer ~ **rechnen** 23 die Konkurrenz ist bemüht, die ~ um jeden Preis an sich zu **reißen** 24 für den **Rest** der ~ fehlt die erforderliche Deckung 25 **schriftliche** ~ 26 ein **Sondernachlaß** von 2% wird bei Bestellung **über** DM 1.000 gewährt 27 wir versichern Ihnen, daß wir Ihrer ~ alle **Sorgfalt** zuwenden werden 28 **telegrafische** ~ 29 zu Weihnachten sind sie mit –en **überhäuft** 30 wegen völliger **Überlastung** der Betriebe mit –en 31 wir sind leider nicht in der Lage, Ihre ~ zu **übernehmen**, da ... 32 als Anlage **überreichen** wir Ihnen unsere ~ Nr. 391 zur sofortigen Lieferung 33 mit Rücksicht auf den **Umfang** dieser ~ 34 **verbindliche** ~ 35 Ihre ~ haben wir zur Lieferung Anfang Januar (nächsten Monats) **vorgemerkt** 36 **Waggon**– 37 Ihren **weiteren** –en sehen wir gern entgegen und verbleiben 38 Sie dürfen versichert sein, daß wir Ihre ~ besonders sorgfältig zu Ihrer vollkommenen **Zufriedenheit** ausführen werden

sur commande 6 produire sur commande 7 la commande a été exécutée suivant vos instructions 8 dans ces conditions (od. circonstances) modifiées nous ne sommes pas en mesure de confirmer la commande 9 nous confirmons votre commande n° A/168 et vous en remercions 10 commande considérable 11 nous espérons que vous nous confierez votre commande 12 autrement nous ne nous considérerons pas liés à cette commande 13 nous sommes tellement surchargés de commandes que nous ne pouvons plus en accepter d'autres 14 ajourner l'exécution de la commande 16 la commande porte sur 1000 kg 17 commande d'échantillons 18 commande additionnelle 19 nos prix ne seront valables que si la commande est passée par retour du courrier 20 une commande ne peut être envisagée qu'à condition d'une réduction de prix 21 commande d'essai 22 vous pouvez compter sur notre commande 23 la concurrence s'efforce d'emporter la commande à tout prix 24 pour le reliquat de la commande il manque la couverture nécessaire 25 commande par écrit 26 une remise spéciale sera accordée pour une commande de plus de DM 1.000 27 nous vous assurons d'apporter le plus grand soin à l'exécution de votre commande 28 commande par télégramme 29 à la Noël ils sont surchargés de commandes 30 étant donné que les fabriques sont débordées de commandes 31 nous regrettons de ne pas être à même d'accepter votre commande car ... 32 nous vous transmettons ci-joint notre commande n° 391 pour livraison immédiate 33 considérant l'importance de cette commande 34 commande ferme 35 nous avons noté votre commande pour livraison au début de janvier (du mois prochain) 36 demande de wagons 37 dans l'attente de vos prochaines commandes, veuillez agréer ... 38 vous pouvez être assuré(s) que nous exécuterons votre commande avec le plus grand soin et à votre entière satisfaction

Bestens, 1 wir **(be)grüßen** Sie ~ 2 wir **danken** Ihnen ~ für Ihre Mühewaltung

1 avec nos salutations empressées (od. distinguées) 2 nous vous remercions beaucoup pour (od. de) vos efforts (od. vos peines)

Besteuerung *f* 1 **Doppel**– 2 juristische **Doppel**– 3 wirtschaftliche **Doppel**– 4 mehrfache ~

1 double imposition 2 double imposition juridique 3 double imposition économique 4 imposition cumulative

Bestimmen, 1 sofern nicht **anders** bestimmt wird 2 zu unserem heutigen

1 sauf stipulations (od. spécifications) contraires 2 votre annonce dans le

Bestimmen — Besucher

Schreiben hat uns Ihre **Anzeige** in der Times bestimmt **3** die Sendung ist **für** die Ausfuhr bestimmt **4** das **Handelsgesetz** bestimmt, daß ... **5** M/S Mary bestimmt **nach** Liverpool **6** diesen Posten **näher** ~ **7** die **Preise** werden nach der Endkalkulation bestimmt **8** **schätzungsweise** ~ **9** durch ein **Übereinkommen** der Parteien wurde bestimmt **10** die **Verpflichtungen** von Verkäufer und Käufer ~ **11** im **Vertrag** wird ... bestimmt **12** die Ware ist ausschließlich für **Werbezwecke** bestimmt **13** **wofür** ist dieser Betrag bestimmt?

«Times» nous a amenés à vous adresser la présente lettre **3** l'envoi est destiné à l'exportation **4** le code de commerce prévoit que ... **5** le M/S «Mary» à destination de Liverpool **6** préciser ce poste d'une façon plus détaillée **7** les prix seront déterminés après le calcul final **8** déterminer approximativement **9** il a été décidé par accord des parties **10** déterminer les engagements du vendeur et de l'acheteur **11** dans le contrat une stipulation pour ... est prévue **12** la marchandise est destinée exclusivement à des fins publicitaires **13** à quoi est destiné ce montant?

Bestimmt, **1** –es **Angebot** **2** wir verlangen eine –e **Antwort** **3** einen –en **Betrag** einsetzen **4** wir werden die Ware ganz ~ rechtzeitig **liefern** **5** auf eine –e **Zeit**

1 offre spécifique **2** nous exigeons une réponse définitive **3** inscrire un certain montant **4** nous ne manquerons pas de livrer la marchandise à temps **5** pour un certain temps

Bestimmung *f* **1** diese ~ bezieht sich auf Kompensationen **2** **Einfuhr**–en **3** die Vertrags–en **einhalten** **4** End–sort **5** die Ware **entspricht** ihrer ~ **6** ergänzende –en **7** den –sort **erreichen** **8** gesetzliche ~ **9** –shafen **10** –sland **11** –sort **12** –sstation **13** laut ~ unter Punkt 7 des **Vertrages**

1 cette stipulation concerne la compensation **2** réglementation de l'importation **3** respecter les stipulations du contrat **4** lieu de destination finale **5** la marchandise correspond à sa destination **6** stipulations complémentaires **7** arriver au lieu de destination **8** disposition légale **9** port de destination **10** pays de destination **11** lieu de destination **12** gare de destination **13** suivant la stipulation au point 7 du contrat

Bestreben, **1** wir sind bestrebt, die Lieferfristen zu **ändern** **2** wir sind bestrebt, bessere Bedingungen zu **erzielen**

1 nous nous efforcerons de modifier les délais de livraison **2** nous nous efforcerons d'obtenir de meilleures conditions

Bestrebung *f* das **Ziel** unserer –en ist, den Absatz zu erhöhen

l'objectif de nos efforts est l'augmentation de notre chiffre d'affaires

Bestreiten, es läßt sich nicht ~, daß ...

il n'est pas contestable que ... (od. on ne peut nier que ...)

Bestürzung *f* mit ~ haben wir gehört, daß ...

nous avons appris avec stupéfaction que ...

Besuch *m* **1** den ~ werden wir Ihnen im voraus **ankündigen** **2** Ihren ~ werden wir jederzeit **begrüßen** **3** das festgesetzte **Datum** des –es sagt uns zu **4** **Geschäfts**– **5** **Höflichkeits**– **6** Herr Braun hat die Absicht, am 15. Mai nach London zu einen etwa fünftägigen ~ zu **kommen** **7** bei meinem **letzten** ~ in Ihrem Büro **8** dem Kunden einen ~ **machen** **9** **Messe**– **10** offizieller ~ **11** starker ~ **12** wir nehmen Bezug auf den ~ Ihres **Vertreters** **13** **willkommener** ~ **14** –szeit **15** in Kanada **zu** ~ sein

1 nous vous annoncerons la visite à l'avance **2** votre visite nous sera toujours agréable **3** la date fixée pour votre visite nous convient **4** visite d'affaires **5** visite de politesse **6** M. Braun a l'intention d'aller le 15 mai à Londres pour une visite de 5 jours **7** lors de ma dernière visite à votre bureau **8** faire une visite au client **9** visite de la foire commerciale **10** visite officielle **11** fréquentation intense **12** nous nous rapportons au passage de votre représentant **13** visite à propos **14** heures de visite **15** être en visite au Canada

Besuchen, **1** eine **Messe** ~ **2** Anfang Juli wird uns ihr **Vertreter** ~, um ...

1 visiter (od. participer à) une foire commerciale **2** leur représentant nous rendra visite au début de juillet pour ...

Besucher *m* **1** ausländischer ~ **2** Messe–

1 visiteur étranger **2** visiteur de la foire

3 für unsere ~ aus **Übersee** haben wir neue Muster vorbereitet

Beteiligen, 1 Firmen, die sich an unserer **Ausstellung** ~ wollen, mögen sich mit ... in Verbindung setzen 2 sich an einem **Geschäft** ~ 3 sich am **Gewinn** ~ 4 in Gegenwart aller beteiligten **Parteien** 5 sich zu gleichen Teilen an einem Geschäft ~

Beteiligung *f* 1 Gewinn– 2 **Kapital**– 3 **Messe**– 4 Ihre ~ ist **unerläßlich**

Betonen, sie haben die **Präzision** immer betont

Betracht *m* 1 Zutaten aus anderen Stoffen bleiben **außer** ~ 2 im Augenblick **kommt** es nicht in ~ 3 wenn wir in ~ **ziehen,** daß ...

Betrachten, 1 anderenfalls werden wir diese Bestellung nicht als **bindend** ~ 2 wir ~ diesen Vorschlag als **gegenstandslos** 3 **genau** betrachtet 4 wenn wir es von unserem **Standpunkt** aus ~

Beträchtlich, 1 –e Bestellung 2 –es Geschäft 3 –e **Verluste** aufweisen

Betrag *m* 1 **Akkreditiv**– 2 den ~ in Ziffern und Buchstaben **ausschreiben** 3 wir **belasten** Ihr Konto mit diesem ~ 4 den **bewilligten** ~ um 3% überschreiten 5 **End**– 6 jeden ~ bis zu DM 1.200,— 7 **Geld**– 8 **Gesamt**– 9 **geschätzter** ~ 10 den vereinbarten ~ wollen Sie bei der Bank **hinterlegen** 11 hohe Beträge 12 Entschädigungsanspruch **im** –e von DM 2.915,— 13 auf einen ~ von DM 169,— **lautend** 14 **Pauschal**– 15 dem Verkäufer den vollen **Rechnungs**– innerhalb 14 Tagen nach Erhalt der Rechnung bezahlen 16 **Rechnungs**– 17 wir bitten um gelegentliche Überweisung des **Rest**-es 18 **Schuld**– 19 diesen ~ werden wir Ihnen durch (internationale) Postanweisung **senden** 20 **Steuerfrei**– 21 **veranschlagter** ~ 22 der ~ **von** DM 50,— für Abfuhr ist am 12. Oktober fällig 23 **vorausbezahlter** ~ 24 ~ in der **Währung** des Ausfuhrlandes 25 ~ von DM 285,— in **Worten** zweihundertfünfundachtzig 26 **zahlen** Sie ihm bitte jeden ~ bis zur Höhe von DM 5.000,— aus

commerciale 3 pour nos visiteurs d'outre--mer nous avons préparé de nouveaux modèles (od. échantillons)
1 les firmes désirant participer à notre exposition sont priées de se mettre en relation avec ... 2 participer à une transaction commerciale 3 participer au bénéfice 4 en présence de toutes les parties concernées (od. interessées) 5 participer à parts égales à une affaire (od. transaction)
1 participation aux bénéfices 2 participation par apport de capital 3 participation à la foire commerciale 4 votre participation (od. présence) est absolument nécessaire
ils ont toujours souligné la précision

1 des accessoires réalisés en autres matières ne seront pas considérés 2 pour le moment ce n'est pas pris en considération 3 si nous prenons en considération que ... (od. considérant le fait que ...)
1 autrement nous ne nous considérons pas liés par cette commande 2 nous considérons cette proposition comme étant sans objet 3 tout compte fait ; tout bien considéré 4 si nous considérons ceci de notre point de vue
1 commande considérable 2 affaire importante 3 accuser des pertes considérables
1 le montant de l'accréditif 2 écrire le montant en chiffres et en toutes lettres 3 nous portons ce montant au débit de votre compte 4 dépasser le montant alloué de 3% 5 somme totale 6 tout montant jusqu'à DM 1.200,— 7 somme d'argent 8 montant total 9 montant estimé 10 veuillez déposer le montant convenu à la banque 11 montants importants 12 droits à une indemnité s'élevant à un montant de DM 2.915,— 13 s'élevant à un montant de DM 169,— 14 somme forfaitaire 15 payer au vendeur le montant total de la facture dans les 15 jours après la réception de la facture 16 montant de la facture 17 nous vous prions de virer le reliquat du montant à la prochaine occasion 18 la somme due 19 ce montant vous sera viré par mandat postal (international) 20 déduction personnelle 21 montant estimé 22 le montant de DM 50,— pour camionnage sera dû le 12 octobre 23 montant payé à l'avance 24 montant libellé dans la monnaie du pays exportateur 25 montant de DM 285,— en toutes lettres deux cent quatre-

Betragen, die **Rechnung** beträgt DM 9.810,—
Betrauen, wir sind bereit, Sie mit der **Vertretung** unserer Erzeugnisse zu ~
Betreff *m* **in betreff** Ihrer **Bestellung** Nr. 624
Betreffen, 1 als Anlage übersenden wir Ihnen **Belege** –d diese Angelegenheit 2 betrifft: **Ihre Reklamation** 3 was die **Menge** betrifft, ändert sich nichts 4 was **mich** betrifft 5 dieser **Nachlaß** betrifft nur Bestellungen über 1000 t 6 der **Schaden** betraf viele Geschäftsleute 7 hinsichtlich der Zahlungsbilanz von **Schwierigkeiten** betroffen sein

Betreffend, 1 –e Angelegenheit 2 –e **Dispositionen** 3 –e **Formalitäten** 4 –er **Teil**
Betreiben, 1 sie ~ ausschließlich den Import von Häuten 2 dieser **Handel** wird in großem Maßstab betrieben 3 sie ~ in diesem **Ort** seit 20 Jahren Handel

Betrieb *m* 1 den ~ **aufnehmen** 2 die Maschine ist **außer** ~ 3 –s- und Geschäfts- **Ausstattung** 4 unter den ~ **sbedingungen** 5 –s**besichtigung** 6 **Dauer**– ~ 7 –s**direktor** 8 der ~ erhielt schon die nötigen **Dispositionen** 9 den ~ für eine gewisse Zeit **einstellen** 10 **Erzeugungs**– 11 **Export**– 12 –s**ferien** 13 –s**fertig** 14 ganzjähriger ~ 15 –s**geheimnis** 16 Kunden aus den Reihen großer **Industrie**–e 17 –s**kapital** 18 –s**klima** 19 –s**kosten** 20 unser –s**leiter** ist erkrankt 21 normaler ~ 22 ökonomischer ~ 23 **Produktions**– 24 –s**prüfung** 25 –s**rat** 26 –s**schwierigkeiten** 27 die Maschine in / außer ~ **setzen** 28 starker ~ 29 infolge einer –s**störung** 30 **Unterbrechung** des –es 31 ununterbrochener ~ 32 –s**versammlung** 33 die Maschine im ~ **vorführen** 34 **Zweischichten**–

-vingt-cinq Deutsche Mark **26** veuillez lui payer tous montants jusqu'à la somme de DM 5.000,—
la facture s'élève à DM 9.810,—

nous sommes disposés à vous confier la représentation de nos produits
concernant votre commande n° 624

1 nous vous envoyons en annexe les documents concernant cette affaire **2** objet: votre réclamation **3** en ce qui concerne la quantité rien n'est changé **4** en ce qui me concerne **5** cette remise n'est applicable que pour les commandes dépassant 1000 t **6** beaucoup de commerçants ont été touchés par cette perte **7** être touché par des difficultés relatives à la balance des paiements

1 l'affaire en question **2** instructions correspondantes **3** formalités correspondantes **4** partie correspondante
1 ils s'occupent exclusivement de l'importation des peaux **2** ce commerce est exploité sur une large base **3** ils excercent le commerce dans cette localité depuis 20 ans

1 commencer l'exploitation **2** la machine est arrêtée (od. en panne) **3** matériel d'installation et d'équipement **4** dans les conditions d'exploitation **5** visite de l'entreprise **6** marche continue **7** directeur de production **8** la fabrique a déjà reçu les instructions nécessaires **9** arrêter la production pour un certain temps **10** entreprise de production **11** entreprise d'exportation **12** congé annuel collectif de l'entreprise **13** prêt à fonctionner **14** ouvert toute l'année **15** secret industriel **16** clients (od. clientèle) appartenant aux milieux des grosses entreprises industrielles **17** capital de roulement **18** les relations humaines au sein de l'entreprise **19** charges (od. frais) d'exploitation **20** notre chef d'entreprise est tombé malade **21** exploitation normale **22** exploitation (od. fonctionnement) économique **23** entreprise de production (od. fabrication) **24** vérification de la gestion de l'entreprise **25** conseil (od. comité) d'entreprise **26** difficultés de fonctionnement **27** mettre une machine en marche / arrêter une machine **28** activité intense **29** à la suite d'un arrêt de fonctionnement **30** interruption de fonctionnement **31** fonctionnement continu **32** réunion du personnel **33** démontrer la machine en fonctionnement **34** exploitation en deux équipes

Betrug *m* 1 ausgemachter ~ 2 **Versicherungs-**
Betrügerisch, offensichtlich ohne –e **Absicht**
Beunruhigen, es ist nicht nötig, sich **wegen** des vorübergehenden Rückganges der Nachfrage zu ~
Beunruhigung *f* es **erweckte** keine ~
Beurkunden s. Bestätigen, Bescheinigen
Beurteilen, 1 danach ~ 2 einen Fall **fachmännisch** ~ 3 die **Reklamation** können wir ohne die betreffenden Unterlagen nicht ~
Beurteilung *f* 1 **bei** der ~ dieser Angelegenheit ist es notwendig, sich an folgende Kriterien zu halten 2 uns interessiert Ihre eigene ~ des **Schadens** 3 wir überreichen Ihnen einige Muster **zur** ~
Bevollmächtigen, 1 er ist bevollmächtigt, diese Angelegenheit mit Ihnen zu **erörtern** 2 bevollmächtigte **Person** 3 wir ~ Sie, die Sendung in unserem Namen zu **übernehmen** 4 wir ~ Herrn Gran, über unser laufendes Konto bei der Staatssparkasse zu **verfügen** 5 die Spezifikation muß von einem ordnungsgemäß bevollmächtigten **Vertreter** des Käufers unterschrieben werden
Bevollmächtigter *m* das Dokument darf nur an Herrn Grüner oder dessen Bevollmächtigten **ausgehändigt** werden
Bevollmächtigung *f* zur Unterzeichnung **benötigen** wir eine ~
Bevorzugt, 1 –e **Ausfuhren** 2 –e **Beförderung** 3 Ihren Auftrag werden wir ~ **erledigen**
Bewahren, ~ Sie die **Muster** vorläufig bei sich auf
Bewältigen, 1 die große Masse von **Bestellungen** ~ 2 die **Schwierigkeiten** sind nur mit Mühe zu ~
Bewandert, in diesem **Fach** ist er gut bewandert
Bewegen, 1 bemühen Sie sich, den **Kunden** zur Zahlung zu ~ 2 die **Preise** ~ sich je nach Größe zwischen DM 5,20 und DM 7,60
Bewegung *f* 1 **Gewerkschafts-** 2 **Gleichberechtigungs-** 3 die **Preise** sind in ~ 4 **rückgängige** ~ der Kurse 5 **steigende** ~ von Aktien 6 die Maschine wird in ~ **vorgeführt**
Beweis, 1 einen ~ für ... **anbieten** 2 ~ **antreten** 3 befriedigender ~ 4 **zum** ~ dessen 5 er muß den Wahrheits- **er-**

1 fraude (od. tromperie) évidente 2 fraude d'assurance
apparemment sans intention frauduleuse

il n'y a pas lieu de s'inquiéter du recul temporaire de la demande

ceci n'a provoqué aucune inquiétude

1 juger d'après cette circonstance 2 porter un jugement compétent sur un cas 3 sans avoir les pièces justificatives correspondantes, nous ne pouvons pas considérer la réclamation
1 pour porter un jugement sur cette affaire, les critères suivants devront être considérés 2 ce qui nous intéresse c'est de connaître votre propre estimation du dommage 3 nous vous envoyons quelques échantillons à votre appréciation
1 il est habilité à discuter cette affaire avec vous 2 personne habilitée 3 nous vous autorisons à prendre livraison de l'envoi en notre nom 4 nous autorisons M. Gran à disposer de notre compte courant auprès de la Caisse d'Epargne d'Etat 5 la spécification doit être signée par un représentant de l'acheteur dûment autorisé

le document ne peut être délivré qu'à M. Grüner ou à son mandataire

pour la signature nous avons besoin d'une autorisation

1 exportations prioritaires 2 transport prioritaire 3 nous exécuterons votre commande en priorité
veuillez garder les échantillons chez vous pour le moment
1 faire face à la grande masse de commandes 2 les difficultés ne peuvent être surmontées qu'avec beaucoup de peine
il est bien versé dans cette question (od. matière)
1 veuillez vous efforcer d'inciter le client au paiement 2 les prix varient suivant la taille entre DM 5,20 et DM 7,60

1 mouvement syndical 2 mouvement de l'égalité des droits 3 les prix sont en mouvement 4 mouvement de baisse des cours 5 mouvement en hausse des actions 6 la machine est démontrée en marche
1 offrir la preuve de ... 2 apporter (od. fournir) la preuve 3 preuve satisfaisante 4 à l'appui de quoi 5 il doit produire la

Beweis — Bewilligung

bringen 6 in **Ermangelung** von –en wurde von der Klage Abstand genommen 7 es **gibt** keinen ~ dafür, daß ... 8 **hinkender** ~ 9 **hinreichender** ~ 10 **klarer** ~ 11 –e **liefern** 12 **mangels** –e 13 –**material** 14 **schlagender** ~ 15 **schwacher** ~ 16 **sicherer** ~ 17 **sprechender** ~ 18 ~ durch **Urkunden** 19 –e **vorlegen** 20 ~ durch **Zeugen** 21 **zum** ~ **dessen**

preuve de la vérité 6 faute de preuves, la plainte a été abandonnée 7 il n'y a pas de preuve pour le fait que ... 8 preuve insuffisante 9 preuve suffisante 10 preuve concluante 11 fournir des preuves 12 faute de preuves 13 preuves; pièces à l'appui 14 preuve éclatante 15 preuve insuffisante 16 preuve positive 17 preuve éloquente 18 preuve par titre 19 produire les preuves 20 preuve par témoin 21 en témoignage de quoi

Beweisen, 1 diese Firma hat sich **als** verläßlicher Lieferant bewiesen 2 die unseren **Anspruch** auf Ersatz dieser Sendung –den Belege 3 sie ~ die **Berechtigung** der Forderungen durch beigelegte Dokumente 4 dadurch haben Sie ihnen ein **Entgegenkommen** bewiesen 5 es wurde **klar** bewiesen, daß ... 6 das beweist **Mangel** an pflichtgemäßer Sorgfalt 7 das läßt sich **schwer** ~

1 cette firme a fait ses preuves comme un fournisseur à qui on peut se fier 2 les preuves justifiant notre demande à réparation du dommage survenu à cet envoi 3 ils prouvent le bien-fondé des revendications par pièces justificatives jointes 4 de cette façon vous leur avez prouvé votre complaisance 5 il a été mis en toute évidence que ... 6 ceci prouve un manque de soins nécessaires 7 ceci est difficile à prouver

Bewerben, diese Firma bewirbt sich **um** die Vertretung Ihrer Erzeugnisse

cette firme offre ses services pour la représentation de vos produits

Bewerten, Resultate hoch ~

apprécier grandement les résultats

Bewilligen, 1 Ihr Ansuchen wird bewilligt 2 eine **Ausnahme** wurde nur für diesen Fall bewilligt 3 wir bitten Sie, uns die **Besichtigung** zu ~ 4 die **Einfuhr** der betreffenden Waren wurde wieder bewilligt 5 wir können einen **Nachlaß** von höchstens 5% ~ 6 unter der **Voraussetzung** ~, daß ... 7 die bewilligte Devisenzuteilung ist nicht ausreichend

1 votre demande a été acceptée 2 une exception a été accordée seulement pour ce cas 3 nous vous prions de nous permettre l'inspection (od. l'examen) de ... 4 l'importation des marchandises en question a de nouveau été autorisée 5 nous pouvons accorder une remise de 5% tout au plus 6 à accorder à condition que ... 7 l'attribution de devises allouée est insuffisante

Bewilligung *f* 1 es ist von der ~ abhängig 2 die ~ wurde aus folgenden Gründen **abgelehnt** 3 um eine Einfuhr– beim Ministerium **ansuchen** 4 **Aufenthalts**– 5 **Ausfuhr**– 6 **beantragen** Sie sofort die Erteilung der Einfuhr– 7 die Einfuhr– muß **beschafft** werden 8 eine Einfuhr– **besorgen** 9 schriftliche ~ zum **Betreten** der Fabrik 10 **Devisen**– 11 eine Einfuhr– für die Einfuhr der betreffenden Ware aus der Schweiz verwenden 12 **Eintritts**– 13 eine ~ zum direkten Einkauf **erhalten** 14 die Einfuhr– für die laufenden Aufträge **erlangen** 15 die Gültigkeit der Einfuhr– **erlischt** am 31. Dezember 16 **Erneuerung** der Gültigkeit der Einfuhr– 17 die Einfuhr– wurde durch die Lieferungen restlos **erschöpft** 18 die Einfuhr– Nr. 371/A für Hüte gültig bis 31. Mai wurde am 16. Mai **erteilt** 19 die **Erteilung** der Transit– ~ wurde eingestellt 20 Einfuhr– **gilt** bis 31. August 21 die **Gültigkeit** der ~ ist

1 cela dépend de l'autorisation (od. de l'allocation) 2 l'allocation a été refusée pour les raisons suivantes 3 demander une licence d'importation au ministère 4 permis de séjour (od. de résidence temporaire) 5 licence d'exportation 6 veuillez demander immédiatement une licence d'importation 7 la licence d'importation doit être demandée 8 se procurer une licence d'importation 9 autorisation écrite d'accès à la fabrique 10 autorisation d'attribution de devises 11 utiliser un permis d'entrée pour importer de Suisse la marchandise en question 12 permis d'accès 13 obtenir une autorisation pour l'achat direct (od. de première main) 14 obtenir la licence d'importation pour les commandes en cours 15 la validité de la licence d'importation expire le 31 décembre 16 renouvellement (od. prolongation) de la validité de la licence d'importation 17 la licence d'importation a été complètement épuisée par les livrai-

am 3. September abgelaufen 22 die **Kompensations**– beschleunigen 23 auf Grund einer **Lizenz**– seitens eines Patentinhabers erzeugen 24 die **Nummer** der ~ muß in allen Dokumenten angeführt werden 25 **Transit**– 26 diese Ware wird künftighin einer Einfuhr– **unterliegen** 27 die Einfuhr– **verfällt** am 30. Juni 28 zwecks **Verlängerung** der ~ 29 unter **Vorbehalt** der zugehörigen Einfuhr– 30 **Zahlungs**– 31 obwohl die Erteilung der Einfuhr– grundsätzlich **zugesagt** wurde, ist sie noch nicht ausgestellt worden

sons **18** la licence d'importation pour chapeaux n° 371/A, valable jusqu'au 31 mai, a été délivrée le 16 mai **19** la délivrance des autorisations de transit a été suspendue **20** la licence d'importation est valable jusqu'au 31 août **21** la validité de la licence expire le 3 septembre **22** accélérer l'autorisation de compensation **23** fabriquer sur la base d'une licence attribuée par le bénéficiaire du brevet **24** le numéro de la licence doit être indiqué dans tous les documents **25** autorisation de transit **26** à l'avenir cette marchandise sera soumise à une licence d'importation **27** la licence d'importation expire le 30 juin **28** en vue de la prolongation de la licence **29** sous réserve de la délivrance de la licence d'importation correspondante **30** (Außenhandel) autorisation de transfert des fonds **31** bien que la licence d'importation ait été promise en principe, elle n'a pas encore été délivrée

Bewirtschaftung *f* **Devisen**–
Bewußt, 1 –e **Angelegenheit** 2 wir sind uns **dessen** ~, daß . . . 3 sie sind sich **offenbar** dessen nicht ~, daß . . . 4 wir sind uns keiner **Schuld** ~ 5 wir sind uns dessen **voll** ~, daß . . .

contrôle des changes
1 l'affaire en question **2** nous sommes bien conscients du fait que . . . **3** ils ne se rendent apparement pas compte que . . . **4** nous n'avons rien à nous reprocher **5** nous avons pleine conscience du fait que . . .

Bezahlen, 1 vom **Absender** zu ~ 2 Telegramm mit bezahlter **Antwort** 3 die Waren **bar** ~ 4 ,,**Fracht** bezahlt" 5 die Gebühr wurde bereits bezahlt 6 das ist nicht mit **Geld** zu ~ 7 das **macht** sich bezahlt 8 **Porto** bezahlt 9 **ratenweise** ~ 10 diese **Rechnung** wird vom Akkreditiv bezahlt 11 den Wechsel **rechtzeitig** ~ 12 der **Scheck** wurde wegen ungenügender Deckung nicht bezahlt 13 den **Schuldbetrag** ~ 14 Fracht zum **Teil** bezahlt 15 **termingerecht** ~ 16 die Rohstoffe haben wir zu **teuer** bezahlt 17 **voll** bezahlt 18 im **voraus** ~ 19 ,,Frei **Zoll** bezahlt"

1 payable par l'expéditeur **2** télégramme avec réponse payée **3** payer les marchandises au comptant **4** «fret (od. port) payé» **5** la taxe a déjà été payée **6** cela ne se paye (od. se compense) pas avec de l'argent **7** cela portera des fruits; cela vaut la peine **8** port payé **9** payer à tempérament **10** cette facture sera réglée par l'accréditif **11** honorer la traite à l'échéance **12** le chèque n'a pas été honoré faute de provision (od. couverture) suffisante **13** payer le montant de la dette **14** fret (od. port) partiellement payé **15** payer dans les délais (od. à la date convenue) **16** nous avons payé les matières premières trop cher **17** payé intégralement **18** payer d'avance (od. par anticipation) **19** «franco droits de douane payés»

Bezahlung *f* 1 bis zur vollständigen ~ bleibt die Ware unser **Eigentum** 2 **veranlassen** Sie die ~ der Flugkarte 3 die Importeure beantragen bei der Zentralbank der Devisenzuteilung **zur** ~ der eingeführten Waren

1 la marchandise reste notre propriété jusqu'au paiement intégral **2** veuillez faire le nécessaire pour le paiement du billet d'avion **3** les importateurs font une demande d'attribution de devises auprès de la Banque Centrale pour payer les marchandises importées

Bezeichnen, 1 die **Kisten** müssen genau unseren Weisungen gemäß bezeichnet werden 2 die Säcke mit **Zeichen** und Nummern ~

1 les caisses doivent être exactement marquées en conformité avec nos instructions **2** marquer les sacs de signes et numéros

Bezeichnung — Bezug

Bezeichnung f 1 ~ des **Gutes** 2 guter **Ruf** von –en und Kennzeichen 3 ~ der **Sendung** 4 **Ursprungs**– 5 ~ der **Verpackung** 6 die Ware muß die **vorgeschriebene** ~ tragen

Bezeugen, s. Beweisen, Bescheinigen
Beziehen, 1 wir ~ uns auf Ihre **Anzeige** in der Nürnberger Zeitung vom 12. Mai 2 diese **Bestimmung** bezieht sich auf ... 3 wir ~ uns auf Ihren **Brief** vom 5. Mai 4 **Gehalt** ~ 5 die erteilte **Vollmacht** bezieht sich lediglich auf diesen Fall 6 die **Waren** direkt vom Erzeuger ~

Beziehung f 1 diese Umstände zwangen uns, die –en zur Firma WINOP **abzubrechen** 2 **ausgedehnte** –en 3 in **Auslands**– stehen 4 wir bedauern dieses Mißverständnis und hoffen, daß es unsere künftigen –en nicht **beeinträchtigen** wird 5 es würde uns freuen, wenn sich unsere –en **bessern** würden 6 **diplomatische** –en 7 mit der Fabrik in **engen** –en stehen 8 wir werden uns bemühen, Ihnen in jeder ~ **entgegenzukommen** 9 wir halten unsere **freundschaftlichen** –en hoch und werden zu ihrer Erhaltung alles tun, was in unseren Kräften steht 10 in ihren **gegenseitigen** Handels–en 11 im Interesse unserer weiteren guten **Geschäfts**– 12 **Handels**–en 13 **langjährige** –en 14 er hat ausgedehnte **persönliche** –en 15 teilen Sie uns bitte mit, in was für –en er zu Ihnen **steht** 16 wir hoffen, daß diese unliebsame Angelegenheit unsere bisher guten –en nicht **trüben** wird 17 wir **unterhalten** gute Geschäfts–en mit einer ganzen Reihe von Ländern 18 **vertragliche** ~ zwischen den Banken 19 **Wirtschafts**–en 20 wir hoffen, daß dies unsere **zukünftigen** –en nicht beeinträchtigen wird 21 –en **zwischen** Verkäufer und Käufer

Beziehungsweise (bzw.) Handelsfakturen ~ Konnossemente vorlegen
Bezirk m Vertreter–
Bezogener m der Bezogene lehnte ab, den Wechsel zu **akzeptieren**
Bezug m 1 wir nehmen ~ auf Ihren **Brief** vom 8. Januar 2 **in** bezug auf vorherige Aufträge 3 unter –**nahme** auf Ihr Angebot vom 1. April 4 wir **nehmen** ~ auf

1 désignation de la marchandise 2 la bonne réputation des désignations et marques 3 marquage de l'envoi 4 indication de l'origine 5 désignation de l'emballage 6 la marchandise doit être marquée de la désignation (od. appellation) prescrite

1 nous nous rapportons à votre annonce dans la Nürnberger Zeitung du 12 mai 2 cette stipulation s'applique à ... 3 nous nous référons à votre lettre du 5 mai 4 toucher (od. percevoir) un traitement (od. des appointements) 5 la procuration accordée ne couvre que le cas en question 6 acheter les marchandises directement au producteur
1 ces circonstances nous ont forcés à rompre les relations avec la maison WINOP 2 de nombreuses relations 3 être en relations avec l'étranger 4 nous regrettons ce malentendu et espérons qu'il n'influencera pas nos relations futures 5 nous serions heureux si nos relations pouvaient s'améliorer 6 relations diplomatiques 7 être en contact étroit avec la fabrique 8 nous efforcerons de vous satisfaire sous tous les rapports 9 nous apprécions vivement (od. grandement) nos relations amicales et nous ferons de notre mieux pour les maintenir à l'avenir 10 dans leurs rapports commerciaux réciproques 11 dans l'intérêt de nos bonnes relations commerciales ultérieures 12 relations commerciales 13 relations datant de nombreuses années 14 il a de grandes relations personnelles 15 veuillez nous informer quels sont ses rapports personnels avec vous 16 nous espérons que cette fâcheuse affaire ne gâtera pas nos relations qui jusqu'à présent étaient si bonnes 17 nous entretenons de bonnes relations commerciales avec de nombreux pays 18 relation contractuelle entre les banques 19 relations économiques 20 nous espérons que ceci ne nuira pas à nos bons rapports ultérieurs 21 relations entre vendeur et acheteur
soumettre les factures commerciales ou bien les connaissements
zone (od. région) de représentation
le tiré a refusé l'acceptation de la traite

1 nous nous rapportons (od. référons) à votre lettre du 8 janvier 2 concernant les commandes préalables 3 nous référant à votre offre du 1er avril 4 nous nous

den Besuch Ihres Vertreters 5 –**nehmend** auf die Verhandlungen mit Ihrem Herrn Keul 6 unter –**nahme** auf unser Telefongespräch 7 –**squelle** 8 –**sschein**

Bezüglich, richten Sie bitte alle Anfragen ~ unserer **Ausstellung** an ...
Bezwecken, 1 **dadurch** soll Umsatzerhöhung bezweckt werden 2 was ~ Sie **damit?**
Bezweifeln, das ist nicht zu ~
Bianko s. Blanko
Bieten, 1 **Anlaß** zum Abbruch der Beziehungen ~ 2 wenn sich **Gelegenheit** bietet 3 das bietet keine **Schwierigkeiten**
Bilanz ƒ 1 –**abschluß** 2 **aktive** ~ 3 die ~ hat einen Gewinn (ein Manko, einen Verlust) **aufgewiesen** 4 die ~ **aufstellen** 5 **ausgeglichene** ~ 6 **Devisen–** 7 **Gesamt–** 8 **Handels–** 9 **Jahres–** zum 31. Dezember 1972 10 **passive** ~ 11 **Rechnungs–** 12 **Roh–** 13 **Schluß–** 14 **Teil–** 15 **vorläufige** ~ 16 ihre **Zahlungs–** entwickelt sich günstig

Bilateral, –es Abkommen
Bilden, 1 das bildet einen untrennbaren **Bestandteil** dieses Vertrages 2 das bildet ein **Ganzes** 3 den **Hauptpunkt** unserer Verhandlungen bildet die Lizenzfrage
Billig, 1 das –ste **Angebot** 2 die gleiche Ware um 3% –**er anbieten** 3 der Kunde hat eine –e **Ausrede** benützt 4 die Waren ~ **einkaufen** 5 nach –em **Ermessen** seinerseits 6 **gerecht** und ~ 7 die **Konkurrenz** ist um 3% –er 8 zu diesem **Preis** ist es ~ 9 das ist **recht** und ~ 10 nach der Saison wurden **Sommerkleider** ~ 11 **spott**–

Billigen, der Verwaltungsrat hat unseren **Entwurf** gebilligt
Billigung ƒ 1 erst nach ~ der Kalkulation 2 die ~ des **Voranschlages** durch den Direktor

Binden, 1 durch dieses **Angebot** betrachten wir uns nur eine Woche gebunden 2 die **Entscheidung** bindet alle Beteiligten

référons à la visite de votre représentant 5 nous nous rapportons à nos négociations avec M. Keul de votre firme 6 nous nous référons à notre conversation téléphonique 7 source d'approvisionnement 8 bon d'achat

veuillez adresser toute demande relative à notre exposition à ...
1 ceci a pour but d'augmenter le chiffre d'affaires 2 quelles sont vos intentions?; que vous proposez-vous par là?
c'est hors de doute; il n'y a aucun doute à ce sujet

1 donner lieu à la rupture des relations 2 si l'occasion se présente 3 cela ne soulève (od. n'entraîne) aucune difficulté

1 clôture de bilan 2 bilan excédentaire 3 le bilan présente un bénéfice (accuse un déficit, une perte) 4 dresser (od. établir) le bilan 5 bilan en équilibre 6 balance des mouvements de devises 7 bilan général 8 balance commerciale 9 bilan annuel arrêté au 31 décembre 1972 10 bilan déficitaire 11 clôture des comptes 12 bilan sommaire; balance de vérification 13 bilan final (od. définitif) 14 bilan partiel 15 bilan préliminaire 16 leur balance de paiement se développe d'une façon favorable

accord bilatéral
1 ceci constitue une partie intégrante du contrat 2 ceci constitue un tout 3 le point capital (od. essentiel) de nos négociations réside dans la question des licences

1 l'offre la moins chère (od. la meilleur marché) 2 offrir la même marchandise à 3% meilleur marché 3 le client a répondu avec une pauvre excuse 4 acheter les marchandises à bon marché 5 par appréciation équitable de sa part 6 honnête et équitable 7 la concurrence est meilleur marché de 3% 8 à ce prix c'est bon marché 9 cela est honnête et équitable 10 après la saison, les prix des vêtements d'été ont baissé 11 à un prix dérisoire (od. très bon marché)

le conseil d'administration a approuvé notre proposition
1 seulement après l'approbation du calcul des coûts 2 l'approbation des prévisions budgétaires (od. de l'évaluation approximative) par le directeur

1 nous ne nous considérons liés à cette offre qu'une semaine 2 cette décision engage toutes les parties concernées 3

Binden — Bleiben

3 gebundene **Preise** einführen 4 an die Devisen**vorschriften** gebunden
Bindend, 1 –e **Abmachung** 2 unser heutiges **Angebot** ist nur bis zum 10. April ~ 3 vermeiden Sie soweit wie möglich eine –e **Äußerung** 4 ~ **bestätigen** 5 diese Regeln sind für alle daran **Beteiligten** ~ 6 andernfalls werden wir diese Bestellung nicht als ~ **betrachten** 7 rechtlich –e **Verpflichtungen** begründen

Binnen, 1 „frei Ankunftswaggon –**hafen**" 2 –**handel** überwiegt den Außenhandel 3 –**schiffahrt** 4 –**schiffahrts**weg 5 –**verkehr** 6 –**zoll**

Bitte *f* (s.a. Gesuch, Ansuchen, Wunsch)
1 dringende ~ 2 an die Handelskammer mit einer ~ **herantreten** 3 einer ~ **Raum** geben 4 wir hoffen, daß Sie unserer ~ **stattgeben** werden
Bitten, 1 wir ~ um Ihr niedrigstes **Angebot** für Kakao 2 **antworten** Sie uns bitte postwendend 3 wir ~ um **Entschuldigung** 4 wir ~ Sie **erneut** ... 5 wir ~ noch um ein wenig **Geduld** 6 wir möchten Sie um **Informationen** über das neue Modell ~ 7 ~ Sie den Handelsattaché um **Intervention** 8 dürfen wir Sie um Ihre **Meinung** in dieser Angelegenheit ~ ? 9 wir möchten Sie um **Rat** bezüglich Beförderung ~ 10 mit unserem **Schreiben** vom 2. August haben wir Sie gebeten ...

Blanko, 1 –**akzept** 2 –**giro**; –**indossament** 3 die **Tratte** in ~ akzeptieren 4 ~ **unterschriebene** Formulare können zu Ihrem Schaden mißbraucht werden

Blatt *n* 1 **Amts**– 2 **Bundesgesetz**– 3 **Kurs**– 4 **Merk**– 5 **Verordnungs**–

Bleiben, 1 dieser Vorschlag bleibt außer **Betracht** 2 die Waren ~ bis zu ihrer vollständigen Bezahlung unser **Eigentum** 3 die Abmachung bleibt weiterhin in **Geltung** 4 Ihre Rechte ~ Ihnen gewahrt 5 wir werden mit ihrer Firma in **Kontakt** ~ 6 die Maschine muß unter **Kontrolle** ~ 7 die Verordnung bleibt in **Kraft** 8 dieser Artikel bleibt am **Lager** 9 es bleibt kein anderes **Mittel** übrig als

introduire des prix imposés 4 lié à la réglementation en matière de change
1 accord à titre obligatoire 2 notre offre d'aujourd'hui n'est ferme que jusqu'au 10 avril 3 veuillez éviter autant que possible une déclaration qui vous engage 4 donner une confirmation ferme 5 ces règles sont obligatoires pour toutes les parties participantes 6 dans le cas contraire, nous ne nous considérons pas engagés par cette commande 7 constituer des engagements légalement obligatoires
1 «franco arrivée du wagon au port fluvial» 2 le commerce intérieur a la prépondérance sur le commerce extérieur 3 navigation intérieure 4 voie navigable intérieure 5 circulation intérieure 6 taxe intérieure

1 demande (od. requête) urgente 2 adresser une demande à la Chambre de Commerce 3 donner suite à une demande 4 nous espérons que vous donnerez suite favorable à notre requête
1 nous vous prions de nous faire parvenir votre meilleure offre pour du cacao 2 veuillez nous répondre par retour du courrier 3 veuillez nous excuser 4 nous vous prions de nouveau ... 5 nous vous prions de patienter encore un peu 6 nous voudrions vous demander des informations sur le nouveau modèle 7 veuillez demander l'intervention de l'attaché commercial 8 pouvons-nous vous demander votre opinion (od. avis, point de vue) sur cette affaire ? 9 nous voudrions vous demander conseil concernant le transport 10 dans notre lettre du 2 août nous vous avions demandé ...

1 acceptation en blanc 2 endossement en blanc 3 accepter la traite en blanc 4 les formulaires signés en blanc pourraient être employés abusivement à votre désavantage (od. à vos dépens)
1 bulletin officiel 2 Journal Officiel en République fédérale d'Allemagne 3 bulletin de bourse; cote de la bourse 4 feuille de renseignements; aide-mémoire 5 journal officiel

1 cette proposition ne peut être prise en considération 2 la marchandise reste notre propriété jusqu'au paiement intégral 3 l'arrangement reste ultérieurement en vigueur 4 vos droits vous resteront acquis 5 nous resterons en contact avec leur firme 6 la machine doit rester sous contrôle 7 l'ordonnance reste en vigueur 8 cet article est maintenu en stock 9 il n'y a plus aucun autre moyen qu'une action

eine Klage 10 sie sollten nichts **schuldig** ~ 11 unser Schreiben bleibt offensichtlich **unbeachtet** 12 unser Schreiben ist **unbeantwortet** geblieben 13 dem Käufer eine Vertragsstrafe in Höhe von 1% für jede Woche bezahlen, in der eine Ware **ungeliefert** bleibt 14 es bleibt uns keine andere **Wahl** 15 wir ~ bei unserem **Wort** 16 Ihre Erzeugnisse ~ in bezug auf Qualität hinter denen der Konkurrenz weit **zurück**

Blick *m* auf den **ersten** ~ ist es klar, daß ...
Block *m* 1 **Dollar**– 2 das Formular mit Schreibmaschine oder Hand in –**schrift** ausfüllen 3 **Sterling**–

Blockade *f* Wirtschafts–
Bonifikation *f* s. Rückerstattung, Vergütung
Bonität *f* ~ des **Kunden**
Boot *n* 1 ~ für **Küstenschiffahrt** 2 **Motor**– 3 **Raum** für die Waren auf dem ~ sichern 4 auf das ~, das am 6. März den Hafen in Richtung Hamburg verläßt, **verladen** 5 die Ladung mit nächstem ~ **verschiffen**
Bord *m* 1 „frei ~ **abgehender** Flußkahn" 2 „**an** ~" Konnossement 3 „frei ~ **ankommender** Flußkahn" 4 –**empfangsschein** 5 „**frachtfrei** ~" 6 „frei **an** ~" 7 die Waren sind bereits an ~ des **Schiffes** 8 die Waren sind an ~ **verladen**

Borgen s. Leihen, Ausborgen
Börse *f* 1 **Baumwoll**– 2 –**nbericht** 3 **Fracht**– 4 –**ngeschäfte** 5 **Getreide**– –**nhandel** 6 auf der ~ mit Weizen **handeln** 8 Zucker verzeichnete auf der ~ den **Kurs** DM ... 9 an der ~ amtlich **notierte** Währungen 10 –**nnotierung** 11 –**nordnung** 12 –**preis** 13 **Produkten**– 14 **Schiffs**– 15 –**nschluß** 16 –**nsensal** 17 –**vorstand** 18 **Waren**– 19 –**nzettel**

Bote *m* 1 wir lassen Ihnen das Geld **durch** unseren –n zukommen 2 der **Eil**– 3 durch **Sonder**–n
Botschaft *f* 1 ~ der **Deutschen Bundesrepublik** in Paris 2 –**srat**

en justice 10 ils devraient s'acquitter de toutes leurs dettes 11 notre lettre a certainement échappé à votre attention 12 notre lettre est restée sans réponse 13 payer à l'acheteur une pénalité de retard de 1% pour chaque semaine de non--livraison de la marchandise 14 il ne nous reste pas d'autre choix 15 nous n'avons qu'une parole; nous maintenons notre promesse 16 en ce qui concerne la qualité, vos produits sont inférieurs à ceux de la concurrence
à première vue il apparaît que ...

1 bloc (od. zone) dollar 2 remplir le formulaire à la machine ou à la main en gros caractères 3 bloc (od. zone) sterling

blocus économique

la solvabilité du client
1 bateau de cabotage 2 bateau à moteur 3 réserver de l'espace pour la marchandise à bord du bateau 4 charger à bord du bateau qui quittera le port le 6 mars en direction de Hambourg 5 embarquer l'envoi à bord du prochain bateau
1 «franco bord péniche en partance» 2 connaissement «reçu à bord» 3 «franco bord péniche à l'arrivée» 4 reçu de bord 5 fret payé jusqu'à bord 6 F.O.B. = franco bord; rendu à bord du navire 7 les marchandises sont déjà à bord du bateau 8 les marchandises sont déjà embarquées à bord du navire

1 bourse du coton 2 bulletin de la bourse 3 bourse de fret; (Seehandel) bourse maritime 4 opérations de bourse 5 bourse des grains 6 faire des transactions boursières 7 faire le commerce des blés à la bourse 8 la cote en bourse du sucre était de DM ... 9 cotation officielle en bourse des monnaies étrangères 10 cote de la bourse 11 réglementation des opérations boursières 12 prix coté en bourse 13 bourse des produits naturels (od. agricoles) 14 bourse maritime 15 clôture de la bourse 16 courtier en bourse 17 conseil de direction de la bourse 18 bourse de marchandises 19 bulletin de bourse

1 nous vous faisons parvenir l'argent par notre garçon de bureau (od. course) 2 le porteur exprès 3 par messager spécial
1 Ambassade de la République fédérale d'Allemagne à Paris 2 conseiller d'ambassade

Botschafter *m* außerordentlicher und bevollmächtigter ~
Boykott *m* fremden **Erzeugnissen** ~ erklären
Boykottieren, es ist zu befürchten, daß unsere **Firma** boykottiert werden wird
Branche *f* **1** es ist –nfremd **2** in unserer **Geschäfts**– unbekannt

Brand s. Feuer
Brauchen, 1 falls Sie weitere **Einzelheiten** in dieser Angelegenheit ~, wenden Sie sich bitte an uns **2 gebrauchte** Säcke **3** wann immer Sie von uns **Hilfe** ~

Brechen, 1 das **Abkommen** wurde von Italien gebrochen **2** das könnte uns den **Hals** ~ **3 mit** solchen **Kunden** ~ **4** einen **Rekord** ~ **5** wir dürfen nicht das **Wort** ~
Breit, 1 Waren für den Bedarf –er **Massen 2** die Kisten haben folgende Abmessungen: Länge ..., –e ..., Höhe ... **3** –e **Öffentlichkeit**
Brief *m* **1** der ~ wurde am 5. März mit Flugpost **abgesandt 2** im 2. **Absatz** des –es **3** eine **Abschrift** des –es anfertigen **4** Ihr an die Firma A. E. Bax **adressierter** ~ **5** am **Anfang** des –es **6** den **angeführten** ~ **7** Ihr ~ in der **Angelegenheit 8 ankommende** –e **9** als **Anlage** dieses –es überreichen wir Ihnen ... **10** im **Anschluß** an unseren ~ vom ... **11** einen ~ **auf** der Post **aufgeben 12 aufklärender** ~ **13 aus** Ihrem ~ ersehen wir, daß ... **14** wir haben am 20. Februar ihren ~ **beantwortet 15** in **Beantwortung** Ihres –es **16 Begleit**– **17** dem ~ einen Durchschlag **beifügen 18** wir hoffen, daß Sie schon im **Besitz** unseres –es vom 1. Mai sind **19** wir **bestätigen** den Empfang Ihres –es vom ... **20** Ihr ~ **betreffend 21** ihr ~ **betrifft 22** wir **beziehen** uns auf unseren ~ vom 7. Mai **23** wir nehmen **Bezug** auf unseren ~ vom 8. April **24 Dank**– **25** wir **danken** Ihnen für Ihren ~ **26 Eil**– **27 eingeschriebener** ~ **28** Ihr ~ vom 12. April ist ohne Anlagen **eingetroffen 29** in der **Einleitung** des –es **30** wir bestätigen mit Dank den **Empfang** Ihres –es **31 empfangener** ~ **32 Empfehlungs**– **33** am **Ende** des –es **34** nach **Erhalt** dieses –es **35** wir **erhielten** Ihren ~ **36** in **Erledigung** Ihres –es **37** der **erwähnte** ~ **38 Expreß**– **39** ~ **folgt 40 Gegenstand** ihres –es war ... **41 gegenstandsloser** ~ **42** –**geheimnis 43** die –e haben sich **gekreuzt 44 gestriger** ~ **45**

ambassadeur extraordinaire et plénipotentiare
déclarer le boycottage des produits étrangers
il est à craindre que notre firme sera boycottée
1 c'est étranger à notre genre d'affaires **2** inconnu dans notre branche (od. genre d'affaires)

1 veuillez vous adresser à nous si vous avez besoin d'autres détails dans cette affaire **2** sacs usagés (od. qui ont déjà servi) **3** quel que soit le moment où vous aurez besoin de notre aide

1 la convention a été violée par l'Italie **2** cela pourrait nous ruiner **3** rompre les relations avec de tels clients **4** battre le record **5** nous ne pouvons manquer à notre parole
1 marchandises pour les besoins de la grande masse **2** les caisses ont les dimensions suivantes: longueur ..., largeur ..., hauteur ... **3** le grand public
1 la lettre a été expédiée le 5 mars par avion **2** à l'alinéa 2 de la lettre **3** faire une copie de la lettre **4** votre lettre adressée à la firme A. E. Bax **5** au commencement de la lettre **6** la lettre mentionnel ci-dessus **7** votre lettre concernant l'affaire **8** lettres à l'arrivée **9** nous nous permettons de joindre à la présente lettre ... **10** comme suite à notre lettre du ... **11** expédier une lettre par la poste **12** lettre explicative **13** nous avons pu juger par votre lettre **14** nous avons répondu à leur lettre le 20 février **15** en réponse à votre lettre **16** bordereau d'expédition; feuille d'accompagnement **17** joindre une copie à la lettre **18** nous espérons que vous êtes déjà en possession de notre lettre du 1 mai **19** nous accusons réception de votre lettre du ... **20** votre lettre concernant **21** leur lettre concerne **22** nous nous référons à notre lettre du 7 mai **23** nous nous rapportons à notre lettre du 8 avril **24** lettre de remerciement **25** nous vous remercions de votre lettre **26** lettre exprès **27** lettre recommandée **28** votre lettre du 12 avril est arrivée sans annexes **29** au commencement de la lettre **30** nous confirmons la réception de votre lettre et vous en remercions **31** lettre reçue (od. arrivée) **32** lettre de recommandation **33** à la fin de la lettre **34** après réception de cette lettre **35** nous avons reçu votre lettre **36** en réponse à votre lettre **37** la lettre mentionnée ci-dessus **38** lettre exprès **39**

den ~ zu **Händen** des Herrn Baxter adressieren **46** mit unserem ~ haben wir Sie über ... **informiert 47 –kasten 48 Kondolenz– 49 Kopie** des –es **50 Kredit– 51 Luftpost– 52 Mahn– 53 mit** unserem ~ vom ... **54** holen Sie den ~ **persönlich** bei Herrn Parker **55 offener** ~ **56 –ordner 57** auf den ~ **reagieren 58** von einem **Rimessen–** begleitet sein **59** zum **Schluß** des –es **60 –sendung 61** die Kataloge haben wir Ihnen mit **separatem** ~ gesandt **62** im **Sinne** Ihres –es **63** zu Ihrem –e **teilen** wir Ihnen mit, daß ... **64 –telegramm 65** der ~ wurde der Fabrik **übergeben 66** wir waren von Ihrem ~ sehr **überrascht**, mit dem ... **67** wir haben ihnen Ihren ~ zur weiteren Erledigung **überreicht 68 –umschlag** für Rückantwort **69** unser ~ ist **unbeantwortet** geblieben **70** der ~ ist **unterwegs 71** Ihr ~ ist offensichtlich in **Verlust** geraten **72 versiegelter** ~ **73** der Inhalt dieses –es ist streng **vertraulich 74 vertraulicher** ~ **75 vervielfältigter** ~ **76** diesen ~ wird Ihnen Herr Haas **vorlegen 77** diese Reklamation war Gegenstand eines langwierigen **–wechsels 78** den ~ an die zuständige Abteilung zur Erledigung **weiterleiten 79 Werbe– 80 Wert– 81** Ihr ~ **Zeichen** K/M vom 11. September **82 zitierter** ~ **83** Ihr ~ ist irrtümlicherweise einer anderen Abteilung **zugestellt** worden **84** Ihr ~ wurde uns erst heute **zugestellt 85** wir möchten auf unseren ~ vom 5. Oktober **zurückkommen 86 Zweck** dieses –es ist, Sie über ... zu informieren

lettre suit **40** l'objet de leur lettre était ... **41** lettre dépourvue d'objet **42** secret de la correspondance **43** les lettres se sont croisées **44** la lettre d'hier **45** adresser la lettre à l'attention de M. Baxter **46** par notre lettre nous vous avons informé de ... **47** boîte aux lettres **48** lettre de condoléances **49** copie de la lettre **50** lettre de crédit **51** lettre-avion **52** lettre monitoire (od. de rappel) **53** par notre lettre du ... **54** veuillez aller prendre personnellement la lettre chez M. Parker **55** lettre ouverte **56** classeur de lettres **57** réagir à la lettre **58** être accompagné d'une lettre de remise **59** à la fin de la lettre **60** envoi par lettre; (postalisch) envoi par poste aux lettres **61** nous avons envoyé les catalogues par lettre séparée **62** dans le sens de votre lettre **63** en réponse (od. comme suite) à votre lettre nous vous informons que ... **64** lettre-télégramme **65** la lettre a été transmise à la fabrique **66** nous avons été très surpris de votre lettre dans laquelle ... **67** nous leur avons transmis votre lettre pour suite à donner **68** enveloppe-réponse **69** nous n'avons pas encore reçu de réponse à notre lettre **70** la lettre est en cours de route **71** votre lettre s'est apparemment égarée **72** lettre cachetée **73** le contenu de cette lettre est strictement confidentiel **74** lettre confidentielle **75** lettre polycopiée **76** cette lettre vous sera présentée par M. Haas **77** cette réclamation a fait l'objet d'une correspondance de longue durée **78** faire suivre la lettre au département compétent pour suite à donner **79** lettre de propagande (od. publicité) **80** lettre de valeur déclarée; lettre chargée **81** votre lettre du 11 septembre avec référence K/M **82** lettre citée ci-dessus **83** votre lettre a été distribuée par erreur à un autre département **84** votre lettre ne nous a été délivrée qu'aujourd'hui **85** nous voudrions revenir sur notre lettre du 5 octobre **86** le but de cette lettre est de vous informer de ...

Brieflich, Einzelheiten werden wir Ihnen nachträglich ~ **mitteilen**
Bringen, 1 3% in **Abzug** ~ 2 man muß noch die Zinsen in **Anrechnung** ~ 3 um unsere Rechnungen in **Einklang** zu ~ 4 um diese schleppende Angelegenheit zu **Ende** zu ~ 5 der Besuch des Vertreters brachte gute **Ergebnisse** 6 die Forderung zur **Geltung** ~ 7 den Betrieb in die **Höhe** ~ 8 wir haben es Ihnen zur **Kenntnis** gebracht 9 die Konkurrenz

nous ferons parvenir ultérieurement les détails par écrit
1 déduire 3% **2** l'intérêt doit encore être porté en compte **3** pour faire concorder nos comptes **4** afin de pouvoir mettre fin à cette affaire languissante **5** la visite du représentant a donné de bons résultats **6** faire valoir un droit (od. une exigence) **7** faire monter les activités de l'entreprise **8** nous l'avons porté à votre connaissance **9** la concurrence a lancé des

brachte neue Artikel auf den **Markt** 10 das würde unser Geschäft auf ein höheres **Niveau** ~ 11 die Sache in **Ordnung** ~ 12 diese Sache zur **Sprache** ~ 13 dadurch ~ Sie ihn in **Verlegenheit**
Broschüre *f* 1 **Informations**– 2 **Werbe**–

Bruch *m* 1 einfacher ~ 2 –**empfindlich** 3 –**gefährlich** 4 um die Gefahr zu vermeiden, daß es zu einem ~ **kommt** 5 der **Schiff**– 6 –**teile** von kg werden nicht berücksichtigt 7 gegen ~ **versichern** 8 ~ eines **Vertrages** 9 –**zahl**

Brücke *f* –**nwaage**
Brutto, 1 –**einkommen** 2 –**einnahme** 3 –**gewicht** 4 ~ für **Netto** 5 –**preis** 6 –**registertonne**
Buch *n* 1 die Bücher **abschließen** 2 Bücher**abschluß** 3 **Adreß**– 4 **Aufbewahrung** der Handelsbücher 5 **Bestell**– 6 den Posten in die Bücher **eintragen** 7 **Expeditions**– 8 –**führung** 9 die unregelmäßige **Führung** der Bücher 10 bei Abschluß unserer **Geschäfts**bücher haben wir festgestellt, daß ... 11 **Grund**– 12 –**halter** 13 –**haltung** 14 **Handelsgesetz**– 15 **Haupt**– 16 **Kassen**– 17 **Lager**– 18 **Liefer**– 19 die **pflichtmäßig** zu führenden Bücher 20 –**prüfer** 21 ... in die **Rechnungs**bücher eintragen 22 **Rechnungs**– 23 Bücher**revision** 24 diese Summe in –**staben** und Ziffern angeben 25 **Telefon**– 26 **Vorlegung** der Bücher im Rechtsstreit

Buchen, 1 wir ~ Ihre **Bestellung** Nr. 308 2 sie buchten den Betrag von DM 30.129,— zu unseren **Gunsten** 3 diesen Betrag haben Sie **irrtümlich** zu unseren Lasten gebucht 4 ~ Sie den Betrag zu **Lasten** unserer Rechnung
Buchung *f* 1 –**sbeleg** 2 die –**en berichtigen** 3 um **gleichlautende** ~ ersuchen 4 **Lastschrift**–**sschreiben**
Budget *n* 1 außerhalb des –**s** 2 damit wurde im ~ nicht **gerechnet**
Bund *m* 1 –**esanzeiger** 2 –**esauskunftsstelle** für den Außenhandel 3 –**esbahn** 4 –**esministerium** 5 Deutsches –**espatent** 6 Deutsche –**espost** 7 –**esregierung** 8 –**esrepublik Deutschland** 9 das **Statistische** –**esamt** 10 –**esverband** der Deutschen Industrie

nouveaux articles sur le marché 10 cela relèverait le niveau de nos affaires 11 régler l'affaire 12 mettre cette affaire en discussion 13 par ce fait vous le mettez dans l'embarras
1 brochure d'informations 2 brochure de publicité

1 cassure ordinaire 2 fragile 3 susceptible de se casser 4 pour éviter les risques de casse 5 le naufrage 6 les fractions du kg ne seront pas prises en considération 7 assurer contre la casse 8 rupture (od. violation) d'un contrat 9 nombre fractionnaire
pont à bascule
1 revenu brut 2 recette brute 3 poids brut 4 brut pour net 5 prix brut 6 tonneau de jauge brute
1 arrêter les comptes 2 clôture des livres 3 livre (od. répertoire) d'adresse; (in Frankreich) Bottin 4 conservation des livres 5 livre (od. carnet) de commandes 6 inscrire l'article aux livres; passer l'article en comptabilité 7 livre des expéditions 8 tenue des livres 9 tenue irrégulière des livres 10 en clôture de nos comptes, nous avons constaté que ... 11 livre foncier; cadastre; (Buchhaltung) livre journal 12 comptable 13 comptabilité 14 code de commerce 15 grand livre général 16 livre de caisse 17 livre de magasin 18 livre des expéditions 19 les livres obligatoires 20 expert-comptable 21 passer en comptabilité; inscrire aux livres 22 registre de comptabilité; livre de comptes 23 vérification des comptes 24 indiquer le montant en toutes lettres et en chiffres 25 annuaire téléphonique 26 production des livres en justice

1 nous avons noté votre commande n° 308 2 ils ont inscrit le montant de DM 30.129,— au crédit de notre compte 3 par erreur vous avez inscrit ce montant au débit de notre compte 4 veuillez porter ce montant au débit de notre compte
1 pièce comptable 2 redresser (od. rectifier) les écritures 3 demander écriture conforme 4 avis de débit

1 extra-budgétaire 2 ceci n'a pas été prévu au budget
1 bulletin du Gouvernement fédéral 2 Centre Fédéral d'Informations pour le Commerce Extérieur 3 chemins de fer fédéraux allemands 4 ministère fédéral 5 brevet de la R.F.A. 6 poste fédérale allemande 7 gouvernement de la République fédérale d'Allemagne 8 République fédérale d'Allemagne (Abkürz.)

Bündel *n* 1 **auf** ein ~ kommen 20 Stück 2 es wird in –n zu 5 Stück **verpackt**
Bundesministerium *n* 1 ~ des **Auswärtigen** 2 ~ der **Finanzen** 3 ~ der **Justiz** 4 ~ für **Verkehr** 5 ~ für **Wirtschaft** 6 ~ für **wirtschaftliche Zusammenarbeit**

Bürgen, wir ~ für die **Richtigkeit** der Angaben
Bürgerlich, –es **Gesetzbuch**
Bürgschaft *f* s. Haftung, Garantie
Büro *n* 1 **Adreß**– 2 **Fremdenverkehrs**– 3 **Informations**– 4 **–kraft** 5 **Presse**– 6 Deutsches **Reise**– 7 **Reise**– 8 **Transport**– 9 **–unkosten** 10 **Verkaufs**– 11 **Verkehrs**– 12 **Werbe**–

Buße *f* (s. Strafe) mit einer Geld– **belegen**

R.F.A. **9** Office fédéral de la Statistique **10** Fédération de l'Industrie Allemande
1 il y a 20 pièces dans un paquet **2** emballé en paquets de 5 pièces
1 Ministère fédéral des Affaires Etrangères **2** Ministère fédéral des Finances **3** Ministère fédéral de la Justice **4** Ministère fédéral des Transports **5** Ministère fédéral des Affaires Economiques **6** Ministère fédéral pour la Coopération Economique
nous garantissons l'exactitude des indications
code civil

1 agence d'adresses **2** bureau de tourisme; syndicat d'initiative **3** agence de renseignements **4** employé(e) de bureau **5** agence de presse **6** agence de voyage allemande **7** bureau de voyage **8** agence de transports **9** frais de bureau **10** bureau des ventes **11** bureau (od. agence) de tourisme **12** agence de publicité
infliger une amende

C

Charakter *m* 1 **rechtlicher** ~ 2 das hat nur **vorübergehenden** ~
Charter *m* 1 ~ für die Sendung **beschaffen** 2 dieses Konnossement ist den Bedingungen einer **–partie** unterworfen
Chef *m* ~ des **Verkaufs** ist Herr ...
Chiffrieren, chiffriertes **Telegramm**
Chronologisch, ~ **aufeinanderfolgende** Lieferungen
C. & F. (s. a. Cif) 1 „~ **gelandet**" 2 ~ **Grundlage** 3 „~ **verzollt**" 4 „ ~ **Zoll bezahlt**"
Cif, 1 „~ **gelandet**" 2 ~ **Kontrakt** 3 „~ (Kosten, Versicherung, Fracht) **New York**" 4 „~ **(un)verzollt**" 5 „~ **Zoll bezahlt**"
Clearing *n* (s. a. Verrechnung) 1 **–abkommen** 2 dreiseitiges ~ 3 **–konto** 4 **–saldo** 5 **Zahlung** ausschließlich im ~

Code s. Kode
Container *m*
Coupon *m* (s.a. Kupon) die –s sind zum 1. 6. **einlösbar**

1 caractère juridique 2 cela n'a qu'un caractère provisoire
1 assurer l'affrètement des marchandises 2 ce connaissement est sujet aux conditions de la charte-partie
le directeur de vente est M. ...
télégramme chiffré (od. codé)
livraison par ordre chronologique

(coût et fret) 1 C. & F. débarqué 2 base C. & F. 3 C. & F. dédouané 4 C. & F. douane payée
1 C.A.F. débarqué 2 contrat C.A.F. 3 C.A.F. (Coût, assurance, fret) New-York 4 C.A.F. (non) dédouané 5 C.A.F. douane payée
1 convention de clearing (od. compensation) 2 clearing triangulaire 3 compte clearing 4 solde clearing 5 règlement uniquement par voie de clearing

container
les coupons sont payables au 1er juin

D

Dampfer s. Schiff
Dank *m* 1 wir müssen den Vorschlag mit ~ **ablehnen** 2 wir möchten Ihnen unseren aufrichtigen ~ dafür **ausdrücken (aussprechen)** 3 ich **bestätige** mit ~ den Empfang Ihres Angebotes 4 **besten** ~ 5 wir –en Ihnen **bestens** für Ihren Auftrag 6 mit **herzlichem** ~ 7 **nehmen** Sie unseren ~ für Ihre Freundlichkeit entgegen 8 wir sind Ihnen ~ **schuldig** 9 wir sind Ihnen zu ~ **verbunden** (ou **verpflichtet**) 10 haben Sie im **voraus** vielen ~ für Ihr Entgegenkommen 11 ~ eines glücklichen **Zufalls**

Dankbar, 1 **für** ein Angebot für diese Waren werden wir Ihnen ~ sein 2 wir wären Ihnen **sehr** ~, wenn Sie ...

Dankbarkeit *f* mit ~ **gedenken** wir des Verstorbenen

Danken, 1 **aufrichtig** ~ 2 wir **bestätigen** –d den Erhalt Ihres Schreibens vom ... 3 **bestens** ~ 4 wir ~ für Ihren **Brief** 5 –d **erhalten** 6 für die erwiesene **Gefälligkeit** ~ 7 wir ~ Ihnen **herzlich** für Ihre Grüße 8 **höflich** ~ 9 wir **möchten** Ihnen gerne für Ihre Aufmerksamkeit ~ 10 ~ Sie in unserem **Namen** auch den Herren ... 11 für diese Information haben wir Ihnen **zu** ~

Daransetzen, wir werden **alles** ~, um es in der Zukunft nicht zu weiteren Beschwerden kommen zu lassen
Darlegen, wir möchten unseren **Standpunkt** wie folgt ~
Darlehen s. Anleihe
Darstellen, den **Prozentanteil** der besonderen Bestandteile des Ausgangspreises ~
Darstellung *f* die ~ unseres **Gutachters**

Daten *pl* 1 technische ~ **ergänzen** 2 –**fluß** 3 –**kanal** 4 –**verarbeitung**

Datum *n* 1 **Abfahrts**– des Schiffs 2 **Abgangs**– der Sendung 3 **Ankunfts**– 4 Nummer, **Ausstellungs**– und Ausstellungsort des Reisepasses 5 Ort und ~ der **Ausstellung** der Rechnung 6 **Einladungs**– 7 **Einreichungs**– 8 ~ der **Herstellung** oder der Verpackung 9 **Fällig-**

1 nous regrettons de devoir refuser la proposition 2 veuillez accepter nos remerciements les plus sincères 3 j'accuse réception de votre offre et vous en remercie 4 meilleurs remerciements 5 nous vous sommes très obligés de votre commande 6 avec nos remerciements pour votre obligeance (od. amabilité) 7 veuillez accepter nos remerciements pour votre obligeance (od. amabilité) 8 nous vous sommes obligés (od. redevables) 9 nous vous savons gré 10 nous vous remercions d'avance pour votre obligeance 11 grâce à un heureux hasard
1 nous vous serions très obligés de bien vouloir faire une offre pour ces marchandises 2 nous vous serions très obligés (od. reconnaissants) si vous vouliez ...
nous nous souviendrons toujours avec gratitude du défunt
1 remercier sincèrement 2 nous vous accusons réception de votre lettre et vous en remercions 3 remercier sincèrement 4 nous vous remercions de (od. pour) votre lettre 5 reçu avec remerciements 6 remercier pour les services rendus 7 nous vous remercions beaucoup de vos salutations 8 remercier vivement 9 veuillez accepter nos remerciements pour votre attention 10 veuillez transmettre nos remerciements également à MM. ... 11 nous vous sommes très obligés pour ce renseignement

nous ferons tout notre possible pour qu'à l'avenir il n'y ait plus de réclamations

nous nous permettons de définir notre point de vue comme suit

indiquer en pour-cent les éléments constitutifs du prix de revient

le rapport (les conclusions) de notre expert
1 compléter les données techniques 2 flux d'informations 3 canal des informations 4 traitement des informations
1 date de départ du bateau 2 date de départ de l'envoi 3 date d'arrivée 4 numéro, date et lieu d'établissement (od. de délivrance) du passeport 5 date et lieu de l'établissement de la facture 6 date du chargement 7 date de la présentation 8 date de la fabrication ou de

Datum — Deckung

keits– 10 dieses ~ **fällt auf** einen Sonntag 11 das **festgelegte** ~ entspricht uns 12 das **festgesetzte** ~ des Besuches sagt zu 13 **Fristablaufs**– 14 das Konnossement mit einem **früheren** ~ versehen 15 **genaues** ~ 16 mit dem **gestrigen** ~ 17 mit dem **heutigen** ~ 18 **Liefer**– 19 ~ des **Poststempels** 20 **späteres** ~ 21 **Versand**– 22 das festgesetzte ~ **verschieben**

l'emballage 9 date de l'échéance 10 cette date tombe un dimanche 11 la date prévue nous conviendra 12 la date prévue pour la visite nous convient 13 date d'expiration d'un délai 14 antidater un connaissement 15 date exacte 16 datée d'hier 17 datée d'aujourd'hui 18 date de livraison 19 date du cachet de la poste 20 date postérieure (od. ultérieure) 21 date d'expédition 22 ajourner la date prévue

Dauer *f* 1 –**anlage** 2 **Anwendungs**– 3 das wäre **auf** die ~ nicht zu ertragen 4 die **Aufenthalts**– auf fünf Tage schätzen 5 **Ausstellungs**– 6 **Garantie**– 7 während der **Geltungs**– des Abkommens 8 **Gültigkeits**– 9 **innerhalb** der Gültigkeits– der Abmachung 10 einen **Kontrakt** für die ~ von 3 Jahren abschließen 11 **Schiffahrts**– nach Triest 12 **Versicherungs**– 13 ~ der **Zahlungsverzögerung**

1 investissement 2 durée d'application 3 ce serait insupportable à la longue 4 estimer la durée du séjour à cinq jours 5 durée de l'exposition 6 durée de garantie 7 pendant la durée de validité du contrat 8 période de validité 9 au cours de la validité du contrat 10 conclure un contrat pour la durée de trois ans 11 durée du trajet vers Trieste 12 durée du contrat d'assurance 13 durée du retard dans le paiement

Dauerhaft, wir freuen uns auf eine recht –e **Geschäftsverbindung**

nous espérons que nos relations commerciales seront durables

Dauerhaftigkeit *f* unsere **Erzeugnisse** sind hinsichtlich Muster und ~ einmalig

nos produits sont uniques (od. n'ont pas leur pareil) en ce qui concerne leur dessin et leur solidité

Dauern, 1 **lang**–der Transport 2 das dauert ihm zu **lang** 3 es wird noch eine gewisse **Zeit** ~, bis wir unsere Vorräte ergänzen

1 transport lent 2 c'est trop long (od. cela dure trop longtemps) pour lui 3 cela demandera encore quelque temps avant que nos stocks ne soient reconstitués

Debet, 1 –**note** 2 alle –**posten** müssen zum Jahresabschluß überprüft werden 3 –**saldo**

1 avis de débit 2 tous les postes débiteurs doivent être vérifiés en fin d'année 3 solde débiteur

Deck *n* 1 –**ladung** 2 **Verladung** der Ware an ~

1 chargement sur le pont (od. en pontée) 2 chargement des marchandises sur le pont

Decken, 1 (un)gedecktes **Akkreditiv** 2 dieses Akkreditiv deckt alle offenen **Aufträge** 3 **Ausgaben** ~ 4 den **Bedarf** bei einer anderen Firma ~ 5 die Waren auf ungedecktem **Gelände** einlagern 6 Ihr **Konto** ist nicht **genügend** gedeckt 7 gedeckter **Kredit** 8 unsere **Produktion** ist durch Aufträge gedeckt 9 diese **Rechnung** deckt beide Sendungen 10 den **Schaden** ~ 11 die **Überweisung** deckt die Spesen gänzlich/teilweise 12 diese **Versicherung** deckt die laufenden Risiken der Land- und Seetransporte 13 den Bedarf **voll** ~

1 lettre de crédit (non) couverte; accréditif (non) couvert 2 cet accréditif couvre toutes les commandes en cours 3 couvrir des dépenses 4 s'approvisionner auprès d'une autre maison 5 entreposer les marchandises en plein air 6 votre compte n'a pas suffisamment de provision 7 crédit couvert 8 notre production est absorbée par les commandes reçues 9 cette facture se rapporte aux deux livraisons 10 garantir contre le dommage 11 le virement couvre entièrement/partiellement les dépenses 12 cette police d'assurance couvre les risques courants des transports par mer et par terre 13 approvisionner entièrement; couvrir entièrement les besoins

Deckung *f* (s.a. Anschaffung, Überweisung) 1 ~ eines **Akkreditivs** 2 diese Summe ist als unser Beitrag zur ~ Ihrer

1 provision d'un accréditif 2 cette somme doit être considérée comme notre contribution à la couverture de vos dépenses

Auslagen anzusehen 3 **ausreichende** ~ 4 ~ in **bar** 5 solange wir von Ihnen keine ~ **bekommen,** kann die Sendung nicht expediert werden 6 **Devisen** zur ~ der Einfuhr werden bei der Brasilianischen Bank zu freiem Kurs verkauft 7 **Kredit**– 8 **mangelhafte** ~ 9 **mangels** ~ auf Ihrem laufenden Konto kann der Auftrag nicht ausgeführt werden 10 **nötige** ~ 11 „**ohne** ~" 12 **teilweise** ~ 13 zur ~ der genannten Rechnung DM 4.500,– **überweisen** 14 die ~ ist einer Franchise **unterworfen** 15 **Versicherungs**– 16 **volle** ~

3 provision suffisante 4 provision en argent comptant 5 tant que vous n'aurez pas constitué de provision, l'expédition des marchandises ne pourra avoir lieu 6 les devises nécessaires pour couvrir les importations sont vendues au cours libre par la Banque du Brésil 7 couverture des crédits 8 provision insuffisante 9 votre compte courant étant sans provision, la commande ne peut être exécutée 10 provision nécessaire 11 sans provision 12 provision partielle 13 virer DM 4.500,– comme couverture de la facture susmentionnée 14 la provision est soumise à une franchise 15 couverture d'assurance 16 remboursement intégral

Definitiv, 1 –en **Bescheid** geben 2 –er **Standpunkt**

1 donner une réponse définitive 2 prise de position définitive; point de vue définitif

Defizit *n* 1 die **Bilanz** weist ein ~ von DM 3.500,60 auf 2 –**waren**

1 le bilan accuse un déficit de DM 3.500,60 2 marchandises déficitaires

Deklaration *f* 1 der Frachtbrief muß folgende ~ **enthalten** 2 **unrichtige** Zoll– 3 **Zoll**–

1 la lettre de voiture doit comprendre (od. contenir) la déclaration suivante 2 déclaration en douane inexacte 3 déclaration en douane

Deklarieren, 1 das **Interesse** an der Lieferung ~ 2 ein Paket mit deklariertem **Preis** 3 die Ware wurde **unrichtig** deklariert

1 se déclarer intéressé à (od. marquer son intérêt pour) la livraison 2 colis en valeur déclarée 3 les marchandises étaient inexactement (od. incorrectement) déclarées

Dekodieren, ein **Telegramm** dem Unicode nach dekodieren

décoder (déchiffrer) un télégramme d'après l'Unicode

Delegation *f* 1 vor der **Ankunft** der ~ 2 man hat die ~ zu einem Freundschaftsbesuch nach USA **entsendet** 3 **Handels**– 4 **Staats**–

1 avant l'arrivée de la délégation 2 la délégation a été envoyée en visite amicale aux Etats-Unis 3 délégation commerciale 4 délégation d'Etat

Delkredere *n* 3%iges ~

ducroire à 3 pour-cent

Denken (s.a. Beabsichtigen) 1 es ist nicht **daran** zu ~ 2 was ~ Sie **darüber?** 3 ~ Sie gefälligst an diese **Möglichkeit**

1 c'est hors de question 2 qu'en pensez-vous? 3 veuillez prendre en considération cette hypothèse

Deponieren, bei der Bank ~

déposer à la banque

Depot *n* 1 **Bank**– 2 **Gerichts**–

1 dépôt en banque 2 dépôt judiciaire; consignation en justice

Depression *f* Wirtschafts–

dépression économique

Derartig, 1 **an** weiteren –en Geschäften sind wir nicht **interessiert** 2 nichts –es wurde **vereinbart**

1 nous ne sommes plus intéressés à ce genre d'affaires 2 rien de cela n'a été convenu

Derzeit s. Gegenwärtig

Detail *n* 1 –**angebot** 2 –**handel** 3 –**preis**

1 offre détaillée 2 commerce de détail 3 prix de détail

Detailliert, die Formulare müssen ~ **ausgefüllt** werden

les formulaires doivent être remplis de manière détaillée

Deutsch, 1 –e **Bundesbahn** 2 –e **Bundesbank** 3 –e **Industrie-Norm** 4 –er Industrie- und Handels**tag**

1 chemins de fer fédéraux allemands 2 Banque fédérale allemande 3 norme industrielle allemande (DIN) 4 fédération des chambres de commerce et d'industrie allemandes

Deutschland — **Dienst** 80

Deutschland n Bundesrepublik ~ — République fédérale d'Allemagne
Devisen f pl 1 –abteilung 2 –aufsicht 3 –bank 4 –beschränkungen 5 –bewilligung 6 –bewirtschaftung 7 ~ zur Deckung der Einfuhr 8 **gebundene** ~ 9 –genehmigung 10 **Gold**– 11 –knappheit halber 12 –**kontrolle** 13 frei **konvertierbare** ~ 14 –**kurs** 15 –**markt** 16 –**rechtliche** Genehmigung erteilen 17 –**schwarzmarkt** 18 wegen –**schwierigkeiten** 19 –**stelle** 20 es stehen keine ~ zur Verfügung für Einfuhr von ... 21 –**verlust** 22 –**vorschriften** 23 **weiche** ~ 24 **wertvolle** ~ 25 –**wirtschaft** 26 die Importeure suchen bei der Zentralbank um –**zuteilung** zur Bezahlung der eingeführten Waren an 27 eine Erklärung für –**zwecke**
— 1 service des changes 2 contrôle des changes 3 banque du commerce extérieur; banque de change 4 restrictions en matière de devises 5 autorisation du service des changes 6 contrôle des changes 7 devises destinées à couvrir l'importation 8 devises bloquées 9 autorisation du contrôle des changes 10 monnaie à couverture or; étalon or 11 à cause de pénurie de devises 12 contrôle des changes 13 devise librement convertible 14 taux de changes 15 marché des devises 16 accorder une autorisation en matière de changes 17 marché noir de devises 18 en raison des difficultés en matière de changes 19 office des changes 20 il n'y a pas de devises disponibles pour l'importation de ... 21 perte au change 22 réglementation des changes 23 devises faibles 24 devises précieuses 25 change; régime des devises; régime du contrôle des changes 26 les importateurs demandent des devises à la Banque Centrale pour payer les marchandises importées 27 déclaration en matière de changes

Dezimal, lassen Sie bitte die Kisten einzeln auf einer –**waage** abwiegen — veuillez faire peser les caisses une par une sur une balance décimale
Diebstahl m –**gefahr** — risque de vol; danger de vol
Dienen, 1 der Auszahlungskupon dient als **Beleg** für den Kontoauszug 2 das dient, wie Sie bestimmt einsehen werden, weder Ihren noch unseren **Interessen** 3 das würde nicht unserem guten **Namen** ~ 4 der **Sache** wäre am besten gedient, wenn Sie ... 5 **wozu** soll das ~ ? — 1 le coupon de paiement sert de pièce justificative pour le relevé de compte 2 cela ne sert, vous en conviendrez certainement, ni vos intérêts, ni les nôtres 3 cela nuirait (od. porterait préjudice) à notre bonne renommée 4 vous rendriez le meilleur service à l'affaire (od. vous serviriez la cause pour le mieux) en ... 5 à quoi cela doit-il servir?

Dienst m 1 wir benützen diese Gelegenheit, um Ihnen unsere –e **anzubieten** 2 die –e einer Bank in **Anspruch nehmen** 3 –**anweisungen** 4 **Beratungs**– 5 Herrn Johann einen ~ **erweisen** 6 **Flug**– 7 **Freundschafts**– 8 **gegenseitige** –e 9 **gute** –e 10 **Informations**– 11 **Kontroll**– 12 **Kredit**– 13 **Kunden**– (Dienst am Kunden) 14 die Maschine wird Ihnen gute –e **leisten** 15 Kosten für die erbrachten **–leistungen** 16 **Nachrichten**– 17 **Nacht**– 18 **Sammel**– 19 wir **stehen** Ihnen stets zu –en 20 wir **stehen** Ihnen gerne zu –en, sobald sich eine Gelegenheit bietet 21 –**stellung** des Herrn König 22 –**stunden** des Konsulats sind von 9 bis 12 Uhr 23 **Tag**– und **Nacht**– 24 **ununterbrochener** ~ 25 **Verkehrs**– 26 **wertvoller** ~ 27 **Zustellungs**–
— 1 nous profitons de l'occasion pour vous offrir nos services 2 recourir aux services d'une banque 3 instructions de service 4 service d'information (od. de consultation, de documentation, d'orientation) 5 rendre service à M. Johann 6 service aérien 7 service d'ami; bons offices 8 services réciproques (od. mutuels) 9 bons offices 10 bureau d'information 11 service de contrôle 12 bureau de crédit 13 service après vente 14 la machine vous rendra de bons services 15 coût des (od. frais de) prestations de service 16 service d'information 17 service de nuit 18 service de groupage 19 nous sommes toujours à votre disposition 20 nous serons avec plaisir à votre disposition dès que l'occasion se présentera 21 fonctions (od. responsabilités) de M. König 22 les heures d'ouverture

Dienstlich, 1 –e **Angabe** 2 er **ist** ~ in Berlin
Diesbezüglich, –e **Anweisungen**
Differenz *f* 1 die ~ **entstand** durch eine unrichtige Preisangabe 2 –**geschäft** 3 **Gewichts**– 4 die ~ in der **Höhe** von DM 145,— 5 **Kassen**– 6 **Kurs**– 7 wir haben gewisse **Meinungs**–en mit ...

Differenziert, eine –e **Angelegenheit**
Dimension *f* (s.a. **Abmessung**) die vorgeschriebenen –en **einhalten**
Diplomatisch, –e **Vertretung**
Direkt, 1 ~ im Kontrakt **anführen** 2 –er **Einkauf** 3 sie kaufen Waren ~ von den **Erzeugern** 4 –e **Geschäftskosten** 5 –e **Steuer** 6 wir stehen in –er **Verbindung** mit ... 7 nehmen Sie bitte –e **Verhandlung** mit Herrn Kroll auf 8 –er **Verkauf** 9 nach Köln geht ein –er **Zug**

Direktion *f* **General**–
Direktor *m* 1 **Abteilungs**– 2 **Bank**– 3 **Betriebs**– 4 darüber wird auf -e**nebene** verhandelt werden 5 **Erster** ~ 6 **General**– 7 **Zentral**–

Direktorium *n*
Diskont *m* 1 nach **Abzug** von 6% ~ 2 -**anstalt** 3 **Bank**– 4 der jetzige –**satz** beträgt 5%
Diskontieren, Abrechnung über diskontierte Wechsel
Diskontierung *f* ~ von **Tratten**
Diskret, von dieser Information werden wir –en **Gebrauch** machen
Diskretion *f* 1 wir werden absolute ~ darüber **wahren** 2 ~ **zusichern**

Diskriminieren, nicht–der **Zolltarif**
Diskriminierung *f* 1 unter **Ausschluß** jeder ~ 2 **Beseitigung** der ~ im internationalen Handel 3 die allen anderen Mitgliedsstaaten ohne ~ zugänglichen **Globalkontingente**
Diskussion *f* 1 sich in eine ~ **einlassen** 2 die ~ würde zu nichts **führen** 3 der **Gegenstand** einer ~ 4 **langandauernde** ~ 5 **lebhafte** ~

du consulat sont de 9 heures à midi 23 service de jour et de nuit 24 service permanent (od. continu) 25 service de transport 26 service précieux 27 service de livraison
1 indication de service 2 il est en mission à Berlin
instructions à cet effet
1 la différence est due à une indication de prix erronée 2 marché à terme 3 différence de poids 4 la différence d'un montant de DM 145,— 5 manquant en caisse; déficit de caisse 6 différence du taux de change 7 nous avons certaines divergences de vues (od. d'opinions) avec ...
une affaire complexe
respecter les dimensions prescrites

représentation diplomatique
1 stipuler dans le contrat même 2 achat direct 3 ils achètent les marchandises directement aux producteurs 4 frais commerciaux directs 5 contribution directe 6 nous sommes en relations directes avec ... 7 veuillez engager des négociations directes avec M. Kroll 8 vente directe 9 il y a un train direct pour Cologne.
direction générale
1 chef de service, sous-directeur 2 directeur de banque 3 directeur de production 4 l'affaire sera débattue au niveau des directeurs 5 premier directeur 6 directeur général, directeur en chef 7 directeur du siège central
comité de direction
1 après déduction de 6% d'escompte 2 banque d'escompte 3 escompte bancaire 4 le taux d'escompte est à présent de 5%
décompte des effets escomptés

escompte de traites
nous traiterons ce renseignement confidentiellement
1 nous allons traiter l'affaire comme strictement confidentielle 2 garantir la discrétion
tarif douanier non discriminatoire
1 à l'exclusion de toute discrimination 2 élimination du traitement discriminatoire dans le commerce international 3 contingents globaux ouverts sans discrimination à tous les Etats membres
1 s'engager dans une conversation 2 la discussion n'aboutirait à rien 3 objet de la discussion 4 longue discussion 5 discussion animée

Diskutieren — Dokument

Diskutieren, wir müssen noch **darüber** ~
nous devons encore en discuter
Dispache *f* 1 die ~ **aufstellen** 2 die ~ **zusammenstellen**
1 établir la dispache 2 dresser le règlement d'avarie; régler les pertes et avaries
Dispatcher *m* **–dienst**
service de dispacheur
Disponent *m* ihr Unternehmen war durch den **–en vertreten**
leur entreprise était représentée par le gérant (od. fondé de pouvoir)
Disponieren, 1 ~ Sie mit der Ware **anderweitig** möglichst vorteilhaft für uns 2 wir sind **berechtigt,** über die Sendung zu ~ 3 bevollmächtigen Sie diese Personen, über das laufende **Konto** zu ~ 4 mit den **Mitteln** auf dem laufenden Konto ~
1 veuillez placer la marchandise ailleurs de la manière la plus avantageuse pour nous 2 nous sommes autorisés à (od. en droit de) disposer de l'envoi 3 veuillez autoriser (od. donner pouvoir à) ces personnes à disposer du compte courant 4 disposer des fonds du compte courant
Disposition *f* (s.a. Instruktion, Verfügung, Anweisung) 1 wir werden die **–en** des Kunden **abwarten** 2 **betreffende –en** 3 **–sdokument** 4 **Einschiffungs–en** 5 **–en** rechtzeitig **erteilen** 6 wir bitten Sie, sich an unsere **–en** bezüglich der Verpackung zu **halten** 7 infolge der **Nichteinhaltung** der erteilten **–en** 8 sich genau nach den **–en richten** 9 **Transport–en** 10 **Verladungs–en** 11 **Versand–en** werden Sie innerhalb 20 Tagen vom Datum der Absendung der Verständigung von der Versandbereitschaft der Ware erhalten
1 nous attendrons les instructions (od. directives) du client 2 dispositions (od. instructions) en question (od. correspondantes) 3 document cessible; titre transmissible 4 instructions d'embarquement (od. de chargement) 5 donner des instructions à temps 6 nous vous prions de vous en tenir strictement à nos instructions concernant l'emballage 7 par suite de l'inobservation des instructions données 8 suivre strictement les instructions 9 instructions concernant le transport 10 instructions relatives à l'embarquement (od. au chargement) 11 vous recevrez des instructions concernant l'expédition dans les 20 jours à partir de la date de l'avis annonçant que la marchandise est prête à être expédiée

Dividende *f* der Betrieb wird eine 6%ige ~ **ausschütten**
l'entreprise distribuera (od. répartira, allouera) 6 % de dividende
Dock *n* 1 **befördern** Sie die Waren in das ~ 2 **–gebühren** 3 **Schwimm–** 4 **Trocken–**
1 veuillez transporter la marchandise en cale 2 droits de bassin 3 dock flottant 4 cale sèche

Dokument *n* 1 **–enabkauf** gegen Akkreditiv 2 **–enakkreditiv** 3 **–e** gegen **Akzept** 4 **amtliches** ~ 5 die **–e** werden nach der Akzeptation der Tratte **ausgehändigt** werden 6 auf Order **ausgestellte –e** 7 Verschiffung oder Versendung **ausweisende –e** 8 **begebbares** ~ 9 **Begleit–e** 10 das Gesuch wurde mit **–en belegt** 11 die für Zollabfertigung **erforderlichen –e** sind die Handelsfaktura in dreifacher Ausfertigung beziehungsweise das Konossement 12 **–e gegen** Akzept/Zahlung 13 **Glaubwürdigkeit** der **–e** 14 **Inkasso–e** 15 **–eninkasso** 16 **Kasse** gegen **–e** 17 **–e legalisieren** 18 **negoziierbares** ~ 19 **Original–** 20 die **–e** müssen innerhalb einer angemessenen Zeit nach Ausstellung **präsentiert** werden 21 das Akkreditiv ist gegen **Präsentierung** folgender **–e** fällig 22 **Reise–** 23 **–e richtigstellen** 24 ein kompletter **Satz** Verschiffungs**–e** 25 **Schiffs–e** 26 **Trans-**
1 négociation de documents contre un accréditif (od. une lettre de crédit) 2 accréditif documentaire (od. sur documents) 3 documents contre acceptation 4 document officiel 5 les documents seront délivrés après l'acceptation de la traite 6 documents établis à ordre 7 documents constatant (od. prouvant) l'embarquement ou l'expédition 8 document négociable 9 documents d'embarquement (od. d'accompagnement) 10 la demande (od. requête) était accompagnée de documents à l'appui 11 les documents nécessaires au dédouanement sont la facture commerciale en trois exemplaires et, le cas échéant, le connaissement 12 documents contre acceptation/paiement 13 authenticité des documents 14 documents remis à l'encaissement 15 encaissement contre remise des documents 16 payable contre documents 17 légaliser des documents 18 document négociable

port–e 27 –e **übergeben** 28 (nicht) **übertragbare** –e 29 **Unstimmigkeiten** in den –en 30 **veraltete** –e 31 die Banken weisen **Verlade**–e zurück, die solche Klauseln oder Vermerke enthalten 32 die –e sind in **Verlust** geraten 33 **Verschiffungs**–e 34 die Sendung gegen **Vorlage** der –e ausliefern 35 –e **vorlegen**

19 document original 20 les documents doivent être présentés dans un délai convenable après leur délivrance 21 l'accréditif est exigible contre présentation des documents 22 documents de voyage 23 corriger (od. rectifier) des documents 24 un jeu complet de documents d'embarquement 25 documents d'embarquement 26 documents de transport 27 remettre (od. délivrer) des documents 28 documents (non) négociables 29 erreurs dans les documents 30 documents périmés 31 les banques refusent les documents d'embarquement (od. de chargement) contenant de telles clauses ou mentions 32 les documents ont été perdus (od. égarés) 33 documents d'embarquement 34 délivrer l'envoi contre (od. sur) présentation des documents 35 présenter des documents

Dokumentär, 1 –e **Rimesse** 2 –e **Tratte**

1 remise documentaire 2 traite documentaire

Dokumentation *f* 1 **Preis**– 2 **technische** ~

1 documentation de prix 2 documentation technique

Dollar *m* 1 der Preis auf –**basis** 2 –**block** 3 –**gebiet** 4 das Geschäft kann nur unter der Voraussetzung der **Zahlung** in ~ abgeschlossen werden

1 le prix sur la base du dollar 2 bloc dollar 3 zone dollar 4 l'affaire ne pourra être conclue qu'à la condition du paiement en dollars

Dolmetscher *m* unser ~ steht Ihnen gern zur Verfügung

notre interprète sera volontiers à votre disposition (od. service)

Domizilieren, den **Wechsel** bei dieser Bank ~

domicilier l'effet à cette banque

Doppel (s. a. Duplikat) 1 –**besteuerung** 2 –**(bett)zimmer**

1 double imposition 2 chambre à deux lits

Dortig, –e **Behörden**

les autorités de votre ville

Drahten s. Telegrafieren

Drängen, wir müssen auf **Absendung** der Ware in kürzester Zeit ~

nous devons insister sur l'expédition de la marchandise dans le plus bref délai

Dreiseitig, 1 –es **Abkommen** 2 –es **Geschäft**

1 accord tripartite 2 transactions (od. affaires) triangulaires

Dringen, der Kunde dringt auf **Antwort**

le client insiste sur une réponse (od. exige une réponse)

Dringend, 1 –e **Anfrage** 2 die **Angelegenheit** ist (äußerst) ~ 3 –er **Antrag** 4 –er **Bedarf** 5 diese Ware **benötigen** wir –st 6 –e **Bitte** 7 in einem –en **Falle** 8 –es **Gespräch** 9 –e **Mahnung** 10 –e **Maßnahmen** 11 –es **Telegramm** 12 –e **Überweisung**

1 demande urgente 2 l'affaire est (extrêmement) urgente 3 demande (od. requête) urgente 4 besoin urgent; nécessité urgente 5 nous avons besoin de cette marchandise de toute urgence 6 prière insistante 7 en cas d'urgence; dans un cas urgent 8 appel urgent 9 sommation 10 mesures urgentes 11 télégramme urgent 12 virement urgent

Drohen, es droht die Beschlagnahme der Waren

il y a menace de saisie des marchandises

Druck *m* 1 auf den Partner ~ **ausüben** 2 –**fehler** 3 –**fertige** Unterlagen 4 die neuen Kataloge sind **in** ~ 5 unter dem ~ **nachgeben** 6 in –**schrift** ausfüllen 7 **unter** dem ~ der Konkurrenz waren

1 faire pression sur le partenaire (od. l'associé) 2 faute d'impression; coquille 3 documents prêts à mettre sous presse (od. bons à tirer) 4 les nouveaux catalogues sont sous presse 5 céder à la pres-

wir genötigt, den Preis zu ermäßigen | sion **6** remplir en gros caractères (od. caractères imprimés) **7** sous la pression de la concurrence, nous avons été obligés de baisser (od. réduire) le prix

Drucksache *f* 1 **als** ~ senden 2 „~" auf dem Umschlag **anführen**
1 expédier comme imprimé **2** marquer «imprimé» sur l'enveloppe

Drücken, 1 –de **Konkurrenz** auf dem Markt 2 den **Preis** ~
1 concurrence (od. compétition) serrée sur le marché **2** faire baisser le prix

Dubios, eine –e **Forderung** abschreiben
amortir une créance douteuse

Dulden, wir können eine solche **Nachlässigkeit** nicht ~
nous ne pouvons tolérer une pareille négligence

Dumping *n* 1 einen **Anti**–zoll bis zur Höhe der –spanne erheben 2 ~-**Praktiken** 3 das stellt eine Form von **Preis**–dar 4 **Sozial**– 5 die –**spanne** ist der festgestellte Preisunterschied 6 ein ~ **unwirksam** machen oder verhindern 7 **verschleiertes** ~ 8 **Währungs**–
1 percevoir un droit anti-dumping jusqu'à concurrence de la marge du dumping **2** pratiques de dumping **3** cela constitue une forme de dumping **4** dumping des salaires **5** la marge de dumping est la différence de prix constatée **6** rendre un dumping inefficace ou empêcher un dumping **7** dumping dissimulé (od. camouflé) **8** dumping monétaire; dumping du change

Duplikat *n* (s.a. Abschrift, Ausfertigung, Exemplar, Kopie) 1 das ~ des **Frachtbriefes** 2 –**konnossement**
1 double (od. duplicata, copie) de la lettre de voiture **2** double du connaissement

Durchdenken, wir müssen es bis in alle **Einzelheiten** ~
nous devons en considérer jusqu'aux derniers détails

Durchdringen, 1 die Konkurrenz ist bestrebt, auf dem hiesigen **Markt** durchzudringen 2 Sie werden schwer mit Ihren **Preisen** ~
1 la concurrence cherche à s'implanter (od. prendre pied) sur le marché de la place **2** vous aurez de la peine à imposer (od. faire accepter) vos prix

Durchfuhr *f* 1 die Sendung befindet sich **auf** der ~ durch das deutsche Gebiet 2 –**gut** 3 –**verkehr**
1 l'envoi passe le territoire allemand en transit **2** marchandise en transit **3** trafic en transit

Durchführbar, 1 die **Änderung** wäre nur dann ~, wenn ... 2 **sofern** dies ~ ist 3 **technisch** ist es leicht ~
1 le changement (la modification) ne serait réalisable (od. possible, faisable) que si (od. qu'à la condition que) ... **2** à condition que se soit possible (od. réalisable) **3** c'est techniquement réalisable sans difficulté

Durchführen, 1 einen **Beschluß** ~ 2 die **Warenkontrolle** durch einen erfahrenen Fachmann ~ 3 lassen Sie die **Montage** durch Ihren eigenen Monteur ~ 4 die **Prüfung** wurde in Abwesenheit des Herrn Späth durchgeführt 5 wir haben alle Ihre Weisungen **sorgfältigst** durchgeführt 6 inzwischen wurde das **Storno** des Auftrags durchgeführt 7 die **Zollabfertigung** wird in Form einer Hausbeschau durchgeführt werden
1 appliquer une décision (od. résolution) **2** faire procéder au contrôle (od. à la vérification) des marchandises par un spécialiste compétent (od. expert) **3** veuillez faire exécuter le montage par votre propre monteur **4** il a été procédé à la vérification (od. au contrôle, à l'examen) en l'absence de M. Späth **5** nous avons soigneusement appliqué (od. strictement suivi) toutes vos instructions **6** il a été procédé entre-temps à l'annulation de la commande; la commande a été entre-temps annulée **7** le dédouanement aura lieu sous forme d'un contrôle à domicile

Durchführung *f* 1 –**sabkommen** 2 die ~ **entspricht** nicht ihren Erwartungen 3 **genaue** ~ 4 bestätigen Sie die ~ der **Instruktionen** schriftlich 5 die –**sverord**–
1 accord d'application; convention d'exécution **2** l'exécution ne répond pas à leur attente **3** exécution minutieuse **4** veuillez confirmer l'application des instructions

Durchgang — Dutzend

nung kann man im Amtsblatt finden

Durchgang *m* 1 –sverkehr 2 –szug

Durchmesser *m* 1 der **äußere/innere** ~ darf nicht kleiner/größer sein als 1050 mm 2 einen ~ von 10 cm **haben**

Durchschlag *m* (s.a. Kopie) 1 dem Brief einen ~ **beifügen** 2 Original **mit** zwei Durchschlägen

Durchschnitt *m* 1 –sgewicht 2 unsere Preise entsprechen **im** ~ dem dortigen Preisniveau 3 –skurs 4 –spreis 5 gute –squalität 6 –stara 7 die Konkurrenz bietet die Waren zu Preisen an, die tief **unter** dem ~ der üblichen Marktpreise liegen

Durchschnittlich, 1 –es **Handelsvolumen** 2 die Konkurrenz verkauft ~ zu ungefähr doppelten **Preisen**

Durchschrift *f* schicken Sie uns die angeschlossene ~ der **Bestellung** unterschrieben zurück

Durchsehen, 1 ... flüchtig ~ 2 wir haben die ganze bisherige **Korrespondenz** durchgesehen

Durchsetzen, 1 sie haben sich bemüht, ihre **Ansicht** durchzusetzen 2 damit es Ihnen gelingt, sich mit dieser Ware am **Markt** durchzusetzen 3 wir haben höhere **Preise** durchgesetzt 4 sie haben ihren **Vorschlag** durchgesetzt

Durchsicht *f* 1 bei ~ der Bücher haben wir **festgestellt,** daß ... 2 schon bei einer **flüchtigen** ~ 3 nach ~ Ihres **Prospektes**

Durchstreichen, dieser Teil des Zertifikates soll durchgestrichen werden

Dürfen, ~ wir Sie in dieser Angelegenheit um Ihre Meinung **bitten?**

Dutzend *n* 1 je ein ~ von jeder **Sorte** 2 –**weise** 3 gepackt zu **zwei** ~ in einem Karton

D-Zug *m* s. Durchgangszug

par écrit 5 l'ordonnance d'application a été publiée dans le journal officiel
1 transit; trafic (circulation, passage) en transit 2 train direct (od. rapide)
1 le diamètre extérieur/intérieur ne devra pas être inférieur/supérieur à 1050 mm 2 avoir un diamètre de 10 cm
1 joindre (od. annexer) une copie à la lettre 2 original avec deux copies

1 poids moyen 2 nos prix correspondent en moyenne au niveau des prix de votre ville 3 cours moyen 4 prix moyen 5 bonne qualité moyenne 6 tare moyenne 7 la concurrence offre des marchandises à des prix de loin inférieurs aux prix moyens usuels du marché
1 volume moyen des échanges commerciaux 2 en moyenne la concurrence vend ses articles approximativement au prix double
veuillez nous retourner le double de la commande avec votre signature

1 examiner superficiellement; jeter un coup d'œil sur ... 2 nous avons vérifié toute la correspondance échangée jusqu'ici
1 ils ont essayé d'imposer (od. faire accepter) leur point de vue 2 afin que vous puissiez vous imposer sur le marché avec cette marchandise 3 nous avons réussi à imposer (od. réaliser, obtenir) des prix plus élevés 4 ils ont réussi à imposer (faire accepter, faire passer) votre proposition
1 en vérifiant nos livres, nous avons constaté que ... 2 même en ne vérifiant que superficiellement 3 après lecture de votre prospectus
cette partie du certificat est à biffer (od. rayer, supprimer, annuler)
pouvons-nous vous demander votre opinion (od. avis, point de vue) sur cette affaire?
1 une douzaine de chaque sorte 2 par douzaines; à la douzaine 3 emballé (empaqueté) par cartons de deux douzaines

E

Echtheit *f* 1 der **–snachweis** für die eingeführten Waren 2 die Bank ist für die ~ jeder **Unterschrift** jedes Unterzeichners des Akzeptes nicht verantwortlich

1 preuve d'origine des marchandises importées 2 la banque ne répond pas de l'authenticité de la signature de chacun des signataires de la traite

Effekt *m* 1 der **–enhandel** liegt in den Händen von Herrn Longo 2 es **kommt** der Werbung auf den ~ bei der Kundschaft **an**

1 M. Longo s'est chargé des opérations sur titres (od. valeurs mobilières) 2 pour la publicité, ce qui compte c'est son effet auprès de la clientèle

Effektiv, 1 vor allem muß man den **–bestand** feststellen 2 **–gewicht**

1 il y a lieu avant tout de déterminer l'effectif réel 2 poids effectif

Ehrbar, das ist kein Zeichen für einen –en **Kaufmann**

ce n'est pas là le fait d'un commerçant respectable

Ehre *f* 1 das **gereicht** Ihnen zur ~ 2 wir **haben** die ~, Ihnen mitzuteilen 3 es wurde uns die ~ **zuteil**

1 c'est tout à votre honneur 2 nous avons l'honneur de vous faire savoir 3 nous avons été honorés

Ehrlichkeit *f* wir müssen uns auf die ~ der Zollbeamten **verlassen**

nous devons nous en remettre à l'honnêteté des douaniers

Eid *m* 1 unter ~ **bestätigen** 2 Erklärung unter ~ 3 **–esformel**

1 certifier sous la foi du serment 2 déclaration sous serment 3 formule de serment

Eidesstattlich, wir **erklären** ~, daß ...

nous déclarons formellement (od. en lieu de serment) que ...

Eigen, 1 aus **–em Antrieb** 2 für **–en Bedarf** 3 für den **–en Gebrauch** 4 in Ihrem **–en Interesse** 5 auf **–e Order** 6 sie kaufen auf **–e Rechnung** 7 auf Ihren **–en Wunsch**

1 de notre gré; de notre propre initiative 2 pour les besoins propres 3 à l'usage personnel 4 dans votre propre intérêt 5 à l'ordre de moi-même 6 ils achètent pour leur propre compte 7 selon votre propre désir

Eigenhändig, 1 **unterschreiben** Sie es ~ 2 seine **–e Unterschrift**

1 signez-le de votre propre main 2 signature autographe

Eigenschaft *f* 1 dieses Material ist wegen seiner **ausgezeichneten –en** beliebt 2 die Ware besitzt die von Ihnen **geforderten –en** 3 in seiner ~ als Direktor

1 ce matériel est recherché pour ses excellentes qualités 2 la marchandise est de la qualité que vous avez exigée 3 en sa qualité de directeur

Eigentum *n* 1 betreffend das ~ **an** den Waren 2 **ausschließliches** ~ 3 **bewegliches** ~ 4 die Ware **bleibt** bis zur vollständigen Bezahlung unser ~ 5 **gewerbliches** ~ 6 **–srecht** 7 **Übertragung** des **–s** der Firma Rügen & Co. auf Herrn Monk 8 das literarische **–srecht** an der **Veröffentlichung**

1 concernant la propriété des marchandises 2 propriété exclusive 3 biens meubles 4 jusqu'à réception de la totalité du paiement, la marchandise restera notre propriété 5 propriété industrielle 6 droit de propriété 7 transfert à M. Monk des droits de propriété de la firme Rügen & Co. 8 le droit d'auteur de propriété littéraire (od. le copyright) de la publication

Eigentümer *m* auf Gefahr des **–s**

aux risques et périls du propriétaire

Eil-, 1 **–brief** 2 ... mit der Bahn als **–gut** senden 3 Frachtsätze für **–gut** 4 **–gutfrachtbrief** 5 **–zustellung**

1 lettre par exprès 2 expédier une marchandise par chemin de fer en régime accéléré (od. en grande vitesse) 3 tarifs des expéditions en grande vitesse 4 lettre de voiture en régime accéléré 5 livraison exprès

Eilen, die **Antwort** (ou **Erledigung**) eilt sehr

la réponse (od. le règlement) presse

Eilig, –e Bestellung

commande urgente

Einberufen, die **Beratung** wird für Donnerstag den 15. d.M. 8 Uhr ~
Einbringen, 1 das wird bedeutende **Einsparungen** ~ 2 eingebrachtes **Kapital** 3 die Waren ins **Lager** ~ 4 die Firma wird neue **Warensorten** ~

Einbruchssicher, –e Kasse
Einbüßen, 1 wir möchten sehr ungern das **Anrecht** auf Schadenersatz ~ 2 der Franc hat an **Kaufkraft** eingebüßt 3 voriges Jahr haben wir viele **Kunden** eingebüßt 4 sie haben dadurch das **Vertrauen** der Lieferanten eingebüßt
Eindringlich, –e Mahnung
Eindruck *m* 1 **außerordentlicher** ~ 2 wir können uns nicht des –es **erwehren,** daß ... 3 **Gesamt**– 4 wir **haben** den ~ 5 den besten ~ **hervorrufen** 3 die befragte Firma **macht** auf uns den ~ der Zuverlässigkeit 7 er **machte** einen weit besseren ~ 8 äußerst **schlechter** ~ 9 **seriöser** ~

Einfach, 1 roh oder ~ **bearbeitet** 2 eine Bahnfahrkarte für –e **Fahrt** nach Berlin ...
Einfall *m* 1 Reklame– 2 witziger ~
Einfallen, 1 es ist uns nie eingefallen, daß ... 2 es **darf** Ihnen nicht ~

Einfluß *m* 1 entgegengesetzter ~ 2 **entscheidender** ~ 3 diese Angelegenheit **entzieht** sich unserem ~ 4 sie haben ihren ~ bei den Behörden **geltend** gemacht 5 **ohne** ~ auf die Preise 6 **Saison**– 7 die Entscheidung fiel **unter** dem ~ der Ereignisse 8 **verderblicher** ~

Einfrieren, 1 eingefrorene **Forderungen** 2 eingefrorener **Hafen**
Einfuhr *f* (s.a. Import) 1 –abgabe 2 –bedarf 3 ~ von Lebensmitteln **beschränken** 4 –**beschränkungen** 5 –**bestimmungen** 6 die ~ der angeführten Waren wurde wieder bewilligt 7 –**bewilligung** für diese Ware aus der Schweiz 8 die ~ von Wein an die Ausfuhr von Bijouterie **binden** 9 **direkte** ~ 10 die ~ wurde durch eine Klausel im Handelsabkommen **eingeschränkt** 11 –**formalitäten** 12 die Ware unterliegt einer –**genehmigung** 13 die ~ ist nicht **gestattet** 14 **indirekte** ~ 15 wir sind an der ~ dieser Warengattung **interessiert** 16 **Kapital**– 17 –**kontingent** 18 die ~ ist **kontingentiert** 19 –**liste** 20 –**möglichkeiten** 21 zollfreie **Rück**– 22 **spe**-

la réunion est convoquée pour le jeudi 15 courant à 8 heures
1 il en résultera des économies considérables 2 capital investi; mise de fonds; apport 3 mettre les marchandises en stock 4 la maison sortira des marchandises d'un nouveau genre
coffre-fort résistant à l'effraction
1 nous serions navrés de perdre nos droits aux dommages-intérêts 2 le pouvoir d'achat du franc a diminué 3 l'année dernière, nous avons perdu de nombreux clients 4 ils ont de ce fait perdu la confiance des fournisseurs
sommation; mise en demeure
1 impression extraordinaire 2 nous ne pouvons nous empêcher de croire que ... 3 impression générale 4 nous avons l'impression 5 produire la meilleure impression 6 la firme en question nous paraît mériter confiance 7 il a fait une impression bien meilleure 8 impression extrêmement mauvaise 9 impression sérieuse

1 brut ou simplement façonné (od. travaillé) 2 un billet simple pour Berlin ...
1 idée publicitaire 2 idée ingénieuse
1 il ne nous est jamais venu à l'idée (od. à l'esprit; passé par la tête) que ... 2 ne croyez surtout pas
1 influence contraire 2 influence décisive 3 nous n'avons aucune influence sur cette affaire 4 ils ont usé de leur influence auprès des autorités 5 sans influence sur les prix 6 influence saisonnière 7 la décision a été prise (od. rendue) sous l'influence des événements 8 influence nuisible

1 créances gelées 2 port pris par les glaces
1 droit (od. taxe) à l'importation 2 besoins d'importation 3 limiter l'importation de denrées (od. produits) alimentaires 4 limitation d'importation 5 règlements d'importation 6 l'importation des marchandises en question a été de nouveau autorisée 7 licence (od. permis) d'importation pour cette marchandise provenant de Suisse 8 lier l'importation de vin à l'exportation de bijouterie 9 importation directe 10 l'importation a été limitée (od. restreinte) par une clause prévue dans l'accord commercial 11 formalités d'importation 12 la marchandise est sujette à une licence d'importation 13 l'importation n'est pas autorisée 14 importation indi-

Einfuhr — Eingeschrieben

zielle ~ 23 **unsichtbare** ~ 24 die ~ **unterliegt** einem Zoll 25 **–verbot** 26 **–verbotene** Waren 27 **vorübergehende** ~ 28 **–zoll** 29 **zollfreie** ~ von Lebensmitteln

recte 15 nous sommes intéressés à l'importation de ce genre de marchandises 16 importation de capitaux 17 contingent d'importation 18 l'importation est contingentée 19 liste des produits admis à l'importation 20 possibilités d'importation 21 réimportation exempte de droits 22 importation spéciale 23 importation invisible 24 l'importation est passible de droits de douane 25 interdiction (od. prohibition) d'importation 26 marchandises non admises à l'importation 27 importation temporaire 28 droit à l'importation (od. droit d'entrée) 29 importation en franchise de denrées alimentaires

Einführen (s.a. Importieren), 1 die Waren **aus** Holland nach Deutschland ~ 2 die Konkurrenz ist in dieser Branche **gut** eingeführt 3 wir beabsichtigen, eine neue **Produktion** einzuführen 4 die im Rahmen einer gültigen Einfuhrlizenz eingeführten **Waren** 5 ... **im Zollvermerk** ~

1 importer (od. introduire) les marchandises de Hollande en Allemagne 2 la concurrence est bien établie (od. introduite) dans cette branche 3 nous envisageons le lancement d'une nouvelle production 4 les marchandises importées dans le cadre d'une licence d'importation valable 5 importer en admission temporaire

Eingabe *f* (der Rechenmaschine)
Eingang *m* 1 **Anzeige** über den Waren– 2 wir erwarten einen erhöhten **Auftrags**– 3 der ~ von **Aufträgen** ist in letzter Zeit zurückgegangen 4 Lieferungen binnen zwei Monaten nach **Auftrags**– 5 den ~ der Ware **erwarten** wir spätestens bis 10. 5. 6 **Post**– 7 zahlbar 20 Tage nach **Rechnungs**– 8 zahlbar beim **Waren**–

entrée (input) (de l'ordinateur)
1 avis d'arrivage (od. d'arrivée) de marchandises 2 nous nous attendons à une augmentation des commandes 3 le nombre des commandes a diminué récemment 4 livraison dans les deux mois à partir de la réception de la commande 5 nous attendons l'arrivée de la marchandise pour le 10/5 au plus tard 6 courrier arrivé 7 payable dans les 20 jours après réception de la facture 8 payable à l'arrivée (od. l'entrée) des marchandises

Eingehen (s. a. Annehmen) 1 wir können in keinem Fall auf eine solche **Abmachung** ~ 2 es tut uns leid, daß wir auf die vorgeschlagene **Änderung** nicht eingehen können 3 ein gleiches **Angebot** ist auch von Herrn Rose eingegangen 4 wir müssen auf Ihre **Bedingungen** ~ 5 wir sind bereit, auf eine vernünftige freundschaftliche **Beilegung** einzugehen 6 wir würden ungern auf Einzelheiten ~ 7 eine **Haftung** ~ 8 wir werden darauf nicht **näher** ~ 9 ein **Risiko** ~ 10 auf jeden vernünftigen **Vorschlag** ~ 11 **Wechselverbindlichkeit** ~

1 nous ne pouvons en aucun cas accepter une telle convention 2 nous regrettons de ne pouvoir accepter la modification que vous proposez 3 une offre identique a été faite également par M. Rose 4 nous sommes obligés d'accepter vos conditions 5 nous sommes disposés à accepter un arrangement raisonnable (od. à l'amiable) 6 nous n'aimerions pas entrer dans les détails 7 encourir une responsabilité 8 nous ne nous attacherons pas aux détails 9 encourir un risque 10 accepter toute proposition (od. suggestion) raisonnable 11 accepter un engagement par lettre de change

Eingehend, 1 es fehlen –e **Angaben** über die Qualität 2 wir haben uns mit dieser Angelegenheit ~ **befaßt** 3 –er **Bericht** 4 –e **Zahlungen**
Eingeschrieben (s.a. Einschreiben), –er **Brief**

1 au sujet de la qualité, on est sans détails 2 nous nous sommes occupés à fond de cette question 3 rapport détaillé 4 rentrées (od. paiements reçus)
lettre recommandée

Eingreifen (s.a. Intervenieren) 1 **energisch** ~ 2 **gerichtlich** ~ 3 in die **Verhandlungen** ~
Einhalten, 1 der **Amtsweg** muß eingehalten werden 2 die vereinbarten **Bedingungen** aufs strengste ~ 3 die Vertrags**bestimmungen** ~ 4 wir werden diesbezüglich absolute **Diskretion** ~ 5 die **Instruktionen** ~ 6 große Anhäufung von Bestellungen hat uns verhindert, die **Lieferfrist** einzuhalten 7 den Liefer**plan** ~ 8 die **Preise** ~ 9 die **Vereinbarung** über Reparaturen ~ 10 wir wollen das **Versprechen** ~ 11 die **Vorschriften** genau ~ 12 sie halten ihr **Wort** ein 13 **Zahlungen** ~

1 intervenir énergiquement 2 poursuivre en justice 3 intervenir dans les négociations
1 la voie administrative doit être respectée 2 respecter strictement les conditions convenues 3 respecter les termes du contrat (od. de la convention, de l'accord) 4 nous garderons une discrétion absolue à ce sujet 5 suivre les instructions 6 une accumulation de commandes nous a empêchés d'observer (od. de respecter) le délai de livraison 7 s'en tenir au calendrier de livraison 8 s'en tenir aux prix 9 s'en tenir à la convention relative aux réparations 10 nous tiendrons notre promesse 11 suivre strictement les prescriptions 12 ils tiennent parole 13 payer régulièrement

Einhaltung f 1 auf ~ der Lieferfrist **bestehen** 2 die ~ der angegebenen Frist **gewährleisten** 3 **unter** ~ aller Vorschriften 4 genaue ~ der **Vertragsbedingungen**

1 exiger l'observation (od. le respect) du délai de livraison 2 garantir l'observation de la date de livraison prévue 3 en observant toutes les prescriptions 4 observation stricte des conditions du contrat

Einheimisch, -e Industrie
industrie nationale

Einheit f 1 wir leisten unsere Dienste zu einer **-sgebühr** 2 **Mengen-** 3 **Preis** je ~ 4 **-spreis** 5 **-spreisgeschäft** 6 **Verpackungs-**

1 nous louons nos services à un tarif uniforme (od. tarif standard) 2 unité quantitative 3 prix par unité 4 prix unitaire 5 magasin à prix unique 6 unité d'emballage

Einheitlich, 1 **-e Richtlinien** für das Inkasso von Handelspapieren 2 **-e Richtlinien** und Gebräuche für Dokumenten-Akkreditive

1 directives uniformes pour l'encaissement d'effets de commerce 2 directives et pratiques uniformes relatives à l'accréditif documentaire

Einheitlichkeit f ~ der **Ansichten**
unanimité de vues

Einholen (s.a. Besorgen), 1 das **Akzept** eines Wechsels ~ 2 das beste **Angebot** für Baumwolle, das eingeholt werden konnte, ist ... 3 eine **Auskunft** über den **Markt** ~ 4 ein **Gutachten** ~ 5 sich genaue **Instruktionen** beim Importeur ~

1 requérir l'acceptation d'une traite 2 l'offre la plus favorable ayant pu être obtenue pour du coton est ... 3 prendre un renseignement sur la situation du marché 4 demander une expertise (od. un avis consultatif) 5 prendre des instructions précises auprès de l'importateur

Einholung f 1 **Protest-** wegen Nichtzahlung 2 die Bank mit der ~ der Annahme des **Wechsels** beauftragen

1 sollicitation de la constatation de protêt pour refus de paiement 2 charger la banque de l'acceptation de la lettre de change (od. de la traite)

Einig, über einen Preis ~ werden
s'entendre (od. tomber d'accord) sur un prix

Einigen (s.a. Vereinbaren), 1 Herr Geller hat sich voriges Jahr mit seinen **Gläubigern** geeinigt 2 sie haben sich auf der **Grundlage** beiderseitiger Zugeständnisse geeinigt 3 wir können uns bezüglich des **Preises** nicht ~

1 l'année dernière M. Geller s'est arrangé avec ses créanciers 2 ils se sont arrangés sur la base de concessions mutuelles 3 nous ne pouvons tomber d'accord sur le prix

Einigung f (s.a. Vereinbarung) 1 eine ~ mit dem Lieferanten **anstreben** 2 eine ~ **erzielen** 3 unter dem **Vorbehalt** der

1 chercher un accord avec le fournisseur 2 réaliser un accord 3 à condition de se mettre d'accord sur le prix 4 si un accord

Einigung — Einleitung

Preis– 4 falls keine ~ **zustande** kommt
Einkauf *m* 1 –**sabteilung** 2 **Auslands**– 3 wir haben **Interesse** für den ~ größerer Posten 4 Einkäufe **machen** 5 **Massen**– 6 –**smission** 7 ~ nur größerer **Posten,** mindestens 5000 kg 8 ~ zu angemessenen **Preisen** 9 –**squelle** 10 ~ auf **Raten** 11 wollen Sie ermitteln, zu welchen Bedingungen es möglich wäre, Einkäufe zu **tätigen** 12 **umfangreiche** Einkäufe

n'est pas réalisé (od. ne se réalise pas) 1 service des achats 2 achat à l'étranger 3 nous sommes intéressés à l'achat de lots assez importants 4 effectuer (od. faire) des achats 5 achat en gros (od. en grosses quantités) 6 mission d'achat 7 achat de lots d'une certaine importance seulement d'au moins 5000kg 8 achat à des prix raisonnables (od. abordables) 9 source d'achat (od. d'approvisionnement) 10 achat à tempérament 11 voudriez-vous vous renseigner à quelles conditions il serait possible d'effectuer des achats 12 achats importants

Einkaufen, 1 in **bar** ~ 2 ... in **Bausch und Bogen** ~ 3 Herr Hahn ist **bevollmächtigt,** für uns einzukaufen 4 telegrafieren Sie, ob Sie **direkt** oder durch Vermittlung der Firma ... 5 **en gros** ~ 6 als **Ganzes** ~ 7 der Zweck seiner Reise ist, größere **Mengen** einzukaufen 8 für einen **Pappenstiel** ~

1 acheter au comptant 2 acheter en bloc (od. à forfait, en vrac) 3 M. Hahn est autorisé à acheter pour notre compte 4 télégraphiez-nous pour nous dire si vous achetez directement ou par l'intermédiaire de la firme ... 5 acheter en gros 6 acheter en bloc 7 le but de son voyage est d'acheter des quantités assez importantes 8 acheter ... pour une bouchée de pain

Einkäufer *m* (s.a. Käufer)
Einklang *m* 1 im ~ mit dieser **Ansicht** 2 im ~ mit den **Bedingungen** Ihrer Offerte 3 im ~ mit Ihren **Weisungen** vorgehen

1 en accord avec cette opinion 2 conformément aux conditions de votre offre 3 procéder conformément à vos instructions

Einkommen *n* 1 **Brutto**– 2 **Gesamt**– 3 **Geschäfts**– 4 **jährliches** ~ 5 **reines** ~ 6 –**steuer** 7 –**steuer-Erklärung**

1 revenu brut 2 revenu global 3 revenu d'affaires 4 revenu annuel 5 revenu net 6 impôt sur le revenu 7 déclaration d'impôt sur le revenu

Einlage *f* 1 **Bank**– 2 **Jute**–
Einlagern *n* 1 **gesondertes** ~ 2 **ordnungsmäßiges** ~ 3 **unfachmäßiges** ~ 4 die **Ware** ~

1 dépôt en banque 2 emballage de jute
1 stockage (od. emmagasinage, entreposage) à part 2 stockage régulier 3 stockage contraire aux règles professionnelles 4 emmagasiner la marchandise

Einlagerung *f* 1 **einstweilige Waren**– 2 –**skosten** 3 **richtige** ~ 4 die Beschädigung ist durch **schlechte** ~ entstanden 5 veranlassen Sie die ~ der Ware 6 **weitere** ~

1 entreposage (od. stockage) provisoire des marchandises 2 frais d'emmagasinage 3 entreposage approprié 4 la détérioration résulte d'un mauvais entreposage 5 veuillez faire entreposer la marchandise 6 nouvelle mise en stock

Einlassen, 1 wir können Ihnen nicht raten, sich **auf dieses Geschäft** einzulassen 2 **darauf** können wir uns nicht ~

1 nous ne pouvons vous conseiller de vous lancer dans cette affaire 2 nous ne pouvons accepter ceci; nous ne saurions nous engager sur ce point

Einlaufen, 1 es laufen ständig neue **Beanstandungen** ein 2 das **Schiff** ist heute in den Hafen eingelaufen
Einleiten, 1 das **Arbitrageverfahren** wurde am 23. März eingeleitet 2 wir haben sofort **Nachforschungen** nach dem Waggon eingeleitet 3 eine **Verbindung** mit ... ~
Einleitung *f* in der ~ des **Briefes**

1 les réclamations ne cessent d'affluer 2 le bateau est entré aujourd'hui dans le port (od. a accosté aujourd'hui)
1 la procédure d'arbitrage a été ouverte le 23 mars 2 nous nous sommes immédiatement mis à la recherche du wagon 3 entrer en relations avec ...

au début de la lettre

Einlösbar, die **Coupons** sind zum 1. 6. ~
Einlösen, einen **Wechsel** ~

Einnahme *f* 1 **Brutto–** 2 **Gesamt–** 3 **reine** ~ 4 **tatsächliche** ~
Einnehmen, 1 sie nehmen eine abwartende **Haltung** ein 2 die erste **Stelle** in der Ziegelerzeugung ~ 3 Herr Kruge nimmt eine bedeutende gesellschaftliche **Stellung** ein 4 lassen Sie uns wissen, welche **Stellung** Sie zu diesen Reklamationen einzunehmen gedenken
Einpacken, mehrere **Posten** in eine Kiste ~
Einräumen, wir räumen **Ihnen** dabei gern ein, daß wir uns geirrt haben
Einräumung *f* ~ eines angemessenen **Kontingents**

Einreichen, 1 die **Berufung** wurde beim Gericht vorgestern eingereicht 2 eine **Beschwerde** gegen dieses Vorgehen ~ 3 er hat **Klage** auf Schadenersatz eingereicht 4 eine **Patentanmeldung** ~ 5 wir haben dagegen **Protest** beim Ministerium eingereicht
Einreichung *f* **Datum** der ~
Einreihen, 1 nach dem **Alphabet** ~ 2 Ihre Bestellung werden wir in unsere **Produktion** ~
Einrichtung *f* 1 **Auflade–** 2 wir werden Ihnen die gesamte ~ für die **Erzeugung** von Verpackungsmaterial liefern 3 **Transport–**

Einsatz *m* 1 Kiste mit **Blech–** 2 unter ~ aller uns zu Gebote stehenden **Mittel**

Einschalten, 1 die **Anzeige** sollte täglich eingeschaltet werden 2 **Arbeitskräfte** ~ 3 wir haben ein **Inserat** für unsere Maschinen ~ lassen
Einschätzen (s.a. Abschätzen, Schätzen)
Einschlägig, 1 der Artikel ist in allen –en **Geschäften** erhältlich 2 –e **Maßnahmen**

Einschleichen, in unsere Rechnung hat sich ein **Fehler** eingeschlichen
Einschließlich (s.a. Inbegriffen) 1 die Preise verstehen sich ~ **Verpackung** 2 der Preis wurde ~ **Versandkosten** berechnet
Einschränken (s.a. Beschränken) 1 die **Ausfuhr** wird in letzter Zeit ziemlich stark eingeschränkt 2 **Auslagen** ~ 3 die **Erzeugung** wurde infolge einer Rekonstruktion vorübergehend eingeschränkt
Einschränkung *f* (s.a. Beschränkung) 1 **Einfuhr**–en 2 ~ der **Erzeugung** und des

les coupons sont payables au 1er juin
honorer (od. payer, faire honneur à) une traite
1 recette brute 2 recette totale 3 recette nette 4 recette effective
1 ils adoptent une attitude (od. position) expectative 2 venir en tête de la production de briques 3 M. Kruge occupe une place (od. situation) importante dans la société 4 veuillez nous faire savoir quelle attitude vous compter adopter au sujet de ces réclamations
emballer plusieurs lots dans une caisse
nous vous concédons volontiers que nous nous sommes trompés
attribution d'un contingent convenable

1 l'appel a été introduit avant-hier devant la cour d'appel 2 introduire une réclamation contre ce procédé 3 il a intenté une action en dommages-intérêts 4 introduire une demande de brevet 5 nous avons adressé au ministère une protestation à ce sujet
date d'introduction (od. de dépôt)
1 placer dans l'ordre alphabétique 2 votre commande sera insérée dans notre programme de production
1 installation (od. dispositif) de chargement 2 nous vous fournirons l'installation complète pour la production de matériel d'emballage 3 installation de transport
1 caisse doublée intérieurement d'une case en tôle 2 en usant de tous les moyens à notre disposition

1 l'annonce serait à insérer chaque jour 2 embaucher de la main-d'œuvre 3 nous avons fait insérer une annonce concernant nos machines

1 l'article est en vente dans tous les magasins spécialisés 2 mesures adéquates

une erreur s'est glissée dans notre facture

1 les prix s'entendent emballage compris 2 le prix a été calculé frais d'expédition compris

1 l'exportation subit récemment des restrictions assez sévères 2 réduire les dépenses 3 la production a été temporairement restreinte (od. ralentie) en raison de travaux de reconstruction

1 restrictions d'importation 2 limitation de la production et de la vente 3

Einschränkung — Eintreffen

Absatzes 3 **Verkehrs**–

Einschreiben, 1 den **Brief** „Eingeschrieben" (ou per „Einschreiben") senden 2 eingeschriebener **Brief** 3 eingeschriebenes **Paket** 4 eingeschriebene **Sendung**

Einsehen (s.a. Anerkennen) Sie werden sicher ~, daß . . .

Einseitig, 1 –e **Einräumung** eines Kontingentes 2 andere Bestimmungen hinsichtlich . . . ~ **festsetzen**

Einsenden (s.a. Senden, Übersenden, zukommen lassen) eine **Anfrage** nach Wolle ~

Einsendung f (s.a. Zusendung) einen Monat auf die ~ der Muster **warten**

Einsetzen, 1 so bald als möglich werden wir Ihre **Bestellung** in die Produktion ~ 2 eine **Kommission** ~ 3 wir werden uns für prompte **Lieferung** ~

Einsicht f diese Vorschriften liegen zur –**nahme** der Interessenten in der Handelskammer vor

Einsparung f 1 die Brennstoff– würde die Mehrkosten **aufwiegen** 2 das wird bedeutende –en **einbringen** 3 wir sind bemüht, Material–en zu **erreichen** 4 die **Material**–

Einstellen, 1 den **Apparat** auf Null ~ 2 die **Arbeit** ~ 3 diese **Erzeugung** wegen geringer Nachfrage ~ 4 die **Expedition** bis auf Widerruf ~ 5 der **Kredit** auf ihre Rechnung muß sofort eingestellt werden 6 bitte stellen Sie sofort weitere **Lieferungen** ein 7 zu diesem Tage hat die Firma ihre **Tätigkeit** eingestellt 8 der Elbe**verkehr** wurde zeitweilig wegen niedrigen Wasserstandes eingestellt 9 die **Zahlungen** ~

Einstellung f 1 günstige ~ 2 die **Verkehrs**– 3 **Zahlungs**–
Einstweilig, 1 die Produktion ~ **einstellen** 2 –e **Verfügung**
Eintragen, 1 in die **Bücher** ~ 2 eingetragene **Handelsgesellschaft** (GmbH) 3 eingetragene **Handelsschutzmarke** 4 das trägt uns zu wenig **Vorteil** ein

Einträglich, –es **Geschäft**
Eintreffen (s.a. Ankommen) 1 da bei uns mehrere **Anfragen** gleichzeitig eingetroffen sind 2 Ihr **Bericht** ist zu spät eingetroffen 3 solange keine Instruk-

limitation du trafic; restriction de la circulation
1 expédier la lettre sous pli recommandé 2 lettre recommandée 3 colis recommandé 4 envoi recommandé

vous comprendrez certainement que . . .

1 attribution unilatérale d'un contingent 2 fixer unilatéralement d'autres dispositions concernant . . .
adresser une demande de renseignements au sujet de la laine

attendre un mois l'envoi des échantillons

1 nous mettrons votre commande en production dès que possible 2 instituer une commission 3 nous mettrons tout en œuvre (od. ferons le nécessaire) pour une livraison rapide
les intéressés peuvent consulter ces dispositions à la Chambre de Commerce

1 l'économie de combustible compenserait le coût supplémentaire 2 il en résultera des économies considérables 3 nous nous efforçons (od. nous tâchons) de réaliser des économies de matières premières 4 l'économie de matières
1 régler l'appareil sur la position zéro 2 cesser (od. arrêter od. suspendre) le travail; se mettre en grève 3 arrêter cette production faute de demande suffisante 4 suspendre l'expédition jusqu'à nouvel ordre 5 le crédit ouvert à leur compte doit être révoqué immédiatement 6 veuillez arrêter (od. suspendre) immédiatement toute nouvelle livraison 7 la firma a cessé son activité ce jour même 8 le trafic sur l'Elbe a été temporairement suspendu en raison du bas niveau d'eau 9 suspendre les paiements
1 attitude favorable 2 suspension du trafic 3 suspension des paiements
1 arrêter temporairement la production 2 référé (od. mesure provisoire)
1 inscrire dans les livres (od. porter en compte) 2 société commerciale enregistrée (S.A.R.L.) 3 la marque déposée 4 ceci nous rapporte trop peu d'avantages
affaire profitable; opération lucrative
1 plusieurs commandes nous étant parvenues en même temps 2 votre rapport est arrivé trop tard 3 en l'absence d'instructions 4 le chargement est arrivé en

tionen ~ 4 die **Ladung** ist in gutem/schlechtem Zustand eingetroffen 5 die **Sendung** ist an unsere Adresse heute eingetroffen
Eintreiben, 1 wir werden genötigt sein, die **Forderung** auf dem Rechtswege einzutreiben 2 **Geld** ~

Eintreibung *f* mit der ~ der **Schuld** haben wir Herrn Kraus betraut
Eintreten, 1 vorläufig ist keine **Änderung** eingetreten 2 in ein **Kartell** ~ 3 unerwartete **Umstände** sind eingetreten 4 es ist eine **Verschlechterung** in der Rohstoffversorgung eingetreten 5 die **Verspätung** trat als Folge von Verkehrsstörungen ein 6 für eine **Verständigung** mit dem Lieferanten ~
Eintritt *m* 1 **Bewilligung** zum ~ in die Fabrik 2 der ~ in die Ausstellung ist **frei**
Einvernehmen *n* (s.a. Einverständnis) 1 in **beiderseitigem** ~ 2 zwischen den beiden Partnern wurde ein ~ **erzielt** 3 es wurde im ~ mit den Partnern **festgesetzt** 4 im ~ mit Ihrem Herrn Smith 5 wir bitten Sie, sich gefälligst mit Herrn Braun ins ~ zu **setzen** 6 im ~ mit Ihrem **Wunsch**
Einverstanden, 1 sich fernmündlich damit ~ **erklären** 2 wir sind mit sofortiger **Lieferung** ~
Einverständnis *n* (s.a. Einvernehmen) es wurde bereits ein gewisses ~ erzielt
Einwand *m* (s.a. Beanstandung, Einwendung) 1 dem Lieferanten die Einwände betreffs Verpackung **bekanntgeben** 2 der Käufer **erhebt** Einwände gegen die Qualität 3 Einwände **widerlegen**
Einwandfrei, -e **Ausführung**
Einwenden, sie könnten zwar **dagegen** ~, daß ...
Einwendung *f* (s.a. Einwand, Beanstandung) 1 unsere ~ wird als berechtigt **anerkannt** 2 wir **haben** gegen Ihren Vorschlag keine ~ 3 wir werden Ihre –en **prüfen** 4 **reichen** Sie Ihre –en bis spätestens 15. d. M. **ein** 5 die –en als unberechtigt **zurückweisen**
Einwilligen, 1 **ausnahmsweise** ~ 2 **stillschweigend** ~
Einwilligung *f* (s.a. Zustimmung) 1 mit ~ der betreffenden Behörde 2 **sichern** Sie sich die ~ des Kunden
Einwirken, wir bitten Sie, in diesem Sinne auf den **Kunden** einzuwirken
Einzahlung *f* ~ auf die laufende **Rechnung**

bon/mauvais état 5 l'envoi nous est parvenu aujourd'hui

1 nous serons obligés de poursuivre le recouvrement de notre créance devant les tribunaux 2 recouvrer (od. faire rentrer) de l'argent
nous avons chargé M. Kraus du recouvrement de la créance
1 aucun changement n'est intervenu entre-temps 2 adhérer à un cartel 3 nous sommes en présence de circonstances inattendues 4 la situation dans l'approvisionnement en matières premières s'est aggravée 5 le retard est dû à des perturbations du trafic 6 plaider en faveur d'un arrangement avec le fournisseur
1 permis d'entrée à l'usine 2 l'entrée à l'exposition est libre

1 d'un commun accord 2 un accord a été réalisé entre les deux parties 3 il a été décidé en accord avec les parties 4 en accord avec M. Smith de votre société 5 nous vous prions de vouloir vous mettre d'accord avec M. Braun 6 conformément à votre désir

1 y consentir (od. donner son accord) par téléphone 2 nous sommes d'accord pour la livraison immédiate
une certaine entente a déjà été réalisée

1 faire connaître au fournisseur les réclamations (od. objections) concernant l'emballage 2 l'acheteur fait des réclamations au sujet de la qualité 3 réfuter des objections
exécution impeccable (od. irréprochable)
ils pourraient sans doute objecter que ...

1 on a reconnu le bien-fondé de notre réclamation 2 nous n'avons rien à objecter à votre proposition 3 nous examinerons vos objections 4 veuillez soumettre vos objections (od. remarques) jusqu'au 15 de ce mois au plus tard 5 rejeter les objections comme non fondées
1 consentir exceptionnellement 2 consentir tacitement
1 avec l'accord de l'administration intéressée 2 veuillez vous assurer de l'accord du client
nous vous prions d'influencer le client dans ce sens
versement au compte courant

Einzelhandel *m* 1 –sindex 2 –spreis 3 –sspanne 4 –sverpackung 5 –szuschlag

1 indice des prix de détail 2 prix de détail 3 marge du détaillant 4 emballage pour la vente au détail 5 majoration de détaillant

Einzelheit *f* 1 uns waren nicht alle –en über die Liquidierung seiner Firma **bekannt** 2 wir **brauchen** weitere –en über diese Sache 3 wir würden ungern auf –en **eingehen** 4 sich auf –en **einlassen** 5 weitere –en **erfahren** Sie bei unserem Vertreter 6 –en **siehe** unten 7 wir bitten um Einsendung Ihres illustrierten Katalogs mit allen **technischen** –en Ihrer Maschine 8 bezüglich der –en **verweisen** wir Sie auf unseren Prospekt

1 nous n'étions pas au courant de tous les détails concernant la liquidation (od. dissolution) de sa firme 2 nous aimerions connaître d'autres détails de cette affaire 3 nous ne voudrions pas entrer dans les détails 4 s'attacher aux détails 5 pour plus de détails, veuillez vous adresser à notre représentant 6 voir détails plus bas 7 nous vous prions de nous faire parvenir votre catalogue illustré donnant tous les détails techniques de votre machine 8 pour plus de détails, nous vous renvoyons à notre prospectus

Einzeln, jedes **Stück** muß ~ gewogen werden

chaque pièce doit être pesée séparément

Einziehen, 1 Erkundigungen über ... ~ 2 die **Zinsen** ~

1 prendre des renseignements sur ... 2 percevoir des intérêts

Einziehung *f* 1 ~ von **Forderungen** 2 **gegen** ~ des Warenwertes 3 ~ der **Steuer** 4 die ~ von **Wechselbeträgen** durch Geschäftsfreunde oder durch die Bank

1 recouvrement des créances 2 contre recouvrement de la valeur de la marchandise 3 recouvrement de l'impôt 4 l'encaissement de montants d'effets par des correspondants ou par la banque

Einzigartig, diese –e **Gelegenheit** bestens ausnützen

tirer le meilleur profit (od. parti) de cette occasion unique

Eisenbahn *f* (s.a. Bahn) 1 per ~ **befördern** 2 –**fracht** 3 –**frachtsatz** 4 der –**gütertarif** 5 –**station** 6 –**tarif** 7 –**wagen**

1 expédier par chemin de fer 2 transport ferroviaire; fret par voie ferrée 3 taux de transport ferroviaire 4 tarif de transport par voie ferrée 5 station du chemin de fer 6 tarif ferroviaire 7 wagon (od. voiture) de chemin de fer

Elektronenrechner *m*

ordinateur *m*

Empfang *m* (s.a. Erhalt) 1 –**sanzeige** 2 wir bieten Ihnen verbindlich zur Lieferung in 30 Tagen nach ~ des **Auftrages** an 3 bar **bei** ~ 4 –**sbescheinigung** über DM 180,— 5 wir **bestätigen** mit Dank den ~ Ihres Briefes 6 eine –**sbestätigung** über DM 200,— unterschreiben 7 **Bord**–schein 8 –**shafen** 9 der ~ unseres Vertreters war **herzlich** 10 sofort **nach** ~ Ihres Schreibens 11 die Waren in ~ **nehmen** 12 –**sschein** 13 –**stag** des Ministeriums ist jeder Mittwoch 14 ~ der **Ware**

1 avis (od. accusé) de réception 2 nous vous offrons à titre ferme pour livraison dans les 30 jours après réception de la commande 3 comptant à la réception 4 accusé de réception (od. quittance) de DM 180,— 5 nous avons l'honneur de vous accuser (od. confirmer la) réception de votre lettre et vous en remercions 6 signer un reçu pour un montant de DM 200,— 7 reçu de bord (od. avis de transport, déclaration de chargement) 8 port destinataire (od. d'arrivé) 9 notre représentant a été cordialement reçu 10 dès la réception de votre lettre 11 prendre livraison (od. réception) des marchandises 12 reçu (od. avis de réception, acquit, quittance) 13 le ministère est ouvert au public tous les mercredis 14 réception de la marchandise

Empfangen (s.a. Bekommen, Erhalten) 1 mit **Dank** haben wir Ihr Schreiben ~ 2 Konnossement „~ zur **Verschiffung**"

1 nous venons de recevoir votre lettre et nous vous en remercions 2 connaissement «reçu pour embarquement»

Empfänger *m* 1 Sie müssen als ~ unsere

1 vous devez indiquer notre firme comme

Firma **anführen** 2 die Sendung ist dem ~ noch nicht **ausgehändigt** worden 3 vom ~ zu zahlende **Kosten** sind vom Absender zu bezeichnen 4 zu **Lasten** des –s 5 das **Porto** wird beim ~ erhoben
Empfehlen, 1 wir wurden **an** Sie von der Firma Graphit A.G. empfohlen 2 Herrn Schwarz als tüchtigen **Arbeiter** ~ 3 wir ~ die Erledigung dieser Bestellung Ihrer besonderen **Aufmerksamkeit** 4 wir ~ diese **Ausführung** der Maschine für den verlangten Zweck 5 es wurde uns **empfohlen** 6 wir werden Ihr Ansuchen zur günstigen **Erledigung** ~ 7 ~ Sie uns gefälligst eine geeignete **Firma**
Empfehlung f 1 falls unsere –en in dieser Form **akzeptiert** werden 2 **auf** ~ unseres Vertreters wenden wir uns an Sie 3 wir **berufen** uns auf die ~ des Herrn Petersen 4 mit **bester** ~ verbleiben wir 5 –sbrief 6 **unverbindliche** ~ 7 **warme** ~

destinataire 2 l'envoi n'a pas encore été remis (od. livré, délivré) au destinataire 3 les frais payables par le destinataire doivent être indiqués par l'expéditeur 4 à charge du destinataire 5 le port est à payer (od. payable) par le destinataire
1 nous vous avons été recommandés par la firme Graphit A.G. 2 recommander M. Schwarz comme travailleur capable 3 nous recommandons l'exécution de cette commande à votre attention particulière 4 nous recommandons ce type de machine pour le but indiqué 5 il nous a été recommandé 6 nous appuierons votre requête en vue d'un règlement favorable 7 veuillez nous recommander une firme convenable (od. qualifiée)
1 au cas où nos recommandations seraient acceptées sous cette forme 2 sur recommandation de notre représentant, nous nous adressons à vous 3 nous nous référons à la recommandation de M. Petersen 4 veuillez agréer nos salutations distinguées 5 lettre de recommandation; lettre d'introduction 6 recommandation sans engagement 7 recommandation chaleureuse

Ende n 1 **Endabrechnung** 2 die Ware ~ **April** liefern 3 **Endbericht** 4 **Endbetrag** 5 am ~ des **Briefes** 6 um diese schleppende Angelegenheit zu ~ zu bringen 7 wir sind auf das Endergebnis gespannt 8 die Liquidation zu ~ **führen** 9 die Saison **geht** ihrem ~ zu 10 **letzten** –s 11 zum ~ eines jeden **Monats** 12 Endresultat 13 **spätestens** bis ~ dieses Jahres/dieser Woche 14 **Endverbraucher**

1 compte final 2 livrer la marchandise fin avril 3 rapport final 4 montant final 5 en fin de lettre 6 pour mettre fin à (od. terminer) cette affaire qui traîne 7 nous sommes curieux de connaître le résultat final 8 mener la liquidation à bonne fin 9 la saison touche à sa fin 10 en fin de compte; après tout 11 à la fin de chaque mois 12 résultat final 13 au plus tard à la fin de l'année/de la semaine 14 consommateur final (od. dernier consommateur)

Enden, die **Frist** endet am 3. August
Endgültig, 1 die Bank hat sich noch nicht ~ **geäußert** 2 ~ **entscheiden** 3 das ist unser –er **Standpunkt**
Endlich, Ihre Erklärung haben wir ~ **erhalten**
Eng, 1 mit der Fabrik in –en **Beziehungen** stehen 2 –er **Mitarbeiter** 3 in –er **Zusammenarbeit** mit Ihnen
Engpaß m es **handelt** sich um einen ~ bei der Lieferung dieses Warensortiments
Entbehren, wir können die **Unterlagen** für die Erzeugung nicht länger ~

le délai expire le 3 août
1 la banque ne s'est pas encore prononcée définitivement 2 décider définitivement 3 c'est notre point de vue définitif
nous avons enfin reçu votre déclaration (od. explication)
1 être en relations étroites avec l'usine 2 proche collaborateur 3 en collaboration étroite avec vous
il s'agit d'une impasse dans la livraison de cet assortiment
nous ne saurions plus nous passer des documents (od. de la documentation) pour la production

Entfallen, 1 auf ein **Bündel** ~ (ungefähr) 30 Stück 2 auf jeden **Gesellschafter** entfällt ein Viertel
Entfalten (s.a. Entwickeln) der Vertreter entfaltet keine genügende **Tätigkeit**

1 il y a (environ) 30 pièces par paquet 2 chaque partenaire reçoit un quart

le représentant déploie une activité insuffisante (od. n'est pas assez actif)

Entfaltung *f* (s.a. Entwicklung) **Plan** der ~ der Volkswirtschaft
plan de développement de l'économie nationale

Entfernung *f* 1 kürzeste ~ 2 **wirkliche** ~
1 distance la plus courte 2 distance réelle

Entgegengesetzt (s.a. Gegenteilig) 1 **–er Einfluß** 2 im **–en Fall** 3 **–e Informationen** 4 **–e Meinung**
1 influence contraire 2 dans le cas contraire 3 informations contradictoires 4 opinion contradictoire (od. opposée)

Entgegenkommen *n* 1 man ist uns mit nicht alltäglicher **Bereitwilligkeit** entgegengekommen 2 wir waren bemüht, Ihnen in jeder **Beziehung** entgegenzukommen 3 haben Sie im voraus vielen **Dank** für Ihr ~ 4 wir würden Ihnen sehr **gern** ~, aber ... 5 **um** Ihnen entgegenzukommen 6 wir sind Ihnen für Ihr ~ sehr **verbunden** 7 wir würden Ihrem **Wunsche** gerne ~
1 on est venu au-devant de nos désirs avec une extrême obligeance (od. complaisance peu ordinaire) 2 nous avons tout fait pour vous être agréable à tous égards 3 nous vous remercions d'avance de votre obligeance 4 nous serions très heureux de vous satisfaire, mais ... 5 pour vous être agréable 6 nous vous sommes très obligés de votre complaisance (od. prévenance) 7 nous aimerions pouvoir satisfaire (od. répondre à) votre désir

Entgegennehmen (s.a. Annehmen) wir sind zur Zeit mit Aufträgen so überhäuft, daß wir keine weiteren **Bestellungen** ~ können
nous sommes maintenant tellement surchargés de commandes qu'il ne nous est pas possible d'en accepter d'autres

Entgegensehen, 1 wir sehen Ihren weiteren **Weisungen** entgegen 2 mit Besorgnis der **Zukunft** ~
1 nous attendons vos nouvelles instructions 2 considérer l'avenir avec appréhension

Entgehen, 1 ein vorteilhaftes **Angebot** ~ lassen 2 es dürfte Ihrer **Aufmerksamkeit** entgangen sein, daß ... 3 damit uns dieses **Geschäft** nicht entgeht 4 wahrscheinlich ist Ihnen dieser **Posten** bei der Durchsicht entgangen
1 laisser échapper une offre avantageuse 2 il aura sans doute échappé à votre attention que ... 3 pour ne pas manquer (od. rater) cette affaire 4 cet article aura probablement échappé à votre examen

Enthalten, 1 die Kisten enthielten **angeblich** Taschentücher 2 Ihr **Angebot** muß Verpackung und Lieferung F.O.B. ~ 3 jedes Paket muß die **Packliste** ~ 4 die Liefer- und Zahlungsbedingungen sind in der **Preisliste** ~ 5 sich des **Urteils** ~
1 les caisses contenaient soi-disant des mouchoirs 2 votre offre devra comprendre l'emballage et la livraison F.O.B. 3 chaque colis devra comprendre une liste de son contenu 4 les conditions de livraison et de paiement figurent dans le prix-courant (od. la liste des prix) 5 s'abstenir d'émettre une opinion

Entheben, 1 wir können Sie nicht der **Verantwortung** für diesen Schaden ~ 2 das Einzige, was Sie der **Verpflichtung** ~ kann, ist ...
1 nous ne pouvons vous dégager de la responsabilité pour ce dommage 2 la seule chose qui puisse vous décharger de l'obligation est ...

Entlade–, 1 **–frist** 2 **–gebühr**
1 délai de déchargement 2 droits de déchargement

Entladen (s.a. Ausladen) die Kiste wurde in beschädigtem **Zustand** ~
la caisse était endommagée lors du déchargement

Entladung *f* (s.a. Ausladen) die ~ **schreitet** rasch fort
le déchargement avance rapidement

Entlassen, wir haben zwei Arbeiter ~
nous avons licencié (od. congédié) deux travailleurs

Entleihen, wir müssen einen erheblichen Teil des **Kapitals** ~
nous sommes obligés d'emprunter une partie considérable du capital

Entlohnung *f* (s.a. Belohnung) ~ für die **Arbeit**
rémunération (od. rétribution) du travail

Entnahme *f* 1 ~ aus **Akkreditiv** 2 bei ~ einer größeren **Menge** der Ware 3 die **Muster–** wird in unserem Betrieb erfolgen
1 retrait sur accréditif 2 en prenant une quantité plus importante de la marchandise 3 les échantillons seront prélevés dans notre entreprise

Entnehmen, 1 Ihrer **Nachricht** ~ wir, daß ... 2 diese Zahlen sind der **Statistik** entnommen

Entrichten, 1 **Antidumpingzoll** ~ 2 die **Gebühr** ~

Entschädigen, 1 wir werden Sie baldigst **durch** unsere Bestellungen bei Ihnen ~ 2 den Kunden in vollem **Umfang** ~

Entschädigung *f* (s.a. Abfindung) 1 **Anspruch auf** ~ erheben 2 die Höhe der ~ **entspricht** dem Ausmaß des Schadens 3 eine ~ können Sie von der Eisenbahnverwaltung **erhalten** 4 eine einmalige ~ für den erlittenen Schaden in der Höhe von DM 500,— **erhalten** 5 die ~ **für** die beschädigten Waren 6 die –**sklage** einreichen 7 **Versicherungs-**

Entscheiden (s.a. Entschließen) 1 über die **Angelegenheit** ist noch nicht entschieden worden 2 über ... **endgültig** ~ 3 je nach der Ausführung, **für** die Sie sich ~ 4 alle Streitigkeiten aus diesem Vertrage werden mit endgültiger Wirkung vom **Schiedsgericht** entschieden werden 5 wir bitten Sie, sich **so bald wie möglich** zu ~ 6 der **Streit** wurde zu Ihren Gunsten entschieden 7 wir werden sie **veranlassen,** sich zu ~

Entscheidend, –er Faktor

Entscheidung *f* (s.a. Entschluß) 1 die ~ kann nicht nach Belieben **geändert** werden 2 wir verlangen die **Aufhebung** der ~ 3 die ~ **begründen** 4 bei der ~ auch den Preis **berücksichtigen** 5 gegen die ~ gibt es keine **Berufung** 6 die Angelegenheit zur endgültigen ~ **bringen** 7 die ~ fiel unter dem **Einfluß** der Ereignisse 8 **endgültige** ~ 9 wir **erwarten** Ihre ~ betreffs des Preises 10 **Freiheit** in der ~ 11 die ~ **hängt** von der Lizenzerteilung ab 12 **harte** ~ 13 wir **kamen** zu der ~ 14 die ~ binnen drei Tagen dem Kunden **mitteilen** 15 eine ~ **treffen** 16 wir **überlassen** die ~ Ihnen 17 verlangen Sie die **Überprüfung** der ~ 18 wir **verlegen** die ~ bis zum Erhalt Ihrer Äußerung 19 **vollstreckbare** ~ 20 die Angelegenheit zur ~ **vorlegen** 21 etwaige Streitfälle werden dem Schiedsgericht zur endgültigen ~ **vorgelegt** werden

Entschieden, 1 –e **Ablehnung/Abweisung** 2 –e **Antwort**

Entschließen (s.a. Entscheiden) wir haben uns entschlossen, Ihnen 10% **Nachlaß** zu gewähren

1 de votre message nous relevons que ... 2 ces chiffres sont tirés de la statistique

1 payer le droit anti-dumping 2 payer la taxe (od. redevance)

1 nous vous dédommagerons bientôt en vous passant des commandes 2 dédommager (od. indemniser) le client entièrement

1 faire valoir un droit à indemnisation 2 le montant de l'indemnité correspond à l'étendue du dommage 3 vous pouvez vous faire indemniser par l'administration des chemins de fer 4 recevoir une indemnité forfaitaire de DM 500,— 5 l'indemnité pour les marchandises détériorées 6 introduire la demande d'indemnisation 7 indemnité d'assurance

1 cette affaire n'a pas encore été décidée (od. tranchée) 2 décider définitivement de ... 3 selon que vous choisirez l'une ou l'autre exécution 4 tout litige pouvant naître du présent contrat sera définitivement jugé par arbitrage 5 nous vous prions de prendre une décision dans les plus brefs délais 6 le litige a été tranché en votre faveur 7 nous les amènerons à se décider

facteur décisif (od. déterminant)

1 la décision ne peut être modifiée à volonté 2 nous demandons l'annulation de la décision 3 motiver la décision 4 tenir également compte du prix dans la décision 5 la décision est sans appel 6 faire trancher l'affaire de manière définitive 7 la décision a été prise sous l'influence des événements 8 décision irrévocable (od. sans recours) 9 nous attendons votre décision relative au prix 10 liberté de décision 11 la décision dépend de l'octroi de la licence 12 décision sévère 13 nous sommes parvenus à la décision 14 informer le client de la décision dans les trois jours 15 prendre (od. rendre) une décision 16 nous vous laissons le soin de décider 17 veuillez demander la révision de la décision 18 nous renvoyons la décision jusqu'à réception de votre avis 19 décision exécutoire 20 soumettre l'affaire pour décision 21 tout litige éventuel sera soumis au tribunal arbitral qui statuera sans appel

1 refus catégorique 2 réponse catégorique

nous avons décidé de vous accorder 10 % de remise (od. rabais)

Entschluß — Entsprechen

Entschluß *m* (s.a. Entscheidung) 1 fester ~ 2 überstürzter ~ 3 der Kunde hat seinen ~ **widerrufen** 4 lassen Sie uns Ihren ~ unverzüglich **wissen**
Entschlüsseln, ein **Telegramm** ~
Entschuldigen, 1 ~ Sie freundlichst diesen **Fehler**, der durch ein bloßes Versehen entstanden ist 2 den **Irrtum** in der Kalkulation ~ 3 wir ~ uns wegen der Ihnen verursachten **Schwierigkeiten** 4 wir bitten Sie, unser **Versehen** gefälligst zu ~ 5 ~ Sie bitte diesen unangenehmen **Vorfall**
Entschuldigung *f* 1 wir hoffen, daß Sie unsere ~ wegen verspäteter Absendung **annehmen** werden 2 wir können uns mit der ~ nicht **begnügen** 3 wir bitten deswegen um ~ 4 zu unserer ~ **führen** wir **an**, daß ... 5 diese ~ lassen wir nicht **gelten**
Entsenden, sie entsandten eine **Delegation** zu einem Freundschaftsbesuch nach Brasilien
Entsendung *f* die **Kosten** für die ~ eines Monteurs gehen zu Ihren Lasten
Entsprechen, 1 am besten entspricht die **Alternative** Nr. 2 2 die **Analyse** des gelieferten Materials entspricht nicht der vereinbarten Qualität 3 aus den Mustern können Sie ersehen, daß die Ausführung der ... Ihren **Anforderungen** entspricht 4 teilen Sie uns bitte mit, ob Ihnen unser **Angebot** entspricht 5 diese Waren ~ unseren **Ansprüchen** 6 wir bedauern, daß wir Ihrem **Auftrage** nicht ~ können 7 die **Ausführung** von ... entspricht nicht ... 8 ihr Angebot entspricht unseren **Bedürfnissen** am besten 9 der **Beschwerde** des Kunden voll oder teilweise ~ 10 die Ware entspricht ihrer **Bestimmung** 11 wir bestätigen, daß die berechneten Preise unseren **Büchern** ~ 12 die Höhe der **Entschädigung** entspricht dem Ausmaß des Schadens 13 das ermöglicht uns, allen Ihren **Forderungen** zu ~ 14 wir glauben, daß dieser Vertrag den **Interessen** Ihrer Firma entspricht 15 diese **Lösung** entspricht bei weitem nicht 16 die vorgelegten **Muster** ~ unseren Ansprüchen qualitativ, nicht aber hinsichtlich der Farbe 17 Ihre **Preise** ~ uns im großen und ganzen 18 die **Preise** ~ den Weltmarktpreisen 19 der **Vorschlag** entspricht nicht genau dem, was wir benötigen 20 die Waren müssen in jeder Hinsicht den Zoll- und anderen **Vorschriften** ~ 21 diese Angaben

1 ferme décision (od. résolution) 2 décision précipitée 3 le client a révoqué sa décision 4 faites-nous connaître votre décision sans retard
décoder (od. déchiffrer) un télégramme
1 veuillez excuser cette erreur qui est due à une simple inattention 2 veuillez excuser l'erreur de calcul 3 nous nous excusons des difficultés que nous vous avons occasionnées 4 nous vous prions de bien vouloir excuser notre inattention 5 veuillez excuser ce fâcheux incident

1 nous espérons que vous voudrez bien accepter nos excuses pour l'expédition tardive 2 nous ne pouvons nous contenter de l'excuse 3 nous nous en excusons 4 à (od. pour) notre excuse, nous nous permettons de vous dire que ... 5 à nos yeux, cette excuse n'est pas valable

ils ont envoyé une délégation en visite amicale au Brésil

les frais pour le déplacement d'un monteur sont à votre charge
1 c'est la variante n° 2 qui convient le mieux 2 à l'analyse, le matériel livré ne correspond pas à la qualité convenue 3 les échantillons vous permettront de constater que l'exécution de ... répond à vos exigences 4 veuillez nous faire savoir si notre offre répond à votre attente 5 ces marchandises répondent à nos désirs 6 nous regrettons de ne pouvoir donner suite à votre ordre 7 l'exécution de ... ne correspond pas ... 8 c'est leur offre qui répond le mieux à nos besoins 9 donner entièrement ou partiellement satisfaction à la réclamation du client 10 la marchandise répond à son usage 11 nous certifions que les prix calculés (od. facturés) correspondent aux écritures de nos livres 12 le montant de l'indemnité correspond à l'importance du dommage 13 ceci nous permet de satisfaire toutes vos exigences 14 nous croyons que le contrat répond aux intérêts de votre maison 15 cette solution est loin d'être satisfaisante 16 les échantillons soumis (od. présentés) répondent qualitativement à nos désirs, mais non en ce qui concerne la teinte (od. couleur) 17 vos prix nous conviennent dans l'ensemble 18 les prix correspondent à ceux du marché mondial 19 l'offre ne répond pas exactement à ce qu'il nous faut 20 les marchandises doivent répondre en tout point aux prescriptions douanières et

~ der **Wahrheit** 22 den **Weisungen** ~ 23 wir werden gerne Ihrem **Wunsche** ~ 24 die Waren ~ ihrem **Zweck**

Entsprechend, 1 Ihrem **Auftrage** ~ 2 –e **Bedingungen** 3 –e **Belohnung** 4 es wird ein –er **Eingriff** gemacht 5 –er **Ersatz** 6 die Einreicher-Bank ~ **verständigen**

Entstehen, 1 Ihr Provisions**anspruch** entsteht in dem Augenblick, wo ... 2 es sind uns neue **Aufgaben** entstanden 3 infolge fehlerhafter Deklaration sind uns **Auslagen** in der Höhe von DM 86,— entstanden 4 wenn auch die **Beschädigung** während des Transportes entstand ... 5 der **Fehler** entstand dadurch, daß ... 6 es könnten ernste **Folgen** ~ 7 das **Mißverständnis** entstand offenbar dadurch, daß ... 8 lassen Sie den entstandenen **Schaden** aufnehmen 9 damit keine **Schwierigkeiten** ~ 10 dadurch entstand eine neue **Situation**

Entwerfen, einen **Vertrag** ~

Entwertung *f* (s.a. Abwertung) ~ des Pfund Sterling

Entwickeln, 1 der **Handel** entwickelt sich gut 2 der Vertreter entwickelt **Initiative** 3 weniger entwickelte **Länder** 4 es wurde ein neues **Modell** dieser Maschine entwickelt 5 eine intensive **Tätigkeit** ~ 6 die geschäftlichen **Verhandlungen** ~ sich zufriedenstellend

Entwicklung *f* (s.a. Entfaltung) 1 die ~ unserer gegenseitigen **Beziehungen** schreitet erfolgreich fort 2 –s**förderung** 3 –s**gebiet** 4 die **künftige** ~ wird zeigen ... 5 –s**land** 6 wir erwarten eine günstige **Markt**– 7 die ~ eines neuen **Modells** vorbereiten 8 die **Preis**– 9 Durchführung des wirtschaftlichen –**programms** 10 wirtschaftliche und **technische** ~ 11 die ~ des Marktes weit **voraussehen** 12 **voraussichtliche** ~ 13 die Ziele dieses Abkommens durch eine fortschreitende ~ der **Wirtschaft** erreichen

Entwurf *m* 1 wir lassen den Vertrags**abfassen** 2 **architektonischer** ~ 3 **graphischer** ~ 4 **Reklame**– 5 den ~ zur Annahme **vorlegen** 6 es wurde eine Belohnung für einen **Werbe**– ausgeschrieben

autres règlements 21 ces indications sont exactes 22 suivre les instructions 23 nous répondrons volontiers à votre désir 24 les marchandises répondent à l'usage prévu

1 conformément à votre commande 2 conditions satisfaisantes 3 récompense adéquate 4 la mesure nécessaire sera prise 5 compensation convenable (od. adéquate) 6 prévenir l'établissement bancaire en conséquence

1 votre droit à une commission naît au moment où ... 2 de nouvelles tâches nous attendent 3 par suite d'une déclaration erronée, des dépenses s'élevant à DM 86,— nous ont été occasionnées 4 bien que le dommage ait été occasionné durant le transport ... 5 l'erreur est due au fait que ... 6 des conséquences sérieuses pourraient s'ensuivre 7 le malentendu est probablement dû au fait que ... 8 veuillez faire constater le dommage occasionné 9 afin d'éviter des difficultés 10 il en est résulté une nouvelle situation

rédiger un contrat

dévaluation de la livre sterling

1 le commerce se développe favorablement 2 le représentant fait preuve d'initiative 3 des pays moins développés 4 on vient de mettre au point un nouveau modèle de cette machine 5 déployer une activité intense 6 les négociations commerciales progressent de manière satisfaisante

1 nos relations réciproques continuent de se développer favorablement 2 aide au développement 3 région en voie de développement 4 le développement futur démontrera ... 5 pays en voie de développement 6 nous nous attendons à une évolution favorable du marché 7 préparer le développement d'un nouveau modèle 8 l'évolution des prix 9 réalisation du programme d'expansion économique 10 développement économique et technique 11 prévoir l'évolution du marché pour une longue période 12 développement probable 13 atteindre les objectifs de cet accord par un développement progressif de l'économie

1 nous ferons rédiger le projet de contrat 2 projet d'architecte 3 dessin graphique 4 projet (od. dessin) publicitaire 5 soumettre le projet à l'approbation 6 une prime a été offerte pour un projet publicitaire

Entziehen — Erfolglos

Entziehen, 1 diese **Angelegenheit** entzieht sich unserem Einfluß 2 Sie können sich nicht der **Verantwortung** für den Schaden ~

Entziffern, wir können die **Unterschrift** nicht ~

Entzündbar, leicht –e Güter

Erachten, wir ~ es als unsere **Pflicht**

Erbitten (s.a. Bitten, Ersuchen) 1 wir ~ sofortige **Beantwortung** unseres Briefes 2 wir haben über ... nähere **Informationen** erbeten

Erbringen, den **Wahrheitsbeweis** ~

Ereignis *n* (s.a. Begebenheit) 1 sofern nicht unerwartete –se **eintreten** 2 **unbedeutendes** 3 voraussichtlicher **Verlauf** der –se 4 dieses bedauerliche ~ verursachte, daß ...

Erfahren, 1 der Vorschlag erfuhr bereits einige **Änderungen** 2 die Preise ~ eine **Änderung** 3 mit **Bedauern** erfuhren wir, daß ... 4 aus Ihrem **Briefe** ~ wir, daß ... 5 weitere **Einzelheiten** ~ Sie bei dem Spediteur 6 zu unserer **Freude** erfuhren wir 7 durch **Vermittlung** der hiesigen Handelskammer erfuhren wir, daß ...

Erfahrung *f* 1 wir würden einen –saustausch auf diesem Gebiete begrüßen 2 wir möchten gern alles in ~ **bringen** 3 wertvolle –en

Erfassen, 1 wir müssen den richtigen **Augenblick** für unseren Einkauf ~ 2 wir müssen mit diesem Schreiben alle **Interessenten** ~

Erfindung *f* –sschutz

Erfolg *m* 1 **allgemeiner** ~ 2 wir haben geringe **Aussichten** auf ~ 3 wir **beglückwünschen** Sie zu Ihrem ~ 4 **durchschlagender** ~ 5 in den Verhandlungen wurde ein bedeutender ~ **erzielt** 6 das wird **garantiert** ~ haben 7 wir sind uns des –es **gewiß** 8 wir dürfen auf den ~ dieser Verkaufsaktion **hoffen** 9 **mit** ~ 10 **riesiger** ~ 11 **überraschender** ~ 12 **verdienter** ~ 13 des großen –es **wegen** wird die Ausstellung verlängert

Erfolgen, 1 nach erfolgter **Bezahlung** 2 die **Lieferung** erfolgt durch Teilsendungen 3 **Zahlung** wird wie üblich ~

Erfolglos, die **Interventionen** waren bisher ~

1 nous n'avons aucune influence sur cette affaire 2 vous ne sauriez vous dégager de la responsabilité pour le dommage

il nous est impossible de déchiffrer la signature

matières inflammables

nous considérons comme notre devoir de ...

1 nous vous prions de vouloir répondre à notre lettre par retour du courrier 2 nous avons demandé des précisions sur ...

prouver (od. faire la preuve de) la véracité

1 à moins d'événements inattendus 2 petit incident 3 déroulement probable des événements 4 cet incident regrettable a eu pour conséquence que ...

1 la proposition a déjà subi quelques modifications 2 les prix subissent une modification 3 nous avons appris avec regret que ... 4 nous apprenons par votre lettre que ... 5 pour d'autres détails, veuillez vous adresser au commissionnaire de transport 6 nous avons été heureux d'apprendre 7 nous avons appris par l'intermédiaire de la chambre de commerce locale que ...

1 un échange d'expériences dans ce domaine nous ferait plaisir 2 nous aimerions connaître tous les détails 3 expériences précieuses

1 nous devons saisir le bon moment (od. la bonne occasion) pour notre achat 2 par cette lettre nous devons toucher tous les intéressés

protection d'une invention; brevet d'invention

1 succès général 2 nos chances de succès (od. de réussite) sont minimes 3 nous vous félicitons de votre succès 4 plein succès 5 les négociations ont apporté un grand succès 6 le succès en est garanti d'avance 7 nous sommes certains du succès 8 nous avons tout lieu de croire à la réussite de cette campagne de vente 9 avec succès 10 énorme succès 11 succès surprenant (od. étonnant) 12 succès mérité 13 en raison de son grand succès, la durée de l'exposition est prolongée

1 après paiement (od. règlement) 2 la livraison sera effectuée par envois partiels 3 le paiement sera effectué comme d'habitude (od. de la manière usuelle)

jusqu'à présent, les interventions n'ont pas donné de résultat

Erfolgreich f 1 die Verhandlung wurde ~ **abgeschlossen** 2 die Verhandlung zu einem –en **Ende** führen
Erforderlich (s.a. Nötig, Benötigen, Notwendig) 1 ergänzen Sie Ihr Gesuch mit den –en **Angaben** 2 –enfalls 3 das Original der Faktura ist **für** die Zollabfertigung ~ 4 wir unternehmen die –en **Schritte** 5 wir haben die –en **Vorkehrungen** getroffen 6 die Fabrik hat bereits die –en **Weisungen** erhalten
Erfordern, 1 einen Mehr**aufwand** von DM 460,— ~ 2 die Waren ~ vorsichtige **Behandlung** 3 diese Ausführung wird eine erhöhte **Sorgfalt** und Aufmerksamkeit ~
Erfreuen, 1 die angeführte Firma erfreut sich in Geschäftskreisen einer hohen **Achtung** 2 wir sind erfreut, Ihnen folgende Waren **anbieten** zu können 3 diese Muster ~ sich einer besonderen **Beliebtheit** 4 wir sind erfreut über Ihr **Interesse** an unseren Waren 5 unsere Waren ~ sich im Ausland eines guten **Rufes**

Erfüllen, 1 das **Abkommen** wird nicht ordnungsmäßig erfüllt 2 damit haben wir Ihren **Auftrag** erfüllt 3 nicht erfüllte **Aufträge** 4 wir haben sämtliche **Bedingungen** erfüllt 5 Ihre erste Lieferung hat unsere **Erwartungen** nicht erfüllt 6 vorgeschriebene **Formalitäten** ~ 7 die **Lieferung** wird planmäßig / rechtzeitig erfüllt werden 8 sie müssen ihre **Pflicht** ~ 9 der **Plan** wurde nur teilweise erfüllt 10 die Firma erfüllt ihre **Verpflichtungen** 11 die übernommenen **Verpflichtungen** ~ 12 wir bitten um Erklärung, warum der **Vertrag** nicht erfüllt wird 13 falls sich alle **Voraussetzungen** ~ 14 hoffentlich erfüllt sich unser **Wunsch**
Erfüllung f 1 wir **bestehen** auf genauer und rechtzeitiger ~ 2 **Ersatz**– 3 **nachträgliche** ~ 4 im Falle der **Nicht**– dieser Bedingungen 5 Klage wegen **Nicht**– des Kaufvertrages 6 –**sort** 7 –**stag** 8 **Teil**– 9 **Unmöglichkeit** der ~ 10 die ~ mußte **verschoben** werden

Ergänzen, 1 die **Adresse** ~ 2 wir bitten Sie, Ihr **Angebot** umgehend mit technischen Angaben zu ~ 3 die **Beschreibung** der Einrichtung ~ 4 wir ~ unser **Fernschreiben** vom 6. d. M. wie folgt

1 les négociations ont été menées à bonne fin 2 mener les négociations à bonne fin
1 veuillez compléter votre demande par les indications nécessaires 2 en cas de besoin 3 l'original de la facture est indispensable au contrôle douanier 4 nous entreprenons les démarches nécessaires 5 nous avons pris les dispositions nécessaires 6 l'usine a déjà reçu les instructions nécessaires
1 entraîner une dépense supplémentaire de DM 460,— 2 les marchandises sont à manipuler avec prudence 3 cette exécution (od. réalisation) demandera une attention particulière
1 la firme en question jouit d'une grande estime (od. bonne réputation) dans les milieux commerciaux 2 nous sommes heureux (od. nous avons l'avantage) de pouvoir vous offrir les marchandises suivantes 3 ces modèles sont particulièrement en faveur (od. en vogue) 4 nous sommes heureux de l'intérêt que rencontrent nos articles auprès de vous 5 nos marchandises jouissent d'une bonne réputation à l'étranger
1 la convention n'est pas strictement respectée 2 nous avons ainsi exécuté votre commande 3 commandes non exécutées 4 nous avons rempli toutes les conditions 5 votre premier envoi n'a pas répondu à notre attente 6 remplir les formalités prévues 7 la livraison sera terminée comme prévu / en temps voulu / 8 ils doivent faire leur devoir 9 le plan n'a été que partiellement réalisé 10 la firme fait face à ses obligations 11 s'acquitter des obligations contractées 12 veuillez nous expliquer pourquoi le contrat n'est pas exécuté 13 au cas où toutes les conditions préalables seraient remplies 14 espérons que notre désir se réalisera
1 nous insistons sur une exécution minutieuse et ponctuelle 2 règlement de dommages; (jur.) exécution de substitution 3 exécution ultérieure 4 en cas de nonobservation de ces conditions 5 action (od. plainte) pour non-exécution du contrat d'achat 6 lieu d'exécution 7 date d'exécution 8 exécution partielle 9 impossibilité d'exécution 10 l'exécution a dû être retardée

1 compléter l'adresse 2 nous vous prions de compléter votre offre de toute urgence par les données techniques 3 compléter la description de l'installation 4 nous complétons notre message télex du 6

Ergänzen — Erhalten

5 den **Vertrag** durch die Goldklausel ~

Ergänzung *f* das Angebot wurde zwecks ~ der technischen **Angaben** zurückgegeben 2 eine ~ zum Kontrakt **ausarbeiten** 3 zur ~ Ihrer **Vorräte**

Ergeben, 1 **Kosten,** die sich durch die Umdisponierung der Sendung ~, gehen zu Ihren Lasten 2 daraus ergibt sich ein gewisser **Nachteil** für Ihre Firma 3 sollten sich nachträglich irgendwelche **Schwierigkeiten** ~ 4 bei Nachprüfung unserer Eintragungen ergibt sich ein **Überschuß** in Höhe von DM 864,— 5 wir hoffen, daß sich aus unseren Verhandlungen ein besserer **Vorschlag** ~ wird 6 die jeweilige Art von Zusammenarbeit, die sich aus diesem **Vorschlage** ~ kann

Ergebnis *n* (s.a. Resultat) 1 das ~ wird sogleich nach Beendigung der Verhandlungen **bekanntgegeben** 2 der **Besuch** des Vertreters brachte gute –se 3 die –se haben **bewiesen,** daß ihre Entscheidung richtig war 4 **buchmäßiges** ~ 5 **End–** 6 wir **erhalten** ein abweichendes ~ 7 –se der **Erhebungen** 8 sie **erzielten** befriedigende -se 9 das ~ einer langjährigen **Forschung** und Erprobung 10 sollten die Verhandlungen zu keinem ~ **führen** 11 gute -se haben 12 das ~ der amtlichen **Prüfungen** wird für die Erledigung der Reklamation entscheidend sein 13 **unsicheres** ~ 14 wir erwarten das ~ der **Untersuchung** 15 die mit der Ausstellung verbundenen Kosten wären in keinem **Verhältnis** zu den –sen 16 **vorläufiges** ~ 17 **wirtschaftliches** ~

Ergreifen, 1 eine günstige **Gelegenheit** ~ 2 welche **Maßnahmen** sind zu ~?

Erhalt *m* nach ~ Ihrer **Anzeige** 2 wir verlegen unsere Entscheidung bis zum ~ Ihrer **Äußerung** 3 die Rechnung sofort nach ~ der Ware **begleichen** 4 ich **bestätige** mit Dank den ~ Ihres Angebotes 5 nach ~ Ihrer **Nachrichten** haben wir veranlaßt, daß ... 6 **Zahlung** nach ~ der Ware

Erhalten, 1 wir erhielten Ihre **Anfrage** von vorgestern hinsichtlich ... 2 falls wir bis 31. Mai keine **Antwort** ~ 3 die Bank erhielt den telegrafischen **Auftrag,** das Akkreditiv zu eröffnen 4 der Großteil der Erzeugnisse hat sich ein

courant comme suit 5 compléter le contrat par la clause or
1 l'offre a été renvoyée pour en compléter les données techniques 2 élaborer un complément de contrat 3 pour compléter vos stocks
1 les frais résultant du changement des dispositions d'envoi sont à votre charge 2 il en résulte un certain inconvénient (od. désavantage) pour votre firme 3 au cas où il en résulterait ultérieurement des difficultés quelconques 4 en vérifiant nos livres, nous constatons un excédent de DM 864,— 5 nous espérons que nos négociations aboutiront à une meilleure proposition 6 le genre de collaboration pouvant résulter de cette proposition

1 le résultat sera communiqué dès la fin des négociations 2 la visite du représentant a donné de bons résultats 3 les résultats ont prouvé que leur décision était la bonne 4 résultat comptable 5 résultat final 6 nous arrivons à un résultat différent 7 résultats des investigations 8 ils ont atteint (od. obtenu od. ils sont parvenus à) des résultats satisfaisants 9 le résultat d'années de recherches et d'essais 10 au cas où les négociations n'aboutiraient pas 11 avoir de bons résultats 12 le résultat des examens officiels sera décisif pour la suite de la réclamation 13 résultat incertain 14 nous attendons le résultat de l'enquête 15 les dépenses qu'entraînerait l'exposition ne seraient en aucun rapport avec le résultat 16 résultat provisoire 17 résultat économique

1 saisir une occasion favorable (od. opportune) 2 quelles sont les mesures à prendre?
1 après réception de votre avis 2 nous différons notre décision jusqu'à réception de votre avis 3 régler la facture dès la réception de la marchandise 4 je confirme (od. j'accuse) la réception de votre offre et vous en remercie 5 dès réception de vos informations, nous avons fait le nécessaire pour que ... 6 paiement après réception de la marchandise

1 nous avons bien reçu votre demande d'avant-hier concernant ... 2 au cas où nous n'aurions pas reçu de réponse à la date du 31 mai 3 la banque a reçu l'ordre télégraphique d'ouvrir l'accréditif 4 la majeure partie des produits a

unversehrtes **Aussehen** ~ 5 bisher haben wir keine einzige **Beschwerde** dieser Art ~ 6 wir erhielten Ihren **Brief** 7 eine **Einfuhrbewilligung** ~ 8 eine **Entschädigung** können Sie von der Eisenbahn ~ 9 wir ~ ein abweichendes **Ergebnis** 10 **Ersatz** für die beschädigten Waren ~ 11 sich den **Kunden** ~ 12 Sie ~ von uns bald **Nachricht** über diese Angelegenheit 13 ... **rechtzeitig / in Ordnung** ~ 14 unsere Erzeugnisse sind zu den ursprünglichen **Preisen** zu ~ 15 wir müssen uns das **Recht** auf Regreß ~ 16 wir hoffen, daß Sie uns auch in Zukunft Ihr bisheriges **Vertrauen** ~ werden 17 die **Zahlung** ~ 18 die Maschinen wurden in gutem **Zustand** ~

Erhältlich, dieser **Artikel** ist schon einige Jahre lang ~
Erhaltung *f* 1 wir halten unsere freundschaftlichen **Beziehungen** hoch und werden zu Ihrer ~ alles tun, was in unseren Kräften steht 2 zur Erreichung und ~ der produktiven **Vollbeschäftigung**
Erheben, 1 inländische **Abgaben** von eingeführten Waren ~ 2 wir wissen nicht, ob noch weitere **Ansprüche** auf Entschädigung erhoben werden 3 wir müssen **Beschwerde** beim Ministerium ~ 4 ~ Sie sofort **Einspruch** 5 dieser Kunde erhebt **Einwände** gegen die Qualität 6 die **Fracht** wird von Empfänger erhoben 7 eine **Klage** gegen die Firma W.I.S.O. Ltd. wegen Nichteinhaltung des Vertrages ~ 8 wir müssen gegen eine solche Handlungsweise entschieden **Protest** ~ 9 die **Reklamation** wurde nach Verstreichen der Garantiefrist erhoben 10 der **Zoll** wird nach dem Preis dieser Ware erhoben
Erhebung *f* (s.a. Untersuchung)
alle Stichworte unter Untersuchung
Erhöhen, 1 wir erwarten einen erhöhten **Auftragseingang** 2 den **Betrag** des Akkreditivs um DM 1.400,— auf DM 16.200,— ~ 3 obleich die Kapazität auf das **Maximum** erhöht wurde ... 4 einen um 8% erhöhten **Preis** berechnen
Erhöhung *f* (s.a. Steigerung, Vergrößerung) 1 **Gefahr**– 2 die ~ der **Lebenshaltungskosten** aufhalten 3 einen Teil der **Lohn**–en auffangen 4 wir **planen** für das nächste Jahr eine ~ der Ausfuhr von Maschinen 5 **Politik** zur ~ des Lebensstandards 6 allgemein wird

conservé un aspect intact 5 jusqu'à présent, nous n'avons reçu aucune réclamation de ce genre 6 nous sommes en possession de votre lettre 7 obtenir une autorisation d'importation 8 vous pouvez vous faire indemniser par les chemins de fer 9 nous arrivons à un résultat différent 10 recevoir une compensation pour les marchandises détériorées (od. avariées) 11 conserver le client 12 vous recevrez bientôt de nos nouvelles au sujet de cette affaire 13 recevoir en temps voulu/en bon ordre 14 nos produits sont disponibles aux anciens prix 15 nous devons nous réserver le droit de recours 16 nous espérons que vous continuerez à nous faire confiance 17 recevoir le paiement 18 les machines ont été maintenues en bon état
cet article est déjà en vente depuis quelques années
1 nous apprécions considérablement nos relations amicales et nous ferons de notre mieux pour vous maintenir à l'avenir 2 pour atteindre et maintenir à l'avenir le plein emploi productif
1 percevoir des taxes internes sur les marchandises importées 2 nous ignorons s'il y a encore d'autres demandes de dédommagement 3 nous devons introduire une réclamation auprès du ministère 4 veuillez former immédiatement opposition 5 ce client critique la qualité 6 fret payable par le destinataire 7 intenter une action contre la firme W.I.S.O. Ltd. pour non-observation du contrat 8 nous sommes obligés de protester énergiquement contre cette façon d'agir 9 la réclamation a été introduite après l'expiration du délai de garantie 10 le droit de douane variera selon le prix de cette marchandise

1 nous nous attendons à recevoir un nombre plus élevé de commandes 2 majorer le montant de l'accréditif de DM 1.400,— et le porter à DM 16.200,— 3 bien que la capacité ait été portée à son maximum ... 4 facturer un prix de 8% plus élevé
1 aggravation de risque 2 maîtriser la hausse du coût de la vie 3 éponger une partie de la hausse des salaires 4 nous nous proposons d'augmenter l'exportation de machines l'année prochaine 5 la politique d'élévation du niveau de vie 6 une augmentation des prix est géné-

Erhöhung — Erlangen

eine **Preis**– erwartet 7 **Tarif**– 8 wir **veranlassen** sofort die ~ des Akkreditives um DM 1.200,— auf einen Betrag von DM 7.200,— 9 wir lehnen es ab, der ~ **zuzustimmen**

Erinnern, 1 den Kunden an die **Fälligkeit** der Rechnung ~ 2 wir ~ uns genau an das **Gespräch** mit Ihnen 3 er erinnert sich seines **Versprechens**

Erinnerung *f* (s.a. Bemerkung) 1 alle –en **berücksichtigen** 2 wir müssen Ihnen wohl nicht in ~ **bringen,** daß ... 3 –**sgegenstand**

Erkennbar, äußerlich –e **Beschädigung**

Erkennen, 1 den **Kunden** für den Betrag von DM 150,— ~ 2 der **Unterschied** kann mit bloßem Auge nicht erkannt werden

Erkenntnis *f* 1 wir sind zu folgender ~ **gelangt** 2 wir haben neue –se über die Erzeugung **gewonnen**

Erklären, 1 wir ~, daß die obigen **Angaben** zu Punkt I und II richtig und vollständig sind 2 unter **Eid** ~ 3 wir ~ **eidesstattlich,** daß ... 4 sie haben sich **fernmündlich** einverstanden erklärt 5 er lehnt es ab zu ~, welche **Gründe** ihn dazu geführt hatten ... 6 die Vereinbarung wurde für **ungültig** erklärt 7 wir ~ unter voller **Verantwortung,** daß ... 8 wir können uns Ihr **Verhalten** nicht ~ 9 ~ Sie uns bitte, **wie** ...

Erklärung *f* 1 eine ~ **abgeben** 2 wenn diese **Annahme**– nicht spätestens innerhalb einer Woche nach Fristablauf beim Verkäufer eingeht 3 die ~ ist **ausreichend** 4 **authentische** ~ 5 wir werden Ihre –en in dieser Angelegenheit **begrüßen** 6 **Devisen**– 7 eine **eidliche** ~ über ... 8 die ~ zur **Abfertigung** der zollfreien Ware **einreichen** 9 laut ~ des **Gerichtssachverständigen** 10 **Postzoll**– 11 **verbindliche** ~ 12 die **Zoll**– 13 **Zollinhalts**– ausfüllen

Erkundigen (s.a. Fragen, Befragen, Informieren) 1 die Waren, **nach** denen Sie sich ~ 2 wir ~ uns **über** den Preis der Waren

Erlangen, die **Einfuhrbewilligung** für die laufenden Aufträge ~

ralement attendue 7 hausse des tarifs 8 nous ferons immédiatement le nécessaire pour majorer l'accréditif de DM 1.200,— et le porter à DM 7.200,— 9 nous nous opposons à la majoration

1 rappeler au client l'échéance de la facture 2 nous nous souvenons bien de la conversation que nous avons eu avec vous 3 il se souvient de sa promesse

1 tenir compte de tous les rappels (od. toutes les observations) 2 il n'est sans doute pas nécessaire de vous rappeler que ... 3 souvenir

dommage apparent

1 créditer le client du montant de DM 150,— 2 la différence n'est pas visible à l'œil nu

1 nous sommes parvenus à la conclusion suivante 2 nous avons acquis de nouvelles connaissances sur la production

1 nous certifions que les indications ci-dessus concernant les points I et II sont exactes et complètes 2 déclarer sous la foi du serment 3 nous déclarons en lieu (et place) de serment 4 ils ont donné leur accord par téléphone 5 il refuse de donner les raisons qui l'y ont amené 6 la convention a été déclarée nulle 7 nous prenons toute la responsabilité de déclarer que ... 8 nous ne pouvons nous expliquer votre manière d'agir 9 veuillez nous expliquer comment ...

1 faire une déclaration 2 si cette déclaration d'acceptation n'est pas parvenue au vendeur une semaine au plus tard après l'expiration du délai 3 l'explication est suffisante 4 déclaration authentique 5 nous serons heureux de connaître vos explications (od. commentaires) concernant cette affaire 6 déclaration de devises 7 déclaration sous la foi du serment concernant ... 8 présenter la déclaration concernant les marchandises en franchise de douane 9 selon la déclaration de l'expert judiciaire 10 déclaration en douane postale 11 déclaration obligatoire 12 déclaration en douane 13 remplir la déclaration en douane du contenu

1 les marchandises au sujet desquelles vous demandes des renseignements 2 nous nous renseignons sur le prix des marchandises

obtenir l'autorisation d'importation pour les commandes en cours

Erlaß *m* mit ~ des **Ministeriums** vom 12. 4. wurde angeordnet
Erlassen, 1 nach den –en **Bestimmungen** 2 kein derartiges **Verbot** wurde ~ 3 eine **Verordnung** wurde ~

Erlauben (s.a. Gestatten) 1 hiermit ~ wir uns die **Anfrage,** ob und unter welchen Bedingungen Sie ... würden 2 wir ~ uns, Ihnen unser **Angebot** zu unterbreiten 3 wir ~ uns, Sie darauf **aufmerksam** zu machen 4 wir ~ uns, Ihnen **bekanntzugeben,** daß ... 5 wie konnten Sie es sich ~, die **Besprechung** zu stören? 6 unsere Verpflichtungen ~ uns nicht, Ihnen **entgegenzukommen** 7 wir ~ uns, Sie zu **ersuchen** 8 hiermit ~ wir uns, Sie zu **fragen,** ob ... 9 zu Ihrem Schreiben vom 3. d. M. ~ wir uns, Ihnen **mitzuteilen,** daß ...

Erlaubnis *f* 1 wir **ersuchten** Sie um die ~ 2 mit **freundlicher** ~ der Firma IBM

Erläutern (s.a. Erklären) –de Literatur
Erledigen (s.a. Durchführen) 1 Ihre **Anfrage** betreffend die Lieferfrist wird erledigt werden, sobald ... 2 diese **Angelegenheit** muß baldigst erledigt werden 3 unerledigte **Angelegenheit** 4 die Nachfrage ist so groß, daß wir außerstande sind, alle **Aufträge** zu ~ 5 solange unsere **Beschwerde** nicht erledigt ist 6 Ihren Auftrag werden wir **bevorzugt** ~ 7 die **Zollformalitäten** wird der Spediteur ~ 8 Ihr **Gesuch** wurde positiv erledigt 9 wir hoffen, daß Sie unsere Reklamation **günstig** ~ werden 10 **mündlich** ~ 11 die Bestellung **mustergültig** ~ 12 wir ~ die ankommende Post **prompt** 13 alles **pünktlich** und rechtzeitig ~ 14 wir hoffen, daß Sie den Auftrag möglichst **sorgfältig** ~ werden 15 unsere Anfrage betreffend ... ist **unerledigt** geblieben

Erledigung *f* 1 wir haben Ihren Auftrag zur ~ **abgetreten** 2 zur ~ größerer **Aufträge** benötigen wir mindestens drei Monate 3 **baldige** ~ 4 wir wären Ihnen für **baldige** ~ der Angelegenheit verbunden 5 wir danken Ihnen im voraus für die **beschleunigte** ~ 6 wir **bitten** Sie

par arrêté ministériel du 12/4 il a été ordonné
1 selon les dispositions en vigueur 2 aucune interdiction de ce genre n'a été prononcé 3 rendre une ordonnance (od. un décret)
1 par la présente, nous nous permettons de vous demander si et à quelles conditions vous pourriez ... 2 nous avons l'honneur de vous soumettre notre offre 3 nous avons l'honneur d'attirer votre attention sur le fait 4 nous avons l'honneur de vous faire savoir que ... 5 comment avez-vous osé interrompre l'entretien (od. la conversation)? 6 nos obligations ne nous permettent pas de vous faire des concessions 7 nous avons l'honneur de vous prier 8 par la présente, nous nous permettons de vous demander si ... 9 en réponse à votre estimée du 3 courant, nous avons l'honneur de vous faire savoir que ...

1 nous vous avions demandé la permission (od. l'autorisation) 2 avec l'aimable permission de la firme IBM

littérature explicative (od. descriptive)
1 il sera répondu à votre demande concernant le délai de livraison dès que ... 2 cette question (od. affaire) devra être réglée au plus tôt 3 affaire non réglée; question en suspens 4 la demande est si forte que nous nous trouvons dans l'impossibilité d'exécuter toutes les commandes 5 tant qu'il n'aura pas été donné suite a notre réclamation 6 nous exécuterons votre commande en priorité 7 le commissionnaire de transport se chargera des formalités douanières 8 il a été donné une suite favorable à votre demande; votre demande a été réglée dans un sens positif 9 nous espérons que vous donnerez une suite favorable à notre réclamation 10 régler verbalement 11 exécuter la commande d'une façon exemplaire 12 nous nous occupons promptement de notre courrier arrivé 13 régler tout ponctuellement et en temps voulu 14 nous espérons que vous veillerez à ce que notre demande soit exécutée avec le plus grand soin 15 notre demande concernant ... est restée sans suite
1 nous avons cédé votre commande en vue de l'exécution 2 pour l'exécution de commandes plus importantes, nous avons besoin de trois mois au moins 3 règlement à bref délai 4 nous vous saurions gré de vouloir régler l'affaire promptement 5 nous vous remercions

Erledigung — Ermäßigung

um freundliche ~ 7 wir werden Ihr Gesuch zur günstigen ~ **empfehlen** 8 **endgültige** ~ 9 den Brief von der Direktion zur ~ **erhalten** 10 an die ~ Ihres Auftrages werden wir **herantreten**, sobald ... 11 **in** ~ Ihres Schreibens 12 das Ministerium hat angeblich eine **positive** ~ unseres Gesuches versprochen 13 der Kunde ist sehr ungehalten wegen Ihrer **verspäteten** ~ der Korrespondenz 14 wir haben ihnen Ihren Brief zur **weiteren** ~ überreicht 15 den Brief an die zuständige Abteilung zur ~ **weiterleiten** 16 zwecks **zufriedenstellender** ~ der Angelegenheit wäre erforderlich ... 17 die ~ der Bestellung **zurückstellen**

d'avance de l'exécution accélérée **6** vous nous obligeriez en assurant le règlement **7** nous appuierons votre demande en vue d'un règlement favorable **8** règlement définitif **9** être chargé par la direction de donner suite à la lettre **10** nous commencerons l'exécution de votre demande dès que ... **11** comme suite (od. en réponse) à votre lettre **12** le ministère aurait promis une suite positive à notre requête **13** le client est très mécontent du retard avec lequel vous répondez aux lettres **14** nous leur avons remis votre lettre pour suite à donner **15** transmettre la lettre au service compétent pour suite à donner **16** pour permettre un règlement satisfaisant de l'affaire, il conviendrait de ... **17** ajourner l'exécution de la commande

Erleichtern (s.a. Ermöglichen) es würde Ihnen bestimmt die **Situation** ~
Erleichterung f 1 zur ~ der **Kontrolle** 2 **Kredit**–en
Erleiden, 1 infolge Ihrer Handlungsweise haben wir **Schaden** erlitten 2 dadurch einen großen **Verlust** ~
Erlös m 1 die Bank hat uns den ~ der Dokumente **abgerechnet** 2 **Tages**– 3 **übertragen** Sie den ~ nach Abzug Ihrer Spesen auf unser Konto 4 ~ aus dem Verkauf (in der **Versteigerung**)

Erlöschen, 1 die **Firma** ist vor zwei Jahren erloschen 2 die **Gültigkeit** der Bewilligung erlosch am 15. 3.
Ermächtigen (s.a. Bevollmächtigen) 1 wir haben Herrn Jones zum **Einkauf** von Häuten ermächtigt 2 sie sind nicht ermächtigt, über diese Angelegenheit zu **verhandeln** 3 diese Personen sind laut Handelsregister zur **Zeichnung** für die Firma ermächtigt
Ermächtigung f (s.a. Bevollmächtigung) 1 **Ankaufs**– 2 zur **Unterzeichnung** des Vertrages benötigen wir eine ~
Ermangelung f 1 in ~ von **Beweisen** wurde von der Klage Abstand genommen 2 in ~ anderer **Weisungen**
Ermäßigen, 1 zu einem ermäßigten **Preis** 2 den **Preis** etwas ~
Ermäßigung f (s.a. Herabsetzen, Senken) 1 sie **beanspruchen** eine Preis– für die weiteren Lieferungen 2 **bedeutende** ~ 3 **Fracht**– 4 eine Preis– **gewähren** 5 die Waren **mit** einer Preis– von 2% behalten 6 **ohne** jedwede ~ 7 auch bei dieser **Preis**– können wir die Ware nicht abnehmen 8 **Steuer**– 9 teilweise

1 pour faciliter le contrôle **2** facilités de crédit
1 à cause de votre manière d'agir, nous avons subi un dommage **2** subir de ce fait une grosse perte
1 la banque nous a fait le décompte du produit des documents **2** recette du jour **3** veuillez transférer le produit à notre compte après déduction de vos frais **4** produit de la vente (aux enchères)

1 la firme a cessé d'exister il y a deux ans **2** la validité de l'autorisation a expiré le 15/3
1 nous avons autorisé M. Jones à acheter des peaux **2** ils ne sont pas autorisés à traiter cette affaire **3** d'après le registre de commerce, ces personnes sont autorisées à signer pour la firme

1 autorisation d'achat **2** nous avons besoin d'une autorisation pour la signature du contrat
1 faute (od. à défaut) de preuves, on a renoncé aux poursuites **2** en l'absence d'autres instructions
1 à un prix réduit **2** réduire (od. diminuer, baisser) le prix quelque peu
1 ils demandent une réduction de prix pour les fournitures ultérieures **2** réduction considérable **3** réduction des frais de transport **4** accorder une réduction de prix **5** garder les marchandises sous condition d'une remise de 2% **6** sans aucune réduction **7** même à ce prix réduit, nous ne saurions accepter la

~ 10 **Zoll**–

Ermessen *n* 1 erledigen Sie diese **Angelegenheit** nach eigenem ~ 2 **nach** unserem ~
1 veuillez régler cette affaire comme bon vous semble 2 à notre avis

Ermitteln (s.a. Untersuchen) ~ Sie bitte die **Absichten** des Kunden
veuillez vous renseigner sur les intentions du client

Ermittlung *f* nach ~ des **Schadens** durch den Liquidator beträgt ihr Anspruch ...
selon l'estimation du dommage par le liquidateur, ils ont droit à ...

Ermöglichen (s.a. Erleichtern) 1 unser umfangreiches Sortiment ermöglicht uns, Ihnen ... anzubieten 2 günstigere **Bedingungen** würden den Abschluß eines Geschäftes ~
1 notre grand assortiment nous permet de vous offrir ... 2 des conditions plus favorables permettraient la conclusion d'une affaire (od. d'un marché)

Ernennen, 1 zum **Mitglied** des Ausschusses ~ 2 einen **Sachverständigen** ~ 3 wir haben uns entschlossen, Sie zu unserem **Vertreter** zu ~
1 nommer membre du comité (od. de la commission) 2 désigner un expert 3 nous avons décidé de vous désigner comme notre représentant

Erneuerung *f* 1 ~ der **Gültigkeit** der Ausfuhrbewilligung 2 ~ des **Vertrages**
1 renouvellement de la licence d'exportation 2 renouvellement du contrat

Ernst *m* 1 in Anbetracht des Ernstes der ganzen Angelegenheit 2 wir **bestehen** allen Ernstes 3 es könnten –e **Folgen** entstehen 4 aus –en **Gründen** 5 sie **nehmen** die Angelegenheit sehr ~
1 vu (od. eu égard à) la gravité de toute l'affaire 2 nous insistons sérieusement 3 il pourrait en résulter des conséquences sérieuses 4 pour des raisons sérieuses (od. graves) 5 ils prennent l'affaire très au sérieux

Ernstlich, 1 das Verladen ist ~ **gefährdet** 2 die Interessen anderer Unternehmen ~ **schädigen**
1 le chargement est sérieusement compromis 2 léser sérieusement les intérêts d'autres entreprises

Eröffnen, 1 die Firma Merkur & Co. hat ein **Akkreditiv** für den Auftrag Nr. 256 über DM 26.500,— zu Ihren Gunsten bei der Chase Manhattan Bank telegrafisch eröffnet 2 die **Verhandlungen** über ... 3 ein **Weingeschäft** ~ 4 die Schiffahrt **wurde** eben eröffnet
1 la firme Merkur & Co. a ouvert par télégramme, pour la commande n° 256, un accréditif de DM 26.500,— en votre faveur auprès de la Chase Manhattan Bank 2 ouvrir les négociations sur ... 3 ouvrir un commerce de vins 4 la navigation vient d'être ouverte

Eröffnung *f* (s.a. Beginn) 1 **avisieren** Sie uns die Akkreditiv– 2 bei ~ der **Börse** 3 **offizielle** ~ der Ausstellung 4 vor Sitzungs–
1 veuillez nous aviser (od. avertir de) l'ouverture de l'accréditif 2 à l'ouverture de la bourse 3 ouverture officielle de l'exposition 4 avant l'ouverture de la séance (od. session)

Erörtern (s.a. Behandeln) Herr Keul ist ermächtigt, die **Angelegenheit** mit Ihnen zu ~
M. Keul est autorisé à discuter l'affaire avec vous

Erörterung *f* (s.a. Behandlung) die ~ der ganzen **Angelegenheit** wird eine gewisse Zeit in Anspruch nehmen
la discussion de l'affaire prendra (od. demandera, nécessitera) un certain temps

Errechnen, die **Höhe** der Transportspesen haben wir nach dem neuen Tarif errechnet
nous avons calculé le montant des frais de transport d'après le nouveau tarif

Erregen, dieses Erzeugnis erregte die **Aufmerksamkeit** aller Besucher
ce produit a attiré l'attention de tous les visiteurs

Erreichen, 1 bessere **Bedingungen** ~ 2 die Sendung hat bereits ihren **Bestim**–
1 obtenir de meilleures conditions 2 l'envoi est déjà arrivé à destination 3 nous

Erreichen — Erschließen

mungsort erreicht **3** wir suchten Sie mittels eines **Blitzrufes** zu ~ **4** eine grundsätzliche **Einigung** ~ **5** wir sind bemüht, Material**einsparungen** zu ~ **6 Konzessionen** ~ **7** einen höheren **Preis** ~ **8** die **Ziele** dieses Abkommens durch eine fortschreitende Entwicklung der Wirtschaft ~

Errichten, 1 eine **Alleinvertretung** ~ **2** wir haben eine **Sonderabteilung** zur Erledigung von Reklamationen errichtet **3** in London eine **Zweigstelle** ~
Errungenschaft f letzte **technische** –en
Ersatz m **1** als ~ für den Posten Nr. 62 können wir Nr. 65 **anbieten 2** sie werden unseren –**anspruch** im vollen Ausmaße befriedigen **3** als ~ für den entstandenen **Bruchschaden** schreiben wir Ihnen DM 128,— **gut 4 entsprechender** ~ **5** –**erfüllung 6** versuchen Sie ~ dafür zu **finden 7** er will für tatsächliche und nachweisliche Schäden ~ **fordern 8** ~ **für** das Manko wurde auf DM 480,— abgeschätzt **9** –**anspruch** beim Lieferanten **geltend** machen **10** ~ kann nicht **gewährt** werden, da ... **11** ~ für den **Gewinnverlust 12** wir werden auf Schaden– **klagen 13** einen angemessenen Schaden– **leisten 14** –**material 15** Sie sind für die durch Sie verschuldeten Schäden –**pflichtig 16** Sie werden **Schaden–** zahlen müssen **17 Spesen– 18** –**teil 19 verhältnismäßiger** ~ **20** wir werden von Ihnen ~ **verlangen 21 vollwertiger** ~ **22** das Manko zum ~ **vorschreiben**

Erscheinen, 1 die Zeitschrift erscheint in einer **Auflage** von 10.000 Exemplaren **2** sobald der **Katalog** erscheint, werden wir ihn Ihnen zukommen lassen **3** es ist unerläßlich, daß Sie **persönlich** vor Gericht ~ **4** laut neuester **Verordnung,** die am 22. 10. erschienen ist, ... **5** diese **Zeitschrift** erscheint zum 15. eines jeden Monats
Erscheinung f Begleit–

Erschließen, neue **Absatzmärkte** für Ihre Waren ~

avons cherché à vous toucher (od. atteindre) par un appel téléphonique urgent **4** parvenir à un accord de principe **5** nous nous efforçons de réaliser des économies de matières **6** obtenir des concessions **7** obtenir (od. réaliser) un prix plus élevé **8** atteindre les objectifs de cet accord par un développement progressif de l'économie

1 établir une représentation (od. agence) exclusive **2** nous avons établi un service spécial des réclamations **3** ouvrir une succursale à Londres

les dernières réalisations techniques
1 nous sommes en mesure de vous offrir l'article nº 65 en remplacement du nº 62 **2** ils donneront entièrement satisfaction à notre demande d'indemnité (od. de compensation) **3** pour vous dédommager de la casse survenue, nous vous créditons de DM 128,— **4** compensation adéquate (od. convenable) **5** règlement de dommages; (jur.) exécution de substitution **6** veuillez chercher quelque chose en remplacement **7** il a l'intention de se faire indemniser des dommages effectifs et justifiables **8** l'indemnité pour le manquant a été évaluée à DM 480,— **9** faire valoir son droit à indemnisation auprès du fournisseur **10** un dédommagement ne saurait être accordé, étant donné que ... **11** indemnité (od. compensation) pour bénéfice manqué **12** nous introduirons une action en dommages-intérêts **13** payer des dommages-intérêts en conséquence **14** matière (od. matériel) de remplacement **15** vous êtes tenu à l'indemnisation des dommages que vous avez occasionnés **16** vous aurez à payer des dommages-intérêts **17** remboursement des frais **18** pièce de rechange **19** compensation proportionnelle **20** nous vous réclamerons une compensation **21** compensation équivalente **22** prévoir une compensation du manquant

1 le périodique paraît à un tirage de 10.000 exemplaires **2** dès la parution du catalogue, nous vous le ferons parvenir **3** il est indispensable que vous paraissiez en personne devant le tribunal **4** en vertu d'une ordonnance récente, publiée le 22/10 ... **5** ce périodique paraît le 15 de chaque mois

symptôme accessoire; phénomène concomitant
ouvrir de nouveaux débouchés à vos marchandises

Erschöpfen, 1 das **Akkreditiv** ist vollkommen erschöpft 2 die **Herstellungskapazität** ist für dieses Jahr bereits erschöpft 3 Ihren **Kredit** bei uns haben Sie bereits erschöpft 4 wir haben alle **Möglichkeiten** erschöpft 5 **Vorräte** ~

Erschweren, 1 die Monteure hatten erschwerte **Arbeitsbedingungen** 2 das erschwert allerdings wesentlich die **Situation**

Ersehen (s.a. Entnehmen) 1 aus Ihrer **Anzeige** in der Zeitschrift ~ wir 2 wie Sie aus unserem **Schreiben** vom 1. Dezember ~

Ersetzen, 1 die **beschädigte Ware** werden wir durch andere ~ 2 wir werden es Ihnen **nächstens** ~ 3 die **Spesen** werden wir Ihnen ~

Ersichtlich, wie aus der Korrespondenz ~ ist

Ersparen, 1 wir hoffen, daß Sie uns diesen **Schritt** ~ werden 2 damit würden Sie uns viel **Zeit** und Geld ~

Ersparnis *f* 1 **beträchtliche** Zeit– 2 bedeutende –se **erzielen** 3 aus –**rücksichten**

Erst, 1 –ens 2 auf den –en **Blick** 3 bei der –en **Gelegenheit** 4 aus –er **Hand** 5 Ihr Schreiben vom 10. 11. ist ~ **heute** eingetroffen 6 in –er **Reihe** 7 Waren –er **Wahl** 8 **zum** –en jeden Quartals

Erstatten, 1 einen ausführlichen **Bericht** über . . . ~ 2 die **Kosten** ~
Erstattung *f* 1 **Kosten**– 2 **Zoll**–

Erstaunen, 1 um so mehr waren wir **erstaunt,** als . . . 2 wir waren über Ihre **Nachricht** erstaunt
Erstklassig, 1 –e **Bank** 2 diese **Firma** ist als ~ bekannt 3 –es **Hotel** 4 –e **Qualität** 5 –e **Waren** 6 –er **Wechsel**

Erstreben, sie ~ eine **Vertragsaufhebung**

Erstrecken, 1 die **Garantiepflicht** des Verkäufers erstreckt sich nicht auf Mängel, welche . . . 2 die **Vollmacht** erstreckt sich ausschließlich auf Geschäftsabschlüsse

Ersuchen *n* (s.a. Bitte, Bitten, Erbitten) 1 wir ~ höflich um **Adressen** von Firmen, die diese Ware führen 2 sie er-

1 l'accréditif est complètement épuisé 2 la capacité de production est déjà totalement épuisée pour l'année en cours 3 vous avez déjà épuisé votre crédit chez nous 4 nous avons épuisé toutes les possibilités 5 épuiser les stocks
1 les monteurs ont dû travailler dans des conditions difficiles 2 il est vrai que ceci complique considérablement la situation
1 par votre annonce parue dans le périodique, nous apprenons 2 comme vous pouvez lire dans notre lettre du 1er décembre
1 nous remplacerons la marchandise détériorée par d'autre 2 nous vous le remplacerons prochainement 3 les frais vous seront remboursés
ainsi qu'il ressort de la correspondance

1 nous espérons que vous nous épargnerez cette démarche 2 vous nous épargneriez ainsi beaucoup de temps et d'argent
1 une considérable économie de temps 2 réaliser des économies importantes (od. considérables) 3 pour des raisons d'économie
1 premièrement; en premier lieu 2 à première vue 3 à la première occasion 4 de première main 5 votre lettre du 10/11 ne nous est parvenue qu'aujourd'hui 6 en premier lieu 7 marchandise de premier choix 8 le premier de chaque trimestre
1 faire un rapport détaillé sur . . . 2 rembourser les frais
1 remboursement des frais engagés 2 remboursement des droits de douane
1 nous étions d'autant plus étonnés que . . . 2 votre message (od. communication, information) nous a étonnés
1 banque de premier ordre 2 cette firme est réputée (od. passe pour être) de premier ordre 3 hôtel de premier ordre (od. grande classe) 4 qualité supérieure 5 marchandises de première qualité 6 papier de premier ordre
ils s'efforcent d'atteindre l'annulation du contrat
1 la garantie du vendeur ne couvre pas les vices (od. défauts) qui . . . 2 la procuration n'est valable que pour la conclusion d'affaires

1 auriez-vous l'obligeance de nous faire connaître (od. communiquer) les noms et adresses de firmes qui tiennent ces

Ersuchen — Erwägung

suchten um Gewährung einer **Anleihe** 3 **auf** Ihr ~ können wir Ihnen einen Prospekt senden 4 wir ~ um **Aufenthaltsverlängerung** 5 den Spediteur um **Erklärung** ~ 6 das ~ des Kunden wird sorgfältig **erwogen** werden 7 wir **gestatten** uns, Sie zu ~, uns Muster zu verschaffen 8 wir ~ Sie **höflich**, jedoch nachdrücklich, unsere Rechnung umgehend zu begleichen 9 den Rechtsanwalt um **Rat** ~ 10 mit unserem **Schreiben** vom 15. Juni haben wir Sie ersucht ... 11 wir hoffen, daß Sie unserem begründeten ~ **stattgeben** werden

Erteilen, 1 einen **Auftrag** für Gartenmöbel der Firma ... ~ 2 den Besuchern **Auskünfte** ~ 3 wir bitten, uns rechtzeitig Ihre **Dispositionen** zu ~ 4 eine **Einfuhrlizenz** für Glasknöpfe Nr. 371/A gültig bis 31. 5. wurde am 16. 5. erteilt 5 **Informationen** über uns erteilt Ihnen die Firma Vogel & Hirsch 6 diese Auskunft wird **ohne Gewähr** erteilt 7 ein **Patent** darauf ~ 8 Herrn Glos das **Unterzeichnungsrecht** ~ 9 Herrn Simon wurde **Vollmacht** zur Verhandlung dieser Sache erteilt

Erteilung f 1 die Hälfte des Preises ist bei der **Auftrags**– zu bezahlen 2 die ~ der Transitbewilligung wurde **eingestellt** 3 die Entscheidung hängt von der **Lizenz**– ab 4 inzwischen haben wir um die **Visa**– ersucht 5 wir bestätigen den Auftrag **vorbehaltlich** der ~ der Ausfuhrbewilligung

Ertrag m 1 –**fähigkeit** unserer Produkte 2 **Kapital**– 3 **Rein**– 4 **Roh**–

Erübrigen, es erübrigt sich wohl zu **sagen,** daß ...

Erwägen, 1 wir werden es ~ 2 die einzige **Frage,** die erwogen werden muß 3 wir bitten Sie, diese Angelegenheit **sorgfältig** zu ~ 4 es **verdient** erwogen zu werden 5 die Angelegenheit **vorher** sorgfältig ~

Erwägung f (s.a. Betracht) 1 wir haben **nach** bester ~ gehandelt 2 nach **reiflicher** ~ aller Für und Wider 3 Ihre –en **über** die Entwicklung der Lage haben uns sehr interessiert 4 wir **unterbreiten** Ihnen diesen Vorschlag zur

articles **2** ils ont sollicité l'atrribution d'un emprunt **3** sur demande, nous pouvons vous faire parvenir un prospectus **4** nous sollicitons une prolongation de séjour **5** demander une explication au commissionnaire de transport **6** la demande du client sera examinée avec soin **7** nous nous permettons de vous demander de nous procurer des échantillons **8** nous avons l'honneur de vous demander instamment de bien vouloir régler notre facture sans retard **9** demander conseil à l'avocat **10** par lettre du 15 juin, nous vous avons demandé ... **11** nous espérons que vous voudrez bien donner suite à notre demande justifiée

1 passer une commande à la firme ... pour du mobilier de jardin **2** donner des renseignements aux visiteurs **3** nous vous prions de nous donner vos instructions à temps **4** une licence pour l'importation de boutons de verre portant le n⁰ 371/A et valable jusqu'au 31/5, a été délivrée le 16/5 **5** la firme Vogel & Hirsch vous donnera des renseignements sur nous **6** ce renseignement est donnée sans garantie **7** octroyer un brevet à ce titre **8** donner à M. Glos pouvoir de signer **9** mandat (od. pouvoir) a été donné à M. Simon pour discuter cette affaire

1 la moitié du prix est payable à la passation de commande **2** l'octroi du permis de transit a été suspendu **3** la décision dépend de la délivrance de licence **4** entre-temps, nous avons sollicité la délivrance du visa **5** nous confirmons la commande sous réserve d'attribution de la licence d'exportation

1 rentabilité (od. capacité de rendement) de nos produits **2** rendement (od. revenu, produit) du capital **3** produit net **4** produit brut

il est sans doute superflu (od. inutile) de dire que ... (od. il va sans dire que ...)

1 nous examinerons la question **2** la seule question à considérer **3** nous vous prions de bien examiner cette question **4** ceci mérite d'être examiné (od. mérite réflexion) **5** examiner la question très soigneusement au préalable

1 nous avons agi après mûre réflexion **2** après avoir bien pesé le pour et le contre **3** vos réflexions sur l'évolution de la situation nous ont grandement intéressés **4** nous vous soumettons cette suggestion (od. proposition) pour examen

gefälligen ~ 5 ein Angebot in ~ **ziehen**

Erwähnen, 1 es ist **unnötig** zu ~, daß ...
2 das ist nicht –**swert** 3 **wie** erwähnt

Erwarten, 1 wir ~, daß Sie uns baldigst ein **Angebot** mit Mustern einsenden werden 2 ich erwarte die umgehende **Ausführung** meines Auftrages 3 wir ~ Ihre verbindliche **Äußerung** 4 wir ~ ungeduldig Ihren **Brief** 5 sofern nicht unerwartete **Ereignisse** eintreten 6 den **Eingang** der Ware ~ wir spätestens bis 10. 5. 7 wir ~ Ihre **Entscheidung** betreffs des Preises 8 wir ~ weitere **Nachrichten** in dieser Angelegenheit 9 allgemein wird eine **Preiserhöhung** erwartet 10 **wider** ~

Erwartung f 1 die Ausführung **entspricht** unseren –en 2 die Sendung hat unsere –en nicht **erfüllt** 3 wir taten es in der ~, daß ... 4 in ~ Ihrer baldmöglichsten **Nachrichten** 5 **über** alle –en 6 das Resultat hat unsere –en **übertroffen**

Erwecken, es erweckt jedoch keine **Beunruhigung**

Erweisen, 1 es erwies sich als notwendig, diese **Änderung** vorzunehmen 2 Herrn Perrin einen **Dienst** ~

Erweitern, 1 den **Betrieb** ~ 2 die **Garantiebedingungen** um diese Klausel ~

Erweiterung f 1 an der ~ der **Handelsbeziehungen** zwischen Großbritannien und der Bundesrepublik Deutschland mitarbeiten 2 **Kompensations**–

Erwünschen, 1 **Angebote** sind erwünscht 2 erwünschte **Informationen**

Erzeugen (s.a. Herstellen) 1 Waren in dieser **Ausführung** werden nicht mehr erzeugt 2 ... auf **Bestellung** ~ 3 unsere Betriebe ~ diese Ware nur in **beschränkten** Mengen 4 auf **Lager** ~ 5 **laufend** ~ 6 am **laufenden** Band ~ 7 die Waren müssen aus bestem **Material** erzeugt werden 8 ... **serienmäßig** ~ 9 wir erwägen eine Vermehrung der erzeugten **Sorten** 10 die verlangte Ware wird **wieder** in ungefähr sechs Wochen erzeugt werden

Erzeuger m (s.a. Hersteller) 1 Herr

5 prendre une offre en considération
1 inutile de mentionner que ... 2 cela ne vaut pas la peine d'en parler 3 ainsi que je viens (od. nous venons) de le dire

1 nous espérons que vous nous soumettrez prochainement une offre avec des échantillons 2 j'espère que ma commande sera immédiatement exécutée 3 nous attendons votre réponse ferme 4 nous attendons votre réponse avec impatience 5 à moins d'événements imprévus (od. inattendus) 6 nous attendons l'arrivée de la marchandise pour le 10/5 au plus tard 7 nous attendons votre décision concernant le prix 8 nous attendons d'autres informations sur cette affaire 9 on s'attend généralement à une hausse des prix 10 contre toute attente

1 l'exécution répond à notre attente 2 la livraison n'a pas répondu à notre attente 3 nous l'avons fait dans l'espoir que ... 4 en attendant de vos nouvelles dans le délai le plus proche 5 au-delà de toute attente 6 le résultat a dépassé nos espoirs

ceci ne donne cependant lieu à aucune inquiétude (od. il n'y a cependant pas lieu de s'en inquiéter)

1 il s'est avéré nécessaire de procéder à ce changement 2 rendre un service à M. Perrin

1 agrandir l'entreprise 2 ajouter cette clause aux conditions de garantie

1 coopérer à l'extension des relations commerciales entre la Grande-Bretagne et la République fédérale d'Allemagne 2 élargissement des échanges sur une base de compensation

1 toute offre est bienvenue 2 informations demandées

1 les articles de ce modèle (od. type) ne sont plus fabriqués 2 fabriquer sur commande 3 ces entreprises ne fabriquent cette marchandise qu'en quantité restreinte 4 fabriquer pour la mise en stock 5 produire en permanence 6 produire à la chaîne 7 ont doit se servir des meilleurs matières premières pour la fabrication des marchandises 8 fabriquer en série 9 nous envisageons de diversifier les articles fabriqués 10 la production de la marchandise demandée sera reprise dans environ six semaines

1 M. Richards vous a recommandé

Erzeuger — Exemplar

Richards hat Sie als ~ von Brillen **empfohlen** 2 der **–preis** beträgt DM ... pro Stück

Erzeugnis *n* 1 unsere –se sind **einmalig** hinsichtlich ihrer Muster und Dauerhaftigkeit 2 dieses ~ hat einen großen **Erfolg** erzielt 3 **fehlerhafte** –se wurden als Abfall behandelt 4 Rohstoffe zur **Herstellung** von –sen benötigen 5 **Inlands**– 6 wir haben mit Vergnügen erfahren, daß Sie **Interesse** für unsere –se haben 7 **Konkurrenz**– 8 der gute **Name** unserer –se 9 **Serien**– 10 unsere –se **unterscheiden** sich von denen der Konkurrenz in folgenden Punkten 11 auf Wunsch werden wir unsere –se **vorführen**

Erzeugung s. Herstellung, Produktion

Erzielen, 1 wir sind bestrebt, bessere **Bedingungen** zu ~ 2 keine **Einigung** ~ 3 zwischen den beiden Partnern wurde ein **Einvernehmen** erzielt 4 es konnte keine **Entscheidung** erzielt werden 5 großen **Erfolg** ~ 6 sie erzielten befriedigende **Ergebnisse** 7 bedeutende **Ersparnisse** ~ 8 größere **Gewinne** ~ 9 einen höheren **Preis** ~ 10 recht zufriedenstellenden **Umsatz** ~

Erzwingen, die Angelegenheit wird wahrscheinlich einen **Aufschub** und weitere Vorkehrungen ~

Etappe *f* den Versand –nweise vornehmen

Etikett *n* Qualitäts–

Etikettieren, ~ Sie die **Weinbestellung** genau

Europa *n* UN-Wirtschaftskommission für ~

Europäisch, 1 –e **Freihandelszone** 2 –e **Investitionsbank** 3 –e **Wirtschaftsgemeinschaft** (Gemeinsamer Markt — EWG)

Eventuell, 1 –e **Änderungen** 2 –er **Anspruch** 3 –e **Auslagen**

Exekution *f* (s.a. Vollziehung) ~ gegen den **Schuldner** führen

Exemplar *n* (s.a. Abschrift, Ausfertigung, Kopie, Duplikat) 1 ~ zur **Ansicht** 2 **Archiv**– 3 die Konsularrechnung muß in fünf –en **ausgefertigt** werden 4 **Beleg**– 5 wir bitten um Zusendung weiterer **Katalog**–e 6 **Probe**– 7 mit Freude übersenden wir Ihnen kostenlos

comme fabricant de lunettes 2 le prix du producteur est de DM ... la pièce

1 nos produits sont uniques en ce qui concerne leur dessin et leur solidité 2 ce produit a obtenu beaucoup de succès 3 les produits défectueux ont été considérés comme déchets 4 avoir besoin de matières premières pour la fabrication de produits 5 produit national (od. du pays) 6 nous avons appris avec plaisir que vous vous intéressez à nos produits 7 produit concurrent 8 la bonne réputation de nos produits 9 produit de série 10 nos produits se distinguent de ceux de la concurrence sur les points suivants 11 sur demande, nous ferons une démonstration de nos produits

1 nous cherchons à obtenir de meilleures conditions 2 ne pas tomber (od. se mettre) d'accord 3 les deux partenaires se sont mis d'accord 4 on n'est pas parvenu à une décision 5 avoir (od. obtenir) un grand succès 6 ils sont parvenus à des résultats satisfaisants; ils ont atteint (od. obtenu) des résultats satisfaisants 7 réaliser des économies considérables (od. importantes) 8 réaliser des bénéfices assez importants 9 réaliser un meilleur prix 10 réaliser un chiffre d'affaires assez satisfaisant

il faudra probablement ajourner l'affaire et prendre d'autres mesures

procéder par étapes à l'expédition

étiquette portant la marque de qualité (od. label de qualité)
veuillez soigneusement étiqueter la commande de vin
Commission Economique des Nations Unies pour l'Europe
1 Zone européenne de libre échange (EFTA) 2 Banque européenne d'investissement 3 Communauté économique européenne (marché commun — C.E.E.)
1 modifications éventuelles 2 droit éventuel 3 dépenses éventuelles
faire saisir un débiteur

1 exemplaire en communication 2 exemplaire pour les archives 3 la facture consulaire doit être établie en cinq exemplaires 4 (Zeitung) numéro de journal justificatif 5 nous vous prions de nous adresser d'autres exemplaires du catalofue 6 échantillon; spécimen 7 c'est avec

ein **Redaktions**– der Zeitschrift „Exportdienst"

Expedieren (s.a. Absenden, Versenden) 1 die Waren wurden heute **aus** unserer **Fabrik** expediert 2 die Pakete werden noch diese **Woche** expediert werden
Expedition *f* 1 ~ der Sendung **ankündigen** 2 –**sauftrag** 3 –**sbuch** 4 die ~ bis auf Widerruf **einstellen** 5 die ~ bis auf März **verschieben** 6 die ~ nach den Weisungen des Kunden **vornehmen** 7 rechtzeitig **Weisungen** zur ~ erteilen

Export *m* (s.a. Ausfuhr) 1 –**abgabe** 2 –**abteilung** 3 ~- und Importadreßbuch 4 **Allgemeine** Lieferbedingungen für den ~ von Maschinen und Anlagen 5 –**firma** 6 –**förderung** 7 **für** den ~ kommt dies vorläufig nicht in Betracht 8 –**geschäft** 9 –**gut** 10 –**handel** 11 für den ~ vom Sudan nach Malawi besteht kein **Interesse** 12 **Kapital**– 13 –**kontingent** 14 eine –**lizenz** erteilen 15 –**transaktion** 16 –**vergütung** 17 –**volumen** 18 –**waren**

Exporteur *m* **Allein**–
Exportieren (s.a. Ausführen) 1 diese Ware wird **aus** Österreich **nach** Bolivien exportiert 2 diese Waren ~ wir in die ganze **Welt**
Expreß (s.a. Eil–) 1 –**brief** 2 –**gutschein** 3 –**gut** 4 wir bitten, die Waren als –**gut** zu senden

Extra (s.a. Sonder–)

plaisir que nous vous adressons à titre gracieux un exemplaire de rédaction du périodique «Exportdienst»
1 les marchandises ont été expédiées aujourd'hui de notre usine 2 les colis seront expédiés cette semaine même

1 annoncer (od. aviser) l'expédition de l'envoi 2 ordre d'expédition 3 livre d'expédition 4 arrêter l'expédition jusqu'à nouvel ordre 5 retarder l'expédition jusqu'au mois de mars 6 procéder à l'expédition selon les instructions du client 7 donner à temps des instructions pour l'expédition

1 taxe à l'exportation (droits d'exportation) 2 service d'exportation 3 annuaire des exportateurs et importateurs 4 conditions générales pour l'exportation de machines et installations 5 maison d'exportation 6 encouragement de l'exportation 7 pour le moment, l'exportation n'en saurait être prise en considération 8 affaire d'exportation 9 article d'exportation 10 commerce d'exportation 11 l'exportation du Soudan vers le Malawi ne présente aucun intérêt 12 exportation de capitaux 13 contingent d'exportation 14 délivrer une licence d'exportation 15 transaction d'exportation 16 prime à l'exportation 17 volume d'exportation 18 marchandises d'exportation
exportateur exclusif
1 cette marchandise est exportée d'Autriche vers la Bolivie 2 nous exportons ces marchandises dans le monde entier

1 lettre exprès 2 bulletin d'expédition pour colis exprès 3 colis exprès 4 nous vous prions d'expédier les marchandises par exprès (en régime accéléré)

F

Fabrik f 1 Lieferung **ab** ~ 2 –**anlage** 3 Bewilligung zum **Eintritt** in die ~ für Ihre Monteure 4 die Waren wurden heute aus unserer ~ expediert 5 **Maschinen**– 6 –**szeichen**

Fabrikation f –**sprogramm**
Fach n 1 –**adreßbuch** 2 –**arbeit** 3 wir **arbeiten** schon lange in diesem ~ 4 –**arbeiter** 5 der –**ausdruck** dafür ist ... 6 –**beschau** 7 Verkauf nur in –**geschäften** 8 Post– 261 9 es wurde inzwischen von zwei Sachverständigen dieses **Spezial**–es besichtigt 10 in den wichtigsten –**zeitschriften**

1 livraison départ usine; pris à l'usine 2 établissement industriel 3 autorisation pour vos monteurs d'accéder à l'usine 4 les marchandises ont été expédiées aujourd'hui de notre usine 5 ateliers de construction mécanique 6 marque de fabrique programme de fabrication
1 guide (od. répertoire) professionnel 2 travail de métiers (od. de spécialiste) 3 nous travaillons depuis longtemps dans cette branche 4 ouvrier (od. travailleur) qualifié 5 le terme technique en est ... 6 expertise 7 en vente uniquement dans les magasins spécialisés 8 boîte postale n° 261 9 deux experts spécialistes de cette branche l'ont entre-temps examiné 10 dans les revues spécialisées les plus importantes

Fachgerecht, wir werden Sie jederzeit ~ **beraten**
Fachlich, ~ **geschultes** Personal
Fachmann m 1 nach **Ansicht** der Fachleute 2 laut **Behauptung** eines –es 3 be**währter** ~ 4 er ist ein guter ~ auf diesem **Gebiet** 5 **renommierter** ~

nous vous assisterons à tout moment de nos conseils compétents
personnel qualifié
1 selon l'avis des experts 2 conformément à l'affirmation d'un expert 3 expert (od. spécialiste) compétent 4 il est un bon spécialiste dans ce domaine 5 expert renommé

Fachmännisch, 1 einen Fall ~ **beurteilen** 2 –es **Gutachten**

1 porter un jugement compétent sur un cas; juger un cas avec compétence 2 expertise; avis consultatif (d'un spécialiste)

Fähig, 1 konkurrenz– 2 zahlungs–
Fähigkeit f 1 **Kredit**– 2 **Zahlungs**–

1 compétitif 2 solvable
1 honorabilité commerciale; réputation solide 2 solvabilité

Fahren, 1 mit dem **Auto,** mit der **Bahn**– 2 jedes Jahr ~ wir zur **Messe** nach Stockholm
Fahrkarte f 1 die ~ im Reisebüro **besorgen** 2 **Rück**–
Fahrlässigkeit f 1 der Schaden ist durch **grobe** ~ entstanden 2 **strafbare** ~

1 voyager en voiture, en chemin de fer 2 chaque année, nous allons à la foire de Stockholm
1 prendre le billet (od. ticket) à l'agence de voyages 2 billet aller et retour
1 le dommage est dû à une négligence grossière (od. grave) 2 négligence coupable

Fahrplan m, –**mäßig**

conformément à (od. en respectant) l'horaire

Faktor m 1 **entscheidender** ~ 2 den **Haupt**– bildet die Preisunsicherheit 3 **maßgeblicher** ~ 4 **Werbe**–
Faktur(a) f (s. a. Rechnung) 1 der betreffende Betrag wird von der nächsten ~ **abgezogen** werden 2 Fakturen**abteilung** 3 die ~ dürfte Ihrer **Aufmerksamkeit** entgangen sein 4 Handels– in dreifacher **Ausfertigung** 5 Fakturen**ausgangsbuch** 6 zum **Ausgleich** Ihrer ~ 7 die ~ für diese Sendung ist in fünf

1 facteur décisif 2 l'instabilité des prix constitue le facteur principal 3 facteur déterminant 4 facteur publicitaire
1 le montant en question sera déduit (od. défalqué) de la prochaine facture 2 service de facturation 3 la facture semble avoir échappé à votre attention 4 facture commerciale en trois exemplaires (od. en triple) 5 facturier sorties 6 en règlement de votre facture 7 la facture pour cet envoi doit être établie en cinq exemplaires

Exemplaren **auszustellen** 8 der Tag der –**ausstellung** 9 lassen Sie die Fakturen durch das Konsulat **beglaubigen** 10 **beglaubigte** ~ 11 die ~ sofort nach Erhalt der Ware **begleichen** 12 zur **Begleichung** Ihrer ~ 13 Fakturen**betrag** 14 die ~ **beträgt** DM 471,90 15 nach **Bezahlung** ihrer ~ 16 diese ~ **deckt** die beiden Sendungen 17 zahlbar 20 Tage nach –**eingang** 18 Faktureneingangs**buch** 19 **End**– 20 **fällige** ~ 21 in Ihrer ~ ist ein **Fehler** 22 **fingierte** ~ 23 **Handels**– 24 die Fakturen wurden der Bank zum **Inkasso** übersandt 25 **Konsignations**– 26 **Konsulats**– 27 das Konsulat in Bremen lehnt es ab, die Fakturen zu **legalisieren** 28 diese ~ ist seit langer Zeit **offen** 29 **Pro-forma**– 30 die Fakturen sollten **quittiert** werden 31 eine ~ **richtigstellen** 32 **saldierte** ~ 33 **Vor**– 34 Fakturen**wert** 35 die ~ ist bei Warenübergabe **zahlbar** 36 diese ~ ist **zahlbar** aus dem Akkreditiv Nr. 316/B 37 **Zoll**–

8 date d'établissement de la facture 9 veuillez faire légaliser les factures par le consulat 10 facture légalisée (od. certifiée) 11 régler la facture dès la réception de la marchandise 12 en règlement de votre facture 13 le montant de la facture 14 le montant de la facture s'élève à DM 471,90 15 après règlement de leur facture 16 cette facture couvre les deux envois 17 payable dans les 20 jours dès la réception de la facture 18 facturier entrées 19 facture définitive 20 facture payable 21 il y a une erreur dans votre facture 22 facture fictive 23 facture commerciale 24 les factures ont été remises à la banque pour encaissement 25 facture de consignation 26 facture consulaire 27 le consulat de Brême refuse de légaliser les factures 28 cette facture est depuis longtemps exigible (od. impayée) 29 facture pro forma 30 les factures doivent être acquittées 31 rectifier une facture 32 facture soldée 33 facture provisoire 34 valeur de la facture 35 la facture est payable à la livraison des marchandises 36 cette facture est payable sur l'accréditif n⁰ 316/B 37 facture de douane

Fakturieren (s. a. Berechnen) fakturierter **Preis**

Fall *m* 1 wir haben den ~ zur Bearbeitung **abgetreten** 2 in **ähnlichen** Fällen 3 für **alle** Fälle 4 wir werden Sie auf alle Fälle zufriedenstellen 5 im **Ausnahme**–e 6 im **äußersten** –e 7 im **Bedarfs**– e 8 wir erwarten Ihren Vorschlag zur **Beilegung** dieses –es 9 im **bejahenden** –e 10 im **besten** –e 11 in **dringenden** Fällen 12 im **entgegengesetzten** –e 13 (un)**gelöster** ~ 14 **Geschäfts**– 15 Fälle höherer **Gewalt** ausgenommen 16 lassen Sie auf **keinen** ~ zu, daß ... 17 im –e der **Nichterfüllung** 18 im **Not**– 19 in jedem **solchen** –e 20 **Streit**– 21 **strittiger** ~ 22 wir müssen wegen **Todes** des Herrn ... die Stelle bald neu besetzen 23 **Versicherungs**– 24 im **Zweifels**–

1 nous avons transmis l'affaire pour suite à donner 2 dans des cas similaires 3 pour toute éventualité 4 nous vous donnerons en tout cas (od. de toute manière) satisfaction 5 en cas d'exception; exceptionnellement 6 à la grande rigueur 7 en cas de besoin (od. de nécessité) 8 nous attendons votre proposition pour le règlement de cette affaire 9 dans l'affirmative 10 en mettant les choses au mieux 11 dans des cas urgents; en cas d'urgence 12 dans le cas contraire 13 affaire (non) réglée 14 affaire commerciale 15 à l'exception des cas de force majeure 16 ne tolérez (od. n'admettez) en aucun cas que ... 17 en cas de non-exécution (od. de carence) 18 en cas de nécessité (od. d'urgence) 19 dans tout cas semblable; en pareil cas 20 litige; conflit 21 cas litigieux 22 en raison du décès de M. ..., nous devons bientôt pourvoir à la vacance de l'emploi 23 sinistre 24 en cas de doute

Fallen, 1 die **Aktien** sind um DM 6,30 von DM 1.917,50 auf DM 1.911,20 gefallen 2 der 15. April fällt **auf** einen Sonntag 3 das fällt nicht in unsere **Kompetenz** 4 die **Preise** sind vorige Woche um etwas gefallen 5 die **unter**

1 les actions ont baissé de DM 6,30 de DM 1.917,50 à DM 1.911,20 2 le 15 avril tombe un dimanche 3 ceci n'est pas de notre compétence (od. ressort); ceci ne rentre pas dans nos attributions 4 la semaine dernière, les prix ont quelque

Fallen — Feiertag 116

die Tarifpositionen der Liste B –den Waren

Fällig (s. a. Zahlbar) 1 das **Akkreditiv** ist gegen Präsentierung folgender Dokumente ~ 2 der **Betrag** von DM 50,— für Abfuhr ist am 12. Juni ~ 3 –e **Faktura** 4 wir bitten Sie, den –en **Rechnungsbetrag** zu begleichen 5 –e **Verpflichtung** 6 –er **Wechsel**

1 l'accréditif est payable sur présentation des documents suivants 2 le montant de DM 50,— pour l'enlèvement par camion (od. pour camionnage) sera dû le 12 juin 3 facture payable 4 nous vous prions de vouloir régler le montant exigible de la facture 5 dette exigible 6 traite venue à échéance

Fälligkeit *f* 1 –s**datum** 2 Verlängerung der –s**frist** 3 den Kunden an die ~ der **Rechnung** erinnern

1 date d'échéance 2 prorogation de l'échéance 3 rappeler au client l'échéance de la facture

Falsch, 1 ~ **adressieren** 2 –e **Darstellung** 3 ~ **verbunden**

1 écrire incorrectement l'adresse 2 présentation (od. description) incorrecte 3 erreur de numéro

Farbe *f* 1 **ähnlich** in der ~ 2 **Mode**– 3 **unmoderne** ~

1 de couleur semblable 2 couleur à la mode 3 couleur démodée

Fassen, 1 einen **Beschluß** ~ 2 Sie müssen sich auf die **Folgen** Ihrer Handlungsweise gefaßt machen 3 unsere Firma muß am hiesigen Markt **Fuß** ~ 4 wir sind auf das **Schlimmste** gefaßt

1 prendre une décision (od. résolution) 2 il faut vous attendre aux conséquences de votre façon d'agir 3 il faut que notre firme prenne pied sur le marché de la place 4 nous nous attendons au pire

Fassung *f* 1 Katalog **in** deutsch-englischer ~ 2 er hat die ~ **verloren**

1 catalogue dans la version allemande-anglaise 2 il a perdu contenance (od. son sang-froid)

Fehl–, –betrag

déficit

Fehlen, es ~ genaue **Angaben** über Qualität

on manque de précisions sur la qualité

Fehler *m* 1 **Additions**– 2 der ~ wurde bei der Übernahme **aufgedeckt** 3 wir **beginnen** den ~ zu glauben, daß ... 4 ein ~ in der **Berechnung** 5 **berichtigen** Sie bitte diesen ~ 6 **Druck**– 7 in unsere Rechnung hat sich ein ~ **eingeschlichen** 8 **entschuldigen** Sie bitte diesen ~, der auf ein bloßes Versehen zurückzuführen ist 9 der ~ **entstand** dadurch, daß ... 10 in Ihrer **Faktura** ist ein ~ 11 der ~ liegt bei Ihnen 12 **Material**– 13 **Rechen**– 14 **Schreib**– 15 ein ~ unsererseits ist ausgeschlossen 16 der ~ ist der Hafenverwaltung **unterlaufen** 17 in unserem Brief ist leider ein ~ **unterlaufen** 18 der ~ wurde durch unseren Vertreter **verschuldet** 19 der ~ geht auf ein bloßes **Versehen** zurück

1 erreur d'addition 2 le défaut a été découvert à la réception 3 nous avons commis l'erreur de croire que ... 4 erreur de calcul ; calcul erroné 5 veuillez corriger (od. rectifier) cette erreur 6 faute d'impression ; coquille 7 une erreur s'est glissée dans notre facture 8 veuillez excuser cette erreur qui n'est due qu'à une simple inadvertance 9 l'erreur provient du fait que ... 10 il y a une erreur dans votre facture 11 l'erreur s'est produite chez vous 12 défaut de la matière ; vice ; défectuosité 13 erreur de calcul 14 erreur d'écriture 15 une erreur de notre part est exclue 16 c'est l'administration du port qui a commis l'erreur 17 une erreur s'est malheureusement glissée dans notre lettre 18 l'erreur a été commise par notre représentant 19 l'erreur est imputable à une simple inadvertance

Fehlerfrei, wir senden die beschädigten Stücke zurück und bitten um **Zusendung** von –en

nous vous renvoyons les pièces défectueuses et vous prions de nous faire parvenir des pièces sans défauts

Fehlerhaft, 1 –e **Berechnung** 2 –e **Ware**

1 calcul incorrect 2 marchandise défectueuse

Fehlerlos, –e **Ausführung**

exécution irréprochable (od. exempte de vices)

Feiertag *m* 1 **Bank**– 2 gesetzlicher ~ 3 mit dem **Wunsch** angenehmer –e und

1 jour férié bancaire 2 jour férié légal 3 en vous souhaitant de bonnes fêtes de fin

eines erfolgreichen neuen Jahres

Ferngespräch n s. Telefon, Gespräch
Fernschreib-, –verbindung
Fernschreiben n (s. a. Telex) wir **bestätigen** unseren gestrigen Austausch von ~ bezüglich des neuen Vertrages
Fernschreiber m die neue **Nummer** unseres –s ist 00114
Fernschriftlich (s. a. Telex) lassen Sie uns bitte Ihr Angebot ~ **zugehen**
Fertigung f s. Produktion
Fertigungsstraße f **automatische** ~

Fertigungsstrecke f **automatische** ~
Fesseln, die Ausstellung hat unsere **Aufmerksamkeit** gefesselt
Fest, 1 ~ **anbieten** 2 –es Angebot 3 –e **Bedingungen** 4 die **Börse** ist ~ 5 –e **Frist** 6 –es **Gehalt** 7 wir hoffen ~, daß ... 8 –er **Kauf** 9 –er **Kurs** 10 **Kurse** werden –er 11 der **Markt** wird allmählich –er 12 –er **Preis** 13 –er **Tarif** 14 –e **Verpackung** 15 –e **Währung**

Festlegen, sie sollen die neuen **Kontingente** für Kaffee ~
Festsetzen (s. a. Bestimmen) 1 den Preis **amtlich** ~ 2 festgesetzte **Art** und Weise 3 der **Beginn** der Verhandlungen wurde auf den 21. September festgesetzt 4 festgesetzter **Betrag** 5 innerhalb der festgesetzten **Frist** 6 festgesetzter **Plan** 7 die **Preise** sind „ab Werk" festgesetzt 8 festgesetzte **Tara** 9 wir waren außerstande, den Auftrag zum festgesetzten **Termin** zu beenden 10 die **Verhandlungen** sind auf den 5. Juli festgesetzt 11 **vertraglich** ~ 12 **Vertragsbedingungen** ~ 13 im **voraus** festgesetzter Preisaufschlag 14 zur festgesetzten **Zeit**
Festsetzung f berücksichtigen Sie bei der ~ des **Preises** diese Tatsache
Feststellen, 1 bitte stellen Sie fest, unter welchen **Bedingungen** ... 2 **einwandfrei** festgestellte Tatsache 3 den **Feuchtigkeitsgehalt** ~ lassen 4 die **Identität** der Person ~, die den Scheck zwecks Auszahlung vorlegt 5 **Mängel** in der Qualität ~ 6 bei **Nachprüfung** unserer Vormerkungen müssen wir ~, daß ...
Feuchtigkeit f somit ist die **zulässige** ~ von 8% um 2,1% überschritten
Fiktiv, –es Angebot
Filiale f Bank–
Finanz f 1 **–abkommen** 2 **–abteilung** 3 Beschaffung von **–mitteln** 4 **–schwie-**

d'année et avec nos meilleurs voeux de succès pour l'année nouvelle

communication télex
nous vous confirmons notre échange de messages télex d'hier concernant le nouveau contract
le nouveau numéro de notre télex (od. télétype, téléscripteur) est le 00114
veuillez nous adresser votre offre par télex

chaîne de fabrication (od. production) automatique
chaîne de fabrication automatique
l'exposition a retenu notre attention

1 offrir ferme; soumettre une offre ferme 2 offre ferme 3 conditions fermes 4 la bourse est ferme 5 délai ferme 6 salaire fixe 7 nous espérons fermement que ... 8 achat ferme 9 cours ferme 10 les cours s'affermissent 11 le marché s'affermit progressivement (od. de plus en plus) 12 prix fixe (od. ferme) 13 tarif fixe 14 emballage solide 15 monnaie stable
ils doivent fixer les nouveaux contingents pour le café
1 fixer le prix officiellement 2 manière prévue 3 la date d'ouverture des pourparlers a été fixée au 21 septembre 4 montant fixé 5 dans le délai fixé (od. prévu) 6 plan prévu 7 les prix s'entendent «départ usine» 8 tare convenue 9 nous nous sommes trouvés dans l'impossibilité de terminer la commande à la date prévue 10 les négociations sont fixées au 5 juillet 11 stipuler par contrat 12 fixer les conditions du contrat 13 majoration de prix fixée d'avance 14 à la date fixée (od. prévue).

veuillez tenir compte de ce fait en fixant le prix
1 veuillez vous renseigner, dans quelles conditions ... 2 fait nettement établi; fait incontestable 3 faire constater l'état hygrométrique 4 vérifier l'identité de la personne désirant toucher un chèque 5 constater des défauts de qualité 6 en vérifiant nos écritures nous constatons que ...
l'hygrométrie tolérée de 8% est donc dépassée de 2,1%
offre fictive
succursale de banque
1 accord financier 2 section financière; service financier; service de caisse 3 pro-

Finanz — Flug

rigkeiten 5 Beibehaltung von –zöllen

Finden, 1 Ihre Waren ~ guten **Absatz** 2 unser Vorschlag fand überall gute **Aufnahme** 3 wir ~ es für **gut** 4 wir hoffen, daß Sie den Prospekt **interessant** ~ werden 5 Ihr Vorschlag fand **Zustimmung**

Fingieren, fingierte **Rechnung**
Firma *f* 1 Firmen**adreßbuch** 2 ange**fragte** ~ 3 **ausländische** ~ 4 diese ~ **befaßt sich** mit Auslandsgeschäften 5 **bekannte** ~ 6 Firmen**bogen** 7 **eingeführte** ~ 8 **eingetragene** ~ 9 **einheimische** ~ 10 wir bitten, uns eine ~ zu **empfehlen,** mit der wir Verbindung aufnehmen könnten 11 diese ~ ist als **erstklassig** bekannt 12 **Export**– 13 die ~ wurde im Jahre 1925 **gegründet** 14 **Großhandels**– 15 **hiesige** ~ 16 **Import**– 17 **Konkurrenz**firmen 18 **Liefer**– 19 die ~ wurde am 31. Mai **liquidiert** 20 **Mitglieds**– 21 **ortsansässige** ~ 22 die ~ genießt den besten **Ruf** 23 **Schwester**– 24 die ~ **steht** finanziell sehr gut 25 wir **suchen** eine ~, die die Vertretung unserer Artikel übernehmen würde 26 eine ~ dieses Namens ist uns **unbekannt** 27 Geschäfte **unter** der ~ N.I.W.A. tätigen 28 **verläßliche** ~ 29 **Wortlaut** der ~ 30 Firmen**zeichen**

Fix, –e Kosten

Fixum *n* für Ihre Tätigkeit erhalten Sie ein **Monats**– von DM 500,—

Fläche *f* 1 **Ausstellungs**– 2 gedeckte ~ 3 **Lade**– 4 eine ~ im Ausmaß von 1.300 m² ist für die Ausstellung **sichergestellt**
Flau, 1 –e **Geschäfte** 2 –er **Markt**
Flucht *f* **Kapital**–
Flug *m* 1 nähere Informationen befinden sich im beiliegenden **–blatt** 2 **–frachtbrief** 3 **–hafen** (s. a. Flughafen) 4 veranlassen Sie die Bezahlung der **–karte** 5 **–linie** 6 **–plan** 7 **–platz** 8 der Brief

curation de fonds (od. de capitaux, moyens de financement) 4 difficultés financières 5 maintien de droits de douane à caractère fiscal
1 vos marchandises se vendent (od. s'écoulent) facilement 2 notre suggestion (od. proposition) a trouvé partout bon accueil 3 nous pensons qu'il serait bon 4 nous espérons que le prospectus rencontrera votre intérêt (od. vous intéressera) 5 votre proposition a été bien accueillie
facture fictive
1 annuaire du commerce 2 firme en question 3 firme étrangère 4 cette firme s'occupe d'opérations avec l'étranger 5 firme connue (od. renommée, réputée) 6 papier à en-tête de la firme 7 firme établie 8 firme (od. raison sociale) enregistrée 9 firme nationale (od. du pays, locale) 10 veuillez nous recommander une firme avec laquelle nous pourrions entrer en rapports 11 cette maison est réputée de premier ordre 12 maison d'exportation 13 la maison a été fondée en 1925 14 maison de gros 15 firme locale (od. de la place) 16 maison d'importation 17 firmes concurrentes 18 fournisseur 19 la firme a cessé le commerce (od. a été liquidée) le 31 mai 20 firme membre 21 firme locale (od. établie sur place) 22 la firme jouit de la meilleure réputation 23 maison affiliée 24 la firme est dans une excellente situation financière 25 nous cherchons une firme qui se chargerait (od. assumerait) la représentation de nos articles 26 nous ne connaissons pas de firme de ce nom 27 réaliser des (od. être en) affaires sous la raison sociale de N.I.W.A. 28 maison digne de confiance 29 nom de la firme; raison sociale 30 marque de maison
coûts (od. frais, charges, dépenses) fixes (od. constants)
pour votre activité vous recevrez une mensualité fixe (od. un fixe mensuel) de DM 500,—
1 surface d'exposition 2 surface couverte 3 surface de chargement 4 un terrain d'une superficie de 1.300 m² a été retenu pour l'exposition
1 affaires stagnantes 2 marché calme
capitaux en fuite
1 vous trouverez des informations détaillées dans l'imprimé ci-joint 2 lettre de transport aérien 3 aéroport 4 veuillez faire payer le billet de passage aérien (od. ticket d'avion) 5 ligne aérienne

wurde am 5. März mit –post abgesandt 9 –verbindung 10 –verkehrsgesellschaft 11 Verspätung des –es 12 –zeug (s. a. „Flugzeug")

Flughafen *m* 1 Abfertigung von Reisenden und Gepäck am ~ 2 Flugabgangshafen 3 unser Herr Krönke wird Sie vom ~ abholen 4 Flugankunftshafen 5 bitte schicken Sie ein Auto zum ~ am 5. August um 8.40 6 erwarten Sie Herrn Warren auf dem ~ um 12.16 Uhr

Flugzeug *n* 1 dieses ~ ist voll besetzt 2 gechartertes ~ 3 das nächste ~ nach London fliegt um 15.30 Uhr ab 4 Fracht– 5 „Frei –" 6 „mit –" 7 das ~ mußte bei München notlanden 8 Transport– 9 Verkehrs–

Fluß *m* 1 –fracht 2 „Frei Bord ankommender –kahn" 3 –ladeschein 4 –schiffahrt
Flüssigkeit *f* –sschwund
F.O.B. (Free on Board) –lieferung
Folge *f* 1 es könnten ernste –n entstehen 2 Sie müssen sich auf die –n Ihrer Handlungsweise gefaßt machen 3 wir können Ihrem Auftrag nicht ~ leisten 4 Lieferungen in regelmäßiger ~ ausführen 5 die eingegangenen Aufträge erledigen wir in der Reihen–, wie sie angekommen sind 6 unangenehme –n 7 für eventuelle –n werden Sie die Verantwortung tragen 8 keine Haftung oder Verantwortung für die –n von Verzögerungen und/oder Verlusten bei Übermittlung von Nachrichten, Briefen oder Dokumenten übernehmen 9 weisen Sie auf die eventuellen –hin 10 Zeit– der Maßnahmen 11 diese voreilige Handlung kann noch – nach sich ziehen 12 dies könnte auf dem Markt der in Betracht kommenden Waren schwerwiegende Störungen zur ~ haben

Folgen, 1 weitere Aufträge werden ~ 2 die Konkurrenz folgte unserem Beispiel 3 Brief folgt 4 die Erklärung folgt später 5 aus dem Gesagten folgt, daß ... 6 Lieferungen sollten knapp nacheinander ~ 7 die Rechnung folgt anbei
Folgerung *f* wir nehmen an, daß Sie daraus die richtigen –en gezogen haben
Fonds *m* 1 Amortisations– 2 Dispositions–

6 horaire des départs et arrivées d'avions 7 aéroport 8 la lettre a été expédiée le 5 mars par avion 9 liaison (od. communication) aérienne 10 compagnie de navigation aérienne 11 retardement de l'envol 12 avion
1 contrôle des voyageurs et bagages à l'aéroport 2 aéroport de départ 3 M. Krönke de notre firme viendra vous prendre (od. vous attendra) à l'aéroport 4 aéroport d'arrivée 5 veuillez envoyer une voiture à l'aéroport, le 5 août à 8 h 40 6 veuillez attendre M. Warren à l'aéroport à 12 h 16
1 cet avion est complet 2 avion affrété 3 le prochain avion pour Londres décollera (od. prendra le vol, partira) à 15 h 30 4 avion-cargo 5 «franco avion» 6 «par avion» 7 l'avion a dû faire un atterrissage forcé près de Munich 8 avion de transport; avion-cargo 9 avion de ligne (od. passagers)
1 fret fluvial 2 «franco bord péniche à l'arrivée» 3 connaissement fluvial 4 navigation fluviale
perte de liquide
livraison F.O.B.
1 il pourrait en résulter des conséquences sérieuses 2 vous devez vous attendre aux conséquences de votre façon d'agir 3 nous ne sommes pas en mesure de suivre vos instructions 4 exécuter les livraisons à des intervalles réguliers 5 nous exécutons les commandes dans l'ordre de leur arrivée 6 conséquences fâcheuses 7 vous porterez la responsabilité pour toutes conséquences éventuelles 8 n'assumer aucune garantie ni responsabilité pour les conséquences de retards et/ou pertes pouvant se produire lors de la transmission d'informations, de lettres ou de documents 9 veuillez attirer l'attention sur les conséquences éventuelles 10 ordre chronologique des mesures 11 cet acte inconsidéré pourrait encore avoir des suites 12 il pourrait s'ensuivre des perturbations sérieuses sur le marché des marchandises en question
1 d'autres commandes suivront 2 la concurrence a suivi notre exemple 3 lettre suit 4 l'explication suivra 5 il résulte de ce qui vient d'être dit 6 les livraisons devraient se suivre de près 7 ci-joint facture
nous supposons que vous en avez tiré les conclusions qui s'imposent
1 fonds d'amortissement 2 fonds disponibles

Fordern, 1 die Ware besitzt die von Ihnen geforderten **Eigenschaften** 2 die geforderte **Lieferzeit** kann nicht garantiert werden 3 der für eine gleichartige Ware auf dem Inlandsmarkt geforderte **Preis** 4 es ist uns unklar, weshalb Sie einen höheren **Preis** ~ als das letzte Mal 5 wir werden von Ihnen **Schadenersatz** ~

Fördern, 1 die **Ausfuhr** wird vom Staat gefördert 2 der Export wird vom Ministerium in jeder **Hinsicht** gefördert

Forderung *f* 1 sie können von ihrer ~ nicht **abgehen** 2 **abgetretene** ~ 3 eine dubiose ~ **abschreiben** 4 die ~ **anerkennen** 5 angemessene –en 6 wir werden bemüht sein, uns Ihren –en **anzupassen** 7 wir können unsere –en auf ... nicht **aufgeben** 8 **ausländische** ~ 9 **berechtigte** ~ 10 die **Berechtigung** der –en beweisen 11 **bevorrechtigte** ~ 12 **blockierte** ~ 13 **Devisen**–en 14 **eingefrorene** –en 15 auf die ~ des Kunden **eingehen** 16 **einklagbare** ~ 17 energische **Eintreibung** der ~ auf dem Rechtswege ist nötig 18 **Einziehung** von –en 19 aus diesem Grunde **entstand** der Bank eine ~ gegen Ihre Firma 20 **Export**– 21 die ~ ist schon **fällig** 22 **Gegen**– 23 die ~ einschließlich gesetzlicher Nebengebühren/Zinsen **geltend machen** 24 eine ~ dem Kunden gegenüber **haben** 25 **Hypotheken**– 26 **Preis**–en 27 sich nach den –en des Marktes **richten** 28 der **Stand** der –en 29 **strittige** ~ 30 **Transport**–en 31 **überfällige** ~ 32 nach **Überprüfung** Ihrer ~ auf Schadenersatz 33 **übertriebene** –en 34 **unbeglichene** ~ 35 **unbezahlte** ~ 36 **uneinbringliche** ~ 37 **verjährte** ~

Förderung *f* 1 **Entwicklungs**– 2 **Export**– 3 ~ des technischen **Fortschritts**

Form *f* 1 –**blatt** 2 **endgültige** ~ 3 die gelieferte Ware **entspricht** der ~ nach nicht Ihrem Muster 4 in einer ~, die allen Vorschriften **entspricht** 5 die Zollabfertigung wird in ~ einer **Hausbeschau** durchgeführt werden 6 **moderne** ~ 7 keine **Verantwortlichkeit** für deren ~ und Richtigkeit übernehmen

1 la marchandise est de la qualité que vous avez exigée 2 le délai de livraison exigé ne saurait être garanti 3 le prix demandé pour une marchandise similaire sur le marché intérieur 4 nous sommes à nous demander pourquoi vous nous réclamez un prix plus élevé que celui facturé dernièrement 5 nous vous demanderons des dommages-intérêts

1 l'exportation est encouragée (od. favorisée) par l'Etat 2 l'exportation est encouragée à tous points de vue par le ministère

1 ils ne peuvent abandonner (od. renoncer à) leur revendication 2 créance cédée 3 amortir une créance douteuse 4 reconnaître la créance 5 revendications raisonnables 6 nous nous efforcerons de répondre (od. nous conformer) à vos exigences 7 nous ne saurions abandonner nos prétentions (od. droits) à ... 8 créance étrangère 9 créance légitime (od. justifiée) 10 prouver (od. justifier) la réalité (od. le bien-fondé) des créances 11 créance privilégiée 12 créance bloquée 13 créance libellée en devises 14 créances gelées 15 satisfaire la demande du client 16 créance exigible en justice 17 le recouvrement de la créance par voie judiciaire s'impose 18 recouvrement de créances 19 c'est ainsi qu'est née la créance de la banque sur votre firme 20 créance d'exportation 21 la créance est déjà exigible (od. arrivée à échéance) 22 contre-créance 23 faire valoir une créance, frais accessoires et intérêts compris 24 avoir une créance sur un client 25 créance hypothécaire 26 exigences de prix 27 s'orienter à la demande sur le marché 28 situation des créances 29 créance litigieuse 30 exigences du transport 31 créance en retard 32 après vérification de votre demande de dommages-intérêts 33 demandes exagérées 34 créance non réglée 35 créance non payée 36 créance irrécouvrable 37 créance frappée de prescription; titre périmé

1 aide au développement 2 encouragement (od. stimulation) de l'exportation 3 promotion (od. encouragement) du progrès technique

1 formulaire 2 forme définitive 3 la marchandise livrée ne correspond pas, quant à sa forme, à votre échantillon 4 en conformité avec toutes les prescriptions 5 le dédouanement aura lieu sous forme d'un contrôle (od. d'une vérification) à domicile 6 forme moderne 7 ne pas répondre de leur forme et leur

8 die ~ der Akzeptierung erscheint **vollständig** und richtig 9 in der **vorgeschriebenen** ~
Formalität *f* 1 **Amts**–en 2 **betreffende** –en 3 **Einfuhr**–en 4 nach **Erfüllung** aller vorgeschriebenen –en 5 alle –en **erledigen** 6 es **handelt sich** um eine bloße/reine ~ 7 nach Erledigung der **Paß**–en 8 die **Zoll**–en erledigt der Spediteur

justesse 8 l'acceptation s'est faite, semble-t-il, en bonne et due forme 9 dans la forme prescrite
1 formalités officielles 2 formalités en question 3 formalités d'importation 4 après l'accomplissement de toutes les formalités prévues 5 remplir (od. satisfaire à) toutes les formalités 6 il s'agit d'une simple/pure formalité 7 après le règlement (od. l'accomplissement) des formalités du passeport 8 le commissionnaire de transport se chargera des formalités douanières

Formel *f* 1 **Eides**– 2 **Standard**–n für die Eröffnung von Dokumenten-Akkreditiven 3 „Incoterms 53", Internationale Regeln für die Auslegung handelsüblicher **Vertrags**–n
Förmlichkeit *f* 1 die für den Warenverkehr **geltenden** –en 2 –en im **Zusammenhang** mit der Einfuhr
Formular *n* (s. a. Vordruck) 1 die –e müssen detailliert **ausgefüllt** werden 2 das ~ mit Schreibmaschine oder Hand in Blockschrift **ausfüllen** 3 **Gesuchs**– 4 Konsularrechnungen auf **vorgeschriebenen** –en
Formulierung *f* eine **zutreffende** ~ wählen

1 formule de serment 2 formules standard pour l'ouverture d'accréditifs documentaires 3 «Incoterms 53», Règles Internationales pour l'Interprétation de Termes Commerciaux
1 les formalités en vigueur pour le trafic des marchandises 2 formalités en rapport avec l'importation
1 les formulaires doivent être remplis de façon détaillée 2 la formule doit être remplie à la machine ou à la main en gros caractères 3 formule de demande 4 factures consulaires sur formules prescrites

choisir un libellé adéquat (od. formuler de façon convenable)

Forschung *f* 1 bei der Herstellung wurden die neuesten wissenschaftlichen –**sergebnisse** angewandt 2 **Gebiets**– 3 **Grundlagen**– 4 **Konjunktur**– 5 wir haben eine **Markt**– durchgeführt 6 **Unternehmens**–

1 les résultats de recherches scientifiques les plus récents ont été employés dans (od. pour) la fabrication 2 recherches sur la situation économique d'un domaine de vente 3 recherches fondamentales 4 étude de la conjoncture 5 nous avons procédé à une analyse du marché 6 recherche opérationnelle

Fortschreiten, 1 das Ausladen schreitet **langsam/rasch** fort 2 telegrafieren Sie, wie **weit** die Angelegenheit fortgeschritten ist
Fortschreitend, 1 die Qualität dieser Ware **bessert**/verschlechtert sich ~ 2 die Ziele dieses Abkommens durch eine –e **Entwicklung** der Wirtschaft erreichen
Fortschritt *m* 1 in den Verhandlungen wurde ein ~ **erzielt** 2 den **technischen** ~ fördern 3 **wissenschaftlicher** und technischer ~ 4 in Ihrem Sortiment hat sich in der letzten Zeit kein ~ **gezeigt**
Fortsetzen, die **Produktion** kann nicht fortgesetzt werden, solange . . .
Foto–, 1 die verlangten –**grafien** anfertigen 2 –**kopie**
Fracht *f* 1 eine –**anfrage** wegen Verschiffung von Gußeisen von Hamburg nach Kobe richten 2 ~ wurde zu niedrig **berechnet** 3 –**berechnung** 4 die ~

1 le déchargement avance lentement/rapidement 2 veuillez nous télégraphier où en est l'affaire

1 la qualité de cette marchandise s'améliore/se détériore de plus en plus 2 atteindre les objectifs de cet accord par un développement progressif de l'économie
1 un progrès a été réalisé dans les négociations 2 favoriser le progrès technique 3 progrès scientifique et technique 4 votre collection ne s'est pas améliorée ces derniers temps
la production ne saurait continuer tant que . . .
1 faire les photographies demandées 2 photocopie
1 adresser une demande de tonnage pour l'embarquement de fonte de Hambourg à destination de Kobé 2 le fret (od. prix de transport) a été calculé trop bas

Fracht — Frage

~ beträgt DM 16,30 per Tonne 5 ~ vom Absender **bezahlt** 6 ~ zum Teil **bezahlt** 7 –**börse** 8 –**brief** (s. a. Frachtbrief) 9 **Brutto**– 10 der Preis versteht sich **einschließlich** ~ 11 **Eisenbahn**– 12 die ~ für Zitronen nach Hamburg **ermitteln** 13 –**flugzeug** 14 –**frei** (s. a. Frachtfrei) 15 Sorgfalt eines ordentlichen –**führers** 16 die –**gebühr** ist ziemlich hoch 17 **Gesamt**– 18 –**gut** (s. a. Frachtgut) 19 im Preis ist die ~ nicht **inbegriffen** 20 („**Kosten** und ~") „C. & F." 21 **kumulative** ~ 22 ~ zu **Lasten** des Empfängers 23 **Lokal**– 24 **Luft**– 25 **Mindest**– 26 **Paket**– 27 **Pauschal**– 28 Eisenbahn–**satz** 29 –**sätze** für Eilgut 30 **See**– 31 –**stück** 32 –**tarif** 33 –**tonne** 34 **Transit**– 35 Abänderung des –**vertrages** 36 ~ **vorausbezahlt** 37 **Zuschlag**–

3 calcul du prix de transport 4 le fret est de DM 16,30 la tonne 5 fret payé par l'expéditeur 6 fret partiellement payé 7 bourse de fret; (Seehandel) bourse maritime 8 connaissement; lettre de voiture 9 fret brut 10 le prix s'entend fret (od. transport) compris 11 transport ferroviaire (od. par chemin de fer); fret par rail 12 se renseigner sur le fret pour des citrons à destination de Hambourg 13 avion-cargo 14 fret (od. port) payé; franco de port 15 diligence (od. attention) d'un transporteur consciencieux 16 le prix de transport est assez élevé 17 charge totale 18 fret; marchandise transportée; (Beförderungsart) régime ferroviaire ordinaire 19 le prix ne comprend pas le fret (od. les frais de transport) 20 («coût et fret») «C. & F.» 21 fret cumulatif 22 fret à charge du destinataire; port dû 23 frais de camionnage 24 fret aérien 25 fret minimum 26 port de colis 27 fret à forfait 28 taux de transport ferroviaire 29 taux de transport en régime accéléré 30 fret maritime 31 colis 32 tarif de transport 33 tonne de fret 34 fret (od. marchandise) en transit 35 modification de la charte-partie (od. du contrat d'affrètement, de transport) 36 port payé d'avance 37 taxe complémentaire de transport

Frachtbrief *m* 1 –**angaben** 2 einen **Auto**–**ausstellen** 3 im ~ als Schnittholz **deklarieren** 4 **internationaler** ~ 5 **Luft**– 6 im ~ ist zu **vermerken**, daß ...

1 déclarations (od. indications) de la lettre de voiture 2 établir une lettre de voiture pour camion 3 déclarer comme bois de sciage dans la lettre de voiture 4 lettre de voiture internationale 5 lettre de transport aérien 6 il convient d'indiquer dans la lettre de voiture que ...

Frachtfrei, 1 „~ **Basel**" 2 „~ ... **Bord**" 3 „~ **Grenze** oder **Parität**" 4 „~ ... **verzollt**" 5 „~ , **Zoll bezahlt**"

1 «fret payé Bâle»; «franco de port Bâle» 2 rendu «franco bord» 3 «franco frontière ou parité» 4 «fret payé et dédouané» 5 «franco de port et de douane»

Frachtgünstig, frachtgünstige **Route**
Frachtgut *n* 1 die Ware ist als ~ **abgegangen** 2 mit der Bahn als ~ **senden** 3 –**wagenladungen**

itinéraire de transport économique
1 la marchandise a été expédiée en régime ordinaire 2 expédier par train de marchandises 3 marchandise transportée par wagons complets

Frachtpflichtig, –es **Mindestgewicht** ist 50 kg

le poids minimum payable (od. taxé) est de 50 kg

Frage *f* 1 aktuelle ~ 2 schicken Sie uns bitte den –**bogen** ausgefüllt zurück 3 **dringende** ~ 4 diese ~ **erörtern** 5 diese ~ ist noch nicht **geklärt** 6 die ~ der Zahlungsart wird dadurch **gelöst** 7 weitere Rabatte **kommen** leider nicht in ~ 8 in den in ~ **kommenden** Sorten sind wir völlig ausverkauft 9 **komplizierte** ~

1 question d'actualité 2 veuillez nous renvoyer le questionnaire rempli 3 question urgente 4 discuter cette question 5 cette question n'est pas encore éclaircie 6 le problème des modalités de paiement se trouve ainsi réglé 7 d'autres remises n'entrent malheureusement pas en ligne de compte 8 nous n'avons plus en stock

10 **Preis**– 11 **prinzipielle** ~ 12 in ~ stehende Ware 13 **Streit**– 14 **ungelöste** ~ 15 **Währungs**– 16 später werden wir auf diese ~ **zurückkommen**

Fragen, 1 den Erzeuger **nach** dem Preis ~ 2 diese Artikel sind **sehr** gefragt
Fraglich, 1 –es **Gewicht** 2 –es **Guthaben** 3 –e **Tatsache** 4 –er **Unterschied**

Franchise f ohne ~
Frankieren, frankierter **Briefumschlag**
Franko s. **Frei, Frachtfrei**
Frei, 1 ~ von **Abgaben** 2 an unsere Adresse, Bahnstation Berhard, ~ **absenden** 3 ,,~ **Ankunftsflugzeug"** 4 der Preis versteht sich ~ **Ankunftskahn** Hamburg 5 ,,~ **Ankunftswaggon** Binnenhafen" 6 expedieren Sie bitte die Ware sofort per Bahn ~ unsere **Anschrift** 7 –e **Auswahl** 8 ,,~ **Bestimmungsbahnhof"** 9 ,,~ **an Bord"** 10 –e **Devisen** 11 –e **Einfuhr** 12 der **Eintritt** in die Ausstellung ist ~ 13 ,,~ **Flugzeug"** 14 **fracht**– 15 –**gelände** der Messe 16 ,,~ **Grenze"** 17 Lieferung ~ **Grenze** 18 –**hafen** 19 ,,~ Seeverschiffungs**hafen"** 20 –**hafen**zone von Colón 21 wir lassen Ihnen –e **Hand** 22 Europäische –**handelszone** (EFTA) 23 Lateinamerikanische –**handels**-Assoziation (LAFTA) 24 –**handelszone** 25 ,,~ **Haus"** 26 –e **Kapazität** 27 –**karte** 28 ~ **konvertierbare** Devise 29 Devisen zur Deckung der Einfuhr werden bei der Brasilianischen Bank zu –em **Kurs** verkauft 30 die Ware darf nicht unter –em Himmel gelagert werden 31 ,,~ **Längsseite Seeschiff"** ,,F.A.S." 32 ,,~ abgehender **Lastkraftwagen"** 33 ,,~ ankommender **Lastkraftwagen"** 34 wir haben der Angelegenheit –en **Lauf** gelassen 35 die in der –**liste** für den Dollar-Raum angeführten Waren 36 –es **Spiel** der **Preise** herstellen 37 –e **Schiffahrt** 38 Sie können ~ **sprechen** 39 diese Waren werden in diesem Land ~ zum **Verkauf** angeboten 40 ,,~ **verzollt"** 41 wir fühlen uns ~ **von** jeder Verantwortung 42 ~ **Waggon** (F.O.R.) 43 –e **Währung** 44 –er **Warenverkehr** 45 im –en **Wettbewerb** sich an diesen Käufen beteiligen 46 **zoll**– 47 ,,~ **Zoll** bezahlt" 48 ,,~ **Zollmagazin"** 49 –**zone**

les sortes de marchandises en question 9 question compliquée 10 question de prix 11 question de principe 12 marchandise en question 13 question litigieuse 14 question non résolue (od. réglée) 15 problème monétaire 16 nous reviendrons sur cette question
1 demander le prix au producteur 2 cet article est fort demandé
1 poids douteux (od. contestable) 2 créance douteuse 3 fait douteux 4 distinction (od. différence) douteuse
sans franchise
enveloppe affranchie
...
1 exempt (od. exonéré) de taxes (od. droits) 2 expédier franco à notre adresse, station Berhard 3 franco arrivée avion 4 le prix s'entend franco à bord péniche arrivée Hambourg 5 franco wagon arrivée port fluvial 6 veuillez expédier la marchandise immédiatement par chemin de fer franco à notre adresse 7 libre choix 8 franco gare de destination 9 franco à bord (FOB) 10 monnaies (devises) librement convertibles 11 importation libre 12 l'entrée à l'exposition est libre 13 «franco avion» 14 franco de port; fret (od. port) payé 15 terrain découvert de la foire 16 «franco frontière» 17 livraison franco frontière 18 port franc 19 franco port maritime 20 zone franche de Colón 21 nous vous laissons toute liberté 22 Association européenne de libre-échange (EFTA) 23 Association de libre-échange d'Amérique Latine (LAFTA) 24 zone de libre-échange 25 «franco domicile» 26 capacité libre 27 billet de faveur; ticket gratuit 28 monnaie étrangère (od. devise) librement convertible 29 les devises nécessaires pour couvrir les importations sont vendues au cours libre par la Banque du Brésil 30 la marchandise ne doit pas être entreposée en plein air 31 «franco le long du navire» (F.A.S) 32 franco départ camion 33 franco arrivée camion 34 nous avons laissé libre cours à (od. laissé courir) l'affaire 35 les marchandises figurant dans la liste des produits non contingentés de la zone dollar 36 libérer les prix 37 liberté de navigation 38 vous pouvez parler librement 39 ces marchandises sont en vente libre dans le pays 40 franco de droits de douane; dédouané 41 nous ne nous sentons en rien responsables 42 franco sur wagon (F.O.R.) 43 monnaie librement convertible 44 libre circulation des marchandi-

Freibleibend, auf Ihre Anfrage bieten wir Ihnen ~ unsere Geräte **an**
Freigabe *f* wir bitten um ~ der **Sendung**
Freigeben, die Dokumente dürfen dem Bezogenen gegen Akzeptierung oder gegen Zahlung freigegeben werden
Freiheit *f* 1 ~ der **Durchfuhr** 2 wir überlassen Ihnen völlige **Handlungs**–hinsichtlich ... 3 **Steuer**– 4 **Wettbewerbs**– 5 **Zoll**–
Freiwillig, 1 –e **Lizenz** 2 –e **Rücklage** 3 durch –e **Vereinbarung**
Fremd, 1 Versicherung für –e **Rechnung** 2 Fremdenverkehr 3 Fremdenverkehrsbüro
Freude *f* Sie würden uns große ~ **bereiten**, wenn Sie ...
Freuen, 1 wir ~ uns auf Ihre baldige **Antwort** 2 wir ~ uns auf Ihre zukünftigen **Aufträge** 3 es freut uns, Ihnen **mitteilen** zu können, daß ... 4 es würde uns ~, **wenn** Sie uns nähere Angaben über diese Sorte senden könnten

Freund *m* Geschäfts–
Freundlich, 1 wir bitten Sie, uns –st Ihren Standpunkt **bekanntzugeben** bezüglich 2 mit –en **Grüßen** 3 wollen Sie uns –st nähere Informationen **verschaffen**

Freundschaft *f* –sdienst
Freundschaftlich, 1 –e **Abmachung** 2 –e **Beilegung** 3 in –en **Beziehungen** stehen 4 wir halten unsere –en **Beziehungen** hoch und werden zu ihrer Erhaltung alles tun, was in unseren Kräften steht 5 mit –en **Grüßen** 6 –es **Verhältnis**

Friedlich, –e **Erledigung** (ou Lösung)

Frist *f* 1 die ~ wird am 15. Oktober **ablaufen** 2 **Akzeptations**– 3 für Besorgung von Dokumenten müssen wir eine angemessene ~ **anfordern** 4 den Käufer schriftlich zur Abnahme der Lieferung innerhalb einer **angemessenen** ~ auffordern 5 **Annahme**– setzen 6 die ~ zum Einreichen des **Antrages** 7 **äußerste** ~ 8 die ~ für **Beanstandung** der Mängel 9 bei **Beginn** der Garantie– 10 die ~ **beginnt** vom Tage der Verschiffung an zu laufen 11 die ~ wird vom Tage der Eröffnung des Akkreditivs

ses 45 participer à ces achats en libre concurrence 46 exempt (exonéré) de droits de douane 47 «franco de droits de douane» 48 franco dépôt de douane 49 zone franche

en réponse à votre demande, nous vous offrons sans engagement nos appareils
nous sollicitons le déblocage de l'envoi
les documents pourront être remis (od. délivrés) au tiré contre acceptation ou contre paiement
1 liberté de transit 2 nous vous donnons liberté d'action au sujet de 3 immunité fiscale 4 liberté de concurrence 5 franchise douanière
1 licence volontaire 2 réserve facultative 3 par accord volontaire
1 assurance pour le compte d'autrui (od. de tiers) 2 tourisme 3 office du tourisme; agence touristique
vous nous feriez grandement plaisir si ...
1 nous serions heureux de recevoir votre réponse à bref délai 2 nous attendons avec plaisir vos commandes futures 3 nous avons le plaisir de vous faire savoir que ... 4 vous nous feriez plaisir en nous donnant des précisions sur cette variété
relation d'affaires; correspondant
1 voudriez-vous être assez aimable pour nous faire connaître votre point de vue concernant 2 veuillez agréer nos meilleures salutations 3 auriez-vous l'obligeance de nous faire avoir des précisions
service d'ami; bons offices
1 arrangement amical 2 règlement à l'amiable 3 être en relations amicales 4 nous apprécions beaucoup les relations amicales qui existent entre nous et ferons de notre mieux pour les consolider 5 veuillez agréer nos salutations amicales 6 rapports amicaux
règlement pacifique (od. conciliant, amical)
1 le délai expirera le 15 octobre 2 délai d'acceptation 3 nous devons solliciter un délai suffisant pour nous procurer des documents 4 inviter l'acheteur par écrit à prendre réception de la fourniture dans un délai convenable 5 fixer un délai pour l'acceptation (od. la prise en charge) 6 le délai pour l'introduction (od. le dépôt) de la demande 7 délai de rigueur (od. dernière limite) 8 le délai pour signaler les défauts 9 au commencement du délai de garantie 10 le délai commence à courir le jour de l'embarquement 11 le

berechnet 12 **Berufungs–** 13 eine ~ **bewilligen** 14 um eine ~ **bitten** 15 **Eingabe–** für Anträge 16 **Einhaltung** der angegebenen ~ 17 **End–** (ou äußerste Frist) 18 **feste** ~ 19 die ~ ist **festgesetzt** 20 bemühen Sie sich, die Erzeugung in der **festgesetzten** ~ zu beenden 21 die **Garantie–** beginnt mit dem Tage, an dem ... 22 ~ zur **Geltendmachung** der Ansprüche 23 **gesetzliche** ~ 24 wir **gewähren** Ihnen deshalb eine letzte ~ bis zum 15. März 25 **Haftungs–** 26 innerhalb der vom Käufer gesetzten ~ 27 **Kündigungs–** 28 **Lade–** 29 **letzte** ~ bis 14. Juli 30 **Liefer–** (s. a. „Lieferfrist") 31 **Nach–** 32 **Probe–** 33 **Reklamations–** 34 kommt die Firma innerhalb der ihr gesetzten ~ dieser Aufforderung nicht nach ... 35 die ~ wurde um 6 Tage überschritten 36 die ~ zur **Unterbreitung** der Angebote 37 vertraglich **vereinbarte** ~ 38 **verjährte** ~ 39 **Verjährungs–** 40 eine ~ **verkürzen** 41 **Verkürzung** der ~ 42 **verlängerbare** ~ 43 wir bitten um –**verlängerung** um einen Monat 44 in der **verlangten** ~ fertigstellen 45 die ~ **versäumen** 46 diese ~ ist fruchtlos **verstrichen** 47 **Warte–** 48 Aufschub der **Zahlungs–** gewähren

délai compte à partir de la date d'ouverture de l'accréditif 12 délai d'appel 13 accorder un délai 14 demander (od. solliciter) un délai 15 délai pour l'introduction de demandes 16 observation du délai prévu 17 délai de rigueur 18 délai fixe 19 le délai est fixé 20 veuillez faire le nécessaire pour terminer la production dans le délai fixé 21 le délai de garantie commence à courir à la date à laquelle ... 22 délai pour faire valoir des droits 23 délai légal 24 c'est pourquoi nous vous accordons un dernier délai jusqu'au 15 mars 25 délai de garantie 26 dans le délai fixé par l'acheteur 27 délai de dénonciation; délai de préavis 28 délai de chargement; jour de planche pour effectuer le chargement 29 délai de rigueur (od. dernier délai) le 14 juillet 30 délai de livraison 31 délai supplémentaire; prolongation du délai 32 période d'essai 33 délai de réclamation 34 au cas où la firme ne répondrait pas dans le délai qui lui est imparti ... 35 le délai a été dépassé de 6 jours 36 le délai pour la soumission des offres 37 délai contractuel (od. stipulé par contract) 38 délai frappé de prescription 39 délai de prescription 40 réduire un délai 41 réduction du délai 42 délai susceptible de prolongation (od. d'être prolongé) 43 nous sollicitons une prolongation de délai d'un mois 44 achever (od. terminer, finir) dans le délai exigé 45 manquer (od. laisser passer) le délai 46 ce délai est passé sans résultat 47 délai d'attente 48 accorder un sursis de paiement

Froh, wir sind ~, daß ...
Fühlung *f* 1 es ist notwendig, mit Herrn John wieder ~ **aufzunehmen** 2 nehmen Sie sofort ~ mit unserem Vertreter **auf**

nous sommes heureux que ...
1 il est nécessaire de reprendre contact avec M. John 2 veuillez vous mettre immédiatement en rapport avec notre représentant

Führen, 1 das führt **allmählich** zu Warenknappheit 2 es ist notwendig, darüber genaue **Aufzeichnungen** zu ~ 3 die Verhandlung führt zu keinem **Ende** 4 wir hoffen, daß die sorgfältige Ausführung dieser ersten Bestellung zu weiteren **Geschäften** ~ wird 5 wir wissen nicht, welche **Gründe** ihn zu ... führten 6 diese Ware ~ wir dauernd auf **Lager** 7 einen **Prozeß** ~ 8 die **Verhandlungen** wurden mit Ihrem Herrn Beck geführt 9 wir ersuchen höflichst um Adressen von Firmen, die diese **Ware** ~

1 ceci entraîne peu à peu à une pénurie des marchandises 2 il est nécessaire de prendre des notes précises à ce sujet 3 les pourparlers (od. négociations) n'aboutissent pas 4 nous espérons que l'exécution soigneuse de cette première commande donnera lieu à d'autres affaires 5 nous ignorons les raisons qui l'ont amené à ... 6 nous avons cette marchandise en permanence en stock (od. en magasin) 7 mener un procès; intenter (od. suivre) une action en justice 8 les négociations ont été menées avec M. Beck de votre firme 9 voudriez-vous avoir l'amabilité de nous communiquer des

Füllen, 1 wir müssen unseren **Bestand** ~ 2 ... auf **Flaschen** ~ 3 Reis in **Säcke** ~

Fuß *m* **am** ~ des Formulars

adresses de maisons qui tiennent cette marchandise
1 nous devons renouveler nos stocks **2** mettre en bouteilles **3** mettre du riz en sacs
au bas du formulaire

G

Gang *m* 1 die Vorführung einer **Maschi-ne** im ~ 2 **Probe**– einer Maschine 3 neue Maschinen in ~ **setzen** 4 die Erzeugung ist in **vollem** ~ 5 die Verhandlungen waren schon in vollem ~

Gangbar, 1 ein –er **Artikel** 2 der vorgeschlagene **Weg** ist nicht ~

Ganz, 1 alle Waren, die ~ oder teilweise aus Holz **bestehen** 2 **im** –en genommen

Gänzlich, –er/teilweiser **Verlust**

Garantie *f* 1 **angemessene** ~ 2 die ~ in **Anspruch** nehmen 3 Meßinstrumente sind von der ~ **ausgenommen** 4 **ausreichende** ~ 5 wir sind mit der Übergabe der Dokumente gegen **Bank**– einverstanden 6 **–dauer** 7 Kredit gegen **entsprechende** ~ 8 die Reklamation wurde nach Ablauf der **–frist** erhoben 9 wir **gewähren** eine einjährige ~ 10 **Leistungs**– der Maschine 11 die **–pflicht** des Verkäufers erstreckt sich nicht auf Mängel ... 12 eine **Qualitäts**– für die Dauer von 5 Jahren gewähren 13 **–schein** 14 **sichere** ~ 15 **Staats**– 16 die ~ **übernehmen** wir wie üblich auf ein Jahr 17 **Verkauf** unter ~ 18 **Zoll**–

Garantieren, 1 garantierter **Absatz** 2 die verlangte Liefer**frist** für die erste Sendung kann nicht garantiert werden

Gattung *f* wir führen nur eine **bestimmte** Waren–

Geben, 1 die bestellten Waren haben wir bereits in **Arbeit** ge– 2 der Ware eine entsprechende **Aufmachung** ~ 3 der Botschafter gab zu Ehren der Delegation ein **Bankett** 4 ~ Sie uns **Bescheid** bis die Sendung kommt 5 vorläufig haben Sie uns keine genügende **Gelegenheit** ge–, damit wir ... 6 **Genugtuung** ~ 7 ~ Sie uns bitte **Informationen** betreffs ... 8 sich nicht mit der Erklärung **zufrieden**–

Gebiet *n* 1 für Bier ein anderes **Absatz**– suchen 2 er ist ein guter Fachmann **auf** diesem ~ 3 wir würden einen Erfahrungsaustausch **auf** diesem –e begrüßen 4 eine **–saufteilung** ist wichtig 5 Ent-

1 la démonstration (od. présentation) d'une machine en marche 2 mise à l'essai d'une machine 3 mettre en marche de nouvelles machines 4 la production marche à plein rendement 5 les négociations étaient déjà bien avancées

1 un article d'écoulement (od. de vente) facile, article de bon débit 2 la voie (od. la méthode) proposée n'est pas praticable

1 tous les articles consistant totalement ou partiellement en bois 2 (pris) dans l'ensemble

perte totale/partielle

1 garantie adéquate (od. appropriée) 2 recourir à la garantie 3 les instruments (od. appareils) de mesure ne sont pas couverts par la garantie 4 garantie suffisante 5 nous sommes d'accord pour que les documents soient remis contre garantie bancaire 6 durée de garantie 7 crédit contre garantie correspondante 8 la réclamation a été faite après l'expiration du délai de garantie 9 nous accordons une garantie d'un an 10 garantie du rendement de la machine 11 la garantie du vendeur ne couvre pas les vices ... 12 garantir la qualité pour une durée de 5 ans 13 certificat de garantie 14 garantie sûre 15 garantie de l'Etat 16 nous accordons la période de garantie habituelle d'un an 17 vente sous garantie 18 caution douanière

1 débouché garanti 2 le délai de livraison exigé pour le premier envoi ne saurait être garanti

nous ne tenons qu'une variété de marchandises bien déterminée

1 nous avons déjà mis en fabrication les marchandises commandées 2 donner à la marchandise une présentation convenable 3 l'ambassadeur a offert un banquet en l'honneur de la délégation 4 veuillez nous donner réponse avant l'arrivée de l'envoi 5 jusqu'ici vous ne nous avez pas donné suffisamment l'occasion de ... 6 donner satisfaction 7 veuillez nous faire parvenir des renseignements concernant ... 8 ne pas se contenter de l'explication donnée

1 rechercher un autre débouché pour la bière 2 il est bon spécialiste dans ce domaine 3 nous serions heureux de pouvoir échanger nos vues sur les expériences faites dans ce domaine 4 une

Gebiet — Gebühr

wicklungs– 6 **Sterling**– 7 auf diesem **Tätigkeits**– 8 Bedürfnisse der **unterentwickelten** –e 9 in seinem **Vertreter**– ist er bekannt 10 **Zoll**– 11 **zollfreies** ~

Gebot s. Angebot
Gebrauch *m* 1 –**sanweisung** 2 –**sartikel** 3 zu **eigenem** ~ 4 **Einheitliche** Richtlinien und Gebräuche für Dokumenten-Akkreditive 5 –**sgüter** 6 leider können wir von diesem Angebot keinen ~ **machen** 7 eingetragenes –**smuster** 8 Ware zum **sofortigen** ~ bestimmt 9 **Verpflichtungen**, die auf ausländischen Gesetzen und Gebräuchen beruhen
Gebrauchen, die Waren sind in einem derartigen Ausmaß **beschädigt**, daß sie nicht mehr zu ~ sind
Gebraucht, 1 gebrauchtes **Faß** 2 –e **Kiste**
Gebühr *f* 1 **Abfertigungs**– 2 –**en und Abgaben** werden mit dem Zoll erhoben 3 die ~ für die **Änderung** der Bedingungen 4 **Avisierungs**– 5 die –**en** wurden schon **beglichen** 6 liefern Sie die Sendung nur nach **Begleichung** der Frachtaus 7 die ~ wird nach dem Gewicht **bemessen** 8 **Berichtigungs**– 9 die ~ wurde bereits **bezahlt** 10 **Durchfuhr**–en 11 **Einfuhr**– 12 **einheitliche** ~ 13 die **Einlagerungs**-en betragen ... 14 falls irgendwelche –en zu **entrichten** sind 15 ~ wird bei Lieferung **erhoben** 16 den –**enerlaß** gewähren 17 wir haben Sie für **Fernsprech**–en mit DM 114,60 belastet 18 **festgesetzte** –en 19 **Gerichts**–en 20 **gleiche** ~ 21 **Hafen**–en 22 **Kai**– in der Höhe von ... 23 **Konsulats**– 24 **Lade**– des Kahnes 25 **Lager**–en 26 **Legalisierungs**– 27 **Lizenz**–en 28 die ½ ‰ (ein halbes Promille) ausmachende **Makler**– begleichen die Partner je zur Hälfte 29 **Manipulations**– 30 **Messe**– 31 **Mindest**– 32 **Neben**–en 33 **Patent**– 34 **Pauschal**– 35 **Post**–en 36 **Regie**– 37 **Sachverständigen**– 38 **See**–en 39 ohne **Sonder**– 40 **Transport**–en 41 **Kaiumlade**–en 42 **Umschlags**– 43 das **unterliegt** –en 44 **Verordnungs**–en 45 –n **vorausbezahlt** 46 die Mindest– ist für 22 **Worte** 47 **Zoll**–en 48 **Zufuhr**– 49 **Zustellungs**–

répartition territoriale s'impose **5** région en voie de développement **6** zone sterling **7** dans ce domaine d'activité **8** les besoins des régions sous-développées **9** il est bien connu dans son secteur de représentation **10** territoire douanier; zone douanière **11** zone franche

1 mode d'emploi **2** article de consommation **3** à l'usage personnel **4** directives et usances uniformes en matière d'accréditifs documentaires **5** biens de consommation **6** nous regrettons de ne pouvoir profiter de cette offre **7** modèle déposé **8** marchandise destinée à la consommation immédiate **9** obligations découlant de lois et coutumes étrangères
les marchandises sont endommagées à tel point qu'elles ne sont plus utilisables

1 tonneau (od. fût) ayant déjà servi **2** caisse déjà utilisée
1 droit d'expédition **2** les droits et taxes sont perçus en même temps que le droit de douane **3** les frais de modification des conditions **4** taxe (od. droit) de notification (od. d'avis) **5** les taxes ont déjà été payées **6** ne délivrez l'envoi qu'après règlement du prix de transport **7** le droit est calculé d'après le poids **8** droit d'amendement **9** la taxe a déjà été réglée **10** droits de transit **11** droit (od. taxe) à l'importation; droit d'entrée **12** taxe uniforme **13** la taxe d'entreposage (od. d'emmagasinage) s'élève à ... **14** au cas où il y aurait à payer des droits quelconques **15** la taxe est perçue à la livraison **16** accorder l'exemption (od. l'exonération) des droits **17** nous avons porté à votre débit la somme de DM 114,60 pour frais de téléphone **18** droits fixés **19** frais judiciaires (od. de justice) **20** taxe uniforme **21** taxes portuaires; droits de bassin **22** droits de quai d'un montant de ... **23** droits consulaires **24** taxe de chargement de la péniche **25** droits (od. frais) de dépôt **26** droit de légalisation **27** droits de licence **28** la taxe de courtage de ½ ‰ (un demi pour mille) sera payée à parts égales par les deux parties (od. partenaires) **29** frais de manutention (od. manipulation) **30** taxe d'exposition (od. de foire) **31** taxe minimum **32** frais accessoires **33** droits de brevet **34** taxe forfaitaire **35** taxes postales **36** frais de régie (od. d'administration) **37** frais d'expertise; honoraire d'expert **38** droits (de

Gebührenfrei, die Benutzung ist ~

Gebührenpflichtig, es ist ~

Gebunden, -e Preise

Gedanke *m* 1 wir **befassen** uns mit dem –n 2 das ist ein **guter** ~ 3 es ist uns der ~ **gekommen**

Gedeckt (s.a. decken) 1 dieser Auftrag ist nicht durch **Akkreditiv** ~ 2 –es **Akkreditiv** 3 die **Erzeugung** ist nur zu 50% mit den erhaltenen Aufträgen ~ 4 (un)gedeckter **Kredit** 5 –er **Lagerraum** 6 mit dieser Police ist das **Kriegsrisiko** nicht ~ 7 –er **Scheck** 8 –er **Wagen**

Gedeihen, 1 teilen Sie uns freundlichst mit, wie weit die **Angelegenheit** gediehen ist 2 das **Geschäft** gedeiht sehr gut

Geduld *f* 1 wir **bitten** noch um ein wenig ~ 2 der Kunde **verliert** bereits die ~

Gedulden, wir bitten Sie, sich mit weiteren **Nachrichten** bis Jahresende zu ~

Geeignet, 1 eine –e **Firma** am Platz 2 Artikel, die für den hiesigen **Markt** ~ sind 3 für den Transport von Kohle –es **Schiff** 4 –e **Verpackung** 5 in –er **Weise** aufmerksam machen 6 zur –en **Zeit**

Gefahr *f* 1 die Sendung war der ~ der Vernichtung **ausgesetzt** 2 **außerordentliche** ~ 3 der Sendung droht ~ einer **Beschädigung** 4 es **besteht** keine ~ mehr 5 **beträchtliche** ~ 6 bei dieser Verpackung besteht große **Bruch**– 7 die **Diebstahls**– 8 der Sendung **droht** ~ 9 auf unsere **eigene** ~ 10 auf ~ des **Eigentümers** 11 erhöhte ~ 12 alle –en außer der **Kriegs**– sind inbegriffen 13 nach den Speditionsbedingungen geht Bruch- zu **Lasten** des Käufers 14 Sie müssen diese ~ auf sich **nehmen** 15 normale ~

transport) maritimes 39 sans taxe spéciale (od. supplémentaire, surtaxe) 40 droits (od. frais de transport) 41 frais de transbordement (od. manipulation) à quai 42 droit (od. commission, taux) de transbordement; frais de manutention 43 ceci est passible de droits (od. sujet à taxe) 44 droits officiels 45 droits payés d'avance 46 la taxe minimum est pour 22 mots 47 droits de douane 48 frais (od. taxe) de camionnage 49 frais de livraison; taxe de remise à domicile

l'utilisation est exempte de droits (od. taxes); l'usage est gratuit (od. gracieux)

c'est passible de taxe (od. soumis à un droit)

prix imposés

1 nous envisageons; nous avons l'intention 2 c'est une bonne idée 3 il nous est venu à l'idée

1 cette commande n'est pas couverte par accréditif 2 accréditif couvert 3 la production n'est absorbée par les commandes qu'à raison de 50% 4 crédit (non) couvert 5 dépôt (entrepôt) couvert 6 cette police ne couvre pas les risques de guerre 7 chèque couvert 8 wagon couvert; camion couvert

1 veuillez nous faire savoir où en est (arrivée) l'affaire 2 l'affaire (le commerce) prospère (od. est florissant-e)

1 nous vous demandons encore un peu de patience 2 le client perd déjà patience

pour le complément d'information, nous vous prions de bien vouloir patienter jusqu'à la fin de l'année

1 une firme convenable (od. capable, appropriée) sur la place 2 articles convenant au marché local 3 bateau convenant au transport du charbon 4 emballage adéquat 5 attirer l'attention d'une manière appropriée 6 en temps voulu; au bon moment

1 l'envoi risquait la destruction 2 risque exceptionnel (od. extraordinaire) 3 l'envoi risque d'être endommagé 4 il n'y a plus de risque (od. aucun danger) 5 risque considérable 6 avec cet emballage, il y a grand risque de casse 7 risque (od. danger) de vol 8 l'envoi court un risque 9 à nos risques et périls 10 aux risques et périls du propriétaire 11 risques accrus 12 tous les risques, à l'exception des risques de guerre, sont inclus 13 selon les conditions d'expédition, les risques de casse sont à (la) charge de l'acheteur

Gefahr — Gegenseitig

16 die Sendung auf **Rechnung** und ~ des Kunden absenden 17 auf **Reeders** ~ 18 **See**– 19 die ~ ist mit der Übergabe an den Käufer **übergegangen** 20 die üblichen –en des Land- und Seetransportes 21 **unmittelbare** ~ 22 die ~ des **Untergangs**, der Abnutzung oder Beschädigung während der Wirksamkeit des Eigentumsvorbehalts trägt der Käufer 23 die ~ einer zufälligen **Verschlechterung** tragen 24 gegen jede ~ **versichern** 25 **Versicherung** gegen alle –en 26 es ist ~ im **Verzug** 27 der Bruch– **vorbeugen** 28 wir haben Sie vor dieser ~ gewarnt 29 –enzulage

Gefährden, die **Beendigung** der Montage in der festgesetzten Frist ist ernstlich gefährdet
Gefährlich, 1 –e **Güter** 2 –e **Ladung**

Gefahrlos, für Sie ~

Gefallen n 1 wir senden Ihnen eine kleine **Aufmerksamkeit**, die Ihnen hoffentlich ~ wird 2 ~ an Sprachen **finden**
Gefälligkeit f 1 wir würden es als große ~ **ansehen** 2 wir danken Ihnen im voraus für jede ~, die Sie dem Obengenannten **erweisen** werden

Gegebenheit f der Ausführer hat sich nach den –en zu **richten**
Gegenangebot n 1 ~ für ... **unterbreiten** 2 **verlangen** Sie ein ~

Gegenbesuch m wir warten den ~ Ihrer **Herren** ab
Gegenbeweis m ~ in der Sache **liefern**

Gegendienst m wir sind jederzeit zu –en gerne **bereit**
Gegenforderung f eine ~ **abrechnen**
Gegenlieferung f die **Ausfuhr** ist lediglich unter der Bedingung von –en möglich
Gegenmuster n aus der Sendung ~ **entnehmen**
Gegensatz m 1 es ist im ~ zu vereinbarten Bedingungen 2 die **krassesten** Gegensätze
Gegenseitig, 1 –e **Dienste** 2 in –em **Einverständnis** 3 in ihren –en **Handelsbeziehungen** 4 in –em **Handelsverkehr** 5 –er **Meinungsaustausch** würde sich als nützlich erweisen 6 –er **Nutzen** 7 –es

14 vous devez assumer (od. supporter) ce risque 15 risque normal 16 expédier l'envoi pour le compte et aux risques du client 17 aux risques et périls de l'armateur 18 risque maritime; risque de mer 19 par la remise, le risque passe à l'acheteur 20 les risques normaux du transport sur terre et sur mer 21 danger imminent 22 les risques de perte, d'usure ou de détérioration durant la validité de la réserve de la propriété incombent à l'acheteur 23 assumer le risque d'une détérioration accidentelle (od. dégradation imprévue) 24 s'assurer contre tous risques 25 assurance (contre) tous risques 26 il y a danger imminent 27 éviter le risque de casse 28 nous vous avons prévenu (od. averti) de ce danger 29 l'indemnité pour travaux dangereux

l'achèvement du montage dans le délai prévu est sérieusement compromis (od. mis en question)
1 marchandises dangereuses 2 cargaison dangereuse; chargement dangereux

sans aucun risque (od. danger) pour vous

1 nous vous adressons un petit présent susceptible, pensons-nous, de vous plaire 2 s'intéresser aux langues
1 nous le considérerions comme une grande faveur 2 nous vous remercions d'avance pour tout ce que vous pourriez faire en faveur de la personne susmentionnée

l'exportateur devra s'adapter aux circonstances
1 faire (od. soumettre) une contre-offre pour ... 2 veuillez demander une contre-offre

nous attendons en retour la visite de vos représentants
fournir (od. produire) en l'espèce la preuve (du) contraire

nous sommes toujours prêt à vous rendre service en retour
décompter une contre-créance
l'exportation n'est possible que sur la base de fournitures en contrepartie
prélever sur l'envoi un échantillon à titre de contre-épreuve
1 c'est contraire aux (od. en contradiction avec les) conditions convenues 2 les contradictions les plus flagrantes
1 services réciproques (od. mutuels) 2 par consentement mutuel 3 dans leurs relations commerciales réciproques 4 en relations commerciales sur une base de réciprocité 5 un échange de vues se

Gegenseitig — Geheim

Übereinkommen 8 –es **Vertrauen** 9 das Abkommen über den –en **Zahlungsverkehr** 10 auf Grundlage –er **Zugeständnisse** 11 –e wirtschaftliche **Zusammenarbeit**

Gegenseitigkeit *f* 1 ein auf ~ beruhender Vorschlag 2 **Geschäft** auf ~ 3 **Grundsatz** der ~ 4 Verhandlungen auf der Grundlage der ~ und zu gemeinsamem **Nutzen**

Gegenstand *m* 1 ~ der **Anfrage** 2 die **ausgestellten** Gegenstände haben großes Interesse erregt 3 ~ Ihres **Briefes** war ... 4 diese Reklamation war ~ eines langwierigen **Briefwechsels** 5 ~ des **Geschäftes** 6 Steuer– 7 ~ des **Streites** 8 ~ der **Unternehmung** 9 die Angelegenheit wird ~ von **Verhandlungen** sein 10 ~ des **Vertrages** 11 **Wertgegenstände**

Gegenstandslos, 1 –e **Befürchtungen** 2 diese Nachricht als ~ **betrachten** 3 wir **betrachten** diesen Vorschlag als ~ 4 –er **Brief** 5 weitere **Verhandlungen** wären ~

Gegenteil *n* 1 der Kunde **behauptet** das ~ 2 **gerade** das ~

Gegenteilig, 1 wenn nichts –es **vereinbart** ist 2 sofern nicht ausdrücklich –e **Weisungen** erteilt sind

Gegenvorschlag *m* 1 wir **erwarten** Ihren ~ zur Liquidierung dieses Falles 2 den **Kunden** einen ~ über ... machen

Gegenwart *f* 1 in ~ aller beteiligten **Parteien** 2 die **Probe** wurde in ~ von Zeugen durchgeführt

Gegenwärtig, 1 die –en **Bedingungen** 2 ~ sind wir **nicht** in der Lage, die Ware zu liefern 3 in der –en **Zeit**

Gegenwert *m* 1 **Ausfuhr** ohne ~ 2 den ~ verrechnen 3 **ausreichender** ~

Gegenzeichnen (s. Zeichnen) das **Dokument** muß von dem Käufer gegengezeichnet sein

Gehalt *m* od. *n* 1 das ~ **beziehen** 2 festes ~ 3 den **Feuchtigkeits**– feststellen lassen 4 **Monats**–

Geheim, 1 –abkommen 2 –e **Information** 3 –e **Provision** 4 die Angaben sind streng ~ 5 die **Verhandlungen** so ~ wie irgend möglich führen

révélerait utile 6 intérêt mutuel 7 accord mutuel; accord bilatéral (od. de réciprocité) 8 confiance mutuelle 9 l'accord sur les transactions financières bilatérales 10 sur la base de concessions réciproques 11 coopération économique bilatérale
1 proposition réciproque (od. basée sur la réciprocité) 2 transaction (od. opération) réciproque 3 principe de réciprocité 4 négociations sur la base de la réciprocité et de l'intérêt commun
1 objet de la demande 2 les objets exposés ont suscité un grand intérêt 3 votre lettre a eu pour objet ... 4 cette réclamation a fait l'objet d'un long échange de lettres 5 objet de l'affaire 6 objet de l'impôt 7 objet du litige 8 objet de l'entreprise 9 l'affaire fera l'objet de pourparlers (od. négociations) 10 objet du contrat 11 objets de valeur

1 craintes non fondées (od. sans objet) 2 considérer cette information comme étant sans intérêt 3 nous considérons cette proposition comme non existante 4 lettre sans objet 5 toute nouvelle négociation n'aurait pas de raison d'être

1 le client affirme le contraire 2 exactement le contraire

1 sauf convention contraire 2 sauf instructions expressément contraires

1 nous attendons votre contre-proposition pour régler cette affaire 2 faire aux clients une contre-proposition concernant ...
1 en présence de toutes les parties intéressées 2 l'essai (od. le test) a été effectué en présence de témoins
1 les présentes conditions 2 nous ne sommes pas actuellement en mesure de fournir la marchandise 3 en ce moment; dans la période actuelle
1 exportation sans contrepartie 2 compenser la contre-valeur 3 compensation suffisante

le document doit être contresigné par l'acheteur

1 toucher le salaire (od. traitement) 2 faire constater l'état hygrométrique 3 traitement mensuel
1 accord secret 2 information confidentielle 3 commission secrète 4 les informations sont strictement confidentielles 5 mener les pourparlers dans le plus grand secret possible

Geheimhalten — Geld

Geheimhalten, wir bitten Sie, unsere **Nachricht** geheimzuhalten

Geheimnis *n* 1 **Betriebs–** 2 **Brief–** 3 **Dienst–** 4 **Fabrik–** verraten 5 **Geschäfts–** 6 **Steuer–** 7 **–verletzung** 8 wir müssen das anvertraute ~ **wahren**

Gehen, 1 es hat den Anschein, daß sie bis zum **Äußersten** gegangen sind 2 es geht ihnen **gut** 3 die Inkassogebühren und Auslagen ~ für **Rechnung** des Bezogenen 4 die Kosten ~ auf **Rechnung** des Empfängers 5 unsere Geschäftsverbindung mit dieser Firma geht **reibungslos** vor sich

Gehören, 1 das gehört nicht **hierher** 2 das gehört nicht in unsere **Kompetenz** 3 zu Ihren **Pflichten** gehört auch ...

Gelände *n* 1 **Ausstellungs–** 2 die Sendung ist auf **freiem** ~ dem Regen ausgesetzt 3 **Frei–** 4 die Ware wird auf dem **Frei–** vor dem Pavillon ausgestellt 5 **Messe–** 6 die Waren auf **ungedecktem** ~ einlagern

Gelangen, 1 das Scheckbuch gelangte **in** unbefugte Hände 2 **zu** einer Entscheidung ~

Geld *n* 1 das ~ bei der Bank spätestens bis Ende dieser Woche **abheben** 2 sicher **angelegtes** ~ 3 **–anweisung** 4 **bares** ~ 5 **–betrag** 6 es ist nicht mit ~ zu **bezahlen** 7 **Bezug** von ~ 8 das ~ **deponieren** Sie bei unserer Bank 9 die Versicherungsanstalt hat uns eine **–entschädigung** gewährt 10 das ~ bei der Bank **hinterlegen** 11 Herr Krönke ist berechtigt, für uns **–beträge** zu **kassieren** 12 ~ **läuft** ein 13 der **–mangel** unterbindet den Markt 14 **–markt** 15 **–mittel** 16 **Papier–** 17 **Roll–** bezahlen 18 eine **–strafe** von 1% des C.I.F.-Wertes der Waren kann auferlegt werden 19 **Schmerzens–** 20 **–übermittlung** 21 das ~ werden wir Ihnen sofort nach Erhalt der Waren **überweisen** 22 den **–umtausch** durchführen 23 **–wert** 24 das ~ lassen wir Ihnen durch unseren Boten **zustellen**

nous vous prions de garder la discrétion sur cette information (od. de tenir cette information secrète)

1 secret d'entreprise (od. de fabrication) 2 secret postal; secret de la correspondance 3 secret professionnel 4 divulguer un secret de fabrication 5 secret commercial 6 secret fiscal 7 violation d'un secret 8 nous devons garder le secret sur ce qui nous a été confié

1 en apparence, ils sont allés jusqu'à l'extrême limite 2 ils (od. leurs affaires) vont bien 3 les droits et frais d'encaissement sont à charge du tiré 4 les frais sont imputés au (compte du) destinataire (od. sont à charge du destinataire) 5 nos relations d'affaires avec cette maison ne rencontrent pas la moindre difficulté

1 cela n'a rien à voir (od. à faire) ici 2 ceci n'est pas de notre compétence (od. ne rentre pas dans nos attributions) 3 il fait aussi partie de vos obligations (od. devoirs) de ...

1 terrain d'exposition 2 (sur le terrain) en plein air, la marchandise est exposée à la pluie 3 terrain en plein air 4 la marchandise est exposée en plein air devant le pavillon 5 terrain de la foire 6 stocker la marchandise dans un dépôt non couvert (od. en plein air)

1 le carnet de chèques est tombé entre des mains non autorisées 2 parvenir à une décision

1 retirer l'argent à la banque d'ici la fin de la semaine au plus tard 2 argent sûrement placé 3 mandat de paiement 4 numéraire; espèces 5 montant; somme (d'argent) 6 cela n'a pas de prix 7 réception d'argent 8 veuillez déposer l'argent à notre banque 9 la compagnie d'assurances nous a accordé une indemnité en espèces (od. en argent) 10 déposer de l'argent à la banque 11 M. Krönke est autorisé à encaisser des sommes d'argent pour notre compte 12 il rentre de l'argent 13 la pénurie (od. le manque) d'argent paralyse le marché 14 marché monétaire 15 fonds; moyens financiers 16 monnaie de papier; billets de banque 17 payer le camionnage 18 il pourra être infligé une amende représentant 1% de la valeur C. A. F. des marchandises 19 indemnité en réparation d'un dommage personnel; (jur.) pretium doloris 20 virement d'argent 21 nous virerons l'argent à votre compte dès la réception des marchandises 22 procéder au change; changer de la monnaie 23 valeur monétaire; valeur en

Gelegen, 1 das **kommt** uns ~ 2 es ist uns besonders an einer baldigen Lizenz-**zuteilung** ~

Gelegenheit *f* 1 sie wollen die ~ **abwarten** 2 wir haben –s**arbeiter** eingestellt 3 diese einzigartige ~ bestens **ausnützen** 4 wir würden die ~ **begrüßen,** Sie zu besuchen 5 **bei** einer anderen (ou der ersten) ~ 6 **bei** dieser ~ teilen wir Ihnen mit, daß ... 7 wir **benutzen** diese ~, um Ihnen unsere Waren anzubieten 8 wenn sich ~ **bietet** 9 vorläufig haben Sie uns keine **genügende** ~ gegeben, damit wir ... 10 nützen Sie diese günstige ~ aus 11 Sie werden ~ **haben** 12 –s**kauf** 13 **passende** ~ 14 wir haben die ~ **versäumt**, auf dem Markt durchzudringen 15 Sie haben rechtzeitig die günstige ~ **wahrgenommen** 16 **willkommene** ~

Gelegentlich, unser **Vertreter** wird Sie ~ besuchen
Geliefert, 1 „Geliefert **Grenze** ... (benannter Lieferort an der Grenze)" 2 „Geliefert ... (benannter Bestimmungsort im Einfuhrland), **verzollt**"
Gelingen, 1 trotz aller **Bemühungen** ist es uns nicht gelungen ... 2 falls **dies** nicht gelingt 3 gelungenes **Geschäft** 4 unter Aufwand aller **Kräfte** ist es schließlich gelungen ...
Gelten, 1 das **Abkommen** wird für die Zeit von einem Jahr vom heutigen Tag ~ 2 dieses **Angebot** gilt nur unter der Voraussetzung der umgehenden Annahme 3 das Akkreditiv gilt **bis** 30. 9. 4 diese **Ausnahme** gilt auch für Sie 5 unser Angebot gilt unter der **Bedingung,** daß ... 6 die Einfuhrbewilligung gilt **bis** 31. 8. 7 die Erzeugnisse der erwähnten Firma ~ **für** erstklassig 8 diese Entschuldigung **lassen** wir nicht ~ 9 die in unseren Listen angegebenen **Preise** ~ für Aufträge über mindestens 100 Stück 10 unsere **Unterredung** galt besonders der Qualität

Geltend, 1 Ersatz**anspruch** ~ machen 2 er machte seine **Autorität** ~ 3 wir machten unseren ganzen **Einfluß** ~, jedoch

argent (od. espèce) 24 nous ferons parvenir (od. porter) l'argent par notre garçon de courses
1 cela nous arrive à propos (od. à point) 2 nous sommes surtout intéressés à une attribution rapide de la licence
1 ils désirent attendre l'occasion 2 nous avons embauché des travailleurs temporaires (od. occasionnels) 3 profiter au mieux (od. tirer le meilleur parti) de l'occasion unique 4 nous serions heureux d'avoir l'occasion de vous rendre visite 5 à une autre (od. à la première) occasion 6 nous profitons de cette occasion pour vous faire savoir que ... 7 nous saisissons cette occasion pour vous offrir nos marchandises 8 lorsque l'occasion se présentera; à l'occasion 9 jusqu'à présent, vous ne nous avez pas donné suffisamment l'occasion de ... 10 profitez de cette bonne occasion 11 vous aurez l'occasion 12 achat d'occasion 13 occasion convenable 14 nous avons manqué le moment opportun pour prendre pied sur le marché 15 vous avez saisi l'occasion favorable au bon moment 16 occasion bienvenue

notre représentant vous rendra visite à l'occasion
1 «rendu frontière ... (lieu de livraison indiqué à la frontière)» 2 «rendu à ... (lieu de livraison désigné du pays importateur) douane payée»
1 en dépit de nos efforts, nous n'avons pas réussi ... 2 en cas d'échec (od. si cela ne marche pas) 3 affaire réussie 4 grâce à de longs efforts, on est finalement parvenu à ...
1 l'accord aura une durée d'un an à partir de ce jour 2 cette offre n'est valable qu'à condition qu'elle soit acceptée par retour du courrier 3 l'accréditif expire le 30/9 4 cette exception vous concerne également 5 notre offre n'est valable que si ... 6 l'autorisation d'importation n'est valable que jusqu'au 31/8 7 les produits de la firme en question sont réputés de première qualité 8 nous ne pouvons accepter cette excuse 9 les prix indiqués (od. mentionnés) dans nos listes s'entendent pour des commandes de 100 pièces au moins 10 notre entretien (od. conversation) a surtout porté sur la qualité

1 faire valoir un droit à indemnisation (od. à dommages-intérêts) 2 il a usé de son autorité 3 nous avons usé de toute

Geltend — Genehmigung

Geltend, ohne Erfolg 4 er hat seinen **Einfluß** bei den Behörden ~ gemacht 5 Ansprüche **gerichtlich** ~ machen 6 im Sinne der –en **Vorschriften**

Geltendmachung *f* 1 die Frist zur ~ der **Ansprüche** 2 es besteht kein **Grund** für die ~ eines solchen Anspruchs

Geltung *f* 1 die Abmachung **bleibt** weiterhin in ~ 2 während der –sdauer des Abkommens

Gemein, 1 –kosten 2 –er **Wert**

Gemeinsam, 1 ... wurde ~ mit der Rechnung **abgesandt** 2 –er **Einkauf** 3 –e **Haftung** 4 –es **Interesse** 5 Errichtung eines –en **Marktes** 6 Verhandlungen auf der Grundlage der Gegenseitigkeit und des –en **Nutzens** 7 –e **Organisation** der Agrarmärkte 8 für –e **Rechnung** 9 –e **Verantwortung** 10 –es **Ziel**

Gemeinschaft *f* 1 eine –sausstellung veranstalten 2 Vertrag zur Gründung der Europäischen **Wirtschafts–**

Gemeinschaftlich, für –e **Rechnung**
Gemeinschuldner *m* s. Schuldner
Gemischt, 1 –e **Kommission** 2 –e **Sendungen** 3 –er **Verkehr** 4 –er **Zoll**

Genau, 1 –e **Adresse** 2 es fehlen –e **Angaben** über Qualität 3 –e **Beschreibung** 4 –es **Datum** 5 Vorschriften ~ einhalten 6 –genommen 7 –es **Gewicht** 8 ~ nach **Muster** 9 bei –erer **Untersuchung** 10 vollständige und –e **Weisungen** erteilen 11 die Kisten müssen ~ unseren **Weisungen** gemäß bezeichnet werden

Genehmigen, 1 der Zahlungs**aufschub** wurde genehmigt 2 die Waren wurden in anderer **Ausführung** als genehmigt geliefert 3 jeder **Nachlaß** muß im voraus genehmigt werden 4 **unverändert** ~

Genehmigung *f* 1 es unterliegt der **amtlichen** ~ 2 –santrag einreichen 3 mit **ausdrücklicher** ~ 4 **beantragen** Sie beim zuständigen Ministerium die ~ zu ... 5 –s**behörde** 6 –s**datum** 7 **Devisen**– 8 **einmütige** ~ 9 **endgültige** ~ 10 zur Zeit

notre influence, mais en vain 4 il a usé de son influence auprès des autorités 5 poursuivre (od. faire valoir) des droits en justice 6 au sens des dispositions en vigueur

1 la date limite pour faire valoir les droits (od. pour présenter les revendications) 2 une revendication semblable ne se justifie pas; il n'y a pas de motif pour faire valoir un tel droit; cette revendication est sans fondement

1 la convention (od. l'arrangement, l'accord) garde sa validité (od. reste valable) 2 pendant la période de validité de l'accord

1 frais indirects 2 valeur normale (od. ordinaire, courante)

1 ... a été expédié en même temps que la facture 2 achat (en) commun 3 responsabilité solidaire 4 intérêt commun 5 création d'un marché commun 6 négociations sur la base de la réciprocité et de l'intérêt commun 7 organisation commune des marchés agricoles 8 en participation 9 responsabilité collective 10 but commun

1 organiser une exposition collective (od. en commun) 2 Traité instituant la Communauté Economique Européenne

en compte à demi; en participation
...

1 commission mixte 2 envoi mixte (od. groupé, combiné) 3 trafic (od. transport) mixte 4 droit de douane mixte

1 adresse exacte 2 on manque de précisions sur la qualité 3 description exacte (od. détaillée) 4 date exacte 5 observer les prescriptions strictement 6 strictement parlant; en s'en tenant à la lettre 7 poids exact 8 strictement conforme à l'échantillon 9 en regardant (od. en examinant) de plus près 10 donner des instructions complètes et précises 11 les caisses doivent être marquées strictement selon nos indications

1 le sursis de paiement a été accordé 2 les marchandises livrées sont d'une exécution autre que celle approuvée 3 toute ristourne (od. remise) doit être approuvée au préalable 4 approuver sans changement; accepter sans modification

1 est sujet à autorisation officielle 2 introduire une demande d'autorisation 3 avec l'autorisation expresse 4 veuillez demander au ministère compétent l'autorisation de ... 5 l'administration délivrant l'autorisation 6 date de l'auto-

ist die ~ unseres Gesuches nicht zu **erlangen** 11 das Ministerium muß hierzu ~ **erteilen** 12 erst nach der ~ der **Muster** 13 **nachträgliche** ~ 14 **Sonder-** 15 **–s-verfahren** 16 die ~ wurde spätestens bis 11. 2. **versprochen** 17 mit **Vorbehalt** der Kompensations– 18 das verlangt eine **vorhergehende** ~ der Zentralbank 19 **vorläufige** ~ 20 es wird auf die ~ gewartet

risation 7 autorisation de change; autorisation d'attribution (od. d'allocation) de devises 8 approbation unanime 9 approbation définitive 10 actuellement il n'est pas possible de faire approuver notre demande 11 l'autorisation (od. l'approbation) du ministère est indispensable à cet effet 12 seulement après l'approbation des échantillons 13 approbation rétroactive (od. confirmative); consentement donné ultérieurement 14 permission spéciale 15 procédure d'approbation 16 l'autorisation a été promise pour le 11/2 au plus tard 17 à condition que l'autorisation de compensation soit approuvée 18 une autorisation préalable de la banque centrale est nécessaire à cet effet 19 autorisation provisoire 20 l'autorisation est attendue (od. imminente)

Geneigt, wir sind ~, Ihr Angebot zu **akzeptieren,** jedoch unter der Voraussetzung, daß ...

nous sommes disposés à accepter votre offre à condition que ...

General-, 1 **–direktion** 2 Bank–**direktor** 3 **–konsulat** von Haiti in Bremen 4 **–sekretär** 5 außerordentliche **–versammlung** 6 **–vertretung** 7 **–vollmacht**

1 direction générale 2 directeur général de banque 3 consulat général de Haïti à Brême 4 secrétaire général 5 assemblée générale extraordinaire 6 agence (od. représentation) générale 7 procuration générale; plein pouvoir

Generell, 1 **–e Einfuhr** 2 **–e Lizenz**

1 importation générale 2 licence générale

Genießen, 1 Sie ~ dieselben **Begünstigungen** wie unsere führenden Kunden 2 unser Warenzeichen genießt hier einen ausgezeichneten **Ruf** 3 diese Firma genießt unser volles **Vertrauen**

1 vous bénéficiez des mêmes avantages que nos clients de marque 2 notre marque de fabrique jouit ici d'une excellente réputation (od. renommée) 3 cette firme a toute notre confiance

Genossenschaft f 1 **–sbetrieb** 2 **Einkaufs–** 3 **Großeinkaufs–** 4 **–shandel** 5 **Handwerker–** 6 **Konsum–** 7 **Kredit–** 8 **Lagerhaus–** 9 **Produktions–** 10 **–sregister** 11 **–sverband** 12 **Verbraucher–** 13 **–sverkaufstelle**

1 entreprise coopérative 2 coopérative d'achat 3 coopérative d'achat en gros 4 commerce fait par des coopératives 5 coopérative artisanale 6 coopérative de consommation 7 coopérative de crédit 8 coopérative d'emmagasinage (od. de stockage) 9 coopérative de production 10 registre des coopératives 11 fédération des coopératives 12 coopérative de consommateurs 13 magasin de coopérative

Genügen, 1 für die **Einfuhr** nach Österreich ~ Handelsrechnungen 2 das genügt **vorläufig**

1 pour l'importation en Autriche, des factures commerciales suffisent 2 cela suffit pour l'instant

Genügend, 1 vorläufig haben Sie uns keine **–e Gelegenheit** gegeben, damit wir ... 2 es ist nicht ~ **überzeugend**

1 vous ne nous avez pas donné jusqu'ici suffisamment d'occasions de ... 2 ce n'est pas très convaincant

Genugtuung f 1 die Nachricht über Verhandlungen wurde mit ~ **aufgenommen** 2 wir **erhielten** hiermit volle ~ für diese Verleumdung 3 dem Vertreter ~ **geben**

1 la nouvelle relative aux négociations a été accueillie avec satisfaction 2 nous avons ainsi obtenu satisfaction pleine et entière pour cette injure calomnieuse 3 donner satisfaction au représentant

Gepäck n **–abfertigung**

enregistrement des bagages

Gepflogenheit — Gern

Gepflogenheit *f* (s.a. Usance) 1 **Handels**-−en 2 −en des **Seehandels**

Gerät *n* ein **Ersatz**− stellen wir zur Verfügung

Geraten, 1 ihr Unternehmen ist in **Konkurs** ~ 2 wir gerieten in eine schwierige **Lage**

Gerecht (s.a. berechtigt) 1 −er **Anspruch** 2 ~ und **billig** 3 −e **Forderungen** 4 wir halten diese **Lösung** für ~

Gerechtfertigt, unserer Ansicht nach ist Ihre **Beschwerde** nicht voll ~

Gericht *n* (s.a. Schiedsgericht) 1 **Befund** des Schieds−es 2 die **Berufung** wurde beim ~ vorgestern eingereicht 3 −**sbeschluß** 4 die Sache vor ~ **bringen** 5 −**sdepot** 6 die **Entscheidung** der Angelegenheit durch Schieds− 7 es ist unerläßlich, daß Sie persönlich vor ~ **erscheinen** 8 −**sgebühren** 9 −**skosten** 10 **Oberstes** ~ 11 −**sprotokoll** 12 etwaige Streitigkeiten werden durch das **Schieds**−endgültig ausgetragen 13 Ausschließlicher −**sstand** Hamburg 14 −**sstand** 15 −**sverfahren** 16 wir möchten die Sache nur ungern vor ~ **verhandeln** 17 die −**sverhandlung** findet am nächsten Dienstag statt 18 der −**svollzieher** wurde von uns beauftragt 19 auf dem −**sweg** 20 das örtlich **zuständige** ~ 21 sich an das **zuständige** ~ wenden

1 usages commerciaux; pratiques commerciales; usances 2 usages du commerce maritime

nous mettons l'appareil de rechange à la disposition de . . .

1 leur entreprise est en faillite 2 nous nous sommes trouvés dans une situation difficile

1 juste prétention (od. revendication); demande justifiée 2 juste et équitable 3 justes prétentions 4 cette solution nous paraît équitable

à notre avis, votre réclamation n'est pas entièrement justifiée

1 sentence du tribunal arbitral (od. d'arbitrage) 2 l'appel a été déposé (od. introduit) devant la cour d'appel avant-hier 3 décision du tribunal 4 saisir de la justice de l'affaire; porter l'affaire devant un tribunal 5 dépôt judiciaire 6 le règlement du litige par le tribunal arbitral 7 il est indispensable que vous comparaissiez en personne devant le tribunal 8 les dépens 9 frais de justice; frais judiciaires; frais de procédure 10 cour suprême 11 procès-verbal du tribunal 12 tout litige éventuel sera jugé par le tribunal arbitral qui statuera sans appel 13 pour toute contestation le tribunal de Hambourg est seul compétent 14 tribunal compétent 15 procédure (judiciaire) 16 il nous déplairait de devoir porter l'affaire devant les tribunaux 17 les débats (od. l'audience) auront lieu mardi prochain 18 l'huissier a été dûment commissionné par nous 19 par voie de justice; par voie de droit 20 tribunal local compétent 21 saisir le (od. s'adresser au) tribunal compétent

Gerichtlich, 1 −e **Anzeige** 2 ~ **beglaubigte** Abschrift 3 wir bitten um −e **Beglaubigung** der Unterschrift 4 ~ **eingreifen** 5 −e **Entscheidung** 6 Ansprüche ~ **geltend** machen 7 −e **Verfolgung** 8 −er **Vergleich** 9 −e **Vorladung**

1 dénonciation; signification par voie de justice; notification judiciaire 2 copie homologuée 3 nous demandons l'authentification judiciaire (od. l'homologation) de la signature 4 intenter une action en justice 5 décision judiciaire 6 faire valoir des droits en justice 7 poursuites judiciaires 8 compromis (od. transaction) judiciaire 9 assignation; citation (en justice)

Gerichtsbarkeit *f* der ~ **unterliegen**

être soumis à (od. relever de) la juridiction

Gering, 1 ich habe nicht die −ste **Ahnung** davon 2 −e **Mengen** von Ware

Gern, 1 wir werden Ihnen ~ unsere Waren **liefern** 2 wir **sehen** es nicht ~, wenn . . . 3 zum Schluß möchten wir Ihnen ~ **versichern,** daß . . .

1 je n'en ai pas la moindre idée 2 des quantités minimes de marchandises

1 ce sera avec plaisir que nous vous fournirons la marchandise 2 nous ne voyons pas d'un bon œil que . . . (od. nous n'aimons guère que . . .) 3 pour conclure, nous voudrions vous assurer que . . .

Gerücht *n* 1 es gehen –e um, daß … 2 es sind –e im Umlauf, daß … 3 unbestätigte –e
Gesamt-, 1 –bericht 2 der –betrag macht DM 5.000,— aus 3 –eindruck 4 –einnahme 5 das –gewicht darf 11.000 kg nicht übersteigen, damit die Ware als Waggonsendung expediert werden kann 6 **insgesamt** schätzen wir es auf DM 1.000,— 7 –menge 8 –summe 9 –umsatz 10 –wert

1 le bruit court que … 2 on entend des rumeurs, selon lesquelles … 3 bruits non confirmés
1 rapport d'ensemble; rapport général 2 le montant total (od. global) s'élève à DM 5.000,— 3 impression d'ensemble 4 recette totale 5 le poids total ne devra pas excéder 11.000 kg, afin que la marchandise puisse être expédiée par wagon complet 6 nous l'estimons au total à DM 1.000,— 7 quantité totale 8 montant total (od. global) 9 total du chiffre d'affaires 10 valeur totale (od. globale)

Geschäft *n* 1 mit uns beträchtliche –e **abschließen** 2 –sabschluß 3 weitere –e **anbahnen** 4 es handelt sich um eine –s**angelegenheit** 5 ein **ansehnliches** ~ 6 **Art** des –es 7 es besteht **Aussicht** auf größere –e 8 –s**aussichten** 9 **Bank**–e 10 **Bar**– 11 Allgemeine –s**bedingungen** 12 das ~ wurde durch das Auftreten der Firma IAC am Markt **beeinflußt** 13 dieses erste ~ hat uns wenig **befriedigt** 14 wir möchten mit Ihnen das ganze ~ eingehend **besprechen** 15 sich zu gleichen Teilen an einem ~ **beteiligen** 16 sich an einem ~ **beteiligen** 17 **beträchtliches** ~ 18 diese Angelegenheit ist für unsere gegenseitigen –**beziehungen** von großer Bedeutung 19 **Börsen**–e 20 beim Abschluß unserer –**bücher** haben wir festgestellt, daß … 21 **Detail**–22 **Differenz**–e 23 **Distanz**–e 24 **dreiseitiges** ~ 25 wir wollen das ~ auf eigene Rechnung **durchführen** 26 wir können Ihnen nicht raten, sich auf dieses ~ **einzulassen** 27 **einträgliches** ~ 28 dieses ~ ist uns wegen verspäteten Angebots **entgangen** 29 wir möchten uns das ~ nicht **entgehen** lassen 30 ein Textilwaren– **eröffnen** 31 **Fix**– 32 **flaue** –e 33 –s**freund** 34 ein ~ **führen** 35 –s**führer** 36 das ~ **gedeiht** gut 37 **gegenseitige** –e 38 **Gegenstand** des –es 39 –s**geheimnis** 40 das **Gelegenheits**– 41 **gelungenes** ~ 42 –s**gepflogenheiten** 43 **Import**– 44 an weiteren derartigen –en sind wir nicht **interessiert** 45 **Kommissions**– 46 **Kompensations**– 47 **Kredit**– 48 in –**skreisen** 49 **Lager**– 50 ein gutes ~ **machen** 51 guter –s**mann** 52 gute –s**möglichkeiten** 53 dieses ~ wird Ihnen einen ansehnlichen **Nutzen** bringen 54 **Platz**– 55 auf der Grundlage der üblichen –s**praxis** 56 **Probe**– 57 **promptes** ~ 58 **Raten**– 59 dies würde die **Realisierung** des –es ermöglichen 60 ~ auf gemeinsame **Rechnung** 61 –s**reise** 62

1 conclure (od. traiter) avec nous des affaires sur une échelle considérable 2 conclusion d'une affaire (d'un marché) 3 entreprendre (préparer la voie à) d'autres affaires 4 il s'agit d'une question d'affaires 5 une affaire importante 6 nature de l'affaire 7 il y a espoir d'affaires plus importantes 8 perspectives d'affaires 9 opérations bancaires 10 affaire (od. marché) au comptant 11 conditions générales (de vente, d'une affaire) 12 l'affaire a été influencée par l'apparition de la firme IAC sur le marché 13 cette première affaire nous a donné peu de satisfaction 14 nous voudrions discuter toute cette affaire à fond avec vous 15 participer à parts égales à une affaire 16 participer à une affaire (od. transaction) 17 affaire importante 18 cette affaire est d'une grande importance pour nos relations commerciales réciproques 19 opérations de bourse 20 en arrêtant nos livres (od. comptes), nous avons constaté que … 21 affaire de détail; magasin (od. maison) de détail 22 opérations différentielles (od. à découvert, à terme) 23 affaires traitées par correspondance (od. sur échantillons) 24 opération triangulaire 25 nous désirons réaliser l'affaire pour notre propre compte 26 nous ne pouvons vous conseiller de vous lancer (od. embarquer) dans cette affaire 27 affaire profitable; opération lucrative 28 cette affaire nous a échappé en raison de l'arrivée tardive de l'offre 29 nous ne voudrions pas manquer cette affaire 30 ouvrir un magasin de produits textiles 31 marché (od. opération) à terme fixe (od. ferme) 32 affaires stagnantes 33 relation d'affaires 34 diriger une affaire; tenir un commerce 35 gérant 36 l'affaire marche bien; le commerce est florissant (od. prospère) 37 affaires (od. opérations, transactions) sur une base de récipro-

Geschäft — Geschmackvoll

–sreisender 63 **Saison–** 64 **Spekulations–** 65 **Spezial–** 66 **–sstelle** 67 **–e unter der Firma N.I.W.A. tätigen** 68 **–stätigkeit** 69 **Tausch–** 70 **Termin–** 71 **das ~ ist unsicher** 72 **neue –sverbindungen anknüpfen** 73 **vereinbartes ~** 74 **–sverhandlungen** 75 **bei diesem ~ haben wir viel verloren** 76 **Verlust–** 77 **kommen Sie bitte während der –szeit** 78 **das ~ ist in der letzten Zeit zurückgegangen** 79 **von dem ~ zurücktreten** 80 **–szweig** 81 **zweiseitiges ~**

cité 38 objet de l'affaire 39 secret commercial (od. d'affaires) 40 affaire d'occasion; opération occasionnelle 41 affaire réussie 42 usages commerciaux; pratiques commerciales 43 affaire d'importation 44 nous ne trouvons plus aucun intérêt à des affaires futures de ce genre, d'autres affaires de ce genre ne nous intéressent pas 45 affaire en commission 46 affaire de compensation 47 opération à crédit; affaire de crédit 48 dans les milieux d'affaires 49 commerce de magasinage 50 faire une bonne affaire 51 homme d'affaires capable 52 bonnes perspectives d'affaires 53 cette affaire vous assurera un profit considérable 54 commerce local 55 selon la pratique commerciale habituelle 56 vente à l'essai 57 affaire au comptant; vente au comptant 58 vente à tempérament 59 ceci permettrait de conclure (od. réaliser) l'affaire 60 affaire réalisée en participation 61 voyage (od. tournée) d'affaires 62 voyageur de commerce 63 affaire saisonnière; commerce saisonnier 64 affaire (opération) spéculative 65 magasin spécialisé 66 bureau; agence; office 67 réaliser des affaires sous la raison sociale de N.I.W.A. 68 activité commerciale 69 opération d'échange; troc 70 opération à terme; marché à terme 71 l'affaire est incertaine 72 nouer de nouvelles relations commerciales 73 affaire convenue 74 négociations commerciales 75 dans cette affaire, nous avons subi une grosse perte 76 affaire déficitaire; opération à perte 77 veuillez venir aux heures d'ouverture 78 les affaires se sont ralenties dernièrement 79 se retirer d'une affaire; abandonner une affaire 80 branche commerciale 81 affaire bilatérale

Geschäftlich, 1 **den nächsten Monat werden sie sich ~ in USA aufhalten** 2 **er ist ~ gekommen** 3 **die –en Verhandlungen entwickeln sich zufriedenstellend** 4 **im –en Verkehr allgemein anerkannt und üblich**

1 le mois prochain, ils seront aux Etats-Unis pour affaires 2 il est venu pour affaires 3 les négociations commerciales avancent d'une manière satisfaisante 4 généralement reconnu et en usage dans les affaires

Geschehen, 1 **größtenteils geschieht es so** 2 **teilen Sie uns bitte mit, was mit der Ware ~ soll** 3 **dies geschah nur versehentlich**

1 c'est ce qui se passe généralement; c'est ainsi que cela se passe le plus souvent 2 veuillez nous faire savoir ce qu'il faut faire de la marchandise 3 cela s'est produit par inadvertance

Geschenk n 1 **Gelegenheits–** 2 **–paket** 3 **Reklame–** (ou **Werbe–**)

1 cadeau (od. présent) occasionnel 2 colis-cadeau 3 cadeau publicitaire

Geschicklichkeit f **Mangel an Sorgfalt oder ~**

faute de soin ou d'habileté

Geschmack m **sie haben einen guten ~**

ils ont bon goût

Geschmackvoll, 1 **die Kollektion wurde**

1 la collection a été arrangée avec

Geschmackvoll — Gestaltung

sehr ~ **ausgeführt** 2 –e **Ausführung** 3 –e **Ausstattung** 4 –e grafische **Gestaltung**

beaucoup de goût 2 exécution (od. réalisation od. confection) pleine de goût (od. de bon goût) 3 aménagement de bon goût; décoration exquise 4 réalisation graphique de bon goût

Gesellschaft *f* 1 eine **Aktien**– gründen 2 **Ausfuhr**– 3 ~ mit beschränkter **Haftung** (G.m.b.H.) 4 offene **Handels**– (oHG) 5 –**santeile** 6 **Gründung** der ~ 7 **Gründungsurkunde** einer ~ 8 –**skapital** 9 **Konzern**– 10 **Schiffahrts**– 11 **Tochter**–

1 constituer une société anonyme 2 société d'exportation 3 société à responsabilité limitée (S.A.R.L.) 4 société en nom collectif 5 parts sociales 6 constitution de la société 7 pacte social de société 8 capital social 9 société affiliée à un groupe industriel 10 compagnie de navigation 11 société affiliée

Gesellschafter *m* auf jeden ~ **entfällt** ein Viertel des Eigentums

chaque partenaire participe à l'avoir à raison d'un quart

Gesetz *n* 1 von den –en darf nicht **abgewichen** werden 2 das ~ von **Angebot** und **Nachfrage** 3 das ~ **bestimmt** 4 nach den **betreffenden** –en 5 Bundes–**blatt** 6 –~- und Verordnungs**blatt** 7 Bürgerliches –**buch** 8 Handels–**buch** 9 den **geltenden** –en gemäß 10 in den **Grenzen** des –es 11 die **Gültigkeit** des –es 12 **Handels**– 13 **Kartell**– 14 im **Sinne** dieses –es 15 die **Übertretung** des –es 16 das ~ **umgehen** 17 die Unkenntnis des –es entschuldigt nicht 18 die **Verletzung** des –es 19 die sich aus dem ~ ergebende **Verpflichtung** 20 Wechsel– 21 Zoll–

1 on ne saurait déroger aux lois 2 le principe (od. la règle) de l'offre et de la demande 3 la loi prévoit (od. dispose, prescrit) 4 selon les dispositions législatives applicables; selon la législation applicable 5 journal officiel de la République fédérale d'Allemagne 6 bulletin officiel des lois et ordonnances 7 code civil 8 code de commerce 9 conformément aux (od. en vertu des) lois en vigueur 10 dans les limites de la loi 11 force (od. validité) de la loi 12 loi commerciale 13 loi sur les cartels 14 dans l'esprit de cette loi 15 violation de (od. infraction à) la loi 16 éluder (od. tourner) la loi 17 nul n'est censé ignorer la loi 18 la violation de la loi 19 obligation découlant de la loi 20 législation sur la lettre de change 21 code des douanes; loi douanière

Gesetzlich, 1 –er **Anspruch** 2 –e **Bestimmung** 3 –er **Feiertag** 4 –e **Frist** 5 auf –er **Grundlage** 6 –e **Kündigungsfrist** 7 –e **Maßnahmen** 8 –e **Verantwortlichkeit**

1 droit (od. revendication) légitime 2 disposition légale 3 jour férié légal 4 délai légal 5 sur une base légale 6 délai--congé (od. délai de préavis) légal 7 mesures légales 8 responsabilité légale

Gesondert, ~ **einlagern**
stocker à part; entreposer séparément

Gespannt, die **Lage** ist äußerst ~
la situation est extrêmement tendue

Gespräch *n* 1 ein Telefon– **anmelden** 2 im **Anschluß** an unser heutiges Fern– mit Ihnen 3 wir **bestätigen** unser heutiges Fern– mit Ihnen 4 **Blitztelefon**– 5 **dringliches** Telefon– 6 **Fern**– 7 **Gebühr** für ein Fern– 8 –**sgebühr** 9 wir knüpfen an unser **heutiges** ~ an 10 **Orts**– 11 wir sind in unserem Telefon– **unterbrochen** worden 12 ~ mit **Voranmeldung**

1 demander une communication téléphonique 2 pour faire suite (od. comme suite) à la conversation téléphonique que nous avons eue aujourd'hui avec vous 3 nous confirmons la conversation téléphonique que nous avons eue ce jour avec vous 4 communication éclair 5 communication téléphonique urgente 6 communication interurbaine 7 taxe pour une communication interurbaine 8 taxe de communication téléphonique 9 nous nous référons à notre conversation de ce jour 10 communication urbaine 11 notre conversation téléphonique a été coupée 12 communication avec préavis

Gestaltung *f* geschmackvolle grafische ~
réalisation graphique de bon goût

Gestatten — Gewerbe

Gestatten, 1 die **Einfuhr** ist nicht gestattet 2 **Teillieferungen** sind nicht gestattet 3 ~ Sie, Ihnen Herrn Keul **vorzustellen**
Gestehung *f* –s**kosten**
Gesuch *n* 1 die **Ablehnung** des –es war zu erwarten 2 das ~ wurde ordnungsgemäß mit Dokumenten **belegt** 3 **Eingabefrist** für das ~ 4 Datum der **Einreichung** des –es 5 **ergänzen** Sie Ihr ~ mit den erforderlichen Angaben 6 zur Zeit ist die **Genehmigung** unseres –es nicht zu erlangen 7 Ihr ~ wurde **günstig** beschieden 8 **schriftliches** ~ 9 ein ~ **um** eine Stelle einreichen

Gesundheit *f* 1 –**sattest** 2 –**szeugnis**

Getrennt, Teillieferungen werden ~ in **Rechnung** gestellt
Getreu, 1 zu –en **Händen** 2 –er **Wortlaut**
Gewagt, –es **Unternehmen**
Gewähr *f* ohne ~

Gewahren, Ihre **Rechte** bleiben Ihnen gewahrt

Gewähren, 1 eine einmalige **Entschädigung** für den erlittenen Schaden in der Höhe von DM 500,— ~ 2 **Ersatz** kann nicht gewährt werden, da ... 3 ~ Sie uns bitte eine angemessene **Frist** 4 wir ~ eine einjährige **Garantie** 5 dem Kunden jede **Hilfe** ~ 6 ein **Kredit** von FF 1.000,— kann ruhig gewährt werden 7 ausnahmsweise einen **Nachlaß** ~ 8 wir sind bereit, den von Ihnen gewünschten **Nachlaß** zu ~ 9 eine **Subvention** bei der Ausfuhr dieser Ware ~ 10 kanadischen Waren **Vorzug** ~

Gewährleisten, 1 genaue **Einhaltung** der angegebenen Frist ~ 2 die **Richtigkeit** der Angaben ist nicht gewährleistet
Gewährung *f* sie ersuchten um ~ einer **Anleihe**
Gewalt *f* 1 Fälle höherer ~ **ausgenommen** 2 Fälle **höherer** ~ oder irgendwelche andere Ursachen, die außerhalb ihrer Kontrolle liegen 3 unsere Verpflichtungen können wir infolge **höherer** ~ nicht erfüllen 4 Bescheinigung über **höhere** ~
Gewerbe *n* 1 **Handwerk** und ~ 2 –**kammer** 3 –**ordnung** 4 –**schein** 5 –**steuer**

1 l'importation n'est pas autorisée 2 les livraisons partielles ne sont pas permises 3 permettez-moi que je vous présente M. Keul

prix de revient

1 il fallait s'attendre au rejet de la demande (od. requête) 2 la demande était accompagnée de documents à l'appui 3 délai d'introduction (od. de dépôt) de la demande 4 date d'introduction de la demande 5 veuillez compléter votre demande par les renseignements (od. indications) nécessaires 6 actuellement il n'est pas possible de faire approuver la demande 7 votre requête a reçu une réponse favorable (od. a été accueillie favorablement) 8 demande écrite 9 présenter une demande d'emploi

1 certificat de santé 2 certificat sur l'état sanitaire

les fournitures partielles sont facturées à part (od. séparément)
1 confier à la bonne garde 2 texte fidèle
entreprise hasardeuse
sans garantie; sans engagement; sans obligation; sous toutes réserves

vos droits vous restent acquis

1 accorder une indemnité unique de DM 500,— pour le dommage subi 2 il ne saurait être accordé de compensation (od. dédommagement), étant donné que ... 3 veuillez nous accorder (od. concéder) un délai convenable 4 nous accordons une garantie d'un an 5 accorder au client toute assistance 6 il n'y a pas d'inconvenient à ce qu'un crédit de FF 1.000,— soit accordé 7 accorder exceptionnellement un rabais 8 nous sommes disposés (od. prêts) à vous faire la réduction désirée 9 accorder une subvention à l'exportation de cette marchandise 10 accorder la préférence aux produits canadiens

1 garantir (od. assurer) la stricte observation du délai indiqué 2 l'exactitude des détails n'est pas garantie
ils ont sollicité l'octroi d'un prêt

1 à l'exception (od. à l'exclusion) des cas de force majeure 2 les cas de force majeure ou toutes autres causes échappant à leur contrôle 3 un cas de force majeure, nous empêche de remplir nos obligations 4 attestation d'un cas de force majeure

1 arts et métiers 2 chambre des métiers 3 code de la législation industrielle et du

Gewerblich, 1 –es **Muster** 2 –er **Rechtschutz**
Gewicht *n* 1 –sabweichung 2 –sabzug 3 unrichtige **Angabe** des –es 4 ~ und Menge **angeben** 5 das im Frachtbrief **angeführte** ~ stimmt nicht mit dem tatsächlichen ~ der Sendung überein 6 –sbescheinigung 7 bei Obst wird das **Brutto**– verzollt 8 –sdifferenz 9 **Effektiv**– 10 wirkliches **Eigen**– eines Eisenbahnwaggons 11 –seinheit 12 es **fehlen** 30 kg am ~ 13 **festgestelltes** ~ 14 amtlich **festgesetztes** ~ 15 **genaues** ~ 16 **Gesamt**– 17 das **Gesamt**– darf 11.000 kg nicht übersteigen, wenn die Ware als Waggonsendung expediert werden soll 18 nach ~ **kaufen** 19 **Lade**– 20 **Landungs**– 21 großes ~ wird auf das neue Abkommen **gelegt** 22 das –**smanko** beträgt 129 kg 23 zulässiges **Maximal**– 24 **Mehr**– 25 **Minder**– 26 **Mindest**– 27 die Gebühr wird **nach** dem ~ bemessen 28 das **Netto**– der Sendung ist in allen Dokumenten anzuführen 29 mit einem **Stück**– von 100 kg oder mehr 30 **überprüfen** Sie das ~ aller Kisten 31 **Ungleich**– des internationalen Handels 32 infolgedessen reklamieren wir das **unrichtige** ~ 33 einige Kisten haben **Unter**– 34 der **Verlust** an ~ ist üblich 35 das ~ der **Verpackung** herabsetzen 36 **wirkliches** ~ 37 –**szertifikat** 38 **zollpflichtiges** ~ 39 **zulässiges** ~

travail 4 licence pour l'exercice d'une activité commerciale ou industrielle 5 impôt sur les bénéfices des professions industrielles et commerciales; patente 1 dessin industriel; modèle de fabrique 2 protection de la propriété industrielle 1 différence (od. tolérance) de poids 2 bonification sur le poids 3 indication inexacte du poids 4 indiquer le poids et la quantité 5 le poids indiqué dans la lettre de voiture ne correspond pas au poids effectif de l'envoi 6 certificat de poids 7 pour les fruits, c'est le poids brut qui est soumis aux droits de douane 8 différence de poids 9 poids effectif 10 poids mort d'un wagon de chemin de fer 11 unité de poids 12 30 kg manquant au poids 13 poids relevé (od. constaté) 14 poids officiellement fixé 15 poids exact 16 poids total 17 le poids total ne devra pas excéder 11.000 kg s'il est question d'expédier la marchandise par wagon complet 18 acheter au poids 19 charge utile; tonnage 20 poids au débarquement 21 on attache beaucoup d'importance au nouvel accord 22 il y a 129 kg de poids manquant 23 poids maximum autorisé 24 excédent de poids 25 manquant de poids 26 poids minimum 27 la taxe est calculée d'après le poids 28 le poids net de l'envoi est à indiquer dans tous les documents 29 pesant 100 kg la pièce ou davantage 30 veuillez vérifier le poids de toutes les caisses 31 déséquilibre (od. instabilité) du commerce international 32 c'est pourquoi nous signalons l'erreur de poids 33 plusieurs caisses n'atteignent (od. ne font) pas le poids 34 la perte de poids est normal 35 réduire le poids de l'emballage 36 poids réel (od. effectif) 37 certificat de poids 38 poids soumis au droit de douane 39 poids autorisé

Gewinn *m* 1 wir verbürgen Ihnen einen ansehnlichen ~ 2 –**anteil** 3 mit ~ **arbeiten** 4 –e **aus** dem Betrieb von Unternehmen 5 sich am ~ **beteiligen** 6 –**entgang** 7 **Rein**– 8 10% **scheinbarer** ~ 9 angemessene –**spanne** 10 einen Antrag auf –**teilung** stellen 11 –**transfer** 12 **Unternehmens**– 13 ~– und **Verlustkonto** 14 ~– und **Verlustrechnung** 15 der **verteilte Rein**– 16 –**verteilung**

1 nous vous garantissons un bénéfice appréciable 2 part de bénéfice 3 travailler avec bénéfice 4 bénéfices tirés de l'activité d'entreprises 5 participer au bénéfice 6 perte de profit 7 bénéfice net 8 bénéfice apparent de 10% 9 marge bénéficiaire raisonnable 10 demander la répartition (od. distribution) des bénéfices 11 transfert de bénéfices 12 bénéfice d'entreprise 13 compte de profits et pertes 14 les résultats de l'exercice financier 15 le bénéfice distribuable 16 affectation des bénéfices

Gewinnen, 1 die letzten Muster haben große **Beliebtheit** gewonnen 2 einen

1 les derniers modèles sont devenus très populaires 2 trouver un client 3 nous

Gewinnen — Glückwunsch 142

Kunden ~ 3 wir haben die **Überzeugung** gewonnen, daß ... // avons acquis la conviction que ...

Gewiß, 1 es wurde bereits ein gewisses **Einverständnis** erzielt 2 als Vertreter meldet sich ein gewisser **Herr** Langer 3 man muß mit einer gewissen **Vorsicht** vorgehen // 1 un accord a déjà été réalisé sur certains points 2 un certain M. Langer se présente comme représentant 3 il convient de procéder avec une certaine prudence

Gewissen *n* 1 wir können Ihnen diese Sorten mit **gutem** ~ empfehlen 2 wir haben nach unserem besten **Wissen** und ~ gehandelt // 1 nous pouvons vous recommander ces variétés en toute conscience 2 nous avons agi en toute conscience

Gewissenhaft, –e **Ausführung** wird garantiert // une exécution scrupuleuse est garantie

Gewissermaßen, ~ hat er recht // il a raison dans une certaine mesure

Gewohnheit *f* 1 **Einkaufs**–en 2 –srecht // 1 habitudes d'achat 2 droit coutumier; loi coutumière

Gewöhnlich, 1 –es **Ferngespräch** 2 die Kopie mit –er **Post** übersenden // 1 communication téléphonique ordinaire 2 expédier la copie par le courrier ordinaire

Girieren, in blanko ~ // endosser en blanc

Giro *n* 1 **ausgefülltes** ~ 2 **Bank**– 3 **Blanko**– 4 –konto // 1 endossement ordinaire 2 endossement bancaire 3 endossement en blanc 4 compte de virement (od. compte courant) en banque

Glaube *m* **guten** –ns // de bonne foi

Gläubiger *m* 1 Herr Geller hat sich voriges Jahr mit seinen –n **geeinigt** 2 **Wechsel**– // 1 M. Geller s'est arrangé l'an dernier avec ses créanciers 2 créancier d'une lettre de change

Glaubwürdigkeit *f* ~ der **Dokumente** // authenticité des documents

Gleich, 1 ein –es **Angebot** ist auch von Herrn Rose eingegangen 2 in –er **Ausführung** 3 auf –er **Basis** 4 zu –en **Bedingungen** 5 mit –er **Post** senden wir Ihnen die Kataloge 6 zu –en **Teilen** 7 im –en **Verhältnis** // 1 une offre identique a été faite également par M. Rose 2 exécuté de la même manière 3 sur la même base; sur une base identique 4 aux mêmes conditions 5 nous vous adressons les catalogues par le même courrier 6 à parts égales 7 dans la même proportion

Gleichberechtigung *f* auf der Grundlage vollkommener ~ und Gewährung gegenseitiger **Begünstigungen** // sur la base d'une parfaite égalité de droits et d'un traitement préférentiel réciproque

Gleichgültig, ~, ob ... // peu importe que ...

Gleichkommen, unsere Waren kommen hinsichtlich ihrer **Qualität** den teuersten gleich // pour la qualité, nos marchandises rivalisent avec les plus chères

Gleichlautend, zum Vertragsabschluß ist beiderseitige –e **Willensäußerung** notwendig // une déclaration de volonté mutuelle et de texte conforme des deux parties est nécessaire pour la conclusion de l'accord

Gleichzeitig, 1 da bei uns mehrere Anfragen ~ **eingetroffen** sind, ... 2 wir werden Sie ~ **informieren** 3 senden Sie uns die Bestätigung ~ **mit** der Proforma-Rechnung // 1 plusieurs demandes nous étant parvenues en même temps, ... 2 nous vous informerons en même temps 3 veuillez nous faire parvenir la confirmation en même temps que la facture pro forma

Glück *n* wir hoffen, nächstens mehr ~ zu **haben** // nous espérons avoir plus de chance la prochaine fois

Glücklich, es war ein –er **Zufall,** daß ... // un heureux hasard a voulu que ...

Glücklicherweise, ~ haben wir die Einfuhrgenehmigung **erhalten** // heureusement, nous avons reçu l'autorisation d'importation

Glückwunsch *m* 1 mit aufrichtiger Freude // 1 c'est avec un sincère plaisir que nous

de sprechen wir Ihnen unsere Glückwünsche zu Ihrer **Beförderung** aus 2 wollen Sie bitte unsere aufrichtigsten Glückwünsche **entgegennehmen** 3 wir benützen diese Gelegenheit, Ihnen unsere herzlichsten Glückwünsche für das **neue Jahr** auszusprechen
Gold n 1 –devise 2 –klausel
Grad m bis zu einem bestimmten –e

Grafisch, –er Entwurf
Gratis, 1 –aktie 2 –exemplar 3 Muster auf Verlangen ~
Gratulieren s. Beglückwünschen
Grenze f 1 alleräußerste ~ 2 die Zollabfertigung erfolgt **an der** ~ 3 **äußerste** ~ 4 **Belastungs**– ~ 5 „**Frachtfrei** ~ oder Parität" 6 „**Franko** (ou frei) deutsch-französische ~" 7 „**Frei** ~" 8 „**Geliefert** ~ (bekannter Lieferort an der ~)" 9 in den –n des **Gesetzes** 10 sich in den –n der Möglichkeit **halten** 11 **obere** ~ 12 **Preis**– 13 obere **Preis**– 14 über die ~ **schmuggeln** 15 **Staats**– 16 Grenzübergangsbahnhof 17 die ~ **überschreiten** 18 Grenzübertrittzertifikat 19 **untere** ~ 20 Grenzverkehr 21 in den nachstehend **vorgesehenen** –n 22 Zoll– 23 Grenzzollamt

vous présentons nos félicitations à l'occasion de votre promotion (od. avancement) 2 veuillez agréer nos sincères félicitations 3 nous profitons de cette occasion pour vous présenter nos meilleurs vœux pour l'année nouvelle

1 monnaie à couverture or 2 clause-or
jusqu'à un certain degré; dans une certaine mesure
dessin graphique
1 action gratuite 2 exemplaire gratuit 3 échantillon gratuit sur demande
...
1 toute dernière limite 2 le dédouanement sera effectué à la frontière 3 extrême limite 4 charge limite; poids maximum autorisé 5 «franco de port frontière ou parité» 6 «franco frontière franco-allemande» 7 «franco frontière» 8 «rendu frontière (lieu de livraison indiqué à la frontière)» 9 dans le caydre de la loi 10 rester dans la limite des possibilités 11 limite supérieure; plafond 12 limite de prix; prix limite 13 limite supérieure des prix 14 faire passer la frontière en contrebande 15 frontière d'Etat 16 gare frontière 17 passer la frontière 18 laissez-passer frontalier; certificat de passage de la frontière 19 limite inférieure 20 trafic frontalier 21 dans les limites ci--après fixées; dans le cadre prévu ci--après 22 frontière douanière 23 bureau de douane frontière; poste douanier de frontière

Grob, 1 –e Fahrlässigkeit 2 –es **Verschulden**
Größe f 1 es wird auch in anormaler ~ erzeugt 2 **einheitliche** ~ 3 die **gewünschten** –en sind nicht auf Lager 4 ~ des **Inserates** 5 Maximal– 6 normale ~

1 négligence grossière (od. grave) 2 faute lourde
1 est aussi fabriqué en grandeurs (od. tailles) dépassant la normale 2 grandeur (od. taille, dimension) uniforme 3 les tailles (od. dimensions) désirées ne sont plus en stock 4 la grandeur de l'annonce 5 grandeur (taille, dimension) maximale 6 grandeur normale (od. standard)

Großhandel m 1 die Firma **betreibt** ~ mit Lebensmitteln 2 –**sfirma** 3 –**sindex** 4 in üblichen –**smengen**

1 la firma exploite un commerce d'alimentation en gros 2 maison de gros 3 indice des prix de gros 4 en quantités normales du commerce de gros

Großteil m der ~ der **Produkte** hat sich ein unversehrtes Aussehen erhalten
Größtenteils, ~ geschieht es so

la majeure partie des produits a conservé une apparence intacte
c'est ce qui se produit dans la majorité des cas

Grund m 1 den ernsten ~ **anerkennen** 2 die Akzeptation des Wechsels haben sie ohne **Angabe** des –es verweigert 3 aus den **angeführten** Gründen 4 mit triftigem ~ **annehmen** 5 ~ der **Annulierung** des Vertrages ist ... 6 **auf** ~ 7

1 admettre la gravité du motif 2 ils ont refusé d'accepter la traite sans en indiquer la raison 3 pour les raisons indiquées (od. énumérées) 4 il y a de bonnes raisons de croire (od. supposer) 5 la raison de l'annulation du contrat est ...

Grund — Grundsatz 144

auf ~ der Konsultationen 8 **aus** diesem –e 9 **aus** dem –e, um ... 10 **ausreichender** ~ 11 auf ~ der **Bedingungen** unserer Charterpartie bieten wir fest an 12 wenn **berechtigter** ~ zur Annahme besteht 13 unserer Meinung nach haben Sie keinen ~ zu **Beschwerden** über schlechte Qualität 14 **–buch** 15 alle Gründe, die **dagegen** sprechen 16 **dienstliche** Gründe 17 aus **Ersparungs**gründen 18 aus Erzeugungsgründen ist es nicht möglich ... 19 auf ~ der **Feststellung** 20 **formaler** ~ 21 Gründe **für** und wider 22 es besteht kein ~ für die **Geltendmachung** eines solchen Anspruches 23 im –e **genommen** ist es richtig 24 aus **irgendeinem** –e 25 das **–kapital** 26 aus **kaufmännischen** Gründen 27 **kleinlicher** ~ 28 **–konzeption** 29 **–lage** 30 die **–linien** für eine gemeinsame Agrarpolitik ausarbeiten 31 aus nicht in unserer **Macht** liegenden Gründen 32 aus **persönlichen** Gründen 33 aus **prinzipiellen** Gründen 34 **Rechts**gründe 35 die Lieferung gab keinen ~ zu **Reklamationen** 36 auf ~ der **Reziprozität** 37 der **Sache** auf den ~ gehen 38 **–satz** 39 aus **sonstigen** Gründen 40 der **–stoff** fehlt 41 **–stück** 42 aus **technischen** Gründen 43 **triftige** Gründe 44 **überzeugende** Gründe 45 aus uns **unbekannten** Gründen 46 **ungenügender** ~ 47 **Weigerungs–** 48 aus **welchem** ~ immer 49 **–züge** des Akkreditivs

6 en raison de 7 à la suite des consultations 8 pour cette raison 9 en vue de; afin de 10 raison suffisante 11 sur la base des conditions de notre charte-partie, nous offrons ferme 12 s'il y a de bonnes raisons de croire 13 à notre avis, vous n'avez aucune raison de vous plaindre d'une mauvaise qualité 14 livre foncier 15 toutes les raisons qui s'y opposent 16 raisons de service 17 pour des raisons d'économie 18 pour des raisons en rapport avec la fabrication, il n'est pas possible ... 19 à la suite de la constatation 20 raison de forme 21 raisons pour et contre 22 cette revendication est sans fondement 23 au fond, c'est exact 24 pour une raison quelconque 25 capital initial (od. d'apport) 26 pour des raisons d'ordre commercial 27 motif mesquin 28 conception fondamentale 29 base 30 élaborer les grandes lignes d'une politique agricole commune 31 pour des raisons échappant à notre pouvoir 32 pour des motifs personnels 33 pour des considérations de principe 34 considérations de droit 35 la livraison n'a donné lieu à aucune réclamation 36 sur la base de la réciprocité 37 examiner la chose à fond 38 principe 39 pour d'autres raisons 40 la matière première fait défaut 41 immeuble; terrain 42 pour des raisons techniques 43 raisons pertinentes (od. valables) 44 raisons convaincantes 45 pour des raisons que nous ignorons 46 motif insuffisant 47 raison de refus 48 quel qu'en soit le motif 49 éléments de l'accréditif

Gründen, 1 unsere **Firma** wurde im Jahre 1935 gegründet 2 eine **Aktiengesellschaft** ~

1 notre firme a été constituée en 1935 2 constituer une société anonyme

Grundlage *f* 1 die **Abrechnungs–** ist der Preis ab Lieferwerk 2 **auf** ~ des Prinzips der Gleichberechtigung und Gewährung beiderseitiger Begünstigungen 3 auf einer gesunden und **dauerhaften** ~ 4 auf **gesetzlicher** ~ 5 **handelspolitische** ~ 6 **Kontingent–** 7 **Steuer–** 8 auf **Vertrags–** 9 auf ~ gegenseitiger **Zugeständnisse**

1 base de règlement est le prix départ usine 2 selon le principe de l'égalité de droits et du traitement préférentiel réciproque 3 sur une base saine et durable 4 sur une base légale 5 base de la politique commerciale 6 base de contingent 7 assiette; base d'imposition 8 sur la base du contrat 9 sur la base de concessions mutuelles

Grundlegend, die –e **Voraus**setzung ist ...
Gründlich, 1 wir werden alles ~ **erwägen** 2 –e **Kenntnis**

la condition fondamentale en est ...
1 nous examinerons la question à fond 2 connaissance profonde (od. approfondie)

Grundlos, 1 die Zustimmung zum Vertrag ~ **ablehnen** 2 –e **Befürchtungen** 3 –e **Einwände**
Grundsatz *m* 1 der im Absatz B. **aufgestellte** ~ 2 ~ der **Gegenseitigkeit** 3

1 refuser sans motif le consentement au contrat 2 appréhensions non fondées 3 objections sans fondement
1 le principe établi à l'alinéa B. 2 principe de la réciprocité 3 veuillez suivre ces

richten Sie sich bitte nach diesen Grundsätzen 4 die Grundsätze einer ordnungsgemäßen **Verpackung** wurden nicht beachtet
Grundsätzlich, 1 er hat es ~ **abgelehnt** 2 es ist nicht von einer –en **Bedeutung** 3 wir stellen mit Vergnügen fest, daß wir damit eine –e **Einigung** erzielt haben 4 –e **Entscheidung** 5 –er **Irrtum** 6 –e **Veränderung**
Gründung f 1 ~ der **Gesellschaft** 2 –s**urkunde** der Gesellschaft 3 **Vertrag** zur ~ der Europäischen Wirtschaftsgemeinschaft
Gruppe f 1 –n**index** 2 **Industrie–** 3 Deutsche ~ der **Internationalen Handelskammer**
Grüßen, wir ~ Sie **bestens**

Gültig, 1 das **Akkreditiv** ist bis 31. 3. ~ 2 **allgemein–** 3 dieses **Angebot** ist einen Monat ~ 4 –es **Dokument** 5 **gemein–** 6 –er **Preis** 7 **rechts–** 8 –e **Tarifsätze** 9 –er **Vertrag**

Gültigkeit f 1 während der ~ dieses **Abkommens** 2 die Sendung wurde nach **Ablauf** der ~ des Akkreditivs abgesandt 3 mit **beschränkter** ~ 4 die ~ der **Bewilligung** ist am 3. 9. abgelaufen 5 –s**dauer** 6 innerhalb der –s**dauer** der Abmachung 7 die ~ der Einfuhrbewilligung **erlischt** am 31. 12. 8 **Erneuerung** der ~ der Einfuhrbewilligung 9 die ~ wird auch auf Norwegen **erweitert** werden 10 ~ des **Gesetzes** 11 **Rechts–** 12 die ~ des Akkreditivs um 1 Monat **verlängern** 13 sonst **verliert** das Abkommen seine ~
Gunsten f pl 1 sie **buchten** den Betrag von DM 30,— zu unseren ~ 2 der Streit wurde zu Ihren ~ **entschieden** 3 der Auszug Ihres Kontos weist einen **Saldo** von DM 618,— zu unseren ~ aus
Günstig, 1 wir bitten um Ihr –stes **Angebot** für Kakao 2 unsere Ware ist ~ **aufgenommen** worden 3 zu den –sten **Bedingungen** 4 die gute Ernte wird die Preise ~ **beeinflussen** 5 das Vorgehen der Firma Worm & Co. macht auf uns keinen –en **Eindruck** 6 –e **Einstellung** 7 wir erwarten eine –e Markt**entwicklung** 8 Ihr Gesuch wurde ~ **erledigt** 9 diese –e **Gelegenheit** ausnützen 10 das stellt Ihre Firma in kein –es **Licht** 11 die **Situation** scheint ~ zu sein 12 sie nehmen einen –en **Standpunkt** in dieser Angelegenheit ein 13 einen –en **Verlauf** nehmen

principes 4 les principes d'un emballage en règle n'ont pas été respectés
1 il l'a refusé par principe 2 ce n'est pas d'une importance fondamentale 3 nous constatons avec plaisir que nous sommes ainsi parvenus à un accord de principe 4 décision de principe 5 erreur fondamentale 6 changement fondamental
1 constitution de la société 2 pacte social de société 3 Traité instituant la Communauté Economique Européenne

1 indice composite 2 groupe industriel 3 groupe allemand de la Chambre de Commerce Internationale
veuillez agréer nos salutations distinguées (od. les meilleures)
1 l'accréditif est valable jusqu'au 31/3 2 universellement reconnu 3 cette offre est valable un mois 4 document valable 5 généralement applicable 6 prix valable 7 valable en droit; valide 8 tarifs en vigueur 9 contrat valable
1 durant la validité de cet accord 2 l'envoi a été expédié après l'expiration de la validité de l'accréditif 3 à validité limitée 4 la licence a expiré le 3/9 5 durée de la validité 6 pendant la durée de validité de la convention 7 la validité de la licence d'importation expire le 31/12 8 prolongation de la durée de validité de la licence d'importation 9 la validité sera étendue également à la Norvège 10 force de la loi 11 validité en droit 12 prolonger d'un mois la validité de l'accréditif 13 sinon (od. sans quoi) l'accord perd sa validité
1 ils nous ont crédités du montant de DM 30,— 2 le litige a été tranché en votre faveur 3 l'extrait de votre compte présente un solde de DM 618,— en notre faveur

1 veuillez nous faire votre meilleure offre pour du cacao 2 notre marchandise a trouvé un accueil favorable 3 aux meilleures conditions 4 la bonne moisson aura une influence favorable sur les prix 5 la manière de procéder de la firme Worm & Co. ne nous fait pas bonne impression 6 attitude favorable 7 nous nous attendons à une évolution favorable du marché 8 votre demande a reçu une suite favorable 9 profiter de cette occasion favorable 10 ceci ne fait pas paraître votre firme sous un jour favorable 11 la situation paraît favorable 12 ils adoptent un point de vue favorable dans cette

Gut *n* 1 Güter**abfertigung** 2 Güter**andrang** im Dock 3 **Ausstellungs**güter 4 Güter**bahnhof** 5 die **beweglichen** und unbeweglichen Güter 6 als **Eil**– absenden 7 **Export**güter 8 **Fracht**– 9 **Gebrauchs**güter 10 **gefährliche** Güter 11 **Handels**– 12 **Investitions**güter 13 **Konsum**güter 14 **loses** ~ 15 **Massen**güter 16 **Massenbedarfs**güter 17 **Massenverbrauchs**güter 18 **Messe**güter 19 **Schäden** an Gütern 20 **Sperr**– 21 schicken Sie die Sendung als **Stück**– 22 **Transit**– 23 **unbewegliches** ~ 24 **Verbrauchs**güter 25 leicht**verderbliche** Güter 26 leicht**zerbrechliche** Güter 27 **Zoll**–

affaire 13 prendre un cours favorable; évoluer favorablement
1 expédition des marchandises 2 encombrement de marchandises au dock (od. quai) 3 articles exposés 4 gare de marchandises 5 les biens mobiliers et immobiliers 6 expédier la marchandise en grande vitesse 7 marchandises d'exportation 8 marchandise expédiée en régime ordinaire (od. en petite vitesse) 9 biens de consommation 10 marchandises dangereuses 11 marchandise 12 biens d'investissement 13 biens de consommation 14 marchandise en vrac 15 marchandises pondéreuses 16 marchandises de grande série 17 produits de grande consommation 18 articles de foire 19 dommages causés aux marchandises 20 marchandise encombrante 21 veuillez expédier l'envoi comme colis de détail 22 marchandise en transit 23 bien immeuble 24 biens de consommation 25 marchandises périssables 26 marchandises fragiles 27 marchandise sous (régime de) douane

Gutachten *n* 1 ~ 2 wir fordern ein **Experten**– über ... 3 **fachmännisches** ~ 4 laut dem **Qualitäts**fach– 5 das **Rechts**– 6 nach dem ~ von **Sachverständigen** 7 das ~ ist **veraltet**

1 expertise; avis consultatif 2 nous demandons un avis d'expert sur ... 3 avis d'un spécialiste, expertise 4 selon l'expertise faite sur la qualité 5 consultation de droit; avis de droit 6 selon l'avis d'experts 7 l'expertise est dépassée expertise

Gutachtlich, –e Prüfung
Güte *f* 1 **Markt**– 2 **–zeichen**

1 qualité négociable od. répondant aux exigences du marché 2 marque de qualité; label

Güter s. Gut
Guthaben *n* 1 **liquides** ~ 2 **–saldo**

1 avoir liquide (od. disponible) 2 solde créditeur

Gutheißen, wir können Ihre **Handlungsweise** nicht ~

nous ne pouvons approuver votre façon d'agir

Gütig, entschuldigen Sie –st diesen unangenehmen Vorfall

veuillez accepter nos excuses pour ce fâcheux incident

Gütlich, 1 –er **Ausgleich** 2 ~ **beilegen** 3 –er **Vergleich** 4 auf –em **Wege**

1 règlement (à l')amiable 2 régler à l'amiable 3 arrangement amiable 4 à l'amiable

Gutschreiben, 1 der **Betrag** von DM 1.200,— wurde uns gutgeschrieben 2 wir bitten Sie, uns den **Unterschied** in Höhe von DM 21,— gutzuschreiben

1 nous avons été crédités du montant de DM 1.200,— 2 nous vous prions de vouloir nous créditer de la différence de DM 21,—

Gutschrift *f* 1 **–sanzeige** vom ... 2 die ~ für **fehlerhafte** Ware 3 eine ~ über diese Summe **gewähren** 4 **Verpackungs**– 5 wir erwarten Ihre ~ für die **zurückgesandte** Ware

1 avis de crédit du ... 2 la remise pour la marchandise défectueuse 3 créditer de ce montant 4 note de crédit pour emballage 5 nous attendons votre avis de crédit pour la marchandise retournée

H

Haager, ~ **Regeln**
Haben *n* (Kreditseite)
Hafen *m* 1 **ab**~ 2 die Waren **ab**~ übernehmen 3 **Abfahrts–** 4 **–abgaben** 5 **Abgangs–** 6 **–amt** 7 **Auslade–** 8 die Waren in den ~ **befördern** 9 **Bestimmungs–** 10 **Binnen–** 11 **eingefrorener** ~ 12 das Schiff ist heute in den ~ **eingelaufen** 13 die ,,Prince of Wales" soll am 10. d. M. im ~ **eintreffen** 14 **Empfangs–** 15 **Flug–** (s. auch unter ,,Flug") 16 **Frei–** 17 **Frei**–zone von Colón 18 ,,**Frei** Seeverschiffungs–" 19 **–gebühren** 20 **Heimat–** 21 **Lade–** 22 **Lösch–** 23 **offener** ~ 24 **See–** 25 **Umschlag–** 26 **vereinbarter** ~ 27 **Verschiffungs–** 28 **–verwaltung** 29 **Zufluchts–**

Convention de La Haye
avoir; crédit
1 pris au port; départ du port 2 prendre les marchandises au port 3 port de départ 4 taxes portuaires 5 port d'expédition 6 administration portuaire; bureau du capitaine du port 7 port de débarquement 8 transporter les marchandises au port 9 port de destination 10 port fluvial 11 port pris par les glaces 12 le bateau est entré aujourd'hui au port 13 le «Prince of Wales» doit arriver dans le port le 10 courant 14 port de réception 15 aéroport 16 port franc 17 zone franche de Colón 18 «franco port maritime» 19 taxe portuaire; frais de relâche 20 port d'attache 21 port de chargement 22 port de déchargement 23 port ouvert 24 port maritime 25 port de transbordement 26 port convenu 27 port d'embarquement 28 administration du port 29 port de refuge

Haften, 1 **persönlich** ~ 2 für **Schäden,** die ohne unser Verschulden entstanden, ~ wir nicht 3 **solidarisch** ~ 4 für die übliche **Sorgfalt** in der Auswahl ~ 5 die Partner ~ mit ihrem gesamten **Vermögen**

1 répondre personnellement; être personnellement (tenu) responsable 2 nous ne répondons pas des dommages que nous n'avons pas causés 3 être solidairement responsable 4 garantir (od. se porter garant) que la sélection sera faite avec le soin habituel 5 les associés sont tenus responsables sur la totalité de leurs biens

Haftpflichtig, Sie sind ~ für . . .
Haftpflichtversicherung *f* (s.a. Versicherung)
Haftung *f* 1 **beschränkte** ~ 2 eine ~ **eingehen** 3 **Eisenbahn–** 4 keine ~ oder Verantwortung **für** die Folgen von Verzögerungen und Verlusten bei Übermittlung von Nachrichten, Briefen und Dokumenten übernehmen 5 **gemeinsame** ~ 6 **Gesellschaft** mit beschränkter ~ (G.m.b.H.) 7 **persönliche** ~ 8 **unbeschränkte** ~

vous êtes tenu responsable de . . .
assurance (de la) responsabilité civile

1 responsabilité limitée 2 encourir une responsabilité 3 responsabilité des chemins de fer 4 n'assumer aucune garantie ni responsabilité pour les conséquences de retards et pertes pouvant se produire lors de la transmission d'informations, de lettres ou de documents 5 responsabilité solidaire 6 société à responsabilité limitée (S.A.R.L.) 7 responsabilité personnelle 8 responsabilité illimitée

Halb–, 1 **–fabrikate** 2 **–fertigwaren** 3 das Muster ist genau ~ so **groß** 4 **–jährlich** 5 zu **–em Preise** die Verpackung berechnen

1 demi-produits 2 produits demi-finis; demi-produits 3 l'échantillon représente exactement la moitié de la dimension réelle 4 semestriel; par semestre 5 compter l'emballage à moitié prix

Halde *f* wir haben noch eine große Menge auf ~ **liegen**
Hälfte *f* 1 während der **ersten** ~ dieses Jahres 2 mit den Lieferungen können wir in der zweiten **Jahres–** beginnen 3 ~ des **Preises** 4 in der ersten **September–**

nous avons encore une grande quantité sur le carreau
1 pendant la première moitié de cette année 2 nous pourrons commencer à livrer dans la seconde moitié de l'année 3 moitié prix 4 pendant la première

Hälfte — Hand

5 der Inhalt der Sendung ist etwa **zur** ~ unverkäuflich

Haltbar, die Ware ist nicht **lange** ~

Haltbarkeit *f* wir bürgen für **lange** ~

Halten, 1 sich an eine **Abmachung** ~ 2 die Waren können in allgemein ge–en **Ausdrücken** beschrieben sein 3 wir ~ es für **begründet** 4 die Waren **bereit**– 5 anderenfalls werden wir diese **Bestellung** nicht für **bindend** ~ 6 wir wissen nicht, was wir **davon** ~ sollen 7 wir bitten Sie, sich an unsere **Dispositionen** bezüglich der Verpackung zu ~ 8 die **Firma** wird sich kaum ~ 9 er wird **für** einen soliden und erfahrenen Kaufmann ge– 10 sich ans **Gesetz** ~ 11 sich in den **Grenzen** der Möglichkeit ~ 12 wir ~ den Preis für recht **günstig** 13 wir ~ unsere freundschaftlichen Beziehungen **hoch** und werden zu ihrer Erhaltung alles tun, in unseren Kräften steht 14 wir bemühen uns, die Preise auf der vorjährigen **Höhe** zu ~ 15 Ersatzteile auf **Lager** ~ 16 man nimmt an, daß die jetzige Mode sich nicht **lange** ~ wird 17 diesen **Preis** ~ wir nur bis 31. 12. 18 die **Preise** ~ sich auf dem gleichen Niveau 19 **Rat** mit ... ~ 20 falls Sie es für **richtig** ~ 21 wir müssen mit der Konkurrenz **Schritt** ~ 22 wir werden Sie **über** die Situation auf dem laufenden ~ 23 die Sendung zur **Verfügung** von Herrn Kenneth ~ 24 ihre Ware hält keinen **Vergleich** mit der unsrigen stand 25 das **Versprechen** ~ 26 ~ Sie sich genau an die eingesandten **Weisungen** 27 wir müssen unser **Wort** ~ 28 wir ~ es nicht für **zweckmäßig**

Haltung *f* 1 **abwartende** ~ einnehmen 2 die ~ der **Börse** ist flau

Hand *f* 1 den Brief zu Händen des Herrn Baxter **adressieren** 2 echte –**arbeit** 3 –**buch** 4 Herrn Beer die ~ **drücken** 5 ... zu **eigenen** Händen zustellen 6 der Wagen ist aus **erster** ~ 7 wir lassen Ihnen **freie** ~ 8 die Waren aus **freier** ~ verkaufen 9 die Ware muß vor dem 1. September **in** unseren **Händen** sein 10 die örtliche Konkurrenz hat den Markt fest **in** der ~ 11 wir werden die Angelegenheit selbst in die ~ **nehmen**

quinzaine de septembre 5 à peu près la moitié du contenu de l'envoi est invendable

la marchandise ne peut être conservée longtemps

nous garantissons un long usage (od. la solidité)

1 s'en tenir à (od. respecter) une convention 2 les marchandises peuvent être décrites en termes généraux 3 nous le tenons pour fondé 4 tenir les marchandises en disponibilité 5 dans le cas contraire, nous ne nous considérerons pas liés par cette commande 6 nous ne savons qu'en penser 7 nous vous prions de vous en tenir à nos instructions concernant l'emballage 8 il est douteux que la firme puisse se maintenir 9 il est considéré comme un commerçant sérieux et versé dans les affaires 10 s'en tenir à (od. respecter, observer) la loi 11 rester dans les limites des possibilités 12 nous considérons le prix comme assez avantageux 13 nous apprécions beaucoup les relations amicales qui existent entre nous et ferons de notre mieux pour les maintenir 14 nous nous efforçons de maintenir les prix sur le niveau de l'an dernier 15 tenir des pièces de rechange en stock 16 on suppose que la mode actuelle ne sera pas de longue durée 17 nous ne maintiendrons ce prix que jusqu'au 31/12 18 les prix se maintiennent au même niveau 19 conférer avec ... ; tenir conseil avec ... 20 si vous le jugez bon 21 nous devons tenir tête à la concurrence 22 nous vous tiendrons au courant de la situation 23 tenir l'envoi à la disposition de M. Kenneth 24 leur marchandise ne soutient pas la comparaison avec la nôtre 25 tenir la promesse 26 veuillez vous en tenir strictement aux instructions données 27 nous devons tenir parole 28 nous ne le jugeons pas opportun

1 adopter une attitude expectante; rester dans l'expectative 2 la tendance de la bourse est faible

1 adresser la lettre aux (bons) soins de M. Baxter 2 véritable ouvrage (od. travail) à la main 3 manuel 4 serrer la main à M. Beer 5 remettre ... en mains propres 6 la voiture est de première main 7 nous vous laissons toute latitude (od. liberté); nous vous donnons carte blanche 8 vendre les marchandises à l'amiable (od. de gré à gré) 9 il faut que la marchandise soit entre nos mains avant le 1ᵉʳ septembre 10 la concurrence locale est soli-

12 wir bitten, die Nachricht über die Sache zu Händen von Herrn Braun zu **senden** 13 ... **zu treuen** Händen anvertrauen 14 das Scheckbuch gelangte in **unbefugte** Hände 15 den Rest hat er **unter** der ~ verkauft 16 sobald Sie das Material **zur** ~ haben werden 17 Nachricht aus **zweiter** ~

Handel *m* 1 –sabkommen 2 Allgemeines Zoll- und –sabkommen 3 –sabteilung der Gesandtschaft/Botschaft 4 –sadreßbuch 5 –sagent 6 –sagentur 7 –sakkreditiv 8 **Art** des –s 9 –sattaché 10 ein im ~ nie dagewesener **Aufschwung** 11 **Außen**– 12 –sbank 13 sie **befassen** sich ausschließlich mit dem Wein– 14 –spolitische **Begünstigung** 15 die Firma **beherrscht** den gesamten ~ auf diesem Gebiet 16 –sbeschränkungen 17 sie **betreiben** in diesem Fach keinen ~ 18 dieser ~ wird in großem Maßstab **betrieben** 19 –sbezeichnung 20 in ihren gegenseitigen –sbeziehungen 21 –sbilanz 22 **Binnen**– 23 **Börsen**– betreiben 24 –sbrauch 25 **Detail**–; Einzelhandel 26 **direkter** ~ 27 **Einfuhr**– 28 **Einzel**– 29 der ~ **entwickelt** sich gut 30 –sfähige Dokumente 31 –sfaktura 32 –sfirma 33 der ~ ist **flau** 34 der ~ **flaut** ab 35 –sflotte 36 den ~ **fördern** 37 **Frei**–szone 38 Europäische **Frei**–szone 39 **gegenseitiger** ~ 40 der ~ ist durch Transportschwierigkeiten **gehemmt** 41 **Genossenschafts**– 42 –sgepflogenheiten 43 –sgericht 44 –sgesellschaft 45 –sgesetzbuch 46 die –sgespräche mit Spanien führen 47 **Groß**– 48 der ~ liegt in den **Händen** einiger Firmen 49 **Groß**–sindex 50 –sinformationsbüro 51 eine unnötige Schädigung ihrer –sinteressen vermeiden 52 –skammer 53 Industrie- und –skammer 54 Deutsche Gruppe der Internationalen –skammer 55 **Klein**– 56 in den hiesigen –skreisen 57 –smarke 58 –smäßige Bezeichnung 59 –sministerium 60 –smission 61 Einheitliche Richtlinien für das Inkasso von –spapieren 62 gemeinsame –spolitik gegenüber dritten Ländern 63 durch –spolitische Maßnahmen 64 –spolitische Verhandlungen 65 –srat 66 –srecht 67 reger ~ 68 –sregister 69 –sreisender 70 –srepräsentation 71 **Schleich**– 72 Abbau der –s- und Zollschranken 73 wir sind auf Glas– **spezialisiert** 74 der Rohstoff– **stockt** 75 –stätigkeit 76 Herr Roberts

dement implantée sur le marché 11 nous prendrons nous-mêmes l'affaire en mains 12 nous vous prions de vouloir adresser l'information sur l'affaire à l'attention de M. Braun 13 confier à la bonne garde de ... 14 le carnet de chèques est tombé en mains non autorisées 15 il a vendu le reste sous la main 16 dès que vous disposerez du matériel 17 information de deuxième main
1 accord commercial 2 (GATT) Accord général sur les tarifs douaniers et le commerce 3 section commerciale de l'ambassade/de la légation 4 annuaire du commerce 5 agent de commerce 6 agence commerciale 7 accréditif commercial 8 nature du commerce; genre de commerce 9 attaché commercial 10 une expansion du commerce inconnue jusqu'ici 11 commerce extérieur 12 banque de commerce 13 ils occupent exclusivement du commerce des vins 14 préférence commerciale 15 la firme contrôle la totalité du commerce de cette branche 16 restrictions commerciales 17 ils ne travaillent pas dans cette branche de commerce 18 ce commerce se pratique sur une grande échelle 19 raison (od. dénomination) commerciale 20 dans leurs échanges commerciaux réciproques 21 bilan commercial 22 commerce intérieur 23 faire des opérations en bourse; faire des transactions boursières 24 usage commercial; usance 25 commerce de détail 26 commerce direct (od. sans intermédiaire) 27 commerce d'importation 28 commerce de détail 29 le commerce se développe bien 30 titres (od. documents) négociables 31 facture commerciale 32 maison de commerce 33 le marché (od. commerce) est calme 34 le commerce est (od. les affaires sont) en recul 35 flotte marchande; marine marchande 36 encourager (od. favoriser) le commerce 37 zone de libre-échange 38 Association européenne de libre-échange (EFTA) 39 échange commercial 40 le commerce est entravé (od. gêné) par des difficultés de transport 41 commerce de coopérative 42 usances; usages commerciaux 43 tribunal de commerce 44 société commerciale 45 code de commerce 46 mener des pourparlers commerciaux avec l'Espagne 47 commerce de gros 48 le commerce se trouve entre les mains de quelques firmes 49 indice des prix de gros 50 bureau de renseignements commerciaux 51 éviter de léser inutilement (od. porter

Handel — Handhabung 150

treibt auf eigene Rechnung ~ 77 „Incoterms 1953" Internationale Regeln für die Auslegung der –s**üblichen Vertragsformeln** 78 laut –s**usance** 79 –s**verband** 80 durch normale –s**verbindungen** 81 im normalen –s**verkehr** 82 im gegenseitigen –s**verkehr** 83 der –s**vertrag** zwischen Mexiko und USA wurde abgeschlossen 84 –s**volumen** 85 beschränkende –s**vorschriften** 86 **Waren–** 87 –s**welt** 88 Welt–s**flotte** 89 gemeiner –s**wert**

inutilement atteinte à) leurs intérêts commerciaux 52 chambre de commerce 53 chambre de commerce et d'industrie 54 groupe allemand de la Chambre de Commerce Internationale 55 commerce de détail 56 dans les milieux commerciaux de la place 57 marque de commerce 58 raison (od. dénomination) commerciale 59 ministère du commerce 60 mission commerciale 61 directives uniformes pour l'encaissement d'effets de commerce 62 politique commerciale commune vis-à--vis de pays tiers 63 par mesures commerciales 64 pourparlers commerciaux 65 conseiller commercial 66 droit commercial 67 commerce intense 68 registre de commerce 69 voyageur de commerce 70 agence commerciale 71 commerce clandestin; marché noir 72 suppression des barrières commerciales et douanières 73 nous nous sommes spécialisés dans le commerce du verre 74 le commerce de matières premières est stagnant 75 activité commerciale 76 M. Roberts fait commerce pour (od. à) son propre compte 77 «Incoterms 1953», Règles Internationales pour l'Interprétation de Termes Commerciaux 78 conformément à l'usage commercial (od. à la pratique commerciale) 79 association commerciale 80 par les voies commerciales normales 81 dans l'échange commercial normal 82 en relations commerciales bilatérales 83 l'accord commercial entre le Mexique et les Etats-Unis vient d'être conclu 84 volume commercial 85 prescriptions commerciales restrictives 86 commerce de marchandises 87 monde commercial 88 flotte marchande mondiale 89 valeur marchande ordinaire

Handeln, 1 auf der **Börse** mit Weizen handeln 2 es handelt sich **darum,** ob ... 3 soweit es sich **darum** handelt, ob ... 4 wir wollen nicht **gegen** die Vorschriften ~ 5 die Firma handelt **mit** Lebensmitteln 6 **mit** diesem Artikel handelt man wenig 7 ich handle **nach** bestem Wissen und Gewissen 8 wir ~ im **Namen** der Firma Eisen- & Stahlwerke A.G. 9 **um** den Preis ~

1 faire le commerce des blés à la bourse 2 il s'agit de savoir si ... 3 dans la mesure où il s'agit de savoir si ... 4 nous ne dirigerons pas agir contrairement aux prescriptions 5 la firme fait le commerce de denrées alimentaires 6 la vente de cet article est de peu d'importance 7 j'agis en toute bonne foi 8 nous agissons pour le compte (od. au nom) de la firme Eisen- & Stahlwerke A.G. 9 marchander; discuter le prix

Handelsüblich, „Incoterms 1953", Internationale Regeln für die Auslegung der –en **Vertragsformeln**

«Incoterms 1953», Règles Internationales pour l'Interprétation de Termes Commerciaux

Handhabung *f* 1 **Kosten** für Leichterung und ~ 2 dieser **Schaden** entstand durch unsachgemäße ~ der Waren

1 frais d'allège et de manipulation 2 ce dommage est dû à une manipulation irrégulière des marchandises

Händler *m* 1 **Ausfuhr–** 2 **Groß–** 3 **Klein–**

Handlung *f* 1 **Amts–** 2 Gebühr für die **Amts–** 3 der Zahlungsrückstand **beruht** auf einer ~ oder Unterlassung des Verkäufers 4 **durch** eine ~ oder Unterlassung des Käufers 5 **feindliche** ~ 6 wir überlassen Ihnen völlige –sfreiheit mit ... 7 **gesetzwidrige** ~ 8 **Rechts–** 9 **strafbare** ~ 10 **unredliche** ~

Handlungsweise *f* 1 **ehrliche** ~ 2 Sie müssen sich auf die **Folgen** Ihrer ~ gefaßt machen 3 wir können uns eine solche ~ nicht **gefallen** lassen 4 **offene** ~ 5 **schlechte** ~ 6 **unanständige** ~

Handwerk *n* 1 –**sarbeit** 2 –**skammer**

Hart, 1 –**e Devise** 2 –**e Währung**

Haupt–, 1 –**bahnhof** 2 bei der –**niederlassung** dieser Bank 3 –**postamt** 4 den –**punkt** unserer Verhandlungen bildet die Lizenzfrage 5 die –**sache** ist ... 6 –**sitz**

Haus *n* 1 die Zollabfertigung wird in Form einer –**beschau** durchgeführt werden 2 „**Frei** ~" 3 **gutes** ~ 4 **Versand–** 5 die Sendung von ~ zu ~ **versichern** 6 wo ist er **zu** ~? 7 er ist in seinem Fach **zu** –e

Hausieren
Hausierer *m*
Hausse *f* auf die ~ **spekulieren**
Havarie *f* 1 **gemeinsame/große** ~ 2 –**kommissar** 3 **Partikular–** 4 –**protokoll** 5 –**schein** 6 –**zertifikat**

Heißen, 1 **das** heißt (d.h.) 2 teilen Sie uns mit, wie dieser Herr **heißt** 3 wer hat Sie ge–, das zu **tun**? 4 den Gast **willkommen** ~

Herabsetzen, 1 das **Gewicht** der Verpackung ~ 2 die Preise bis zur äußersten **Grenze** ~ 3 es muß auf ein **Minimum** herabgesetzt werden 4 den **Preis** um mehr als 20% ~ 5 die Zoll**sätze** wurden herabgesetzt

Herabsetzung *f* 1 **anteilige** ~ 2 eine ~ auf das **Minimum** 3 diese Verhandlungen sind auf die ~ von **Zöllen** gerichtet

1 exportateur 2 grossiste; commerçant en gros 3 détaillant
1 acte officiel 2 droits d'enregistrement d'actes officiels 3 le retard de paiement est dû à un acte ou une omission du vendeur 4 par acte ou omission de l'acheteur 5 acte hostile 6 nous vous laissons toute liberté pour ... ; nous vous donnons carte blanche pour ... 7 acte illégal 8 acte juridique 9 infraction; délit; fait (od. acte) délictueux 10 acte déloyal (od. malhonnête)

1 manière (od. façon) d'agir loyale 2 vous devez vous attendre aux conséquences de votre façon d'agir 3 nous ne pouvons admettre (od. tolérer) cette façon de procéder (od. d'agir) 4 attitude franche 5 procédé (od. comportement) malhonnête 6 façon d'agir peu convenable

1 travail d'artisanat; ouvrage artisanal 2 chambre des métiers; chambre artisanale
1 devise forte 2 monnaie forte
1 gare centrale 2 au siège principal de cette banque 3 bureau de poste central 4 nos négociations ont pour principal objet la question de la licence 5 l'essentiel est ... 6 siège principal (od. central)

1 le dédouanement aura lieu sous forme d'un contrôle (od. d'une vérification) à domicile 2 «franco domicile»; «rendu à domicile» 3 maison digne de confiance 4 maison d'expédition; maison de vente sur catalogue 5 assurer l'envoi de domicile à domicile (od. de magasin à magasin) 6 où est-il domicilié? 7 il connaît son métier (à fond)
colporter; faire du porte-à-porte
colporteur
spéculer à la hausse
1 avarie commune/grosse 2 commissaire d'avarie 3 avarie particulière (od. simple) 4 procès-verbal d'avarie 5 bon d'avarie 6 certificat d'avarie

1 c'est-à-dire (c. à d.) 2 veuillez nous faire connaître le nom de ce monsieur 3 qui vous a dit de faire cela? 4 souhaiter la bienvenue à l'hôte

1 réduire (od. diminuer) le poids de l'emballage 2 baisser (od. réduire, diminuer) les prix le plus possible 3 il convient de le réduire à un minimum 4 réduire le prix de plus de 20% 5 les tarifs douaniers ont été baissés

1 réduction proportionnelle 2 réduction au minimum 3 ces négociations ont pour objet (od. but) la réduction des droits de douane

Herantreten, 1 an die Handelskammer mit einer **Bitte** ~ 2 an die **Erledigung** der Bestellung werden wir ~, sobald ... 3 mit dem **Ersuchen** an die Fabrik ~
Herausgeben, diesbezügliche **Instruktionen** für ... wurden bereits seitens des Ministeriums ~
Heraussuchen *n* für jede, selbst nur angefangene halbe Stunde des –s von **Belegen** DM 5,— berechnen

Herkunft *f* 1 –sland 2 –sort 3 ~ der **Ware**
Herstellen, 1 die gefragten Waren werden in großem **Ausmaß** hergestellt 2 in dieser **Ausführung** wird es heute nicht mehr hergestellt 3 Möbel aus inländischen **Rohstoffen** ~ 4 die Waren sind in **Übereinstimmung** mit den Bedingungen und Spezifikationen des Vertrages hergestellt 5 die **vom** Verkäufer hergestellte Maschine
Hersteller *m* 1 man hat uns mitgeteilt, daß Sie der **bedeutendste** ~ dieses Artikels sind 2 wir haben uns mit verschiedenen –n in **Verbindung** gesetzt

Herstellung *f* 1 –sattest 2 –sbedingungen 3 die ~ in der festgesetzten Frist **beenden** 4 sie **befassen** sich mit der ~ von Möbeln 5 –**sbetrieb** 6 **Datum** der ~ oder der Verpackung 7 bei der ~ wurden die neuesten wissenschaftlichen **Forschungsergebnisse** angewandt 8 –**skosten** dieser Ware im Ursprungsland 9 –**smöglichkeiten** 10 der –**spreis** dieser Waren ist ziemlich hoch 11 die Art ihrer ~ ist **veraltet** 12 der **Verzug** in der ~ trat infolge eines Streiks ein

Hervorgehen, 1 aus Ihrem **Brief** geht hervor, daß ... 2 die Verpflichtung geht klar aus dem **Vertrag** hervor 3 wir machen Sie auf die großen **Vorteile** aufmerksam, die aus dem Gebrauch ... ~
Hervorragen, 1 die Firma erfreut sich eines –den **Rufes** 2 unsere **Waren** ragen durch erstklassige Bearbeitung hervor
Hervorrufen, 1 das größte **Interesse** auf der Ausstellung haben die Landmaschinen hervorgerufen 2 einen **Streit** zwischen den Partnern ~ 3 das hat große **Überraschung** hervorgerufen
Heute, 1 ~ **abend** 2 bis ~ 3 ~ **früh**

1 s'adresser à la chambre de commerce pour solliciter 2 nous procéderons à l'exécution de la commande dès que ... 3 s'adresser à l'usine pour demander des instructions pour ... ont déjà été données à cet égard par le ministère

porter en compte (od. compter) DM 5,— par demi-heure ou demi-heure commencée passée à la recherche de pièces justificatives
1 pays d'origine 2 lieu d'origine 3 provenance des marchandises
1 les marchandises en question sont fabriquées sur une grande échelle 2 les produits ne sont plus fabriqués dans ce modèle 3 fabriquer des meubles avec des matières premières du pays 4 les marchandises sont fabriquées conformément aux conditions et spécifications du contrat 5 la machine fabriquée par le vendeur
1 on nous a fait savoir que vous êtes le producteur (od. fabricant) le plus important de cet article 2 nous nous sommes mis en rapport avec plusieurs fabricants

1 certificat de fabrication 2 conditions de fabrication 3 terminer la fabrication dans le délai fixé 4 ils s'occupent de la fabrication de meubles 5 atelier (od. établissement) de fabrication 6 date de la fabrication ou de l'emballage 7 les résultats de recherches scientifiques les plus récents ont été employés pour (od. dans) la fabrication 8 prix de revient (od. coût de fabrication) de cette marchandise dans le pays d'origine 9 possibilités de production; moyens de fabrication 10 le prix de revient de cette marchandise est assez élevé 11 le procédé de fabrication employé est périmé 12 le retard de fabrication (od. production) est dû à une grève
1 il résulte de votre lettre que ... 2 l'obligation découle nettement du contrat 3 nous vous signalons les grands avantages qui résultent de l'usage (od. de l'utilisation) ...

1 la firme jouit d'une excellente réputation 2 nos marchandises se distinguent par leur remarquable fini
1 à l'exposition, les machines agricoles ont suscité le plus grand intérêt 2 donner lieu à litige entre les parties 3 ceci a provoqué une grande surprise
1 ce soir 2 jusqu'à aujourd'hui 3 ce matin

Heute — Hinterlegen

4 senden Sie die Waren **noch** ~ 5 per ~ 6 **von** ~ ab 7 **von** ~ in einer Woche 8 **von** ~ bis 15. d. M.

4 veuillez expédier les marchandises aujourd'hui même 5 ce jour; de ce jour 6 à partir d'aujourd'hui; à compter (od. à dater) de ce jour 7 d'ici une semaine 8 d'ici au 15 courant

Heutig, 1 –es **Datum** 2 mit Bezug auf unser –es **Gespräch** 3 –er **Kurs** 4 Ihre Bestellung ist mit –er **Post** eingetroffen 5 bis zum –en **Tage** 6 es gilt während der Zeit von 12 Monaten vom –en **Tage**

1 date d'aujourd'hui 2 nous référant à notre entretien de ce jour 3 cours du jour 4 votre commande nous est parvenue par le courrier de ce jour 5 à ce jour; jusqu'ici 6 ceci est valable pour une durée de 12 mois à compter de ce jour

Hilfe *f* 1 wir erlauben uns, Ihnen für den Bedarfsfall jederzeit unsere ~ **anzubieten** 2 wir **begrüßen** Ihre freundschaftliche ~ 3 wir **benötigen** Ihre ~ 4 wann immer Sie von uns ~ **brauchen** sollten 5 **finanzielle** ~ 6 ohne **fremde** ~ ist es unmöglich 7 **gegenseitige** ~ 8 dem Kunden ~ **gewähren** 9 Pakistan (wirtschaftliche) ~ **leisten** 10 mit Ihrer ~ 11 Sie können mit unserer ~ bei dieser Intervention **rechnen** 12 **Rechts**– 13 **Wirtschafts**– 14 **wirtschaftlich-technische** ~ für die Entwicklungsländer 15 der Handelsattaché hat seine ~ **zugesagt**

1 nous nous permettons de vous offrir notre assistance chaque fois que vous en auriez besoin 2 nous acceptons avec plaisir votre aimable assistance 3 nous avons besoin de votre appui (od. assistance) 4 toutes les fois que vous auriez besoin de notre assistance 5 assistance (od. aide) financière 6 c'est impossible sans l'aide (od. l'assistance) d'autrui 7 assistance mutuelle 8 prêter assistance au client 9 accorder une aide (économique) au Pakistan 10 avec votre appui 11 vous pouvez compter sur notre appui lors de cette intervention 12 assistance judiciaire 13 aide économique 14 assistance économique et technique aux pays en voie de développement 15 l'attaché commercial a promis son assistance

Hilfsmittel *n* als ~

comme moyen (auxiliaire); comme ressource

Hinausschieben, 1 Sie können die **Antwort** nicht ständig ~ 2 an einem hinausgeschobenen **Verfallsdatum** zahlen

1 vous ne pouvez constamment différer la réponse 2 payer à une date d'échéance différée

Hinblick *m* im ~ **auf** die Versicherung der Ware

en matière d'assurance de la marchandise

Hindern, nichts kann uns daran ~

rien ne saurait nous en empêcher

Hindernis *n* 1 –se sind in anderen Richtungen **aufgetaucht** 2 das kann kein ~ für die Sache **bedeuten** 3 sobald die gegenwärtigen –se **beseitigt** sind 4 der Durchführung des Projekts **stellten** sich große –se in den Weg 5 **unerwartetes** ~ 6 **unüberwindliches** ~ 7 –se für den freien Personen-, Dienstleistungs- und Kapital**verkehr**

1 des difficultés ont surgi à d'autres points de vue 2 ceci ne peut constituer un empêchement pour l'affaire 3 dès que les difficultés actuelles auront été écartées 4 la réalisation du projet a rencontré des obstacles sérieux 5 empêchement (od. obstacle) inattendu 6 difficulté (od. obstacle) insurmontable 7 entraves à la libre circulation des personnes, services et capitaux

Hinsicht *f* 1 dem Kunden in jeder ~ **entgegenkommen** 2 **in** ~ auf diese Situation 3 in dieser ~ ist alles **klar** 4 die Rechnung ist in jeder ~ **richtig** 5 Ihr Material **unterscheidet** sich in vieler ~ von dem der Konkurrenz

1 donner satisfaction au client à tous égards 2 eu égard à (od. vu) cette situation 3 sous ce rapport tout est clair 4 la facture est correcte à tout point de vue 5 votre matière se distingue à bien des égards de celle de la concurrence

Hinsichtlich, ~ der noch nicht ausgeführten **Lieferungen**

en ce qui concerne les livraisons non encore effectuées

Hinterlegen, 1 den vereinbarten **Betrag** wollen Sie bei der Bank ~ 2 die **Dokumente** wurden einstweilen beim Notar

1 veuillez déposer le montant convenu à la banque 2 les documents ont été provisoirement déposés chez le notaire

hinterlegt 3 **Sicherheit** ~

Hinterlegung *f* 1 nach ~ dieses **Geldbetrages** am Bankschalter 2 ~ auf laufendes **Konto** durch eine dritte Person

Hinterziehung *f* beabsichtigte **Steuer**–

Hinweis *m* 1 sie haben es mit ~ auf geltende Vorschriften **abgelehnt** 2 **trotz** unseres –es
Hinweisen, wir weisen auf den **Umstand** hin, daß ...
Hinziehen, die **Verhandlungen** ziehen sich hin
Hinzufügen, zu unserem **Brief** vom 11. März möchten wir ~, daß ...
Hoch, höher, höchst (s.a. Höchstens) 1 aus Gründen höherer **Gewalt** 2 Fälle höherer **Gewalt** ausgenommen 3 Höchst**gewicht** 4 eine höhere **Instanz** anrufen 5 höchste **Instanz** 6 Höchst**kurs** 7 wir haben keine besonders hohe **Meinung** von der Qualität dieser Ware 8 hoher **Preis** 9 Ihre **Preise** sind um 5% höher als heutige Weltmarktpreise 10 Festsetzung von Höchst**preisen** 11 der höchste **Preis** ist ... 12 es ist höchste **Zeit,** daß die Störung beseitigt wurde
Hochachtung *f* mit **vorzüglicher** ~

Hochachtungsvoll, wir **zeichnen** ~

Höchst s. Hoch
Höchstens, 1 ~ 5 v. H. des **Wertes** der Einfuhren 2 Akkreditiv **über** ~ FF 10.000
Hoffen, 1 wir ~, daß Sie uns Ihre niedrigsten Preise **anbieten** werden 2 wir ~, Sie werden dieses unangenehme Versehen **entschuldigen** 3 wir dürfen auf einen **Erfolg** dieser Verkaufsaktion ~ 4 es ist zu ~, daß ... 5 wir **wollen** ~, daß ... 6 wir ~, diese Lösung wird Ihnen **zusagen**

Hoffentlich, ~ gelingt es uns, die Waren zu einem annehmbaren **Preis unterzubringen**
Hoffnung *f* 1 wir **geben** die ~ nicht **auf,** daß ... 2 **geringe** ~, daß ... 3 wir haben **keine** ~, daß ... 4 sie **machen** Ihnen ~ auf Visaerteilung 5 wir **setzen** unsere ganze ~ **auf** ...
Höflich, die Einladung ~ **ablehnen**
Höhe *f* 1 die Kisten haben folgende

3 donner (od. déposer) garantie; verser caution
1 après le dépôt de ce montant au guichet de la banque 2 versement effectué sur compte courant par une tierce personne
fraude (od. évasion) fiscale intentionnelle
1 ils ont refusé en excipant des prescriptions en vigueur 2 malgré notre avertissement; bien que nous l'ayons signalé
nous attirons l'attention sur le fait que ... ; nous signalons que ...
les négociations traînent (od. s'éternisent)
suite à notre lettre du 11 mars, nous nous permettons d'ajouter que ...
1 pour cause de force majeure 2 à l'exception (od. à l'exclusion) des cas de force majeure 3 poids maximum 4 faire appel à l'instance supérieure 5 instance suprême 6 cours le plus élevé 7 nous ne sommes pas particulièrement enchantés de la qualité de cette marchandise 8 prix élevé 9 vos prix sont de 5% plus élevés que les prix actuels du marché mondial 10 fixation de prix maxima 11 le prix maximal est ... 12 il était grand temps de réparer la panne
veuillez agréer l'expression de nos sentiments distingués
nous vous prions de croire à notre parfaite considération (od. à nos sentiments les meilleurs); veuillez recevoir nos meilleures salutations
...
1 5 pour cent tout au plus de la valeur des importations 2 accréditif sur un montant maximum de FF 10.000
1 nous espérons que vous nous ferez une offre aux prix les plus justes 2 nous espérons que vous voudrez bien excuser cette fâcheuse erreur 3 nous sommes en droit d'espérer le succès de cette campagne de vente 4 il est à espérer que ... 5 nous voulons espérer que ... 6 nous espérons que cette solution vous conviendra
il est à espérer que nous réussirons à placer les marchandises à un prix acceptable
1 nous n'abandonnons pas l'espoir de ... 2 peu d'espoir 3 nous n'avons aucun espoir de ... 4 ils vous donnent de l'espoir pour l'attribution du visa 5 nous plaçons tous nos espoirs sur ...
décliner l'invitation poliment
1 les caisses ont les dimensions suivantes:

Abmessungen: Länge: ... Breite; ... ~ ... 2 infolge fehlerhafter Deklaration sind uns **Auslagen** in der ~ von DM 86,— entstanden 3 zahlen Sie ihm bitte jeden Betrag **bis** zur ~ von DM 5.000,— aus 4 den Betrieb in die ~ **bringen** 5 die ~ der **Entschädigung** entspricht dem entstandenen Schaden 6 die **Preise** halten sich auf gleicher ~ 7 unseren Anspruch auf Schadenersatz in **voller** ~ befriedigen 8 die **Warenvorräte** müssen auf einer bestimmten ~ gehalten werden 9 auf der ~ der **Zeit** sein

Honorar *n* 1 –konsul 2 wir werden Ihr ~ **überweisen**

Honorieren, den Wechsel ~

Hören, 1 wir haben es schon früher gehört 2 er hat sich ~ **lassen** 3 die Korrespondentin **muß** auf den Abteilungsleiter ~

Hörensagen *n* vom ~

Hotel *n* 1 im ~ **absteigen** 2 erstklassiges ~ 3 ein Einbett-/Zweibettzimmer im ~ für den Herrn Späth auf 5 Tage **reservieren** lassen 4 –**unterkunft** 5 ab 18. bis zum 20. April im ~ Adria **wohnen**

Hundert, –satz

Hypothek *f* 1 –enschuldner 2 eine ~ tilgen

longueur ..., largeur ..., hauteur ...
2 des dépenses d'un montant de DM 86,— nous ont été occasionnées par suite de la déclaration erronée 3 veuillez lui payer tout montant jusqu'à concurrence de DM 5.000,— 4 faire marcher l'entreprise 5 le montant de l'indemnité correspond au dommage subi 6 les prix se maintiennent au même niveau 7 donner entièrement satisfaction à notre demande d'indemnisation 8 les stocks doivent être maintenus à un certain niveau 9 être de son temps; être à la page

1 consul honoraire 2 nous vous ferons parvenir vos honoraires par virement
honorer la traite
1 nous en avons déjà entendu parler 2 il s'est fait entendre 3 la correspondancière est tenue de suivre les instructions de son chef de service
par ouï-dire
1 descendre dans un hôtel 2 hôtel de premier ordre (od. de grande classe) 3 faire réserver pour M. Späth une chambre à un lit/à deux lits pour 5 jours 4 logis à l'hôtel 5 loger à l'hôtel Adria du 18 au 20 avril
pourcentage
1 débiteur hypothécaire 2 amortir une hypothèque

I

Idee f die **Grund**– des Antrages ist ...
l'idée dominante de la proposition est ...

Identifizieren, wir ~ uns mit dem **Vorschlag** des Herrn Kleiner
nous nous rallions à la proposition de M. Kleiner

Identität f 1 die ~ der Person **feststellen,** die den Scheck zwecks Auszahlung/Umtausches vorgelegt hat 2 der Empfänger muß seine ~ **nachweisen,** bevor ihm der Geldbetrag ausgezahlt wird
1 vérifier l'identité de la personne qui présente le chèque au paiement/au change 2 le bénéficiaire (od. destinataire) est tenu de prouver son identité avant que la somme d'argent ne lui soit payée

Immobilien pl das Grundstück ist dem –händler zum Kauf angeboten worden
l'immeuble (od. le terrain) a été offert en vente à l'agent immobilier

Imponieren, der **Geschäftsbericht** ist sehr ~-d
le rapport de gestion est fort impressionnant

Import m 1 Export– und –adreßbuch 2 sie **betreiben** ausschließlich den ~ von Häuten 3 –**firma** 4 –**geschäft** 5 –**haus** 6 –**lizenz**
1 répertoire (od. bottin) des exportateurs et importateurs 2 ils s'occupent exclusivement de l'importation des peaux 3 maison d'importation 4 commerce d'importation 5 maison d'importation 6 licence d'importation

Importeur m 1 **Allein**– 2 berechtigter ~ 3 **General**– 4 **Verzeichnis** der –e
1 importateur exclusif 2 importateur autorisé 3 importateur général 4 répertoire des importateurs

Importieren s. Einführen

Imstande sein, die Nachfrage ist so groß, daß wir nicht ~ sind, alle Aufträge zu **erledigen**
la demande est si forte que nous ne sommes pas en mesure d'exécuter toutes les commandes

Inbegriffen, 1 Ausgaben für Verpackung ~ 2 alle **Gefahren** außer der Kriegsgefahr sind ~ 3 die Fracht ist im **Preise** bereits ~
1 frais d'emballage compris 2 tous risques compris, à l'exception des risques de guerre 3 les frais de transport sont déjà inclus dans le prix

Incoterms pl ,,Incoterms **1953**", Internationale Regeln für die Auslegung der handelsüblichen Vertragsformeln
« Incoterms 1953 », Règles Internationales pour l'Interprétation de Termes Commerciaux

Index m 1 Einzelhandels– 2 ~ **empfindlicher** Preise 3 ~ der **Großhandelspreise** 4 **Gruppen**– 5 Kosten– der **Lebenshaltung** 6 Preis–
1 indice des prix de détail 2 indice de la fluctuation des prix 3 indice des prix de gros 4 indice composite 5 indice du coût de (la) vie 6 indice des prix

Indirekt, –e Einfuhr
importation indirecte

Indossament n Blanko– des Wechsels
endossement en blanc de la lettre de change (od. traite)

Indossant m sein Name soll auf dem Konnossement als **Ablader** oder ~ erscheinen
son nom devra figurer dans le connaissement en tant que déchargeur ou endosseur

Indossieren, das **Konnossement** ~
endosser le connaissement

Industrie f 1 –adreßbuch 2 –artikel 3 –aufbau 4 –ausstellung 5 Kunden aus den Reihen großer –betriebe 6 chemische ~ 7 einheimische ~ 8 –erzeugnis 9 –gebiet 10 Glas– 11 –gruppe 12 gummiverarbeitende ~ 13 –güter 14 holzverarbeitende ~ 15 Hütten– 16 ~- und Handelskammer 17 keramische ~ 18 –land 19 Lebensmittel– 20 lederverarbeitende ~ 21 Maschinen– 22 –messe
1 répertoire des établissements industriels 2 produits industriels 3 structure de l'industrie 4 exposition industrielle 5 clients (od. clientèle) appartenant aux milieux des grosses entreprises industrielles 6 industrie chimique 7 industrie nationale 8 produit industriel 9 région industrielle 10 industrie du verre 11 groupe industriel 12 industrie de produits manufacturés en caoutchouc 13

23 metallverarbeitende ~ 24 Montan– 25 papierverarbeitende ~ 26 polygrafische ~ 27 –produktion 28 Schlüssel– 29 Schwer– 30 Textil– 31 verarbeitende ~ 32 –verband 33 Verbrauchs– 34 –zweig

produits industriels 14 industrie de transformation du bois 15 industrie metallurgique 16 chambre d'industrie et de commerce 17 industrie de la céramique 18 pays industriel 19 industrie de produits alimentaires 20 industrie de produits manufacturés en cuir 21 industrie mécanique 22 foire industrielle 23 industrie de transformation des métaux 24 industrie minière 25 industrie de produits manufacturés en papier 26 industrie de l'imprimerie 27 production industrielle 28 industrie clé 29 industrie lourde 30 industrie textile 31 industrie de transformation 32 groupement syndical de l'industrie; association industrielle 33 industrie des biens de consommation 34 branche d'industrie

Industriell, 1 –es **Eigentum** 2 –e **Verarbeitung**

Inflation f 1 –sdämpfend 2 –serscheinung 3 galoppierende ~ 4 –sgefahr 5 Geld– 6 –sgewinne 7 –sgewinnler 8 –skrise 9 offene ~ 10 –spolitik 11 schleichende ~

1 propriété industrielle 2 transformation industrielle

1 antiinflationniste 2 phénomène inflationniste 3 inflation galopante (od. en cours) 4 péril d'inflation; danger inflationniste 5 inflation monétaire 6 profits (od. bénéfices) d'inflation 7 profiteur d'inflation 8 crise inflationniste 9 inflation visible 10 politique d'inflation 11 inflation latente (od. larvée)

Inflationär, –e Spannungen
Inflationistisch, –e Tendenzen
Infolge, 1 ~ eines **Fehlers** unseres neuen Angestellten 2 ~ unrichtiger **Verpackung**

tensions inflationnistes
tendances inflationnistes
1 par suite d'une erreur de notre nouvel employé 2 par suite d'un emballage non approprié

Information f 1 Bank– 2 alle –en, die Sie über diese Firma vielleicht **benötigen** sollten 3 wir möchten Sie um –en über das neue Modell **bitten** 4 –sbroschüre 5 –sbüro 6 diskrete ~ 7 wir versichern Ihnen, daß wir von der ~ äußerst **diskreten** Gebrauch machen werden 8 **eingehende** –en 9 eine ~ über den **Kunden** bei der Bank **einholen** 10 **Einholung** näherer –en 11 **entgegengesetzte** –en 12 mit allen **erforderlichen** –en an die Hand gehen 13 **erhaltene** ~ 14 die Handelskammer um –en **ersuchen** 15 –en über unsere Firma **erteilt** Ihnen Barclays Bank 16 **erwünschte** ~ 17 **falsche** ~ 18 jede ~ über die Lage **geben** 19 **geheime** ~ aus verläßlicher Quelle 20 **Geschäfts–** 21 **günstige** ~ 22 **Kredit–** 23 laut –en von maßgebender Stelle 24 –s**material** 25 **mündliche** ~ 26 **nähere** ~ über die Situation einholen 27 diese ~ stammt aus **offiziellen** Stellen 28 **richtige** ~ 29 **unverbindliche** ~ 30 **verläßliche** ~ 31 wollen Sie uns freundlichst nähere –en **verschaffen** 32 **vertrauenswürdige** ~ 33 streng **vertrau–**

1 renseignement donné par une banque 2 tous renseignements sur cette firme dont vous pourriez avoir besoin 3 nous nous permettons de vous demander des informations sur votre nouveau modèle 4 brochure d'information 5 bureau d'information 6 information confidentielle 7 nous vous assurons que nous ferons de l'information un usage absolument discret 8 informations détaillées 9 prendre une information sur le client auprès de la banque 10 prise de renseignements détaillés 11 informations (od. renseignements) contradictoires 12 fournir toutes les informations nécessaires 13 information reçue 14 demander des informations à la chambre de commerce 15 des renseignements sur notre firme vous seront donnés par la Barclays Bank 16 informations désirées 17 fausse information; faux renseignement 18 donner toute information sur la situation 19 renseignement confidentiel de source digne de foi 20 information d'affaires 21 renseignement favorable 22 renseignement sur la solvabilité du demandeur de crédit 23

Information — Inkasso 158

liche ~ 34 es handelt sich um eine ~ vertraulichen Charakters 35 volle ~ 36 vorläufige ~ 37 wenden Sie sich zwecks näherer –en über die Maschine an unseren Vertreter 38 **wertlose** ~ 39 **zweifelhafte** ~ 40 ~ aus zweiter Hand

Informieren, 1 wir sind informiert, daß ... 2 mit unserem **Brief** haben wir Sie über ... informiert 3 wir werden Sie **gleichzeitig** ~ 4 unser Bulletin informiert Sie **ständig** über alle Änderungen der Konsulatsvorschriften

Inhaber *m* 1 ~ des **Akkreditivs** 2 ~ der **Firma** ist Herr Krebs 3 Barabhebung des **Konto**-s vom laufenden Konto 4 es wird vom Verkäufer auf Grund einer Lizenzbewilligung seitens eines **Patent**-s erzeugt

Inhalt *m* 1 –sangabe 2 auf der Verpackung muß der ~ **angegeben** sein 3 Zoll–**serklärung** 4 den ~ kurz **festhalten** 5 **Haupt**– des Briefes 6 **kurzgefaßter** ~ 7 der ~ der Kiste **stimmt** nicht mit der Spezifikation überein 8 –**süberprüfung** 9 der ~ des Briefes ist streng **vertraulich** 10 –**sverzeichnis**

Initiative *f* 1 aus ihrer **eigenen** ~ 2 die ~ **entfalten** 3 die ~ **ergreifen**

Inkasso *n* 1 –**auftrag** 2 –**bank** 3 beschleunigen Sie das ~ 4 der von der Einreicher-Bank beauftragte Korrespondent wird das ~ der Handelspapiere **besorgen** 5 –**dokumente** 6 durch **Dokumenten**–gedeckt 7 die Dokumente der Bank zum ~ **einsenden** 8 die –**gebühren** und Auslagen gehen für Rechnung des Bezogenen 9 –**provision** 10 Einheitliche **Richtlinien** für das ~ von Handelspapieren 11 –**spesen** 12 der Bank den Wechsel zum ~ **überreichen** 13 die Fakturen wurden der Bank zum ~ **übersandt** 14 die –papiere sollen dem Bezogenen **vorgelegt** werden

selon des informations de source autorisée 24 éléments d'information 25 information verbale 26 prendre de plus amples renseignements sur la situation 27 cette information provient de source officielle 28 information exacte 29 information sans engagement 30 information sûre (od. digne de foi) 31 auriez-vous l'amabilité de nous faire avoir de plus amples informations 32 information digne de confiance 33 information strictement confidentielle 34 il s'agit d'une information à caractère confidentiel 35 information complète 36 information provisoire (od. préliminaire) 37 pour de plus amples renseignements sur la machine, veuillez vous adresser à notre représentant 38 information sans valeur 39 information douteuse 40 information de deuxième main

1 nous apprenons que ... 2 par lettre, nous vous avons informé de ... 3 nous vous informerons en même temps 4 notre bulletin vous informe régulièrement de tous les changements intervenus dans les formalités consulaires

1 bénéficiaire de l'accréditif 2 le propriétaire de la firme est M. Krebs 3 retrait de fonds par le titulaire du compte courant 4 c'est fabriqué par le vendeur sous licence accordée par le titulaire du brevet

1 déclaration du contenu 2 le contenu doit être indiqué sur l'emballage 3 déclaration en douane 4 faire un résumé 5 l'essentiel (du contenu) de la lettre 6 sommaire; résumé 7 le contenu de la caisse ne correspond pas à la spécification 8 vérification du contenu 9 le contenu de la lettre est strictement confidentiel 10 sommaire; table des matières

1 de leur propre initiative 2 faire preuve d'initiative 3 prendre l'initiative

1 ordre (od. mandat) d'encaissement; mandat de recouvrement 2 banque d'encaissement 3 veuillez activer l'encaissement 4 l'agent mandaté par la banque remettante se chargera de l'encaissement des effets de commerce 5 documents remis à l'encaissement 6 couvert par encaissement contre documents 7 envoyer les documents à la banque pour encaissement 8 les droits et frais d'encaissement sont à charge du tiré 9 commission d'encaissement 10 directives uniformes pour l'encaissement d'effets de commerce 11 frais d'encaissement 12 remettre la traite à la banque pour encaissement 13

Inland *n* 1 nur einen verhältnismäßig geringen Teil des –s**bedarfes** decken 2 **Bestimmungsort** im ~ 3 –s**erzeugnis** 4 –s**kapital** 5 auf dem –s**markt** 6 den –s**preis** unter dem Weltmarktpreis halten 7 die –s**produktion** dieser Ware ist verhältnismäßig geringfügig 8 –s**verbrauch**
1 ne couvrir qu'une partie relativement minime des besoins intérieurs (od. nationaux) 2 lieu de destination à l'intérieur du pays 3 produit national 4 capitaux provenant du pays 5 sur le marché intérieur 6 maintenir le prix intérieur au-dessous du prix du marché mondial 7 la production nationale de cette marchandise est relativement minime 8 consommation intérieure (od. nationale)

Inländer *m* der **Anteil** der ~ und Ausländer
la proportion des nationaux et des étrangers

Inländisch, 1 –e **Firma** 2 –e **Gesetze** des betreffenden Landes 3 jedes Kontingent muß mindestens 20 v. H. der –en **Produktion** betragen 4 –e **Währung**
1 firme du pays 2 lois internes du pays intéressé 3 chaque contingent sera d'au moins 20% de la production intérieure 4 monnaie nationale

Innehaben, eine feste **Position** auf dem Markt ~
occuper une position solide sur le marché

Innenseite *f* siehe ~ der **Gebrauchsanweisung**
voir page intérieure du mode d'emploi

Inner, äußere und –e **Packung** (ou Verpackung) 2 –er **Verderb** der Waren
1 emballage extérieur et intérieur 2 altération interne des marchandises

Inserat *n* s. Anzeige
...

Inserent *m* –enverzeichnis
liste des annonceurs

Insolvenz *f* 1 dem Kunden **droht** ~ 2 **Zahlungs–**
1 le client est menacé d'insolvabilité 2 insolvabilité

Installation *f* 1 die ~ wird am 15. 3. beendigt sein 2 –s**material**
1 l'installation sera achevée le 15/3 2 matériel d'installation

Instandhaltung *f* 1 –s**kosten** 2 **schlechte** ~
1 frais d'entretien 2 mauvais entretien

Instandsetzung *f* führen Sie alle –s**arbeiten** gemäß unserem letzten Brief vom 3. d. M. aus
veuillez exécuter tous les travaux de remise en état conformément à notre dernière lettre du 3 courant

Instanz *f* 1 eine **höhere** ~ anrufen 2 **letzte** ~ 3 **zuständige** ~
1 faire appel à l'instance supérieure 2 dernière instance 3 instance compétente

Instruktion *f* 1 in Ihren –en wird nichts in diesem Sinne **angeführt** 2 die Ware wurde Ihren –en gemäß genau **bezeichnet** 3 **diesbezügliche** –en für ... wurden bereits seitens des Ministeriums herausgegeben 4 **Transport**–en 5 laut **Versand**–en abgesandt 6 **Verschiffungs–**
1 vos instructions ne prévoient rien de semblable 2 la marchandise a été marquée selon vos instructions 3 des instructions pour ... ont déjà été données à cet égard par le ministère 4 instructions relatives au transport 5 expédié conformément aux instructions reçues 6 instructions d'embarquement

Integration *f* **wirtschaftliche** ~
intégration économique

Intensiv, unsere Konkurrenten haben eine –e **Werbeaktion** zur Steigerung des Verkaufes eingeleitet
nos concurrents ont lancé une campagne de publicité intense en vue de l'augmentation de la vente

Interessant, 1 –es **Angebot** 2 unser Herr King wird Ihnen –e **Einzelheiten** mitteilen 3 wir hoffen, daß Sie den Prospekt ~ **finden** werden
1 offre intéressante 2 M. King de notre firme vous donnera (od. communiquera) des détails intéressants 3 nous espérons que le prospectus vous intéressera

Interesse *n* 1 mit besonderem ~ haben wir uns Ihre Musterkollektion **angesehen** 2 wir sind noch nie einem solchen ~ **begegnet** wie bei diesem Kunden 3
1 nous avons examiné votre collection d'échantillons avec un intérêt particulier 2 nous n'avons jamais rencontré autant d'intérêt qu'auprès de ce client 3 le

Interesse — International

die Lösung der Situation ist in unserem **beiderseitigen** ~ für den Export vom Sudan nach Rhodesien **besteht** kein ~ **5** dadurch wären auch unsere –n **betroffen 6** Sie werden gewiß einsehen, daß dies weder Ihren noch unseren –n **dienlich** ist **7** in Ihrem **eigenen** ~ **8 entgegengesetzte** –n **9** wir glauben, daß dieser Vertrag den –n Ihres Unternehmens **entspricht 10** wir sind **erfreut** über Ihr ~ an unseren Waren **11** wir haben **ernstes** ~ für ... **12** unser Vorschlag hat großes ~ **erregt 13** wir **erwarten** mit ~ Ihre baldigen Nachrichten **14** es gelang uns, bei dem Kunden ~ für Ihre Ware zu **erwecken 15** wir haben ~ **für** den Einkauf größerer Posten **16** es als eine Angelegenheit von **gemeinsamem** ~ betrachten **17** wir **haben** ~ an Ihrem C.I.F.-Angebot **18** das größte ~ auf der Ausstellung haben die Landmaschinen **hervorgerufen 19 im** ~ einer schnellen Erledigung der Sache **20 im** ~ der Entwicklung ihrer Wirtschaft **21 im** ~ haben wir den im „Spiegel" veröffentlichten Artikel betreffs Ihrer Füllfederhalter **gelesen 22** das wird Ihren **Geschäfts**–n nicht **schaden 23** die –n anderer Unternehmen ernstlich **schädigen 24** ernsthafte **Schädigung** des –s des Einfuhrlandes **25** es ist zum **Schutz** ihrer wesentlichen –n notwendig **26** Maßnahmen zum **Schutze** der öffentlichen –n **27** wichtiges **Staats**– **28** wir **verlieren** endgültig das ~ an einer weiteren Verbindung **29 Versicherungs**– **30** wir **vertreten** Ihre –n **31** die Sache steht im **Vordergrund** des –s **32** Sie müssen unsere –n den Kunden gegenüber **wahren 33** die –n anderer Parteien sind hinreichend **gewahrt 34** sie **zeigen** kein ~ für unser Angebot

Interessieren, 1 wir sind **an** der Einfuhr dieser Warengattung interessiert **2 an** weiteren derartigen Geschäften sind wir nicht interessiert **3** ~ Sie die betreffenden Firmen **für** unsere Maschinen **4** wir sind an einer **Geschäftsverbindung** mit Ihrer Firma interessiert **5** die an der Ausfuhr **wesentlich** interessierten Parteien **6** die anderen **wesentlich** interessierten Importeure **7** es **würde** uns sehr ~, ob ...
International, 1 –es **Adreßbuch 2** „Incoterms 1953", Internationale **Regeln** für

règlement de la situation répond à nos intérêts respectifs **4** l'exportation du Soudan vers la Rhodésie ne présente aucun intérêt **5** nos intérêts en seraient également touchés **6** vous comprendrez sans doute que cela ne servirait ni vos intérêts ni les nôtres **7** dans votre propre intérêt **8** intérêts opposés **9** nous estimons que ce contrat répond aux intérêts de votre entreprise **10** nous sommes enchantés de l'intérêt que vous prenez à nos marchandises **11** nous sommes sérieusement intéressés à ... **12** notre proposition a suscité un grand intérêt **13** nous attendons avec intérêt vos prochaines nouvelles **14** nous avons réussi à intéresser le client à vos marchandises **15** nous sommes intéressés à l'achat de lots assez importants **16** le considérer comme une question d'intérêt commun **17** nous sommes intéressés à l'exposition, les machines agricoles ont suscité le plus grand intérêt **19** dans l'intérêt d'un règlement rapide de l'affaire **20** dans l'intérêt de l'expansion de leur économie **21** c'est avec intérêt que nous avons lu l'article publié dans «Spiegel», concernant votre stylo **22** les intérêts de vos affaires n'en souffriront pas **23** porter sérieusement atteinte (od. préjudice) aux intérêts d'autres entreprises **24** préjudice sérieux causé aux intérêts du pays importateur **25** c'est nécessaire pour la protection de leurs intérêts essentiels **26** mesures pour la protection des intérêts publics **27** intérêt majeur de l'Etat **28** nous n'avons plus aucun intérêt à rester en relations **29** intérêts assurables **30** nous défendons vos intérêts **31** l'affaire est d'importance primordiale **32** vous devez défendre nos intérêts vis-à-vis des clients **33** les intérêts de tiers sont suffisamment protégés **34** ils ne manifestent aucun intérêt pour notre offre

1 nous sommes intéressés à l'importation de ce genre de marchandises **2** nous ne sommes plus intéressés à ce genre d'affaires **3** cherchez à intéresser les firmes en question à nos machines **4** il nous intéresserait entrer en relation d'affaires avec votre firme **5** les firmes vivement intéressées à l'exportation **6** les autres importateurs vivement intéressés **7** il nous intéresserait fort de savoir si ...

1 annuaire (pour le commerce) international **2** «Incoterms 1953», Règles

die Auslegung der handelsüblichen Vertragsformeln

Intervenieren, 1 **bei** den zuständigen Behörden wegen der Erteilung des Visums ~ 2 wir werden bei der Firma N.I.B.C.O. **durch** Vermittlung unseres Konsulats ~

Intervention *f* 1 **bitten** Sie den Handelsattaché um ~ 2 die –en waren bisher **erfolglos** 3 Ihre ~ blieb **ergebnislos** 4 **fordern** Sie vom Handelsattaché eine ~ bei dem Ministerium 5 die ~ seitens **höchster** Stellen 6 **nach** ~ unseres Handelsattachés beim Ministerium 7 **nachdrückliche** ~ 8 **persönliche** ~ 9 **Preis**– 10 **trotz** unserer ~ 11 **verlangen** Sie ~ in der Sache der Erteilung des Visums

Inventur *f* 1 –ausverkauf 2 es wird eine ~ durchgeführt

Investieren, das Kapital **in** Aktien ~
Investition *f* 1 **Auslands**– 2 Europäische –sbank 3 –sgüter 4 –skredite 5 –splan 6 Privat– 7 rentable ~

Irreführen, 1 **durch** Andeutungen den Verbraucher ~ 2 **lassen** Sie sich durch die Preissenkung nicht ~
Irren, Sie ~ sich **wahrscheinlich**
Irrläufer *m* 1 (innerhalb des **Betriebes**) 2 (**Post**)
Irrtum *m* 1 dieser ~ ist auf eine falsche **Auslegung** zurückzuführen 2 ein ~ in der **Auslieferung** der Ware 3 Irrtümer **bei** der Übersetzung oder Auslegung von technischen Termini 4 dieser ~ **beruht** auf einer falschen Meldung 5 **entschuldigen** Sie den ~ in der Kalkulation 6 der ~ ist durch ein Versehen bei der Expedition der Ware **entstanden** 7 sicher nur durch einen ~ **geschah** es, daß ... 8 **grundsätzlicher** ~ 9 es **handelt** sich offenbar um einen ~ in der Endsumme 10 Irrtümer, die aus der Übermittlung von Fernschreiben **resultieren** 11 den ~ so bald als möglich **richtigstellen** 12 eine **Strafe** wegen Unterlassung oder Irrtümern in den Zollpapieren verhängen 13 in diesem Fall handelt es sich um einen ~ **unsererseits** 14 wir haben Maßnahmen getroffen, um in der Zukunft einen solchen ~ zu **ver-**

Internationales pour l'Interprétation de Termes Commerciaux
1 intervenir auprès des autorités compétentes en vue de l'attribution du visa 2 nous interviendrons auprès de la firme N.I.B.C.O. par l'intermédiaire de notre consulat
1 veuillez solliciter l'intervention de l'attaché commercial 2 jusqu'à présent, les interventions n'ont pas donné de résultat 3 votre intervention est restée sans résultat 4 veuillez demander à l'attaché commercial d'intervenir auprès du ministère 5 l'intervention des plus hautes autorités (od. personnalités) 6 après intervention de notre attaché commercial auprès du ministère 7 intervention énergique 8 intervention personnelle 9 soutien des prix 10 en dépit de notre intervention 11 veuillez demander l'intervention dans l'affaire concernant l'attribution du visa

1 soldes (od. liquidation des stocks) après inventaire 2 on est en train de faire l'inventaire

investir du capital en actions
1 investissement à l'étranger 2 Banque Européenne d'Investissement 3 biens d'investissement 4 crédits d'investissement 5 plan d'investissement 6 investissement privé 7 investissement rentable

1 tromper le consommateur par de vagues allusions 2 ne vous laissez pas tromper par la baisse de prix
vous faites probablement erreur
1 ventilation erronée 2 envoi mal dirigé; envoi arrivé en fausse direction
1 cette erreur est due à une mauvaise interprétation 2 une erreur commise à la livraison de la marchandise 3 erreurs de traduction ou d'interprétation de termes techniques 4 cette erreur est due à une fausse information 5 veuillez excuser l'erreur de calcul 6 l'erreur a été commise par inadvertance lors de l'expédition de la marchandise 7 c'est sans doute par erreur que ... 8 erreur fondamentale 9 il s'agit probablement d'un total erroné 10 des erreurs résultant de la transmission de messages télétypes 11 corriger l'erreur le plus tôt possible 12 infliger une amende pour erreur ou omission dans les documents douaniers 13 dans ce cas il s'agit d'une erreur de notre part 14 nous avons pris des mesures pour éviter de telles erreurs à l'avenir 15 l'erreur a été commise par le commissionnaire de transport 16 sauf erreurs et omissions 17 afin d'évi-

Irrtum — Istkosten

hüten 15 der ~ wurde durch den Spediteur **verursacht** 16 Irrtümer und Auslassungen **vorbehalten** 17 um Irrtümern und Mißverständnissen **vorzubeugen**
Irrtümlich, diesen Betrag haben Sie uns sicher nur –erweise **gebucht**
Istkosten *pl*

ter des erreurs et malentendus

c'est sans doute par erreur que vous nous avez débités de ce montant
coûts réels

J

Jahr *n* 1 vor **Ablauf** des –es 1972 2 –es**abschluß** 3 alle –e 4 **Anfang** des –es 1972 5 seit –es**beginn** 6 zu **Beginn** des –es 1972 7 –es**bericht** 8 –es**bilanz** zum 31. Dezember 1972 9 das Statistische –**buch** für die Bundesrepublik Deutschland 10 ein ~ **danach** 11 in **diesem** –e 12 spätestens bis **Ende** dieses –es 13 die Gültigkeit des Vertrages erlischt mit –es**ende** 14 in –es**frist** 15 ~ **für** ~ 16 noch **für** dieses ~ 17 während der ersten **Hälfte** dieses –es 18 die drei verflossenen –e **hindurch** 19 lange –e **hindurch** 20 **im** –e 1973 21 **in** zwei –en 22 **jahrelang** 23 bereits einige –e **lang** 24 im **Laufe** des –es 25 **laufendes** ~ 26 –**markt** 27 im **nächsten** ~ 28 mit den besten Wünschen für ein erfolgreiches **neues** ~ 29 das wird noch eine **Reihe** von –en dauern 30 zum **Schluß** dieses –es 31 –es**tag** 32 übers ~ 33 –es**umsatz** 34 im dritten **Viertel** dieses –es 35 –es**vollversammlung** 36 **von** ~ zu ~ 37 fünf –e **vorher** 38 **vorigen** –es 39 **während** der letzten fünf –e 40 fortgeschrittene –es**zeit**

Jährlich, 1 **viertel**–er Bericht 2 **zweimal** ~ 3 5% ~
Jederzeit, Ihren Besuch werden wir ~ be**grüßen**
Journal *n* Kassen–
Justiz *f* **Bundesministerium** der ~
Jute *f* –sack

1 avant la fin de l'année 1972 **2** clôture de l'exercice (comptable); bilan annuel **3** tous les ans **4** au début de l'année 1972 **5** depuis le commencement de l'année **6** au début de 1972 **7** rapport annuel **8** bilan annuel arrêté au 31 décembre 1972 **9** Annuaire Statistique de la République fédérale d'Allemagne **10** un an plus tard **11** cette année **12** au plus tard à la fin de cette anné **13** la validité du contrat expire à la fin de l'année **14** dans le délai d'un an **15** d'année en année **16** encore pour cette année **17** durant le premier semestre de cette année **18** durant les trois années écoulées **19** pendant de nombreuses années **20** en 1973 **21** dans deux ans **22** durant des années **23** déjà depuis quelques années **24** dans le courant de l'année **25** l'année en cours **26** foire (annuelle) **27** l'année prochaine (od. l'an prochain) **28** en vous présentant nos vœux de bonheur et de prospérité pour l'année nouvelle **29** cela prendra encore quelques années **30** vers fin de cette année **31** anniversaire **32** dans un an; d'ici un an **33** chiffre d'affaires annuel **34** dans le troisième trimestre de cette année **35** assemblée plénière annuelle **36** d'année en année **37** 5 ans auparavant **38** l'an dernier **39** pendant les cinq dernières années **40** saison avancée

1 rapport trimestriel **2** deux fois par an **3** 5% par an
votre visite nous fera toujours plaisir

journal de caisse
Ministère fédéral de la Justice
sac de jute

K

Kahn *m* 1 ab ~ 2 der ~ wird am 15. 3. von Köln **abgehen** 3 als –ladung **absenden** 4 die Kähne sollen in Ludwigshafen nacheinander **ankommen** 5 die Ware per Elbe– nach Hamburg **befördern** 6 „Frei Bord abgehender Fluß–" 7 **Schlepp**–

Kai *m* 1 ab ~ 2 „Ab ~ unverzollt" 3 „Ab ~ verzollt" 4 die Ware am ~ **abladen**

Kalkulation *f* 1 –sabteilung 2 die ~ danach **anpassen** 3 diese ~ wurde bereits mit Rücksicht auf die Preiserhöhung **ausgearbeitet** 4 –sbasis 5 bei der ~ der Preise haben wir es **berücksichtigt** 6 erst nach **Billigung** der ~ 7 die Provision darf in die ~ nicht **einbezogen** werden 8 **genaue** ~ 9 **genehmigte** ~ 10 auf **Grund** einer genauen ~ können wir Ihnen folgendes Angebot machen 11 bei der **Preis**– vergessen Sie bitte nicht, die starke Konkurrenz zu berücksichtigen 12 die ~ **überprüfen** 13 die ~ kann höchstens um 10% **überschritten** werden 14 **ursprüngliche** ~ 15 **Verkaufs**– 16 die ~ würde eine solche Belastung nicht **vertragen** 17 **Vor**–

Kalkulieren, (s.a. Veranschlagen) kalkulierte **Kosten**

Kammer *f* 1 Gewerbe– 2 Handels– 3 Handwerks– 4 Industrie– und Handels–

Kampagne *f* 1 unsere Konkurrenten haben mit einer **intensiven** ~ für eine Verkaufssteigerung begonnen 2 **Presse**– 3 **Verkaufs**– 4 **Werbe**– 5 **Zucker**–

Kampf *m* 1 für eine gerechte Sache den ~ **aufnehmen** 2 ~ gegen die **Inflation** 3 **Konkurrenz**– 4 **Restriktions**maßnahmen zum –e gegen die Inflation 5 ~ **um** die Absatzmärkte

Kanzlei *f* **Anwalts**–

Kapazität *f* 1 **Ausnützung** der Produktions– 2 die ~ ist mit den Aufträgen nur zu 85% **gedeckt** 3 die Produktions– ist **erschöpft** 4 die ~ wurde um 18% **eingeschränkt** 5 freie ~ 6 **Gesamt**– 7 **Höchst**– 8 die **Lager**– ist nicht so groß 9 **Produktions**– 10 um die notwendige Betriebs– **sichern** zu können 11 unaus-

1 pris sur péniche (od. chaland) 2 la péniche quittera Cologne le 15/3 3 expédier par péniche 4 les péniches doivent arriver à Ludwigshafen successivement 5 transporter la marchandise par péniche sur l'Elbe à Hambourg 6 «franco à bord péniche en partance» 7 bateau remorqué

1 pris à quai 2 «pris à quai non dédouané» 3 «pris à quai dédouané» 4 décharger la marchandise sur quai

1 service de(s) calcul(s) (des coûts ou des prix de revient) 2 rajuster le calcul en conséquence 3 il a déjà été tenu compte de l'augmentation de prix dans ce calcul 4 base de calcul 5 en calculant les prix, nous en avons tenu compte 6 seulement après l'approbation du calcul 7 la commission ne doit pas être comprise dans le calcul 8 calcul exact 9 calcul approuvé 10 en calculant au plus juste, nous sommes en mesure de vous faire l'offre suivante 11 en calculant le prix, veuillez tenir compte de la forte concurrence 12 vérifier le calcul 13 le calcul ne pourra être dépassé que de 10% tout au plus 14 calcul initial 15 calcul du prix de vente 16 le calcul serait faussé par une telle charge 17 calcul a priori (od. des coûts préétablis)

frais calculés

1 chambre des métiers 2 chambre de commerce 3 chambre des métiers; chambre artisanale 4 chambre d'industrie et de commerce

1 nos concurrents ont lancé une campagne de publicité intense en vue de l'augmentation de la vente 2 campagne de presse 3 campagne de vente 4 campagne publicitaire 5 campagne sucrière

1 engager le combat pour une juste cause 2 la bataille contre l'inflation 3 concurrence; compétition 4 les restrictions pour combattre l'inflation 5 lutte pour des débouchés

cabinet d'avocat; étude d'avoué

1 utilisation de la capacité de production 2 les commandes ne couvrent que 85% de la capacité 3 la capacité de production est épuisée 4 la capacité a été réduite de 18% 5 capacité non utilisée 6 capacité totale 7 capacité maximale 8 la capacité de stockage n'est pas si grande 9 capacité de production 10 pour pouvoir assurer la

Kapazität — Katalog

genützte ~

Kapital *n* 1 –abhängigkeit 2 Aktien– 3 Anfangs– 4 **angelegtes** ~ 5 ~ **anlegen** 6 sich zur **Aufbringung** des –s verpflichten 7 –**ausfuhr** 8 –**beteiligung** 9 Betriebs– 10 –**einfuhr** 11 **eingebrachtes** ~ 12 **eingelegtes** ~ 13 das ~ **erhöhen** 14 –**ertrag** 15 **Grund**– 16 die Firma zehrt vom **Grund**– 17 ~ **investieren** 18 –**kräftig** 19 –**mangel** 20 **Stamm**– 21 die Firma **verfügt** über ein ausreichendes ~

capacité de l'exploitation nécessaire 11 capacité non utilisée
1 dépendance du capital 2 capital-actions; capital social 3 capital initial 4 capital investi 5 investir du capital 6 s'engager à souscrire le capital 7 exportation de capitaux 8 participation; part du capital 9 capital d'exploitation; capital de roulement 10 importation de capitaux 11 capital versé; mise de fonds 12 capital investi 13 augmenter le capital 14 rendement (od. produit, revenu) du capital 15 capital d'apport; fonds social 16 la firme entame son capital social 17 investir des capitaux 18 disposant (od. bien pourvu) de capitaux 19 manque (od. insuffisance) de capitaux 20 capital initial; capital social 21 la firme dispose de capitaux suffisants

Karte *f* 1 eine **Flug**– nach New York buchen 2 **Paket**– 3 **Post**– 4 **Schiffs**–

1 retenir un billet de passage aérien (od. un ticket d'avion) pour New York 2 bulletin d'envoi (od. d'expédition) pour colis 3 carte postale 4 billet de passage

Kartei *f* **Kunden**–
Kartell *n* 1 –**abmachung** 2 ein ~ **bilden** 3 in ein ~ **eintreten** 4 **Konditionen**– 5 –**organisation** 6 **Preis**–

fichier des clients
1 convention de cartel 2 former cartel 3 adhérer à un cartel 4 cartel pour la réglementation des prix et conditions de livraison 5 organisation sous forme de cartel 6 cartel (pour la réglementation) des prix

Karton *m* 1 in –s im Gewichte von 5 kg **einpacken** 2 zu je 2 Dutzend in einem ~ **gepackt**
Kassa *f* s. Kasse
Kasse *f* 1 –**nanweisung** 2 an der **Bank**– 3 –**nbarschaft** 4 –**nbeleg** 5 –**nbestand** 6 den –**nbestand** überprüfen 7 –**nbuch** 8 –**ndifferenz** 9 ~ gegen **Dokumente** 10 **einbruchssichere** ~ 11 **gegen** ~ 12 –**njournal** 13 **netto** ~ ohne Skonto 14 –**npreis** 15 –**nschalter** 16 –**nschluß** 17 abzüglich 2% –**nskonto** 18 –**nstunden** 19 –**nüberschuß**

1 emballer en cartons d'un poids de 5 kg 2 emballés en cartons de deux douzaines

. . .

1 bon de caisse 2 à la caisse de la banque 3 encaisse; solde en caisse 4 pièce (justificative) de caisse 5 encaisse 6 vérifier le solde en caisse 7 livre de caisse 8 différence en caisse 9 comptant contre documents; paiement à la réception des documents 10 coffrefort; coffret de sûreté 11 contre paiement comptant 12 livre de caisse 13 comptant net; comptant sans escompte 14 prix comptant 15 guichet de caisse 16 arrêté (od. clôture) de caisse 17 moins 2% d'escompte de caisse (od. au comptant) 18 heures d'ouverture de la caisse 19 excédent de caisse

Kasten *m* 1 den **Brief** in den Brief– werfen 2 der **Schau**–
Katalog *m* 1 in ihrem ~ **angeführte** Ware 2 unser ~ gibt **Aufschluß** über Güte, Größen und Preise 3 **Auktions**– 4 **ausführlicher** ~ 5 wir erlauben uns, unseren ~ **beizulegen** 6 –**blätter** 7 neue –e sind im **Druck** 8 wir werden Ihnen den ~ sofort nach seinem Erscheinen **einsenden** 9 wir bitten um Einsendung

1 jeter la lettre dans la boîte aux lettres; poster la lettre 2 vitrine; étalage
1 les articles figurant dans leur catalogue 2 notre catalogue donne des détails sur la qualité, les tailles (od. dimensions) et les prix 3 catalogue des ventes (aux enchères) 4 catalogue détaillé 5 nous nous permettons de joindre notre catalogue 6 feuillets de catalogue 7 de nouveaux catalogues sont sous presse 8 nous vous

Katalog — Kennen

Ihres **illustrierten** –s mit allen technischen Einzelheiten Ihrer Maschine **10 kompletter** ~ **11 Messe**– **12** –**preis 13** wir **senden** Ihnen gern unsere –e **14** die –e haben wir Ihnen mit separatem Brief **gesandt 15** wir erlauben uns, Ihnen unseren ~ sowie die Preisliste **über** elektrische Rasierapparate einzusenden **16 veralteter** ~ **17** die diesbezüglichen ~ sind zur Zeit nicht **verfügbar 18** wir bitten um Zusendung **weiterer** –exemplare **19** wir danken Ihnen für die **Zusendung** Ihres –es

ferons parvenir le catalogue dès sa parution **9** veuillez nous faire parvenir votre catalogue illustré donnant tous les détails techniques de votre machine **10** catalogue complet **11** catalogue de la foire **12** prix de catalogue **13** c'est avec plaisir que nous vous ferons parvenir nos catalogues **14** nous vous avons adressé les catalogues sous pli spécial **15** nous nous permettons de vous adresser notre catalogue ainsi que la liste des prix concernant les rasoirs électriques **16** catalogue périmé **17** les catalogues s'y rapportant ne sont plus disponibles pour le moment **18** nous vous prions de nous adresser d'autres exemplaires du catalogue **19** nous vous remercions de l'envoi de votre catalogue

Kauf *m* **1** –**bedingungen 2** fester ~ **3 Gelegenheits**– **4** –**haus 5** ernsthafter –**interessent 6** –**kraft 7 Kredit**käufe **8** –**mann** (s. auch Kaufmann) **9 Miet**– und Abzahlungsverkäufe **10** ~ nach **Muster 11 staatliche** Käufe **12** in –**verhandlung 13** mangels ausdrücklicher anderer Vereinbarung im –**vertrag**

1 conditions d'achat **2** achat ferme **3** achat d'occasion **4** grand magasin **5** acheteur sérieux **6** pouvoir d'achat **7** achats à crédit **8** commerçant; négociant; marchand **9** locations-ventes et ventes à crédit **10** achat sur échantillon **11** achats pour compte de l'Etat **12** entrer en pourparlers d'achat **13** à défaut de dispositions expressément contraires du contrat d'achat

Kaufen, 1 für bares Geld ~ **2** in **Bausch und Bogen** ~ **3** wir ~ diese Maschine zu folgenden **Bedingungen 4** die Waren **direkt** von den Erzeugern ~ **5** ... nach **Gewicht** ~ **6** die Waren auf Kredit ~ **7** für einen **Pappenstiel** ~ **8** unter dem **Preis** ~ **9** bemühen Sie sich, zu jedem **Preis** zu ~ **10** auf **Probe** ~ **11** auf **Raten** ~ **12** sie ~ auf eigene **Rechnung 13** ... in einer **Versteigerung** ~

1 acheter comptant **2** acheter en bloc (od. en vrac, à forfait) **3** nous achetons cette machine aux conditions suivantes **4** acheter les marchandises directement chez les producteurs **5** acheter au poids **6** acheter les marchandises à crédit **7** acheter pour une bouchée de pain **8** acheter au-dessous du prix **9** cherchez à acheter à tout prix **10** acheter à titre d'essai **11** acheter à tempérament **12** ils achètent à leur propre compte **13** acheter aux enchères

Käufer *m* **1** damit der ~ die Ware **abnehmen** kann **2 direkter** ~ **3 eventueller** ~ **4** –**markt 5 möglicher** ~ **6** auf **Rechnung** des –s **7** –**tag 8** der ~ **verlangt** eine Ermäßigung des Vertragspreises

1 afin que l'acheteur puisse prendre livraison de la marchandise **2** acheteur direct **3** acheteur éventuel **4** marché d'acheteurs **5** acheteur potentiel **6** pour compte de l'acheteur **7** jour réservé aux acheteurs **8** l'acheteur demande une réduction du prix contractuel

Kaufmann *m* **1** er wird für einen **soliden** und erfahrenen ~ gehalten **2** mit der **Sorgfalt** eines ordentlichen –s **3 vollberechtigter** ~

1 il est considéré comme un commerçant sérieux versé dans les affaires **2** avec la diligence d'un commerçant consciencieux **3** commerçant pleinement qualifié

Kaution *f* **1** eine ~ **hinterlegen 2** es wird eine ~ in (der) Höhe von DM 3.000,— **verlangt 3** Zoll–

1 déposer (od. donner) garantie; verser caution **2** on demande une garantie (od. caution) de DM 3.000,— **3** cautionnement en matière de douane

Kennen, 1 wir würden gerne Ihre **Ansicht** über dieses Problem ~ **2** wir ~ den **Bedarf** der hiesigen Kunden gut **3** wir möchten gern gegenwärtige **Preise** ~

1 nous aimerions connaître votre avis sur ce problème **2** nous sommes parfaitement au courant des besoins des clients de la place **3** nous aimerions connaître les prix actuels

Kennenlernen, den **Stand** der Dinge ~
Kenntnis *f* 1 sich auf allen kaufmännischen Gebieten gründliche –se **aneignen** 2 Datum, an dem der Verkäufer von der Erteilung einer notwendigen Einfuhrlizenz ~ **erhält** 3 die nötigen –se über ... **erlangen** 4 **Fach**– 5 es wird die ~ des Englischen **gefordert** 6 nach unserer ~ 7 eine Durchschrift dieses Schreibens senden wir Herrn Müller zur **–nahme** 8 mit Vergnügen **nehmen** wir zur ~, daß ... 9 **oberflächliche** ~ 10 **praktische** –se 11 er besitzt gute **Sprach**–se 12 **umfassende** –se

Kennzeichen *n* 1 guter **Ruf** von Bezeichnungen und ~ 2 diese **Waren** tragen das ~ der Erzeugerfirma
Kennzeichnung *f* ~ **eingeführter Waren**
Kiste *f* 1 die –n haben folgende **Abmessungen:** Länge ... Breite ... Höhe ... 2 eine mit Teerpapier (Ölpapier/Wachstuch) **ausgelegte** ~ 3 eine ~ mit Teerpapier**auskleidung** 4 die ~ hat nicht die vorgeschriebenen **Ausmaße** 5 die ~ **auspacken** 6 mit **Bandeisen** versehene ~ 7 die ~ ist stark **beschädigt** eingetroffen 8 ~ mit **Blecheinsatz** 9 eine mit **Draht** verschnürte ~ 10 in der Sendung **fehlen** drei –n 11 **gebrauchte** ~ 12 **Holz**– 13 **Inhalt** der ~ 14 beim **Öffnen** der –n 15 jede ~ muß eine **Packliste** enthalten 16 die –n sind richtig **signiert** und von 1 bis 9 numeriert 17 führen Sie die **Signierung** der –n genau nach den Anweisungen durch 18 ~ für **Überseetransport** 19 **verpackt** je 2 Dutzend in –n zu 25 kg

Klage *f* 1 die ~ wurde wegen Verjährung **abgewiesen** 2 in Ermangelung von Beweisen wurde von der ~ **Abstand** genommen 3 mahnen Sie den Schuldner unter **–androhung** 4 er hat gegen ihn ~ **auf** Schadenersatz eingereicht 5 er hat gegen ihn ~ wegen Nichteinhaltung des Vertrags **eingebracht** 6 die Entscheidung erfolgt spätestens binnen 30 Tagen auf **Einreichung** der ~ 7 wir hoffen, daß Sie es nicht zu einer ~ **kommen** lassen 8 es wäre für Sie besser, auf die ~ zu **verzichten** 9 wir empfehlen die **Zurückziehung** der ~

chercher à savoir quelle est la situation
1 acquérir des connaissances approfondies dans tous les domaines commerciaux 2 date à laquelle le vendeur est informé de l'attribution de la licence d'importation nécessaire 3 acquérir les connaissances nécessaires de ... 4 connaissances professionnelles (od. spéciales, techniques) 5 la connaissance de l'anglais est exigé (od. indispensable) 6 à notre connaissance 7 nous adressons copie de la présente à M. Müller pour information 8 nous apprenons avec plaisir que ... 9 connaissance superficielle 10 connaissances pratiques 11 il possède de bonnes connaissances des langues 12 vastes connaissances

1 bonne réputation des noms et marques de commerce 2 ces marchandises portent la marque de la firme productrice
marquage de marchandises importées
1 les caisses ont les dimensions suivantes : longueur ..., largeur ..., hauteur ... 2 caisse tapissée intérieurement de papier goudronné (papier huilé / toile cirée) 3 une caisse tapissée de papier goudronné 4 la caisse n'a pas les dimensions prescrites 5 déballer la caisse 6 caisse munie de feuillard 7 la caisse est arrivée en très mauvais état 8 caisse doublée intérieurement de tôle 9 une caisse munie de fil de fer 10 trois caisses manquent dans l'envoi 11 caisse déjà utilisée 12 caisse en bois 13 contenu de la caisse 14 en ouvrant les caisses 15 chaque caisse devra comprendre une liste de colisage 16 les caisses sont correctement marquées et numérotées de 1 à 9 17 veuillez procéder au marquage des caisses en suivant strictement les instructions 18 caisse pour le transport outre-mer 19 emballé(e)s par deux douzaines dans des caisses de 25 kg

1 l'action (od. la demande, la plainte) a été rejetée pour (cause de) prescription 2 faute de preuves, l'action (od. la plainte) a été abandonnée ; la plainte a été retirée pour manque de preuves 3 veuillez sommer le débiteur d'avoir à s'exécuter sous peine de poursuites (judiciaires) 4 il a introduit une action en dommages-intérêts à son encontre 5 il l'a poursuivi pour violation de contrat 6 la décision sera rendue au plus tard dans les 30 jours du dépôt de la demande 7 nous espérons que vous n'irez pas en justice 8 vous feriez mieux de renoncer à (od. d'abandonner) l'action 9 nous vous recommandons de vous désister de l'action (od. retirer votre plainte)

Klagen — Kombinieren

Klagen, wir werden **auf** Schadenersatz ~

Kläger *m* wir werden **als** ~ auftreten

Klar, 1 –e **Antwort** 2 eine –e und genaue **Beschreibung** des angebotenen Erzeugnisses 3 –er **Beweis** 4 wir müssen alle Punkte des Vertrages ins Klare **bringen** 5 damit wären wir uns im wesentlichen auch über die Zahlungsbedingungen **im** Klaren 6 Ihre **Nachricht** ist uns nicht in allen Punkten ~

Klären, die **Frage** der Zahlungsart ist noch immer ungeklärt

Klasse *f* **1 Qualitäts–** 2 **Schiffs–** 3 **Tarif–** 4 **Ware** höherer **Handels–**

Klassifizierung *f* **Schiffs–**

Klausel *f* 1 **Arbitrage–** 2 die ~ anders **auslegen** 3 **Devisen–** 4 den Vertrag durch die Gold– **ergänzen** 5 **Gold–** 6 **Konkurrenz–** 7 **Kurs–** 8 **Liefer–** 9 **Meistbegünstigungs–** 10 **Preis–** 11 **Schieds–** 12 die ~ über die **stillschweigende** Weiterführung eines Vertrages 13 **Übernahme–** 14 **Valuta–** 15 die Banken weisen **Verladedokumente** zurück, die solche –n oder Vermerke enthalten 16 das Übernahmekonnossement **versehen** bei dem Verladen mit der ~: 17 **Versicherungs–** 18 **Vertrags–** 19 **Währungs–**

Klein, 1 **–anzeigen** 2 **bis** ins Kleinste 3 **–geld** 4 **–handel** 5 **–handelsindex** 6 **–verkauf**

Klient *m* s. Kunde

Knappheit *f* infolge großer ~ an **Rohmaterial** müssen wir Ihren Auftrag ablehnen

Kode *m* 1 wir bitten Sie, im Verkehr mit uns den Bentley's Second Phrase Code zu **benützen** 2 **Fünfbuchstaben–** 3 **Privat–** 4 **–telegramm** 5 **Telegramm–** 6 **–wort** 7 **Ziffern–**

Kollektion *f* 1 attraktive ~ 2 die neueste ~ **vorlegen**

Kollektiv *n* 1 **–ausstellung** 2 **–stand**

Kombinieren, kombiniertes Wert– und **Ursprungszeugnis** für nach der Republik Südafrika gelieferte Waren

nous intenterons une action en dommages-intérêts

nous nous constituerons demandeurs

1 réponse claire et nette 2 une description claire et précise du produit offert 3 preuve concluante 4 nous devons mettre au point (od. préciser) tous les détails du contrat 5 pour l'essentiel, nous sommes donc également d'accord sur les conditions de paiement 6 il y a certains points de votre message qui ne nous paraissent pas tout à fait clairs

la question du mode de paiement n'a toujours pas été éclaircie

1 catégorie qualitative; qualité 2 classe de cabine 3 classe du tarif 4 marchandise de qualité (od. catégorie) supérieure

classification de navires

1 clause d'arbitrage 2 interpréter la clause différemment 3 clause de garantie de change 4 compléter le contrat par la clause or 5 clause or 6 clause de nonconcurrence 7 clause relative au cours du change 8 clause de livraison 9 clause de la nation la plus favorisée 10 clause relative aux prix 11 clause d'arbitrage 12 la clause de tacite reconduction d'un contrat 13 clause d'acceptation (od. de prise en charge) 14 clause de garantie de change 15 les banques refusent d'accepter des documents de chargement comportant de pareilles clauses ou mentions 16 après chargement, veuillez insérer dans le connaissement «reçu pour embarquement» la clause (od. mention): 17 clause d'assurance 18 clause de contrat 19 clause monétaire

1 petites annonces 2 jusqu'au plus petit détail 3 (petite) monnaie 4 commerce de détail 5 indice des prix de détail 6 vente au détail

...

en raison de la grande pénurie de matières premières, nous sommes obligés de refuser votre commande

1 pour vos communications avec nous, veuillez utiliser le Bentley's Second Phrase Code 2 code à cinq impulsions 3 code privé 4 télégramme codé 5 code télégraphique 6 mot de code 7 code rédigé en langage chiffré

1 collection attirante 2 présenter la dernière collection

1 exposition collective 2 stand commun (od. collectif)

certificat de valeur et d'origine combiné pour les marchandises livrées à la République d'Afrique du Sud

Komitee *n* das ~ hat folgenden **Beschluß** gefaßt
le comité a pris la décision (od. résolution) suivante

Kommen, 1 abhanden– 2 nach Überprüfung der ganzen Angelegenheit sind wir zur **Ansicht** ge–, daß ... 3 Herr Braun hat die Absicht, am 15. Mai nach London auf einen etwa fünftägigen **Besuch** zu ~ 4 in **Betracht** ~ 5 es könnte **dazu** ~, daß ... 6 zu einer **Einigung** ~ 7 zur **Erscheinung** ~ 8 das kommt nicht in **Frage** 9 sie werden kaum wieder zu Ihrem **Geld** ~ 10 Ihr Angebot käme uns sehr **gelegen** 11 wir möchten gern schon mit neuen Mustern auf den **Markt** ~ 12 diese Sorte ist in **Mode** ge– 13 Ihre Bestellung kommt nächsten Monat an die **Reihe** 14 es kommt ständig zu neuen **Reklamationen** 15 die Angelegenheit ist vorläufig nicht auf die **Tagesordnung** ge– 16 **ungelegen** ~ 17 es kam zu einem beträchtlichen **Verlust** 18 es kann ein beträchtliches Geschäft **zustande** ~
1 se perdre; s'égarer 2 après avoir réexaminé toute l'affaire, nous sommes arrivés à la conclusion que ... 3 M. Braun a l'intention de se rendre à Londres, le 15 mai, pour une visite d'environ cinq jours 4 entrer en ligne de compte 5 il se pourrait que ... 6 arriver à un accord (od. à une entente) 7 apparaître 8 il n'en est pas question 9 il est douteux qu'ils recouvrent leur argent 10 votre offre viendrait bien à point 11 nous aimerions apparaître sur le marché avec de nouveaux modèles 12 cet article est maintenant à la mode (od. en vogue) 13 le mois prochain, ce sera le tour de votre commande 14 les réclamations ne cessent d'arriver 15 la question n'est pas encore à l'ordre du jour 16 arriver mal à propos 17 il en résulta une perte considérable 18 il y a moyen de réaliser une affaire intéressante

Kommission *f* 1 ~ für internationale Handelspraxis 2 **gemischte** ~ 3 –**shandel** 4 die Waren **in** ~ senden 5 die Waren **in** ~ geben 6 die ~ hält gerade eine Sitzung ab 7 **Übernahme**– 8 diese Angelegenheit wird der ~ **unterbreitet** werden 9 UN–**Wirtschafts**– für Europa
1 commission sur les pratiques commerciales internationales 2 commission mixte; commission paritaire 3 commerce de commission 4 livrer les marchandises en commission 5 donner les marchandises en commission 6 la commission siège en ce moment 7 commission de réception 8 cette affaire sera soumise à la commission 9 Commission Economique des Nations Unies pour l'Europe

Kommissionär *m* der Kommittent hat einen **Auftrag** dem ~ erteilt
le commettant a donné une instruction au commissionnaire

Kompensation *f* 1 –**sabmachung** 2 –**sbescheid** 3 die –**sbewilligung** beschleunigen 4 **Dreieck**– 5 –**serweiterung** 6 –**sgeschäft** 7 **Global**– 8 –**sposten** 9 im **Rahmen** der verhandelten ~ 10 **zahlbar** durch ~
1 accord de compensation 2 avis de compensation 3 accélérer l'octroi de la compensation 4 compensation triangulaire 5 extension de la compensation 6 affaire de compensation 7 compensation globale 8 article de compensation 9 dans le cadre de l'accord de compensation 10 payable par compensation

Kompetent, 1 wenden Sie sich an die –en **Stellen** 2 die –en **Stellen** nehmen prinzipiell eine negative Stellung in ... ein 3 von –en **Stellen** erhielten wir die Zusage
1 veuillez vous adresser aux services compétents 2 les autorités compétentes adoptent par principe une position négative à l'égard de ... 3 nous avons reçu la promesse des autorités compétentes

Kompetenz *f* 1 das **fällt** nicht in unsere ~ 2 wir wissen nicht, wie weit ihre ~ **reicht**
1 ceci n'est pas de notre compétence; ceci ne rentre pas dans nos attributions 2 nous ignorons jusqu'à quel point ils sont compétents

Komplett, 1 ~ und **fehlerfrei** 2 –e **Industrieanlage**
1 complet et exempt de vice 2 installation industrielle complète

Komplettieren, das Konsignationslager wird **fortlaufend** komplettiert werden
le dépôt de consignation sera complété régulièrement

Komplikation *f* 1 es ist uns gelungen, alle –en zu **beseitigen** 2 es sind unvorhergesehene –en **entstanden**
1 nous avons réussi à écarter toutes les difficultés 2 de nouvelles difficultés imprévues ont surgi

Kompromiß *m* u. *n* 1 sie haben einen ~ **abgeschlossen** 2 der Kunde scheint zu einem ~ nicht **bereit** zu sein 3 er kann in keinen ~ **einwilligen** 4 versuchen Sie, einen ~ zu **erreichen** 5 in dieser Situation wäre ein ~ die einzige **Lösung** 6 sie **schlagen** uns einen ~ in dieser Form **vor**
Konferenz *f* 1 eine ~ **abhalten** 2 eine ~ auf Freitag, den 22. Dezember **einberufen** 3 die ~ über den Sueskanal **eröffnen** 4 **internationale** ~ 5 **Presse**– 6 **–raum** 7 **Seefahrts**– 8 an einer ~ **teilnehmen** 9 den **Termin** einer ~ anberaumen 10 **Wirtschafts**– 11 **–zimmer**

Konfiskation *f* s. Beschlagnahme
Konfiszieren s. Beschlagnahmen
Kongreß *m* 1 den **Ärzte**– in Baden-Baden besuchen 2 **Gewerkschafts**– in Hannover
Konjunktur *f* 1 auf diesem Gebiet ist die ~ im **Abflauen/Aufschwung** 2 **–bremse** 3 **–politik**

Konkurrent *m* kein ~ war bisher in der Lage, diese Ware so billig anzubieten

Konkurrenz *f* 1 **–angebot** 2 eine ~ ist praktisch **ausgeschlossen** 3 **Auslands**– 4 zu **–bedingungen** 5 Sie werden bestimmt einer großen ~ **begegnen** 6 die ~ ist **bestrebt**, auf dem hiesigen Markt durchzudringen 7 die ~ **bietet** die Waren zu Preisen an, die weit unter dem Durchschnitt der üblichen Marktpreise liegen 8 unter dem **Druck** der ~ waren wir genötigt, den Preis zu ermäßigen 9 die ~ ist in dieser Branche gut **eingeführt** 10 **einheimische** ~ 11 wir müssen der ~ **entgegentreten** 12 **–erzeugnis** 13 **–firmen** 14 **freie** ~ 15 **–kampf** 16 die Ware wird im **–kampf** schwer bestehen 17 die ~ beherrscht vollständig den **Markt** 18 die ~ ist bestrebt, uns vom **Markt** zu verdrängen 19 momentan können wir uns mit der ~ nicht **messen** 20 die ~ **schlagen** 21 **schmutzige** ~ 22 mit der ~ **Schritt halten** 23 die ~ ist zu einer neuen **Taktik** übergegangen 24 der **unlauteren** ~ Einhalt bieten 25 im **Vergleich** mit der ~ 26 die ~ **verkauft** durchschnittlich zu doppelten Preisen 27 **wachsende** ~

1 ils ont passé un compromis 2 le client ne semble pas vouloir consentir à un arrangement 3 il ne saurait transiger 4 veuillez tenter d'arriver à un compromis 5 dans cette situation, la seule solution serait un compromis 6 ils nous proposent un compromis sous cette forme
1 tenir une conférence 2 convoquer une conférence pour le vendredi 22 décembre 3 ouvrir une conférence sur le canal de Suez 4 conférence internationale 5 conférence de presse 6 salle de conférence 7 conférence maritime 8 participer à une conférence 9 fixer la date d'une conférence 10 conférence économique 11 salle de conférence

1 assister au congrès des médecins à Baden-Baden 2 congrès des syndicats (ouvriers) à Hanovre
1 dans ce domaine, la conjoncture est en récession/expansion 2 frein de la conjoncture; frein conjoncturel 3 la politique de conjoncture

aucun concurrent n'a été jusqu'à présent en mesure d'offrir la marchandise si bon marché

1 offre de concurrence; offre d'un concurrent 2 toute concurrence est pratiquement exclue; il n'y a pratiquement pas de concurrence 3 concurrence étrangère 4 à des conditions compétitives 5 vous devrez certainement faire face à une forte concurrence 6 les concurrents cherchent à s'imposer sur le marché 7 les concurrents offrent les marchandises à des prix de loin inférieurs aux prix moyens du marché 8 sous la pression de la concurrence, nous avons été obligés de baisser (od. réduire) le prix 9 la concurrence est bien établie (od. introduite) dans cette branche 10 concurrence locale; concurrence nationale 11 nous devons faire face à la concurrence 12 produit concurrent 13 firmes concurrentes 14 concurrence libre 15 concurrence; compétition 16 la marchandise soutiendra difficilement la concurrence 17 les concurrents contrôlent la totalité du marché 18 les concurrents cherchent à nous écarter (od. éliminer) du marché 19 pour l'instant, nous ne saurions mesurer avec nos concurrents 20 triompher des concurrents 21 concurrence déloyale 22 tenir tête aux concurrents 23 les concurrents ont adopté une autre tactique 24 mettre un terme à la con-

Konkurrenzfähig, 1 –es Angebot 2 Ihr Preis ist nicht mehr ~ 3 wir sind nicht ~
Konkurrenzlos, –es Angebot
Konkurrieren, 1 wir können in dieser Hinsicht ~ 2 zu diesem Preis können Sie mit der einheimischen Erzeugung nicht ~ 3 ihre Preise ~ stark den unsrigen

Konkurs m 1 ~ anmelden 2 –erklärung 3 dieses Unternehmen ist in ~ geraten 4 die Firma ist im ~ 5 –masse

Konnossement n 1 „An Bord"– 2 begebbares ~ 3 Berichtigung des –es 4 Bord– 5 Durch– 6 ~ „empfangen zur Verschiffung" 7 Fluß– 8 das ~ wurde bis jetzt nicht freigegeben 9 Import– 10 ein ~ indossieren 11 veranlassen Sie, daß in das ~ diese Klausel aufgenommen wird 12 stellen Sie das ~ auf unseren Namen aus 13 Order– 14 reines ~ 15 das ~ rückdatieren 16 lassen Sie die –e direkt an die ausländische Bank senden 17 Speditions– 18 Übernahme– 19 unreines ~ 20 „Verschifft"–

Konsequenzen f pl 1 eventuelle ~ 2 weisen Sie auf etwaige ~ hin 3 wir sind gezwungen, aus dieser Erfahrung ~ zu ziehen
Konsignation f 1 –slager 2 –sliste 3 –srechnung 4 die Ware in ~ übernehmen

Konstruktion f 1 der Verkäufer ist verpflichtet, jeden Mangel zu beheben, der auf einem Fehler der ~, des Materials oder der Ausführung beruht 2 die vom Käufer gelieferten Materialien oder von ihm vorgeschriebene ~
Konsul m 1 General– 2 Honorar–
Konsularisch, 1 diese Dokumente müssen ~ legalisiert sein 2 –e Vertretung
Konsulat n 1 lassen Sie die Fakturen durch das ~ beglaubigen 2 beim ameri-

currence déloyale 25 en comparaison avec la concurrence 26 les concurrents vendent généralement à des prix doubles 27 concurrence croissante
1 offre compétitive 2 votre prix n'est plus compétitif 3 nous ne sommes pas compétitifs
offre sans (od. défiant toute) concurrence
1 nous sommes à même de soutenir la concurrence à cet égard 2 à ce prix, vous ne sauriez pas faire concurrence à la production nationale (od. locale) 3 leurs prix sont en compétition sévère avec les nôtres
1 déposer son bilan; se déclarer en faillite 2 déclaration de faillite 3 cette entreprise a fait faillite 4 la firme est en (état de) faillite 5 masse (od. actif) de faillite
1 connaissement « reçu à bord » 2 connaissement négociable 3 rectification du connaissement 4 connaissement « reçu à bord » 5 connaissement direct 6 connaissement « reçu pour embarquement » 7 connaissement fluvial 8 le connaissement n'a pas encore été débloqué 9 connaissement d'entrée 10 endosser un connaissement 11 veuillez faire le nécessaire pour que cette clause soit insérée dans le connaissement 12 veuillez faire établir le connaissement à notre nom 13 connaissement à ordre 14 connaissement net 15 antidater le connaissement 16 veuillez adresser les connaissements directement à la banque étrangère 17 connaissement du commissionnaire de transports 18 connaissement « reçu pour embarquement » 19 connaissement comportant une clause (od. avec réserves) 20 connaissement « embarqué »
1 conséquences éventuelles 2 veuillez attirer l'attention sur les conséquences éventuelles 3 nous sommes obligés de tirer des conséquences de cette expérience
1 dépôt de consignation; stock en consignation 2 liste de consignation 3 facture de consignation 4 prendre la marchandise en consignation
1 le vendeur est tenu de réparer toute défectuosité due à un vice de construction, de matière ou de fabrication 2 les matériaux fournis ou la construction prévue par l'acheteur
1 consul général 2 consul honoraire
1 ces documents doivent être légalisés par le consulat 2 représentation consulaire
1 veuillez faire légaliser les factures par le consulat 2 au consulat américain du pays

Konsulat — Konto

kanischen ~ im Ausfuhrland 3 –sgebühren 4 **General**– von Haiti in Bremen
Konsulatsrechnung *f* 1 alle **Angaben** auf der ~ sind vollständig und wahrheitsgemäß zu machen 2 ordnungsmäßig **beglaubigte** ~ 3 **Vordrucke** der ~ sind bei dem nächsten Konsulat erhältlich

exportateur 3 taxes consulaires 4 consulat général de Haïti à Brême
1 tous les détails donnés dans la facture consulaire doivent être complets et véridiques 2 facture consulaire dûment légalisée 3 des formules de factures consulaires peuvent être obtenues au consulat le plus proche

Konsultation *f* durch –en eine zufriedenstellende **Lösung** erreichen

parvenir à une solution satisfaisante par des consultations

Konsum *m* 1 dies ist kein –**artikel** 2 –**genossenschaft** 3 –**güter** 4 Ware zum **sofortigen** ~ bestimmt

1 ceci n'est pas un article de consommation 2 coopérative de consommation 3 biens de consommation 4 marchandise destinée à la consommation immédiate

Konsument *m* s. Verbraucher

Kontakt *m* 1 ~ direkt mit dem Lieferanten **aufnehmen** 2 wir werden mit ihrer Firma **in** ~ bleiben 3 mit der Firma B.W.C. **kommen** wir öfters in ~ 4 **unmittelbarer** ~

1 entrer en contact direct avec le fournisseur 2 nous resterons en contact avec votre maison 3 nous sommes souvent en rapport avec la firme B.W.C. 4 contact direct

Kontingent *n* 1 –**abkommen** 2 Ausfuhr– 3 unbeschränkte **Ausnützung** des –s 4 außer ~ 5 –**basis** 6 bestehende –e 7 **Einfuhr**– 8 **Einräumung** eines angemessenen –s 9 das ~ um 30% **erhöhen** 10 das ~ ist bis jetzt nicht **erschöpft** 11 **Erweiterung** von –en 12 **Erzeugungs**– 13 **Export**– 14 neue –e **festsetzen** 15 **Gesamt**– 16 die allen anderen Mitgliedsstaaten ohne Diskriminierung zugänglichen **Global**–e 17 **Import**– 18 –**liste** 19 **Messe**– 20 **Produktions**–e für Zement 21 **Sonder**– 22 **Verkaufs**– 23 **Vertrags**– 24 Lieferungen im Rahmen des **vorgesehenen** –es für Motorräder 25 **Zoll**– 26 –**zuteilung**

1 accord de contingentement 2 contingent d'exportation 3 utilisation sans restriction du contingent 4 hors contingent 5 base de contingentement 6 contingents existants 7 contingent d'importation 8 attribution d'un contingent convenable 9 augmenter le contingent de 30% 10 le contingent n'est pas encore épuisé 11 élargissement de contingents 12 contingent de production 13 contingent d'exportation 14 fixer de nouveaux contingents 15 contingent global 16 les contingents globaux ouverts sans discrimination à tous les autres pays membres 17 contingent d'importation 18 liste des contingents 19 contingent attribué à l'occasion d'une foire commerciale 20 contingents de production de ciment 21 contingent spécial 22 contingent de vente 23 contingent contractuel (od. prévu par contrat) 24 livraisons dans le cadre du contingent prévu pour des motocyclettes 25 contingent douanier 26 attribution de contingents

Kontingentieren, die **Einfuhr** ist kontingentiert
Kontingentierung *f* 1 die ~ **aufheben** 2 **Einfuhr**– 3 –**ssystem**

l'importation est contingentée
1 supprimer (od. lever) le contingentement 2 contingentement de l'importation 3 le régime des contingentements

Konto *n* (s.a. Rechnung) 1 –**abschluß** zum 31. 12. 2 **Aktiv**– und **Passiv**– 3 der **Auszug** Ihres ~ weist einen Saldo von DM 618,— zu unseren Gunsten aus 4 **Bank**– 5 **Barabhebung** des –**inhabers** vom laufenden ~ 6 wir **belasten** Ihr ~ mit diesem Betrag 7 der –**inhaber** muß der Bank jede Änderung in der –**benennung** schriftlich anzeigen 8 **Clearing**–

1 arrêté (od. clôture) de compte au 31/12 2 comptes créditeur et débiteur 3 le relevé de votre compte fait ressortir un solde de DM 618,— en notre faveur 4 compte en banque 5 prélèvement en espèces du titulaire de son compte courant 6 nous débitons votre compte de ce montant 7 le titulaire du compte est tenu d'informer la banque par écrit de toute

9 **Devisenausgleichs**– 10 auf unserem ~ ist dieser Betrag noch nicht **eingegangen** 11 **Geheim**– 12 **Kompensations**– 13 **Konsignations**– 14 **Kontokorrent**– 15 zahlen Sie Herrn H. Hasenberg DM 360,— zu **Lasten** unseres –s bei Ihnen 16 **laufendes** ~ 17 wir haben bei der Bank ein **offenes** ~ 18 **passives** ~ 19 sie haben ein **Postscheck**– eröffnen lassen 20 **Sonder**– 21 ein **Spar**– führen 22 den Betrag haben wir auf Ihr ~ bei der Postsparkasse **überwiesen** 23 heute haben wir Ihnen von unserem Postscheck– DM 625,— **überwiesen** 24 laufendes ~ mit einprozentiger **Verzinsung**

Kontokorrent *n* 1 –**auszug** 2 –**kredit**

Kontrakt *m* (s.a. Vertrag) 1 einen Montage– **abschließen** 2 die Akkreditivbedingungen dürfen nicht vom ~ **abweichen** 3 direkt im ~ **anführen** 4 im ~ wird ein Umstand dieser Art nicht **berücksichtigt** 5 er ist durch keinen ~ ge**bunden** 6 –**entwurf** 7 den ~ bis Jahresende **erfüllen** 8 eine **Ergänzung** zum ~ ausarbeiten 9 die Verpflichtung geht klar aus dem ~ **hervor** 10 **Nachtrag** zum ~ 11 **Nichterfüllung** des –es 12 der Absatz dieser Ware ist durch ~ ge**sichert**

Kontroll–, 1 –**abteilung** 2 –**kupon** 3 das Zertifikat soll von einer international anerkannten –**organisation** ausgestellt sein 4 –**verwiegung**

Kontrolle *f* 1 Produktions– und **Absatz**– 2 **Außenhandels**– 3 Fälle höherer Gewalt oder irgendwelche andere Ursachen, die **außerhalb** ihrer ~ liegen 4 **Austritts**– 5 **Devisen**– 6 die Waren– durch einen erfahrenen Fachmann **durchführen** 7 wir haben eine eingehende ~ der ganzen Sendung vorgenommen 8 **gegenseitige** ~ 9 **Gewichts**– 10 **Paß**– 11 über die ~ wurde ein **Protokoll** aufgenommen 12 **Qualitäts**– 13 **technische** ~ 14 die Maschine muß **unter** ~ bleiben 15 **Vor**– 16 unter **Zoll**– 17 sich der **Zoll**– unterziehen 18 zwecks ~ telegrafieren Sie alle Waggonnummern

modification de la dénomination du compte **8** compte (de) clearing **9** fonds d'égalisation (od. de péréquation) des changes **10** ce montant n'a pas encore été transféré à notre compte **11** compte secret **12** caisse de compensation **13** compte de consignation **14** compte courant **15** veuillez payer à M. H. Hasenberg DM 360,— **en** débitant notre compte de la somme correspondante **16** compte courant **17** nous avons un compte ouvert à la banque **18** compte débiteur **19** ils ont fait ouvrir un compte de chèques postaux **20** compte spécial **21** tenir un compte d'épargne **22** nous avons viré le montant à votre compte à la caisse d'épargne postale **23** nous vous avons viré ce jour de notre compte de chèques postaux le montant de DM 625,— **24** compte courant portant 1% d'intérêt

1 extrait (od. relevé) de compte courant **2** crédit en compte courant

1 passer (od. faire) un contrat de montage **2** les conditions de l'accréditif ne doivent pas s'écarter des termes du contrat **3** stipuler dans ce contrat même **4** une circonstance de ce genre n'est pas prévue au contrat **5** il n'est lié par aucun contrat **6** projet de contrat **7** exécuter le contrat jusqu'à la fin de l'année **8** élaborer un additif au contrat; préparer un avenant **9** cette obligation découle nettement du contrat **10** avenant; supplément au contrat **11** non-exécution du contrat **12** l'écoulement de cette marchandise est assuré par contrat

1 section de contrôle **2** coupon de contrôle **3** le certificat doit être délivré par une organisation de contrôle internationalement reconnue **4** pesage de contrôle

1 contrôle de la production et de la vente **2** contrôle du commerce extérieur **3** cas de force majeure ou toutes autres causes échappant à leur contrôle **4** contrôle de sortie **5** contrôle des changes **6** faire contrôler (od. examiner) les marchandises par un expert **7** nous avons procédé à une vérification minutieuse de tout l'envoi **8** contrôle mutuel **9** vérification du poids **10** contrôle des passeports **11** il a été rédigé un procès-verbal de l'inspection **12** contrôle de (la) qualité **13** contrôle technique **14** la machine doit rester sous contrôle **15** inspection préliminaire; contrôle préalable **16** sous contrôle douanier **17** se soumettre au contrôle douanier **18** veuillez faire connaître par télégramme tous les numéros des wagons aux fins de contrôle

Kontrollieren — Kosten

Kontrollieren, 1 die **Qualität** des verwendeten Materials durch seinen bevollmächtigten Vertreter ~ lassen 2 wir haben die **Richtigkeit** aller Angaben kontrolliert

Konventionalstrafe *f* ~ **bezahlen**

1 faire contrôler par son agent mandaté la qualité des matériaux utilisés (od. de la matière utilisée) 2 nous avons vérifié l'exactitude de toutes les déclarations

payer une pénalité conventionnelle (od. contractuelle)

Konvertierbar, 1 **frei** –e Devisen 2 –e **Pfunde**

1 devises (od. monnaies étrangères) librement convertibles 2 livres convertibles (od. transférables)

Konzern *m* 1 –**gesellschaft** 2 **weltbekannter** ~

Konzession *f* 1 jede sonstige ~ ist **ausgeschlossen** 2 im Notfalle sind wir zu weiteren –en **bereit** 3 versuchen Sie, irgendwelche –en seitens des Lieferanten zu **erreichen** 4 wir haben schon beträchtliche –en **gemacht** 5 **Preis**–

Koordinierung *f* 1 ~ der Devisen**politik** 2 ~ der Wirtschafts**politik**

1 société affiliée à un groupe industriel 2 groupement de réputation mondiale

1 toute autre concession est exclue 2 à la rigueur, nous serions prêts à faire d'autres concessions 3 veuillez essayer d'obtenir quelques concessions du fournisseur 4 nous avons déjà fait des concessions considérables 5 concession de prix

1 coordination de la politique en matière de change 2 coordination de la politique économique

Kopf *m* Brief–

Kopie *f* 1 weitere –en lassen wir **anfertigen** 2 legen Sie in diese Kiste eine Rechnungs– in doppelter **Ausfertigung** 3 beglaubigte ~ 4 ~ des **Briefes** 5 Foto– 6 eine ~ dieses Schreibens senden wir Ihnen beigeschlossen zur **Kenntnisnahme** 7 **Lichtdruck**– 8 **Rechnungs**–

en-tête de la lettre

1 nous ferons faire d'autres copies (od. des copies supplémentaires) 2 veuillez placer dans cette caisse copie de la facture en double 3 copie (certifiée) conforme; copie légalisée 4 copie de la lettre 5 photocopie 6 nous vous faisons parvenir ci-joint copie de cette lettre pour information 7 copie phototype 8 copie de la facture

Korrespondent *m* der von der Einreicher-Bank **beauftragte** ~ wird das Inkasso der Handelspapiere besorgen

Korrespondenz *f* 1 **Ablegen** der ~ 2 ab 1. 6. wollen Sie die ~ an unsere neue **Adresse** richten 3 **Aufbewahrung** der ~ 4 führen Sie in der gesamten weiteren ~ unsere **Bestell**nummer an 5 **bezugnehmend** auf unsere vorhergehende ~ 6 schicken Sie die gesamte ~ in dieser Angelegenheit **direkt** an die Fabrik 7 wir haben die ganze ~ **durchgesehen** 8 die ~ ohne Verzug **erledigen** 9 aus der ~ mit Ihnen haben wir **festgestellt**, daß ... 10 **Handels**– 11 mit der Firma Salready stehen wir schon seit Jahresbeginn in ~ 12 die ~ kommt in letzter Zeit sehr **unregelmäßig** an 13 aus der **vorausgegangenen** ~ geht hervor, daß ... 14 auf unsere frühere ~ **zurückkommend**

l'agent chargé par la banque remettante s'occupera de l'encaissement des effets de commerce

1 le classement de la correspondance 2 à partir du 1/6, veuillez nous adresser votre courrier à notre nouvelle adresse 3 la conservation de la correspondance 4 veuillez indiquer le numéro de votre commande dans toute la correspondance ultérieure 5 nous référant à notre correspondance précédente 6 veuillez adresser toute la correspondance concernant cette affaire directement à l'usine 7 nous avons parcouru toute la correspondance 8 expédier la correspondance sans retard 9 il résulte de notre correspondance avec vous que ... 10 correspondance commerciale 11 nous sommes en correspondance avec la firme Salready depuis le début de l'année 12 depuis quelque temps, le courrier arrive très irrégulièrement 13 il résulte de notre correspondance antérieure que ... 14 pour en revenir (od. revenant, nous référant) à notre correspondance antérieure

Kosten *pl* 1 **Abbau** der Gesamt– 2 **Absatz**– 3 **Akkreditiv**– 4 die damit verbun-

1 réduction (od. diminution, compression) du coût total 2 frais de vente 3 frais

denen ~ sind **angemessen** 5 einen entsprechenden **-anteil** übernehmen 6 **auf** Ihre ~ 7 die auf dem Gut **aufgelaufenen** ~ 8 **-aufstellung** 9 **-aufwand** 10 die Reparatur- werden ungefähr DM 100,— **ausmachen** 11 **außerordentliche** ~ 12 die Reparatur würde **beiläufig** DM 152,— kosten 13 die ~ **belaufen** sich auf insgesamt FF 300,— 14 **-berechnung** 15 **Besichtigungs-** 16 **Betriebs-** 17 **bewilligte** ~ 18 **Bezugs-** 19 das dürfte ungefähr die ~ **decken** 20 **Devisen-** 21 ~ für die erbrachten **Dienstleistungen** 22 **direkte** ~ 23 **effektive** ~ 24 auf **eigene** ~ und Gefahr 25 **Einlagerungs-** 26 der Preis wurde **einschließlich** der Versand- berechnet 27 **entstandene** ~ 28 für eventuelle Ihnen bereits **entstandene** ~ kommen wir auf 29 ~, die sich durch die Umdisponierung der Sendung **ergeben**, gehen zu Ihren Lasten 30 angesichts der **erhöhten** Herstellungs- 31 dadurch werden sich Ihre ~ auf das Minimum **ermäßigen** 32 **ermäßigte** ~ 33 **eventuelle** ~ 34 **Fertigungs-** 35 **feste** ~ 36 die Montage- wurden auf DM 400,— **festgelegt** 37 **festgestellte** ~ 38 **Finanz-** 39 **fixe** ~ 40 ~ und **Fracht** 41 **Gemein-** 42 **gemeinsame** ~ 43 die Höhe der ~ scheint nicht **gerechtfertigt** zu sein 44 **Gesamt-** 45 **Geschäfts-** 46 ~ für **Handhabung** 47 die Produktions- um 5% **herabsetzen** 48 **Herstellungs-** dieser Ware im Ursprungsland 49 **Instandhaltungs-** 50 **Ist-** 51 **Lager-** 52 **laufende** ~ 53 **Lebenshaltungs-** 54 **Lösch-** 55 weitere **Mehr-** 56 **-minderung** 57 **Minimal-** 58 **Montage-** 59 **nachträgliche** ~ 60 **Neben-** 61 der **-preis** der Fabrikeinrichtung 62 **Produktions-** 63 **Regie-** 64 Rückvergütung der **Reise-** 65 **scheuen** Sie keine ~ 66 die **Selbst-** senken 67 **Soll-** 68 **Sonder-** 69 die ~ werden wir je zur Hälfte **tragen** 70 **Transport-** 71 **übermäßige** ~ 72 die Hälfte der **Übernahme-** tragen 73 die ~ werden wahrscheinlich den festgesetzten Betrag **überschreiten** 74 **Umschlags-** 75 **unnötige** ~ 76 **Unterhaltungs-** 77 **unvermeidliche** ~ 78 **unvorhergesehene** ~ 79 die sonstigen mit dem Ankauf **verbundenen** ~ 80 die mit der Ausstellung **verbundenen** ~ waren in keinem Verhältnis zu den Ergebnissen 81 **Vergütung** der Anzeige- 82 **Verkaufs-** 83 **Verladungs-** 84 **Verrechnungs-** 85 die **-verrechnung** muß spätestens bis zum 15. d. M. vorgelegt wer-

d'accréditif **4** les dépenses qui en résultent sont raisonnables **5** assumer (prendre à sa charge) une part aux frais correspondants **6** à vos frais **7** les charges accumulées sur la marchandise **8** compte (od. état) des frais; estimation des dépenses **9** dépenses; frais; charges **10** les frais de réparation s'élèveront à environ DM 100,— **11** frais extraordinaires **12** la réparation coûterait approximativement DM 152,— **13** les dépenses totales se montent à FF 300,— **14** calcul des frais (od. dépenses) **15** frais d'inspection; frais d'expertise **16** frais d'exploitation **17** dépenses approuvées **18** frais d'achat **19** cela devrait couvrir approximativement les frais **20** dépenses en devises **21** dépenses pour prestations de service **22** frais directs **23** dépenses effectives **24** à ses propres risques et périls **25** frais de magasinage **26** le prix a été calculé frais d'expédition compris **27** frais engagés **28** nous supporterons les frais que vous auriez déjà pu encourir **29** les frais résultant du changement des dispositions relatives à l'envoi seront à votre charge **30** eu égard à l'augmentation du prix de revient **31** vos frais se réduiront de ce fait à un minimum **32** frais réduits **33** dépenses éventuelles **34** coût de production **35** coût fixe **36** les frais de montage ont été fixés à DM 400,— **37** frais établis **38** dépenses financières **39** coût fixe **40** coût et fret **41** frais généraux **42** frais communs **43** le montant des frais ne paraît pas justifié **44** coût total **45** frais commerciaux; frais d'exploitation **46** frais de manutention **47** réduire les frais de production de 5% **48** frais de fabrication (od. production) de cette marchandise dans le pays d'origine **49** frais de stockage **50** coûts réels **51** frais d'entrepôt **52** frais courants **53** coût de la vie **54** frais de déchargement **55** nouveaux frais supplémentaires **56** réduction des dépenses (od. frais) **57** coût minimal; minimum de dépenses **58** frais de montage **59** frais additionnels **60** frais accessoires; faux frais **61** prix d'achat de l'équipement de l'usine **62** coût de production; prix de revient **63** frais de régie (od. gestion) **64** remboursement des frais de déplacement **65** n'hésitez pas de faire des dépenses **66** réduire le prix de revient **67** coûts théoriques (od. prévisionnels) **68** frais spécifiques **69** nous supporterons chacun la moitié des frais **70** frais de transport **71** dépenses excessives **72** supporter la moitié des frais de prise en charge **73** les frais dépasseront probablement le mon-

Kosten — Kredit

den 86 **Versicherungs**– 87 **–voranschlag** 88 **Werbe**– 89 **wieviel** wird es ungefähr kosten? 90 vom Empfänger zu **zahlende** ~ sind vom Absender zu bezeichnen 91 **Zollabfertigungs**– 92 alle **zusätzlichen** ~ tragen und zahlen

tant prévu 74 frais de transbordement 75 frais inutiles 76 frais d'entretien 77 dépenses inévitables 78 dépenses imprévues 79 autres frais occasionnés par l'achat 80 les dépenses occasionnées par l'exposition n'ont été en aucun rapport avec les résultats atteints 81 remboursement des frais de publicité 82 frais de vente 83 frais de chargement 84 frais d'emballage 85 le décompte des frais doit être présenté jusqu'au 15 courant au plus tard 86 frais d'assurance 87 estimation des dépenses 88 frais de publicité 89 combien cela coûtera-t-il approximativement? 90 les frais payables par le destinataire doivent être indiqués par l'expéditeur 91 frais de dédouanement 92 supporter et payer les frais accessoires

Kostenfrei, –e Ausfuhr

exportation exempte de frais

Kostenlos (s. a. Unentgeltlich) 1 **–e Lieferung** 2 sämtliche eventuellen **Reparaturen** werden ~ vorgenommen 3 **Verteilung** von –en Mustern ist nicht erlaubt

1 livraison sans frais 2 toutes les réparations éventuelles seront exécutées sans frais 3 la distribution d'échantillons gratuits n'est pas permise

Kostspielig, 1 **–e Aufmachung** 2 **–e Ausführung** (ou Durchführung)

1 présentation coûteuse 2 exécution (od. réalisation) coûteuse

Kraft f 1 unter **Aufwand** aller Kräfte ist es uns schließlich gelungen 2 sie **belassen** ihr Angebot in ~ 3 wir werden uns aus allen Kräften **bemühen** 4 die Verordnung **bleibt** in ~ 5 das Abkommen **bleibt** weiter in ~ 6 **Kauf**– 7 wir halten unsere freundschaftlichen Beziehungen hoch und werden zu ihrer Erhaltung alles tun, was in unseren Kräften **steht** 8 der Vertrag **tritt** am 16. d. M. **in** ~

1 après de longs efforts, nous avons finalement réussi à . . . 2 ils maintiennent leur offre 3 nous ferons de notre mieux 4 l'ordonnance reste en vigueur 5 l'accord continue à rester en vigueur 6 pouvoir d'achat 7 nous attachons une grande importance à nos relations amicales et feront tout ce qui est en notre pouvoir pour les consolider 8 l'accord entrera en vigueur le 16 courant

Kraftverkehr m Frachtbrief von **–sunternehmen**

lettre de voiture d'une entreprise de transports routiers

Kraftwagen m (s. a. Auto, Lastkraftwagen) 1 per **Last**– befördern 2 **Personen**– (Pkw)

1 transporter par camion 2 voiture légère (V. L.)

Kredit m 1 **Akzept**– 2 ~ in **Anspruch nehmen** 3 **–anstalt** 4 bei der Bank um einen ~ **ansuchen** 5 **Bank**– 6 in der Höhe von DM 20 000,— **beanspruchen** 7 **–bedingungen** 8 **billiger** ~ 9 Zirkular**–brief** 10 **Diskont**– 11 sie haben ihm einen ~ in der Höhe von DM 600,— **eingeräumt** 12 wir wären sonst gezwungen, Ihren ~ **einzustellen** 13 wir **ergänzen** Ihren ~ auf die ursprüngliche Höhe 14 diese Firma kann derzeit überhaupt keinen ~ **erhalten** 15 **–erleichterungen** 16 Ihren ~ bei uns haben Sie bereits **erschöpft** 17 **Export**– 18 wir würden gerne Informationen über die **–fähigkeit** der Firma F. K. T. erhalten 19 **gedeckter** ~ 20 (un)**gedeckter** ~ 21 ~ **gegen** entsprechende Garan-

1 crédit par acceptation 2 avoir recours au crédit 3 établissement de crédit 4 solliciter un crédit à la banque 5 crédit bancaire 6 demander un crédit de DM 20 000,— 7 conditions de crédit 8 crédit bon marché 9 lettre de crédit circulaire 10 crédit d'escompte 11 ils lui ont consenti (od. alloué, ouvert) un crédit de DM 600,— 12 sans quoi nous nous verrions dans l'obligation de vous retirer le crédit 13 nous complétons votre crédit jusqu'à concurrence du montant initial 14 actuellement cette firme ne peut pas du tout recevoir de crédit 15 facilités de crédit 16 votre crédit chez nous est déjà épuisé 17 crédit à l'exportation 18 nous aimerions avoir des renseignements sur la solvabilité de la firme F.K.T. 19 crédit couvert 20

tie 22 -**genossenschaft** 23 –**geschäfte** 24 wir **gewähren** Ihnen einen dreimonatigen ~ 25 ein ~ von FF 1000,— kann mit Vertrauen **gewährt** werden 26 **Handels**– 27 –**information** 28 **Investitions**–e 29 –**kauf** 30 die Waren auf ~ **kaufen** 31 **Kontokorrent**– 32 **kurzfristiger** ~ 33 **langfristiger** ~ 34 einem Kunden die Waren auf ~ **liefern** 35 –**lockerung** 36 –**note** 37 **offener** ~ 38 –**plan** 39 –**restriktion** 40 **revolvierender** ~ 41 nicht **sichergestellter** ~ 42 Ihr ~ ist bereits um DM 521,— **überschritten** 43 den ~ **überziehen** 44 **Überziehungs**– 45 **unbeschränkter** ~ 46 **ungedeckter** ~ 47 –**verknappung** 48 wir bitten Sie um **Verlängerung** des ~es um zwei Monate 49 **Wechsel**– 50 –**würdigkeit** 51 **Zahlung** auf 30 Tage ~ 52 **Zoll**–

crédit (non)couvert 21 crédit contre garantie correspondante 22 société coopérative de crédit 23 opérations de crédit 24 nous vous accordons un crédit de trois mois 25 un crédit de FF 1000,— peut être accordé en toute confiance 26 crédit commercial 27 renseignement de crédit; avis de crédit 28 crédits d'investissement 29 achat à crédit 30 acheter les marchandises à crédit 31 crédit en compte courant 32 crédit à court terme 33 crédit à long terme 34 livrer les marchandises à crédit à un client 35 desserrement du crédit 36 note de crédit 37 crédit ouvert 38 plan de crédit 39 restriction du crédit 40 crédit rotatif (od. automatiquement renouvelable) 41 crédit non garanti 42 votre crédit est déjà dépassé de DM 521,— 43 dépasser le crédit 44 les découverts en compte courant 45 crédit illimité 46 crédit non couvert 47 resserrement du crédit 48 nous vous prions de vouloir prolonger le crédit de deux mois 49 crédit d'escompte; crédit d'acceptation 50 solvabilité; honorabilité; solidité 51 paiement à 30 jours de crédit 52 crédit douanier

...

Kreditor m s. Gläubiger
Kreis m 1 aus **amtlichen** –en vernehmen wir 2 ein Geschäftsmann unseres **Bekannten**–es 3 **eingeweihte** –e 4 in **Finanz**–en 5 **Geschäfts**–e 6 aus **Handels**–en 7 wir erfahren es aus **informierten** –en 8 ein weiter **Kunden**– 9 **Regierungs**–e 10 wir haben einen beschränkten **Wirkungs**–

1 nous apprenons de source officielle 2 un commerçant de notre cercle de connaissances 3 milieux bien informés 4 dans les milieux financiers 5 milieux des affaires 6 des milieux commerciaux 7 nous l'apprenons de source bien informée 8 une grande clientèle 9 milieux gouvernementaux 10 nous avons un champ d'action (od. d'activité) restreint

Kreuzen, die **Briefe** haben sich gekreuzt
Krieg m 1 alle Gefahren außer der –s**gefahr** sind inbegriffen 2 gegen –s– und Minengefahr **versichern** 3 in –s**zeiten** 4 **Zoll**–

les lettres se sont croisées
1 tous risques inclus, à l'exception des risques de guerre 2 assurer contre les risques de guerre et contre le danger des mines 3 en période de guerre 4 guerre de tarifs douaniers

Krise f 1 **Absatz**– 2 erste **Anzeichen** der ~ 3 die ~ erreicht ihren **Höhepunkt** 4 **Regierungs**– 5 die ~ ist langsam im **Rückgang** begriffen 6 **Welt**– 7 **Wirtschafts**–

1 crise de vente 2 premiers symptômes de la crise 3 la crise a atteint son point culminant 4 crise gouvernementale 5 la crise est en lente régression 6 crise mondiale 7 crise économique

Kriterium n bei der Beurteilung dieser Angelegenheit ist es notwendig, sich an folgende Kriterien zu **halten**

pour juger cette affaire, il est nécessaire de s'en tenir aux critères suivants

Kritisch, –er Weg
Kühl, 1 „~ **aufbewahren!**" 2 benützen Sie den –**raum**

chemin critique
1 «conserver au frais!» 2 veuillez vous servir de la chambre froide (od. frigorifique)

Kümmern s. Sorgen
Kunde m 1 **alter** ~ 2 durch ihre hohe Qualität befriedigen unsere Waren die **anspruchsvollsten** –en 3 die –n gut **bedie**–

...

1 client ancien 2 par leur excellente qualité, nos marchandises donnent satisfaction aux clients les plus exigeants 3 bien servir

Kunde — Kurs 178

nen 4 die Firma gehört zu unseren besten –n 5 **Dienst** an –n 6 **–dienst** 7 voriges Jahr haben wir viele –n **eingebüßt** 8 veranlassen Sie die **Einladung** des –n nach Prag 9 sich den –n **erhalten** 10 **gelegentlicher** ~ 11 einen –n **gewinnen** 12 sich die **Gunst** des –n erhalten 13 der ~ wurde **insolvent** 14 weiter –n**kreis** 15 **möglicher** ~ 16 **regelmäßiger** ~ 17 es handelt sich um einen **seriösen** –n 18 **ständiger** ~ 19 eine Reihe von –n ist schon **weggeblieben** 20 –n**werbung** 21 wir entsprechen gern den **Wünschen** unserer –n 22 wir würden Sie gerne zu unseren –n **zählen** 23 **zufälliger** ~

les clients **4** la firme est un de nos meilleurs clients **5** service-client; service après vente **6** service après vente **7** l'année dernière, nous avons perdu beaucoup de clients **8** veuillez faire le nécessaire pour que le client soit invité à Prague **9** conserver le client **10** client occasionnel **11** se faire un client **12** garder la faveur du client **13** le client est devenu insolvable **14** une grande clientèle **15** client potentiel **16** client régulier **17** il s'agit d'un client sérieux **18** client régulier **19** un certain nombre de clients ne se sont déjà plus présentés **20** prospection de la clientèle **21** nous satisfaisons volontiers les désirs de nos clients **22** nous aimerions vous compter parmi nos clients **23** client occasionnel

Kündigen, 1 sie können das **Abkommen** nicht ~ 2 den **Angestellten** zum 31. Dezember ~ 3 man hat ihnen die **Anleihe** gekündigt 4 falls der **Vertrag** nicht bis zum 31. 12. gekündigt wird, verlängert er sich automatisch um 1 Jahr
Kündigung *f* 1 auf Ihre **Vertrags**– können wir nicht **eingehen,** weil ... 2 gesetzliche **–sfrist** 3 ~ sechs Wochen **vor** Quartalsende

1 ils ne peuvent dénoncer l'accord 2 licencier les employés pour le 31 décembre 3 on leur a retiré (od. dénoncé) l'emprunt 4 si l'accord n'est pas dénoncé jusqu'au 31/12, il est automatiquement prolongé d'un an
1 nous ne pouvons nous déclarer d'accord avec votre résiliation du contrat 2 délai de préavis (od. résiliation, dénonciation) légal 3 délai de préavis de six semaines avant la fin d'un trimestre
...

Kundschaft *f* s. Kunde
Künftig, 1 die –e **Entwicklung** wird zeigen ... 2 der –en **Geschäfte** wegen
Kunst *f* –gewerbeausstellung
Künstlich, die Schwierigkeiten wurden offensichtlich ~ **hervorgerufen**
Kupon *m* internationaler **Antwort–**
Kurs *m* 1 der ~ der **Aktien** war DM 3128,60 2 bei **amtlichem** Waren– $ 2,40 für 1 Pfund Sterling 3 **–änderung** 4 der **Ankaufs–** für Pesos macht ... 5 **–aufschlag** 6 **–aufstieg** 7 zum **besten** Devisen– 8 **–blatt** 9 **Börsen–** 10 die Preise berechnen wir nach dem **derzeitigen** Dollar– 11 **Devisen–** 12 **–differenz** 13 **Durchschnitts–** 14 **fester** ~ 15 –e wurden **fester** 16 **gültiger** ~ 17 **heutiger** ~ 18 **höchster** ~ 19 **laufender** ~ 20 laut des **letzten** –es des schweizerischen Franken 21 **Mittel–** für ... 22 **niedrigster** ~ 23 **notierter** ~ 24 bitte uns die heutige **–notierung** zu telegrafieren 25 für Zollzwecke werden fremde Werte auf chilenische Währung zum **offiziellen** ~ umgerechnet 26 **–risiko** 27 die –e sind um DM 3,65 **gestiegen** 28 zum **Tages–** von DM 3,65 für 1 Dollar 29 **Touristen–** 30 die Summe wurde auf Ihre Währung zum ~ ... **umgerechnet** 31 **Umrechnungs–** 32 **Valuten–** 33 **Verkaufs–** für

1 les actions étaient cotées DM 3128,60 2 le cours officiellement offert par la livre sterling étant de $ 2,40 3 changement du cours; changement de direction 4 le cours d'achat (od. acheteur) du peso est de ... 5 report; différence au-dessus du pair 6 hausse (od. montée) du cours 7 au meilleur taux de change 8 bulletin de la bourse 9 cours de bourse 10 nos prix sont calculés sur la base du cours actuel du dollar 11 cours du change 12 écart des cours; différence de change 13 cours moyen 14 cours ferme; cours stable; cours fixe 15 les cours se sont redressés 16 cours en vigueur; cours valable 17 cours du jour 18 cours maximum 19 cours en vigueur 20 selon le cours le plus récent du franc suisse 21 cours moyen pour ... 22 cours le plus bas; cote la plus basse 23 cours noté 24 veuillez nous télégraphier la cotation du jour 25 pour les besoins de la douane, les monnaies étrangères sont converties en monnaie chilienne au

hfl ist DM 100,50 34 –**verlust** 35 die –e **versteiften** sich 36 Zucker **verzeichnete** auf der Börse den ~ DM ... 37 **Währungs**– 38 den **Wechsel**– ändern

cours officiel 26 risque de change; risque de perte sur les cours 27 les cours sont en hausse de DM 3,65 28 au cours du jour de DM 3,65 pour 1 dollar 29 cours touriste 30 la somme a été convertie en votre monnaie au cours de ... 31 cours (od. taux) de change 32 cours du change 33 le cours vendeur du florin est de DM 100,50 34 perte au change; perte sur les cours 35 les cours se sont raffermis 36 le sucre a été coté en bourse DM ... 37 cours du change 38 modifier le cours du change

Kurz, 1 registrierte Kurz**adresse** 2 –er **Auszug** 3 kürzeste **Entfernung** 4 –**fristig** 5 –**gefaßte** Informationen 6 ~ **gesagt** 7 –er **Inhalt** 8 –e **Mitteilung** 9 –e **Übersicht** 10 **vor** –em hat Sie unser Vertreter besucht

Kürze *f* **in** ~ werden Sie von uns hören
Kürzen, 1 die **Lieferfrist** wird um 2 Wochen gekürzt werden müssen 2 die Import**quoten** ~
Kurzfristig, 1 –e **Anleihe** 2 –e **Investition** 3 –er **Kredit** 4 –er **Wechsel**

Küste *f* –n**schiffahrt**
Kuvert *n* (s. a. Umschlag) 1 **Fenster**–s sollen nicht für Werbebriefe benutzt werden 2 **Retour**– 3 wir schicken den Geldbetrag in **verschlossenem** ~

1 adresse télégraphique enregistrée 2 sommaire; résumé 3 distance la plus courte 4 à bref délai 5 information en résumé 6 (en) bref; en peu de mots 7 sommaire; résumé 8 brève information 9 petit aperçu; résumé 10 notre représentant vous a récemment rendu visite

vous aurez sous peu de nos nouvelles
1 il sera nécessaire de réduire le délai de livraison de 2 semaines 2 réduire les contingents d'importation
1 emprunt à court terme 2 investissement à court terme 3 crédit à court terme 4 traite à court terme

navigation côtière
1 les enveloppes à panneau transparent ne doivent pas être utilisées pour les lettres publicitaires 2 enveloppe de retour (od. renvoi) 3 nous vous adressons le montant sous pli cacheté

L

Lade-, 1 –einrichtung 2 –fähigkeit des Schiffes 3 die –frist 4 –gebühr des Kahnes 5 –gewicht 6 –länge 7 –rampe 8 –raum 9 Fluß–schein 10 LKW–schein 11 –zeit

1 installation de chargement 2 capacité de chargement du navire; tonnage 3 délai de chargement 4 taxe (od. frais) de chargement de la péniche 5 tonnage; charge utile; poids du chargement 6 longueur du chargement 7 rampe de chargement 8 cale; tonnage (od. jauge) 9 connaissement fluvial 10 lettre de transport par camion 11 jours de planche; délai de chargement

Laden *m* bzw. *n* 1 lose ge–e **Fracht** 2 –geschäfte 3 **Großhandels**– 4 sich der –hüter um jeden Preis entledigen 5 –inhaber 6 –preis 7 das **Schiff** könnte um den 15. Mai ~ 8 **Selbstbedienungs**– (Lebensmittelhandel) 9 –tisch

1 fret en vrac 2 magasins; boutiques 3 magasin de gros 4 liquider les rossignols à tout prix 5 propriétaire de magasin; boutiquier 6 prix de détail 7 le bateau pourrait prendre le chargement vers le 15 mai 8 magasin de libre-service; supermarché 9 comptoir

Ladung *f* 1 die ~ ist im Hafen in gutem Zustand **angekommen** 2 das Schiff beendete die ~ 3 **Bord**– 4 **Bulk**– 5 **Deck**– 6 **Empfänger** der ~ 7 **Flugzeug**– 8 **flüssige** ~ 9 **gefährliche** ~ 10 eine ~ vor **Gericht** erhalten 11 das Schiff könnte um den 18. d. M. ~ **nehmen** 12 **Sammel**– 13 (ganze) **Schiffs**– 14 **Stück**– 15 **Teil**–

1 le chargement est arrivé au port en bon état 2 le bateau a terminé le chargement 3 chargement en pontée (od. sur le pont) 4 chargement en vrac 5 chargement en pontée 6 le destinataire du chargement 7 chargement d'avion 8 cargaison liquide 9 cargaison dangereuse 10 recevoir une citation en justice 11 le bateau pourrait être chargé vers le 18 courant 12 cargaison mixte; envoi groupé 13 cargaison; fret; chargement 14 chargement en colis isolés 15 cargaison partielle

Lage *f* **augenblickliche** ~ 2 das **bedroht** unsere ~ 3 sich in einer unangenehmen ~ **befinden** 4 bei dieser ~ der **Dinge** 5 **drückende** ~ 6 je nach ~ des **Falles** 7 **Finanz**– 8 **finanzielle** ~ 9 **gegenwärtige** ~ 10 in eine unangenehme ~ **geraten** 11 berichten Sie über die **Geschäfts**– 12 **gespannte** ~ 13 **heutige** ~ 14 er ist nicht **in der** ~, es zu tun 15 nach **Klarstellung** der ganzen ~ 16 wir **kommen** häufig in die ~ 17 **Markt**– 18 **politische** ~ 19 **Preis**– 20 **Rechts**– 21 wir sind mit der **Sach**– nicht zufrieden 22 wir gerieten in eine **schwierige** ~ 23 erklären Sie ihnen die **tatsächliche** ~ 24 nach **Überprüfung** der ~ 25 damit kämen wir in eine unangenehme ~ 26 **unhaltbare** ~ 27 **unveränderte** ~ 28 die **wirtschaftliche** ~

1 situation actuelle 2 notre position pourrait s'en trouver compromise 3 se trouver en mauvaise posture 4 dans ces conditions 5 situation précaire 6 c'est selon le cas 7 situation financière 8 situation financière 9 situation présente 10 se trouver placé dans une situation embarrassante 11 veuillez nous informer sur la situation des affaires 12 situation tendue 13 situation actuelle 14 il n'est pas en mesure de le faire 15 la situation étant éclaircie 16 nous avons fréquemment l'occasion 17 situation du marché 18 situation politique 19 situation des prix 20 situation juridique 21 nous ne sommes pas satisfaits de la situation 22 nous nous sommes trouvés face à une situation difficile 23 expliquez leur la situation telle qu'elle est 24 après un examen de la situation 25 cela nous mettrait dans une situation fâcheuse 26 situation intenable 27 situation inchangée 28 la situation économique

Lager *n* 1 Lieferung **ab** ~ 2 die Sen-

1 livraison départ magasin (od. entrepôt)

Lager — Lagern

dung wurde von unserem ~ per Bahn am 5. Mai **abgeschickt** 3 gut **assortiertes** ~ 4 wir haben dieselbe Qualität **auf** ~ 5 zur Zeit sind diese Posten nicht **auf** ~ 6 –**aufnahme** 7 –**bestand** 8 dieser Artikel **bleibt** am ~ 9 –**buch** 10 die Waren ins ~ **einbringen** 11 –**eingang** 12 **auf** ~ **eintreffen** 13 das ~ laufend **ergänzen** 14 auf ~ **erzeugen** 15 **Export**– 16 **Fertigwaren**– 17 **frei** ~ 18 –**frist** 19 diese Ware **führen** wir dauernd auf ~ 20 die erforderten Ersatzteile **führen** wir nicht auf ~ 21 –**gebühren** 22 –**geld**; s.a. ,,Lagergeld" 23 –**gut** 24 –**haus** s.a. ,,Lagerhaus" 25 die Waren haben wir **im** ~ aufbewahren lassen 26 ... ins ~ befördern 27 die –**kapazität** ist nicht so groß 28 **Konsignations**– 29 –**listen** 30 Export**muster**– 31 auf ~ **nehmen** 32 –**pfandschein** 33 Liste der –**posten** 34 **Privat**– 35 –**produktion** 36 –**raum** 37 die Waren sind in einem gedeckten –**raum** aufzubewahren 38 –**schein** 39 er **steht** in unserem ~ 40 die Waren sind bis zum ~ des Kunden **versichert** 41 gut **versorgtes** ~ 42 den ganzen Auftrag **vom** ~ liefern 43 **Zoll**–

2 l'envoi a été expédié de notre magasin par chemin de fer le 5 mai 3 magasin bien assorti 4 nous avons la même qualité en stock 5 ces articles ne sont actuellement pas en stock 6 inventaire des stocks 7 stock; inventaire 8 cet article reste en stock 9 livre de magasin; registre des stocks 10 entreposer les marchandises 11 entrée en magasin 12 arriver en magasin 13 compléter les stocks régulièrement 14 produire pour la mise en stock 15 magasin de produits d'exportation 16 stock de produits finis 17 franco magasin 18 durée du magasinage (od. de l'entreposage) 19 nous avons toujours un stock de cette marchandise 20 nous n'avons pas de stock des pièces de rechange demandées 21 droit de magasinage; frais d'entrepôt 22 taxe d'entrepôt 23 marchandise stockée 24 magasin; dépôt; entrepôt 25 nous avons fait mettre les marchandises en dépôt 26 transporter ... dans le dépôt 27 la capacité de stockage n'est pas bien grande 28 dépôt de consignation; stock en consignation 29 état des stocks 30 magasin d'échantillons pour l'exportation 31 recevoir en dépôt 32 bulletin de gage; warrant 33 liste des articles en stock 34 magasin particulier 35 production pour la mise en stock 36 magasin; entrepôt 37 les marchandises doivent être entreposées dans un magasin couvert 38 bulletin de dépôt 39 il se trouve dans notre dépôt 40 les marchandises sont assurées jusqu'au magasin du client 41 stock bien fourni 42 livrer toute la commande à partir du stock 43 entrepôt de douane

Lagergeld *n* 1 das ~ wird ab 4. d. M. **berechnet** 2 das Lagergeld **beträgt** pro 100 kg und Tag ...

Lagerhaus *n* 1 die Ware auf Kosten und Gefahr des Käufers in einem öffentlichen ~ **einlagern** 2 die Waren können bis zum 31. März im ~ **verbleiben**

Lagern *n* (s.a. Einlagern) 1 wir ~ die Waren **bis** zum Eintreffen Ihrer weiteren Weisungen ein 2 ~ im **Freigelände** 3 die Sendung lagert auf **Kosten und Gefahr** des Empfängers bei der Firma Cook 4 die Sendung kann nicht **länger** gelagert werden 5 die Waren **leiden** unter langem ~ 6 in **trockenen** und kühlen Räumen ~ 7 wir haften nicht für Schäden, die durch **unsachgemäßes** ~ verursacht wurden 8 die Ware darf nicht **unter freiem Himmel** gelagert werden

1 les frais d'entreposage sont calculés à partir du 4 courant 2 le magasinage s'élève à ... les 100 kg par jour

1 entreposer la marchandise aux risques et périls du client dans un entrepôt public 2 les marchandises peuvent rester dans le magasin jusqu'au 31 mars

1 nous entreposons les marchandises jusqu'à réception de vos nouvelles instructions 2 entreposer en plein air 3 l'envoi est entreposé à la firme Cook aux risques et périls du destinataire 4 la marchandise ne peut rester entreposée davantage 5 les marchandises souffrent du long entreposage 6 stocker dans des locaux secs et frais 7 nous ne répondons pas des dommages causés par un entreposage non approprié 8 la marchandise ne peut être entreposée en plein air

Lagerung — Last

Lagerung f **Leergut**–

Land n 1 angrenzendes ~ 2 **Ausfuhr**– 3 –**esausstellung** 4 außer ~ **beliefern** 5 –**bevölkerung** 6 weniger **entwickelte** Länder 7 **Entwicklungs**– 8 **Herkunfts**– 9 **Import**– 10 **Industrie**– 11 **industriell** höchst entwickeltes ~ 12 –**karte** 13 **überseeisches** ~ 14 **Ursprungs**– 15 **Versand**– 16 –**eszentralbank** 17 laufende Transportrisiken **zu** –e und zur See

Landung f 1 –**sgewicht** 2 –**smasse** 3 –**splatz**
Lang, 1 man nimmt an, daß die jetzige Mode sich nicht –e **halten** wird 2 drei **Tage** ~ 3 **seit** –er Zeit 4 **vor** –en Jahren

Länge f 1 die Kisten haben folgende **Abmessungen:** ~: ..., Breite: ..., Höhe: ... 2 der **ganzen** ~ nach 3 **Gesamt**– 4 **Lade**– 5 die angeführten –n **verstehen** sich in Metern 6 **Waggon**–

Langfristig, –es Handelsabkommen
Langjährig, 1 –e **Beziehungen** 2 –e **Erfahrungen**
Längsseite f „Frei ~ Seeschiff" (F.A.S.)

Langwierig, –e Verhandlungen
Lassen 1 die Ware als Lastverkehr **abrollen** ~ 2 die dortige Firma läßt keine Konkurrenz neben sich **aufkommen** ~ 3 diese Möglichkeit ~ wir nicht **außer acht** 4 geben Sie uns **Bescheid,** ob sich die beschädigten Waren verwenden ~ 5 Mahnbriefe **hinausgehen** ~ 6 ~ Sie der Sache freien **Lauf** 7 diese Tatsache ließ er **unerwähnt** 8 in dieser Angelegenheit ~ wir Ihnen freie **Wahl** 9 die **Waren** der Firma Barker Ltd. zum Einkaufspreis ~ 10 wir bedauern, daß wir Sie so lange auf Antwort **warten** ~ mußten 11 ~ Sie uns **wissen,** wann wir Ihren Vertreter erwarten können 12 wir werden unseren Katalog an Ihre Anschrift **zukommen** ~
Last f 1 **buchen** Sie den Betrag zu –en unserer Rechnung 2 die Kosten für die Entsendung eines Monteurs **gehen** zu Ihren –en 3 ab –**kraftwagen** 4 –**schrift**-Buchungsschreiben 5 –**schrift** 6 **Steuer**– 7 **unerträgliche** ~ 8 dem Verkäufer fällt grobes **Verschulden** zur ~ 9 **zu** –en des Empfängers

entreposage des emballages (caisses, bouteilles) vides
1 pays voisin (od. limitrophe) 2 pays exportateur 3 exposition nationale 4 livrer à l'étranger 5 population rurale 6 pays moins développés 7 pays en voie de développement 8 pays d'origine 9 pays importateur 10 pays industriel 11 pays avec industrie hautement développée 12 carte (géographique) 13 pays d'outre-mer 14 pays d'origine 15 pays d'expédition 16 Banque centrale du Land 17 risques usuels du transport par voie de terre et par mer

1 poids débarqué 2 poids débarqué 3 lieu de débarquement
1 on suppose que la mode actuelle ne sera pas de longue durée 2 durant trois jours 3 depuis longtemps 4 il y a bien longtemps; il y a des années

1 les caisses ont les dimensions suivantes: longueur: ..., largeur: ..., hauteur: ... 2 sur toute sa longueur; d'un bout à l'autre 3 longueur totale 4 longueur de chargement 5 les longueurs indiquées s'entendent en mètres 6 longueur du wagon

accord commercial à long terme
1 relations de longue date 2 longue expérience
«franco le long du navire» (Abk.:) F.A.S.

négociations de longue durée
1 faire partir la marchandise par transport routier 2 la firme locale ne permet pas aux concurrents de s'implanter 3 nous ne perdrons pas de vue cette possibilité 4 faites-nous savoir si les marchandises endommagées sont utilisables 5 expédier des lettres de rappel 6 laissez l'affaire suivre son cours 7 il n'a pas mentionné ce fait 8 dans cette affaire, nous vous donnons carte blanche 9 vendre les marchandises à la firme Barker Ltd. au prix d'achat 10 nous regrettons de vous avoir fait attendre la réponse 11 faites-nous savoir quand nous pourrons attendre votre représentant 12 nous vous ferons parvenir le catalogue à votre adresse
1 veuillez nous débiter du montant 2 les frais pour l'envoi d'un monteur seront à votre charge 3 pris sur camion 4 extrait du compte débiteur 5 avis de débit 6 charge fiscale 7 charge insupportable 8 le vendeur s'est rendu coupable d'une grosse faute 9 aux frais du destinataire

Lasten, die ganze **Verantwortung** lastet auf uns // toute la responsabilité repose sur nous

Lastkraftwagen *m* 1 per ~ **befördern** 2 „Frei abgehender ~" 3 „Frei ankommender ~" // 1 expédier par camion 2 franco camion en partance 3 franco camion à l'arrivée

Lattenverschlag *m* **gepackt** je (od. zu) 12 Stück in Lattenverschlägen // emballé par 12 pièces dans des caisses à claire-voie

Lauf *m* 1 wir haben der Angelegenheit **freien** ~ gelassen 2 im –e des **Jahres** 3 der **Lebens**– 4 der ~ der **Maschine** ist ganz regelmäßig 5 Anleihen mit einer **–zeit** bis zu fünf Jahren // 1 nous avons laissé l'affaire suivre son cours 2 au cours (od. dans le courant) de l'année 3 le curriculum vitae 4 la machine marche bien régulièrement 5 emprunts d'une durée jusqu'à cinq ans

Laufend, 1 am –en **Band** erzeugen 2 –er **Bedarf** 3 er soll uns ~ über seine Tätigkeit **berichten** 4 ~ **erzeugte** Sorten 5 die Eintragungen auf dem –en **halten** 6 wir werden Sie ~ **informieren** 7 –es **Jahr** 8 –es **Konto** 9 –er **Kurs** 10 –es **Meter** 11 –e **Nummer** 12 fort– **numerierte** Dokumente 13 –e **Rechnung** 14 –e **Reparaturen** 15 –e **Spesen** // 1 produire (od. fabriquer) à la chaîne 2 besoin courant 3 il doit nous tenir régulièrement au courant de son activité 4 variétés couramment fabriquées 5 tenir les registres à jour 6 nous vous informerons régulièrement 7 l'année en cours 8 compte courant 9 cours en vigueur 10 mètre courant 11 numéro d'ordre 12 documents numérotés dans l'ordre 13 compte courant 14 réparations courantes 15 frais courants

Lauten, 1 die Lizenz lautet auf den **Betrag** von DM 20.000,— 2 auf einen **Betrag** von DM 169,— –d 3 die **Erklärung** sollte folgendermaßen ~ 4 an **Order** –d 5 das Akkreditiv soll **richtig** auf £ 1.806,2,8 ~ // 1 la licence est libellée au montant de DM 20.000,— 2 libellé à un montant de DM 169,— 3 la déclaration devrait avoir la teneur suivante 4 émis (od. payable) à ordre 5 l'accréditif aurait dû être établi au montant de £ 1.806,2,8

Lauter, alle Werbung soll den Grundsätzen des –en **Wettbewerbs** entsprechen // toute publicité devrait répondre aux principes de la concurrence loyale

Leben *n* 1 die **Erhöhung** der –shaltungskosten aufhalten 2 **–shaltungsindex** 3 **–slauf** 4 **–sversicherung** 5 **–swichtig** // 1 maîtriser la hausse du coût de la vie 2 indice du coût de la vie 3 curriculum vitae 4 assurance vie 5 c'est d'une importance vitale

Lebhaft, 1 –e **Diskussion** 2 der **Markt** beginnt –er zu werden 3 nach dieser Ware ist eine –e **Nachfrage** 4 sich ~ **vorstellen** // 1 discussion animée 2 le marché commence à s'animer 3 cette marchandise est fort demandée 4 bien se l'imaginer

Leer, 1 die Maschine **läuft** ~ 2 für retournierte –e **Verpackungen** schreiben wir Ihnen DM 56,– **gut** // 1 la machine tourne à vide 2 pour emballages vides, nous vous créditons de DM 56,—

Legalisieren, 1 diese Dokumente müssen **konsularisch** legalisiert sein 2 **lassen** Sie die Rechnungen durch das Konsulat ~ 3 das Konsulat in Bremen **lehnt** es **ab,** die Rechnungen zu ~ 4 legalisierter **Scheck** 5 die Dokumente müssen vom Konsulat **stets** legalisiert werden // 1 ces documents doivent être légalisés par le consulat 2 veuillez faire légaliser ces factures par le consulat 3 le consulat de Brême refuse de légaliser les factures 4 chèque certifié 5 les documents doivent être toujours légalisés par le consulat

Legalisierung *f* 1 nach **erfolgter** ~ 2 **–sgebühr** // 1 après légalisation 2 taxe de légalisation

Legen, 1 die Angelegenheit zu den **Akten** ~ 2 man hat uns große **Hindernisse** in den Weg gelegt 3 wir ~ alle unsere **Hoffnungen** in diese Lösung 4 besonderen **Wert** ~ wir auf die Qualität // 1 classer l'affaire 2 on nous a créé des difficultés 3 nous plaçons tous nos espoirs dans cette solution 4 nous attachons une importance particulière à la qualité

Leicht, 1 ~ **entzündbare** Güter 2 –er // 1 marchandises très inflammables 2 mar–

Leicht — Liefer-

Markt 3 es **unterliegt** allzu ~ dem Verderb 4 –**verderbliche** Güter 5 die Ware ist ~ **verkäuflich** 6 ~ **zerbrechliche** Waren
Leid, es **tut** uns ~, daß wir Sie auf unsere Antwort warten ließen
Leiden, die **Qualität** leidet durch lange Lagerung
Leider, 1 von Ihrem Angebot **können** wir ~ keinen Gebrauch machen 2 diesmal ist es uns ~ nicht **möglich**
Leihen, 1 dem Freund viel **Geld** ~ 2 Sie könnten uns diese Maschine leih**weise** überlassen
Leisten, 1 Auslagen für Material und für geleistete **Arbeit** 2 wir ~ unseren Kunden alle laufenden **Dienste** 3 die Maschine wird Ihnen gute **Dienste** ~ 4 wir **können** uns diese Investition nicht ~ 5 einen angemessenen **Schadenersatz** ~
Leistung f 1 Kosten für die erbrachten **Dienst**–en 2 dem Verkäufer die mangelhaften Teile zur Reparatur oder **Ersatz**–zurücksenden 3 –s**garantie** der Maschine 4 **Höchst**– 5 die **Maschine** hat eine große ~ 6 **Spitzen**– 7 die mit dem Kauf **zusammenhängen**den –en einschließlich Ausbesserung und Kundendienst
Leiten, 1 ein Unternehmen mit **Erfolg** ~ 2 wir müssen neue Verhandlungen in die **Wege** ~
Leiter m 1 **Abteilungs**– 2 **Geschäfts**– 3 **Produktions**– 4 **verantwortlicher** ~
Leitung f 1 **Fabriks**– 2 **Haus**– 3 –**störung** 4 an der ~ des Unternehmens aktiv **teilnehmen** 5 **Telefon**–

Letzt, 1 –es **Angebot** 2 im –en **Augenblick** 3 –es **Endes** 2 **Instanz** 5 laut des –en **Kurses** des schw. Frankens 6 –e **Möglichkeit** 7 den –en **Nachrichten** zufolge 8 –e **Neuheit** 9 –e **Preise** 10 in –er **Zeit**

Letzte Mal n 1 wir gewähren Ihnen noch günstigere Bedingungen, **als** das ~ 2 **wie** das ~ 3 **zum** letzten Mal

Lieb (s.a. geehrt) 1 –e **Frau** Schumann! 2 –es **Fräulein** Dieck! 3 –er **Herr** Wächter 4 –er **weniger** als mehr
Liebenswürdig, Sie sind uns gegenüber sehr ~
Liefer–, 1 –**bedingungen** 2 Allgemeine

ché favorable 3 ceci est trop périssable 4 marchandises périssables 5 la marchandise est de vente facile 6 marchandises très fragiles
nous regrettons de vous avoir fait attendre la réponse
la qualité souffre du long stockage

1 nous regrettons de ne pouvoir faire usage de votre offre 2 cette fois, il ne nous est malheureusement pas possible
1 prêter beaucoup d'argent à l'ami 2 vous pourriez nous céder cette machine à titre de prêt
1 dépenses pour matériel et travail fournis 2 nous sommes à la disposition de nos clients pour tous les services courants 3 la machine vous rendra de bons services 4 nous ne pouvons nous permettre cet investissement 5 accorder une indemnité convenable
1 frais de prestation de services 2 renvoyer au vendeur les pièces défectueuses en vue de leur réparation ou remplacement 3 garantie du rendement de la machine 4 rendement maximum 5 la machine a un grand rendement 6 rendement maximum; performance 7 les prestations se rattachant à la vente, y compris la réparation et le service après-vente
1 diriger (od. administrer, gérer) une entreprise avec succès 2 nous devons ouvrir la voie à de nouvelles négociations
1 chef de section 2 gérant 3 chef de la production 4 directeur responsable
1 direction de l'usine 2 ligne téléphonique privée 3 dérangement de ligne 4 participer activement à la direction de l'entreprise 5 ligne téléphonique

1 dernière offre 2 au dernier moment 3 en fin de compte; finalement 4 dernière instance 5 selon la dernière cotation du franc suisse 6 dernière possibilité 7 selon les dernières nouvelles 8 dernière nouveauté 9 derniers prix 10 dernièrement; récemment

1 nous vous accordons des conditions encore plus favorables que la dernière fois 2 comme la dernière fois 3 pour la dernière fois

1 chère Madame Schumann 2 chère Mademoiselle Dieck 3 cher Monsieur Wächter 4 plutôt moins que davantage
vous êtes très obligeant à notre égard

1 conditions de livraison 2 conditions

–bedingungen für den Export von Maschinen und Anlagen 3 –datum 4 –firma 5 –frist s. „Lieferfrist" 6 –klausel 7 sie erkundigen sich bezüglich der –möglichkeiten 8 –ort 9 den –plan einhalten 10 –schein 11 wir werden gezwungen sein, den –termin um 2 Monate zu verlängern 12 –wagen 13 die –zeit ist ausschlaggebend dafür, ob Sie den Auftrag erhalten

générales de livraison pour l'exportation de machines et installations 3 date de livraison 4 fournisseur 5 délai de livraison 6 clause de livraison 7 ils se renseignent sur les possibilités de livraison 8 lieu de livraison 9 respecter le calendrier de livraison 10 bon (od. bulletin) de livraison 11 nous serons obligés de prolonger le délai de livraison de deux mois 12 camionnette; voiture de livraison 13 il dépendra du délai de livraison de savoir si vous recevrez la commande

Lieferant *m* 1 **Auslands–** 2 mit Vorbehalt der **Bestätigung** dieses Auftrages durch unseren Lieferanten 3 **Haupt–** 4 **hiesiger** ~ 5 **Hof–** 6 **seriöser** ~ 7 wir suchen neue –en 8 sie sind als **verläßliche** –en bekannt

1 fournisseur étranger 2 sous réserve de confirmation de la commande par notre fournisseur 3 fournisseur principal 4 fournisseur local 5 fournisseur de la Cour 6 fournisseur sérieux 7 nous cherchons d'autres fournisseurs 8 ils ont la réputation d'être des fournisseurs sérieux

Lieferfrist *f* 1 die ~ ist bereits längst **abgelaufen** 2 wir sind bestrebt, die ~ zu **ändern** 3 die ~ ist **ausschlaggebend** dafür, ob Sie den Auftrag erhalten 4 die ~ **beginnt** mit diesem Zeitpunkt 5 auf **Einhaltung** der ~ bestehen 6 die große Anhäufung von Bestellungen hat uns verhindert, die ~ **einzuhalten** 7 die ~ muß **eingehalten** werden, sonst müßten wir die Bestellung stornieren 8 die ~ wurde für Ende März **festgesetzt** 9 die ~ **festlegen** 10 jede Partei kann zur **Festlegung** einer angemessenen ~ das Schiedsgericht anrufen 11 die verlangte ~ für Glühbirnen kann nicht **garantiert** werden 12 unsere –en kommen den –en eines jeden beliebigen Auslandslieferanten **gleich** 13 die ~ wird um zwei Wochen **gekürzt** werden müssen 14 die ~ wurde um einen ganzen Monat **überschritten** 15 **verbindliche** ~ 16 **vereinbarte** ~ 17 wir müssen Sie um eine **Verlängerung** der ~ für Zement ersuchen 18 Sie haben uns eine ~ von zwei Monaten **versprochen** 19 ist im **Vertrag** eine verbindliche ~ vorgesehen, ...

1 il y a longtemps que le délai de livraison est dépassé 2 nous cherchons à parvenir à une modification du délai de livraison 3 la question de savoir si vous recevrez la commande dépendra de la date de livraison 4 le délai de livraison commencera à courir à cette date 5 insister sur l'observation du délai de livraison 6 l'afflux de commandes nous a empêchés de respecter le délai de livraison 7 il faut que le délai de livraison soit respecté, sinon nous serions obligés d'annuler la commande 8 la date de livraison a été fixée à fin mars 9 fixer le délai de livraison 10 les parties ont chacune la possibilité de recourir au tribunal arbitral pour faire fixer un délai de livraison adéquat 11 le délai de livraison demandé pour les ampoules ne saurait être garanti 12 nos délais de livraison correspondent à ceux de tout autre fournisseur étranger 13 il faudra réduire le délai de livraison de deux semaines 14 le délai de livraison a été dépassé d'un mois entier 15 délai de livraison ferme 16 délai de livraison convenu 17 nous devons vous demander une prolongation du délai de livraison pour le ciment 18 vous nous avez promis de livrer dans un délai de deux mois 19 si un délai de livraison ferme a été prévu au contrat

Liefern, 1 die Waren wurden in anderer **Ausführung** als genehmigt geliefert 2 Ware mit **Auto** ~ 3 per **Bahn** ~ 4 zu welchen Bedingungen sind Sie **bereit,** uns die Waren zu ~? 5 **beschleunigt** ~ 6 **Beweise** ~ 7 als **Eilgut** ~ 8 die Waren auf **einmal** ~ 9 es liefert guten **Ertrag** 10 mit **Flugzeug** ~ 11 wir werden Ihnen

1 l'exécution des marchandises livrées diffère de celle convenue 2 livrer la marchandise par la route 3 livrer par chemin de fer (od. voie ferrée) 4 à quelles conditions seriez-vous disposé à livrer les marchandises? 5 accélérer la livraison; livrer d'urgence 6 fournir des preuves 7 livrer en régime accéléré 8 livrer la

Liefern — Lieferung

gern unsere Waren ~ 12 teilen Sie uns **freundlichst** mit, wann und zu welchem Preis Sie uns die Waren ~ können 13 einem Kunden die Waren auf **Kredit** ~ 14 der ganze Auftrag kann sofort ab **Lager** geliefert werden 15 ~ Sie die Ware genau laut **Muster** 16 **ordnungsmäßig** ~ 17 **prompt** ~ 18 wir werden die Ware ganz bestimmt **rechtzeitig** ~ 19 per **Schiff** ~ 20 **schnellstens** ~ 21 **sofort** ~ 22 **umgehend** ~ 23 **unverzüglich** ~ 24 **verspätet** ~ 25 die Waren werden erst nächsten Monat zum Liefern **vorbereitet** sein 26 mit **Vorzug** ~ 27 wir können diesen Artikel nicht **unter** 6 Wochen ~ 28 mit **Zubehör** ~

marchandise en bloc **9** cela nous donne un bon rendement **10** livrer par avion **11** c'est avec plaisir que nous livrerons les marchandises **12** veuillez nous faire savoir quand et à quel prix vous pourrez nous livrer les marchandises **13** livrer les marchandises à crédit à un client **14** la totalité de la commande peut être livrée immédiatement à partir du magasin **15** veuillez livrer la marchandise strictement selon échantillon **16** livrer correctement **17** livrer promptement **18** nous livrerons la marchandise sans faute en temps voulu **19** livrer par bateau **20** livrer de toute urgence (od. avec la plus grande célérité) **21** livrer tout de suite (od. immédiatement) **22** livrer au reçu de la commande **23** livrer sans délai (od. sur le champ) **24** livrer en retard **25** ce n'est que dans un mois que les marchandises seront prêtes à être livrées **26** livrer en priorité **27** nous ne saurions livrer cet article avant 6 semaines **28** livrer avec accessoires

Lieferung *f* 1 die ~ **ablehnen** 2 ~ gegen **Abruf** 3 die ~ **abschließen** 4 zur ~ **Anfang** Oktober 5 wir **arbeiten** an der ~ 6 chronologisch **aufeinanderfolgende** –en 7 **Auslands**– 8 ~ durch **Auto** 9 sich mit den –en **beeilen** 10 Ihre ~ hat uns nur teilweise **befriedigt** 11 mit der ~ kann sofort begonnen werden 12 Gebühr wird **bei** ~ erhoben 13 die Erzeugnisse stehen zur sofortigen ~ **bereit** 14 die –en **beschleunigen** 15 **Beschleunigung** der ~ 16 **Bestätigung** der ~ 17 zur sofortigen ~ **bestellen** 18 ~ per **Boot** 19 die ~ wird zu Ihrer vollen Zufriedenheit **durchgeführt** werden 20 die ~ wurde vom Lieferanten grundlos **eingestellt** 21 zur ~ bis **Ende** des Monats 22 die ~ mußte innerhalb zweier Wochen **erfolgen** 23 die **Ersatz**– für ... wird kostenfrei erfolgen 24 **fixe** ~ 25 –en sollten knapp nacheinander **folgen** 26 die –en **fortsetzen** 27 zur ~ **frei** deutsch-belgische Grenze 28 **frühere** ~ 29 die ~ **frühestens** innerhalb eines Monats in Aussicht stellen 30 **Gesamt**– ~ des ganzen Auftrages auf einmal 31 **Interesse** an der ~ 32 **kostenlose** ~ 33 ~ in **kürzester** Zeit 34 ~ ab **Lager** 35 **Mindest**– 36 den Gewichtsunterschied werden wir mit der **nächsten** ~ ausgleichen 37 Höchstsatz des Schadenersatzes für **Nicht**– 38 **öffentliche** ~ 39 es handelt sich um eine **Probe**– 40 **prompte** ~ 41 ~ im **Rahmen** des Messekontingentes

prochaine livraison **37** somme maximum **1** refuser de prendre livraison **2** livraison sur appel **3** terminer la livraison **4** pour livraison début octobre **5** nous préparons la livraison **6** livraisons se suivant dans l'ordre chronologique **7** livraison à l'étranger **8** livraison par route **9** hâter la livraison **10** votre livraison ne nous a que partiellement satisfaits **11** la livraison peut commencer tout de suite **12** la taxe sera perçue à la livraison **13** les produits sont prêts à être livrés immédiatement **14** activer les livraisons **15** accélération des livraisons **16** confirmation de la livraison **17** commander pour livraison immédiate **18** livraison par chaland **19** la livraison sera effectuée à votre entière satisfaction **20** le fournisseur a arrêté la livraison sans donner de raison **21** pour livraison fin du mois **22** la livraison devrait avoir lieu dans les quinze jours **23** la livraison de ... à titre de remplacement sera effectuée sans frais **24** livraison ferme **25** les livraisons devraient se suivre de près **26** poursuivre les livraisons **27** livraison franco frontière germano-belge **28** livraison avancée **29** promettre la livraison pour un mois au plus tôt **30** livraison en bloc de la totalité de la commande **31** intérêt à la livraison **32** livraison sans frais **33** livraison dans le délai le plus bref **34** livraison à partir du dépôt **35** livraison au minimum **36** nous compenserons la différence de poids à la

42 wir **rechnen** mit der ~ Ihrer Bestellung bis zum 15. 6. 43 **rechtzeitige** ~ 44 **Regierungs**– 45 **schnellste** ~ 46 **sofortige** ~ 47 zur **sofortigen** ~ 48 **späte** ~ 49 **spätere** ~ 50 **Staats**– 51 wegen **Störung** bei der ~ eines wichtigen Rohstoffes 52 **sukzessive** ~ 53 die ~ wird in **Teilen** erfolgen 54 **Teil**–en sind nicht gestattet 55 die ~ erfolgt durch **Teilsendungen** 56 **teilweise** ~ 57 **ununterbrochene** ~ 58 **unverzügliche** ~ 59 **verkürzte** ~ 60 die –en **verlaufen** im Sinne des Kontraktes 61 die ~ muß auf die nächste Woche **verschoben** werden 62 **verspätete** ~ 63 die ~ für Ende Januar **versprechen** 64 wir können die ~ bis Mitte August **verwirklichen** 65 die ~ wurde mangels Schiffsraums **verzögert** 66 mit Rücksicht auf die **verzögerte** ~ 67 wir behalten uns das Recht vor, den Auftrag zu annulieren, falls sich die ~ **verzögern** sollte 68 die ~ Ihrer Bestellung haben wir für Ende Februar **vorgesehen** 69 **vorhergehende** (ou vorige) ~ 70 **zur** ~ ab Fabrik im Laufe des Monates Januar/bis Ende Januar

exigible en cas de non-livraison 38 fournitures publiques (od. pour les besoins publics) 39 il s'agit d'une livraison à l'essai 40 livraison prompte 41 livraison dans le cadre du contingent de la foire 42 nous pensons pouvoir livrer votre commande jusqu'au 15/6 43 livraison en temps voulu 44 fourniture gouvernementale 45 livraison la plus rapide 46 livraison immédiate 47 pour livraison immédiate 48 livraison tardive 49 livraison ultérieure 50 fournitures à l'Etat 51 par suite de difficultés de fourniture d'une matière première importante 52 livraison successive 53 la livraison se fera par envois partiels 54 les livraisons partielles ne sont pas admises 55 la livraison sera effectuée par envois partiels 56 livraison partielle 57 livraison ininterrompue 58 livraison immédiate 59 livraison réduite 60 les livraisons sont effectuées conformément au contrat 61 il a fallu remettre la livraison à la semaine prochaine 62 livraison en retard 63 promettre la livraison pour fin janvier 64 nous pourrons effectuer la livraison d'ici la mi-août 65 la livraison a été retardée par suite du manque de tonnage 66 à cause du retard de livraison 67 nous nous réservons le droit d'annuler la commande en cas de retard de livraison 68 nous avons prévu la livraison de votre commande pour fin février 69 livraison précédente 70 pour livraison départ usine dans le courant du mois de janvier/jusqu'à fin janvier

Liege-, 1 –**geld** 2 –**tage** 3 –**wagen**

1 droit de magasinage 2 jours de planche 3 wagon-couchettes

Liegen, 1 das liegt nicht **an** ihnen 2 es liegt mir **daran** 3 wie die **Dinge** ~ 4 –**gebliebene** Ware 5 es liegt in unserem **Interesse** 6 es liegt auf **Lager** 7 es liegt **offen** 8 sie ~ mit ihm im **Prozeß** 9 die **Schuld** liegt nicht an ihnen 10 an **wem** liegt es? 11 **woran** liegt es? 12 einer Maßnahme **zugrunde** ~

1 ils n'y sont pour rien; ce n'est pas de leur faute 2 j'y attache de l'importance 3 dans ces circonstances (od. conditions) 4 marchandise invendue 5 il est de notre intérêt 6 elle (la marchandise) est en stock (od. en magasin) 7 il est manifeste (od. évident) 8 ils sont en procès avec lui 9 ils n'en sont pas responsables 10 à qui la faute? 11 quelle en est la raison? (od. d'où cela vient-il?) 12 être la cause (od. à la base) d'une mesure

Limit *n* 1 das festgesetzte ~ **bezieht** sich auch auf weitere Aufträge 2 **erreichbares** ~ 3 wir **erzielten** das ~ für ... 4 halten Sie das für Schnittholz **festgesetzte** ~ ein 5 wir dürfen nicht über (unter) das ~ **gehen** 6 das **höchste** ~ 7 **Kredit**– 8 das **niedrigste** ~ 9 **oberes** ~ 10 **Preis**– 11 die Preise sind im **Rahmen** Ihres –s 12 das ~ um DM 1,26 **überschreiten** 13 **übliches** ~ 14 **unteres** ~

1 la limite fixée s'applique aussi aux nouvelles commandes 2 limite réalisable 3 nous avons atteint la limite de ... 4 restez dans la limite fixée pour du bois de sciage 5 nous ne devons pas dépasser (rester-au-dessous de) la limite 6 le prix limite 7 limite de crédit 8 la limite la plus basse 9 limite supérieure 10 prix limite 11 les prix ne dépassent pas la limite prévue 12 dépasser la limite de DM 1,26

Limit — Löschen 188

15 zulässiges ~

Limitieren, den **Preis** ~
Linie *f* 1 in **erster** ~ 2 **Flug**– 3 **–nflug** 4 in **gerader** ~ 5 die **Grund**–n für eine gemeinsame Agrarpolitik ausarbeiten 6 **reguläre** ~ 7 **Schiffahrts**– 8 **–nschiffahrt** 9 **Übersee**–

Liquidation *f* 1 die Firma **befindet** sich in ~ 2 **–serlös**
Liquidieren, die **Firma** liquidierte am 30. 5.
Liste *f* 1 wir werden in die ~ weitere Posten **aufnehmen** 2 **Einfuhr**– 3 **Frei**– für das Dollargebiet 4 **Kontingent**– 5 **Lager**–n 6 **Namen**– 7 **Pack**– 8 ~ der Lagerposten 9 **Postversand**– 10 **Preis**– 11 **–npreis** 12 **schwarze** ~ 13 **Waren**–

Lizenz *f* (s. a. Bewilligung) 1 **Ausfuhr**– 2 **Ausnutzung** der ~ 3 die im Rahmen einer gültigen **Einfuhr**– eingeführten Waren 4 die ~ für Glasknöpfe Nr. 371/A gültig bis 31. 5. wurde am 16. 5. **erteilt** 5 vorbehaltlich der **Erteilung** der Export– 6 **Erzeugungs**– 7 **freiwillige** ~ 8 **–gebühren** 9 **generelle** ~ 10 **Import**– 11 **–vertrag** 12 **Zwangs**–

Lohn *m* 1 **–abbau** 2 **–ansprüche** 3 prozentualer **Anteil** der Löhne 4 **Durchschnitts**– 5 **–erhöhung** 6 einen Teil der **–erhöhungen** auffangen 7 **Grund**– 8 **Mindest**– 9 **Stück**– 10 **Tage**– 11 **Wochen**– 12 **Zeit**– 13 **–zulagen**

Lohnen, 1 es **hat** sich gelohnt 2 eine Akkreditiveröffnung **würde** nicht ~
Lokal-, 1 **–bank** 2 **–presse** 3 **–verkehr**

Los, 1 wir werden nicht den **Eindruck** ~, daß ... 2 **–es Gut** 3 die Ware als –es **Gut** geladen 4 Sie werden die ständigen **Sorgen** um Reparatur ~

Löschen, 1 einen **Brand** ~ 2 diese **Firma** wurde vor 2 Jahren gelöscht 3 das ~ des **Kahnes** geht zu Lasten des Käufers 4 die Waren am **Kai** ~ 5 das **Schiff** begann

13 limite usuelle 14 limite inférieure 15 limite admissible
limiter le prix
1 en première ligne 2 ligne aérienne 3 vol de ligne 4 en ligne droite 5 élaborer les grandes lignes d'une politique agricole commune 6 ligne régulière 7 ligne de navigation; ligne maritime 8 navigation de ligne 9 navigation intercontinentale

1 la firme est en liquidation 2 produit de la liquidation
la firme s'est mise en liquidation le 30/5

1 nous inclurons d'autres articles dans la liste 2 liste d'importation 3 liste des produits non contingentés pour la zone dollar 4 liste de contingents 5 livre de magasin; registre des stocks 6 liste nominative 7 liste de colisage 8 liste des articles en magasin (od. en dépôt) 9 liste des envois postaux 10 tarif; liste des prix 11 prix selon tarif; prix de catalogue 12 liste noire 13 liste des marchandises
1 licence d'exportation 2 exploitation de la licence 3 les marchandises importées dans le cadre d'une licence d'importation valable 4 la licence n° 371/A pour des boutons de verre, valable jusqu'au 31/5, a été délivrée le 16/5 5 sous réserve de l'attribution d'une licence d'exportation 6 licence de production 7 licence volontaire 8 droits de licence 9 licence générale 10 licence d'importation 11 contrat de licence 12 licence contre la volonté du titulaire

1 réduction des salaires 2 revendications de salaires 3 pourcentage proportionnel des salaires 4 salaire moyen 5 augmentation des salaires 6 éponger une partie de la hausse des salaires 7 salaire de base 8 salaire minimum 9 salaire à la pièce (od. à la tâche) 10 salaire journalier (od. à la journée) 11 salaire hebdomadaire 12 salaire à (od. au) temps; salaire horaire 13 les accessoires du salaire
1 cela en a valu la peine 2 l'ouverture d'un accréditif serait de peu d'intérêt
1 banque locale 2 presse locale 3 trafic local
1 nous ne pouvons nous empêcher de croire que ... 2 marchandise en vrac 3 marchandise chargée en vrac 4 vous serez débarassé des ennuis permanents de devoir faire des réparations
1 éteindre un incendie 2 cette firme a été rayée du registre il y a 2 ans 3 le déchargement de la péniche est à charge de l'acheteur 4 décharger les marchandises

um 10 Uhr früh zu ~

Lösen, 1 wir wollen die **Angelegenheit** auf freundschaftlichem Wege ~ 2 die **Frage** der Zahlungsweise ~ 3 es ist nicht möglich, den **Vertrag** grundlos zu ~
Losung *f* 1 Tages– 2 Verkaufs–

Lösung *f* 1 zur ~ des **Abkommens** ist die Zustimmung beider Vertragspartner notwendig 2 diese ~ wurde **abgelehnt** 3 **annehmbare** ~ 4 wir hoffen, daß diese ~ **befriedigend** sein wird 5 die **einzige** ~ in diesem Falle wäre eine Einigung 6 **entsprechende** ~ 7 diese ~ **entspricht** bei weitem nicht 8 eine für beide Seiten annehmbare ~ **finden** 9 **friedliche** ~ 10 wir halten diese ~ für **gerecht** 11 in dieser Situation wäre ein **Kompromiß** die einzige ~ 12 **tragbare** ~ 13 **versöhnliche** ~ 14 eine andere ~ **vorschlagen** 15 **vorteilhafte** ~ 16 diese ~ wird Sie voll **zufriedenstellen** 17 wir hoffen, diese ~ wird Ihnen **zusagen**

Luft *f* 1 –brief 2 –fracht 3 –paket 4 per –post 5 –transport 6 –verbindung 7 –verkehr
Luftdicht, in –er **Verpackung**

Luftfracht *f* 1 –brief 2 –dienst 3 –tarif

Luftpost *f* 1 –brief 2 unseren **Brief** vom 20. Juni haben wir mit ~ an Ihre Adresse gesandt 3 –**einlieferungsschein**
Lufttransport *m* 1 –brief 2 ~ **durchführen** 3 ~ ist **kostspielig**

Luftverkehr *m* 1 –sbüro 2 –sgesellschaft 3 –slinie 4 –splan

Luxuriös, in –er **Ausstattung**
Luxus *m* 1 –artikel 2 –ausgabe

à quai 5 le bateau a commencé à décharger à 10 heures du matin port de déchargement
1 nous désirons régler cette affaire à l'amiable 2 régler la question du mode de paiement 3 il n'est pas possible d'annuler le contrat sans raison valable
1 recette de la journée 2 slogan publicitaire
1 pour la résiliation de l'accord, le consentement des deux parties à l'accord est indispensable 2 cette solution a été rejetée (od. écartée) 3 solution acceptable 4 nous espérons que cette solution donnera satisfaction 5 la seule solution à cette affaire serait un compromis (od. un accord) 6 solution adéquate 7 cette solution est loin d'être satisfaisante 8 trouver une solution acceptable pour les deux parties 9 solution pacifique 10 nous estimons que cette solution est équitable 11 dans cette situation, un compromis serait la seule solution 12 solution passable 13 règlement conciliant 14 proposer une autre solution 15 solution avantageuse 16 ce règlement vous donnera pleinement satisfaction 17 nous espérons que cette solution vous conviendra

1 lettre-avion 2 fret aérien 3 colis-avion 4 par avion 5 transport aérien 6 liaison aérienne 7 trafic aérien
dans un emballage étanche (od. imperméable à l'air)

1 lettre de transport aérien 2 service de transport aérien 3 tarif de fret aérien

1 lettre-avion 2 nous avons envoyé notre lettre du 20 juin par avion à votre adresse 3 récépissé de poste aérienne
1 lettre de transport aérien 2 effectuer un transport par avion 3 le transport aérien est coûteux

1 bureau de transports aériens 2 compagnie de transports aériens 3 ligne aérienne 4 horaire des avions

dans une présentation luxueuse
1 article de luxe 2 édition de luxe

M

Machen, 1 Kunden **abspenstig** ~ 2 einen **Abstecher** nach Wiesbaden ~ 3 **Anschaffungen** von Vorräten ~ 4 dieser Bericht macht keinen **Anspruch** auf Vollständigkeit 5 wir ~ uns diese Intervention zur **Aufgabe** 6 **Ausreden** ~ 7 **Bankrott** ~ 8 sich einen **Begriff** von dem Schaden ~ 9 sich mit dem Direktor (mit der Sache) **bekannt** ~ 10 wir möchten die persönliche **Bekanntschaft** von Herrn Lang ~ 11 die erwähnte Firma macht auf uns keinen verläßlichen **Eindruck** 12 **Ende** ~ 13 die Vorräte **flüssig** ~ 14 den Weg **frei** ~ 15 leider können wir von diesem Angebot keinen **Gebrauch** ~ 16 sie ~ kein **Geheimnis** daraus 17 mit dieser Erfindung hat er viel **Geld** gemacht 18 den Rest zu **Geld** ~ 19 sich **geltend** ~ 20 in diesem Artikel ein großes **Geschäft** ~ 21 sie ~ Ihnen **Hoffnung** auf Visaerteilung 22 **Kasse** ~ 23 es ist **nichts** zu ~ 24 wir haben dieser Firma **Platz** gemacht 25 eine **Reise** nach Österreich ~ 26 **Station** in Lyon ~ 27 einen **Strich** durch die Pläne ~ 28 einen **Strich** durch die Rechnung ~ 29 einen **Treffer** ~ 30 der Spediteur hat sich um beträchtliche Beschleunigung **verdient** gemacht 31 wir haben Sie mit der Lage **vertraut** gemacht 32 das macht **zusammen**

1 détourner des clients 2 faire un crochet (od. détour) par Wiesbaden 3 faire des approvisionnements de stocks (od. de réserves) 4 ce rapport ne prétend pas être limitatif 5 nous nous faisons un devoir d'intervenir dans cette affaire 6 avancer des excuses (od. prétextes) 7 faire banqueroute (od. faillite) 8 se faire une idée du dommage (od. des dégâts) 9 faire la connaissance du directeur (se mettre au courant d'une affaire) 10 nous voudrions faire la connaissance personnelle de Monsieur Lang 11 la firme mentionnée ne nous fait pas l'impression d'être sûre 12 en terminer 13 liquider les stocks 14 rendre la voie libre 15 nous regrettons de ne pouvoir profiter de cette offre 16 ils n'en font pas un secret 17 cette invention lui a fait gagner (od. lui a rapporté) beaucoup d'argent 18 tirer de l'argent du reste 19 se mettre en valeur; se faire valoir 20 faire une grosse affaire dans cet article 21 ils vous font espérer la délivrance d'un visa 22 faire la caisse 23 il n'y a rien à faire 24 nous avons cédé la place à cette firme 25 faire un voyage en Autriche 26 interrompre le voyage à Lyon; faire station à Lyon 27 contrecarrer les plans 28 déranger les projets (od. les desseins) 29 avoir gagné; avoir fait un bon coup de chance 30 le commissionnaire de transport s'est fait de grands mérites de l'accélération considérable 31 nous vous avons mis au courant de (od. familiarisés avec) la situation 32 cela fait au total

Machenschaft *f* sich **betrügerische** –en zuschulden kommen lassen

se rendre coupable de manipulations frauduleuses

Macht *f* 1 höhere ~ 2 aus nicht in unserer ~ **liegenden** Gründen 3 **mit** aller ~ 4 wir werden alles tun, was in unserer ~ **steht** 5 **Voll**–

1 force majeure 2 pour des raisons non subordonnées à notre pouvoir 3 à tout prix; par tous moyens 4 nous ferons tout ce qui est en notre pouvoir 5 plein pouvoir; autorisation; procuration

Magazin *n* 1 –**verwalter** 2 „Frei **Zoll**–"

1 gérant de magasin (od. dépôt) 2 «franco entrepôt sous douane»

Mahn-, 1 dem nicht zahlenden Schuldner einen –**brief** senden 2 –**schreiben**

1 adresser un rappel (od. une sommation) à un débiteur en retard de paiement; sommer un débiteur retardataire 2 rappel de paiement; (lettre de) sommation; lettre monitoire

Mahnen, 1 ~ Sie den säumigen **Schuldner** und drohen Sie mit der Klage 2 den Kunden **um** Rücksendung der Musterkollektion ~ 3 wir haben Sie schon einige Male **vergeblich** gemahnt, daß

1 mettez le débiteur défaillant en demeure (od. sommez le débiteur défaillant) et menacez-le d'une action en justice 2 réclamer du client le renvoi de la collection d'échantillons (od. de modèles) 3 nous

Sie ...

Mahnung *f* 1 eindringliche ~ 2 da alle –en **erfolglos** geblieben sind, sehen wir uns gezwungen ... 3 ~ mit Androhung der **Klage** 4 scharfe ~ 5 unsere beiden letzten –en haben Sie **unberücksichtigt** gelassen

Makler *m* 1 Auktions– 2 Börsen– 3 die ½‰ (ein halbes Promille) ausmachende **–gebühr** begleichen die Partner je zur Hälfte 4 **vereidigter** ~

Mangel *m* 1 wegen **absoluten** –s an Beweisen 2 dem Verkäufer unverzüglich schriftlich alle erkannten Mängel **anzeigen** 3 obwohl wir mehrmals auf diese Mängel **aufmerksam** gemacht haben, wurden sie nicht beseitigt 4 verschiedene Mängel **aufweisen** 5 die Frist für die **Beanstandungen** der offensichtlichen Mängel 6 jeden ~ **beheben**, der auf einem Fehler der Konstruktion, des Materials oder der Ausführung beruht 7 die festgestellten Mängel ausführlich **beschreiben** 8 wir stellen mit Bedauern fest, daß die Mängel noch nicht **beseitigt** wurden 9 den ~ so schnell wie möglich **beseitigen** 10 wir werden uns für die **Beseitigung** aller Mängel einsetzen 11 es besteht ~ an diesen Waren 12 wegen –s an **Beweisen** 13 dauernder ~ 14 wegen **Devisen**–s 15 empfindlicher ~ 16 an (ou bei) der gelieferten Ware haben wir einige Mängel **festgestellt** 17 ~ an Sorgfalt oder **Geschicklichkeit** 18 Mängel **in** der Qualität feststellen 19 infolge –s an Arbeitskräften 20 **Kapital**– 21 wir **leiden** dauernd ~ an diesem Artikel 22 wegen der Mängel bei der **Lieferung** eines wichtigen Rohstoffes 23 etwaige Mängel sind uns sofort zu **melden**, spätere Reklamationen können nicht berücksichtigt werden 24 **offensichtlicher** ~ 25 **Personal**– 26 infolge –s an geeigneten **Rohstoffen** 27 **Schiffsraum**– 28 das beweist ~ an pflichtmäßiger **Sorgfalt** 29 **verborgener** ~ 30 sie zeigen ~ an **Verständnis** für ... 31 **vorübergehender** ~ 32 **Waren**– 33 aus **Zeit**– 34 den ~ an Erfahrungen oder Kenntnissen des Verbrauchers **zunutze** machen

vous avons rappelé en vain à plusieurs reprises que vous ...
1 rappel, sommation, avertissement énergique 2 toutes nos réclamations étant restées infructueuses, nous nous voyons dans l'obligation de ... 3 avertissement avec menace d'action en justice 4 sommation, avertissement sévère 5 vous n'avez pas pris en considération nos deux dernières sommations; vous n'avez pas donné suite à nos deux dernières réclamations

1 agent de vente (aux enchères) 2 agent de change 3 les partenaires payeront chacun la moitié de la taxe de ½‰ (un demi millième) 4 courtier (od. agent) assermenté
1 pour défaut absolu de preuves 2 indiquer (od. signaler) au vendeur immédiatement par écrit tous les défauts constatés 3 bien que nous ayons attiré l'attention sur ces défauts plusieurs fois, il n'y a pas été remédié ; bien que ces défauts aient fait l'objet de plusieurs réclamations de notre part, ils n'ont pas été réparés 4 présenter un certain nombre de défauts apparents 5 le délai de réclamation de défauts apparents 6 remédier à tout défaut dû à un vice de construction, de matière ou de fabrication 7 décrire en détail (od. spécifier) les défauts constatés 8 nous constatons avec regret qu'il n'a pas encore été remédié aux défauts 9 remédier aux défauts aussi vite que possible au défaut 10 nous allons intervenir en vue de faire remédier à tous les défauts ; nous allons jouer de toute notre influence pour faire réparer tous les dommages 11 il y a pénurie de ces marchandises (od. ces articles) 12 faute de preuves 13 pénurie permanente ; manque (od. défaut) permanent 14 par manque des devises 15 pénurie, manque critique 16 nous avons constaté quelques défauts sur la marchandise livrée 17 faute de soin ou d'habileté 18 constater des défauts dans la qualité 19 par suite de pénurie de main-d'œuvre 20 manque des capitaux 21 cet article nous fait en permanence défaut 22 en raison des défauts dans la livraison d'une matière première importante 23 des défauts éventuels doivent nous être signalés immédiatement, les réclamations postérieures ne peuvent pas être prises en considération 24 défaut apparent 25 manque de personnel 26 par suite de pénurie de matières premières appropriées ; faute de matières premières appropriées 27 manque de tonnage 28 cela prouve qu'il y a (eu) défaut des soins requis 29 défaut inapparent (od. caché) 30 ils mon-

Mangelhaft, 1 die Waren wurden als ~ befunden 2 –e **Deckung** 3 **erweist** sich bei der Prüfung die Maschine als ~ 4 –e **Qualität** 5 dem Verkäufer die –en **Teile** zur Reparatur oder Ersatzleistung übersenden 6 –e **Verpackung**

Mangeln, 1 es mangelt nicht an **Einwänden** 2 uns mangelt es an **Geld**
Mängelrüge f s. Bemängelung, Reklamation
Mangels, 1 ~ abweichender **Vereinbarung** 2 ~ ausdrücklicher anderer **Vereinbarung** im Kaufvertrag
Manipulation f 1 die **Beschädigung** wurde durch fahrlässige, schonungslose und schlechte ~ verursacht 2 –s**gebühr** 3 **Lager**–
Manko n 1 das ~ **anerkennen** 2 das ~ **decken** 3 **Gewichts**– beträgt 129 kg 4 das festgestellte **Kassen**– im Betrage von DM 285,— muß von Ihnen ersetzt werden 5 unerwartetes **Lager**– 6 **ungedecktes** ~ 7 das ~ wurde durch Vertrocknung **verursacht**

Manufaktur f –**waren**
Mark f Währung in **deutscher** ~
Marke f 1 amtlich **anerkannte** ~ 2 –**nartikel** 3 **Brief**– 4 Wein von guter ~ 5 **Handels**– 6 **Kontroll**- 7 –**nname** 8 **Schutz**– 9 **Stempel**–

Markierung f ~ der Kolli
Markt m 1 der ~ war **abgeschwächt** 2 neue **Absatz**märkte für Ihre Waren erschließen 3 eingehende –**analyse** 4 nach allen **Anzeichen** des –es 5 **Aufnahmefähigkeit** des –es 6 **Auslands**– 7 den ~ für Ihre Waren **bearbeiten** 8 unsere Konkurrenten haben mit einer intensiven –**bearbeitung** für eine Absatzerhöhung begonnen 9 bemühen Sie sich, sich auf dem ~ zu **behaupten** 10 die Firma **beherrscht** den ~ 11 der ~ beginnt sich zu **beleben** 12 in absehbarer Zeit besteht keine Aussicht auf eine Belebung des –es 13 –**bericht** 14 der Nachricht über die Beendigung des Streikes verursachte eine **Beruhigung**

trent un manque de compréhension à l'égard de ... 31 défaut temporaire (od. passager) 32 pénurie de marchandises 33 faute de temps; par manque de temps 34 profiter du (od. mettre à profit le) manque d'expérience ou de connaissances du consommateur
1 les marchandises ont été trouvées défectueuses (od. vicieuses) 2 couverture insuffisante 3 si la machine est trouvée défectueuse lors de l'examen 4 qualité médiocre 5 envoyer les pièces défectueuses au vendeur pour réparation ou remplacement 6 emballage défectueux

1 les objections ne manquent pas 2 nous manquons d'argent
...

1 faute de convention différente 2 faute de toute autre convention expresse dans le contrat d'achat
1 le dommage a été occasionné par une manipulation imprudente, rude et inadéquate 2 taxe de manipulation 3 manipulation de magasin (od. dépôt)
1 reconnaître le déficit 2 couvrir le déficit 3 le manque de poids se monte à 129 kg 4 le déficit de caisse constaté et s'élevant au montant de 285,— DM devra être comblée par vos soins 5 manque de stocks inattendu 6 déficit sans couverture 7 la perte (od. la diminution) de poids est due au dessèchement
articles manufacturés
valeur monétaire en Deutsche Mark
1 marque déposée (od. enregistrée) 2 article de marque 3 timbre-poste 4 vin de bonne marque 5 marque de commerce 6 marque de contrôle 7 nom de marque 8 marque déposée 9 timbre-quittance; timbre fiscal
marquage des colis
1 le marché était affaibli (od. avait tendance à la baisse) 2 explorer de nouveaux débouchés pour vos marchandises 3 analyse (od. étude) approfondie du marché 4 suivant toutes les indications fournies par le marché 5 capacité du marché 6 marché étranger 7 préparer (od. prospecter) le marché pour vos marchandises 8 nos concurrents ont commencé à préparer intensément le marché en vue d'un accroissement du débit (od. de la vente) 9 efforcez-vous à vous maintenir sur le marché 10 la firme contrôle le marché 11 le marché commence à s'animer 12 il n'y a aucune chance de réanimation du marché dans le proche avenir 13 revue

auf dem ~ 15 der ~ **bessert** sich langsam 16 **beständiger** ~ 17 die Konkurrenz **brachte** neue Artikel auf den ~ 18 alle Neuheiten in der nächsten Saison auf den ~ **bringen** 19 **Devisen–** 20 **Druck** auf den ~ 21 **gedrückter** ~ 22 damit es Ihnen gelingt, sich mit dieser Ware am ~ **durchzusetzen** 23 **empfindlicher** ~ 24 wir erwarten eine günstige –**entwicklung** 25 die **Entwicklung** des –es weit voraussehen 26 die Ware **erscheint** von neuem auf dem ~ 27 diese Ware ist nicht markt**fähig** 28 auf dem ~ festen Fuß **fassen** 29 der ~ wird allmählich **fester** 30 warten Sie bitte ab, bis sich der ~ ge**festigt** hat 31 **flauer** ~ 32 wir haben eine –**forschung** durchgeführt 33 Institut für –**forschung** 34 eine –**forschung** vornehmen 35 **gegenwärtiger** ~ 36 **Geld–** 37 Errichtung eines **gemeinsamen** –es 38 einen neuen ~ **gewinnen** 39 diese Sorte **gibt** es nicht auf dem ~ 40 –**güte** 41 die örtliche Konkurrenz hat den ~ fest in der **Hand** 42 wir werden alles tun, um Ihre Ware auf dem **hiesigen** ~ einzuführen 43 **Inlands–** 44 **Jahr–** 45 **Kampf** um die Absatzmärkte 46 **Käufer–** 47 bei der gegenwärtigen –**lage** bieten wir die günstigsten Bedingungen an 48 der ~ beginnt **lebhafter** zu werden 49 **leichter–** 50 **Lokal–** 51 eine –**lücke** schließen 52 gemeinsame **Organisation** der Agrarmärkte 53 **reger** ~ 54 der ~ **schwankt** auf und ab 55 der ~ zeigt gegenwärtig große **Schwankungen** 56 Devisen**schwarz–** 57 **schwieriger** ~ 58 wir **suchen** neue Märkte für unsere Mikroskope 59 der ~ ist **übersättigt** 60 der ~ ist mit minderwertiger, aber billigerer Konkurrenzware **überschwemmt** 61 **Übersee–** 62 **unbeständiger** ~ 63 **unsicherer** ~ 64 unsere Qualität wird gewiß die Konkurrenzware vom ~ **verdrängen** 65 der ~ des **Verkäufers** 66 sie können sich mit dem **Verlust** des hiesigen –es nicht abfinden 67 der ~ **verschlechtert** sich nach und nach 68 der ~ ist mit dieser Ware gut **versorgt** 69 auf dem **Welt–** 70 **Wochen–**

(od. rapport) du marché **14** les informations sur la fin de la grève ont provoqué un apaisement du marché **15** le marché s'améliore lentement **16** marché stable **17** la concurrence a lancé de nouveaux articles sur le marché **18** lancer toutes les nouveautés sur le marché la saison prochaine **19** marché des devises **20** pression sur le marché **21** marché déprimé **22** afin que vous réussissiez à vous imposer sur le marché avec cette marchandise **23** marché sensible **24** nous nous attendons à une évolution favorable du marché **25** prévoir l'évolution du marché **26** la marchandise réapparaît sur le marché **27** cette marchandise n'est pas négociable sur le marché **28** prendre pied sur le marché **29** le marché devient peu à peu ferme **30** attendez jusqu'à ce que le marché se soit affermi **31** marché languissant (od. lourd) **32** nous avons effectué un sondage (od. une étude, une prospection) du marché **33** Institut de recherches de marché **34** procéder à un sondage du marché **35** marché actuel **36** marché monétaire **37** établissement d'un marché commun **38** gagner un nouveau marché **39** ce type (od. cette marque, cette variété) n'existe pas sur le marché **40** qualité négociable (od. répondant aux exigences du marché) **41** la concurrence locale contrôle fermement le marché **42** nous ferons tout notre possible pour introduire votre marchandise sur notre marché intérieur **43** marché intérieur **44** foire annuelle **45** lutte pour les débouchés **46** marché d'acheteurs **47** dans la situation actuelle du marché nous offrons les conditions les plus avantageuses (od. favorables) **48** le marché commence à devenir plus animé **49** marché aisé **50** marché local **51** combler une lacune sur le marché **52** organisation commune des marchés d'agriculture **53** marché actif **54** le marché fluctue **55** le marché montre actuellement des fluctuations importantes **56** marché noir de(s) devises **57** marché difficile **58** nous recherchons de nouveaux débouchés pour nos microscopes **59** le marché est saturé **60** le marché est inondé (od. surchargé) de marchandises concurrentes de qualité médiocre mais à des prix bon marché **61** marché d'outre-mer **62** marché instable **63** marché incertain **64** la qualité de nos produits refoulera certainement la concurrence du marché **65** le marché des vendeurs **66** ils ne peuvent s'accommoder de la perte de ce marché **67** le marché est dégressif **68** le

Maschine f 1 –n**fabrik** 2 eine ~ in **Gang** setzen 3 –n**industrie** 4 die ~ **läuft** gut/ leer 5 die ~ hat eine große **Leistung** 6 es wurde ein neues **Modell** dieser ~ entwickelt 7 die –n wurden noch nicht **montiert** 8 –n**park** 9 wegen –n**schadens** konnten wir Sie nicht termingerecht beliefern 10 –n**schreiber** 11 in –n**schrift** ausgefüllter Fragebogen 12 **Vorführung** einer ~ im Gang

1 usine (od. ateliers) de construction mécanique 2 mettre une machine en marche (od. en oeuvre) 3 industrie des constructions mécaniques 4 la machine fonctionne (od. marche); à vide 5 la machine a un grand rendement; la machine a de grandes performances 6 un nouveau modèle de cette machine a été étudié (od. développé) 7 les machines n'ont pas encore été montées (od. assemblées) 8 parc à machines 9 nous n'avons pu vous livrer dans les délais en raison d'une défectuosité de machine 10 dactylo (graphe) 11 questionnaire rempli à la machine 12 démonstration d'une machine en fonctionnement

Maß n 1 zulässige –**abweichung** 2 auf ~ **anfertigen** 3 –**arbeit** 4 in **bedeutendem** –e 5 es ist auf das unbedingt notwendige ~ **beschränkt** 6 die vorgeschriebenen –e können nicht **eingehalten** werden, weil ... 7 **Flächen**– 8 –e und **Gewichte** 9 –**güter** 10 ~ in der Werbung **halten** 11 **in** dem –e, wie 12 **Längen**– 13 wollen Sie die Abmessungen in **metrischen** –en angeben 14 **mit** ~ gebrauchen 15 –**nahme** (s. a. ,,Maßnahme'') 16 **Raum**– 17 die Behauptung auf das **rechte** ~ zurückführen 18 –**regel** (s. a. ,,Maßregeln'') 19 in **reichem** –e 20 –**stab** (s. a. ,,Maßstab'') 21 **zu** welchem –e? 22 **zulässiges** ~

1 tolérance de mesure admissible 2 fabriquer (od. faire, exécuter) sur mesure 3 travail sur mesure 4 dans une large mesure 5 cela est limité au niveau (od. degré, volume) indispensable 6 les dimensions prescrites (od. imposées) ne peuvent être respectées (od. tenues) parce que ... 7 mesure de superficie 8 poids et mesures 9 articles sur mesure 10 être modéré dans la publicité (od. réclame) 11 à mesure que; au fur et à mesure que 12 mesure de longueur 13 veuillez indiquer les dimensions en mesures métriques 14 utiliser (od. employer) avec mesure 15 mesure 16 mesure de volume 17 ramener l'affirmation à sa juste mesure; corriger l'affirmation 18 mesure 19 dans une large mesure 20 échelle 21 dans (od. jusqu'à) quelle mesure? 22 dimension admise (od. admissible, tolérée)

Masse f 1 –n**artikel** 2 –n**bedarfsartikel** 3 –n**einkäufe** 4 eine ~ **Geld** 5 **Konkurs**– 6 –n**produktion** 7 –n**verbrauchsgüter**

1 article de masse (od. de grande série) 2 article de consommation de masse 3 achats en vrac (od. en gros) 4 beaucoup d'argent 5 masse (od. actif) de (la) faillite 6 fabrication (od. production) de masse (od. en masse[s]) 7 marchandises de consommation de masse

Maßgebend, 1 –er **Beschluß** 2 diese **Bestimmungen** erkennen sie als ~ an 3 **für** uns ist ~, daß ... 4 laut Information von –er **Stelle**

1 décision impérative (od. exécutoire) 2 ils admettent (od. reconnaissent) que ces stipulations sont décisives 3 ce qui est décisif pour nous, c'est que ... 4 suivant les informations qui nous parviennent de source compétente

Maßgeblich, 1 –er **Faktor** 2 –e **Stelle**

1 facteur déterminant 2 source compétente

Massig, –e **Waren**

marchandises en vrac

Mäßig, 1 –e **Leistungen** 2 –e **Preise**

1 rendement (od. performances) médiocre(s) od. modéré(es) 2 prix modérés

Maßnahme f 1 **Devisen**–n 2 **diskrimini**e-

1 mesures de contrôle des devises 2 me-

rende –n 3 **dringende** –n 4 **entgegengesetzte** –n 5 **entsprechende** –n 6 **erforderliche** –n 7 welche –n sind zu **ergreifen**? 8 **Gegen**–n 9 **gerichtliche** (ou **gesetzliche**) –n 10 durch **handelspolitische** –n 11 **Not**– 12 die Einfuhr berührende **Schutz**-–n treffen 13 übliche **Sicherheits**–n werden außer acht gelassen 14 **Spar**–n durchführen 15 wir haben sofortige Gegen–n gegen ... **getroffen** 16 **Vergeltungs**– 17 **vorläufige** –n treffen 18 **Währungs**-n

sures discriminatoires 3 mesures urgentes 4 mesures contraires 5 mesures appropriées 6 dispositions (od. mesures) nécessaires 7 quelles sont les mesures (od. dispositions) à prendre? 8 contremesures 9 dispositions légales 10 par des dispositions (de politique) commerciale(s) 11 mesures d'urgence (od. de secours) 12 prendre des mesures de protection relatives à l'importation 13 les dispositions de sécurité usuelles ne sont pas prises en considération 14 exécuter des mesures d'économie 15 nous avons pris immédiatement des contre-mesures contre 16 (mesure de) représailles 17 prendre des mesures de précaution 18 dispositions (od. mesures) monétaires

Maßregeln *f pl* 1 **Übergangs**– 2 **Vorsichts**– ergreifen

1 dispositions transitoires 2 prendre des mesures de précaution

Maßstab *m* 1 im **gesamtstaatlichen** ~ 2 er führt das **Geschäft** in großem/kleinem/ beschränktem ~ 3 nach **heutigem** ~

1 à l'échelle nationale 2 il mène l'affaire à grande/petite échelle/une échelle limitée 3 à l'échelle actuelle (od. d'aujourd'hui)

Material *n* 1 die **Analyse** des gelieferten –s hat gezeigt, daß es nicht der vereinbarten Qualität entspricht 2 **Anteil** des –s 3 –**aufwand** 4 dieses ~ ist wegen seiner ausgezeichneten Eigenschaften **beliebt** 5 **benötigtes** ~ 6 das ~ ist für Sonderzwecke **bestimmt** 7 wir sind bemüht, –**einsparungen** zu erreichen 8 **Ersatz**– 9 die Waren müssen aus bestem ~ **erzeugt** werden 10 der Verkäufer ist verpflichtet, jeden Mangel zu beheben, der auf einem **Fehler** der Konstruktion, des –s oder der Ausführung beruht 11 das **Füll**– (zu Verpackungszwecken) 12 **Informations**– 13 **Installations**– 14 **ungebrauchtes** (ou **unverbrauchtes**) ~ 15 –**verbrauch** 16 die Qualität des **verwendeten** –s durch einen bevollmächtigten Vertreter kontrollieren lassen 17 **Werbe**–

1 l'analyse du matériel livré a montré qu'il n'est pas conforme à la qualité convenue 2 proportion (de) matières 3 volume (od. quantité) de matériel à mettre en oeuvre 4 ce matériel est estimé grâce à ses propriétés excellentes 5 matériel requis (od. nécessaire) 6 le matériel est destiné à des fins particulières 7 nous nous efforçons d'aboutir à des économies de matériel 8 substitut; matériel de remplacement 9 les produits doivent être confectionnés d'un matériau de la meilleure qualité 10 le vendeur est tenu de (od. s'engage à) remédier à tout défaut dû à un vice de construction, de matière ou de fabrication 11 le matériel de remplissage (pour emballage) 12 matériel d'information 13 matériel d'installation (sanitaires, électriques etc ...) 14 matériel non utilisé (od. non consommé) 15 consommation de matériel 16 faire contrôler la qualité du matériau utilisé par un représentant habilité 17 matériel de publicité

Maximal–, 1 zulässige –**beanspruchung**/ –**belastung** 2 zulässiges –**gewicht** 3 –**größe** 4 –**leistung** 5 –**menge** 6 –**preis**

1 sollicitation/charge maximale admissible 2 poids maximum admissible 3 taille maximale 4 performance maximale; rendement maximal 5 quantité maximale 6 prix maximum

Maximum *n* obwohl die Kapazität auf das ~ **erhöht** wurde

bien que la capacité ait été augmentée au maximum

Mehr–, 1 –**arbeit** 2 –**aufwand** 3 –**ausgabe** 4 –**betrag** 5 –**einnahme** 6 –**gewicht** 7 **immer** ~ 8 –**kosten** 9 –**leistung** 10 –**seitiges** Abkommen 11 ~ oder **weniger** 12 –**wertsteuer** 13 –**zahl** der Kunden 14 –**zweck**maschine

1 surcroît de travail 2 surcroît de dépenses 3 dépenses additionnelles 4 montant en excédent 5 recette en excédent; surplus de recette 6 excédent de poids 7 de plus en plus 8 excédent de frais; frais supplémentaires 9 rendement supplémentaire; pre-

Mehren, mit Rücksicht auf die sich ständig –den **Rückfragen** der Kunden / compte tenu de l'accroissement permanent des demandes de précisions des clients

Mehrheit *f* 1 **absolute** ~ 2 **entscheidende** ~ 3 **erdrückende** ~ 4 **knappe** ~ 5 die erforderliche **Stimmen**- erlangen 6 **überzeugende** ~ / 1 majorité absolue 2 majorité decisive 3 majorité écrasante 4 faible majorité 5 obtenir la majorité nécessaire des voix (od. suffrages) 6 majorité convaincante

Meinung *f* 1 er hat seine ~ den Kunden **aufgezwungen** 2 gegenseitiger –**saustausch** würde sich als nützlich erweisen 3 beim Besuche des Kunden kam es zu einem –**saustausch** über die Qualität 4 dürfen wir Sie um ihre ~ in dieser Angelegenheit **bitten**? 5 **entgegengesetzte** ~ 6 –**sforschung** 7 wir haben keine besonders **hohe** ~ von der Qualität dieser Ware 8 wir werden Ihnen unsere ~ über diese Angelegenheit später **mitteilen** 9 unserer ~ **nach** haben Sie keinen Grund zu Beschwerden über schlechte Qualität 10 unsere –en haben im großen und ganzen **übereingestimmt** 11 unsere –en sind ganz **verschieden** / 1 il a imposé son opinion aux clients 2 un échange de vues (od. d'opinions) s'avérerait utile 3 la visite du client a permis de procéder à un échange de vues sur la qualité; un échange de vues sur la qualité a eu lieu lors de la visite du client 4 pouvons-nous vous demander votre avis/opinion sur cette affaire? 5 opinions contraires; avis opposés 6 sondage d'opinion(s) 7 nous n'avons pas une opinion particulièrement haute de la qualité de cette marchandise 8 nous vous communiquerons ultérieurement notre opinion (od. avis) sur cette affaire 9 à notre avis, vous n'avez aucune raison de réclamation pour mauvaise qualité 10 nos opinions concordaient dans les grands traits (od. dans les grandes lignes) 11 nos opinions (od. points de vue) divergent totalement; nous sommes d'avis entièrement différents

Meistbegünstigung *f* –**sklausel** / clause de la nation la plus favorisée

Meisten-, 1 Ihre Sendungen kommen –s stark **beschädigt** an 2 –**teils** / 1 vos envois arrivent le plus souvent fortement détériorés 2 le plus souvent; en règle générale; la plupart du temps

Meister *m* –**stück** / chef-d'oeuvre

Melde-, 1 –**amt** 2 –**pflicht** / 1 bureau des déclarations (de résidence) 2 inscription obligatoire; déclaration obligatoire

Melden, die Anzahl der Kisten telegrafisch ~ / indiquer télégraphiquement le nombre de caisses; télégraphier le nombre de caisses

Meldung *f* 1 **dienstliche** ~ 2 **eingehende** ~ 3 ~ **über ...** **erhalten** 4 wir **erwarten** Ihre ~ über den Lagerbestand 5 dieser Irrtum beruht auf einer **falschen** ~ 6 **nachträgliche** ~ 7 **regelmäßige** ~ 8 **statistische** ~ / 1 rapport officiel 2 rapport détaillé 3 recevoir un rapport sur ... 4 nous attendons votre rapport sur l'effectif des stocks 5 cette erreur est due à (od. basée sur) une fausse information 6 compte rendu supplémentaire 7 compte rendu (od. rapport) régulier 8 rapport statistique

Menge *f* 1 **angemessene** ~ 2 **annähernde** ~ 3 eine ~ von **Aufträgen** 4 in **bedeutender** ~ 5 unsere Betriebe erzeugen diese Waren nur in **beschränkten** –n 6 es käme ungefähr eine ~ von 100 Tonnen in **Betracht** 7 die ~ in Verpackungseinheiten, Behältern oder Stückzahl ist im / station supplémentaire 10 accord (od. arrangement, convention) multilatéral(e) 11 plus ou moins 12 taxe sur la valeur ajoutée (T. V. A.) 13 la plupart des clients; la majorité des clients 14 machine à usages multiples (od. universelle)

1 quantité appropriée 2 quantité approximative 3 une quantité de commandes 4 en quantité importante 5 nos ateliers ne produisent ces marchandises qu'en quantités limitées 6 il s'agirait approximativement d'une quantité de 100 tonnes 7 la quantité en unités d'embal-

Akkreditiv **bezeichnet** 8 **doppelte** ~ 9 –**neinheit** 10 der Zweck seiner Reise ist, größere –n **einzukaufen** 11 **Ersatz**– 12 **ganze** ~ 13 **geforderte** ~ 14 **genügende** ~ 15 **geringe** –n von Ware 16 **Gesamt**– 17 **globale** ~ 18 teilen Sie uns mit, um welche ~ es sich **handelt** 19 **Maximal**– 20 **Mindest**– 21 **Preise** für –n über 10 Tonnen 22 in **üblichen** Großhandels–n 23 **überschüssige** ~ 24 **verlangte** ~ 25 **verminderte** ~ 26 **weitere** –n

lage, en containers ou en nombre d'unités est indiquée dans l'accréditif (od. la lettre de crédit) 8 quantité double 9 unité quantitative 10 le but de son voyage (od. déplacement) est d'acheter des quantités importantes 11 quantité de remplacement 12 une quantité de; toute une quantité; un grand nombre de 13 quantité demandée (od. requise) 14 quantité suffisante 15 petite (od. faible) quantité de marchandises 16 quantité totale 17 quantité globale 18 veuillez nous faire savoir de quelle quantité il s'agit 19 quantité maximale (od. maximum) 20 quantité minimale 21 prix pour des quantités supérieures à 10 tonnes 22 en quantités usuelles de gros 23 quantité en excédent; excédent de quantité 24 quantité exigée 25 quantité réduite 26 quantités supplémentaires

Mengenmäßig, ohne –e **Beschränkungen**

sans restrictions (od. limitations) quantitatives

Merk-, 1 –**blatt** 2 –**mal**

Merken, das werden wir uns ~

1 feuille de renseignements; mémoire; note; aide-mémoire 2 caractéristique
nous nous en souviendrons; nous nous le rappellerons; nous le garderons en mémoire

Merklich, die Preise haben in letzter Zeit eine –e **Senkung** verzeichnet

une baisse sensible des prix a été enregistrée ces derniers temps; les prix ont subi une baisse sensible ces derniers temps

Messe *f* 1 die ~ wird vom 2. bis 9. Juni **abgehalten** werden 2 falls Sie Ihre Waren auf unserer ~ **ausstellen** wollen, wenden Sie sich bitte an ... 3 wir möchten gerne unsere Erzeugnisse auf Ihrer ~ **ausstellen** 4 wir würden uns gern **Ausstellungsraum** für unsere Erzeugnisse auf der dortigen ~ sichern 5 –**ausweis** 6 –**ausweis** für Aussteller 7 nach **Beendigung** der ~ 8 –**beginn** 9 –**berichterstattung** 10 wir würden die ~ gerne **beschicken** 11 eine gut **beschickte** ~ 12 es wird in großer **Besuch** auf der ~ erwartet 13 eine ~ **besuchen** 14 –**besucher** 15 **Beteiligung** an der ~ 16 –**bulletin** 17 während der ganzen **Dauer** der ~ 18 –**eingang** 19 die ~ wird am 28. d. M. **eröffnet** 20 jedes Jahr **fahren** wir zur ~ nach Stockholm 21 –**fläche** 22 **Frühjahrs**– 23 –**führer** 24 –**gebäude** 25 –**gebühr** 26 Freigelände der ~ 27 –**gelände** 28 –**güter** 29 –**halle** 30 **Herbst**– 31 **Industrie**– 32 **internationale** ~ 33 –**katalog** 34 ein –**kontingent** wird gewährt 35 –**miete** 36 **Muster**– 37 **Regional**– 38 –**stand** 39 die ~ wird vom 5/7 bis 14/7 dauern 40 die **Veranstaltung** der ~ wurde in letzter Minute abgesagt 41 wäh-

1 la foire (od. foire-exposition) se tiendra du 2 au 9 juin 2 si vous désirez exposer vos produits (od. marchandises) à notre foire-exposition, veuillez nous adresser à ... 3 nous voudrions exposer nos produits à votre foire 4 nous aimerions nous assurer un stand pour l'exposition de nos produits à votre foire 5 carte d'accès à la foire 6 carte d'exposant 7 après la fin de la foire 8 ouverture de la foire 9 reportage (od. rapport; compte-rendu) sur la foire 10 nous aimerions exposer à la foire 11 une foire à forte participation; foire offrant un grand choix de produits exposés 12 un grand nombre de visiteurs est attendu à la foire 13 visiter une foire 14 visiteur de foire 15 participation à la foire 16 bulletin de la foire 17 pendant toute la durée de la foire 18 entrée de la foire 19 la foire ouvrira (ses portes) le 28 courant 20 chaque année, nous allons à la foire de Stockholm 21 aire d'exposition 22 foire de printemps 23 guide de la foire 24 bâtiment d'exposition 25 taxe d'exposition 26 surface découverte de la foire; terrain d'exposition en plein-air 27 terrain d'exposition; champ de la foire; champ d'exposition 28 produits (od. ar-

Messe — Ministerium

rend des **Verlaufs** der ~ 42 ein **–visum** erteilen

ticles; od. marchandises) exposé(e)s **29** hall d'exposition **30** foire d'automne **31** foire industrielle **32** foire internationale **33** catalogue de la foire; catalogue d'exposition **34** un contingent est attribué à l'occasion de la foire commerciale **35** taxe de location **36** foire d'échantillons; foire-exposition d'échantillons **37** foire régionale **38** stand d'exposition **39** la foire se tiendra du 5/7 au 14/7; la foire durera du 5/7 au 14/7 **40** l'organisation de la foire a été révoquée en dernière minute; la foire a été annulée à la dernière minute **41** au cours de la foire; pendant le déroulement de la foire **42** émettre un visa de foire (od. pour la foire)

Messen n **Prüfungen** wie ~, Wiegen und Zählen
Metall n **–verarbeitende** Industrie
Methode f Herstellungs–

des vérifications telles que le mesurage, le pesage et le comptage
industrie de transformation des métaux
méthode (od. procédure; od. procédé) de fabrication (od. de production)

Miet-, 1 **–ertrag** 2 **–kauf** und Abzahlungsverkäufe 3 dem **–vertrag** nach soll der **–betrag** vierteljährlich bezahlt werden
Miete f 1 eine ~ für die zum Gebrauch im Exportland vermieteten Maschinen **erheben** 2 für diesen Raum werden wir ~ **zahlen** müssen
Mieten, entsprechende **Räume** ~
Mindern, er ist verpflichtet, alles zu tun, um den entstandenen **Schaden** zu ~

1 rapport locatif 2 location-vente et ventes à tempérament 3 suivant le contrat de location le montant du loyer doit être payé trimestriellement
1 percevoir une taxe de location pour les machines données en location pour usage dans le pays d'exportation 2 nous allons devoir payer un loyer pour ce local
louer des locaux adéquats
il est obligé de faire le possible pour atténuer (od. diminuer) le dommage qui s'est produit

Minderwertig, 1 Ware ist von **–er Qualität** 2 **–e Ware**

1 la marchandise est de qualité médiocre (od. inférieure) 2 marchandise de mauvaise qualité

Mindest-, 1 **–anzahl** 2 jedes Kontingent muß mindestens 20% der inländischen Produktion **betragen** 3 **–fracht** 4 **–gebühr** 5 **–gewicht** 6 nicht **im** mindesten wollen wir Sie verletzen 7 **–lohn** 8 **–menge**

1 nombre minimum 2 tout contingent doit s'élever au moins à 20% de la production nationale 3 fret minimum 4 taxe minimum 5 poids (od. masse) minimum 6 nous ne voulons pas le moins vous offenser 7 salaire minimum 8 quantité minimum

Minimum n 1 es wurde nicht einmal das ~ **erreicht** 2 der Preis würde auf ein ~ **herabgesetzt** 3 **Herabsetzung** auf ein ~
Ministerium n (s. a. Bundesministerium) 1 ~ für **Außenhandel** 2 ~ für **auswärtige Angelegenheiten** 3 ~ für **Innenhandel** 4 das ~ hat bisher keine **Entscheidung** über ... erlassen 5 **Finanz–** 6 ~ für **Gesundheitswesen** 7 **Handels–** 8 **Innen–** 9 **Justiz–** 10 ~ für **Schulwesen und Kultur** 11 ~ für **Transportwesen** 12 **Verkehrs–**

1 même pas le minimum n'a été atteint 2 le prix a été réduit à un minimum 3 réduction à un minimum
1 ministère du commerce extérieur 2 ministère des affaires étrangères 3 ministère du commerce intérieur 4 le ministère n'a décrété aucune (od. n'a pas arrêté de) décision jusqu'à présent sur (od. en ce qui concerne) 5 ministère des finances 6 ministère de la santé publique 7 ministère du commerce 8 ministère de l'intérieur 9 ministère de la justice 10 ministère de l'éducation nationale et des affaires culturelles 11 ministère des transports publics 12 ministère des transports publics

Mißbilligung f 1 wir können nicht umhin, unsere ~ wegen der Ausführung unseres Auftrages **auszusprechen** 2 wir haben dies als Ihre ~ **betrachtet**

Mißbrauchen, 1 wir werden Ihre **Gefälligkeit** nicht ~ 2 wir werden Ihr **Vertrauen** nicht ~
Mißgeschick n durch ein ~
Mission f 1 ~ des **guten Willens** 2 Handels– 3 Militär– 4 ständige ~

Mißtrauen n wir haben **begründetes** ~ gegen diese Firma
Mißverhältnis n Lohn und Kosten **stehen** im ~
Mißverständnis n 1 wir **bedauern** sehr, daß es zu diesem ~ gekommen ist 2 das ~ **entstand** offenbar dadurch, daß ... 3 um –se und Streitigkeiten zu **vermeiden** 4 um Irrtümern und –sen **vorzubeugen**

Mitarbeit f 1 wir **schätzen** sehr Ihre ~ in dieser Angelegenheit 2 für Ihre **weitere** ~ wären wir Ihnen äußerst dankbar

Mitarbeiten, an der Erweiterung der Handels**beziehungen** zwischen uns ~
Mitarbeiter m enger ~
Mitglied n wir bitten Sie, Ihre –er darauf **aufmerksam** zu machen, daß ... 2 ~ des **Aufsichtsrates** 3 **Ausschuß**– 4 **Ehren**– 5 –**sfirma** 6 ~ der **Handelskammer** 7 **korrespondierendes** ~ 8 dem Abkommen sind folgende –sländer beigetreten 9 **ordentliches** ~ 10 **Präsidial**– 11 ~ des **Verwaltungsrates** 12 **Vorstands**–

Mitte f 1 **in** der ~ 2 die Sendung werden Sie ungefähr um die ~ des **Monats** März erhalten 3 wir können die Lieferung bis ~ August **verwirklichen**

Mitteilen, 1 wir teilen Ihnen mit **Bedauern** mit 2 zu Ihrem **Briefe** teilen wir Ihnen mit, daß ... 3 Einzelheiten werden wir Ihnen nachträglich **brieflich** ~ 4 wir haben die **Ehre,** Ihnen mitzuteilen 5 die **Entscheidung** binnen 3 Tagen dem Kunden ~ 6 wir **erlauben** uns, Ihnen mitzuteilen, daß ... 7 mit **Freude** ~ 8 wir möchten Ihnen **gern** ~, daß ... 9 **hiermit** teilen wir Ihnen mit, daß ...

1 nous ne pouvons nous abstenir de vous faire part de notre désapprobation pour l'exécution de notre commande 2 nous avons considéré cela comme votre désapprobation
1 nous n'abuserons pas de votre obligeance (od. complaisance) 2 nous n'abuserons pas de votre confiance
par malchance
1 mission de la bonne volonté 2 mission commerciale 3 mission militaire 4 mission permanente

nous avons de bonnes raisons d'être méfiants à l'égard de cette firme
les salaires et les coûts sont disproportionnés
1 nous regrettons beaucoup que ce malentendu soit apparu (od. nous regrettons qu'il y ait eu ce malentendu) 2 ce malentendu est apparemment dû au fait que ... 3 pour éviter tous malentendus et litiges 4 pour prévenir à des erreurs et des malentendus

1 nous estimons beaucoup votre collaboration (od. coopération) dans cette affaire 2 nous vous serions très reconnaissants de continuer à coopérer avec nous
coopérer à l'extension de nos relations commerciales
collaborateur étroit
1 nous vous prions de bien vouloir attirer l'attention de vos membres sur le fait que ... 2 membre du Conseil d'Administration 3 membre de comité 4 membre honoraire 5 firme (od. société) membre 6 membre de la Chambre de Commerce 7 membre correspondant 8 les pays membres suivant ont souscrit (od. adhéré) à la convention (od. à l'accord) 9 membre titulaire 10 membre de la Direction; membre du Comité de Direction 11 membre du Conseil d'Administration 12 membre du Comité de Direction
1 au milieu; au centre 2 vous recevrez l'envoi vers le milieu du mois de mars (od. vers la mi-mars) 3 nous pouvons réaliser la livraison avant mi-août; nous pouvons assurer la livraison jusqu'à mi-août
1 nous vous informons avec regret que; à notre regret nous vous informons de ce que 2 en réponse à votre lettre nous vous faisons savoir que ... 3 nous vous communiquerons de plus amples détails ultérieurement par lettre 4 nous avons l'honneur de vous faire savoir (od. de vous informer) 5 faire connaître la décision au client dans les trois jours 6 nous nous permettons de vous informer (od.

Mitteilen — Mitwirkung

10 auf Ihr Schreiben vom 15. 3. müssen wir Ihnen **leider** ~, daß ... 11 die Gründe werden **mündlich** mitgeteilt werden 12 dem Käufer **rechtzeitig** die Versendung ~ 13 wollen Sie uns **so bald** wie möglich ~, ob ... 14 **telegrafisch** ~ 15 **vertraulich** ~ 16 **zunächst** müssen wir Ihnen ~, daß ...

faire savoir) que ... **7** avoir le plaisir de faire savoir (od. de faire part; de faire connaître ...) **8** nous aimerions vous informer de ce que ... **9** nous vous informons par la présente lettre que ... **10** en réponse à votre lettre du 15/3 nous nous voyons dans l'obligation de vous faire savoir que ... **11** les raisons vous seront communiquées verbalement **12** informer l'acheteur en temps voulu (od. suffisamment tôt; en temps opportun) de l'expédition **13** veuillez nous faire savoir dans les meilleurs délais (od. dès que possible) si ... **14** faire savoir télégraphiquement (od. par télégramme; par télex) **15** informer confidentiellement **16** nous devons vous faire savoir d'abord que ...

Mitteilung f 1 Ihre ~ **bezüglich** ... 2 nach **Erhalt** Ihrer ~ veranlaßten wir die Absendung 3 aus Ihrer ~ vom 5. April geht **hervor**, daß ... 4 **kurze** ~ 5 **laut** ~ unseres Vertreters 6 **postwendende** ~ 7 **schwerwiegende** ~ 8 **vertrauliche** ~

1 votre information concernant 2 dès réception de votre information nous avons ordonné l'expédition du 5 avril que ... 4 brève communication; information brève 5 selon les renseignements de notre agent (od. représentant) 6 information par retour de courrier 7 information cruciale (od. grave; de grande importance; d'importance primordiale) 8 information confidentielle

Mittel n 1 versuchen Sie bitte mit **allen** –n 2 damit wir nicht andere ~ **anwenden** müssen 3 **ausreichende** ~ 4 mit eigenen **Beförderungs**–n 5 alle ~ und Wege **benützen** 6 **Betriebs**– 7 bis zur Erschöpfung der **Devisen**– 8 aus unseren **eigenen** –n 9 **Finanz**– beschaffen 10 Beschaffung von **Finanz**–n 11 **Geld**– 12 ~ zur Forschung **gewähren** 13 **gewogenes** ~ der Löhne 14 **mittelgroß** 15 es **ist ein** ~, Interesse zu erwecken 16 **Kapital**– 17 **Kredit**– 18 –**kurs** für Pfund Sterling 19 **Produktions**– 20 **Rechts**– 21 es wird kein anderes ~ **übrigbleiben** als die Klage einzureichen 22 **Werbe**– 23 **Zahlungs**–

1 veuillez essayer par tous moyens 2 afin de ne pas être obligés d'employer d'autres moyens; pour que nous ne soyons pas obligés d'avoir recours à d'autres moyens 3 des moyens suffisants 4 par les moyens propres de transport 5 employer (od. utiliser; avoir recours à) tout moyen 6 moyens d'exploitation 7 jusqu'à (l')épuisement des moyens en devises 8 par nos moyens propres; de nos propres moyens 9 se procurer des moyens financiers 10 procuration de fonds (od. moyens financiers) 11 moyens financiers; fonds; crédits 12 concéder des crédits pour la recherche scientifique 13 moyenne pondérée des salaires 14 de taille (od. dimension) moyenne 15 c'est un moyen d'éveiller l'intérêt 16 capitaux; moyens en capital 17 moyens de crédit 18 cours (od. taux de change) moyen de la livre sterling 19 moyens (od. matériel) de production 20 voie de recours 21 il ne reste aucun autre moyen que d'intenter une action en justice (od. que de déposer (la) plainte) 22 moyens publicitaires 23 moyen de paiement

Mittler-, 1 –e **Größe** 2 –er **Preis** 3 –e **Qualität**
Mitwirkung f wir **danken** Ihnen für Ihre ~ bei der Eintreibung der Schuld

1 taille (od. dimension) moyenne 2 prix moyen 3 qualité moyenne
nous vous remercions de votre concours au recouvrement de la créance

Mode — Monat

Mode *f* 1 der Schnitt **ändert sich** nach der ~ 2 –**artikel** 3 –**farbe** 4 man nimmt an, daß sich die jetzige ~ lange **halten** wird 5 verlangte Dessins **kommen** bereits aus der ~ 6 diese Sorte ist in ~ **gekommen** 7 diese Form ist überhaupt **nicht** ~ 8 –(n)**schau** 9 –**ware** 10 es ist große ~ geworden

1 la coupe change suivant (od. en fonction de) la mode 2 article de mode 3 couleur à la mode (od. en vogue) 4 (l')on estime que la mode actuelle va se maintenir longtemps (od. va être durable) 5 les dessins demandés passent déjà de mode 6 cette variété est devenue à la mode 7 cette forme n'est pas du tout à la mode (od. en vogue) 8 revue (od. présentation) de mode(s) 9 articles de mode 10 c'est devenu la grande mode

Modell *n* 1 es wurde ein **neues** ~ dieser Maschine entwickelt 2 wir bereiten die Entwicklung des **verbesserten** –s vor 3 das **Vorführ**– gratis liefern

1 un nouveau modèle de cette machine a été étudié (od. développé) 2 nous préparons l'étude d'un modèle amélioré 3 livrer (od. fournir) gratuitement le modèle de démonstration

Modisch, diese **Form** ist überhaupt nicht ~.

cette forme n'est pas du tout à la mode

Möglich, 1 bald–st 2 die Ausfuhr ist lediglich unter der **Bedingung** von Gegenlieferungen ~ 3 mit größt–er **Beschleunigung**

1 le plus tôt possible; dans les meilleurs délais 2 l'exportation n'est possible qu'à la condition d'échanges réciproques; l'exportation ne peut se faire que sur la base d'échanges commerciaux 3 aussi vite (od. rapidement) que possible; avec la plus grande rapidité possible

Möglichkeit *f* 1 **Absatz**–en 2 wir können diese ~ nicht **ausschließen** 3 teilen Sie bitte mit, welche –en **bestehen** 4 denken Sie gefälligst an diese ~ 5 **Einfuhr**–en 6 **Einkaufs**–en 7 alle –en **erschöpfen** 8 **Erzeugungs**–en 9 die Transport–en per Eisenbahn **feststellen** 10 wir **geben** ihnen jede ~, diese Mängel festzustellen und zu beseitien 11 **Geschäfts**– 12 sich in den **Grenzen** der ~ halten 13 **Herstellungs**–en 14 letzte ~ 15 **Liefer**– 16 liefern Sie . . . nach Ihrer ~ 17 die Absatz–en auf dem neuen Markte **prüfen** 18 mit einer solchen ~ haben wir nicht **gerechnet** 19 die Verkaufs–en für unsere Erzeugnisse **überprüfen** 20 die Geschäfts–en **verringern** sich dauernd

1 possibilités de vente; débouchés possibles 2 nous ne pouvons exclure cette possibilité 3 veuillez nous faire savoir (od. connaître) les possibilités existantes 4 veuillez penser à cette possibilité 5 possibilités d'importation 6 possibilités d'achat 7 épuiser toutes les possibilités 8 possibilités de production 9 déterminer (od. vérifier) les possibilités de transport par chemin de fer (od. par voie ferrée) 10 nous leur donnons toutes possibilités de vérifier ces défauts et d'y remédier 11 possibilités d'affaires 12 se tenir dans les limites des possibilités 13 possibilités de fabrication 14 dernière possibilité 15 possibilité de livraison 16 veuillez livrer . . . selon vos possibilités 17 examiner les possibilités de vente sur le nouveau marché 18 nous ne nous attendions pas à une telle possibilité 19 vérifier les possibilités de vente de nos produits 20 les possibilités d'affaires diminuent en permanence

Monat *m* 1 am 15. dieses –s (15. d. M.) 2 die **Anzahl** von –en angeben 3 –**sausweis** der Bank 4 zu **Beginn** des nächsten –s 5 der –**sbericht** muß bis 25. nächsten –s abgesandt werden 6 **binnen** sieben –en 7 die Lieferung **binnen** drei –en nach Eingang des Auftrages 8 zum **Ende** eines jeden –s 9 spätestens bis **Ende** des –s August 10 –**sgehalt** 11 dieses Angebot ist einen ~ **gültig** 12 in der zweiten

1 le 15 de ce mois (od. le 15 courant) 2 indiquer le nombre de mois 3 relevé bancaire de fin de mois 4 au début du mois prochain (od. suivant) 5 le rapport mensuel doit être expédié jusqu'au 25 du mois prochain (od. suivant) 6 dans un délai de sept mois; dans les sept mois 7 la livraison dans les trois mois après réception de la commande 8 pour la fin de chaque mois 9 au plus tard jusqu'à la fin du mois d'août

Monat — Mühe

–shälfte 13 viele –e **hindurch** 14 Lieferung in drei –en 15 der Verkauf in den **letzten** drei –en 16 **letzter Tag** eines jeden –s 17 um (die) **Mitte** des –s März 18 die Gültigkeit eines widerruflichen Akkreditivs wird sechs –e **nach dem** Datum als erloschen angesehen 19 **nächsten** –s 20 1. **n. M.** 21 die wichtigsten **Saison**-e 22 **vom** 1. bis zum 15. dieses –s einschließlich 23 Rest **vom vorigen** ~ 24 **vorigen** –s 25 1. **v. M.** 26 –**szeitschrift** 27 diese Zeitschrift erscheint **zum** 15. eines jeden –s

10 salaire mensuel 11 cette offre (od. proposition) est valable un mois 12 dans la deuxième moitié (od. quinzaine) du mois 13 pendant un certain nombre de mois; pour plusieurs mois 14 livraison dans trois mois 15 la vente dans les trois derniers mois 16 le dernier jour de chaque mois 17 vers le milieu du mois de mars 18 la validité d'un accréditif révocable est considérée comme expirée six mois après la date de notification 19 du mois prochain 20 le 1ᵉʳ du mois prochain 21 les mois principaux de la saison 22 du 1ᵉʳ au 15 de ce mois inclus 23 reste du mois précédent 24 du mois dernier 25 le 1ᵉʳ du mois dernier 26 illustré (od. magazine, revue, publication) mensuel(le) 27 ce mensuel (od. cet ilustré) paraît le quinze de chaque mois

Monatlich, 1 fünf–e **Lieferfrist** 2 –e **Lieferung**

Monopol n 1 Außenhandels– 2 **Erzeugungs–** 3 –**geschäft** 4 sie **haben** ~ auf diese Erzeugnisse 5 die Firma **hat** das ~ für diese Geschäfte 6 –**preis**

1 délai de livraison de cinq mois 2 livraison mensuelle

1 monopole du commerce extérieur 2 monopole de production (od. de fabrication) 3 affaire de monopole (od. monopolisée) 4 ils ont le monopole pour ces produits 5 la firme (od. la société) détient le monopole de ces affaires 6 prix de monopole

Montage f 1 nach **Beendigung** der ~ 2 mit der ~ soll spätestens am 15. d. M. **begonnen** werden 3 die **Beschleunigung** der ~ ist aus technischen Gründen nicht möglich 4 lassen Sie die ~ durch Ihren eigenen Monteur **durchführen** 5 End– 6 –**gruppe** (Monteure) 7 –**halle** 8 –**kosten** 9 die ~ wird wegen ... unterbrochen werden müssen 10 –**wagen** 11 die ~ wird jetzt schon planmäßig **weitergehen**

1 après achèvement du montage; dès la fin du montage 2 le montage doit commencer au plus tard le 15 du mois (od. de ce mois) 3 l'accélération du montage n'est pas possible pour des raisons techniques 4 veuillez faire exécuter le montage par votre propre mécanicien 5 montage final 6 équipe de montage; équipe de mécaniciens 7 hangar (od. hall) de montage 8 frais de montage 9 le montage devra être interrompu pour ... 10 véhicule de montage; véhicule de servitude 11 le montage va continuer dès maintenant comme prévu

Monteur m 1 die –e haben die Arbeit am 12. d. M. **beendet** und warten auf weitere Dispositionen 2 lassen Sie die Montage durch Ihren eigenen ~ **durchführen** 3 die Kosten für die **Entsendung** eines –s belaufen sich auf DM 450,— 4 **erfahrener** ~ 5 unser ~ **kommt** am Montag in aller Frühe in Ihr Werk

1 les mécaniciens ont terminé le travail le 12 de ce mois et attendent de nouvelles disposition (od. instructions) 2 veuillez faire exécuter le montage par votre propre mécanicien 3 les frais de déplacement d'un mécanicien s'élèvent à DM 450,— 4 mécanicien expérimenté (od. spécialisé; spécialiste) 5 notre mécanicien viendra à votre usine lundi matin de bonne heure

Moral f Steuer–

Mühe f 1 die Schwierigkeiten sind nur mit ~ zu **bewältigen** 2 wir werden uns alle ~ **geben**, damit ... 3 sich damit viel ~ **geben** 4 mit viel ~ ist es uns **gelungen** 5 nur mit größter ~ 6 das wird

probité fiscale (du contribuable)

1 les difficultés ne sont surmontables qu'avec peine 2 nous ferons tous efforts pour que ... 3 se donner beaucoup de peine à (od. pour) ... 4 nous avons réussi avec beaucoup de peine à ... 5 au prix de

viel ~ **kosten** 7 **scheuen** Sie keine ~, wenn es sich um eine so ernste Sache handelt 8 es wäre **vergebliche** ~ 9 das ist sehr mühe**voll** 10 es ist nicht der ~ **wert**

Multilateral, –er Handels**vertrag**
Mündlich, 1 eine **Angelegenheit** ~ erledigen 2 die Gründe werden ~ **mitgeteilt** werden 3 –e **Vereinbarung** 4 –e **Verhandlung**
Muster *n* 1 es dient uns **als** ~ 2 **amtliches** ~ 3 wir erwarten, daß Sie uns baldigst ein **Angebot** mit –n einsenden 4 nach **Ankunft** der ~ 5 teilen Sie uns mit, ob Sie die Erzeugnisse den eingesandten –n entsprechend **anpassen** können 6 **Arbitrage**– 7 **Auktions**– 8 –**beispiel** 9 wir bitten Sie, Ihrem Angebot einige ~ **beizufügen** 10 die letzten ~ haben große **Beliebtheit** gewonnen 11 die ~ zur **Besichtigung** übersenden 12 –**bestellung** 13 **bewahren** Sie die ~ vorläufig bei Ihnen auf 14 wir bestehen auf **Bezahlung** der ~ oder auf deren sofortiger Rücksendung, da die Menge größer als üblich ist 15 das ~ sollte **dekorativer** sein 16 **Durchschnitts**– 17 unsere Erzeugnisse sind hinsichtlich ~ und Dauerhaftigkeit **einmalig** 18 die –**entnahme** wird in unserem Betrieb erfolgen 19 aus der Sendung Gegen– **entnehmen** 20 die ~ müssen den bereits verpackten Waren **entnommen** werden 21 wir bestätigen den **Erhalt** Ihrer ~, wie in Ihrem Schreiben vom 30. Januar angezeigt 22 an den ~n können Sie **ersehen,** daß die Ausführung der ... Ihren Anforderungen entspricht 23 **Farb**– 24 aus den –n können Sie **feststellen,** daß ... 25 dem vorgelegten ~ in **Form** entsprechen 26 die gelieferte Ware entspricht der **Form** nach nicht Ihrem ~ 27 **Gebrauchs**– 26 **Gegen**– 29 das ~ entspricht nicht **genau** unserem ~ 30 erst nach der **Genehmigung** der ~ 31 **geschütztes** ~ 32 eine muster**getreue** Lieferung dieser Ware ist nicht möglich 33 ~ auf Verlangen **gratis** 34 die Ausstellung war muster**gültig** veranstaltet 35 **Kauf** nach ~ 36 –**koffer** 37 –**kollektion** 38 auf Verlangen senden wir Ihnen ~ **kostenlos** 39 Export–**lager** 40 die Ware laut ~ bestellen 41 –**messe** 42 genau nach ~ 43 **bewährte** ~ **nachahmen** 44 wir möchten gerne schon mit **neuen** –n auf den Markt kommen 45 ~ **ohne**

grands (od. gros) efforts seulement 6 cela demandera de gros efforts 7 n'épargnez aucun effort (od. aucune peine) lorsqu'il s'agit d'une affaire aussi sérieuse 8 ce serait peine perdue 9 cela demande beaucoup d'efforts (od. de peine) 10 cela ne vaut pas la peine
accord commercial multilatéral
1 régler une affaire verbalement 2 les raisons seront communiquées verbalement (od. oralement) 3 convention verbale 4 négociation verbale
1 il (elle, cela) nous sert d'échantillon 2 échantillon (od. modèle) officiel 3 nous nous attendons à ce que vous nous envoyiez le plus rapidement possible une offre (od. proposition) avec échantillons 4 dès (od. après) réception (od. arrivée) des échantillons 5 veuillez nous faire savoir si vous pouvez adapter les produits conformément aux échantillons remis 6 échantillon d'arbitrage 7 échantillon de vente aux enchères 8 exemple typique; cas type 9 nous vous demandons de bien vouloir joindre quelques échantillons à votre offre (od. proposition) 10 les derniers échantillons ont trouvé nombre d'amateurs 11 envoyer les échantillons pour examen 12 commande d'échantillons 13 veuillez garder (od. conserver) provisoirement les échantillons chez vous 14 nous insistons sur le paiement des échantillons ou leur renvoi immédiat, leur quantité étant plus grande que de coutume 15 le dessin devrait être plus décoratif 16 modèle (od. échantillon) moyen 17 nos produits sont uniques quant à leur dessin et leur durabilité (od. solidité) 18 le prélèvement d'échantillons s'effectuera dans notre établissement (à notre usine) 19 faire des prélèvements de contre-échantillons dans l'envoi 20 les échantillons doivent être prélevés des marchandises déjà emballées 21 nous confirmons la réception de vos échantillons tels qu'annoncés dans votre lettre du 30 janvier 22 les échantillons vous montrent que l'exécution des ... répond à vos exigences 23 échantillon de coloris (od. de couleur; de peinture) 24 à l'aide (od. au vu) des échantillons vous pourrez constater que ... 25 correspondre dans la forme à l'échantillon (od. au modèle) soumis 26 la marchandise livrée ne correspond pas dans sa forme à l'échantillon 27 modèle d'utilité; modèle déposé 28 contre-échantillon 29 l'échantillon ne correspond pas exactement au nôtre 30

Muster — Musterkollektion

Wert **46** dieses ~ entspricht uns hinsichtlich des **Preises** nicht **47** auf Verlangen können wir Ihnen **Proben** verschiedener ~ übersenden **48** die eingesandten ~ werden hinsichtlich **Qualität** entsprechen **49 Qualitäts**– **50** –**raum 51 Referenz**– **52** –**schau 53** –**schutz 54** wir **senden** ~ zu Ihrer Auswahl **55** –**sendung 56 Standard**– **57** wir **überreichen** Ihnen einige ~ zur Beurteilung **58** sich qualitativ vom ~ **unterscheiden 59 veraltetes** ~ **60** die Waren mit den –n **vergleichen 61** sie **verlangen** weitere ~ zwecks Erprobung der Qualität **62** wir gestatten uns, Sie zu ersuchen, uns ~ zu **verschaffen 63** den **versiegelten** –n gemäß **64 Verteilung** von kostenlosen –n ist nicht erlaubt **65** wir benötigen **Vorführungs**– **66** ohne **Vorlage** von neuen –n lehnt es der Auftraggeber ab zu verhandeln **67** die Qualität entspricht den **vorgelegten** –n **68** ~ ohne **Wert 69** unsere ~ sind immer **zeitgemäß 70** Bescheinigung über das –**ziehen 71** wir bitten Sie, uns ~ der Waren, die Sie auf Lager haben, zu**zusenden**

après homologation des modèles (od. échantillons) seulement **31** modèle protégé **32** une livraison (od. fourniture) conforme au modèle (od. à l'échantillon) n'est pas possible **33** échantillons gratuits sur demande **34** l'exposition était exemplaire dans son organisation **35** achat sur échantillon **36** valise d'échantillons **37** collection d'échantillons (de modèles) **38** nous vous envoyons gratuitement des échantillons sur demande **39** dépôt d'échantillons destinés à l'exportation **40** commander la marchandise sur échantillons **41** foire (od. exposition) d'échantillons (de modèles) **42** exactement suivant modèle (échantillon) **43** imiter des dessins (od. modèles) bien établis **44** nous voudrions déjà lancer de nouveaux dessins sur le marché **45** échantillon sans valeur **46** ce modèle ne nous convient pas par son prix **47** sur demande nous pouvons vous envoyer des échantillons de divers modèles (od. types; dessins) **48** les échantillons conviendront quant à la qualité **49** échantillon de qualité **50** salle (od. local) (d'exposition) des échantillons **51** échantillon (od. modèle) de référence **52** exposition d'échantillons **53** protection des échantillons (od. modèles) **54** nous vous envoyons des échantillons au choix **55** colis (od. envoi) d'échantillons **56** échantillon (od. modèle) standard **57** nous vous remettons un certain nombre d'échantillons pour évaluation **58** différer qualitativement des échantillons **59** modèle, type, dessin ancien (od. périmé) **60** comparer les marchandises aux échantillons **61** ils demandent des échantillons supplémentaires pour examen (od. évaluation) de la qualité **62** nous nous permettons de vous demander de bien vouloir nous procurer des échantillons **63** conformément aux échantillons scellés **64** la distribution (od. diffusion) d'échantillons gratuits n'est pas autorisée (od. est interdite) **65** nous avons besoin d'échantillons de démonstration (od. présentation) **66** le client refuse de négocier sans la présentation de nouveaux échantillons **67** la qualité est conforme aux échantillons soumis **68** échantillon sans valeur **69** nos modèles (od. dessins) sont toujours modernes **70** certificat de prise d'échantillon(s) **71** nous vous demandons de bien vouloir nous faire parvenir des échantillons des marchandises que vous avez en stock

Musterkollektion *f* **1** die ~ ist sehr geordnet

1 la collection d'échantillons est arrangée

schmackvoll **angeordnet** 2 Ihre ~ hat den Käufern **gefallen** 3 **reichhaltige** ~ 4 Ihre ~ hat sich in der letzten Zeit nicht besonders **verbessert** 5 wir bitten Sie, uns Ihre ~ **zukommen** zu lassen

avec beaucoup de goût **2** votre collection d'échantillons (od. de modèles) a plu aux acheteurs **3** grande variété d'échantillons **4** votre collection d'échantillons ne s'est pas beaucoup améliorée ces derniers temps **5** nous vous prions de bien vouloir nous faire parvenir votre collection d'échantillons

N

Nachbestellung f — commande supplémentaire
Nachdatieren, ein **Konnossement** ~ — postdater un connaissement
Nachdisposition f -en — instructions supplémentaires
Nachdruck m 1 mit allem ~ **ersuchen** 2 wir **legen** ~ darauf 3 wir **protestieren** mit größtem ~ gegen ... 4 ~ **verboten** 5 der Behauptung ~ **verleihen** — 1 demander avec insistance 2 nous insistons pour 3 nous protestons avec insistance contre ... 4 reproduction interdite 5 insister sur l'assertion; donner du poids à l'assertion

Nachdrücklich 1 ~ dafür **eintreten** 2 ihnen ~ in **Erinnerung** bringen 3 -e **Intervention** 4 -er **Protest** — 1 intervenir avec insistance (od. énergiquement) 2 leur rappeler avec insistance 3 intervention énergique 4 protestation avec fermeté

Nacheinander, die Kähne sollen in Ludwigshafen ~ **ankommen** — les péniches doivent arriver à Ludwigshafen une par une (od. successivement)

Nachfolger m Jürgen Wächter's ~ — le successeur de Jürgen Wächter

Nachforschung f 1 -en anstellen 2 wir haben sofort -en nach dem Waggon **eingeleitet** 3 die ~ nach dem verlorenen Paket **erleichtern** 4 die -en nach ... sind in vollem **Gange** 5 bei eingehenderen -en zeigte es **sich,** daß ... — 1 faire des recherches 2 nous avons lancé immédiatement la recherche du wagon 3 faciliter la recherche du colis perdu 4 la recherche de ... bat son plein 5 au cours de recherches plus détaillées (od. minutieuses) il s'avéra que ...

Nachfrage f 1 infolge starken **Ansteigens** der ~ nach Zitronen 2 sie können die ~ nicht **befriedigen** 3 auf dem hiesigen Markt besteht keine ~ nach einer billigeren Warenqualität 4 **dringende** ~ 5 **erwartete** ~ 6 **geringe** ~ 7 diese Erzeugung wegen **geringer** ~ einstellen 8 das **Gesetz** von Angebot und ~ 9 die ~ ist so **groß,** daß wir die Bestellungen nicht zu erledigen vermögen 10 nach der Ware **herrscht** große ~ 11 **kaufkräftige** ~ 12 die ~ nach Ihrem Artikel hat nachgelassen 13 **rege** ~ 14 **Saison**– 15 **ständige** ~ 16 **unbefriedigende** ~ 17 **unbefriedigte** ~ 18 die ~ nach dieser Ware hat wesentlich **zugenommen** — 1 par suite d'une forte augmentation de la demande en citrons 2 ils ne peuvent pas satisfaire (à) la demande 3 une qualité inférieure de la marchandise n'est pas demandée sur le marché local 4 demande urgente 5 demande attendue 6 faible demande 7 arrêter cette production (od. fabrication) en raison d'une demande insuffisante 8 la loi de l'offre et de la demande 9 la demande est forte à tel point que nous sommes hors d'état de satisfaire toutes les commandes 10 la marchandise est fortement demandée 11 demande potentielle 12 la demande a baissé pour votre article 13 demande animée 14 demande saisonnière 15 demande permanente 16 demande insatisfaisante 17 demande non satisfaite 18 demande a considérablement augmenté pour cette marchandise

Nachfrist f die ~ wurde vom Kunden akzeptiert — la prolongation du délai a été acceptée par le client

Nachgang m im ~ **weisen** wir darauf **hin,** daß ... — en outre (od. par ailleurs) nous signalons que ...

Nachgeben, unter dem **Druck** ~ — céder à la pression

Nachkalkulieren, die **Preise** haben wir genau nach den vereinbarten Bedingungen nachkalkuliert — nous avons recalculé les prix exactement suivant les conditions convenues

Nachkommen, 1 kommt die Firma innerhalb der ihr gesetzten Frist dieser **Aufforderung** nicht nach ... 2 der **Aufforderung** hierzu nicht ~ — 1 au cas où la firme ne donnerait (pas) suite à cette demande (od. requête; sommation) dans les délais impartis ... 2 ne pas donner suite à cette (od. une telle) demande

Nachkontrollieren, kontrollieren Sie das **Gewicht** aller Kisten nach
Nachlaß *m* **1** angemessener ~ **2** ein ~ ist ausgeschlossen **3** ~ bei **Barzahlung 4 Barzahlung** mit 2% ~ **5** einen Preis– für verborgene Warenmängel **beanspruchen 6** der Kunde wird sich auch mit einem kleineren ~ **begnügen 7** wir sind geneigt, die Ware mit einem Preis– zu **behalten 8 beträchtlicher** ~ **9** dieser ~ **betrifft** nur Bestellungen über 1000 t **10** wir können einen ~ von höchstens 5% **bewilligen 11** einen Preis– **einräumen 12** wir sind mit einem ~ in Höhe von 4% **einverstanden 13 entsprechender** ~ **14** ~– und **Erbschaftssteuern 15** jeder ~ muß im voraus **genehmigt** werden **16** wir **gestehen** Ihnen einen ~ von 15% zu **17** für die zweite Wahl **gewähren** wir einen ~ von 10% **18** ausnahmsweise **gewährter** ~ **19 gewünschter** ~ **20 kleinerer** ~ **21 nachträglicher** ~ **22** 5% ~ vom **Preis** erhalten **23** einen **Preis**– gewähren **24 Sonder**– **25 Steuer**– **26** sie **verlangen** ~ auf Würfelzucker **27** ein **weiterer** ~ in Höhe von 6% käme nur dann in Frage, wenn **28 Zoll**–

veuillez vérifier (od. contrôler) le poids de toutes les caisses
1 remise raisonnable; réduction appropriée **2** une remise (od. réduction) est exclue **3** remise en cas de paiement au comptant **4** paiement au comptant avec 2% de remise **5** réclamer une réduction de prix pour défauts cachés (od. inapparents) d'une marchandise **6** le client se contentera aussi d'une faible remise **7** nous sommes disposés à conserver la marchandise avec une réduction de prix **8** remise (od. réduction; rabais) considérable **9** cette réduction ne s'applique qu'à des commandes de plus de 1000 tonnes **10** nous pouvons concéder une remise de 5% au maximum **11** concéder une réduction de prix **12** nous sommes d'accord avec une réduction de 4%; nous consentons à une remise s'élevant à 4% **13** remise appropriée **14** droit (impôt, taxe) successoral(e) **15** toute réduction doit faire l'objet d'une approbation préalable **16** nous vous concédons une réduction de 15% **17** pour le second choix nous concédons une remise de 10% **18** remise (concédée) exceptionnelle(ment) **19** réduction demandée **20** réduction mineure **21** remise supplémentaire **22** obtenir 5% de remise sur le prix **23** concéder une réduction de prix **24** remise spéciale **25** remise de l'impôt **26** ils exigent une remise sur le sucre en morceaux **27** il ne saurait être question d'une remise supplémentaire de 6% que si ... **28** réduction des droits de douane

Nachlassen, wir können von unseren **Forderungen** nichts ~
Nachlässigkeit *f* **1** wir können eine solche ~ nicht **dulden, 2** wir sind durch diese ~ in eine äußerst peinliche **Lage** versetzt worden **3** durch ~ entstandener **Schaden 4** unglaubliche ~

nous ne pouvons accorder aucune réduction sur nos créances
1 nous ne pouvons (pas) admettre une telle négligence **2** nous avons été mis dans une situation extrêmement pénible par cette négligence **3** dommage (dégât) causé par négligence **4** négligence incroyable

Nachliefern, Ersatzteile ~

livrer des pièces de rechange en supplément/en complément (plus tard)

Nachmessen, Außenmaße der Kiste ~

vérifier les dimensions extérieures de la caisse

Nachnahme *f* **1** die Sendung ist mit ~ belastet **2** Waren für DM 400,— gegen ~ bestellen **3** –**paket 4** wir haben eine –**sendung** im Werte von DM 127,— erhalten, die wir eingelöst haben

1 l'envoi est sujet à remboursement **2** commander des marchandises pour DM 400,— contre remboursement **3** colis (postal) contre remboursement **4** nous avons reçu un envoi contre remboursement d'une valeur de DM 127,— que nous avons acquitté

Nachporto *n* ~ erheben

lever un supplément de port (od. une surtaxe)

Nachprüfen, wir haben Ihre **Berechnung** nachgeprüft

nous avons vérifié vos calculs

Nachprüfung — Nachricht

Nachprüfung *f* 1 bei ~ unserer **Eintragungen** ergibt sich ein Überschuß in Höhe von DM 864,— 2 bei ~ unserer **Vormerkungen** müssen wir feststellen ...

Nachrechnen, die **Rechnung** ~

Nachricht *f* 1 weitere –en **abwarten** 2 –en**agentur** 3 **alarmierende** ~ 4 bevor eine ~ **ankommt** 5 **ausführliche** ~ 6 wir erwarten Ihre **baldige** ~ 7 wir **bitten** um ~, wie ... 8 –en**bulletin** 9 –en**dienst** 10 erst nach **Empfang** der ~ 11 soweit wir von Ihnen keine **entgegengesetzte** ~ bekommen 12 Ihrer ~ **entnehmen** wir, daß ... 13 **erfreuliche** –en 14 nach **Erhalt** Ihrer –en haben wir veranlaßt ... 15 Sie **erhalten** von uns bald ~ über diese Angelegenheit 16 wir **erwarten** mit Interesse Ihre ~ 17 wir **erwarten** weitere –en in dieser Angelegenheit 18 in **Erwartung** Ihrer baldmöglichsten –en 19 wir **freuen** uns auf Ihre weiteren –en 20 **geben** Sie uns bitte bald ~ über ... 21 diese ~ als **gegenstandslos** betrachten 22 wir bitten, unsere ~ **geheimzuhalten** 23 wir können diese ~ nicht glauben 24 **günstige** –en erhalten 25 ~ aus zweiter **Hand** 26 **inoffizielle** ~ 27 Ihre ~ ist uns nicht in allen Punkten **klar** 28 bei uns **laufen** –en über Unruhen ein 29 den **letzten** –en zufolge 30 welche/was sind die **letzten** –en? 31 **nähere** –en 32 wir sind bisher **ohne** –en über die Sendung 33 inzwischen haben wir Ihnen bereits eine telegrafische ~ **gesandt** 34 Sport- –en**sendung** 35 **sofortige** ~ 36 Ihre **Telex**– betreffend Ihre Bestellung 37 **Übermittlung** von –en 38 **überraschende** ~ 39 es wurde die ~ in **Umlauf** gesetzt 40 er **verbreitet** unwahre –en darüber, daß ... 41 **verläßliche** ~ 42 wir **vermissen** bisher jegliche ~ 43 **vertrauenswürdige** ~ 44 **vertrauliche** ~ 45 wir **warten** nur auf ~ von einem Sachverständigen 46 wir bitten Sie, sich mit **weiteren** –en bis Jahresende zu gedulden 47 **widersprechende** –en

1 la vérification de nos écritures (od. notes) montre un excédent (od. surplus) de DM 864,— 2 en vérifiant nos notes (od. écritures) nous avons dû constater ...

vérifier la facture

1 attendre d'autres informations 2 agence de presse 3 informations alarmantes 4 avant qu'une information n'arrive 5 information(s) détaillée(s) 6 nous attendons votre réponse (od. information) très prochainement 7 veuillez nous faire savoir comment ... 8 bulletin d'information 9 service des informations 10 après (la) réception des informations seulement 11 si (od. dans la mesure où) nous ne recevons pas d'informations contraires de votre part 12 nous concluons de votre information que ... ; nous retenons de vos renseignements que ... 13 nouvelles agréables 14 dès réception de vos informations nous avons ordonné ... 15 vous recevrez prochainement des informations concernant cette affaire; nous vous ferons parvenir prochainement des nouvelles dans cette affaire 16 nous attendons vos nouvelles avec intérêt 17 nous attendons des informations (od. renseignements) suplémentaires dans cette affaire 18 en attendant vos informations dans le plus bref délai 19 nous attendons avec plaisir vos informations supplémentaires 20 veuillez nous informer rapidement s'il vous plaît sur ... 21 considérer cette information comme étant sans objet 22 nous vous prions de tenir secret cette information 23 nous ne pouvons pas croire cette nouvelle 24 recevoir des informations (od. nouvelles; renseignements) favorables 25 information de seconde main 26 information inofficielle 27 votre information n'est pas claire dans tous les points (od. en tous points) 28 il nous arrive des informations sur des émeutes 29 suivant les (od. conformément aux) dernières nouvelles 30 quelles sont les dernières informations (od. nouvelles)? 31 renseignements (od. informations od. nouvelles) plus détaillé(e)s 32 nous sommes sans nouvelles de l'envoi jusqu'à présent 33 entre-temps, nous vous avons adressé une information télégraphique 34 émission sportive; nouvelles (od. informations) sportives 35 information immédiate (od. par retour) 36 votre information par télex concernant votre commande 37 transmission d'informations (od. de renseignements) 38

Nachsaison f –tarif ist mäßig
Nachsicht f 1 wir haben bereits hinlängliche ~ **gezeigt**, als wir so lange gewartet haben 2 **mit** ~ der Gebühren
Nächst, 1 bei der –en **Gelegenheit** 2 im –en **Jahr** 3 –e **Lieferung** 4 wir notieren für das –e **Mal** 5 –er **Monat** 6 am 5.–en **Monats** 7 ... mit –er **Post** senden 8 in der –en **Saison**

Nachstehen, 1 die gelieferten Artikel stehen den von Ihnen in letzter Zeit gekauften an **Güte** nach 2 in den –d **vorgesehenen** Grenzen

Nächstfolgend, die Gültigkeitsdauer wird auf den –en **Arbeitstag** ausgedehnt
Nacht f Tag- und –**dienst**
Nachteil m 1 dies **bedeutet** für Ihre Firma einen offensichtlichen ~ 2 daraus **ergibt sich** ein gewisser ~ für Ihre Firma 3 wir sind ihm gegenüber **im** ~ 4 eine solche Handlung würde für unsere guten Beziehungen nur **zum** ~ **sein**
Nachtrag m der ~ zum **Vertrag** stimmt mit der Vereinbarung nicht überein
Nachträglich, 1 –e **Änderungen** sind nicht ausführbar 2 –es **Angebot** 3 –e **Besichtigung** 4 –e **Erfüllung** 5 die Instruktionen werden ~ **erteilt** werden 6 –e **Genehmigung** 7 –er **Nachlaß** 8 –er **Rabatt** 9 –e **Verrechnung** 10 –e **Zahlung**

Nachweis m 1 ausreichender ~ 2 es ist unmöglich, den Verlust– **beizubringen** 3 genügender ~ 4 **Identitäts**– 5 einen ~ **liefern** 6 **Quartier**– 7 es wird als ~ **über** die erfolgte Frachtzahlung anerkannt

information surprenante (od. inopinée) **39** on a fait circuler la nouvelle que ... **40** il diffuse l'information fausse que ... **41** informations sûres **42** nous sommes encore toujours sans aucune nouvelle **43** information digne de confiance **44** information confidentielle **45** nous attendons seulement le rapport d'un expert **46** nous vous prions de bien vouloir vous patienter jusqu'à la fin de l'année pour recevoir d'autres informations **47** informations contradictoires
les tarifs d'après-saison sont modérés
1 nous avons fait preuve de suffisamment d'indulgence en attendant aussi longtemps 2 avec sursis des droits (od. taxes)
1 à la prochaine occasion 2 l'année prochaine; l'an prochain 3 prochaine livraison 4 nous prenons note pour la prochaine fois 5 mois prochain 6 le 5 du mois prochain 7 envoyer ... par le prochain courrier 8 (au cours de) la saison prochaine; à la prochaine saison
1 les articles livrés sont qualitativement inférieurs à ceux que vous avez achetés ces temps derniers 2 dans les limites indiquées (od. mentionnées) ci-après (od. ci-dessous)
la durée de validité sera prolongée au premier jour ouvrable suivant
service de jour et de nuit
1 ceci constitue pour votre firme un désavantage apparent 2 il en résulte un certain désavantage pour votre firme 3 nous sommes désavantagés par rapport à lui 4 un tel acte ne peut être que défavorable à nos bonnes relations
le supplément (od. l'avenant) au contrat n'est pas conforme à l'accord (od. la convention)
1 des modifications ultérieures ne sont pas exécutables 2 offre supplémentaire (od. complémentaire) 3 visite postérieure (od. ultérieure) 4 exécution (od. accomplissement) postérieur(e) 5 les instructions seront données ultérieurement 6 autorisation a posteriori 7 remise supplémentaire 8 rabais supplémentaire 9 compensation ultérieure (od. a posteriori) 10 paiement supplémentaire; paiement a posteriori
1 preuve (od. justification) suffisante 2 il est impossible de fournir la preuve des pertes 3 preuve (od. justification) suffisante 4 preuve d'identité 5 fournir une preuve; présenter une justification 6 bureau de logement 7 cela (il, elle) est reconnu(e) comme preuve (od. justification du paiement du fret

Nachweisbar, das ist ein –er **Verlust**

Nachweisen, den **Schaden** ~
Nachweisung *f* das Akkreditiv schreibt eine ~ oder Beglaubigung des **Gewichts** vor
Nachwiegen, 1 beim ~ der leeren und vollen Waggons wurde **festgestellt,** daß ... 2 auf einer Dezimal-Waggon-**waage** ~
Nachzahlen, den **Restbetrag** ~
Nachzahlung *f*
Nachzählung *f,* veranlassen Sie die amtliche Überwiegung und ~ der ganzen Sendung
Nah–, im **–verkehr**

Nahe, 1 infolge schlechter Einlagerung sind die Waren dem **Verderb** ~ 2 in –r **Zukunft**
Näher, 1 bei –er **Besichtigung** 2 wir werden darauf nicht ~ **eingehen** 3 –e **Einzelheiten** 4 –es über die Ausstellung **erfahren** 5 **erklären** Sie uns bitte ~ 6 –e **Erläuterung** 7 –e **Informationen** über ihre Zahlungsfähigkeit 8 –e **Nachrichten**

c'est une perte vérifiable (od. démontrable)
prouver le dommage
l'accréditif prescrit une preuve ou certification du poids

1 lors de la vérification du poids des wagons à vide et en charge il a été constaté que ... 2 vérifier le poids sur une balance décimale à wagons
payer (od. régler) le solde plus tard
paiement supplémentaire
veuillez provoquer (od. engager) le pesage et le recomptage officiel de l'envoi entier

par service routier à petite distance
1 par suite de mauvais stockage les marchandises sont sur le point de périr 2 dans un proche avenir
1 lors d'une inspection plus approfondie 2 nous n'allons pas entrer dans les détails (de cette question) 3 (de) plus amples détails 4 obtenir des renseignements plus détaillés sur l'exposition 5 veuillez nous donner des précisions 6 explications plus détaillées; précisions 7 informations plus détaillées (od. amples) sur leur solvabilité 8 renseignements (od. informations od. nouvelles) plus détaillé(e)s

Nähern, 1 mit Rücksicht auf den sich –den **Liefertermin** 2 wir näherten uns dem **Ziele**
Name *m* 1 Handelsrechnungen müssen auf den –n des Akkreditiv-Auftraggebers **ausgestellt** sein 2 **danken** Sie in unserem –n auch den Herren ... 3 eine **Firma** dieses –ns ist uns nicht bekannt 4 **Firmen–** 5 das würde nicht unserem **guten** –n dienen 6 der **gute** ~ unserer Erzeugnisse 7 wir (ver-)**handeln** im –n der Firma BMW 8 ein auf den –n **lautender** Scheck 9 **unter** dem –n „Black and White"

Namentlich, ~ **angeführt**
Nässe *f* 1 durch ~ **beschädigt** 2 vor ~ **schützen**
Nation *f* Wirtschaftskommission der **Vereinten** –en für Europa
Neben–, 1 **–abkommen** 2 **–bei** möchten wir bemerken 3 die obengenannte Firma hat einen **–betrieb** 4 seine **–einkünfte** sind bedeutend 5 **–gebühren** 6 die **–kosten** 7 **Prämien** und **–kosten** zahlen 8 **–produktion** 9 **–sachen** 10 **Steuern** einschließlich **–kosten**

1 en considération de l'approche du délai de livraison 2 nous nous approchions du but
1 les factures doivent être établies au nom du demandeur de l'accréditif 2 veuillez remercier également en notre nom MM ...3 nous ne connaissons aucune firme de ce nom 4 raison sociale 5 cela ne servirait pas à notre bonne renommée 6 la bonne renommée de nos produits; la bonne réputation de nos produits 7 nous agissons (négocions) au nom de la société BMW 8 chèque établi (od. émis) au nom (de quelqu'un: personne, firme) 9 sous le nom de «Black & White»
indiqué nominalement
1 endommagé par humidité 2 à protéger de l'humidité; protéger contre l'humidité
Commission Economique des Nations Unies pour l'Europe
1 accord accessoire 2 nous voudrions mentionner en passant 3 la firme susmentionnée a créé une succursale 4 ses revenus accessoires sont importants 5 droits (taxes) accessoires (od. casuel(le)s) 6 frais accessoires 7 verser les primes et accessoires 8 production accessoire 9 faits (matières, sujets) secondaires; d'importance secondaire; considérations secondaires

Negativ, 1 –er **Einfluß** 2 der **Standpunkt** des Partners ist ~ 3 –e **Stellungnahme** zu unserem Antrag

Negoziierbar, –es **Konnossement**
Negoziieren, 1 vom Begünstigten gezogene **Wechsel** ~ 2 falls das Akkreditiv durch die Negoziierung von Tratten **benutzbar** ist

Nehmen, 1 von der Beschwerde **Abstand** ~ 2 die **Dienste** einer anderen Bank in Anspruch ~, um die Weisung des Akkreditiv-Auftraggebers auszuführen 3 wir erwarten Ihre Mitteilung, ob wir den Auftrag in **Arbeit** ~ sollen 4 wir hoffen, daß die Sache einen guten **Ausgang** nimmt 5 wir ~ **Bezug** auf Ihr Schreiben vom 15. Mai 6 die Waren in **Empfang** ~ 7 Sie müssen diese **Gefahr** auf sich ~ 8 **genau** genommen 9 zur **Kenntnis** ~ 10 auf **Lager** ~ 11 diesen Artikel haben wir definitiv aus der **Produktion** genommen 12 Sie müssen **Rücksicht** darauf ~ 13 die angeführten Waren haben wir in **Verwahrung** genommen

Nennen, 1 im Vertrag **ausdrücklich** genannte Teile der Maschine 2 **obengenanntes** Schreiben 3 ~ Sie die **Sorten,** um die es sich handelt

Netto–, 1 –**betrag** 2 **Brutto** für ~ 3 –**einkommen** 4 das –**gewicht** der Sendung ist in allen Dokumenten anzuführen 5 –**provision**
Netz *n* 1 die Konkurrenz hat ein **dichtes** ~ von Zweigstellen 2 –**planung** 3 ein gut ausgebautes **Vertreter–**

Neu, 1 –**ausgabe** 2 die Ware kommt **von** –em auf den Markt
Neuerung *f* **technische** ~
Neuheit *f* 1 das ist die **letzte** ~ in unserem Fach 2 –en**markt** 3 **Mode–** 4 **Reklame–** 5 **Saison–** 6 –en**schau**

Neuigkeit *f* der Rundfunk **brachte** diese ~

Neutral, wir werden uns ~ **verhalten**
Nichtabnahme *f* ~ oder Nichtzahlung der Lieferung
Nicht-Diskriminierung *f* Ausnahmen von der **Regel** der ~

10 impôts avec leurs accessoires
1 influence négative 2 le point de vue (od. l'avis) du partenaire est négatif 3 prise de position négative à l'égard de notre demande
connaissement négociable
1 négocier des traites tirées par le bénéficiaire 2 au cas où l'accréditif est utilisable par la négociation de traites

1 renoncer au recours; renoncer à porter plainte 2 avoir recours aux services d'une autre banque pour exécuter les instructions du demandeur de l'accréditif 3 nous vous demandons de bien vouloir nous communiquer si nous pouvons commencer à exécuter la commande 4 nous espérons que cette affaire finira bien 5 nous nous référons à votre lettre du 15 mai 6 prendre réception (od. livraison) des marchandises 7 vous devez prendre ce risque sur vous 8 strictement parlant; si on le prend à la lettre 9 (bien) prendre note 10 prendre en stock (od. magasin) 11 nous avons retiré ce produit définitivement de la fabrication (od. production) 12 vous devez en tenir compte; vous devez prendre cela en considération 13 nous avons pris les marchandises mentionnées en dépôt
1 les pièces de la machine mentionnées expressément dans le contrat 2 lettre sus-mentionnée (od. indiquée ci-dessus) 3 veuillez indiquer (od. désigner) les variétés dont il s'agit
1 montant net 2 brut pour net 3 revenu net 4 le poids net de l'envoi est à indiquer dans tous les documents 5 commission nette

1 la concurrence dispose d'un réseau étroit (od. dense) de succursales 2 planification (industrielle) par réseau 3 un réseau de représentants bien organisé
1 nouvelle édition 2 la marchandise revient (od. réapparaît) sur le marché
innovation (od. nouveauté) technique
1 cela est la dernière nouveauté dans notre secteur (commercial) 2 marché (od. exposition) de nouveautés 3 nouveauté de modes; dernier cri 4 nouveauté de réclame (od. publicitaire) 5 nouveauté saisonnière 6 présentation de nouveautés
cette nouvelle a été radiodiffusée; cette nouvelle a été diffusée à la radio
nous adopterons une attitude neutre
non-acceptation ou non-paiement de la livraison
exceptions à la règle de non-discrimination

Nichteinhaltung — Norm

Nichteinhaltung *f* 1 infolge der ~ der erteilten **Anweisungen** 2 im Falle der ~ des **Liefertermins** würden wir eine Vertragsstrafe im Betrag von 2% für jede Woche verlangen

1 par suite du non-respect (od. de l'inobservation) des instructions données; du fait que les instructions données n'ont pas été respectées 2 en cas de non-respect du délai de livraison nous exigerons une pénalité d'un montant de 2% par semaine de retarde

Nichterfüllung *f* 1 im **Falle** der ~ 2 vom Verkäufer Ersatz für den durch die ~ erlittenen **Schaden** verlangen 3 ~ des **Vertrages**

1 en cas de non-exécution (od. de carence od. de manquement od. inaccomplissement; défaillance) 2 demander réparation au vendeur pour le dommage subi du fait du manquement (à ses obligations) 3 non-exécution du contrat

Nichtig, 1 dieser **Beschluß** ist ~ 2 die **Einwendungen** ~ machen

1 cette décision est nulle et non avenue 2 rendre nulles les objections

Nichtlieferung *f* Höchstsatz des **Schadensersatzes** für ~

taux maximum du dédommagement pour non-livraison

Nichtübernahme *f* wir sehen keinen **Grund** für die ~

nous ne voyons aucune raison pour la non-réception (od. non-acceptation)

Nichtzahlung *f* 1 spezielle Weisungen hinsichtlich des rechtlichen Vorgehens im **Falle** der ~ 2 ~ der **Lieferung**

1 instructions particulières relatives aux (od. concernant les) démarches juridiques en cas de non-paiement 2 non-paiement de la fourniture (od. livraison)

Niederlassen, sich als **Rechtsanwalt** ~
Niederlassung *f* ~ einer **Zweigstelle**
Niederlegen, 1 ihre **Einwendungen** schriftlich mit Begründung ~ 2 die **Geschäfte** ~ 3 die **Ware** an dem bezeichneten Ort ~

s'établir comme avocat
établissement d'une succursale
1 fixer leurs objections par écrit avec justification (od. motivation) 2 se retirer des affaires 3 déposer la marchandise au lieu spécifié (od. indiqué)

Niveau *n* 1 das würde unser Geschäft auf ein höheres ~ **bringen** 2 die Preise **halten** sich auf dem gleichen ~ 3 **Preis–** 4 die Preise **sinken** unter das vorjährige ~ 5 es wird ein rapides **Steigen** des Preis–s erwartet 6 das Preis– hat fallende/steigende **Tendenz** 7 die Konkurrenz bietet um 3% **unter** dem Weltpreis– an 8 diese Ware besitzt **Welt–**

1 cela placerait notre maison (firme, commerce, établissement) à un niveau plus élevé (od. supérieur) 2 les prix se maintiennent au même niveau 3 niveau de prix 4 les prix descendent en dessous du niveau de l'an dernier 5 on s'attend à une augmentation rapide du niveau des prix 6 le niveau de prix a (une) tendance à la baisse/à la hausse 7 la concurrence offre à 3% en dessous du niveau du prix mondial; l'offre de la concurrence est inférieur de 3% au prix du marché mondial 8 la qualité de cette marchandise est de niveau mondial

Nomenklatur *f* **Zoll–**
Nominal, der –e **Wert** der Aktie
Norm *f* 1 **Arbeits–** 2 die ~ **einhalten** 3 die Ware **entspricht** in jeder Beziehung der ~ 4 die Qualität und Ausführung der Ware **entspricht** der ~ 5 **feste** ~ 6 die –en **festigen** 7 **–gerechte** Ware 8 Deutsche **Industrie–** 9 das Material **nach** ~ Nr. ... erzeugen 10 **Produktions–** 11 **Qualitäts–** 12 im **Rahmen** der ~ 13 die ~ **überschreiten** 14 **übliche** ~ 15 **–widrige** Waren können wir nicht annehmen

nomenclature de douane (od. douanière)
la valeur nominale de l'action
1 norme de travail 2 respecter la norme 3 la marchandise correspond à tous égards (od. à tous points de vue) à la norme 4 la qualité et la finition de la marchandise correspondent à la norme 5 norme ferme 6 consolider les normes 7 marchandise répondant aux normes (od. à la norme) 8 normes DIN (normes industrielles allemandes) 9 fabriquer le matériel suivant (od. selon; conformément à) la norme n⁰ ... 10 taux de production 11 norme de qualité 12 dans les normes; dans les limites de la norme;

Normal, 1 während der –en **Arbeitszeit** 2 –e **Benutzung** 3 –e **Gefahr** 4 –e **Größe** 5 mit –er **Post**

1 pendant les heures de travail normales 2 utilisation (od. usage) normal(e) 3 risque normal 3 taille normale 5 par voie postale normale

Not *f* 1 der Kunde bestellt einen Vertreter, der als **–adresse** bei Nichtzahlung tätig werden soll 2 im –fall sind wir zu weiteren Konzessionen **bereit** 3 im **–fall** 4 das Flugzeug mußte bei München **–landen** 5 **–maßnahme**

1 le client nomme (od. désigne) un représentant qui devra intervenir en cas de non-paiement 2 nous sommes prêts à faire des concessions supplémentaires en cas de besoin 3 en cas de besoin; en cas de nécessité (od. d'urgence) 4 l'avion a dû faire un atterrissage forcé près de Munich 5 action (od. mesure) de secours

Notar *m* öffentlicher ~
notaire public

Notariat *n* 1 –sakt 2 –kanzlei
1 acte notarié 2 étude de notaire

Note *f* 1 **Bank**–n 2 **Debet**– 3 **Kredit**–
1 billets de banque 2 avis de débit 3 note de crédit

Notieren, 1 – Sie sich **bitte,** daß ... 2 ~ Sie **gefälligst** dieses Datum, damit ... 3 notierter **Kurs** 4 ~ Sie sich unsere neue Telefonnummer

1 veuillez noter que ... 2 veuillez (avoir l'amabilité de) noter cette date afin de (od. pour que) ... 3 taux de change coté 4 veuillez prendre note de notre nouveau numéro de téléphone

Notierung *f* 1 **Börsen**– 2 **Schlußkurs**–
1 cotation en bourse; cote de la bourse 2 cotation de fermeture; cotation finale

Nötig, 1 –enfalls 2 die Anwesenheit des Havariekommissars ist **unbedingt** ~ 3 wir werden sofort alles –e für diese Angelegenheit **veranlassen** 4 um die –e **Zeit** zu gewinnen

1 en cas de nécessité (od. d'urgence); si besoin est; le cas échéant 2 la présence du commissaire aux avaries est absolument nécessaire (od. indispensable) 3 nous allons entreprendre toutes les démarches nécessaires dans cette affaire 4 pour (od. afin de) gagner le temps nécessaire

Notiz *f* einer Zeitungs– entnehmen wir, daß ...

nous lisons dans un entrefilet que ...; nous apprenons d'une annonce de journal que ...

Notwendig, 1 aufs –ste beschränken 2 wir **erachten** die Beschwerde für ~ 3 die Intervention ist **unbedingt** ~

1 limiter ... à ce qui est absolument nécessaire 2 nous considérons la plainte (comme) nécessaire; nous estimons que la réclamation est indispensable 3 l'intervention est indispensable (od. impérative)

Notwendigkeit *f* 1 wir machen Sie auf die ~ der Intervention **aufmerksam** 2 die ~ **betonen**

1 nous attirons votre attention sur la nécessité de l'intervention (od. d'intervenir) 2 souligner la nécessité

Null, der Vertrag wurde als ~ **und nichtig erklärt**

le contrat a été déclaré nul et non avenu

Numerieren, 1 die Kisten sind **fortlaufend** numeriert 2 **fortlaufend** numerierte Dokumente 3 die Kisten sind richtig signiert und **von 1 bis** 10 numeriert

1 les caisses sont numérotées en continu 2 des documents numérotés en continu 3 les caisses sont marquées correctement et numérotées de 1 à 10

Nummer *f* 1 die ~ dieses Akkreditivs ist 3911 2 die Lizenz– **angeben** 3 die ~ der Bewilligung muß in allen Dokumenten **angeführt** werden 4 die ~ ist **besetzt** 5 führen Sie bitte unsere **Bestellungs**– in der ganzen weiteren Korrespondenz dans le cadre des normes 13 dépasser la norme 14 norme courante 15 nous ne pouvons pas accepter des marchandises hors normes

1 cet accréditif porte le numéro 3911 2 indiquer le numéro de licence 3 le numéro de licence doit être indiqué dans tous les documents 4 le numéro est occupé 5 veuillez indiquer notre numéro de commande dans toute correspondance ulté-

an 6 die Säcke mit Zeichen und –n bezeichnen 7 **Fernsprech–** 8 **Geschäfts–** 9 **Größen–** 10 **Katalog–** 11 **laufende ~** 12 **notieren** Sie sich unsere neue ~ 13 **Probe–** 14 **Produktions–** 15 unter **Protokoll–** ... 16 ~, Datum und Ort der Ausstellung des **Reisepasses** 17 **Serien–** 18 **Sonder–** der Zeitschrift 19 **Telefon–** des Hotels Ambassador ist 79 63 17 20 jedes Stück muß mit der ~ **versehen** werden 21 **Vorwahl–** (Tel)

rieure 6 marquer les sacs par (des) repères et (des) numéros (od. chiffres) 7 numéro de téléphone 8 (numéro de) référence 9 taille 10 numéro de catalogue 11 numéro courant (od. d'ordre; de série) 12 veuillez noter notre nouveau numéro 13 (numéro) spécimen 14 numéro de fabrication (od. production) 15 sous le numéro d'enregistrement ... 16 le numéro, la date et le lieu de délivrance du passeport 17 numéro de série 18 numéro spécial du périodique 19 le numéro de téléphone de l'hôtel Ambassador est 79 63 17 20 chaque pièce doit comporter un numéro (od. doit être numérotée) 21 préfixe

Nutz-, 1 **–anwendung** 2 **–bringendes** Geschäft 3 **–last** des Waggons

Nutzbarkeit *f* die ~ erhöhen

Nutzen *m* 1 ... mit ~ **absetzen** 2 wir können Ihr **Akkreditiv** nicht rechtzeitig ~ 3 dieses Geschäft wird Ihnen einen ansehnlichen ~ **bringen** 4 **gegenseitiger** ~ 5 Verhandlungen auf der Grundlage der Gegenseitigkeit und zum **gemeinsamen** ~ 6 auch Sie werden davon ~ **haben** 7 wir hoffen, daß Ihnen unsere **Informationen** von ~ sein werden

Nützlich, 1 **dies** könnte Ihnen vielleicht ~ sein 2 teilen Sie uns mit, **womit** wir Ihnen ~ sein könnten

Nutzung *f* ~ des **Akkreditivs** gegen übliche Dokumente

1 **application** (pratique) 2 **affaire** profitable (od. de profit; lucrative) 3 charge utile du wagon

accroître l'utilité

1 vendre ... avec profit (od. bénéfice) 2 nous ne pouvons pas faire usage de votre accréditif dans le délai imparti 3 cette transaction (od. affaire) vous apportera un bénéfice (od. profit) considérable (od. important) 4 avantage (profit; bénéfice) mutuel (od. réciproque) 5 négociations sur la base de la réciprocité 6 vous aussi en tirerez profit 7 nous espérons que nos informations (od. renseignements) vous seront utiles

1 ceci pourrait (peu-être) vous être utile 2 veuillez nous faire savoir de quelle manière (od. en quoi) nous pourrions vous être utiles

utilisation de l'accréditif contre (les) documents usuels (od. habituels)

O

Oben, 1 wie ~ **angeführt** 2 der ~ **erwähnte/angeführte/genannte** 3 eine Abweichung bis zu 3% **nach** ~ oder bis zu 3% nach unten ist gestattet

Ober, 1 –e **Grenze** 2 die –**fläche** ist hell

Obligation *f* eine ~ **ausgeben**

Offen, 1 –e **Frage** 2 –e **Frist** 3 ~ **gesagt** 4 –e **Handelsgesellschaft** (oHG) 5 –e **Handlungsweise** 6 auf –em **Platz** lagern 7 diese **Rechnung** ist seit längerer Zeit ~ 8 Telegramm in –er **Sprache** 9 es **steht** Ihnen ~, welche Stellung Sie einnehmen werden 10 –er **Waggon**

Offenbar, ~ wird **es** uns nicht gelingen

Offensichtlich, 1 ~ sind sie sich nicht dessen **bewußt,** daß ... 2 es **handelt sich** ~ um ein Mißverständnis 3 die Frist für die Beanstandung der –en **Mängel** 4 die Qualität ist ~ **schlechter** als die Muster 5 es ist **somit** ~, daß ...

Öffentlich, 1 –e **Bekanntmachung** 2 –es **Interesse** 3 die Ware auf Kosten und Gefahr des Käufers in einem –en **Lagerhaus** einlagern 4 –e **Lieferung** 5 gegen die –e **Ordnung** 6 wir lassen die Ware in einer –en **Versteigerung** verkaufen 7 –e **Verwaltung** 8 –en **Wettbewerb** ausschreiben 9 –e **Zwecke**

Öffentlichkeit *f* 1 breite ~ 2 in der ~ den **Glauben** erwecken, daß ...

Offerte *f* (**Offert** *n*) 1 Ihre ~ vom 16. April ist in bezug auf Preis **annehmbar,** aber ... 2 **bestimmte** ~ 3 **zufriedenstellende** ~

Offiziell, 1 –er **Besuch** 2 –e **Eröffnung** der Ausstellung 3 für Zollzwecke werden fremde Werte auf chilenische Währung zum –en **Kurs** umgerechnet 4 –e **Nachricht** 5 aus –en **Stellen**

Öffnen *n* 1 Ihr Monteur war **beim** ~ der Kisten anwesend 2 von 9 **bis** 16 Uhr geöffnet 3 **hier** öffnen

Öffnung *f* –**szeit**

Operation *f* laufende –en

Operations research s. Unternehmensforschung

Operativ, ein Unternehmen ~ **leiten**

1 comme indiqué (od. mentionné) ci-dessus 2 le ... sus-mentionné/nommé/indiqué 3 une tolérance (maximale) de 3% vers le haut ou le bas est admise (od. admissible)

1 limite supérieure; plafond 2 la surface est claire

émettre une obligation

1 question en suspens 2 délai en suspens 3 franchement parlant; en toute franchise 4 société en nom collectif 5 manière (od. façon) ouverte d'agir 6 stocker en plein air 7 cette facture est depuis longtemps exigible (od. impayée) 8 télégramme en (texte) clair 9 l'attitude que vous adopterez est à votre libre choix 10 wagon découvert

apparemment, nous ne réussirons pas

1 vous n'avez manifestement pas conscience de ce que ... 2 il s'agit manifestement d'un malentendu 3 le délai de réclamation de défauts apparents 4 la qualité est manifestement plus mauvaise que les échantillons 5 il est donc manifeste (od. évident) que ...

1 avis au public 2 intérêt public 3 stocker la marchandise dans un entrepôt public aux risques et périls de l'acheteur 4 fourniture publique 5 contraire à l'ordre public 6 nous allons faire vendre la marchandise publiquement aux enchères 7 administration publique 8 mettre au concours public 9 fins publiques

1 large public 2 faire croire au public que ...

1 votre offre du 16 avril est acceptable quant au prix, mais ... 2 offre spécifique; certaine offre 3 offre satisfaisante

1 visite officielle 2 ouverture officielle de l'exposition 3 pour les besoins de la douane, les monnaies étrangères sont converties en monnaie chilienne au cours officiel 4 information officielle 5 de services officiels; de la part d'autorités officielles (od. publiques)

1 votre mécanicien a assisté à l'ouverture des caisses 2 ouvert de 9 h à 16 h 3 ouvrir ici

heures d'ouverture

opérations en cours

diriger une entreprise de manière opérationnelle

Optimierung *f* lineare ~
optimalisation linéaire

Ordentlich, 1 –e **Aufsicht** 2 die Reklamation war nicht ~ **belegt** 3 Sorgfalt eines –en **Frachtführers** 4 mit der Sorgfalt eines –en **Kaufmanns** 5 –e **Verpackung** 6 in einen –en **Zustand** versetzen
1 supervision correcte 2 la réclamation n'était pas correctement justifiée 3 soins d'un commissionnaire de transport correct 4 avec la diligence d'un bon commerçant 5 emballage correct 6 mettre en bon état; mettre dans un état correct

Order *f* 1 **auf eigene** ~ 2 das Konossement an die ~ der Firma RUBCO ausstellen 3 an ~ **lautend**
1 à son propre ordre 2 émettre le connaissement à l'ordre de la société RUBCO 3 émis à l'ordre; payable à l'ordre

Ordnen, 1 die Karteikarten **alphabetisch** ~ 2 Angelegenheit ~ 3 ... nach der **Größe** und Sorte ~ 4 es ist **übersichtlich** geordnet 5 die Sache auf gütlichem **Wege** ~
1 classer les fiches dans l'ordre alphabétique 2 régler une affaire 3 classer ... suivant la taille et la variété 4 cela est classé de manière claire (od. systématique) 5 régler l'affaire à l'amiable

Ordnung *f* 1 der ~ halber **bestätigen** wir den Empfang 2 die Ware ist in **bester** ~ 3 **Börsen**– 4 die Sache in ~ **bringen** 5 die **Eintragungen** sind nicht in ~ 6 hier ist **etwas** nicht in ~ 7 **Messe**– 8 gegen die **öffentliche** ~ 9 diese Angelegenheit auf die **Tages**– setzen 10 **Verkehrs**– 11 die Sendung ist **vollkommen** in ~ 12 Allgemeine **Zoll**–
1 pour la bonne forme (od. règle) nous vous accusons réception 2 la marchandise est en parfait état 3 règlement de bourse 4 régler l'affaire 5 les inscriptions ne sont pas en règle 6 il y a ici quelque chose qui n'est pas en ordre 7 règlement de (la) foire-exposition 8 contraire à l'ordre public 9 inscrire (od. mettre) cette affaire à l'ordre du jour 10 règlement de transport; code de la route 11 l'envoi est en parfait état 12 Règlement général des douanes

Ordnungsgemäß, 1 die Sendung, die Sie unserer Betreuung anvertraut haben, ist ~ **angekommen** 2 das Gesuch wurde ~ **belegt** 3 die Muster sind ~ **eingetroffen** 4 Ihre Sendung haben wir ~ erhalten 5 die Rechnung muß von einem ~ **ermächtigten** Vertreter mit der Feder gefertigt sein 6 –e **Form** des Protestes 7 –e **Fürsorge** 8 bei –em **Gebrauch** 9 ~ **unterschriebenes** Duplikat 10 die Grundsätze einer –en **Verpackung** wurden nicht beachtet 11 –e **Vollmacht**
1 l'envoi que vous aviez confié à nos bons soins est bien arrivé à destination 2 la demande a été dûment justifiée 3 les échantillons sont arrivés en bonne forme 4 nous avons reçu votre envoi en bonne forme 5 la facture doit être établie à la plume par un représentant dûment habilité 6 bonne et due forme du protêt 7 assistance requise 8 s'il en est fait usage correctement; en cas d'emploi correct 9 double dûment signé 10 les principes d'un emballage réglementaire (od. correct) n'ont pas été observés (od. respectés) 11 autorisation (od. habilitation) en bonne et due forme (od. réglementaire)

Ordnungsmäßig, 1 –es **Einlagern** 2 das Abkommen wird nicht ~ **erfüllt**
1 stockage (od. entreposage) correct (od. réglementaire; conforme aux règles) 2 l'accord n'est pas exécuté selon les formes prescrites

Organ *n* 1 **Kontroll**– 2 **öffentliches** ~
1 organe de contrôle 2 organe officiel (od. public)

Organisation *f* 1 **Gewerkschafts**– 2 wissenschaftliche ~ der **Produktion**
1 organisation syndicale 2 organisation scientifique de la production

Original *n* 1 im ~ **ausgefertigt** 2 –**dokument** 3 –**konnossement** 4 das ~ der **Rechnung** ist für die Zollabfertigung erforderlich
1 fait (od. établi) en (un seul) original 2 document original 3 original du connaissement 4 l'original de la facture est nécessaire pour le dédouanement

Ort *m* 1 Nummer, Datum und ~ der **Ausstellung** des Reisepasses 2 ... an einem trockenen und kühlen ~ **aufbe**-
1 le numéro, la date et le lieu de délivrance du passeport 2 conserver ... en un lieu sec et frais 3 lieu de destination 4

wahren 3 **Bestimmungs–** 4 sie betreiben in **diesem** ~ seit 20 Jahren Handel 5 ~ der **Eintragung** (einer Gesellschaft) 6 **Erfüllungs–** ist die Abgangsstation 7 unser Vertreter wird die ganze Angelegenheit an ~ und Stelle **erledigen** 8 –**sgewohnheiten** 9 **Herkunfts–** 10 **Liefer–** 11 –**sverkehr** 12 **Zahlungs–**

Örtlich, 1 die Anzahlung muß bei einer verläßlichen –en **Bank** erledigt werden 2 –e **Behörden** 3 ~ zuständiges **Gericht**

ils font du commerce en ce lieu depuis 20 ans **5** lieu d'enregistrement (d'une société) **6** le lieu d'exécution est la station de départ (od. d'expédition) **7** notre représentant va régler toute l'affaire sur place **8** habitudes locales **9** lieu d'origine **10** lieu de livraison **11** trafic local **12** lieu de paiement

1 l'acompte doit être déposé auprès d'une banque locale sûre **2** autorités locales **3** tribunal local compétent

Paar — Paket

P

Paar *n* 1 das andere **Stück** zum ~ fehlt 2 zu je 10 ~ **verpackt**
Pachten, wir haben das **Geschäft** gepachtet
Pachtvertrag *m* den ~ schließen Sie zum 31. 12. ab
Pack-, 1 jede Kiste muß eine **–liste** enthalten 2 **–material** 3 **–papier** 4 die Verzögerung entstand durch ein (uns) unerklärliches Versehen im **–raum**

Päckchen *n* 1 **Brief–** 2 **Geschenk–** 3 **verpackt** zu je 10 ~ in einer Kiste

Packen, 1 die Waren **aus** den Kisten ~ 2 gepackte **Waren**

Packung *f* (s.a. Verpackung) 1 **–sattrappe** 2 **äußere** ~ 3 **Einweg–** 4 **Einzelhandels–** 5 **Export–** 6 **Familien–** 7 **Geschenk–** 8 **innere** ~ 9 **Jute–** 10 **Maschinen–** 11 **Mogel–** 12 **Original–** 13 **Papier–** 14 **Sonder–** 15 **spezielle** ~ 16 **Transport–** 17 **Übersee–** 18 **unmittelbare** ~ 19 **Wegwerf–**

Paket *n* 1 das ~ mit Flugpost **absenden** 2 die Muster als ~ **absenden** 3 heute haben wir Ihnen Ersatzteile **als** ~ per Luftpost geliefert 4 das ~ war völlig **ausgeraubt** 5 diese –e sind nicht für eine weitere **Beförderung** geeignet 6 die Ware wird als **Eil–** expediert werden 7 **eingeschriebenes** ~ 8 **fehlendes** ~ 9 **Flugpost–** 10 **Geschenk–** 11 der **Inhalt** des –s muß mit der Packliste übereinstimmen 12 **–karte** 13 **Luft–** 14 **Nachnahme–** 15 **Post–** 16 die Ware wurde heute mit **–post** abgesandt und wir hoffen, daß sie Sie vollkommen zufriedenstellen wird 17 ~ mit deklariertem **Preis** 18 **sperriges** ~ 19 unsere Nachforschungen nach dem **verlorengegangenen** ~ sind immer noch ergebnislos geblieben 20 in –en zu je 25 Stück **verpackt** 21 **Wert–** 22 ~ mit **Wertangabe** 23 das ~ ist in unversehrtem **Zustand** angekommen

1 l'autre pièce de la paire manque 2 en colis de 10 paires chacun
nous avons pris ce commerce (od. magasin) à bail (od. à ferme)
veuillez conclure le contrat de fermage (od. bail) pour le 31/12
1 chaque caisse doit comporter une liste de paquetage 2 matériel d'emballage 3 papier d'emballage 4 le retard a été provoqué par une erreur inexplicable à la salle d'emballage
1 petit paquet; paquet-lettre 2 paquet-cadeau 3 empaqueté en 10 paquets par caisse; chaque caisse contenant 10 paquets
1 dépaqueter les marchandises des caisses 2 marchandises empaquetées (od. emballées)
1 emballage factice 2 emballage extérieur 3 emballage perdu 4 emballage de détail 5 emballage d'exportation 6 paquet familial 7 emballage-cadeau 8 emballage intérieur 9 emballage de jute 10 empaquetage automatique (od. à la machine) 11 emballage trompe-l'œil 12 emballage original 13 emballage de papier 14 emballage spécial 15 emballage spécial 16 emballage de transport 17 emballage pour transport maritime 18 emballage direct 19 emballage perdu
1 expédier le colis par poste aérienne 2 expédier les échantillons en colis 3 nous vous avons expédié aujourd'hui des pièces de rechange en colis par poste aérienne 4 le colis était complètement dévalisé 5 ces colis ne se prêtent pas à un autre transport 6 cette marchandise sera expédiée par colis exprès 7 colis recommandé 8 colis manquant 9 colis de poste aérienne 10 colis-cadeau 11 le contenu du colis doit être conforme à la liste de paquetage (od. colisage) 12 feuille de colis; bulletin d'expédition 13 colis de poste aérienne 14 colis contre remboursement 15 colis postal 16 la marchandise a été expédiée aujourd'hui par colis postal et nous espérons que vous en serez entièrement satisfaits 17 paquet avec valeur déclarée 18 colis encombrant 19 nos recherches pour retrouver le colis perdu n'ont pas encore abouti (od. n'ont toujours pas donné de résultat) 20 emballé en colis de 25 pièces (od. unités) 21 colis en valeur déclarée 22 colis

Palette f 1 Flach– 2 –nverkehr
Papier n 1 eine mit ~ ausgelegte Kiste 2 Bank– 3 Begleit–e 4 Dispositions–e 5 Dividenden–e 6 festverzinsliche –e 7 –geld 8 Einheitliche Richtlinien für das Inkasso von **Handels**–en 9 die **Inkasso**–e sollen dem Bezogenen vorgelegt werden 10 **Öl**– 11 **Pack**– 12 **Pergament**– 13 **Schiffs**– 14 eine mit **Teer**– ausgelegte Kiste 15 **Transport**–e 16 in ~ verpackt 17 **Verschiffungs**–e 18 **Wachs**– 19 –waren 20 **Wert**– 21 **Zoll**–

avec valeur déclarée 23 le colis est arrivé en bon état
1 palette plate 2 transport de palettes
1 une caisse à revêtement intérieur en papier 2 valeur de banque 3 documents d'accompagnement 4 documents cessibles par endossement 5 titres à revenu variable 6 valeurs (od. titres) à revenu fixe 7 monnaie de papier 8 directives uniformes pour l'encaissement d'effets de commerce 9 les documents de recouvrement seront soumis au tiré 10 papier huilé 11 papier d'emballage 12 papier parchemin 13 papiers de bord 14 une caisse à revêtement intérieur de papier goudronné 15 documents de transport 16 emballé dans du papier 17 documents d'expédition par bateau 18 papier ciré 19 papeterie 20 valeur; effet; titre 21 document de douane

Pappe f Well–
Parität f 1 Einkaufs– 2 „Frachtfrei Grenze oder ~" 3 **Handels**– 4 **Kurs**– 5 **Transport**– 6 –swert

carton ondulé
1 parité d'achat 2 «franco frontière ou parité» 3 parité commerciale 4 parité des cours 5 parité de transport 6 valeur de parité

Partei f 1 angeklagte ~ 2 in Gegenwart aller **beteiligten** –en 3 **jede** der –en kann die andere schriftlich auffordern, eine verbindliche Lieferfrist zu vereinbaren 4 **Streit**–en 5 die Streitsache wurde durch einen **Vergleich** der –en beendet 6 gegenseitige **Verpflichtungen** der –en eines Kaufvertrages 7 beide **Vertrags**–en 8 diese Erklärung **zeichnende** –en

1 (partie) accusé(e) 2 en présence de toutes les parties intéressées (od. concernées) 3 chacune des parties peut demander à l'autre par écrit de convenir d'un délai de livraison ferme 4 parties d'un litige 5 le litige (od. l'affaire en litige) a été réglé(e) par un arrangement des parties 6 les obligations réciproques des parties d'un contrat d'achat 7 les deux parties contractantes 8 les parties signataires de cette déclaration

Partie f 1 Charter– 2 Expedition weiterer –n 3 Schluß– 4 die Sendung wurde in 3 –n verschifft 5 –nweise

1 contrat d'affrètement; charte-partie 2 expédition de lots supplémentaires 3 partie finale 4 l'envoi a été expédié par bateau en 3 lots 5 par (od. en) lots; par (od. en) envois partiels

Partikular, –havarie
Partner m 1 es wurde im **Einvernehmen** mit den –n festgesetzt 2 geeigneter ~ 3 **Geschäfts**– 4 wir suchen einen ~ für ein **Kompensationsgeschäft**

avarie particulière (od. simple)
1 cela a été fixé avec l'accord des partenaires 2 partenaire approprié (od. adéquat) 3 partenaire (d'affaires) 4 nous cherchons un partenaire pour une opération (od. transaction) de compensation

Paß m 1 –ausfertigung 2 Nummer, Tag und Ort der **Ausstellung** des Passes 3 nach Erledigung der **–formalitäten** 4 **–inhaber** 5 **–kontrolle** 6 Reise–

1 délivrance du (od. d'un) passeport 2 numéro, date et lieu de délivrance du passeport 3 après règlement des formalités de passeport 4 titulaire du passeport 5 contrôle des passeports 6 passeport

Passen, 1 –de Gelegenheit 2 Nicht passendes streichen
Passiva n pl 1 Aktiva und ~ 2 sonstige ~
Patent n 1 –abteilung 2 –amt 3 ~ angemeldet 4 ein ~ anmelden 5 eine **–anmeldung** einreichen 6 –anspruch 7 –an-

1 occasion convenable 2 rayer les mentions inutiles
1 actif et passif 2 d'autres passifs
1 service des brevets 2 office des brevets 3 brevet déposé 4 demander un brevet 5 déposer une demande de brevet 6 droit

Patent — Persönlich

walt 8 eine –anmeldung **bekanntmachen** 9 auf ... ein ~ **erteilen** 10 ein ~ dem Erfinder für ein neues Verfahren **erteilen** 11 **–gebühr** 12 **–gültigkeit** 13 **–inhaber** 14 **–nichtigkeitsklage** 15 **Prioritäts**–anmeldung 16 die Maschine ist **–rein** 17 **–reinheit** 18 **–schrift** 19 **–schutz** 20 **Übertragung** des –s auf die Firma 21 **–verletzung** 22 **Zurückweisung** der –anmeldung 23 **Zusatz–**

au (od. à un) brevet 7 agent en brevet 8 divulguer (od. rendre publique) une demande de brevet 9 délivrer un brevet pour ... 10 délivrer un brevet à l'inventeur pour un nouveau procédé 11 taxe sur les brevets d'invention 12 validité du (od. d'un) brevet 13 titulaire (od. détenteur) d'un brevet 14 demande en annullation d'un brevet 15 demande de brevet prioritaire 16 la machine n'enfreint aucun droit de brevet 17 *[siehe Punkt 16]* 18 fascicule de brevet; exposé d'invention 19 protection des brevets 20 transfert du brevet à la société (od. firme) 21 infraction à un brevet 22 rejet de la demande de brevet 23 brevet complémentaire

Patentieren, diesen **Apparat** werden wir ~ lassen

nous allons faire breveter cet appareil

Pauschal, 1 **–betrag** 2 **–fracht** wird berechnet 3 **–gebühr** 4 **–preis** 5 **–steuer**

1 somme forfaitaire 2 le fret sera facturé à forfait 3 taxe forfaitaire 4 prix forfaitaire 5 impôt forfaitaire

Peinlich, 1 –e **Angelegenheit** 2 dadurch würden wir in eine recht –e **Lage** geraten

1 affaire pénible 2 cela nous mettrait dans une situation pénible (od. embarrassante)

Periode *f* 1 **Rechnungs**– 2 **Übergangs**–

1 période comptable 2 période transitoire

Person *f* 1 das Akzept durch eine **dritte** ~ einholen lassen 2 der Sachverständige hat sich in **eigener** ~ eingestellt 3 **juristische** ~ 4 **–enkraftwagen** 5 Hindernisse für den freien –en-, Dienstleistungs- und Kapital**verkehr**

1 faire procurer l'acceptation par une tierce personne (od. par un tiers) 2 l'expert est arrivé en personne 3 personne morale (od. juridique) 4 voiture particulière 5 obstacles au mouvement libre des personnes, des prestations de services et du capital

Personal *n* 1 der **–abbau** 2 **–abteilung** 3 **–angaben** 4 **–ausweis** 5 fachlich geschultes ~ 6 **–haftung** 7 **–mangel**

1 réduction (od. compression) du personnel 2 service du personnel 3 renseignements concernant la personne 4 carte d'identité 5 personnel spécialisé; personnel qualifié 6 responsabilité personnelle 7 manque de personnel (od. de main-d'œuvre)

Persönlich, 1 in –er **Anwesenheit** des Herrn Mahler 2 Ihre –e **Anwesenheit** bei der Verhandlung ist unbedingt notwendig 3 –e **Ausgaben** der Vertreter des Käufers 4 **beheben** Sie den Brief ~ bei Herrn Parker 5 wir möchten die –e **Bekanntschaft** von Herrn Lang machen 6 im Verlaufe meines –en **Besuches** bei Ihnen 7 er hat ausgedehnte –e **Beziehungen** 8 –e **Daten** 9 es ist unerläßlich, daß Sie ~ vor Gericht **erscheinen** 10 ~ **haften** 11 –e **Haftung** 12 der Handelsattaché wird ~ in dieser Sache **intervenieren** 13 –e **Intervention** 14 unter Ihrer –en **Teilnahme** 15 unter –er **Verantwortlichkeit**

1 en présence de M. Mahler (lui-même) 2 votre présence personnelle aux négociations est absolument nécessaire 3 dépenses personnelles des représentants de l'acheteur 4 veuillez prendre personnellement la lettre chez M. Parker 5 nous voudrions faire la connaissance personnelle de M. Lang 6 au cours de ma visite personnelle chez vous 7 il a de nombreuses relations personnelles 8 renseignements personnels; renseignements sur la personne 9 il est indispensable que vous comparaissiez personnellement devant le tribunal (od. devant la Cour) 10 être personnellement responsable; répondre personnellement de ... 11 responsabilité personnelle 12 l'attaché de commerce interviendra personnellement dans

Persönlichkeit — Planmäßig

Persönlichkeit *f* Beziehungen zu **führenden** –en des wirtschaftlichen Lebens haben
Pfand *n* 1 ... in ~ **geben** 2 –**recht** 3 sie haben die Maschine als ~ **zurückbehalten**
Pfänden, wir haben das Auto ~ **lassen**
Pflegen, wir ~ gute **Geschäftsbeziehungen** zur Schweiz
Pflicht *f* 1 es ist seine **Dienst**– 2 wir **erachten** es als unsere ~ 3 wir haben unsere –en **erfüllt** 4 die **Garantie**– des Verkäufers erstreckt sich nicht auf Mängel, die ... 5 zu Ihren –en **gehört** auch 6 **Haft**–versicherung 7 es **ist** Ihre ~, den Schaden unverzüglich feststellen zu lassen 8 **Liefer**– 9 **Rechte** und –en 10 **Steuer**– 11 beschränkte **Steuer**– 12 sie **tun** nur ihre ~ 13 **Zahlungs**–

cette affaire 13 intervention personnelle 14 avec votre participation personnelle 15 sous la responsabilité personnelle
avoir des relations avec des personnalités du secteur économique
1 donner ... en gage (od. nantissement) 2 droit de gage 3 ils ont gardé (od. conservé) la machine comme garantie
nous avons fait saisir la voiture
nous entretenons de bonnes relations d'affaires avec la Suisse
1 c'est (od. il est) de son devoir (de ...) 2 nous considérons comme notre devoir de ... ; nous nous faisons un devoir de ... 3 nous avons rempli nos obligations; nous avons accompli notre devoir 4 l'obligation de garantie du vendeur ne s'applique pas à des (od. aux) défauts qui ... 5 vos obligations comprennent également ... 6 assurance responsabilité civile 7 c'est votre devoir de faire constater immédiatement (od. sans délai) le dommage 8 obligation de livraison 9 droits et obligations 10 obligation fiscale (od. à l'impôt) 11 assujettissement partiel à l'impôt 12 ils ne font que leur devoir 13 obligation de paiement

Pflichtig, 1 die Benützung ist **gebühren**– 2 dieser Artikel ist **steuer**– 3 **Steuer**–er 4 diese Waren sind **zoll**–

1 une taxe est levée pour l'utilisation de ... 2 cet article est imposable 3 l'assujetti à l'impôt 4 ces marchandises sont soumises à (od. aux droits de) la douane

Photo– s. Foto–
Plakat *n* die –e wurden an den Anschlagflächen **angebracht**
Plan *m* 1 **Absatz**– 2 **Arbeits**– 3 einen ~ **aufstellen** 4 **Devisen**– 5 **Durchführungs**– 6 Pläne bleiben ausschließliches **Eigentum** des Käufers 7 **Entwicklungs**– 8 der ~ konnte infolge unvorgesehener Schwierigkeiten nicht **erfüllt** werden 9 **Export**– 10 **Finanz**– 11 **Flug**– 12 **Import**– 13 **Investitions**– 14 **Jahres**– 15 **Kredit**– 16 der **Liefer**– wird nicht eingehalten 17 **Produktions**– 18 **Quartal**– 19 **Reise**– 20 **überschrittener** ~ 21 **Verkaufs**– 22 **Werbe**– 23 **Wirtschafts**– 24 –**wirtschaft** 25 **Zeit**–

...
les affiches ont été posées (od. collées) aux surfaces d'affichage
1 plan de vente 2 plan de travail 3 dresser (od. établir) un plan (od. planning) 4 plan de devises 5 plan d'exécution 6 les tracés (od. dessins) restent la propriété exclusive de l'acheteur 7 plan de développement 8 le plan n'a (pas) pu être exécuté (od. réalisé; rempli) par suite de difficultés imprévues 9 plan d'exportation 10 plan de financement; planning financier 11 horaire aérien; horaire des décollages; horaire des départs (des avions) 12 plan d'importation 13 plan d'investissement 14 plan annuel 15 plan de crédit 16 le plan de livraison n'est pas respecté (od. tenu) 17 plan de production 18 plan trimestriel 19 itinéraire; plan de voyage 20 plan dépassé 21 plan de vente 22 plan de publicité 23 plan économique 24 économie planifiée (od. dirigée) 25 calendrier; horaire; planning de délais

Planen, 1 geplanter **Preis** 2 wir werden es für **spätere** Zeit ~
Planmäßig, 1 es wird nicht ~ **erfüllt** 2 die

1 prix envisagé 2 nous allons l'envisager pour une date ultérieure
1 ce n'est pas exécuté conformément au

Planung — Post

Lieferung wird ~ erfüllt werden

Planung *f* kurzfristige/langfristige ~

Platz *m* 1 die Zahlung an den Zweitbegünstigten wird **an** dem ~ vorgenommen, an den das Akkreditiv übertragen worden ist 2 im Wettbewerb haben wir den **ersten** ~ belegt 3 eine **geeignete** Firma am ~ 4 **-geschäft** 5 im Lagerraum ist **kein** ~ mehr für weitere Ware 6 wir haben dieser Firma ~ ge**macht** 7 **-verkauf** 8 **-vertreter**

Plombe *f* 1 die –n am Waggon waren **abgerissen/beschädigt** 2 den **-nverschluß** beschädigen
Plombieren, die **Flaschen** mit Mustern ~

Police *f* 1 eine zugunsten des Käufers geltende Versicherungs– **beschaffen** 2 diese Versicherungs– **deckt** die laufenden Transportrisiken zu Lande und zur See 3 mit **dieser** ~ ist das Kriegsrisiko nicht gedeckt 4 **General–** 5 **offene** ~ 6 **Order–** 7 **Seeversicherungs–** 8 **Zusatz** (ou Anhang) zur ~

Politik *f* 1 **Außenhandels–** 2 **Devisen–** 3 bei der **Durchführung** ihrer Wirtschafts– 4 **Finanz–** 5 gemeinsame **Handels–** gegenüber dritten Ländern 6 **Konjunktur–** 7 ~ zur Erhöhung des **Lebensstandards** 8 **Preis–** 9 **Verkaufs–** 10 **Wachstums–** 11 Koordinierung der **Wirtschafts–** 12 **Zoll–**

Politisch, 1 **handels**–e Verhandlungen 2 –e **Lage**

Porto *n* 1 **-auslagen** 2 ~ **bezahlt** 3 das ~ wird beim Empfänger **eingeholt** 4 **-frei**

Position *f* 1 er bemüht sich, seine ~ zu **erhalten** 2 **Schlüssel–** 3 für diese –en enthält der italienische **Tarif** einen Vertragszollsatz 4 **Transport–**

Positiv (s.a. Bejahend) 1 –es **Verhältnis** gegenüber der Planung 2 wir **wissen** nichts –es darüber

Post *f* 1 den Brief mit der ~ **absenden** 2 das Paket mit Flug– **absenden** 3 **-amt** 4 Haupt**-amt** 5 **-anweisung** 6 diesen

plan (od. au projet) 2 la livraison sera exécutée comme prévu; la livraison s'effectuera conformément au planning
planning à court/long terme; planning à courte/longue échéance
1 la paiement au second bénéficiaire sera effectué au lieu auquel l'accréditif a été transféré 2 nous avons obtenu la première place au concours 3 une firme (od. entreprise; maison; société) locale appropriée (od. adéquate) 4 commerce local 5 il n'y a plus de place au magasin (od. stock) pour d'autres marchandises 6 nous avons fait (od. cédé la) place à cette firme 7 vente locale (od. sur place) 8 agent (od. représentant) local

1 les plombs (de garantie) du wagon étaient arrachés/endommagés 2 endommager la fermeture plombée
plomber les bouteilles contenant les échantillons

1 procurer une police d'assurance au profit de l'acheteur 2 cette police d'assurance couvre les risques normaux de transport terrestre et maritime 3 cette police ne couvre pas le(s) risque(s) de guerre; le risque de guerre n'est pas couvert par cette police 4–5 police générale, police ouverte 6 police à ordre 7 police d'assurance maritime 8 avenant à la police

1 politique économique extérieure; politique d'économie extérieure 2 politique des devises 3 dans l'exécution de leur politique économique 4 politique financière 5 politique commerciale commune à l'égard de pays tiers 6 politique de conjoncture 7 politique d'élévation du niveau de vie 8 politique des prix 9 politique de vente 10 politique de développement 11 coordination de la politique économique 12 politique douanière (od. de douane)

1 négociations (de politique) commerciale(s) 2 situation politique

1 frais de port 2 port payé 3 le port sera payé par le destinataire 4 franc (od. exempt) de port; franco de port

1 il s'efforce de garder sa position 2 position-clé 3 pour ces positions, le tarif italien contient un taux de douane conventionnel 4 position transport

1 attitude positive à l'égard de la planification 2 nous ne savons rien de définitif à ce sujet

1 expédier la lettre par (la) poste 2 expédier le colis par poste aérienne 3 bureau de poste 4 bureau de poste central 5

Betrag haben wir Ihnen durch internationale ~-anweisung gesandt 7 der Antragsteller kann die Gebühren per ~-anweisung übermitteln/überweisen 8 diesen Betrag werden wir Ihnen durch ~-anweisung senden 9 ~-aufgabeschein 10 einen Brief auf der ~ aufgeben 11 die Auszahlung wird durch die ~ an Ihre Adresse vorgenommen werden 12 bei jeder Amtsstelle der Staatssparkasse oder bei jedem ~-amt bezahlen 13 ~-bote 14 mit Brief- 15 diplomatische ~ 16 ~-eingang 17 die eingehende (ou einlaufende) ~ erledigen wir umgehend 18 ~-einlieferungsschein 19 mit ~ eintreffen 20 das Paket mit Flug-absenden 21 ein Angebot per Flug- an den Kunden senden 22 per ~ franko 23 ~-frei 24 ~-gebühren 25 die Kopie mit gewöhnlicher ~ übersenden 26 mit gleicher ~ 27 Ihre Bestellung ist mit heutiger ~ eingetroffen 28 ~-karte 29 ~-karte mit Rückantwort 30 das Storno ist mit der ~ gekommen 31 ~-lagerndes Telegramm 32 ~-leitzahl 33 per Luft- 34 mit nächster ~ 35 ~-paket 36 ... per Paket- senden 37 den Brief reklamieren Sie bei Ihrer ~ 38 ~-schalter 39 sie haben sich ein ~-scheckkonto eröffnen lassen 40 eine ~-scheküberweisung durchführen 41 ~-schließfach 315 42 der Einreicher-Bank alle Notifizierungen oder Mitteilungen mit schnellster ~ übersenden 43 Datum des ~-stempels 44 heute haben wir Ihnen per ~ DM 500,— überwiesen 45 ~-versandliste 46 ~-wendend 47 ~-zollerklärung 48 die Zustellung der ~ ist nicht regelmäßig

Postalisch, -es Versandzertifikat

Postdatieren, die Konnossemente ~
Posten *m* 1 Ihren Auftrag haben wir unter ~ Nr. 524 gebucht 2 Buchungs- 3 Debet- 4 alle Debet- müssen zum Jahresabschluß überprüft werden 5 jeder einzelne ~ der Rechnung 6 in der Sendung fehlte ~ Nr. 6198 7 wir haben Interesse für den Einkauf größerer ~ 8 Haupt- 9 Kompensations- 10 ~ außerhalb des Kontingents 11 Kontingent- 12 Kredit- 13 alle ~ zu gleichen Teilen kürzen 14 derzeit sind diese ~ nicht auf Lager 15 sie beschränkten

mandat-poste; mandat postal 6 ce montant vous a été envoyé par mandat postal international 7 le demandeur peut envoyer/virer les droits par mandat-poste 8 nous vous enverrons ce montant par mandat-poste 9 récépissé postal 10 mettre une lettre à la poste 11 le paiement sera effectué par la poste à votre adresse 12 payer à toutes les agences de la Caisse d'Epargne de l'Etat ou à tous les bureaux de poste 13 facteur 14 par poste aux lettres 15 courrier diplomatique 16 courrier à la rentrée (od. à l'arrivée) 17 le courrier à l'arrivée est réglé sans délai 18 récépissé postal 19 arriver par la poste 20 expédier le colis par poste aérienne 21 envoyer une offre au client par poste aérienne 22 par la poste franco 23 franc de port 24 taxes postales 25 envoyer la copie par courrier normal 26 par le même courrier 27 votre commande est arrivée par le courrier de ce jour 28 carte postale 29 carte postale avec réponse payée (RP) 30 l'annulation est arrivée par la poste 31 télégramme en poste restante 32 secteur postal 33 par poste aérienne 34 par le prochain courrier 35 paquet-poste 36 envoyer ... par colis postal 37 veuillez réclamer la lettre auprès de votre bureau de poste 38 guichet (de bureau) de poste 39 ils se sont fait ouvrir un compte (de) chèques postaux (C.C.P.) 40 effectuer un virement par chèque postal 41 boîte postale 315; B.P. 315 42 envoyer toutes notifications ou informations à la banque remettante par le courrier le plus rapide 43 date du cachet de la poste 44 nous vous avons viré DM 500,— par la poste ce jour 45 liste d'expédition postale 46 par retour du courrier 47 déclaration de douane postale 48 la distribution du courrier est irrégulière

certificat postal d'expédition; récépissé postal

postdater les connaissements
1 nous avons enregistré votre commande sous le poste n° 524 2 article, poste, entrée 3 poste (od. compte) débiteur 4 tous les comptes débiteurs doivent être vérifiés en fin d'année (od. pour le bilan de fin d'année) 5 chacune des positions de la facture 6 position n° 6198 manquait dans l'envoi 7 nous nous intéressons à l'achat de postes assez importants 8 poste principal 9 poste de compensation 10 poste hors contingent (od. quota) 11 poste de contingent (od. quota) 12 poste

Posten — Präzision

sich nur auf die **Lager–** 16 **laufende ~** 17 **offene ~** 18 **Rest–** 19 **rot unterstrichener ~** 20 die **~** des Lieferscheins **stimmen** mit der Faktura überein 21 den **~ stornieren** 22 bitte überprüfen Sie Ihr Konto **~** für **~** 23 **vereinbarter ~** 24 **–weise** 25 **Zoll–**

créditeur 13 réduire tous les postes dans la même proportion 14 ces postes ne sont pas en magasin actuellement 15 ils se sont limités uniquement aux postes disponibles en magasin 16 postes courants 17 postes illimités 18 reste 19 poste souligné en rouge 20 les postes du bordereau (od. bon) de livraison sont conformes à la facture 21 annuler une entrée 22 veuillez vérifier votre compte poste par poste 23 poste convenu 24 par postes 25 article de tarif douanier

Postwendend, 1 Muster **~ absenden** 2 **~ akzeptieren** 3 **–e Antwort** 4 wir werden Sie darüber **~ benachrichtigen** 5 den Empfang des Briefes **~ bestätigen**

1 expédier des échantillons par retour du courrier 2 accepter immédiatement 3 réponse par retour du courrier 4 nous vous en informerons par retour du courrier 5 confirmer la réception de la lettre par retour du courrier

Präferenz f 1 **Zoll–** 2 falls kein **–zollsatz** vorgesehen ist
Präjudiz n **ohne ~**
Praktisch, 1 **–e Anwendung** 2 eine Konkurrenz ist **~ ausgeschlossen** 3 **–e Kenntnisse**
Prämie f 1 **angemessene ~** 2 **Ausfuhr–** 3 **–n** und **Nebenkosten** zahlen 4 **Umsatz–** 5 die **Versicherungs–**, die sich auf DM 602,40 beläuft, trägt der Kunde 6 **–nzuschlag**

1 tarif douanier préférentiel 2 s'il n'est pas prévu de taux de douane préférentiel
sans préjudice
1 application pratique 2 une concurrence est pratiquement exclue 3 connaissances pratiques
1 prime équitable (od. raisonnable) 2 prime à l'exportation 3 verser les primes et accessoires 4 prime sur le chiffre d'affaires 5 la prime d'assurance d'un montant de DM 602,40 est à la charge du client; la prime d'assurance qui s'élève à DM 602,40 est supportée par le client 6 majoration de prime

Präsentieren, 1 **Dokumente** müssen innerhalb einer angemessenen Zeit nach Ausstellung präsentiert werden 2 Dokumente zur **Zahlung ~**
Präsentierung f 1 Verfalldatum für die **~** der **Dokumente** zwecks Zahlung 2 das Akkreditiv ist **gegen ~** folgender Dokumente fällig
Präsident m **~** der Handels– und Gewerbekammer
Praxis f 1 **Absatz–** 2 in diesem **Fach** habe ich 10 Jahre **~** 3 **Handels–** 4 Kommission für internationale **Handels–** 5 auf der Grundlage der üblichen **Geschäfts–** 6 **in** der **~** hat es sich nicht bewährt 7 **nach** der bisherigen **~** halten wir es für richtig 8 die **übliche ~** ist . . .

1 les documents doivent être présentés dans un délai raisonnable après leur établissement 2 présenter des documents pour paiement
1 date d'échéance (od. d'expiration) de la présentation des documents pour le paiement 2 l'accréditif est payable sur présentation des documents suivants
Président de la Chambre de Commerce et de l'Industrie
1 pratique de vente 2 j'ai 10 années d'expérience pratique dans ce domaine 3 pratique commerciale (od. du commerce) 4 Commission pour la Pratique Commerciale Internationale 5 sur la base de la pratique usuelle (od. habituelle) dans les affaires 6 cela n'a pas donné de bons résultats dans la pratique 7 suivant la pratique utilisée jusqu'à présent nous jugeons bon de (od. nous considérons comme correct) 8 la pratique usuelle est de . . .

Präzis (s.a. Genau) 1 **–e Definition** 2 weil Sie stets **~** in **Zahlung** waren

1 définition précise 2 étant donné que vous étiez toujours ponctuels dans vos paiements

Präzision f (s.a. Genauigkeit) es wird **~**

une précision allant jusque dans les

bis in die kleinsten Einzelheiten **gefordert**
Preis *m* 1 die –e sind **ab** Werk festgesetzt 2 den ~ franko Ihr Hafen auf den ~ franko belgische Grenze **abändern** 3 –**abbau** 4 wir können nicht von unseren –en **abgehen** 5 **abgestufter** ~ 6 –**abkommen** 7 **Abzug** vom Kauf– 8 der ~ gegen Kasse ohne **Abzug** 9 die –e vom 16. März **akzeptieren** 10 **amtlicher** ~ 11 –**analyse** 12 für die Waren diese –e **anbieten** 13 die –e pro Quadratmeter oder pro Stück **anführen** 14 ohne –**angabe** ist das Angebot gegenstandslos 15 die Differenz entstand durch eine unrichtige –**angabe** 16 da wir inzwischen günstigere –**angebote** erhalten haben 17 der **angebotene** ~ ist zu hoch 18 die in –listen und Katalogen **angegebenen** –e verstehen sich ohne Verpackung 19 **angegebener** ~ 20 Einkauf zu **angemessenen** –en 21 den ~ den neuen Konkurrenz–en **angleichen** 22 **annähernder** ~ 23 wir hoffen, daß es uns gelingen wird, die Ware zu einem **annehmbaren** ~ abzusetzen 24 die –e **annehmen** 25 den ~ dem Wunsch des Kunden **anpassen** 26 **Anschaffungs**– 27 weil ein **Ansteigen** der –e erwartet wird 28 –**aufschlag** 29 –**auftrieb** 30 **Auktions**– 31 **außerordentlicher** ~ 32 **Ausgangs**– der Ware 33 einen in Dollar **ausgedrückten** ~ in die betreffende Währung umrechnen 34 zum **Ausnahme**– von DM 68,30 35 **Ausrufungs**– 36 an einem –**ausschreiben** teilnehmen 37 die –e **aussetzen** 38 **Ausverkaufs**– 39 –**basis** 40 Angebot auf der –**basis** cif Ihr Hafen 41 die gute Ernte wird die –e günstig **beeinflussen** 42 die Ware zum alten ~ **berechnen** 43 für Gläser **berechnete** –e 44 –**berichtigung** 45 die –e werden nach der Endkalkulation **bestimmt** 46 die –e **bewegen** sich je nach Größe zwischen DM 5,20 und DM 7,60 47 die –e sind in **Bewegung** 48 **Bezugs**– 49 zu diesem ~ ist es **billig** 50 **Börsen**– 51 **Brutto**– 52 Angebot auf **cif** –**basis** 53 **Clearing**– 54 **deklarierter** ~ 55 Paket mit **deklariertem** ~ 56 **Detail**– 57 –**dokumentation** 58 die Konkurrenz verkauft durchschnittlich zu **doppelten** –en 59 **Dumping**– 60 das stellt eine Form von –**dumping** dar 61 Sie werden schwer mit Ihren –en **durchdringen** 62 **Durchschnitts**– 63 höhere –e **durchsetzen** 64 das bleibt nicht ohne **Einfluß** auf die –e 65 **Einfuhr**– 66 auf

moindres détails est exigée

1 les prix sont fixés départ usine 2 modifier le prix «franco votre port» en «franco frontière belge» 3 réduction des prix 4 nous ne pouvons pas nous écarter de nos prix 5 prix échelonné 6 accord sur les prix 7 déduction sur le prix d'achat 8 le prix net sans escompte 9 accepter les prix du 16 mars 10 prix officiel 11 analyse de prix 12 offrir ces prix pour les marchandises 13 indiquer les prix par mètre carré ou par pièce (od. unité) 14 sans indication de prix l'offre ne peut être considérée (od. est sans objet) 15 la différence est due à une indication erronée du prix 16 étant donné que nous avons reçu des offres de prix plus avantageuses entre-temps 17 le prix offert est trop élevé 18 les prix indiqués dans les listes de prix et les catalogues s'entendent sans emballage 19 prix indiqué 20 achat à des prix raisonnables 21 adapter le prix aux nouveaux prix de la concurrence 22 prix approximatif 23 nous espérons réussir à vendre la marchandise à un prix acceptable 24 accepter les prix 25 adapter le prix au désir du client 26 prix d'acquisition 27 une hausse des prix étant attendue 28 majoration de prix 29 montée des prix 30 prix de vente aux enchères 31 prix spécial 32 prix initial de la marchandise 33 calculer l'équivalent d'un prix exprimé en dollars dans la monnaie respective 34 au prix exceptionnel de DM 68,30 35 prix de démarrage 36 participer à une mise au concours 37 proposer le prix 38 prix de solde 39 base de prix 40 offre sur la base de prix C.A.F. votre port 41 la bonne récolte influencera favorablement les prix 42 facturer la marchandise à l'ancien prix 43 les prix facturés pour des verres 44 correction de prix 45 les prix seront déterminés après le calcul final 46 les prix varient entre DM 5,20 et DM 7,60 en fonction de la taille 47 les prix sont en mouvement 48 prix d'achat 49 à ce prix c'est bon marché 50 prix de bourse 51 prix brut 52 offre sur la base de prix C.A.F. 53 prix clearing 54 prix déclaré 55 colis à valeur déclarée 56 prix de détail 57 documentation de prix 58 la concurrence vend en moyenne à des prix doubles 59 prix dumping 60 cela constitue une forme de dumping de prix 61 il vous sera difficile de faire accepter vos prix 62 prix moyen 63 faire accepter (od.

Preis — Preis

die –e nicht **eingehen** 67 die –e **einhalten** 68 ~ je **Einheit** 69 **Einheits–** 70 **Einheits– –geschäft** 71 über die –e **einig** werden 72 wir können uns bezüglich des –es nicht **einigen** 73 unter dem Vorbehalt der **–einigung** 74 **Einkaufs–** 75 die –e verstehen sich **einschließlich** Provision und Verpackung 76 mit dem –e **einverstanden** sein 77 **Einzelhandels–** 78 **End–** (ou **endgültiger** ~) 79 unsere –e **entsprechen** im Durchschnitt dem –niveau Ihres Landes 80 **entsprechender** ~ 81 **–entwicklung** 82 den ~ **erhöhen** 83 einen um 8% **erhöhen** ~ berechnen 84 allgemein wird eine **–erhöhung** erwartet 85 es wird zu einer **–erhöhung** kommen 86 den ~ **ermäßigen** 87 wir haben den Ausverkauf zu **ermäßigten** –en eröffnet 88 sie beanspruchen eine **–ermäßigung** für die weiteren Lieferungen 89 einen höheren ~ **erreichen** 90 der höchst **erzielbare** ~ ist $ 75,20 91 einen höheren ~ **erzielen** 92 **Erzeugungs–** 93 **Export–** 94 **Fabriks–** 95 **Fakturen–** 96 zu höheren –en **fakturieren** 97 der ~ der Ware ist **gefallen** 98 die –e bleiben **fest** 99 **Fest–** 100 den ~ amtlich **festsetzen** 101 die –e sind ab Werk **festgesetzt** 102 amtlich **festgesetzter** ~ 103 bei **Festsetzung** der –e nehmen Sie auf die starke Konkurrenz Rücksicht 104 **Fix–** 105 die –e verstehen sich **F.O.B.** einschließlich Provision 106 es ist uns unklar, weshalb Sie einen höheren ~ **fordern** als das letzte Mal 107 **–forderungen** 108 **–forschung** 109 **–frage** 110 den Erzeuger nach dem ~ **fragen** 111 die –e sind **franko** Waggon angegeben 112 der ~ versteht sich **frei** Grenze 113 **gebundene** ~ 114 der für eine gleichartige Ware auf dem Inlandsmarkt **geforderte** ~ 115 unsere –e **gelten** nur im Falle einer postwendenden Bestellung 116 die neuen –e **gelten** ab 1. April 117 **gemeingültiger** ~ 118 **Gestehungs–** 119 **–grenze** 120 obere **–grenze** 121 den **Großhandels–** auf Zucker festsetzen 122 **Grund–** 123 **gültiger** ~ 124 **günstiger** ~ 125 **günstigster** ~ 126 **halber** ~ 127 die **Hälfte** des –es ist bei Erteilung der Bestellung zu bezahlen 128 wir bemühen uns, die –e auf der vorjährigen Höhe zu **halten** 129 die –e **halten sich** auf gleicher Höhe 130 **Handels–** 131 die **herabdrücken** 132 den ~ um mehr als 20% **herabsetzen** 133 mit den –en **hinaufgehen/hinuntergehen** 134 die –e **hinauftreiben** 135 **Höchst–** 136 Festsetzung

imposer) des prix plus élevés 64 cela ne restera pas sans influence sur les prix 65 prix d'importation 66 ne pas accepter les prix 67 maintenir (od. respecter) les prix 68 prix par unité 69 prix unitaire; prix unique 70 magasin à prix unique 71 se mettre d'accord sur les prix 72 nous ne pouvons nous mettre d'accord sur le prix 73 sous réserve d'un accord sur le prix 74 prix d'achat 75 les prix s'entendent commission et emballage inclus 76 être d'accord sur le prix 77 prix de détail 78 prix final 79 nos prix correspondent en moyenne au niveau de prix de votre pays 80 correspondant 81 évolution des prix 82 augmenter le prix 83 facturer un prix majoré de 8% 84 une augmentation des prix est généralement attendue 85 une augmentation de prix va certainement arriver 86 réduire le prix 87 nous avons ouvert les soldes à prix réduits 88 ils réclament une réduction de prix pour les livraisons futures 89 obtenir un prix plus élevé 90 le prix le plus élevé pouvant être obtenu est de $ 75,20 91 obtenir un prix plus élevé 92 prix de production (od. fabrication) 93 prix d'exportation 94 prix usine 95 prix (od. valeur) de la facture 96 facturer à des prix plus élevés 97 le prix de la marchandise a baissé 98 les prix restent fermes 99 prix fixe (od. ferme) 100 fixer le prix officiellement 101 les prix sont fixés départ usine 102 prix fixé officiellement 103 veuillez tenir compte de la forte concurrence en fixant les prix 104 prix fixe 105 les prix s'entendent f.o.b. commission comprise 106 nous ne comprenons pas pourquoi vous demandez un prix plus élevé que la dernière fois 107 demandes de prix 108 recherche en matière de prix; exploration des prix 109 question de prix; affaire de prix 110 demander le prix au producteur 111 les prix sont indiqués franco wagon 112 le prix s'entend franco frontière 113 réglementés 114 le prix demandé pour une marchandise similaire sur le marché intérieur 115 nos prix ne sont valables que dans le cas d'une commande par retour du courrier 116 les nouveaux prix entrent en vigueur le 1ᵉʳ avril 117 prix commun 118 prix de revient 119 limite des prix 120 plafond des prix 121 fixer le prix de gros pour le sucre 122 prix de base 123 prix en vigueur 124 prix avantageux 125 prix le plus avantageux 126 moitié-prix 127 la moitié du prix est

von **Höchst**–en 137 Maßnahmen zur Festsetzung von **Höchst**–en 138 der höchste ~ (s.a. Höchstpreis) 139 **hoher ~** 140 die –e sind um 5% höher als die heutigen Weltmarkt–e 141 wir haben **höhere** –e durchgesetzt 142 Waren **im ~** von FF 162,10 143 Provision muß **in dem ~** einkalkuliert werden 144 Ihre Provision ist in den –en **inbegriffen** 145 im ~ ist die Fracht nicht **inbegriffen** 146 **–index** 147 **informativer ~** 148 **Inlands-** 149 **–intervention** 150 **~ je** Einheit 151 um **jeden ~** 152 um **jeden ~** kaufen/verkaufen 153 **–kalkulation** 154 unsere –e wurden wirklich äußerst niedrig **kalkuliert** 155 die –e werden aufs neue **kalkuliert** 156 bei der **–kalkulation** vergessen Sie nicht, die starke Konkurrenz zu berücksichtigen 157 **–kartell** 158 **Katalog–** 159 **Kauf–** 160 um **keinen ~** 161 **–klausel** 162 **Konkurrenz–** 163 Ihre –e sind **konkurrenzfähig** 164 **konkurrenzloser ~** 165 **konkurrenzunfähiger ~** 166 ihre –e **konkurrieren** stark den unsrigen 167 **–konzession** 168 **Laden–** 169 **–lage** 170 in jeder **–lage** 171 **laufender ~** 172 **~** laut Faktura 173 **–lenkung** 174 **letzter ~** 175 zu diesem **~** könnten wir Ihnen die Ware nicht **liefern** 176 **–limit** 177 die –e sind um 4,5% über/unter unserem **Limit** 178 **–liste** 179 **Listen–** 180 **Markt–** 181 **marktgerechter ~** zur Zeit und am Ort der Verladung 182 **mäßiger ~** 183 **Maximal–** 184 **Minimal–** 185 **Monopol–** 186 **–nachlaß** 187 Ihre –e **nähern** sich denen der Konkurrenz 188 **Netto–** 189 zu einem ausnahmsweise **niedrigen** –e 190 **niedrigster ~** 191 unter dem Niveau der Welt–e 192 **Normal–** 193 **~ ohne** Fracht 194 **Optimal–** 195 **ortsüblicher ~** 196 **Pauschal–** 197 **~ per** kg/Stück 198 **–politik** 199 **~ pro** Quadratmeter 200 **~ der** Ware **pro** Einheit 201 **~ bei Ratenzahlung** 202 **Rechnungs–** 203 **–regelung** 204 **Regie–** 205 empfohlener **Richt–** 206 die –e **richten** sich nach der Ausführung 207 ohne **Rücksicht** auf den **~** 208 **Saison–** 209 **Schätzungs–** 210 die –e werden einige Zeit **schwanken** 211 **–schwankungen** 212 **Schwarz–** 213 zu den**selben** –en anbieten 214 **Selbstkosten–** 215 mit Rücksicht auf die **–senkung** 216 fortschreitende **–senkung** 217 **Sonder–** 218 die –e sind in ständigem **Steigen** begriffen 219 **steigender ~** 220 die Material–e sind ge**stiegen** 221 **–stopp** 222 **Stück–**

payable lors de la notification de la commande 128 nous nous efforçons de maintenir les prix au niveau de l'année dernière 129 les prix se maintiennent au même niveau 130 prix commercial 131 faire baisser les prix 132 réduire le prix de plus de 20% 133 augmenter/diminuer les prix 134 faire escalader les prix 135 prix plafond; prix maximum 136 fixation de prix plafonds 137 dispositions pour la fixation de prix plafonds 138 prix maximum 139 prix élevé 140 les prix sont supérieurs de 5% aux prix actuels du marché mondial 141 nous n'avons pu faire accepter les prix supérieurs 142 des marchandises au prix de FF 162,10 143 le prix doit être calculé commission comprise 144 votre commission est comprise dans les prix 145 le frêt n'est pas compris dans le prix 146 indice des prix 147 prix à titre d'information 148 prix intérieur 149 soutien des prix 150 prix par unité 151 à tout prix 152 acheter/vendre à tout prix 153 calcul des prix 154 nos prix ont réellement été calculés aussi bas que possible 155 les prix seront recalculés (od. revisés) 156 n'oubliez pas de tenir compte de la forte concurrence en calculant les prix 157 cartel des prix 158 prix de catalogue 159 prix d'achat 160 à aucun prix 161 clause de prix 162 prix de concurrence 163 vos prix sont compétitifs 164 prix sans concurrence 165 prix non compétitif 166 leurs prix sont en forte concurrence avec les nôtres 167 concession de prix 168 prix de détail 169 situation des prix 170 dans toute la gamme de prix 171 prix courant 172 prix suivant facture 173 réglementation des prix 174 dernier prix 175 nous ne pourrions pas vous livrer la marchandise à ce prix 176 limite de prix 177 les prix sont supérieurs/inférieurs de 4,5% à notre limite 178 liste de prix 179 prix de catalogue 180 prix de marché 181 prix conforme au marché à la date et au lieu du chargement 182 prix modéré 183 prix maximum 184 prix minimum 185 prix de monopole 186 remise de prix 187 vos prix s'approchent de ceux de la concurrence 188 prix net 189 à un prix exceptionnellement bas 190 prix le plus bas 191 en dessous du niveau des prix mondiaux 192 prix normal 193 prix sans fret 194 prix optimal 195 prix local 196 prix forfaitaire 197 prix par kg/l/pièce 198 politique des prix 199 prix par mètre carré 200 prix de la marchan-

223 –sturz 224 jede Form von –stützung 225 die –e sind unter das vorjährige Niveau gesunken 226 –tabelle 227 Tages– 228 –tarif 229 Teil des Verkaufs–es 230 die –e weisen eine fallende/steigende Tendenz auf 231 –träger 232 den ~ in die Höhe treiben 233 –treiberei 234 –trend 235 Übernahme– 236 wir haben Ihre –e überprüft 237 übertriebener ~ 238 –überwachung 239 –überwachungsstelle 240 unerhörter ~ 241 den Hauptfaktor bildet die –unsicherheit 242 tief unter dem ~ 243 unter dem ~ kaufen 244 den Überschuß den Kunden unter den Markt–en zur Verfügung stellen 245 die –e unterscheiden sich je nach der Ausführung 246 die Dumpingspanne ist der festgestellte –unterschied 247 unverbindlicher ~ 248 unsere Erzeugnisse sind zu den ursprünglichen –en zu erhalten 249 verbindlicher ~ 250 inländischer Verbrauchs– im Exportland 251 Verbraucher– 252 vereinbarter ~ 253 vergleichbarer ~ einer im normalen Handelsverkehr zur Ausfuhr nach Belgien bestimmten gleichartigen Ware 254 wollen Sie bitte unsere –e mit denen der Konkurrenz vergleichen 255 –verhandlungen 256 Verkaufs– an den Käufer 257 verlangter ~ 258 Verlust– 259 der ~ versteht sich einschließlich Fracht 260 Vertrags– 261 vorläufiger ~ 262 Waren– 263 –e entsprechen den Welt–en 264 preiswert 265 Wettbewerbs– 266 wirklicher ~ 267 Ihre –e sind im ganzen zufriedenstellend 268 –zugeständnis 269 zum ~ von FF 6,25 270 der ~ der Ware ist zurückgegangen 271 zusagender ~ 272 –zuschlag

dise par unité 201 prix de vente à tempérament 202 prix (od. valeur) de la facture 203 règlementation des prix; règlement en matière de prix 204 prix de régie 205 prix indicatif; prix pilote; prix recommandé 206 les prix dépendent du type (od. modèle; de l'exécution) 207 sans considération du prix 208 prix de saison 209 prix estimatif 210 les prix vont fluctuer pendant quelque temps 211 fluctuations de prix 212 prix du marché noir 213 offrir aux mêmes prix 214 prix de revient 215 compte tenu de la réduction des prix 216 réduction progressive des prix 217 prix spécial 218 les prix sont en hausse permanente 219 prix en hausse 220 les prix matières ont augmenté 221 blocage des prix 222 prix par pièce 223 chute des prix 224 toute forme de soutien des prix 225 les prix sont passés en dessous du niveau de l'année dernière 226 tableau des prix 227 prix du jour 228 barème des prix 229 partie du prix de vente 230 les prix montrent une tendance à la baisse/à la hausse 231 lauréat 232 faire monter les prix 233 hausse abusive (des prix) 234 tendance des prix 235 prix d'acquisition; prix contractuel 236 nous avons examiné (od. vérifié) vos prix 237 prix exagéré (od. exorbitant) 238 surveillance des prix 239 service de surveillance des prix 240 prix incroyable 241 l'incertitude des prix constitue le facteur principal 242 bien en dessous du prix 243 acheter en dessous du prix 244 mettre le surplus à la disposition des clients en dessous des prix du marché usuels 245 les prix varient en fonction du type (od. modèle; de l'exécution) 246 la marge de dumping constitue la différence de prix convenue 247 prix sans engagement 248 nos produits peuvent être obtenus aux prix initiaux 249 prix ferme 250 prix de consommation intérieur dans le pays d'exportation 251 prix du consommateur 252 prix convenu 253 prix comparable d'une marchandise similaire destinée à l'exportation en Belgique en trafic commercial normal 254 veuillez comparer nos prix à ceux de la concurrence 255 négociation de prix 256 prix de vente à l'acheteur 257 prix demandé 258 prix à perte 259 le prix s'entend frêt compris 260 prix du contrat (od. contractuel) 261 prix provisoire 262 prix des marchandises 263 les prix sont conformes aux prix du marché mondial 264 bon marché; à bon marché 265

Preisliste *f* 1 die letzten –n **beschaffen** 2 **detaillierte** ~ 3 wir werden Ihnen für die **Einsendung** Ihrer –n sehr verbunden sein 4 für Ihre Anfrage vom 6. Dezember danken wir Ihnen und erlauben uns, Ihnen unseren Katalog sowie ~ über elektrische Rasierapparate **ein**zusenden 5 wir senden Ihnen unsere –n zur **Einsicht** 6 die Liefer- und Zahlungsbedingungen sind in der ~ **enthalten** 7 auf **Grund** Ihrer ~ bestellen wir ... 8 Preis **laut** ~ 9 letzte/neueste ~

Presse *f* 1 –agentur 2 –ausschnitt 3 –bericht 4 –büro 5 einen –**empfang** geben 6 –**kampagne** 7 –konferenz 8 letzte –nachrichten

Prinzip *n* 1 auf der **Grundlage** des –s der Gleichberechtigung und gegenseitiger Begünstigungen 2 **im** ~ handelt es sich darum ... 3 es **ist** unser ~, daß ... 4 ein ~ **verletzen**
Prinzipiell, 1 –e **Frage** 2 aus –en Gründen 3 –er Unterschied

Privat-, 1 –angelegenheit 2 –eigentum 3 –investition 4 –kode 5 privates **Lagerhaus** 6 –quartier 7 private **Rechnung** 8 privater **Wohnort**
Probe *f* (s.a. Muster, Prüfung) 1 auf ~ bestellen 2 –auftrag 3 –**bestellung** 4 die ~ wurde in Gegenwart von Zeugen **durchgeführt** 5 eine Serie probeweise **erzeugen** 6 –**exemplar** 7 probefest 8 –**frist** 9 –gang einer Maschine 10 –**geschäft** 11 auf ~ **kaufen** 12 auf Wunsch können wir Ihnen verschiedene **Muster**-n einsenden 13 Kauf nach ~ 14 **Stich**–n machen 15 eine ~ **Tabak** einsenden 16 **Waren**– 17 –zeit 18 –n ziehen

Problem *n* 1 neue –e können **auftauchen** 2 wir müssen mit diesem ~ **fertig** werden 3 **Grund**– 4 wir müssen schwerwiegende –e **lösen** 5 niemals **standen** wir

prix compétitif **266** prix réel **267** vos prix sont satisfaisants dans l'ensemble **268** concession en matière de prix **269** au prix de FF 6,25 **270** le prix de la marchandise a baissé **271** prix convenable **272** majoration de prix
1 se procurer les dernières listes de prix 2 liste de prix détaillée 3 nous vous serions très obligés de nous envoyer vos listes de prix 4 nous vous remercions de votre demande du 6 décembre et nous permettons de vous envoyer notre catalogue ainsi que la liste des prix de rasoirs éléctriques 5 nous vous envoyons nos listes de prix pour examen 6 les conditions de livraison et de paiement figurent dans la liste de prix 7 conformément à votre liste de prix nous commandons ... 8 prix suivant liste; prix suivant catalogue 9 dernière liste de prix; liste de prix la plus récente

1 agence de presse 2 coupure de presse 3 rapport de presse 4 agence de presse 5 tenir une conférence de presse 6 campagne de presse 7 conférence de presse 8 dernières nouvelles de presse

1 sur la base du principe de l'égalité des droits et des faveurs réciproques 2 en principe il s'agit de ... 3 nous tenons au principe que ... 4 violer un principe
1 question de principe 2 pour des raisons de principe 3 différence fondamentale; différence de principe

1 affaire privée 2 propriété privée 3 investissement privé 4 code privé 5 magasin privé 6 logement privé 7 facture privée 8 domicile privé
1 commander pour essai (od. examen) 2 commande à titre d'essai 3 commande à titre d'essai 4 l'essai a été effectué en présence de témoins 5 produire une série à titre d'essai 6 spécimen 7 éprouvé 8 délai d'essai 9 essai de fonctionnement d'une machine 10 affaire à titre d'essai 11 acheter à titre d'essai (od. pour essai) 12 sur demande nous pouvons vous envoyer divers échantillons 13 achat suivant échantillons 14 prélever (od. prendre) des échantillons au hasard 15 envoyer un échantillon de tabac 16 échantillon de marchandises 17 temps (od. période) d'essai (od. d'épreuve) 18 prendre (od. prélever) des échantillons

1 de nouveaux problèmes peuvent apparaître 2 nous devons venir à bout de ce problème 3 problème de base (od. fondamental) 4 nous devons résoudre de

vor so ernsten –en wie heute

Produkt *n* (s.a. Erzeugnis) 1 –en**börse** 2 **heimisches** ~
Produktion *f* 1 reibungsloser **Ablauf** der ~ 2 –s**abschnitt** 3 –s**abteilung** 4 die ~ einer veränderten Marktlage **anpassen** 5 das wesentliche **Ansteigen** der ~ macht es erforderlich, daß wir ... 6 ~ von Schuhen **aufnehmen** 7 –s**ausfall** 8 bemühen Sie sich, die ~ in der festgesetzten Frist zu **beenden** 9 man rechnet damit, daß die ~ ungefähr in einem Monat wieder **beginnen** könnte 10 –s**beschränkung** 11 –s**betrieb** 12 wir wollen eine neue ~ **einführen** 13 die ~ wurde infolge einer Rekonstruktion vorübergehend **eingeschränkt** 14 Ihre Bestellung werden wir noch in unsere ~ **einreihen** 15 **Einschränkung** der ~ und des Absatzes 16 so bald wie möglich werden wir Ihre Bestellung in die ~ **einsetzen** 17 die ~ einstweilig **einstellen** 18 –s**fach** 19 die ~ kann nicht **fortgesetzt** werden, solange ... 20 die bestellten Waren in ~ **geben** 21 unsere ~ ist durch Aufträge **gedeckt** 22 **Industrie**– 23 die **Inlands**– dieser Ware ist verhältnismäßig geringfügig 24 –s**kapazität** 25 –s**kosten** 26 ~ am **laufendem Band** 27 –s**leiter** 28 –s**lenkung** 29 infolge einer wirksamen –s**lenkung** 30 –s**methode** 31 **Mindest**– 32 **Neben**– 33 –s**programm** 34 –s**prozeß** 35 **Serien**– 36 die ~ **steigern** 37 **Steigerung** der ~ 38 –s**steuerung** 39 **Tages**– 40 –s**überschüsse** 41 –s**umfang** 42 –s**unterlagen** 43 –s**verluste** 44 **Welt**– 45 –s**zweig**

Produktivität *f* die **Schwankungen** in der ~
Produzent *m* s. Erzeuger und Hersteller
Profil *n* wir bemühen uns, dieses **enge** ~

graves problèmes; nous avons à faire face à de graves problèmes 5 jamais nous n'avons eu à faire face à des problèmes aussi graves qu'aujourd'hui
1 bourse des produits naturels (od. agricoles) 2 produit local
1 déroulement régulier de la production 2 tranche de production; secteur de production 3 division de la production 4 adapter la production à une situation changée du marché 5 l'augmentation considérable de la production exige que nous ... 6 lancer la production de chaussures 7 perte de production 8 veuillez vous efforcer de terminer la production dans le délai imparti 9 on s'attend à ce que la production puisse reprendre dans un mois environ 10 restriction de production 11 usine de production; atelier de production 12 nous voulons introduire une nouvelle production 13 la production a été limitée temporairement à la suite d'une reconstruction 14 nous allons encore introduire votre commande dans notre production 15 limitation de la production et de la vente 16 nous allons mettre votre commande en fabrication dès que possible 17 arrêter temporairement la production 18 secteur de production 19 la production ne peut être poursuivie tant que ... 20 mettre les marchandises commandées en fabrication 21 notre production est couverte par des commandes 22 production industrielle 23 la production nationale de cette marchandise est relativement faible 24 capacité de production 25 frais de production 26 production à la chaîne 27 le chef de (la) production; directeur (du service) de production 28 contrôle de la production; planning de production 29 du fait d'un contrôle efficace de la production 30 méthode de production 31 production minimum 32 production accessoire (od. secondaire) 33 programme de production 34 processus de production 35 production en série 36 augmenter la production 37 augmentation de la production 38 contrôle de la production 39 production journalière 40 excédents de production 41 volume de la production 42 documentation de production 43 pertes de production 44 production mondiale 45 branche de production
les fluctuations dans la productivité

nous nous efforçons d'éliminer ce gou-

zu beheben
Pro-forma-Rechnung *f* (s.a. Faktura, Rechnung) **senden** Sie uns bitte die ~ auf Anzüge zweifach
Programm *n* 1 **Arbeits**– 2 wir werden alles daransetzen, um das festgesetzte ~ **einzuhalten** 3 Durchführung des wirtschaftlichen **Entwicklungs**–es 4 lineare –ierung 5 **Produktions**– 6 **–punkt** 7 **Reise**– 8 wir erlauben uns, Sie mit unserem jetzigen **Verkaufs**– bekanntzumachen

Programmgemäß, die Montage **verläuft** ~

Projekt *n* 1 das ~ für eine Fabrikhalle **ausarbeiten** 2 das ~ wurde zur **Genehmigung** vorgelegt
Prokura *f* per ~ **zeichnen**
Prokurist *m* der ~ **zeichnet** ppa
Prolongation *f* s. Verlängerung
Prompt, 1 –es Angebot 2 –e **Erledigung** 3 –es **Geschäft** 4 –e **Lieferung** 5 zur –en **Verladung** 6 –e **Zahlungsweise**

Proportion *f* s. Verhältnis
Proportionell, 1 –e **Entschädigung** 2 die Mengen ~ in allen Posten bis zur vollen Ausnützung der Lizenz **erhöhen**

Prospekt *m* 1 wir werden der Sendung auch –e **beifügen** 2 nach **Durchsicht** Ihres –es über ... 3 aus den –en **erkennen** Sie, wie ... 4 **Falt**– 5 zu Ihrer **Information** haben wir unseren ~ beigelegt 6 den ~ **interessant** finden 7 die betreffenden –e sind im Augenblick **vergriffen** 8 aus den eingesandten –en können Sie sich mit unseren Erzeugnissen **vertraut** machen 9 bezüglich der Einzelheiten **verweisen** wir Sie auf unseren ~

Protest *m* 1 der ~ mangels **Annahme** 2 ~ **aufnehmen** 3 wir haben dagegen scharfen ~ beim Ministerium **eingereicht** 4 wir müssen gegen Ihre Handlungsweise entschieden ~ **erheben** 5 **Wechsel**– erheben 6 ~ mangels **Zahlung**

Protestieren, 1 wir müssen **dagegen** ~, daß ... 2 wir ~ **gegen** die Berechnung der eingesandten Muster 3 den **Wechsel** mangels Annahme/Zahlung ~

Protokoll *n* 1 über die Überprüfung wurde ein ~ **abgefaßt** 2 amtliches ~ 3 im ~

lot d'étranglement
veuillez nous adresser en double exemplaire la facture pro forma relative aux vêtements
1 programme de travail 2 nous ferons tout notre possible pour respecter le programme fixé 3 réalisation du programme de développement économique 4 programmation linéaire 5 programme de production (od. fabrication) 6 point du programme 7 itinéraire 8 nous nous permettons de vous faire connaître notre programme de vente actuel
le montage se déroule suivant le programme

1 élaborer le projet (de construction) d'un hangar d'usine 2 le projet a été soumis pour approbation
signer par procuration
le fondé de procuration signe pp

1 offre (pour livraison) immédiate 2 exécution prompte 3 affaire au comptant 4 livraison prompte 5 pour chargement immédiat 6 paiement prompt

1 indemnité proportionelle 2 augmenter proportionnellement les quantités dans tous les postes jusqu'à l'exploitation complète de la licence
1 nous allons joindre également des prospectus à l'envoi 2 après examen de votre prospectus concernant ... 3 vous pourrez voir dans les prospectus de quelle façon ... 4 dépliant 5 nous avons joint notre prospectus pour votre information 6 trouver le prospectus intéressant 7 les prospectus en question ne sont plus disponibles pour le moment 8 les prospectus que nous vous avons envoyés vous permettront de vous mettre au courant de nos produits 9 pour les détails, nous vous demandons de vous référer à notre prospectus
1 le protêt faute d'acceptation 2 faire une protestation 3 nous avons introduit une protestation sévère à ce sujet auprès du ministère 4 nous devons protester énergiquement contre votre façon d'agir 5 protester une traite; faire protêt contre une traite 6 protêt faute de paiement
1 nous devons protester contre (le fait que) ... 2 nous protestons contre la facturation des échantillons que vous nous avez envoyés 3 protester la traite faute d'acceptation/de paiement

1 un procès-verbal a été établi sur la contrôle 2 procès-verbal officiel 3 aucune

Protokoll — Prozent

ist es überhaupt nicht **angeführt** 4 ein ~ über die Verhandlung **aufnehmen** 5 ~ über **Befundaufnahme** 6 **diplomatisches** ~ 7 aus dem ~ ist nicht **ersichtlich**, daß ... 8 **geben** Sie zu ~, daß ... 9 das Amts– wurde in **Gegenwart** von beiden Parteien ausgefertigt 10 **Gerichts**– 11 **Havarie**– 12 über die **Kontrolle** wurde ein ~ aufgenommen 13 **Nachtrags**– 14 **Prüfungs**– 15 ~ über die **Satzung** der Europäischen Investitionsbank 16 das ~ über einen **Schaden** aufnehmen 17 **Schluß**– 18 es ist im **Sitzungs**– enthalten 19 lassen Sie ein amtliches ~ über den **Stand** der Ware aufnehmen 20 **Übergabe**– 21 über die **Verhandlungen** wurde ein ~ aufgenommen 22 ~ über **Waren**austausch und Zahlungsverkehr 23 **Zusatz**–

mention n'en est faite dans le procès--verbal 4 dresser un procès-verbal sur les négociations 5 procès-verbal de constat 6 protocole diplomatique 7 le procès--verbal ne fait pas ressortir que ... 8 inscrivez (od. faites inscrire) au procès--verbal que ... 9 le procès-verbal officiel a été établi en présence des deux parties 10 procès-verbal de (od. du) tribunal 11 procès-verbal d'avarie 12 le contrôle a fait l'objet d'un procès-verbal 13 procès-verbal complémentaire (od. additionnel) 14 procès-verbal d'examen 15 procès-verbal relatif au statut de la Banque Européenne d'Investissement 16 établir le procès-verbal d'un dommage 17 procès-verbal final 18 cela figure dans le compte rendu de la réunion 19 veuillez faire établir un procès-verbal officiel sur l'état d'avancement (od. la situation) de la marchandise 20 procès-verbal de remise 21 les négociations ont fait l'objet d'un procès-verbal 22 protocole sur les échanges commerciaux et le trafic des paiements 23 procès-verbal complémentaire

Provision *f* 1 **Abmachung** über ~ 2 die ~ am Ende eines jeden Halbjahres **abrechnen** 3 –s**abrechnung** 4 **Agenten**– 5 **Akquisitions**– 6 **Ankaufs**– von 8% 7 Ihr **Anspruch** auf ~ entsteht, sobald ... 8 **ausgezahlte** ~ 9 **Bank**– 10 der ~ **beträgt** 5% 11 der Rest der ~ muß mit Waren gedeckt werden 12 die ~ darf in die Kalkulation nicht **einbezogen** werden 13 **Einkaufs**– 14 die Preise verstehen sich **einschließlich** ~ 15 Ihre ~ ist schon in den Preisen **eingeschlossen** 16 wir sind mit einer ~ von 3% **einverstanden** 17 von allen durch Ihre Vermittlung abgeschlossenen Geschäften **erhalten** Sie eine ~ in Höhe von 6% vom Nettobetrag 18 wir verlangen eine **Erhöhung** der ~ um 1% 19 **geheime** ~ 20 6% ~ **gewähren** 21 die ~ entsprechend **herabsetzen** 22 **Netto**– 23 **geteilte** ~ 24 die ~ wird **überwiesen**, sobald ... 25 **übliche** ~ 26 ~ vom **Umsatz** 27 **Verkaufs**– 28 **zurückgehaltene** ~ 29 die ~ wird Ihnen nur von Geschäften **zustehen**, die ...

1 arrangement sur les commissions 2 liquider la commission à la fin de chaque semestre 3 liquidation de la commission 4 commission d'agent 5 commission sur l'acquisition 6 commission d'achat de 8% 7 votre droit à une commission prend naissance dès que ... 8 commission payée 9 commission de banque 10 la commission s'élève à 5% 11 le reste de la commission doit être couvert par des marchandises 12 le calcul ne doit pas tenir compte de la commission 13 commission d'achat 14 les prix s'entendent commission comprise 15 votre commission est déjà comprise dans le prix 16 nous sommes d'accord pour une commission de 3% 17 sur toutes les affaires conclues par votre intermédiaire vous recevez une commission de 6% du montant net 18 nous demandons une augmentation de la commission de 1% 19 commission secrète 20 accorder 6% de commission 21 réduire la commission en conséquence 22 commission nette 23 commission partagée 24 la commission sera virée dès que ... 25 commission usuelle (od. normale) 26 commission sur le chiffre d'affaires 27 commission de vente 28 commission retenue 29 la commission ne vous sera due que sur des affaires qui ...

Prozent *n* 1 den –**anteil** der besonderen Bestandteile des Ausgangspreises dar-

1 représenter le pourcentage des éléments constitutifs particuliers du prix initial

stellen 2 im **Ausmaß** von 95% 3 den Plan zu 100% **erfüllen** 4 ein Zoll von 25% wird für Verbrauchsgüter **erhoben** 5 den Preis um mehr als 20% **herabsetzen** 6 –**satz** 7 ein großer –**satz** der Besucher 8 wir **überschreiten** die Zuteilung um 10%

Prozentual, –e Anteile am Gesamtaußenhandel

Prozeß *m* 1 wir möchten es nicht auf einen ~ **ankommen** lassen 2 **Arbeits–** 3 mit einen ~ **drohen** 4 einen ~ **führen** 5 die –**führung** wurde unserem Rechtsvertreter anvertraut 6 **Herstellungs–** 7 gleichzeitig wurden uns sämtliche –**spesen** zuerkannt

Prüfen, 1 ... **gründlich** ~ 2 die Inkasso-Bank ist nicht verpflichtet, die **Handelspapiere** zu ~

Prüfung *f* 1 Kontrolle und **Abnahme–** 2 **Betriebs–** 3 die ~ wurde in Abwesenheit des Herrn Lie **durchgeführt** 4 **erweist** sich bei der ~ die Maschine als mangelhaft 5 **gutachtliche** ~ 6 der Verkäufer trägt alle **Kosten** der in seinem Werk durchgeführten –en 7 bei **näherer** ~ 8 –**sprotokoll** 9 nach **sorgfältiger** ~ der Angelegenheit sind wir zum Schluß gekommen, daß ... 10 –en, **wie** Messen, Wiegen und Zählen

Punkt *m* 1 wir sind **auf** dem –e, unsere Bestellung zu stornieren 2 ~ für ~ **behandeln** 3 **Berührungs–** 4 nur die wesentlichsten –e **besprechen** 5 **das** ist der ~ 6 bis zum letzten ~ **erfüllen** 7 auf den **Haupt–** losgehen 8 **heikler** ~ 9 **im** –e der Zahlung ist er nicht besonders verläßlich 10 **in** diesem –e 11 **Kern–** 12 **kritischer** ~ 13 **Programm–** 14 **Streit–** 15 die Verhandlungen befinden sich auf dem **toten** –e 16 in diesem –e können wir mit Ihnen nicht **übereinstimmen** 17 laut Bestimmung des –es 6 des **Vertrages** 18 **wesentliche** –e 19 im **Zeit–** der Einfuhr

Pünktlich, 1 alles ~ und rechtzeitig **erledigen** 2 bisher war Ihre Firma als –er **Zahler** bekannt

2 à concurrence de 95% 3 remplir le programme à 100% 4 un droit de douane de 25% est levé (od. perçu) pour les marchandises (od. articles) de consommation 5 réduire le prix de plus de 20% 6 taux de pourcentage 7 une grande partie des visiteurs; un fort pourcentage des visiteurs 8 nous dépassons de 10% l'allocation

pourcentage sur le total du commerce extérieur

1 nous ne voudrions pas risquer un procès (od. aller jusqu'au tribunal) 2 processus de travail 3 menacer d'un procès 4 conduire un procès 5 la procédure a été confiée à notre représentant juridique 6 processus de fabrication 7 en même temps tous les frais de la procédure nous ont été adjugés

1 examiner à fond ... 2 la banque de recouvrement (od. d'encaissement) n'est pas obligée de vérifier les documents commerciaux

1 contrôle et épreuve de recette 2 examen fiscal de l'entreprise; vérification de la gestion de l'entreprise 3 le contrôle a été effectué en absence de M. Lie 4 si la machine s'avérait défectueuse lors du contrôle 5 expertise 6 le vendeur supporte tous les frais des examens effectués dans son usine 7 lors d'un examen plus approfondi 8 procès-verbal d'examen 9 après un examen scrupuleux (od. approfondi) de cette affaire nous sommes arrivés à la conclusion que ... 10 des vérifications telles que le mesurage, le pesage et le comptage

1 nous sommes sur le point d'annuler notre commande 2 traiter (un sujet) point par point 3 point de contact 4 ne discuter que les points essentiels 5 voilà le point délicat 6 remplir jusqu'au dernier point 7 viser directement le point crucial (od. entrer directement dans le sujet) 8 point délicat 9 du point de vue paiement il n'est pas particulièrement sûr 10 à ce sujet; dans ce domaine 11 points cruciaux 12 point critique 13 point du programme 14 point litigieux 15 les négociations en sont au point mort 16 nous ne pouvons pas vous donner notre accord (od. être d'accord avec vous) sur ce point (od. sujet) 17 suivant les dispositions du point 6 du contrat 18 points essentiels 19 au moment de l'importation

1 régler le tout ponctuellement et en temps voulu 2 jusqu'à présent, votre firme était connu pour la ponctualité de ses paiements

Q

Quai *m* s. Kai
Qualität *f* 1 streng auf einwandfreie ~ achten 2 ähnliche ~ 3 Resultat der ~sanalyse 4 wir könnten Ihnen eine **andere** ~ anbieten 5 wir bitten, uns alle Sorten von Nadeln in allen möglichen ~en **anzubieten** 6 **anerkannte** ~ 7 es fehlen eingehende **Angaben** über ~ 8 **annehmbare** ~ 9 ~sarbeit 10 **Ausfuhr**– 11 **ausgezeichnete** ~ 12 **Auswahl**– 13 ohne Beeinträchtigung der ~ 14 sich über die schlechtere ~ **beklagen** 15 –s**bescheinigung** 16 der Kunde **beschwert** sich über die ~ der gelieferten Ware 17 Ware **besserer** ~ 18 die ~ hat sich wieder **gebessert** 19 **beste** ~ 20 die Muster sind anscheinend von **bester** ~ 21 erst nach der **Billigung** der ~ 22 gute **Durchschnitts**– 23 der Käufer erhebt **Einwände** gegen die ~ 24 **entsprechende** ~ 25 die ~ **entspricht** unseren Anforderungen 26 die ~ unserer Maschinen wird durch spezielle Technologie **erhöht** 27 die Konkurrenzerzeugnisse **erreichen** nicht dieselbe ~ wie die unseren 28 die Ware ist von **erstklassiger** ~ 29 –s**erzeugnisse** 30 **Export**– 31 wir **garantieren** Ihnen die ~ 32 die Waren– hat durch schlechte Verpackung **gelitten** 33 Ware **geringerer** ~ 34 unsere Waren kommen hinsichtlich ihrer ~ den teuersten **gleich** 35 laut des –s**fachgutachtens** 36 **gute** ~ 37 –s**klasse** 38 **Konsum**– 39 –s**kontrolle** 40 die ~ des verwendeten Materials durch ihre bevollmächtigten Vertreter **kontrollieren** lassen 41 in der besten ~ **liefern** 42 **mangelhafte** ~ 43 **Markt**– 44 **minderwertige** ~ 45 **minderwertigste** ~ 46 **mittlere** ~ 47 Ware **mittlerer** ~ 48 –s**muster** 49 –s**norm** 50 **Normen** hinsichtlich ~ und Leistung durchsetzen 51 die schlechte ~ der Lieferung **reklamieren** 52 **schlechte** ~ 53 der Artikel Nr. 415 ist von äußerst **schlechter** ~ 54 die ~ der gelieferten Ware ist offensichtlich **schlechter** als das Muster 55 **schlechteste** ~ 56 **sortierte** ~ 57 **stabilisierte** ~ 58 **Standard**– 59 **tadellose** ~ 60 die ~ wird von einem Fachmann **überprüft** 61 diese ~ **übertrifft** die der Konkurrenzerzeugnisse 62 –s**überwachung** 63 **übliche** ~ 64 **unterdurchschnittliche** ~ 65 die Analyse des ge-

1 veiller minutieusement à ce que la qualité soit impeccable 2 qualité semblable 3 résultat de l'analyse de qualité 4 nous pourrions vous offrir une qualité différente 5 nous vous demandons de bien vouloir nous faire une offre pour toutes les sortes d'aiguilles dans toutes les qualités disponibles 6 qualité reconnue 7 il manque des indications détaillées sur la qualité 8 qualité acceptable 9 travail de qualité 10 qualité d'exportation 11 excellente qualité 12 qualité de choix 13 sans préjudice à la qualité 14 se plaindre de la qualité inférieure 15 certificat de qualité 16 le client se plaint de la qualité de la marchandise livrée 17 marchandise de meilleure qualité 18 la qualité est redevenue meilleure 19 meilleure qualité 20 les échantillons sont apparemment de la meilleure qualité 21 seulement après approbation de la qualité 22 bonne qualité moyenne 23 l'acheteur élève des objections contre la qualité 24 qualité correspondante 25 la qualité correspond à nos exigences 26 la qualité de nos machines est augmentée du fait d'une technologie particulière 27 les produits de la concurrence n'atteignent pas la même qualité que les nôtres 28 marchandise est de qualité excellente 29 produits de qualité 30 qualité d'exportation 31 nous vous garantissons la qualité 32 la qualité des marchandises a souffert du mauvais emballage 33 marchandise de qualité inférieure 34 nos marchandises sont comparables aux plus chères quant à la qualité 35 suivant l'expertise sur la qualité 36 bonne qualité 37 classe de qualité 38 qualité de consommation 39 contrôle de qualité 40 faire contrôler la qualité du matériau par leurs représentants habilités 41 fournir la meilleure qualité 42 qualité médiocre 43 qualité de marché 44 qualité médiocre (od. inférieure) 45 la plus mauvaise qualité 46 qualité moyenne 47 marchandise de qualité moyenne 48 échantillon de qualité 49 norme de qualité 50 faire accepter des normes relatives à la qualité et aux performances 51 se plaindre de la mauvaise qualité de la livraison 52 mauvaise qualité 53 l'article n° 415 est de qualité extrêmement mauvaise 54 la qualité de la

Qualität — Quote

lieferten Materials entspricht nicht der **vereinbarten** ~ 66 die ~ unserer Waren verträgt jeden **Vergleich** mit den Konkurrenzerzeugnissen 67 die ~ des Rohmaterials hat sich wieder **verschlechtert** 68 **vertragsmäßige** ~ 69 wir haben fünf –en **gewählt** und legen unsere Bestellung Nr. 391 zur prompten Lieferung bei 70 –**swaren** 71 –**szeichen** 72 –**s-Zertifikat**

marchandise livrée est manifestement plus mauvaise que l'échantillon **55** qualité la plus mauvaise **56** qualité sélectionnée **57** qualité stabilisée **58** qualité standard **59** qualité irréprochable **60** la qualité est contrôlée par un expert **61** cette qualité dépasse celle des produits de la concurrence **62** surveillance de la qualité **63** qualité usuelle (od. habituelle) **64** qualité inférieure à la moyenne **65** l'analyse du matériel livré montre qu'il ne correspond pas à la qualité convenue **66** la qualité de nos marchandises soutient toute comparaison avec les produits de la concurrence **67** la qualité des matières premières a de nouveau baissé **68** qualité contractuelle **69** nous avons choisi cinq qualités et joignons notre commande n° 391 pour livraison immédiate **70** marchandise de qualité **71** label de qualité (od. de garantie) **72** certificat de qualité

Qualitativ, 1 die vorgelegten Muster **entsprechen** unseren Ansprüchen ~, nicht aber hinsichtlich der Farbe 2 sich ~ vom Muster **unterscheiden**
Quantität *f* s. Menge
Quarantäne *f* **Schiffs**–
Quartal *n* im **dritten** ~ dieses Jahres

Quartier *n* 1 –**nachweis** 2 in **Privat**– wohnen
Quelle *f* 1 im **Abzugsweg** an der ~ erhobene Steuern 2 **Einkaufs**– 3 aus **glaubwürdiger** ~ 4 **Informations**–n 5 diese Information stammt aus **offiziellen** –n 6 aus **verläßlicher** ~ 7 diese Information stammt aus sehr **verläßlicher** ~

Quittieren, diese **Rechnungen** sollten quittiert werden
Quittung *f* 1 eine ~ **ausstellen** auf DM 560,— 2 den Betrag von DM 10.609,— **gegen** ~ übernehmen 3 die **Zoll**–

Quote *f* (s. a. Kontingent)

1 les échantillons soumis répondent à nos exigences qualitatives mais non en ce qui concerne la couleur (od. teinte) 2 être différent de l'échantillon en qualité

quarantaine d'un bateau

au (od. au cours du) troisième trimestre de cette année

1 bureau de logement 2 être logé chez l'habitant
1 taxes prélevées à la source 2 source d'achat (od. approvisionnement) 3 de source digne de confiance 4 sources d'information 5 cette information provient de sources officielles 6 de source sûre 7 cette information provient d'une source très sûre

ces factures devraient être acquittées

1 donner quittance pour un montant de DM 560,— 2 recevoir le montant de DM 10.609,— contre quittance 3 la quittance douanière

quota

R

Rabatt *m* 1 bei Abnahme einer Mindestmenge von 10 Tonnen können wir 3% ~ **anbieten** 2 bewilligter ~ 3 **Extra**– 4 **Geheim**– 5 einen ~ von 10% vom Verkaufspreis **gewähren** 6 **Großhandels**– 7 **Handels**– 8 **Mengen**– 9 **nachträglicher** ~ 10 alle diese –e sind schon in den **Preisen** enthalten 11 ~ vom Verkaufspreis 12 in der **Preisliste** sind alle in Betracht kommenden –e enthalten 13 **Sonder**– 14 **üblicher** ~ 15 **Umsatz**– 16 **vertraulicher** ~

1 pour les commandes d'une quantité de 10 tonnes au moins nous pouvons offrir une remise de 3% 2 rabais (od. remise) accordé(e) 3 remise spéciale 4 rabais secret 5 accorder une remise de 10% sur le prix de vente 6 remise de gros 7 rabais commercial 8 rabais de quantité 9 remise supplémentaire 10 toutes ces remises sont déjà comprises dans les prix 11 remise sur le prix de vente 12 la liste des prix comprend tous les rabais entrant en ligne de compte 13 remise spéciale 14 remise habituelle 15 remise sur le chiffre d'affaires 16 remise confidentielle

Rahmen *m* 1 –**abkommen** 2 **außerhalb** des –s des Handelsvertrages 3 **im** ~ der gemeinsamen Agrarpolitik 4 **im** ~ eines zwischenstaatlichen Abkommens 5 die Preise sind im ~ Ihres **Limits** 6 die Differenz **überschreitet** den ~ der bewilligten Toleranzen

1 accord cadre (od. type od. de base) 2 en dehors du cadre de l'accord commercial 3 dans le cadre de la politique agricole commune 4 dans le cadre d'un accord intergouvernemental 5 les prix se situent à l'intérieur de vos limites 6 la différence dépasse le cadre des tolérances admissibles (od. admises)

Rampe *f* **Lade**–

rampe de chargement

Rat *m* 1 **auf** ~ des Spediteurs 2 **Aufsichts**– 3 Mitglied des **Aufsichts**–es 4 wir haben viele –schläge **bekommen** 5 wir möchten Sie um ~ bezüglich Beförderung **bitten** 6 **Börsen**– 7 **Botschafts**– 8 den Rechtsanwalt um ~ **ersuchen** 9 den Kunden einen ~ **erteilen** 10 **fachmännischer** ~ 11 **freundschaftlicher** –schlag 12 den besten ~ kann Ihnen die Versicherungsanstalt **geben** 13 **Gesandtschafts**– 14 über diese Angelegenheit ~ **halten** 15 **Handels**– 16 sie sollten Ihrem –e gemäß **handeln** 17 wir wollen uns noch bei einem Sachverständigen ~ **holen** 18 **kostenloser** ~ 19 jemandem mit ~ und **Tat** beistehen 20 **Verwaltungs**– 21 Mitglied des **Verwaltungs**–es 22 sich an die Bank um ~ **wenden** 23 **wertvoller** –schlag 24 **Wirtschafts**– und **Sozial**– der Vereinten Nationen 25 wir **wußten** uns damit keinen ~ 26 den Partner zu –e **ziehen**

1 sur (le) conseil du commissionnaire de transport 2 conseil de surveillance (od. d'administration); comité de direction 3 membre du conseil de surveillance 4 nous avons reçu beaucoup de conseils 5 nous voudrions vous demander conseil en ce qui concerne le transport 6 conseil de la bourse 7 conseiller d'ambassade 8 demander conseil à l'avocat; consulter un avocat 9 conseiller les clients 10 conseil d'expert 11 conseil d'ami 12 le meilleur conseil peut vous être donné par la compagnie d'assurances 13 conseiller de légation 14 tenir conseil à ce sujet 15 conseiller commercial 16 ils devraient agir suivant votre conseil 17 nous voulons encore consulter un expert 18 conseil gratuit 19 prendre fait et cause pour quelqu'un 20 conseil d'administration 21 membre du conseil d'administration 22 prendre conseil auprès de la banque 23 conseil précieux 24 Comité Economique et Social des Nations Unies 25 nous ne savions que faire 26 consulter le partenaire

Rate *f* 1 **Einkauf** auf –n 2 –**geschäft** 3 auf –n **kaufen** 4 letzte ~ 5 **Monats**– 6 **Teil**– 7 –**nzahlung** 8 **Zahlung** in zwei –n zu je FF 1.800,—

1 achat à crédit (od. à tempérament) 2 vente à tempérament 3 acheter à tempérament 4 dernier acompte; dernier versement 5 mensualité 6 versement partiel 7 paiement à tempérament 8 paiement en deux acomptes de FF 1.800,— chacun

Raten, 1 er hat uns **am besten** ge– 2 wir ~ Ihnen **aufrichtig** 3 dringend ~ 4 dem Kunden **gut** ~ 5 **lassen** Sie sich ge– sein 6 **richtig** ~ 7 wir ~ Ihnen nach bestem **Wissen** und **Gewissen** 8 wir **wissen** uns nicht zu ~

1 c'est lui qui nous a donné le meilleur conseil; il nous a le mieux conseillés 2 nous vous conseillons sincèrement 3 conseiller vivement 4 bien conseiller le client 5 ne refusez pas nos conseils 6 conseiller correctement; bien deviner 7 nous vous conseillons en toute honnêteté (od. conscience) 8 nous ne savons que faire

Ratenweise, 1 die Schuld ~ **begleichen** 2 die Waren ~ **bezahlen**

1 payer la dette par acomptes 2 payer les marchandises par acomptes (od. à tempérament)

Rationalisierung f ~ der **Agrar-Produktion**

rationalisation de la production agricole

Ratsam, es ist nicht ~, daß Sie ...

il n'est pas opportun pour vous de ...

Ratschlag m s. Rat

Raum m 1 **annullieren** Sie den auf dem Schiff ... **gebuchten** ~ 2 wir würden uns gern **Ausstellungs**– für unsere Erzeugnisse auf der dortigen Messe sichern 3 **Schiffs**– für Sojabohnen auf Schiff Anna Katrin Fritzen **buchen** 4 viel ~ **einnehmen** 5 die **Fracht** wird nach dem ~ bemessen 6 **gekühlter** ~ (ou Kühl–) 7 **Lade**– 8 **Lager**– 9 wegen Mangels an **Lager**– ... 10 **mangels** Schiffs– 11 in den **Messe**räumen 12 **Muster**– 13 **Schiffs**–mangel 14 ~ für die Waren auf dem Boot **sichern** 15 wir haben ~ für Wareneinlagerung ge**sichert** 16 in **trockenen** und kühlen Räumen lagern 17 **unausgenützter** ~ 18 **während** des **Zeit**–s 1971–1972

1 veuillez annuler le tonnage retenu sur le bateau ... 2 nous aimerions nous assurer un stand pour l'exposition de nos produits à la foire locale 3 retenir du tonnage pour le transport de graines de soya sur le bateau Anna Katrin Fritzen 4 prendre beaucoup de place; être encombrant 5 le fret est fonction du volume 6 local réfrigéré 7 espace de transport; volume de chargement 8 volume de stockage 9 par manque de volume de stockage 10 à défaut de tonnage 11 dans les locaux de la foire 12 local des échantillons 13 manque de tonnage (de bateau) 14 réserver de l'espace pour les marchandises sur le bateau 15 nous avons retenu de l'espace pour le stockage de marchandises 16 stocker dans des locaux secs et frais 17 espace non utilisé 18 pendant la période de 1971–1972

Reagieren, auf den **Brief** ~
Realisieren, 1 die **Vorräte** ~ 2 es würde uns freuen, wenn unser **Vorschlag** realisiert werden könnte

réagir sur une lettre
1 réaliser les stocks 2 cela nous ferait plaisir de voir réaliser notre proposition (od. si notre proposition pouvait être réalisée)

Realisierung f dies würde die ~ des **Geschäftes** ermöglichen

ceci permettrait la réalisation de l'affaire

Rechen–, einen **–fehler** richtigstellen
Rechenschaft f **–sbericht**
Rechnen, 1 irrtümlich ~ 2 wir möchten gern wissen, wann wir mit der Lieferung ~ **können** 3 wir ~ mit **Lieferung** bis zum 15. Juni 4 mit einer solchen **Möglichkeit** haben wir nicht gerechnet 5 sie ~ es dem Lieferanten zur **Schuld** 6 es ist mit bestimmten **Schwierigkeiten** zu ~ 7 im Akkreditiv wird nicht mit **Teillieferungen** gerechnet

corriger une faute de calcul
compte rendu; rapport de gestion
1 calculer par erreur 2 nous aimerions savoir pour quand nous pouvons compter sur la livraison 3 nous comptons sur la livraison jusqu'au 15 juin 4 nous n'avions pas compté sur une telle possibilité (od. nous n'avons pas envisagé une pareille éventualité) 5 ils imputent la faute au fournisseur 6 il y a lieu de s'attendre à certaines difficultés 7 les fournitures partielles ne sont pas considérées dans l'accréditif

Rechnung f (s.a. Faktura, Konto) 1 **–sabschluß** 2 von der ~ haben wir

1 apurement (od. clôture) des comptes 2 nous avons déduit DM 150,— de la

Rechnung — Recht

DM 150,— in **Abzug** gebracht 3 diese ~ wurde vom **Akkreditiv** Nr. 3391 abgeschrieben 4 Versicherung für ~, wen es **angeht** 5 die Sendung **auf** ~ und Gefahr des Kunden absenden 6 zum **Ausgleich** Ihrer ~ überwiesen wir Ihnen DM 811,— 7 **ausstehende** ~ 8 eine ~ über DM 2.000,— auf die Firma Graf **ausstellen** 9 nach Erhalt des –**sauszuges** 10 wir **belasten** mit diesem Betrag Ihre ~ bei uns 11 –**sbeleg** 12 –**sbericht** 13 –**sberichtigung** 14 die –**sbeträge** auf ganze DM abrunden 15 diese ~ wird vom Akkreditiv **bezahlt** 16 –**sbilanz** 17 –**sbuch** 18 in die –**sbücher** eintragen 19 sie kaufen auf **eigene** ~ 20 wir wollen das Geschäft auf **eigene** ~ durchführen 21 die Kosten gehen auf ~ des **Empfängers** 22 zahlbar nach –**serhalt** 23 in unsere ~ hat sich ein **Fehler** eingeschlichen 24 Versicherung für **fremde** ~ 25 –**sführung** 26 **Gegen**– 27 die Inkassogebühren und Auslagen **gehen** für ~ des Bezogenen 28 die Verpackung **geht** auf Ihre ~ 29 Geschäft auf **gemeinsame** ~ 30 schreiben Sie den Betrag zu **Gunsten** unserer ~ 31 **Handels**– 32 wollen Sie für unsere ~ bei der Bank den Betrag von DM 1.000,— **hinterlegen** 33 buchen Sie den Betrag zu Lasten unserer ~ 34 Einzahlung auf die **laufende** ~ 35 –**slegung** 36 eine ~ **nachprüfen** 37 Handels–en müssen auf den **Namen** des Akkreditiv-Auftraggebers ausgestellt sein 38 –**spreis** 39 **Pro-forma**– 40 ... auf ~ des Absenders **senden** 41 wir ließen uns den **Stand** unserer ~ feststellen 42 Teillieferungen werden getrennt in ~ **gestellt** 43 unsere ~ **stimmt** mit diesen Zahlen nicht überein 44 sie könnten uns einen **Strich** durch die ~ machen 45 ~ **über** Ersatzteile 46 den Saldo **übertragen** Sie auf eine neue ~ 47 –**sunterlagen** 48 **Verkaufs**– 49 –**swert** 50 die ~ ist sofort **zahlbar**

facture **3** cette facture a été payée sur l'accréditif n° 3391 **4** assurance pour compte de qui elle appartiendra **5** expédier l'envoi aux risques et périls du client **6** nous vous avons viré DM 811,— en règlement de votre facture **7** facture non encore payée **8** établir une facture pour DM 2.000,— au nom de la société Graf **9** dès (od. après) réception du relevé de compte **10** nous portons ce montant au débit de votre compte chez nous **11** pièce justificative (od. comptable) **12** rapport de gestion comptable **13** rectification d'une facture **14** arrondir le montant de la facture au DM supérieur ou inférieur **15** cette facture est payée sur l'accréditif **16** clôture des comptes **17** livre de comptabilité (od. de comptes) **18** inscrire ... dans les livres de comptabilité; passer en comptabilité **19** ils achètent pour leur propre compte **20** nous voulons réaliser l'affaire à notre propre compte **21** les frais sont à la charge du destinataire **22** payable dès réception de la facture **23** une erreur s'est glissée dans notre facture **24** assurance pour compte d'un tiers **25** comptabilité; gestion comptable **26** contre-facture **27** les droits d'encaissement et les frais sont à la charge du tiré **28** l'emballage est à votre charge (od. à vos frais) **29** affaire réalisée en participation **30** veuillez porter ce montant au crédit de notre compte **31** facture commerciale **32** veuillez déposer le montant de DM 1.000,— à la banque pour notre compte **33** veuillez porter ce montant au débit de notre compte **34** paiement au compte courant **35** facturation **36** vérifier une facture **37** les factures commerciales doivent être établies au nom du demandeur de l'accréditif **38** prix de la facture **39** facture pro forma **40** envoyer ... pour compte de l'expéditeur **41** nous avons fait constater la situation de notre compte **42** les livraisons partielles sont facturées séparément **43** notre facture ne correspond pas à ces chiffres **44** ils pourraient contrecarrer nos projets **45** facture pour pièces de rechange **46** veuillez reporter le solde à nouveau **47** documents comptables (od. de comptabilité); pièces comptables **48** compte de vente **49** valeur de la facture **50** la facture est payable immédiatement

Recht *n* 1 Sie können uns das ~ nicht **absprechen** 2 –**sabteilung** 3 –**sangelegenheit** 4 –**sansicht** 5 –**sanspruch** 6 –**sanwalt** (s. auch Rechtsanwalt) 7 **Ar**–

1 vous ne pouvez pas contester notre droit **2** service juridique (od. du contentieux) **3** affaire juridique **4** opinion juridique **5** prétention juridique **6** avocat **7** droit du

beits– 8 Ihre –e bleiben **aufrecht** 9 der Kunde hat sich das ~ auf Kontrolle **ausbedungen** 10 **ausschließliches** ~ 11 **–sbeistand** (ou **–berater**) 12 **–sberatung** 13 Sie haben das ~ der **Berufung** an die höhere Instanz 14 **–sbeständig** 15 **bürgerliches** ~ 16 wir behalten uns das **Dispositions–** über die Waren vor 17 Maßnahmen zum Schutz des **Eigentums–**s des Verkäufers an der Maschine treffen 18 wir müssen uns das ~ auf Regreß **erhalten** 19 **–sfall** 20 das hat **–sfolgen** nach sich gezogen 21 es war eine rechte **Freude** 22 dem Frachtführer das ~ zur Umladung der Sendung **geben** 23 sie machten ihr ~ **geltend** 24 Ihre –e bleiben Ihnen **gewahrt** 25 **Gewohnheits–** 26 **–sgrund** 27 **rechtsgültig** 28 **–sgültigkeit** 29 Sie **haben** recht 30 **Handels–** 31 **–shandlung** 32 die negoziierende Bank **hat** das ~, die eröffnenden Bank die auf Grund des Akkreditivs erhaltenen Dokumente auszuliefern 33 **–shilfe** sie sind **im** ~ 35 **internationales** ~ 36 das **ist** nur recht und billig 37 **rechtskräftige** Entscheidung 38 **–slage** 39 die Behauptung auf das rechte **Maß** zurückzuführen 40 **mit** ~ 41 **–smittel** 42 **–snachfolger** 43 es war ihnen **nicht** recht 44 **Patent–** 45 **Pfand–** 46 das **Regreß–** gegen den Verfrachter verlieren 47 wir können auf unser **Reklamations–** nicht verzichten 48 **Retentions–** 49 **Rückkaufs–** 50 es ist **schon** recht 51 **–sschutz** 52 gewerblicher **–sschutz** 53 **See–** 54 **–sspruch** 55 **Straf–** 56 unbeschadet des –es des Erstbegünstigten 57 **rechtsungültig** 58 der Vertrag **unterliegt** dem ~ des Verkäufers 59 das **Unterzeichnungs–** erteilen 60 **Urheber–** 61 **rechtsverbindlich** 62 wir behalten uns das **Verfügungs–** über die Waren vor 63 das gültige ~ **verletzen** 64 jeden –s **verlustig** 65 wir **verteidigen** nur unser ~ auf ... 66 **–svertreter** (s.a. Rechtsanwalt) 67 wir **verzichten** auf unser ~ auf die Option 68 mit **vollem** ~ kann man sagen, daß ... 69 wir haben **volles** ~ darauf, eine Entschädigung für verspätete Lieferung zu fordern 70 es war nicht recht **von ihm** 71 **von** –s wegen 72 alle –e **vorbehalten** 73 wir haben uns das ~ **vorbehalten**, die Ware anderweitig anzubieten 74 wir machen unser **Vorkaufs–** geltend 75 **Vorzugs–** 76 **Wechsel–** 77 wir werden genötigt sein, die Forderung auf dem **–swege** einzutreiben 78 **–swidrig** 79

travail 8 vos droits restent valables; vos droits ne sont pas affectés 9 le client s'est réservé le droit de contrôle 10 droit exclusif 11 conseiller juridique; avocat conseil 12 conseil juridique 13 vous avez le droit de faire appel à l'instance supérieure 14 légal 15 droit civil 16 nous nous réservons le droit de disposer des marchandises 17 prendre les mesures pour la protection du droit de propriété du vendeur sur la machine 18 nous devons nous maintenir le droit de recours 19 cas juridique; cas litigieux 20 cela a eu des conséquences juridiques 21 c'était un plaisir réel 22 conférer à l'entrepreneur de transport le droit de transbordement de l'envoi 23 ils ont fait valoir leur droit 24 vos droits vous restent acquis 25 droit coutumier; loi coutumière 26 titre; droit 27 légal; valide; valable; en droit 28 validité; authenticité; légalité 29 vous avez raison 30 loi commerciale; droit commercial 31 acte légal (od. juridique) 32 la banque négociante a le droit de remettre à la banque ouvrant l'accréditif les documents reçus au titre de celui-ci 33 assistance judiciaire 34 ils sont dans leur droit; ils ont raison 35 droit international 36 ce n'est que justice 37 décision définitive (od. exécutoire) 38 situation juridique (de l'affaire) 39 ramener l'affirmation (od. assertion) à sa juste mesure 40 à raison; de plein droit 41 voie de recours 42 ayant cause; successeur au droit 43 cela ne leur convenait pas 44 législation sur les brevets 45 droit de gage 46 perdre le droit de recours contre l'affréteur 47 nous ne pouvons pas renoncer à notre droit de réclamation 48 droit de rétention 49 droit de réemption (od. rachat) 50 c'est bien comme ça; ça va bien comme ça 51 protection légale (od. juridique) 52 droit de propriété industrielle 53 droit maritime 54 sentence; jugement; décision; arrêt; verdict 55 droit pénal; législation pénale 56 sans préjudice du droit du premier bénéficiaire 57 invalide 58 le contrat est subordonné au droit du vendeur (od. à la législation du pays du vendeur) 59 conférer (od. donner) (le) droit de signature 60 droit d'auteur (od. le copyright) 61 valable; obligatoire 62 nous nous réservons le droit de disposer des marchandises 63 violer la loi en vigueur (od. applicable) 64 déchu de tout droit 65 nous ne faisons que défendre notre droit de (od. à) ... 66 représentant juridique

Recht — Rege 240

–swirksamer Vertrag 80 zur rechten Zeit 81 rechtzeitig 82 **Zurückbehaltungs–** 83 das ~ ist dem Verkäufer **zugestanden** 84 –szustand

67 nous renonçons à notre droit à l'option **68** on peut dire de plein droit que ... **69** nous sommes en plein droit de revendiquer un dédommagement pour retard de livraison **70** ce n'était pas correct de sa part **71** de droit; à bon droit **72** tous droits réservés **73** nous nous sommes réservés le droit d'offrir la marchandise ailleurs **74** nous faisons valoir notre droit de préemption **75** droit de priorité; droit prioritaire **76** droit cambial (od. de change) **77** nous allons être obligés de recouvrer notre revendication par voie de droit (od. de justice) **78** contraire au droit; illégal **79** contrat valide **80** au bon moment; en temps voulu **81** à temps **82** droit de rétention **83** le droit est conféré au vendeur; le vendeur est en droit de **84** situation juridique

1 constituer un engagement juridiquement ferme **2** caractère juridique (od. légal) **3** nous prenons à charge toutes les conséquences juridiques des imprécisions (od. inexactitudes) éventuelles contenues dans cette facture **4** des directives particulières concernant les actions en justice à intenter en cas de non-paiement

Rechtlich, 1 ~ **bindende** Verpflichtungen begründen 2 –er **Charakter** 3 wir übernehmen alle –en **Folgen** eventueller in dieser Rechnung enthaltenen Ungenauigkeiten 4 spezielle Weisungen hinsichtlich des –en **Vorgehens** im Falle der Nichtzahlung

Rechtsanwalt m 1 der Sache müßte sich unser ~ **annehmen** 2 sich mit dem ~ **beraten** 3 den ~ um **Rat** ersuchen 4 die ganze Angelegenheit wird unserem ~ **übergeben** werden 5 sich durch einen ~ **vertreten** lassen

1 l'affaire devrait être remise entre les mains de notre avocat **2** consulter l'avocat **3** demander conseil à l'avocat **4** toute l'affaire sera remise à notre avocat **5** se faire représenter par un avocat

Rechtzeitig, 1 Sie werden ~ durch ein Rundschreiben unserer Zentralstelle **benachrichtigt** werden 2 den Wechsel ~ **bezahlen** 3 alles wird ~ **eingerichtet** werden 4 wir haben gerade ~ Ihr Schreiben **erhalten** 5 alles ~ **erledigen** 6 –e **Lieferung**
Rede f 1 hiervon kann keine ~ sein 2 es ist nicht der ~ wert
Reeder m auf –s Gefahr
Reexport m 1 wir **befassen** uns ausschließlich mit ~ 2 die Sendung ist für den ~ **bestimmt**

Referent m 1 Handels– 2 Verkaufs–

Referenz f (s.a. Auskunft, Empfehlung) 1 wir bitten um **Angabe** von –en 2 **Bank–** 3 eine ~ über den Geschäftspartner **erteilen** 4 Geschäfts– 5 Handels– 6 –muster
Referieren, über die Angelegenheit in der Sitzung ~
Rege, 1 –r **Absatz** 2 das **Geschäft** ist in letzter Zeit etwas –r geworden 3 –r

1 vous serez informé(s) en temps opportun par une circulaire de notre service central **2** payer la traite dans les délais **3** tout sera arrangé (od. installé) en temps opportun **4** votre lettre est arrivée juste à temps **5** régler le tout à temps **6** livraison en temps voulu
1 il ne peut en être question **2** cela ne vaut pas la peine
aux risques du fréteur (od. de l'armateur)
1 nous ne nous occupons que (od. nous nous occupons exclusivement) de la réexportation **2** l'envoi est destiné à la réexportation

1 chef du service commercial **2** chef du service de vente

1 veuillez nous donner des références **2** référence bancaire **3** donner des références sur le partenaire **4** référence commerciale **5** référence commerciale **6** échantillon (od. modèle) de référence
rendre compte de l'affaire dans la réunion (od. en réunion)

1 marché animé **2** les affaires se sont animées un peu ces derniers temps

Handel 4 –r Markt 5 ~ Nachfrage

Regel *f* 1 von der ~ **abweichen** 2 „Incoterms 1953" Internationale –n für die **Auslegung** der handelsüblichen Vertragsformeln 3 **Ausnahmen** von der ~ der Nichtdiskriminierung 4 **gegen** die ~ 5 **Haager** –n 6 sich an die –n **halten** 7 **halten** Sie sich genau an die –n für Groß-Havarie 8 das kann nicht zur ~ **gemacht** werden 9 Internationale **Verhaltens**-n für die Werbepraxis 10 das wäre ein **Verstoß** gegen die ~ 11 **Wettbewerbs**-n 12 gemeinsame **Wettbewerbs**-n

1 s'écarter de la règle 2 «Incoterms 1953», Règles Internationales pour l'Interprétation de Termes Commerciaux 3 exceptions à la règle de non-discrimination 4 contre les règles (od. contraire aux règles) 5 Règles de La Haye 6 s'en tenir aux règles; se conformer aux règles 7 veuillez vous conformer exactement aux règles pour les grandes avaries 8 cela ne peut être adopté comme règle 9 Code International pour la pratique publicitaire 10 cela constituerait une infraction aux règles 11 règles de compétition 12 règles communes relatives à la compétition

Regelmäßig, 1 –er **Gang** der Maschine 2 wir werden Sie ~ **informieren** 3 –er **Verkehr**

1 marche régulière de la machine 2 nous vous informerons régulièrement 3 service régulier

Regeln, 1 diese Angelegenheit haben wir im gegenseitigen **Einverständnis** geregelt 2 im Bestreben, die Angelegenheit gütlich zu ~, sind wir bereit, den Schaden zu ersetzen 3 wir werden uns bemühen, den **Preis** nach dem Wunsch des Kunden zu ~ 4 die **Preise** amtlich ~ 5 das Einfuhrverfahren wird durch einen **Runderlaß** des Bundesministeriums für Wirtschaft geregelt 6 die Einfuhr –de **Vorschriften** 7 wir wollen die Angelegenheit zur vollen **Zufriedenheit** des Kunden ~

1 nous avons réglé cette affaire d'un commun accord 2 dans l'intention de régler l'affaire à l'amiable nous sommes disposés à réparer le dommage 3 nous nous efforcerons d'adapter le prix aux désirs du client 4 fixer les prix officiellement 5 la procédure d'importation est réglée par une circulaire du Ministère fédéral des Affaires Economiques 6 règlements pour l'importation; règlements régissant l'importation 7 nous voudrions régler l'affaire à l'entière satisfaction du client

Regelung *f* 1 **befriedigende** ~ der Angelegenheit 2 mit dieser ~ wird ein besseres Resultat **erzielt** 3 wir hoffen, daß es zu einer ~ der Angelegenheit **kommt** 4 **Preis**– 5 der Abnehmer verlangt eine kleinere **Preis**– 6 **selbsttätige** ~ 7 mit der **vorgeschlagenen** ~ der Angelegenheit werden Sie sicher einverstanden sein 8 **vorläufige** ~ 9 **vorübergehende** ~ 10 wenn eine ~ **zustandekommt**

1 règlement satisfaisant de l'affaire 2 ce règlement permettra d'aboutir à un meilleur résultat 3 nous espérons qu'on trouvera une solution à cette affaire 4 règlement sur les prix 5 le client demande un ajustement mineur du prix 6 réglage automatique, régulation automatique 7 vous serez certainement d'accord avec le règlement proposé de cette affaire 8 règlement provisoire 9 règlement transitoire 10 si on parvient à un règlement

Regie *f* 1 diesen Artikel vertreiben wir in **eigener** ~ 2 **Einkaufs**– 3 –**gebühr** 4 –**kosten** 5 **Verkaufs**–

1 nous vendons cet article pour notre propre compte 2 régie d'achat 3 frais de régie (od. d'administration) 4 frais de régie (od. d'administration) 5 régie de vente

Regierung *f* 1 unter –**saufsicht** sein 2 –**skreise** 3 –**slieferung** 4 –**sverordnung**

1 être sous contrôle gouvernemental 2 milieux gouvernementaux 3 fourniture au gouvernement 4 décret gouvernemental

Register *n* 1 **alphabetisches** ~ 2 **Genossenschafts**– 3 **Handels**– 4 diese Firma ist im **Handels**– 5 **Schiffs**– 6 **Brutto**–**tonne**

1 répertoire alphabétique 2 registre des coopératives 3 registre de commerce 4 cette société est inscrite au registre du commerce 5 registre d'immatriculation (des navires) 6 tonneau de jauge brute

Registrieren, registrierte telegrafische **Adresse**

adresse télégraphique enregistrée

Regreß *m* 1 ~ wegen **Nichtzahlung** 2 das –**recht** gegen den Verfrachter verlieren
Regulierung *f* **automatische** ~

Reibungslos, unsere **Geschäftsverbindung** mit dieser Firma geht ~ vor sich
Reich, 1 –e **Auswahl** 2 ~ werden
Reichen, 1 solange der **Vorrat** reicht 2 wir wissen nicht, wie **weit** ihre Kompetenz reicht
Reihe *f* 1 dieser Auftrag ist noch nicht **an** der ~ 2 die ~ ist **an** Ihnen 3 jetzt sind Sie **an** der ~ 4 Kunden **aus** den –n der Großhändler 5 wir **bieten** eine ~ neuer Typen an 6 die –**nfertigung** 7 –n**folge** 8 das wird noch eine ~ von **Jahren** dauern 9 Ihre Bestellung **kommt** nächsten Monat an die ~ 10 wir unterhalten **mit** einer ~ von Ländern gute Handelsbeziehungen

Reihenfolge *f* 1 Warenbezeichnungen in **alphabetischer** ~ 2 ~ der **Anweisungen** 3 ~ der **eingegangenen** Ausstelleranmeldungen 4 die eingegangenen Aufträge werden in der ~ ihres **Eintreffens** vermerkt 5 die eingegangenen Aufträge **erledigen** wir in der ~, wie sie angekommen sind 6 die Anmeldungen der ~ **nach** erledigen 7 die Karteikarten in alphabetischer ~ **ordnen** 8 in **zeitlicher** ~

Rein, 1 das ist ein –er **Betrug** 2 –es **Einkommen** 3 –e **Einnahme** 4 Rein**erlös** (ou Reinertrag) 5 dieses Produkt war ein Rein**fall** 6 ~ **gar** nichts 7 Rein**gewicht** 8 Reingewinn 9 –es **Konnossement** 10 die Maschine ist **patent**– 11 –e **Provision** 12 –es **Verladedokument** 13 Rein**verlust** 14 Rein**vermögen** 15 das ist eine –e **Vermutung**

Reinheit *f* –**szertifikat**
Reise *f* 1 –**akkreditiv** 2 einen Kunden **anläßlich** der ~ nach London aufsuchen 3 die ~ spätestens bis 30. März **antreten** 4 **auf** der ~ nach Paris 5 **Auslands**– 6 die ~ **beenden** 7 er wird sich am 11. Mai auf die ~ **begeben** 8 –**bericht** 9 –**büro** 10 –**dauer** 11 eine **Dienst**– unternehmen 12 –**dokument** 13 –**geld** 14 **Handels**– 15 **Hin**– und **Rück**– 16 Rückvergütung der –**kosten** 17 –**kostenentschädigung** 18 –**landschaft** 19 eine ~ nach Österreich **machen** 20 Nummer, Datum und Ort der Ausstellung des –**passes** 21 –**plan** 22 **Rück**– 23

1 recours pour non-paiement 2 perdre le droit de recours contre le fréteur
régulation automatique, réglage automatique

nos relations d'affaires avec cette société se déroulent sans difficultés
1 grand (od. riche) choix 2 devenir riche
1 jusqu'à épuisement du stock 2 nous ne savons pas jusqu'où s'étend leur compétence
1 cette commande n'est pas encore au point d'être exécutée 2 c'est votre tour 3 c'est votre tour maintenant 4 des clients parmi les marchands de gros (od. grossistes) 5 nous offrons une série de nouveaux modèles 6 la production en série 7 ordre chronologique 8 cela durera encore plusieurs années 9 votre commande sera exécutée le mois prochain 10 nous entretenons de bonnes relations commerciales avec un bon nombre de pays
1 désignations des marchandises par ordre alphabétique 2 ordre chronologique des instructions 3 ordre de réception des demandes des exposants 4 les commandes reçues sont enregistrées dans l'ordre de leur arrivée 5 les commandes reçues sont traitées dans l'ordre de leur arrivée 6 régler les demandes dans l'ordre de leur arrivée 7 classer les fiches par ordre alphabétique 8 dans l'ordre chronologique

1 c'est une fraude manifeste (od. évidente) 2 revenu net 3 recette nette 4 produit net 5 ce produit était décevant (od. n'a rien donné) 6 absolument rien 7 poids net 8 bénéfice net 9 connaissement net 10 la machine n'enfreint aucun brevet 11 commission nette 12 document net de chargement 13 perte nette 14 capital de base (od. actif net) 15 c'est une pure supposition
certificat de pureté
1 accréditif de voyage 2 rendre visite à un client au cours (od. à l'occasion) d'un voyage à Londres 3 partir au plus tard (pour) le 30 mars 4 lors du voyage à Paris 5 voyage à l'étranger 6 terminer le voyage 7 il partira en voyage le 11 mai 8 compte rendu de voyage 9 bureau de voyage 10 durée de voyage 11 faire un déplacement de service 12 document de voyage 13 frais de voyage (od. de déplacement) 14 voyage d'affaires 15 voyage aller et retour 16 remboursement des frais de voyage (od. déplacement) 17 indemnité de frais de déplacement 18

–scheck 24 **Studien–** 25 eine Geschäfts–
nach London **unternehmen** 26 **–verkehr**
27 die Waren für die ganze ~ **versichern**
28 sich auf die ~ **vorbereiten** 29 das
Schiff wird die ~ ungefähr innerhalb
14 Tagen **zurücklegen**

région de tourisme (od. pour touristes)
19 faire un voyage en Autriche 20
numéro, date et lieu d'établissement du
passeport 21 itinéraire 22 (voyage de)
retour 23 chèque de voyage 24 voyage
d'étude (od. d'information) 25 entre-
prendre un voyage d'affaires à Londres
26 trafic touristique, tourisme 27 assurer
les marchandises pour tout le voyage
28 se préparer pour le voyage 29 le
bateau mettra environ 15 jours pour ce
voyage

Reisender *m* 1 **Abfertigung** von Reisen-
den und Gepäck am Flughafen 2 **Ge-
schäfts–**

1 exécution des formalités pour les
voyageurs et enregistrement des bagages
à l'aéroport 2 voyageur de commerce;
commis (voyageur)

Reißen, 1 die Ware findet **–den Absatz** 2
dem Kunden reißt die **Geduld**

1 la marchandise s'enlève 2 le client perd
patience (od. devient impatient)

Reklamation *f* 1 von einer ~ **absehen** 2
von einer ~ **Abstand** nehmen 3 **–san-
spruch** 4 vor der **Behandlung** der ~
müssen alle erforderlichen Angaben
zur Verfügung stehen 5 zur vollkomme-
nen **Beilegung** der ~ 6 die ~ war nicht
ordentlich **belegt** 7 **berechtigte** ~ 8 die
Berechtigung der ~ beurteilen 9 **–en**
können nur binnen acht Tagen nach
Erhalt der Waren **berücksichtigt** werden
10 die ~ können wir ohne die entspre-
chenden Unterlagen nicht **beurteilen** 11
den **–en entsprechen** 12 weitere **–en
erheben** 13 die ~ wurde nach Ver-
streichen der Garantiefrist **erhoben** 14
wir hoffen, daß Sie unsere ~ baldigst
erledigen werden 15 unser Vertreter
hat sich sofort der **Erledigung** dieser ~
angenommen 16 **–sfrist** 17 für die ~
offensichtlicher Mängel gilt eine **Frist**
von 14 Tagen 18 die letzte Lieferung
führte zu einer schwerwiegenden ~ 19
Sie haben keinen **Grund** zu einer ~ 20
die Lieferung gab keinen **Grund** zu **–en**
21 es **kommt** ständig zu neuen ~ 22
der Lieferant wird die ~ **prüfen** 23 wir
können auf unser **–srecht** nicht verzich-
ten 24 **rechtzeitige** ~ 25 lassen Sie uns
wissen, welche **Stellung** Sie zu diesen
–en einzunehmen gedenken 26 Ihre
~ ist **überprüft** worden 27 die ~ ist
unbegründet 28 weitere **–en verhüten** 29
verspätete ~

1 s'abstenir de faire une réclamation;
renoncer à une réclamation 2 se désister
d'une réclamation 3 droit de réclamation
4 avant le traitement de la réclamation
tous les renseignements nécessaires doi-
vent être disponibles 5 pour la liquida-
tion totale (od. complète) de la réclama-
tion 6 la réclamation n'était pas correcte-
ment motivée 7 réclamation justifiée (od.
légit.) 8 apprécier la justification de
la réclamation 9 les réclamations ne
seront admises que dans les 8 jours après
la réception des marchandises 10 nous
ne pouvons pas juger les réclamations
sans les documents afférents 11 satisfaire
les réclamations 12 faire des réclamations
supplémentaires 13 la réclamation a été
faite après (l')expiration du délai de
garantie 14 nous espérons que vous
réglerez notre réclamation le plus tôt
possible 15 notre représentant s'est im-
médiatement chargé de la liquidation
(od. du règlement) de cette réclamation
16 délai de réclamation 17 la réclamation
de défauts apparents est soumise à un
délai de 15 jours 18 la dernière livraison
a donné lieu à une réclamation grave 19
vous n'avez aucune raison de réclamer
20 la livraison n'a donné lieu à aucune
réclamation 21 il y a continuellement de
nouvelles réclamations 22 le fournisseur
va examiner la réclamation 23 nous ne
pouvons pas renoncer à notre droit de
réclamation 24 réclamation faite dans
les délais 25 veuillez nous faire savoir le
point de vue que vous comptez adopter
à l'égard de ces réclamations; veuillez
nous faire connaître la position que vous
comptez prendre sur ces réclamations 26
votre réclamation a été vérifiée 27 la

Reklame f 1 –aktion 2 –einfall 3 –entwurf 4 **erfolgreiche** ~ 5 **Film**– 6 **großzügige** ~ 7 **kostspielige** ~ 8 **Licht**– 9 die Konkurrenz **macht** für ihre Erzeugnisse große ~ 10 –**material** 11 **wirksame** ~

Reklamieren, 1 den **Brief** bei der Post ~ 2 infolgedessen ~ wir das unrichtige **Gewicht** 3 schlechte **Qualität** der Lieferung ~ 4 wir werden es bei der zuständigen **Stelle** ~ 5 den **Zoll** für die zurückgesandte Sendung ~ 6 die verspätete **Zustellung** ~

Reling f wenn die Kiste die ~ des Schiffes tatsächlich **überschritten** hat

Reparatur f 1 durch den Käufer schlecht **ausgeführte** –en 2 die ~ auf Ihre Kosten **durchführen** 3 reparaturfähig 4 **General**– 5 die –**kosten** werden ungefähr DM 100,— ausmachen 6 **laufende** –en 7 **sämtliche** eventuellen –en werden kostenlos **vorgenommen** 8 –**werkstatt** 9 dem Verkäufer die mangelhaften Teile zur ~ oder Ersatzleistung **zurücksenden**

Reparieren, 1 die Maschine läßt sich nicht mehr ~ 2 ausgetauschte oder reparierte **Teile**

Repräsentation f 1 –**saufwendungen** 2 –**sgelder**

Repräsentieren, 1 **durch** eine dokumentäre Rimesse repräsentierte Waren 2 er repräsentiert sein Land sehr **gut** 3 das repräsentiert einen **Wert** von DM 390,—

Republik f **Bundes**– Deutschland

Reserve f 1 ich habe mir ~ **auferlegt** 2 . . . mit ~ **aufnehmen** 3 –**fonds** 4 wir haben ein Ersatzteil **in** ~ 5 eine ~ in . . . **schaffen** 6 Steuer– 7 **versteckte** ~

Reservieren, 1 Hotelunterkunft ~ 2 die verlangte Menge kann für Sie nicht **länger** als eine Woche reserviert werden 3 wir bitten Sie, uns diese **Ware** zu ~ 4 ein Einbett/Zweibett**zimmer** im Hotel für Herrn Späth auf 5 Tage ~ lassen

réclamation est injustifiée 28 éviter (od. prévenir) d'autres réclamations 29 réclamation hors délais
1 campagne de publicité (od. publicitaire) 2 idée publicitaire 3 projet publicitaire 4 réclame (od. publicité) ayant du succès 5 réclame cinématographique 6 publicité à grande échelle 7 publicité coûteuse 8 publicité lumineuse 9 la concurrence fait une publicité à grande échelle pour ses produits 10 matériel publicitaire 11 publicité efficace

1 réclamer la lettre à la poste 2 par conséquent nous réclamons à cause du poids incorrect 3 réclamer (à cause de) la mauvaise qualité de la fourniture 4 nous allons réclamer auprès du service compétent 5 réclamer le remboursement des droits de douane pour l'envoi réexpédié 6 réclamer le retard de livraison

si la caisse a effectivement passé le bastingage du navire

1 des réparations mal exécutées par l'acheteur 2 exécuter (od. effectuer) la réparation à vos frais 3 réparable 4 révision générale; remise en état générale 5 les frais de réparation s'élèveront à environ DM 100,— 6 réparations courantes 7 toutes les réparations éventuelles seront effectuées gratuitement (od. gracieusement) 8 atelier de réparation 9 renvoyer les pièces défectueuses au vendeur pour réparation ou remplacement

1 la machine n'est plus réparable 2 les pièces remplacées ou réparées

1 dépenses (od. frais) de représentation 2 indemnité de représentation

1 les marchandises représentées par une remise documentaire 2 il représente très bien son pays 3 cela représente une valeur de DM 390,—

République fédérale d'Allemagne

1 je me suis imposé une certaine réserve (od. forcé à être réservé) 2 admettre (od. accepter) . . . avec réserve 3 fonds de réserve 4 nous avons une pièce de rechange en réserve 5 faire des provisions en . . . 6 réserve d'impôts 7 réserve cachée

1 retenir une chambre d'hôtel 2 la quantité demandée ne peut pas vous être réservée (od. retenue) plus d'une semaine 3 nous vous demandons de bien vouloir nous réserver cette marchandise 4 faire réserver une chambre à un/deux lit(s) à l'hôtel au nom de M. Späth pour 5 jours

Rest *m* 1 der ~ des **Akkreditivs** in der Höhe von FF 185,— 2 –**bestand** 3 für den ~ der **Bestellung** fehlt die erforderliche Deckung 4 wir bitten um gelegentliche Überweisung des –**betrages** 5 per ~ von 10 Kisten **fehlt** noch 6 –**posten** (s. auch restlicher Posten) 7 **verbleibender** ~ 8 der ~ vom **vorigen Monat** 9 wir erlauben uns, Sie auf bisher unbeglichene **Zahlungs**–e aus dem vergangenen Zeitabschnitt aufmerksam zu machen

Restlich, –er Posten

Restlos, 1 der Auftrag muß ~ bis spätestens 14. August **ausgeführt** werden 2 die Einfuhrbewilligung wurde durch die Lieferung vom 12. September ~ **erschöpft**

Resultat *n* 1 End– 2 die Verhandlung führt zu keinem ~ 3 das **Verhandlungs**– wird sofort nach dem Abschluß bekanntgegeben

Resultieren, die aus der Übermittlung von Kabeln, Telegrammen oder Fernschreiben –den **Irrtümer**

Retten, es konnte nicht einmal ein Teil der **Sendung** gerettet werden

Revidieren, wir sind bereit, unser **Angebot,** wie von Ihnen vorgeschlagen, zu ~

Revision *f* 1 es wurde Auftrag zu einer **amtlichen** ~ gegeben 2 **Beleg**– 3 **Bücher**–

Revolvieren, –des Akkreditiv

Reziprozität *f* 1 –**sbasis** 2 auf **Grundlage** der ~

Richten, 1 Sie müssen sich nach den **Anforderungen** des Marktes ~ 2 ~ Sie in dieser Angelegenheit eine **Anfrage** an die Bank 3 **Aufmerksamkeit** namentlich auf die ausländischen Erzeugnisse ~ 4 die Bank richtet sich nach Ihrem **Auftrag** 5 der Vertrag richtet sich nach unseren allgemeinen Verkaufs**bedingungen** 6 eine **Bitte** an die Bank ~ 7 sich genau nach den **Dispositionen** ~ 8 unsere **Exporte** sind überwiegend nach überseeischen Ländern gerichtet 9 ~ Sie sich bitte nach diesen **Grundsätzen** 10 ab 1. Juni wollen Sie die **Korrespondenz** an unsere neue Adresse ~ 11 die **Preise** ~ sich nach der Ausführung 12 wir werden uns nach den gegebenen **Umständen** ~ 13 diese **Verhandlungen** sind auf die Herabsetzung von Zöllen gerichtet

Richtig, 1 wir erklären, daß die obigen **Angaben** zu Punkt I und II ~ und voll-

1 le reste de l'accréditif d'un montant de FF 185,— 2 reste; reliquat 3 la couverture nécessaire manque pour le reste de la commande 4 nous vous demandons de bien vouloir nous virer le solde à votre convenance 5 le reste de 10 caisses manque encore 6 reste 7 reste; reliquat; solde 8 le solde du mois dernier 9 nous nous permettons d'attirer votre attention sur des soldes de paiement de la période passée non réglée jusqu'à présent

(Ware) solde; (Betrag) reliquat

1 la commande doit être exécutée entièrement pour le 14 août au plus tard 2 la licence d'importation a été utilisée (od. épuisée) en totalité par la livraison du 12 septembre

1 résultat final 2 la négociation n'aboutit à aucun résultat 3 dès que les négociations seront terminées, le résultat en sera communiqué

les erreurs résultant de la transmission de câbles, télégrammes ou messages télex (od. téléytpe)

il était impossible de sauver même une partie de l'envoi

nous sommes prêt à revoir notre offre comme vous l'avez proposé (od. suivant votre proposition)

1 une révision officielle a été demandée 2 vérification des justificatifs 3 révision (od. vérification) des comptes (od. livres)

accréditif rotatif

1 base de réciprocité 2 sur la base de la réciprocité

1 vous devez vous conformer aux exigences du marché 2 veuillez adresser une demande à la banque dans cette affaire 3 porter l'attention essentiellement sur les produits étrangers 4 la banque se conforme à votre ordre 5 le contrat est soumis à nos conditions générales de vente 6 adresser une demande à la banque 7 se conformer strictement aux instructions (od. directives) 8 nos exportations sont orientées (od. dirigées) pour la majeure partie vers les pays d'outre-mer 9 veuillez vous en tenir à ces principes 10 à partir du 1er juin veuillez envoyer la correspondance à notre nouvelle adresse 11 les prix dépendent du type (od. modèle) 12 nous tiendrons compte des circonstances 13 ces négociations ont pour but la réduction des droits de douane

1 nous déclarons que les renseignements relatifs aux points I et II ci-dessus sont

ständig sind 2 auf –e **Art** und Weise 3 wir haben Ihre Abrechnung überprüft und haben sie für ~ **befunden** 4 –es **Gewicht** 5 wir **halten** es für ~ 6 (un)–e **Informationen** 7 Ihr Vertreter war nicht ~ **informiert** 8 das Akkreditiv soll ~ auf DM 1.806,28 **lauten** 9 auf das –e **Maß** bringen 10 –e **Packung** 11 Ihre **Rechnung** ist in jeder Hinsicht ~ 12 –es **Verhältnis** 13 zur –en **Zeit** 14 **zwischen** uns ist etwas nicht ~

corrects et complets 2 comme il convient; comme il se doit; de manière correcte 3 nous avons vérifié votre décompte et nous l'avons trouvé correct 4 poids correct (od. juste) 5 nous jugeons bon (de) 6 informations (in)correctes (od. (in)exactes) 7 votre représentant n'était pas bien informé 8 correctement, l'accréditif devrait porter sur un montant de DM 1.806,28 9 ramener à la juste mesure 10 emballage adéquat 11 votre facture est correcte à tous points de vue 12 proportion correcte 13 au bon moment; au moment opportun 14 il y a quelque chose qui ne va pas dans nos relations

Richtigkeit *f* 1 für die ~ der **Abschrift** 2 die ~ der **Angaben** ist nicht gewährleistet 3 die ~ der Angaben durch Unterschrift **bestätigen** 4 **Gewähr** für die ~ der Angaben übernehmen 5 die Sache **hat** ihre ~ 6 wir haben die ~ aller Angaben **kontrolliert** 7 die ~ der Unterschrift auf dem Zahlungsauftrag auf Grund des Unterschriftsverzeichnisses **überprüfen** 8 keine **Verantwortlichkeit** für deren Form und ~ übernehmen

1 pour copie conforme 2 les renseignements sont donnés sans garantie 3 confirmer l'authenticité des renseignements par signature 4 garantir que les renseignements sont corrects 5 l'affaire est correcte 6 nous avons contrôlé la véracité de tous les renseignements 7 vérifier la conformité de la signature sur l'ordre de paiement par rapport au spécimen 8 ne prendre aucune responsabilité pour sa (leur) forme et conformité

Richtigstellen, 1 den **Irrtum** so bald wie möglich ~ 2 eine **Rechnung** ~

1 corriger l'erreur le plus tôt possible 2 rectifier une facture

Richtlinien *f pl* 1 **Einheitliche** ~ und Gebräuche für **Dokumenten-Akkreditive** 2 Einheitliche ~ für das **Inkasso** von Handelspapieren

1 directives et usages standard pour accréditifs documentaires 2 directives uniformes pour l'encaissement d'effets de commerce

Richtung *f* 1 **Angabe** in dieser ~ 2 **falsche** ~ 3 **nach** allen –en

1 information dans ce sens 2 fausse direction 3 dans tous les sens; dans toutes les directions

Rimesse *f* 1 der im –n**brief** Bezeichnete 2 durch eine **dokumentäre** ~ repräsentierte Waren 3 **einfache** ~

1 la personne indiquée dans la lettre de remise 2 marchandises représentées par une remise documentaire 3 remise simple

Risiko *n* 1 ein ~ **eingehen** 2 –**freudigkeit** 3 **Kurs**– 4 laufende **Transport**risiken zu Lande und zur See 5 das ~ **übernehmen** 6 **Versicherungs**– 7 diese **Versicherung** deckt die laufenden Risiken der Land- und Seetransporte

1 encourir un risque 2 esprit de risque 3 risque du change 4 les risques usuels du transport par voie de terre et par mer 5 prendre le risque (à sa charge) 6 risque d'assurance 7 cette assurance couvre les risques courants des transports terrestres et maritimes

Riskant, –es **Geschäft** (ou **Transaktion**)

transaction (od. affaire) comportant des risques

Roh, 1 ~ oder einfach **bearbeitet** 2 infolge großer Knappheit an Roh**material** müssen wir Ihren Auftrag ablehnen

1 brut ou simplement usiné 2 nous devons refuser votre commande par suite d'une grande pénurie de matières premières

Rohstoff *m* 1 –e zur Herstellung von Erzeugnissen **benötigen** 2 unsere Erzeugnisse werden aus **besten** –en hergestellt 3 –**defizit** 4 Möbel aus **inländischen** –en herstellen 5 es ist eine Verschlechterung in der –**versorgung** einge-

1 avoir besoin de matières premières pour la fabrication de produits 2 nos produits sont fabriqués à l'aide des meilleures matières premières 3 pénurie de matières premières 4 fabriquer des meubles avec des matières premières

treten 6 solange der **Vorrat** an –en reicht

Roll-, –geld bezahlen
Rolle *f* Umstände **spielen** hier eine große ~

Route *f* (Weg, Kurs)
Rubrik *f* **unter** der ~
Rück-, 1 **–antwortkarte** 2 wir erwarten Ihre baldigen **–äußerungen** zu unserem Vorschlag 3 das Konnossement **–datieren** 4 **–einfuhr** 5 **–erstattete** Verpakkung 6 **–erstattung** 7 **–fahrkarte** 8 **–fracht** 9 freiwillige –**lage** 10 **–gang** (s. auch Rückgang) 11 **–kaufsrecht** 12 **–kehr** (s. auch Rückkehr) 13 **–lagen** zur finanziellen Stärkung des Betriebes 14 Devisen**–läufigkeit** 15 Telegramm mit telegrafischer **–meldung** der Zustellung 16 **–reise** 17 die übrigen Verkaufsbedingungen sind auf der **–seite** des Vertrages angeführt 18 **–sendung** 19 wir bestehen auf **–sendung** der Kisten 20 bei **–sendung** der unversehrten Verpackung 21 **–sicht** (s. a. Rücksicht) 22 **–sprache** 23 **–stand** (s. a. Rückstand) 24 **–ständige** Zahlung 25 **–vergütung** (s. a. Rückvergütung) 26 **–wirkend**

Rückerstattung *f* 1 ~ der **Barauslagen** 2 verlangen Sie ~ des **Zolls** für die vernichtete Ware
Rückgang *m* 1 **Absatz**– 2 die Krise ist langsam im ~ **begriffen** 3 dieser **Geschäfts**– war zu erwarten 4 **jäher Kurs**– 5 es machen sich die ersten Anzeichen eines –**es** der **Nachfrage** bemerkbar 6 plötzlicher ~ 7 man erwartet einen **Preis**– 8 **ständiger** ~ 9 der ~ der Kurse ist zum **Stillstand** gekommen 10 **tiefer** ~ 11 **vorübergehender** ~

Rückkehr *f* 1 baldige ~ 2 bis zu seiner ~ 3 unmittelbar **nach** der ~ aus London 4 Ihre Angebote werden wir erst **nach** unserer ~ behandeln können
Rücksicht *f* 1 **mit** ~ auf die entstandenen Schwierigkeiten 2 **mit** ~ auf den Umfang dieser Bestellung 3 **nehmen** Sie ~ **darauf**, daß ... 4 wir bitten, auf unsere Lage ~ zu **nehmen** 5 **ohne** ~ auf ...

Rückstand *m* 1 bitte alle Rückstände **einzutreiben** 2 Rückstände in der Ex-

provenant de ressources intérieures **5** la situation de l'approvisionnement en matières premières a empiré **6** tant que les provisions en matières premières suffisent payer le (des frais de) camionnage
des circonstances jouent ici un rôle important
route
sous la rubrique
1 carte postale à réponse payée 2 nous attendons votre prompte réponse à notre proposition 3 antidater le connaissement 4 réimportation 5 emballage vide remboursé 6 remboursement 7 billet aller et retour 8 frêt de retour 9 la réserve facultative 10 régression; diminution; ralentissement; baisse 11 droit de réemption (od. rachat) 12 retour 13 l'affectation de sommes à l'autofinancement de l'entreprise 14 régression des devises 15 télégramme avec avis télégraphique de remise 16 (voyage de) retour 17 les autres conditions de vente sont indiquées au verso du contrat 18 renvoi 19 nous insistons pour que les caisses nous soient renvoyées 20 en cas de renvoi de l'emballage vide en bon état 21 considération 22 consultation; discussion 23 arriérés 24 paiement arriéré 25 remboursement 26 rétroactif

1 remboursement des dépenses nettes 2 exigez le remboursement des droits de douane pour la marchandise détruite
1 régression des ventes 2 la crise passe peu à peu 3 on pouvait s'attendre à cette régression des affaires 4 baisse soudaine du cours de change 5 les premiers signes d'une régression de la demande deviennent apparente 6 baisse (od. régression) soudaine 7 on s'attend à une baisse des prix 8 baisse (od. régression) constante (od. permanente) 9 la baisse des cours de change s'est arrêtée 10 forte baisse (od. régression) 11 baisse (od. régression) passagère
1 retour rapide 2 jusqu'à son retour 3 immédiatement après le retour de Londres 4 nous ne pourrons nous occuper de vos offres qu'après notre retour
1 compte tenu des difficultés surgies 2 étant donné l'importance de cette commande 3 veuillez prendre en considération que ... 4 nous vous demandons de bien vouloir prendre notre situation en considération 5 sans considération pour ...

1 veuillez recouvrer tous les arriérés 2 rattraper les retards dans l'expédition 3

pedition einholen 3 **Steuer**– 4 der **Zahlungs**– beruht auf einer Unterlassung des Verkäufers 5 der Schuldner ist mit **Zahlung** der Rechnung in ~

Rückvergütung *f* 1 ~ für inländische **Abgaben** 2 ~ für ausgeführte **Waren** gewähren 3 ~ für **Zoll**

Ruf *m* 1 die Firma **erfreut sich** eines hervorragenden –es 2 unsere Waren **erfreuen** sich im Ausland eines guten –es 3 die Firma **genießt** den besten ~ 4 **guter** ~ 5 **guter** ~ von Bezeichnungen und Kennzeichen 6 wir bitten Sie, uns über den ~ und die Verläßlichkeit der Firma zu **informieren** 7 –**nummer** 8 **schlechter** ~ 9 falls Sie den guten ~ Ihrer Firma nicht aufs **Spiel setzen** wollen

Ruhe *f* 1 **Arbeits**– 2 **bewahren** Sie ~ 3 –**tag**

Runderlaß *m* das Einfuhrverfahren wird durch einen ~ des Bundesministeriums für Wirtschaft **geregelt**

Rundfunk *m* –**werbung**

Rundschreiben *n* Sie werden rechtzeitig durch ein ~ unserer Zentrale **benachrichtigt** werden

arriéré d'impôts 4 le retard de paiement est dû à une omission du vendeur 5 le débiteur est en retard de paiement de la facture

1 restitution (od. remboursement) de taxes intérieures 2 accorder le remboursement des droits pour les marchandises exportées 3 remboursement pour (od. des) droits de douane

1 la firme jouit d'une excellente réputation 2 nos marchandises jouissent d'une bonne réputation à l'étranger 3 la firme jouit de la meilleure réputation 4 bonne réputation 5 la renommée d'appellations et de marques 6 nous vous demandons de bien vouloir nous informer au sujet de la réputation et la confiance dont jouit la firme 7 numéro d'appel (od. de téléphone) 8 mauvaise réputation 9 si vous ne voulez pas mettre en jeu (od. danger) la bonne réputation de votre firme

1 arrêt (od. interruption) du travail 2 gardez votre calme 3 journée de repos

la procédure d'importation est réglée par une circulaire du Ministère fédéral des Affaires Economiques

radio-publicité

vous serez informé en temps opportun par une lettre circulaire de notre bureau central

S

Sach-, 1 verantwortlicher **–bearbeiter** 2 der faktische **–bestand** ist jedoch ein anderer 3 wir sind mit der **–lage** nicht zufrieden 4 **–schaden** 5 der **–verhalt** ist folgender: 6 **–verständiger** (s. auch Sachverständiger) 7 **–wert**
Sache *f* 1 das ist Ansichts– 2 der ~ wäre am besten **gedient,** wenn Sie ... 3 wir halten es für eine **fertige** ~ 4 es **geht** hier um die ~, nicht um die Person 5 **Geschmack–** 6 der ~ auf den **Grund** gehen 7 das ist eine **grundsätzliche** ~ 8 die **Haupt–** ist ... 9 das Konsulat ist über diese ~ überhaupt nicht **informiert** 10 das ist **Neben–** 11 **Prinzip–** 12 wir haben die ~ **satt** 13 Ihr **Schreiben** in der ~ ... 14 **Streit–** 15 das **tut** nichts zur ~ 16 die ~ **verhält** sich jedoch anders 17 über diese ~ wird noch **verhandelt** 18 das ist eine **Vertrauens–**

1 employé compétent responsable 2 en réalité, les faits sont différents 3 nous ne sommes pas satisfaits de l'état des choses 4 dégât (od. dommage) matériel 5 les faits sont les suivants: 6 expert 7 valeur matérielle (od. réelle)
1 c'est une affaire d'opinion 2 pour servir la cause, le mieux serait que vous ... 3 nous considérons cela comme un fait accompli 4 il s'agit ici du principe et non de la personne 5 question (od. affaire) de goût 6 aller au fond de l'affaire 7 c'est une affaire de principe 8 l'essentiel est que ... 9 le consulat n'est pas du tout informé de cette affaire 10 c'est (une affaire) d'importance secondaire 11 affaire de principe 12 nous en avons assez de cette affaire 13 votre lettre concernant l'affaire ... 14 affaire litigieuse; litige 15 cela ne fait rien à l'affaire 16 la question est cependant toute différente 17 cette affaire est encore en discussion (od. délibération) 18 c'est une affaire de confiance

Sachgemäß, –e Verpackung
Sachverständiger *m* 1 amtlicher ~ 2 die **Aussage** der Sachverständigen bestätigte ... 3 einen Sachverständigen mit der Erstattung eines Berichts **beauftragen** 4 **–Befund** 5 wir legen den **Bericht** des Sachverständigen bei 6 es wurde inzwischen von 2 Sachverständigen dieses Spezialfachs **besichtigt** 7 laut **Bestätigung/Erklärung** des Sachverständigen 8 einen Sachverständigen **ernennen** 9 Sachverständigengebühr 10 Gerichts– 11 nach dem **Gutachten** von Sachverständigen über ... 12 das hängt ausschließlich vom **Gutachten** der Sachverständigen ab 13 vereidigter ~ 14 die zur **Vertraulichkeit verpflichteten** Sachverständigen erhalten die erforderliche Einsicht in die Akten 15 die Sache einem dortigen Sachverständigen zur Begutachtung **vorlegen**

emballage approprié
1 expert officiel 2 le rapport des experts a confirmé 3 charger un expert de soumettre un rapport 4 rapport (od. compte rendu) d'expert 5 nous joignons le rapport de l'expert 6 il a été examiné entre-temps par 2 experts de cette spécialité 7 conformément à la confirmation/déclaration de l'expert 8 nommer (od. désigner) un expert 9 honoraire d'expert; frais d'expertise 10 expert légiste 11 selon l'avis d'experts concernant ... 12 cela dépend exclusivement du rapport de l'expert 13 expert assermenté 14 les experts tenus au secret peuvent consulter les dossiers nécessaires 15 remettre l'affaire pour expertise à un expert local

Sack *m* 1 **Doppel–** 2 Reis in Säcke **füllen** 3 gebrauchte Säcke 4 gewebter ~ 5 **Jute–** 6 fünf ~ **Kaffee** 7 Packung in neuen **Leinwand**säcken 8 Jute–**leinwand** 9 **Papier–** 10 in Jutesäcke **verpacken**

1 sac double 2 mettre du riz dans des sacs 3 sacs usagés 4 sac tissé 5 sac de jute 6 cinq sacs de café 7 empaqueté dans des sacs de toile neufs 8 toile à sacs de jute 9 sac en papier 10 empaqueter dans des sacs de jute

Säckchen *n* Papier–
Safe *m* 1 ... im ~ **deponieren** 2 aus dem ~ **entnehmen**

sachet en papier
1 déposer (od. mettre) ... dans un coffre-fort 2 retirer du coffre-fort

Sagen — Satz

Sagen, 1 es erübrigt sich vielleicht zu ~, daß ... **2** das **hat** nichts zu ~ **3 klar** und deutlich ~ **4 kurz** gesagt **5 lassen** Sie sich ~, daß ... **6** wir werden es ihm ~ **lassen 7** das ist **leicht** gesagt **8 man** sagt, daß ... **9 nachdrücklich** ~ **10** mit **Recht** kann gesagt werden, daß ... **11 unter** uns gesagt **12 wahrheitsgetreu** ~ **13 wie** gesagt **14** es **wurde** uns gesagt, daß ...

1 il est sans doute superflu (od. inutile) de dire que ... (od. il va sans dire que ...) **2** cela ne compte pas; cela n'a pas d'importance **3** dire clairement **4** (en) bref; en peu de mots **5** laissez-moi (od. nous) vous dire que **6** nous allons le lui faire savoir **7** c'est facilement dit; c'est facile à dire **8** on dit que ... **9** dire en insistant (od. avec insistance) **10** on peut dire à juste titre que ... **11** soit dit entre nous **12** dire la vérité **13** comme je viens de le dire; comme il vient d'être dit **14** on nous a dit que ...

Saison *f* **1** –**artikel 2** die Ware hat einen ausschließlich **saisonbedingten** Charakter **3** sobald die ~ **beginnt 4** für **diese** ~ **5** –**einfluß 6** die ~ geht ihrem Ende entgegen **7 Frühjahrs**– **8** die ~ ist in vollem **Gang 9** –**geschäft 10 Gipfel**– **11 Haupt**– **12 Herbst**– **13** in Anbetracht der **kommenden** ~ **14** die wichtigsten –**monate 15** der **Nach**–tarif ist mäßig **16** –**nachfrage 17** alle Neuheiten in der **nächsten** ~ auf den Markt bringen **18** –**neuheit 19 Sommer**– **20 tote** ~ **21** infolge der **vorgerückten** ~ **22** die ~ ist schon **vorüber 23 Winter**–

1 article de saison **2** la marchandise a un caractère exclusivement saisonnier **3** dès que la saison commence **4** pour cette (od. la présente) saison **5** influence saisonnière **6** la saison touche à sa fin **7** saison printanière **8** la saison bat son plein **9** affaire saisonnière **10** saison de pointe **11** pleine saison **12** saison d'automne **13** vu (od. étant donné) la prochaine saison **14** les mois de la pleine saison **15** le tarif d'après-saison est modéré **16** demande saisonnière **17** lancer toutes les nouveautés (od. créations nouvelles) sur le marché, la saison prochaine **18** nouveauté de la saison **19** saison d'été **20** morte-saison **21** du fait que la saison est déjà très avancée **22** la saison est déjà passée **23** saison d'hiver

Saldo *m* **1 Aktiv**– **2** Ihre laufende Rechnung hat einen ~ von DM 450,— zu Ihren Gunsten **ausgewiesen 3 Clearing**– **4 Debet**– **5 Guthaben**– **6** der Auszug Ihres **Kontos** weist einen ~ von DM 618,— zu unseren Gunsten aus **7 Kredit**– **8 Passiv**– **9** den ~ **übertragen** wir auf neue Rechnung **10** ~ vom **Vormonat**

1 solde actif **2** votre compte courant a présenté un solde de DM 450,— en votre faveur **3** balance clearing **4** solde débiteur **5** solde créditeur **6** le relevé de votre compte fait ressortir un solde de DM 618,— en notre faveur **7** solde créditeur **8** solde passif **9** nous reportons le solde à nouveau compte **10** solde du mois précédent

Sammel-, 1 –**dienst 2** –**ladung 3** –**rechnung 4** als –**sendung** aufgegebene Pakete **5** –**waggon**

1 service collecteur **2** chargement collectif **3** facture collective **4** colis expédiés en envoi collectif **5** wagon collecteur

Sättigen, der **Markt** ist vorläufig gesättigt

pour le moment le marché est saturé

Satz *m* **1** autonome **Aufhebungen** der Sätze des gemeinsamen Zolltarifs **2** wir bestehen auf den **bisherigen** Sätzen **3** jetziger **Diskont**– beträgt 5% **4** kompletter ~ Verschiffungs**dokumente 5 Durchschnitts**– **6** Frachtsätze für **Eilgut 7 Einheits**– **8 Eisenbahnfracht**– **9** die Zollsätze für bestimmte Tarifpositionen **erhöhen 10** die neuen Zollsätze bedingen eine Preiserhöhung **11 Fracht**– **12 gleitende** Sätze **13** der in Absatz 5 aufgestellte **Grund**– **14 gültige** Tarifsätze **15 günstige** Sätze für Versicherung **16** die Zollsätze wurden **herabgesetzt 17**

1 suppression autonome des taux du tarif douanier commun **2** nous maintenons les tarifs existants **3** le taux d'escompte actuel s'élève à 5% **4** un jeu complet de documents d'embarquement **5** taux moyen **6** taux de transport en régime accéléré **7** taux unitaire **8** taux de transport ferroviaire **9** augmenter les taux douaniers pour certains postes du tarif **10** les nouveaux taux douaniers nécessitent une augmentation de prix **11** taux de transport (od. fret) **12** taux flexibles **13** le principe établi au paragraphe 5 **14** taux tarifaires en vigueur **15** tarifs

Höchst– 18 **Höchst–** des Schadenersatzes für Nichtlieferung 19 **Maximal–** 20 **Mindest–** 21 senden Sie bitte mit Luftpost den neuen **Muster–** 22 **Prämien–** 23 **Prozent–** 24 **Regie–** 25 einen günstigen ~ **sichern** 26 **Steuer–** 27 den **Steuer–** ändern 28 **Versicherungs–** für ... beträgt 29 **vollständiger** ~ handelsfähiger Papiere 30 **Zinsen–** 31 diese Ware unterliegt hohen **Zollsätzen**

Säumig, -er Schuldner
Schaden *m* 1 –**sabschätzung** 2 eine **Anerkennung** des –s ist nicht möglich 3 einen ~ bei der Versicherungsanstalt **anmelden** 4 der Havariekommissar schätzte den ~ auf DM 3.108,— 5 **Aufnahme** des –s 6 lassen Sie den entstandenen ~ **aufnehmen** 7 den verursachten ~ **aufwiegen** 8 die Höhe der Entschädigung entspricht dem **Ausmaß** des –s 9 **–sbelege** 10 Ersatz der tatsächlich **belegten** Schäden 11 wir werden die durch das fehlerhafte Material entstandenen Schäden in kürzester Zeit auf unsere Kosten **beseitigen** 12 –**sbesichtigung** durch den Sachverständigen 13 der ~ **betraf** viele Geschäftsleute 14 nach unserer Schätzung **beträgt** der ~ ungefähr DM 500,— 15 den ~ **decken** 16 durch Nachlässigkeit entstandener ~ 17 die Höhe der **Entschädigung** entspricht dem entstandenen ~ 18 dieser ~ **entstand** durch unsachgemäße Handhabung der Waren 19 der ~ **entstand** infolge eines Brandes 20 ~ **erleiden** 21 infolge Ihrer Handlungsweise haben wir ~ **erlitten** 22 nach Ermittlung des –s durch den Liquidator beträgt Ihr Anspruch ... 23 –**(s)ersatz** 24 den entstandenen ~ können wir nicht **ersetzen** 25 den ~ **feststellen** 26 es ist Ihre Pflicht, den ~ unverzüglich **festzustellen** 27 **Gesamt–** 28 Schäden an **Gütern** 29 nicht **gutzumachender** ~ 30 für Schäden, die ohne unser Verschulden entstanden, **haften** wir nicht 31 die **Höhe** des Gesamt–s beträgt DM 16.226,— 32 das wird Ihren Geschäfts**interessen** nicht schaden 33 es **ist** schade um die Zeit 34 das **kann** nicht schaden 35 diesen ~ wird die Versicherungsanstalt **liquidieren** 36 er ist verpflichtet, alles

d'assurance favorables 16 les taux de douane ont été réduits 17 taux maximum 18 montant maximum du dédommagement pour non-livraison 19 taux maximum 20 taux minimum 20 veuillez expédier la nouvelle collection d'échantillons (od. de modèles) par poste aérienne 22 taux de prime 23 pourcentage 24 taux de régie 25 assurer un taux avantageux 26 taux d'impôts (od. d'imposition) 27 remanier le barème de l'impôt 28 le taux d'assurance pour ... s'élève à ... 29 jeu complet de documents négociables 30 taux d'intérêts 31 cette marchandise est soumise à des taux de douane importants (od. élevés)

débiteur défaillant
1 estimation (od. évaluation) du dommage (od. des dégâts) 2 il n'est pas possible de reconnaître le dommage 3 aviser la compagnie d'assurances d'un sinistre 4 le commissaire d'avarie évalua le dommage à DM 3.108,— 5 établir un procès-verbal de dégât 6 veuillez faire constater le dégât intervenu 7 compenser le dommage occasionné 8 le montant du dédommagement correspond à l'importance des dégâts 9 pièces justificatives du dommage (od. sinistre) 10 indemnisation pour les dommages effectivement prouvés 11 nous allons remédier dans les plus brefs délais et à nos frais aux dommages occasionnés par le matériau défectueux 12 examen du sinistre (od. dommage) par l'expert 13 le dommage a affecté un grand nombre de commerçants (od. d'hommes d'affaires) 14 à notre estimation, le dommage s'élève à environ DM 500,— 15 couvrir le dommage 16 dommage occasionné par négligence 17 le montant de l'indemnité correspond au dommage occasionné 18 ce dommage est dû (od. imputable) à la fausse manipulation des marchandises 19 le dommage a été causé par un incendie 20 subir un dommage 21 nous avons subi un dommage du fait de votre manière d'agir 22 selon l'estimation du dommage par le liquidateur, ils ont droit à ... 23 dédommagement; réparation; dommages-intérêts 24 il ne nous est pas possible de réparer le dommage causé 25 faire le constat du dommage; déterminer le dommage 26 il est de votre devoir de faire constater les dégâts sans délai 27 dommage total 28 dommages aux biens 29 dommage irréparable 30 nous n'assumons aucune responsabilité pour les

Schaden — Schädigen

zu tun, um den entstandenen ~ zu **mindern** 37 das ist ein **nachweisbarer** ~ 38 den ~ **nachweisen** 39 er will für tatsächliche und **nachweisliche** Schäden Ersatz fordern 40 **Nässe**– 41 **Sach**– 42 den durch Bruch entstandenen ~ **schätzen** wir auf DM 400,— 43 –**schätzung** 44 den durch **Seewasser** verursachten ~ feststellen 45 **Teil**– 46 sie sind nicht bereit, den ~ zu **tragen** 47 **unbedeutender** ~ 48 die **Ursache** des –s feststellen 49 für den ~ ist der Spediteur **verantwortlich** 50 wir werden alles tun, um weitere Schäden zu **verhindern** 51 vom Verkäufer Ersatz für den durch die Nichterfüllung erlittenen ~ **verlangen** 52 **Vermögens**– 53 ein Aufschub würde einen schwer gutzumachenden ~ **verursachen** 54 wir haften nicht für Schäden, die durch unfachgemäßes Lagern **verursacht** wurden 55 –**szertifikat** 56 eine **Zusammenfassung** des –s aufstellen

dommages survenus sans faute de notre part 31 le montant du dommage total est de DM 16.226,— 32 cela ne causera aucun préjudice aux intérêts de votre affaire 33 cela ne vaut pas le temps qu'on y passe (od. cela ne vaut pas la peine) 34 cela ne peut pas nuire 35 ce dommage sera liquidé par la compagnie d'assurances 36 il est tenu de faire tout son possible pour diminuer le dommage occasionné 37 c'est un dommage qui peut être prouvé 38 prouver le dommage 39 il a l'intention de demander réparation des dommages effectifs et prouvables 40 dommage dû à l'humidité 41 dégât (od. dommage) matériel 42 nous estimons le dommage dû à la casse à DM 400,— 43 estimation (od. évaluation) du dommage (od. des dégâts) 44 faire le constat des dégâts causés par l'eau de mer 45 dommage partiel 46 ils ne sont pas disposés à supporter le dommage 47 dommage négligeable (od. mineur) 48 déterminer les causes du dommage 49 la responsabilité du dommage incombe au commissionnaire de transport 50 nous ferons tout notre possible pour prévenir tout autre dommage 51 demander au vendeur réparation du préjudice subi du fait du manquement aux obligations; exiger du vendeur la réparation du dommage subi du fait d'inaccomplissement 52 dommage aux biens 53 tout retard occasionnerait un préjudice difficilement réparable 54 nous ne pouvons être tenus responsables des dommages causés par un stockage inapproprié 55 certificat de dommage (od. de sinistre) 56 faire l'inventaire du dommage

Schadenersatz *m* 1 wir möchten sehr ungern das **Anrecht** auf ~ einbüßen 2 ~ **beanspruchen** 3 wir senden Ihnen die **Berechnung** der –forderungen 4 wir werden von Ihnen ~ **fordern** 5 nach Überprüfung ihrer **Forderung** auf ~ 6 er hat gegen ihn **Klage** auf ~ eingereicht 7 einen angemessenen ~ **leisten** 8 schadenersatz**pflichtig** 9 Höchst**satz** des –es für Nichtlieferung 10 Sie werden ~ **zahlen** müssen

1 il nous déplairait de perdre notre droit au dédommagement (od. aux dommages--intérêts) 2 revendiquer un droit à une indemnité 3 nous vous envoyons le décompte de la demande en dommages--intérêts 4 nous vous demanderons des dommages-intérêts 5 après vérification de leur demande de dommages-intérêts 6 il a introduit une action en dommages--intérêts à son encontre 7 accorder un indemnité raisonnable 8 responsable du dommage 9 montant maximum du dédommagement pour non-livraison 10 vous allez devoir payer un indemnité (od. des dommages-intérêts)

Schädigen, 1 die **Interessen** anderer Unternehmen ernstlich ~ 2 den guten **Ruf** der Firma ~ 3 –de **Wirkung**

1 porter sérieusement atteinte (od. préjudice) aux intérêts d'autres entreprises 2 causer préjudice (od. nuire) à la bonne réputation de la firme 3 effet nuisible

Schädigung f 1 ernsthafte ~ der **Interessen** des Einfuhrlandes 2 eine unnötige ~ ihrer Handelsinteressen **vermeiden** 3 ein Aufschub würde eine schwer gutzumachende ~ **verursachen**

Schaffen, eine **Reserve** in ... ~

Schalter m 1 nach Hinterlegung dieses Geldbetrages am **Bank**– 2 **Post**– 3 die Banken sind nicht verpflichtet, Dokumente außerhalb ihrer –**stunden** entgegenzunehmen

Schätzen, 1 die **Betriebsmittel** werden auf nahezu DM 50.000,— geschätzt 2 Ihre freundschaftlichen **Beziehungen** zu unserer Firma ~ wir sehr hoch 3 den durch Bruch entstandenen **Schaden** ~ wir auf DM 400,—

Schätzung f 1 amtliche ~ 2 annähernde ~ 3 mäßige ~ 4 –**spreis** 5 **Schaden**– 6 **übertriebene** ~ 7 schätzungsweise festgestellte Menge 8 –**swert** 9 **Zoll**– 10 ~ für **Zollzwecke**

Schau f 1 –**fenster** 2 –**kasten** 3 **Mode(**n)– 4 **Muster**– 5 –**vitrine**

Scheck m 1 die Bank hat den von Ihnen eingesandten ~ **abgelehnt** 2 **anbei** senden wir Ihnen einen ~ auf DM 500,— 3 **Bank**– 4 durch unsere Bank **beglaubigter** ~ 5 der ~ wurde wegen ungenügender Deckung nicht **bezahlt** 6 das –**buch** gelangte in unbefugte Hände 7 **gedeckter** ~ 8 **gekreuzter** ~ 9 mit Bedauern teilen wir Ihnen mit, daß der ~ nicht **honoriert** wurde 10 **Kassen**– 11 wir haben den ~ am 16. d.M. **kassiert** 12 **legalisierter** ~ 13 ~ auf den **Namen** 14 einen ~ an **Order** ausstellen 15 sie haben sich ein **Post-konto** eröffnet 16 eine **Post-überweisung** durchführen 17 **Reise**– 18 ~ über DM 650,— auf die Handelsbank 19 **ungedeckter** ~ 20 **verfallener** ~ 21 die Identität der Person feststellen, die den ~ zwecks Auszahlung/Umtausches **vorlegt** 22 –**zahlung** 23 der Lieferant fordert **Zahlung** durch ~ einer erstklassigen Bank

Schein m 1 **Arbeits**– 2 **Ausgabe**– 3 **Garantie**– 4 Lkw-**Lade**– 5 **Lager**– 6 **Liefer**– 7 dem –e nach ... 8 **Versiche**–

1 préjudice sérieux causé aux intérêts du pays importateur 2 éviter un préjudice inutile à leurs intérêts commerciaux 3 un retard pourrait provoquer une perte (od. un désavantage) difficilement réparable

faire des provisions en ...

1 après dépôt de ce montant au guichet de la banque 2 guichet de poste 3 les banques ne sont pas obligées d'accepter des documents en dehors des heures d'ouverture des guichets

1 les crédits (od. moyens) d'exploitation sont estimés à presque DM 50.000,— 2 nous apprécions beaucoup vos relations amicales avec notre firme 3 nous estimons le dommage dû à la casse à DM 400,—

1 estimation officielle 2 estimation approximative 3 estimation réservée 4 prix estimatif 5 estimation (od. évaluation) du dommage (od. des dégâts) 6 surestimation 7 quantité déterminée 8 valeur estimative 9 évaluation (od. estimation) de douane 10 estimation (od. évaluation) pour les besoins (aux fins) de la douane

1 vitrine 2 vitrine 3 revue (od. présentation) de modes 4 présentation d'échantillons 5 vitrine

1 la banque a refusé le chèque que vous avez envoyé 2 nous vous adressons (od. envoyons) ci-joint un chèque portant sur DM 500,— 3 chèque de banque 4 chèque certifié par notre banque 5 le chèque n'a pas été payé pour couverture insuffisante 6 le carnet de chèques est tombé entre des mains non autorisées 7 chèque couvert 8 chèque croisé 9 nous avons le regret de vous informer que le chèque n'a pas été honoré 10 chèque de caisse 11 nous avons encaissé le chèque le 16 du mois courant 12 chèque certifié 13 chèque au (nom du) porteur 14 émettre un chèque à l'ordre 15 ils se sont fait ouvrir un compte (de) chèques postaux (C.C.P.) 16 effectuer un virement par chèque postal 17 chèque de voyage 18 chèque de DM 650,— tiré sur la banque de commerce 19 chèque sans provision 20 chèque périmé 21 vérifier l'identité de la personne qui présente le chèque au paiement/au change (od. désirant toucher un chèque) 22 paiement par chèque 23 le fournisseur demande le paiement par chèque d'une banque de premier ordre

1 fiche de travail; fiche de contrôle (od. de pointage) 2 fiche de livraison; quittance 3 fiche de garantie; certificat de

rungs– 9 **Wiege**–

Scheinen, 1 diese Lösung scheint uns annehmbar (zu sein) 2 die Höhe der Kosten scheint nicht voll **gerechtfertigt** zu sein
Schema *n* 1 **Organisations**– 2 **übersichtliches** ~
Scheuen, 1 ~ Sie keine **Kosten** 2 ~ Sie keine **Mühe,** wenn es sich um eine so ernste Sache handelt

Schicht *f* 1 **Abnehmer**– 2 doppelte **Jute**– 3 **Tages**–
Schicken, unter welchen Bedingungen sind Sie **bereit,** uns den Monteur zu ~ ?

Schieds–, 1 alle Streitigkeiten aus diesem Vertrage werden mit endgültiger Wirkung vom –**gericht** entschieden werden 2 die Entscheidung der Angelegenheit durch –**gericht** 3 jede Partei kann zur Festlegung einer angemessenen Lieferfrist das –**gericht** anrufen 4 –**klausel** 5 –**richter** 6 die Ernennung eines –**richters** beantragen 7 –**spruch**

Schiff *n* 1 „**Ab** ~" 2 –**sabfahrt** 3 **Abfertigung** des –es 4 ... mit ~ **absenden** 5 –**sagent** 6 –**sagentur** 7 sofort nach **Ankunft** des –es 8 –**sanschluß** erreichen 9 das ~ ist von Hamburg am 16. Juli **ausgelaufen** 10 die Waren aus dem ~ **ausladen** 11 die Waren sind bereits an **Bord** des –es 12 –**börse** 13 –**bruch** 14 –s(tage)**buch** 15 das ~ ist voll gebucht 16 ein ~ von ca. 14.000 Registertonnen **chartern** 17 das ~ ist heute in den Hafen **eingelaufen** 18 –**seinladespesen** 19 das ~ von Bombay soll um den 2. d.M. im Hafen **eintreffen** 20 um das ~ noch zu **erreichen** 21 das ~ wird am 30. Juni **erwartet** 22 **Fahrgast**– 23 –**fahrt** (s.a. „Schiffahrt") 24 –**fahrtsgesellschaft** 25 „**frei** Längsseite See–" (F.A.S.) 26 das ~ hatte **Havarie** 27 –**kammer** 28 –**skarte** 29 **Ladebereitschaft** des –es 30 **Ladefähigkeit** des –es 31 das ~ könnte um den 4. Mai **laden** 32 –**sladeraum** 33 für die –**sladung** wird Pauschalfracht berechnet 34 das ~ könnte um den 11. d.M. **Ladung** nehmen 35 das ~ beendete die **Ladung** 36 „**frei** Längsseite See–" F.A.S. 37 bestellte

garantie 4 lettre de transport par camion 5 bulletin de dépôt 6 bon (od. bulletin) de livraison 7 selon (od. suivant) les apparences ... 8 police d'assurance 9 certificat (od. fiche; bulletin) de pesage
1 la solution nous semble acceptable 2 le montant des frais ne paraît pas entièrement justifié

1 schéma d'organisation; organigramme 2 schéma clair
1 n'hésitez pas de faire des dépenses 2 n'épargnez aucun effort (od. aucune peine) lorsqu'il s'agit d'une affaire aussi sérieuse

1 catégorie d'acheteurs 2 couche double de jute 3 équipe de jour
dans quelles conditions êtes-vous disposé(s) à nous envoyer le monteur (od. mécanicien)?
1 tous litiges résultant de ce contrat seront tranchés par la cour d'arbitrage (od. le tribunal arbitral) avec effet définitif 2 règlement de l'affaire par une cour d'arbitrage 3 chaque partie peut faire appel à la cour d'arbitrage pour la détermination d'un délai de livraison acceptable 4 clause d'arbitrage 5 arbitre 6 demander la désignation d'un arbitre 7 arbitrage; décision arbitrale; jugement arbitral

1 «départ bateau» 2 départ du bateau (od. navire) 3 régler les formalités (de départ/d'arrivée) du navire 4 expédier ... par bateau 5 agent maritime 6 agence maritime 7 dès l'arrivée du bateau (od. navire) 8 attraper le bateau (od. navire) de correspondance 9 le bateau (od. navire) est parti de Hambourg le 16 juillet 10 décharger les marchandises du bateau 11 les marchandises se trouvent déjà à bord du navire; les marchandises sont déjà embarquées 12 bourse maritime 13 naufrage 14 journal de bord 15 le bateau est complet 16 affréter un bateau d'environ 14.000 tonneaux de registre 17 le bateau est arrivé au port aujourd'hui 18 frais de chargement du bateau 19 le bateau en provenance de Bombay est attendu au port vers le 2 de ce mois 20 pour (od. afin d')attraper le bateau 21 le bateau est attendu pour le 30 juin 22 paquebot (od. navire à passagers) 23 navigation 24 compagnie maritime (od. de navigation) 25 «franco le long du navire» (F.A.S.) 26 le bateau a eu une avarie 27 cale; compartiment 28 billet de passager 29 bateau prêt au charge-

Waren werden mit ~ **geliefert** 38 das ~ begann um 10 Uhr früh zu **löschen** 39 –s**manifest** 40 das für Sie Baumwolle **mitführende** ~ 41 **Motor**– 42 das **nächste** ~ nach New York 43 –s**name** 44 –**papiere** 45 –s**quarantäne** 46 die Lieferung wurde mangels –s**raum** verzögert 47 –s**register** 48 **Schlepp**– 49 **seetüchtiges** ~ 50 **Tragfähigkeit** des –es 51 für den **Transport** von Kohle geeignetes ~ 52 die **Umladung** vom ~ in Boote besorgen 53 veranlassen Sie den **Umschlag** vom ~ in Kähne/Waggons 54 das ~ ist nach Liverpool **unterwegs** 55 die Sendung wurde heute ordnungsgemäß auf das ~ **verladen** 56 das nächste ~ soll am 8. Juni den Hafen **verlassen** 57 **Verspätung** des –es

ment 30 capacité de charge du navire 31 le bateau pourrait être chargé vers le 4 mai 32 cale; tonnage (od. jauge) 33 la cargaison est soumise au fret forfaitaire 34 le bateau pourrait être chargé vers le 11 du mois courant 35 le chargement du bateau a été terminé 36 « franco le long du navire» F.A.S. 37 les marchandises commandées seront livrées par bateau 38 le bateau a commencé à décharger à 10 h du matin 39 manifeste du bateau 40 le bateau transportant le coton pour vous 41 bateau à moteur 42 le prochain bateau pour (od. à destination de) New York 43 nom du bateau 44 papiers de bord 45 quarantaine du bateau 46 la livraison a été retardée par manque de tonnage 47 registre des navires 48 (bateau) remorqueur 49 navire tenant la mer (od. marin) 50 capacité (de transport) du bateau 51 bateau convenant (od. apte) au transport de charbon 52 se charger du transbordement sur des péniches 53 veuillez ordonner le transbordement de la cargaison sur des péniches/wagons 54 le bateau est en route pour Liverpool 55 l'envoi a été embarqué aujourd'hui (à bord du navire) en bonne et due forme 56 le prochain navire doit quitter le port le 8 juin 57 retard du navire

Schiffahrt ƒ 1 die ~ wird am 3. 3. wieder **aufgenommen** werden 2 **Binnen**– 3 die ~ wurde am 30. 11. **eingestellt** 4 mit Rücksicht auf die **Einstellung** der ~ auf der Elbe 5 **Fluß**– 6 **freie** ~ 7 –s**gesellschaft** 8 **Küsten**– 9 **Linien**– 10 –s**linie** 11 **Schub**– 12 **See**– 13 **Tramp**–

1 la navigation reprendra le 3/3 2 navigation intérieure 3 la navigation a été arrêtée le 30/11 4 compte tenu de l'arrêt de la navigation sur l'Elbe 5 navigation fluviale 6 libre navigation; liberté de navigation 7 compagnie maritime (od. de navigation) 8 navigation côtière; cabotage 9 navigation de ligne 10 ligne de navigation 11 navigation par (bateaux) pousseurs 12 navigation maritime 13 tramping

Schlagen, 1 –der **Beweis** 2 die **Konkurrenz** aus dem Felde ~

1 preuve éclatante 2 battre la concurrence

Schlecht, 1 die Ware findet einen –en **Absatz** 2 äußerst –er **Eindruck** 3 die Ware wurde durch –e **Manipulation** beschädigt 4 –e **Nachrichten** 5 die Ware ist von –er **Qualität**

1 la marchandise se vend mal 2 impression extrêmement mauvaise 3 la marchandise a été détériorée du fait d'une mauvaise manipulation 4 mauvaises nouvelles 5 la marchandise est de mauvaise qualité

Schlepp–, 1 –**kahn** 2 –**lohn**

1 bateau remorqué 2 frais de remorquage

Schleuder–, 1 –**artikel** 2 –**preis**

1 camelote (od. marchandise sacrifiée) 2 prix sacrifié

Schlichten, kann der **Fall** nicht geschlichtet werden

si le différend ne peut être aplani

Schließ–, (s. auch Safe) **Post**–**fach** 315

boîte postale 315 (B.P. 315)

Schließen, 1 ein **Abkommen** ~ 2 aus den **Anzeichen** kann man ~ 3 an diesem Tag sind die **Banken** geschlossen 4 aus Ihrer **Nachricht** ~ wir, daß ... 5 er

1 conclure un accord 2 les indices permettent de conclure 3 les banques sont fermées ce jour (-là) 4 nous déduisons de vos informations (od. votre message)

Schließen — Schreiben

hat den Brief mit der **Versicherung** geschlossen, daß ... **6** einen **Vertrag** ~

Schlimm-, 1 wir sind –er **daran** als je zuvor **2** das **Ergebnis** ist –er als wir erwarteten **3** wir sind auf das Schlimmste **gefaßt 4** es **ist** noch lange nicht das Schlimmste **5** –**stenfalls 6** die Angelegenheit **wendet** sich zum –eren

Schluß *m* **1** –**abrechnung 2** –**antrag 3** –**bemerkung 4** –**bilanz 5 Börsen**– **6** bei **Börsen**– **7** –**brief 8** –**ergebnis 9** er darf daraus keine überstürzten –**folgerungen** ziehen **10** wir kamen zu der –**folgerung**, daß ... **11** zum ~ dieses **Jahres 12** es hat den Anschein, daß die Preise vor **Jahres**– noch steigen werden **13** nach sorgfältiger Prüfung der Angelegenheit sind wir zum ~ **gekommen,** daß ... **14** damit **machen** wir vorläufig ~ **15** –**note 16** –**kursnotierung 17** –**partie 18** –**protokoll 19** vor oder nach **Vertrags**– **20** zum ~ des Briefes **21** zum ~ möchten wir bemerken

que ... **5** il a terminé sa lettre en assurant que ... **6** conclure (od. passer) un contrat
1 notre situation est pire que jamais **2** le résultat est pire que ce que nous attendions **3** nous sommes préparés au pire; nous nous attendons au pire **4** c'est loin d'être le pire **5** dans le pire des cas **6** l'affaire se gâte (od. va de mal en pis)
1 décompte (od. règlement) final **2** (Prozeß) conclusion **3** remarque finale **4** bilan final **5** clôture de la bourse **6** en clôture de bourse **7** lettre de conclusion (od. de notification) **8** résultat final **9** il ne doit pas en tirer des conclusions hâtives (od. précipitées) **10** nous sommes arrivés à la conclusion que ... **11** vers la fin de cette année **12** il semble que les prix vont encore augmenter avant la fin de l'année **13** après un examen minutieux de l'affaire nous sommes arrivés à la conclusion que ... **14** nous mettons provisoirement un terme à cela **15** avis d'exécution **16** cotation de clôture **17** partie finale **18** procès-verbal (od. compte rendu) final **19** avant ou après la conclusion du contrat **20** en conclusion de la lettre; en fin de (la) lettre **21** nous voudrions faire remarquer pour terminer

Schlüssel *m* **1** –**industrie 2** eine –**position** einnehmen **3** –**wort**
Schmerzensgeld *n*

1 industrie-clé **2** occuper une position-clé (od. un poste-clé) **3** mot-clé
indemnité en réparation d'un dommage personnel; (jur.) pretium doloris

Schmuggeln, ... über die **Grenze** ~
Schnell, 1 –er **Absatz 2** den Mangel so ~ wie **möglich** beseitigen **3** der Bank alle Mitteilungen mit –ster **Post** übersenden **4** drahtlos oder auf anderem –en **Wege 5** Güter–**zug**
Schnitt-, 1 –**handel 2** –**waren**

passer (od. rentrer) ... en contrebande
1 vente facile **2** remédier au défaut aussi vite que possible **3** envoyer toutes les informations à la banque par le courrier le plus rapide **4** par câble ou toute autre voie rapide **5** train de marchandises rapide
1 mercerie **2** mercerie; marchandises au mètre

Schonungslos, diese Beschädigung konnte nur durch –e **Behandlung** während des Transportes entstehen
Schranke *f* **1 Abbau** der Handels- und Zollschranken **2** die –en **überschreiten**
Schrauben, der Lieferant schraubt die **Preise** in die Höhe
Schreiben *n* (s.a. Brief) **1 Berichtigungs**– **2** Ihr ~ **betrifft** ... **3 deutlich** ~ **4** mit Dank haben wir Ihr ~ **empfangen 5 Empfehlungs**– **6 Ermächtigungs**– **7** wie Sie aus unserem ~ **vom** 1. 12. **ersehen** können **8** mit unserem ~ vom 15. Juni haben wir Sie **ersucht** 9 den Betrag von DM 160,28 zu **Gunsten/Lasten** Ihres Kontos ~ **10** wir ~ uns **mit** dieser

cette détérioration n'a pu se produire que par un maniement sans ménagements pendant le transport
1 suppression des barrières commerciales et douanières **2** dépasser les bornes (od. limites)
le fournisseur fait monter les prix

1 lettre de rectification **2** votre lettre concerne ... **3** écrire clairement (od. distinctement) **4** nous avons reçu votre lettre et vous en remercions **5** lettre de recommandation **6** lettre d'autorisation **7** comme vous pouvez lire dans notre lettre du 1er décembre **8** par notre lettre du 15 juin nous vous avons demandé **9** porter le montant de DM 160,28 au

Firma schon längere Zeit 11 ins **Reine** ~ 12 ~ Sie **uns** bitte, ob ... 13 **Verpflichtungs**– 14 **Vollmacht**–

Schreiber *m* 1 **Fern**– 2 **Maschinen**–
Schreibmaschine *f* 1 das Formular mit ~ oder Hand in Blockschrift **ausfüllen** 2 das Formblatt in –**nschrift** ausfüllen

Schrift *f* 1 aus unseren –en **ersehen** wir nicht, daß ... 2 **Original**– 3 die **Patent**– 4 wichtiges –**stück** 5 –**wechsel** 6 er beherrscht die deutsche Sprache in **Wort** und ~

Schriftlich, 1 –es Angebot 2 –er Antrag 3 der Kontoinhaber muß der Bank jede Veränderung in der Kontobenennung ~ **anzeigen** 4 den Käufer ~ zur Abnahme der Lieferung innerhalb einer angemessenen Frist **auffordern** 5 erstatten Sie einen –en **Bericht**, was Sie ausgerichtet haben 6 –e **Beschwerde** 7 –e **Bestätigung** 8 –e **Bestätigung** folgt 9 –e **Bestellung** 10 –e **Bewilligung** zum Betreten der Fabrik 11 –e **Erklärung** 12 –e **Ermächtigung** 13 –e **Form** 14 –es **Gesuch** einreichen 15 den Angestellten ~ **kündigen** 16 –er **Protest** 17 diese allgemeinen Bedingungen gelten, soweit nicht die Vertragsparteien ausdrücklich und ~ Abweichendes **vereinbart** haben 18 –e **Vereinbarung** 19 –er **Verkehr** 20 –e **Zusage** machen

Schritt *m* 1 **energische** –e gegen ... tun 2 wir hoffen, daß Sie uns diesen ~ **ersparen** werden 3 ~ **für** ~ 4 wir müssen mit der Konkurrenz ~ **halten** 5 unsere Produktion kann nicht mit der derzeitigen Nachfrage ~ **halten** 6 wir werden die notwendige ~e zwecks Erlangung der Ausfuhrbewilligung **unternehmen**

Schrittweise, die Steuervergünstigungen werden ~ **abgebaut**

Schuld *f* 1 die ~ **abtragen/abzahlen** 2 schriftliche –**anerkennung** 3 damit wird die ~ **ausgeglichen** sein 4 ausstehende ~ 5 sie haben ihre ~ ratenweise **beglichen** 6 den –**betrag** bezahlen 7 wir sind uns keiner ~ **bewußt** 8 mit der **Eintreibung** der ~ haben wir Herrn Kraus betraut

crédit/débit de votre compte 10 nous avons un échange de correspondance avec cette firme depuis quelque temps déjà 11 écrire au propre 12 veuillez nous écrire si ... 13 lettre d'engagement 14 lettre d'autorisation (od. de procuration; d'habilitation)

1 télétype; téléscripteur 2 dactylo(graphe) 1 la formule doit être remplie à la machine ou à la main en gros caractères 2 remplir la formule à la machine (à écrire)

1 nous ne voyons pas dans nos documents que ... 2 (document) original 3 exposé d'invention; description de brevet 4 document important 5 correspondance; échange de correspondance 6 il parle et écrit l'allemand couramment

1 offre écrite (od. par écrit) 2 demande écrite 3 le titulaire du compte doit notifier à la banque par écrit chaque changement de la désignation du compte 4 inviter le client par écrit à prendre livraison de la marchandise dans un délai raisonnable 5 veuillez soumettre un compte rendu écrit sur vos démarches 6 plainte (od. réclamation) écrite 7 confirmation écrite 8 confirmation écrite suivra 9 commande écrite 10 autorisation écrite d'accéder à la fabrique 11 déclaration écrite 12 autorisation écrite 13 forme écrite 14 introduire une demande écrite 15 donner congé aux employés par écrit 16 protestation écrite 17 les conditions générales sont applicables sauf dérogations convenues expressément et par écrit entre les parties contractantes 18 convention écrite 19 correspondance 20 faire une promesse écrite; donner son consentement par écrit

1 prendre des mesures énergiques contre ... 2 nous espérons que vous nous épargnerez cette démarche 3 pas à pas 4 nous devons tenir tête aux concurrents 5 notre production ne peut pas soutenir le rythme de la demande actuelle 6 nous allons entreprendre les démarches nécessaires en vue d'obtenir la licence d'exportation

les allègements fiscaux seront réduits progressivement

1 amortir la dette 2 reconnaissance de dette par écrit 3 de cette façon la dette sera soldée 4 créance arriérée 5 ils ont soldé leur dette par acomptes 6 payer (od. régler) le montant dû (od. de la dette) 7 nous ne sommes conscients d'aucune faute 8 nous avons chargé M.

Schuld — Schwankung

9 die ~ ist am 15. Juni **fällig** 10 eine **–forderung** anerkennen 11 schuldenfrei sein 12 auf Bezahlung der ~ **klagen** 13 **–enlast** 14 die ~ **liegt** nicht an ihnen 15 **–posten** 16 einen **–schein** auf den Betrag von DM 904,— ausstellen 17 wir **sind** nicht schuld daran 18 der Spediteur **trägt** keine ~ daran, daß ... 19 **verjährte** ~ 20 **Zoll–** 21 sie rechnen es dem Lieferanten **zur** ~

Schulden, 1 Sie ~ uns bisher **Antwort** auf unseren Brief 2 er schuldet seinen Lieferanten große **Beträge**

Schuldig, 1 sie sollen nicht ~ **bleiben** 2 wir sind Ihnen **Dank** ~ 3 Sie sind uns noch eine **Erklärung** ~ 4 der Spediteur ist für den **Schaden** ~ 5 teilen Sie uns mit, **wieviel** wir Ihnen noch ~ sind

Schuldner *m* 1 **mahnen** Sie den säumigen ~ und drohen Sie mit der Klage 2 **säumiger** ~ 3 **Wechsel–** 4 **zahlungsunfähiger** ~

Schutz *m* 1 Internationales **Abkommen** über den Gebrauchsmuster– 2 ~ des gewerblichen **Eigentums** 3 dies ist zum ~ ihrer wesentlichen **Interessen** notwendig 4 **–klausel** 5 unsere Ware trägt stets unsere **–marke** 6 **Marken–** 7 die Einfuhr berührende **–maßnahmen** treffen 8 **Muster–** 9 **Patent–** 10 gewerblicher **Rechts–** 11 **Währungs–** 12 **Zoll–**

Schützen, vor Nässe ~

Schwach, 1 –er **Absatz** 2 diese Firma ist **finanziell** ~ 3 –e **Nachfrage** nach besseren Sorten Baumwolle 4 **wirtschaftlich** ~

Schwanken, 1 der **Markt** schwankte auf und ab 2 die **Preise** werden einige Zeit ~

Schwankung *f* 1 **geringfügige** ~ 2 **Kurs**–en 3 der **Markt** weist jetzt große –en auf 4 **Preis**– 5 die **Preise** unterliegen –en 6 **Saison**–en 7 **zufällige** ~

Kraus du recouvrement de la créance 9 la dette est exigible le 15 juin 10 reconnaître une créance 11 être exempt de dettes 12 intenter une action en paiement de la dette 13 endettement 14 ce n'est pas (de) leur faute 15 poste débiteur 16 émettre un titre de créance pour le montant de DM 904,— 17 ce n'est pas (de) notre faute 18 le commissionnaire de transport n'est pas responsable de ce que ... 19 dette périmée 20 dette douanière 21 ils l'imputent au fournisseur

1 vous nous devez encore une réponse à notre lettre 2 il doit des sommes importantes à ses fournisseurs

1 ils doivent se dégager de leurs dettes 2 nous vous sommes obligés (od. redevables) 3 vous nous devez encore une explication 4 le commissionnaire de transport est responsable du dommage 5 veuillez nous faire savoir combien nous vous devons encore

1 mettez le débiteur défaillant en demeure (od. sommez le débiteur défaillant) et menacez-le d'une action en justice 2 débiteur défaillant 3 débiteur d'une lettre de change; débiteur par acceptation 4 débiteur insolvable

1 Convention internationale sur la protection des modèles et dessins 2 protection de la propriété industrielle 3 c'est nécessaire pour la protection de leurs intérêts essentiels 4 clause de protection 5 notre marchandise porte toujours notre marque déposée 6 protection des marques 7 prendre des mesures de protection relatives à l'importation 8 protection des échantillons (od. modèles) 9 protection des brevets 10 protection de la propriété industrielle 11 protection monétaire 12 protection douanière; protection par droits de douane

protéger contre l'humidité; à protéger de l'humidité; «tenir au sec»

1 écoulement difficile 2 cette firme est financièrement faible 3 demande faible de meilleures qualités de coton 4 économiquement faible

1 le marché fluctuait 2 les prix vont fluctuer pendant quelque temps

1 faible fluctuation 2 fluctuations du (od. des) cours de change 3 le marché montre actuellement des fluctuations importantes 4 fluctuation des prix 5 les prix subissent des fluctuations 6 fluctuation saisonnière 7 fluctuation occasionnelle

Schwarzmarkt *m* Devisen–
Schwer-, 1 unter –en **Bedingungen** 2 es ist ~ zu **begreifen,** warum ... 3 –e **Beschädigung** 4 das **–gewicht** liegt auf der Ausführung der Ware 5 ein ~ **gutzumachender** Irrtum 6 **–industrie** 7 **–lastwagen** 8 der **–punkt** des Problems liegt im Transport 9 **–wiegende** Mitteilung 10 –e **Zeit**

marché noir des devises
1 dans des conditions difficiles 2 il est difficile de comprendre pourquoi ... 3 détérioration grave 4 l'accent est mis sur l'exécution (od. la finition) de la marchandise 5 une erreur difficilement réparable 6 industrie lourde 7 poids lourd 8 le problème majeur est le transport; le point crucial du problème est le transport 9 information lourde de conséquences (od. d'importance primordiale) 10 période difficile; temps durs

Schwierig, 1 sich in einer –en **Lage** befinden 2 –er **Markt** 3 –e **Verhandlung**
Schwierigkeit *f* 1 **Absatz**–en 2 –en in der Versorgung mit bestimmten Waren mögen **auftreten** 3 von –en hinsichtlich ... ernstlich **bedroht** sein 4 die –en schrittweise **beheben** 5 es **bereitet** uns große –en 6 diese –en **beseitigen** 7 **Betriebs**–en 8 die –en sind nur mit Mühe zu **bewältigen** 9 damit keine –en **entstehen** 10 sollten sich nachträglich irgendwelche –en **ergeben** 11 **Erzeugungs**–en 12 **Finanz**–en 13 es gibt –en mit der Materialbeschaffung 14 die –en wurden offensichtlich künstlich **hervorgerufen** 15 die Angelegenheit wurde **ohne** –en gelöst 16 **Preis**–en 17 mit bestimmten –en **rechnen** 18 wir **stoßen** ständig auf neue –en 19 wegen **technischer** –en 20 **Transport**–en 21 **Anfangs**–en **überwinden** 22 die –en **verringern** 23 wir entschuldigen uns wegen der Ihnen **verursachten** –en 24 –en **vorübergehenden** Charakters 25 um weiteren –en **vorzubeugen,** schlagen wir vor

1 se trouver dans une situation difficile 2 marché difficile 3 négociation difficile
1 difficultés d'écoulement 2 des difficultés pourraient se présenter (od. surgir) dans l'approvisionnement de certaines marchandises 3 être menacé sérieusement de difficultés concernant ... 4 éliminer graduellement les difficultés 5 cela nous cause de grandes difficultés 6 éliminer (od. surmonter) ces difficultés 7 difficultés de fonctionnement 8 les difficultés ne peuvent être surmontées qu'avec beaucoup de peine 9 afin d'éviter des difficultés 10 au cas où il en résulterait ultérieurement des difficultés quelconques 11 difficultés de production 12 difficultés financières 13 il y a des difficultés d'approvisionnement de matériel (od. matériaux) 14 les difficultés ont manifestement été provoquées artificiellement 15 l'affaire a été réglée sans difficultés 16 difficultés de prix 17 il y a lieu de s'attendre à certaines difficultés 18 nous rencontrons constamment de nouvelles difficultés 19 en raison de difficultés techniques 20 difficultés de transport 21 surmonter des (od. les) difficultés de départ (od. initiales) 22 réduire les difficultés 23 nous vous prions d'excuser les difficultés que nous vous avons occasionnées 24 difficultés de caractère (od. nature) temporaire 25 afin de prévenir d'autres difficultés, nous proposons

Schwimmend, –e Ware
Schwindel *m* das ist ein **offensichtlicher** ~

marchandise flottante
c'est une supercherie (od. escroquerie) évidente

See *f* 1 **–fracht** 2 **–gebühren** 3 **–gefahr** 4 **Gepflogenheiten** des **–handels** 5 „Frei **–verschiffungshafen**" 6 **Handel** zu Land und ~ 7 **–konnossemente** 8 **–risiko** 9 **–schiff** 10 „F.A.S." (frei Längsseite **–schiff**) 11 **–schiffahrt** 12 laufende **Transportrisiken** zu Lande und zur ~ 13 Gefahren des **–transports** 14 **–verkehr** 15 **–versicherungspolice** 16 den durch **–wasser** verursachten Schaden

1 fret maritime 2 droits maritimes 3 risques maritimes 4 usages du commerce maritime 5 « franco port maritime » 6 commerce terrestre et maritime 7 connaissements 8 risque maritime 9 navire 10 « franco le long du navire » F.A.S. 11 navigation maritime (od. hauturière) 12 risques courants de transport terrestre et maritime 13 risques du transport maritime 14 trafic maritime 15 police (d'assurance)

See — Senden

feststellen 17 ... auf dem –**weg** befördern 18 **zur** ~

Seemäßig, -e Verpackung
Sehen, 1 ge– und richtig **befunden** 2 es ist auf den ersten **Blick** zu ~, daß ... 3 wir ~ es nicht **gerne**, wenn ... 4 diesen Vertreter kenne ich nur **vom** ~

Seite *f* 1 **Außen**– 2 eine für **beide** –n annehmbare Lösung finden 3 **finanzielle** ~ des Vorschlags 4 **Innen**– 5 der **Katalog** wird ungefähr 200 –n umfassen 6 eine solche **Lösung** wäre beiden –n annehmbar 7 auf der **Rück**– des Vertrags 8 **Schatten**– 9 **schlechte** ~ 10 **Vertrag** abgeschlossen zwischen Herrn Schneider auf der einen und Herrn Le Blon auf der anderen ~ 11 der Vertrag muß noch **von** anderer ~ geprüft werden 12 **wirtschaftliche** ~

-seits, 1 **anderer**– halten wir es nicht für zweckmäßig 2 ohne Verpflichtung und Verantwortlichkeit **ihrer**– 3 in diesem Fall handelt es sich nicht um einen Fehler **unserer**–

Sekretär *m* 1 **General**– 2 **Privat**– 3 **Staats**–
Selbstbedienung *f* –**sladen**
Selbstkostenpreis *m* s. Erzeugungspreis
Senden, 1 Anfragen ~ Sie an die **Adresse** ... 2 es würde uns freuen, wenn Sie uns nähere **Angaben** über diese Sorte ~ könnten 3 ein festes **Angebot** dem Kunden ~ 4 die Ware zur **Ansicht** ~ 5 die Waren mit der **Bahn** als Eilgut ~ 6 **beiliegend** ~ wir Ihnen ... 7 einen **Bericht** über ... unverzüglich ~ 8 die Muster zur **Besichtigung** ~ 9 als **Eilgut** ~ 10 als **Eilpostpaket** ~ 11 die Waren mit der Bahn als **Frachtgut** ~ 12 auf **Gefahr** des Absenders ~ 13 ~ Sie uns die Bestätigung **gleichzeitig** mit der Pro-forma-Faktura 14 ~ Sie bitte die Antwort zu **Händen** des Unterzeichneten 15 eine Kopie dieses Schreibens ~ wir Ihnen beigeschlossen zur **Kenntnisnahme** 16 auf Verlangen ~ wir Ihnen Muster **kostenlos** 17 ... mit dem **Kurier** ~ 18 es wurde am 5. 2. auf **Lager** gesandt 19 mit **Lastkraftwagen** ~ 20 mit **Luftpost** ~ 21 gegen **Nachnahme** ~ 22 inzwischen haben wir Ihnen bereits eine telegrafische **Nachricht** gesandt 23 per **Post** ~ 24 ... mit **Schiff** ~ 25 ... in separatem **Umschlag** ~ 26 Ihrem **Wunsche** gemäß sandten wir ...

maritime 16 faire le constat des dégâts causés par l'eau de mer 17 transporter ... par voie maritime 18 par (od. à la) mer
emballage pour transport maritime
1 vu et approuvé 2 on peut constater à première vue (od. au premier coup d'œil) que ... 3 nous ne voyons pas d'un œil favorable que ... 4 je ne connais ce représentant que de vue

1 côté extérieur 2 trouver une solution acceptable pour les deux parties 3 côté (od. aspect) financier de la proposition 4 côté intérieur 5 le catalogue comprendra environ 200 pages 6 une telle solution serait acceptable pour les deux parties 7 au verso du contrat 8 côté de l'ombre; revers de la médaille 9 mauvais côté 10 contrat conclu entre M. Schneider, d'une part, et M. Le Blon d'autre part 11 le contrat doit être examiné encore d'un autre point de vue 12 côté (od. aspect) économique

1 d'autre part, nous n'estimons pas utile de 2 sans engagement ni responsabilité de votre part 3 dans ce cas il n'y a pas faute (od. erreur) de notre part

1 secrétaire général 2 secrétaire privé 3 secrétaire d'Etat
magasin de self-service (od. libre service) ...
1 veuillez envoyer les demandes à l'adresse ... 2 nous vous serions reconnaissants si vous pouviez nous envoyer des renseignements plus explicites sur cette variété (od. qualité) 3 envoyer une offre ferme au client 4 envoyer la marchandise au choix (od. à vue) 5 envoyer la marchandise par chemin de fer en grande vitesse 6 nous vous adressons ci-joint 7 envoyer immédiatement un rapport concernant ... 8 envoyer les échantillons pour examen 9 envoyer en grande vitesse 10 envoyer en colis exprès 11 envoyer les marchandises par voie ferrée en régime ordinaire 12 envoyer aux risques de l'expéditeur 13 veuillez nous faire parvenir la confirmation en même temps que la facture pour la forme 14 veuillez adresser la réponse à l'attention du soussigné 15 nous vous faisons parvenir ci-joint copie de cette lettre pour information 16 nous vous envoyons des échantillons gratuitement sur demande 17 envoyer ... par messager 18 cela a été envoyé le 5/2 pour stockage 19 envoyer par camion 20 envoyer par poste aérienne 21 envoyer contre remboursement 22 entre-temps nous vous

Sendung f 1 die ~ bald **abfertigen** 2 die ~ auf Rechnung und Gefahr des Kunden **absenden** 3 die ~ ist ordnungsgemäß **angekommen** 4 Art der ~ 5 **aufeinanderfolgende** –en 6 die ~ **aufgeben** 7 die ~ ist dem Empfänger noch nicht **ausgehändigt** 8 jede ~ wird getrennt **avisiert** werden 9 Ihre ~ ist heute per **Bahn** eingetroffen 10 die ~ wurde wegen Mankos **beanstandet** 11 die ~ wurde in Ordnung **befunden** 12 die Beschädigung entstand durch rücksichtslose **Behandlung** der ~ während des Transports 13 die reklamierte ~ von einem unparteiischen Fachmann **besichtigen** lassen 14 die ~ **besteht** aus 11 Kisten 15 die ~ ist für die Ausfuhr **bestimmt** 16 diese ~ ist zum Versand nach Lüttich **bestimmt** 17 **Bezeichnung** der ~ 18 **Brief**–en 19 **direkte** ~ 20 **Eil**– 21 **eingehende** –en 22 **eingeschriebene** ~ 23 die ~ ist ordnungsgemäß **eingetroffen** 24 **einmalige** ~ 25 sofort nach **Erhalt** der ~ 26 die **Fracht** für die ~ vom Empfänger **erheben** 27 heute **erhielten** wir Ihre ~ 28 die ~ wurde ab unserem Lager per Bahn am 5. Mai **expediert** 29 **Expedition** der ~ avisieren 30 die ~ zur **Expedition** bis zum 20. 5. vorbereiten 31 **Expreß**– 32 **fehlerhafte** ~ übernehmen 33 bitte verhandeln Sie über **Freigabe** der ~ 34 **gemischte** –en 35 der **Inhalt** der ~ ist etwa zur Hälfte unverkäuflich 36 die ~ **lagert** auf Kosten und Gefahr des Empfängers bei der Firma Schenker 37 die ~ **lagert** im Freien und ist dem Regen ausgesetzt 38 **Luftfracht**– 39 **Muster**– 40 die **Nachforschungen** nach der ~ sind in vollem Gang 41 die ~ ist mit **Nachnahme** belastet 42 bei **Öffnung** der ~ haben wir festgestellt, daß ... 43 die ~ wurde in vollkommener **Ordnung** befunden 44 **Paket**– 45 **Post**– 46 **Probe**– 47 **Rück**– 48 als **Sammel**–aufgegebene Pakete 49 **Schiff**– 50 **Sperrgut**– 51 **Stück**– 52 **Teil**– 53 die Firma ist bereit, die schadhafte ~ unter Vorbehalt zu **übernehmen** 54 veranlassen Sie die amtliche **Überwiegung** und Nachzählung der ganzen ~ 55 die ~ wurde unterwegs **umdisponiert**

avons envoyé un message télégraphique 23 envoyer par la poste 24 envoyer... par bateau 25 envoyer... sous enveloppe séparée 26 conformément à vos désirs nous vous avons envoyé...
1 expédier l'envoi aussi vite que possible 2 expédier l'envoi aux risques et périls du client 3 l'envoi est arrivé en bonne et due forme 4 nature de l'envoi 5 envois successifs 6 expédier l'envoi 7 l'envoi n'a pas encore été remis au destinataire 8 chaque envoi sera avisé séparément 9 votre envoi est arrivé aujourd'hui par chemin de fer 10 l'envoi a fait l'objet d'une réclamation parce que incomplet 11 l'envoi a été trouvé en bon état 12 l'endommagement est dû à un traitement sans ménagements de l'envoi pendant le transport 13 faire examiner l'envoi contesté par un expert impartial 14 l'envoi comprend 11 caisses 15 l'envoi est destiné à l'exportation 16 cet envoi est destiné à être expédié à Liège 17 marquage de l'envoi 18 envois par lettres 19 envoi direct 20 envoi par exprès 21 envois à l'arrivée 22 envoi recommandé 23 l'envoi est arrivé en bonne et due forme 24 envoi unique 25 dès réception de l'envoi 26 réclamer le port au destinataire 27 votre envoi nous est parvenu aujourd'hui 28 l'envoi a été expédié de notre magasin par chemin de fer le 5 mai 29 aviser l'expédition de l'envoi 30 préparer l'expédition de l'envoi pour le 20 mai 31 envoi par exprès 32 accepter un envoi défectueux 33 veuillez négocier le déblocage de l'envoi 34 envois mixtes 35 environ la moitié de l'envoi est invendable 36 l'envoi est entreposé à la société Schenker aux risques et périls du destinataire 37 l'envoi est stocké à l'air libre et est exposé à la pluie 38 (envoi par) fret aérien 39 envoi d'échantillons 40 la recherche de l'envoi bat son plein 41 l'envoi est contre remboursement 42 nous avons constaté à l'ouverture de l'envoi que ... 43 l'envoi a été trouvé en parfait état 44 envoi par colis 45 envoi par la poste 46 envoi de spécimens 47 renvoi 48 colis expédiés en envoi collectif 49 cargaison; envoi par bateau 50 envoi de marchandises encombrantes 51 expédition de détail 52 envoi partiel 53 la firme est disposée à accepter l'envoi défectueux sous réserves 54 veuillez ordonner le pesage et comptage officiels de tout l'envoi 55 l'envoi a été dévié en cours de route 56 envoi en-

Sendung — Setzen

56 **umfangreiche** ~ 57 die ~ wurde unterwegs in den Waggon Nr. 285421 **umgeladen** 58 **unfrankierte** ~ 59 die reklamierte ~ bei nächster Gelegenheit **untersuchen** 60 **unvollständige** ~ 61 **unzustellbare** ~ 62 die ~ muß sofort in öffentlicher Versteigerung **verkauft** werden 63 die ~ wurde heute in Ordnung in den Waggon **verladen**/aufs Schiff verladen 64 wir hoffen, daß Sie inzwischen die **verlorene** ~ ausfindig gemacht haben 65 **verschollene** ~ 66 lassen Sie bitte diese ~ wie üblich **versichern** 67 da sich die ~ **verspätet** hat 68 der Kunde besteht auf der amtlichen **Verwiegung** aller –en 69 **Wagen**– (ou Waggon–) 70 die **Waren**– 71 **Wert**– 72 ... als **Wert**– aufgegeben 73 die ~ **zurückhalten** 74 die ~ ist in einem derart schlechten **Zustand,** daß wir sie nicht annehmen können

combrant 57 l'envoi a été transbordé dans le wagon nº 285421 en cours de route 58 envoi non affranchi 59 examiner à la prochaine occasion l'envoi faisant l'objet d'une réclamation 60 envoi incomplet 61 envoi non délivrable 62 l'envoi doit être vendu immédiatement aux enchères publiques 63 l'envoi a été dûment chargé dans le wagon/bateau aujourd'hui 64 nous espérons que vous avez retrouvé entre-temps l'envoi perdu 65 envoi disparu 66 veuillez faire assurer cet envoi comme d'habitude (od. il est d'usage) 67 l'envoi étant en retard; étant donné (od. du fait) que l'envoi est en retard 68 le client exige le pesage officiel de tous les envois 69 envoi par camion (od. voiture; wagon) 70 l'envoi de marchandises 71 envoi en (od. avec) valeur déclarée 72 expédier l'envoi en valeur déclarée 73 retenir l'envoi 74 l'envoi se trouve dans un état de détérioration tel que nous ne pouvons (pas) l'accepter

Senken, 1 die hiesigen Erzeuger haben ihre **Preise** um 5% gesenkt 2 die **Selbstkosten** ~ 3 die Preise sind **unter** das vorjährige Niveau gesunken
Senkung *f* 1 es ist eine **Preis**– zu erwarten 2 mit Rücksicht auf die **Preis**– 3 fortschreitende **Preis**– –en von Zoll**sätzen** 5 **schrittweise** ~ 6 die Preise haben eine merkliche ~ **verzeichnet**

1 les producteurs locaux ont réduit (od. baissé) leurs prix de 5% 2 réduire les coûts de revient 3 les prix sont tombés en-dessous du niveau de l'année passée
1 on peut s'attendre à une réduction de (od. des) prix 2 compte tenu (od. en considération) de la réduction de (od. des) prix 3 réduction progressive des prix 4 réductions spéciales de tarifs douaniers 5 réduction (od. diminution) graduelle 6 les prix ont subi une réduction sensible

Separat, 1 die Fracht wird ~ **berechnet** 2 die Kataloge haben wir Ihnen mit –em Brief **gesandt** 3 mit –em **Schreiben** haben wir Sie um ... ersucht
Serien–, 1 –**arbeit** 2 –**erzeugnisse** 3 ... –**mäßig** erzeugen 4 es wird –**mäßig** hergestellt werden 5 –**nummer**

1 le fret est facturé séparément 2 nous vous avons envoyé les catalogues sous pli séparé 3 nous vous avons demandé ... sous pli séparé
1 production en série; travail de série 2 produits de série 3 produire ... en série 4 cela sera fabriqué en série 5 numéro de série

Seriös, 1 –er **Eindruck** 2 das Angebot der Firma **scheint** ~ zu sein
Setzen, 1 ein Teil der Maschinen mußte **außer Betrieb** gesetzt werden 2 wollen Sie sich mit ihnen ins **Einvernehmen** ~ 3 innerhalb der vom Käufer gesetzten **Frist** 4 neue Maschinen in **Gang** ~ 5 wir ~ alle **Hoffnungen** auf eine Senkung der Zölle 6 die Maschinen konnten immer noch nicht **in Betrieb** gesetzt werden 7 wir werden Sie über unsere Schritte **in Kenntnis** ~ 8 alles **in den** ursprünglichen **Stand** ~ 9 es wurde die Nachricht **in Umlauf** gesetzt, daß ... 10 diese Angelegenheit auf die **Tages-**

1 impression sérieuse 2 l'offre de la firme semble être sérieuse
1 une partie des machines a dû être mise hors service 2 veuillez vous mettre en rapport (od. relation) avec eux 3 dans le délai fixé par l'acheteur 4 mettre des machines neuves en marche 5 nous mettons tout notre espoir dans une réduction des droits de douane 6 les machines n'ont pas toujours pas pu être mises en service 7 nous allons vous informer (od. vous mettrons au courant) de nos démarches 8 remettre tout à l'état initial 9 on a fait circuler la nouvelle que ... 10 mettre (od. inscrire) cette affaire à l'ordre

ordnung ~ 11 wir haben uns dieses **Ziel** gesetzt
Sicher, 1 –er **Beweis** 2 die Ware wird ~ **eintreffen** 3 –e **Garantie** 4 –e **Investition** 5 –e **Nachricht** 6 aus –er **Quelle**

Sicherheit *f* 1 wir können nicht mit ~ **behaupten,** daß ... 2 dies **gewährt** uns die ~, daß ... 3 –s**halber** senden wir Ihnen eine Kopie mit gewöhnlicher Post 4 ~ **hinterlegen** 5 die Sendung ist bereits **in** ~ 6 übliche –s**maßnahmen** werden außer acht gelassen 7 –s**vorschriften**
Sichern, 1 der **Absatz** dieser Ware ist durch Vertrag gesichert 2 das Motorrad **durch** einen Verschlag ~ 3 die **Flugkarte** für Herrn Fuchs wurde gesichert 4 die notwendige **Kapazität** des Werkes ~ 5 die rechtzeitige **Lieferung** ~ 6 sie bemühen sich, **Raum** für diese Waren auf dem Schiff „Stella" zu ~ 7 wir würden uns gern Ausstellungs**raum** für unsere Erzeugnisse auf Ihrer Messe ~ 8 es ist nötig, die **Sendung gegen** Regen zu ~ 9 ~ Sie den **Transport** durch Sonderflugzeug 10 den glatten **Verlauf** der Verhandlung ~

Sicherstellen, 1 die Eintritts**bewilligung** in das Werk für den Monteur wurde bereits sichergestellt 2 wir werden alles tun, die **Lieferung** Mitte Mai sicherzustellen 3 **Unterkunft** für Herrn Jung auf die Dauer von 7 Tagen ~
Sicherstellung *f* 1 **finanzielle** ~ 2 gegen **Zoll**–
Sicherung *f* Ausnahmen unter besonderen –s**vorkehrungen** genehmigen

Sicht *f* 1 **bei** ~ zahlbarer Wechsel 2 30 Tage **nach** ~ 3 das Akkreditiv ist benutzbar durch –**tratte** gegen folgende Dokumente: 4 –**vermerk** 5 –**werbung**
Sichtbar, die Verbesserung ist **auf den ersten Blick** ~
Siegel *n* 1 **amtliches** ~ 2 –**marke** 3 unter dem ~ der **Verschwiegenheit**
Signieren, 1 die Erzeugnisse sind mit dem **Fabrikszeichen** signiert 2 die Kisten sind **richtig** signiert und von 1 bis 10 numeriert 3 die Waren waren nicht **vorschriftsgemäß** signiert

Signierung *f* 1 führen Sie die ~ der **Kisten** genau gemäß den Anweisungen durch 2 **Richtigstellung** der ~ im Konnossement

du jour 11 nous nous sommes fixés ce but (od. cet objectif)
1 preuve positive 2 la marchandise va certainement arriver 3 garantie sûre 4 investissement sûr 5 information sûre 6 de source sûre

1 nous ne pouvons pas prétendre avec certitude que ... 2 cela nous donne la certitude que ... 3 pour plus de sûreté nous vous envoyons une copie par courrier normal 4 déposer une caution 5 l'envoi est déjà en sécurité 6 les mesures de sécurité habituelles ne sont pas respectées 7 règlements de sécurité
1 la vente de cette marchandise est assurée par contrat 2 mettre la motocyclette à l'abri dans une caisse à claire-voie 3 le billet d'avion pour M. Fuchs a été retenu 4 assurer la capacité nécessaire de l'usine 5 assurer la livraison dans les délais 6 ils s'efforcent d'assurer de la place dans la cale pour ces marchandises à bord du navire «Stella» 7 nous aimerions nous assurer un stand pour l'exposition de nos produits à votre foire 8 il est nécessaire de mettre l'envoi à l'abri de la pluie 9 veuillez assurer le transport par avion spécial 10 assurer un déroulement aisé des négociations

1 l'autorisation d'accès du mécanicien à l'usine a déjà été assurée 2 nous ferons tout notre possible pour assurer la livraison mi-mai 3 retenir une chambre pour M. Jung pour 7 jours

1 garantie financière 2 contre cautionnement douanier
autoriser des exceptions sous réserve de l'application de mesures de sécurité particulières
1 lettre de change payable à vue 2 à 30 jours de vue 3 l'accréditif est utilisable par traite à vue contre les documents suivants: 4 visa 5 publicité visuelle
l'amélioration est apparente (od. se voit) au premier coup d'œil
1 sceau officiel 2 sceau 3 sous le sceau du secret
1 les produits portent la marque de fabrique 2 les caisses sont correctement marquées et numérotées de 1 à 10 3 les marchandises n'étaient pas marquées suivant les instructions (od. réglementairement)

1 veuillez procéder au marquage des caisses en respectant exactement les instructions 2 rectification du marquage dans le connaissement

Sinken, das Preisniveau hat eine –de **Tendenz**

Sinn *m* 1 die Zahlung erfolgt im –e des **Abkommens** vom 31. 5. 2 im –e des **Absatzes** B 3 im –e Ihres **Briefes** vom 16. 2. 4 diese Richtlinien sind nach Wortlaut und **–gehalt** anzuwenden 5 im –e dieses **Gesetzes** 6 in Ihren Instruktionen wird nichts **in diesem** –e angeführt 7 den Kunden **in diesem** –e **informieren** 8 es hat **keinen** ~, das Vorkommen dieser Mängel abzustreiten 9 **klarer** ~ 10 im **übertragenen** –e 11 im **umgekehrten** –e 12 Sie **unterstellen** unseren Worten einen anderen ~ 13 **wahrer** ~ 14 in seinem **weitesten** –e

Situation *f* 1 nach **Aufklärung** der ganzen ~ 2 wenn wir von der jetzigen ~ **ausgehen,** ... 3 **aussichtsreiche** ~ 4 teilen Sie uns bitte mit, wie die ~ **aussieht** 5 wir suchen einen **Ausweg** aus dieser ~ 6 die ~ hat sich nach und nach merklich ge**bessert** 7 dadurch **entstand** eine neue ~ 8 das würde ihnen bestimmt die ~ **erleichtern** 9 **ernste** ~ 10 die ~ **erscheint** günstiger 11 das **erschwert** allerdings wesentlich die ~ 12 **erschwerte** ~ 13 die **ganze** ~ ist gut 14 **gegebene** ~ 15 in eine schwierige ~ **geraten** 16 die ~ scheint **günstig** zu sein 17 damit werden Sie eine ernste ~ **heraufbeschwören** 18 **katastrophale** ~ 19 **kritische** ~ 20 die **Lösung** dieser ~ liegt in beiderseitigem Interesse 21 **passende** ~ 22 **peinliche** ~ 23 **ungeklärte** ~ 24 **unvorhergesehene** ~ 25 die ~ hat sich wesentlich **verändert** 26 ~ im **Verkehr** 27 die ~ hat sich gegenüber dem Vorjahr **verschlechtert** 28 **verwickelte** ~

Sitzung *f* 1 eine ~ **abhalten** 2 **außerordentliche** ~ 3 vor **–seröffnung** 4 ~ der **Kommission** 5 es ist im **–sprotokoll** enthalten 6 die ~ **schließen** 7 **Schluß**– 8 die ~ mußte auf den 17. April **vertagt** werden 9 **Verwaltungsrat**–

Skonto *m* od. *n* 1 unter **Abzug** von 2% **Kassen**– 2 ~ wird nur bei Barzahlung innerhalb 10 Tagen **gewährt** 3 abzüglich 2% **Kassen**– 4 in bar **mit** 3% ~

le niveau des prix a une tendance à la baisse

1 le paiement est effectué au titre de l'accord du 31 mai 2 au sens de l'article B 3 au sens de votre lettre du 16/2 4 ces directives sont applicables selon la lettre et selon l'esprit 5 dans l'esprit de cette loi 6 vos instructions ne prévoient rien de semblable 7 informer le client dans ce sens 8 il est inutile de nier que ces défauts se sont produits 9 sens (od. esprit; signification) clair(e) 10 au sens figuré 11 au (od. dans le) sens contraire 12 vous conférez un autre sens (od. une autre signification) à nos paroles 13 vrai sens; sens véritable 14 à son sens le plus large

1 après éclaircissement de toute la situation 2 si nous partons de la situation actuelle, ... 3 situation prometteuse 4 veuillez nous faire savoir comment la situation se présente 5 nous cherchons une solution pour sortir de cette situation 6 peu à peu la situation s'est améliorée considérablement 7 il en est résulté une nouvelle situation 8 cela leur faciliterait sûrement l'affaire 9 situation grave 10 la situation apparaît plus favorable 11 il est vrai que ceci complique considérablement la situation 12 situation plus difficile 13 la situation d'ensemble est bonne 14 situation donnée 15 se trouver (placé) dans une situation difficile 16 la situation paraît favorable 17 en agissant ainsi, vous allez provoquer une situation sérieuse 18 situation catastrophique (od. désastreuse) 19 situation critique 20 la solution de ce problème (od. le règlement de cette affaire) est dans l'intérêt des deux parties 21 situation appropriée 22 situation pénible 23 situation en suspens (od. non éclaircie) 24 situation imprévue 25 la situation a changé considérablement 26 situation en matière de la circulation 27 la situation a empiré par rapport à l'année passée 28 situation complexe (od. embrouillée; confuse)

1 tenir une réunion (od. séance) 2 réunion (od. session) extraordinaire 3 avant l'ouverture de la réunion 4 réunion de la commission 5 cela figure dans le compte rendu de la réunion 6 clore la réunion 7 réunion (od. session) finale 8 la réunion a dû être reportée au 17 avril 9 réunion du conseil d'administration

1 avec 2% d'escompte au comptant (od. de caisse) 2 un escompte n'est accordé qu'en cas de paiement au comptant dans les 10 jours 3 moins 2% d'escompte au

Soeben, ~ haben wir **erfahren,** daß ...
Sofort, 1 mit der Lieferung kann ~ **begonnen** werden 2 alle Bestellungen werden ~ **erledigt**
Sofortig, 1 –es Angebot 2 mit –er Gültigkeit 3 zur –en Lieferung 4 –e Nachricht
Sola, –wechsel
Solid, 1 –es Angebot 2 Herr Renard ist ein –er Geschäftsmann 3 ~ **handeln**
Solidarisch, 1 ~ **haften** 2 –e Haftung

Soll *n* (Debetseite) 1 –**einnahmen**
Sonder-, 1 –abkommen 2 –angebot machen 3 –ausgabe 4 –ausstellung 5 –**belohnung** 6 –**bestimmungen** gehen diesen Regeln vor 7 –**bote** 8 ohne –**gebühr** 9 eine –**genehmigung** erteilen 10 ein –**kontingent** gewähren 11 –**kosten** 12 ein –**nachlaß** von 2% wird bei Bestellungen über DM 1.000,— gewährt 13 –**nummer** der Zeitschrift 14 –**packung** 15 –**rabatt** 16 –**zulage** für besondere Qualifikation 17 das Material ist für –**zwecke** bestimmt

Sonntag *m* An Sonn- und Feiertagen
Sonstig, 1 aus –en **Gründen** 2 –e zuständige **Stellen**
Sorge *f* 1 wir sind der –n **enthoben** 2 wir **hatten** schon ~, daß die Sendung nicht rechtzeitig ankommen würde 3 es **macht** uns dauernd –n 4 Sie können **ohne** –n sein, daß ... 5 wir werden dafür ~ **tragen,** daß ...
Sorgen, 1 für die **Erledigung** Ihres Auftrages hatte Herr Freytag zu ~ 2 um die Einlagerung gut ~ 3 wir haben es auf uns genommen, dafür **selbst** zu ~ 4 für die **Versicherung** ~ will **selbst** 5 ~ Sie für eine ordentliche **Verpackung**

Sorgfalt *f* 1 mit aller ~ 2 mit angemessener ~ prüfen 3 gehörige ~ bei der Auswahl **aufwenden** 4 **außerordentliche** ~ 5 wir haben größtmögliche ~ **beachtet** 6 **besondere** ~ 7 diese Ausführung wird eine erhöhte ~ und Aufmerksamkeit **erfordern** 8 ~ eines ordentlichen **Frachtführers** 9 für die übliche ~ in der Auswahl **haften** 10 mit der ~ eines ordentlichen **Kaufmannes** 11 **Mangel** an ~

comptant (od. de caisse) 4 paiement au comptant avec 3% d'escompte
nous venons d'apprendre que ...
1 la livraison peut commencer immédiatement 2 toutes les commandes sont exécutées immédiatement
1 offre immédiate 2 avec effet immédiat 3 pour livraison immédiate 4 information immédiate
seule de change
1 offre sérieuse 2 M. Renard est un homme d'affaires sérieux 3 agir raisonnablement
1 être solidairement responsable 2 responsabilité solidaire

doit ; débit 1 recettes théoriques
1 accord particulier (od. spécial) 2 faire une offre (od. proposition) spéciale 3 édition spéciale 4 exposition spéciale 5 récompense spéciale 6 toutes dispositions particulières (od. spéciales) ont la priorité sur ces règles 7 messager spécial 8 sans taxe spéciale 9 donner une autorisation spéciale 10 accorder un contingent spécial 11 frais spéciaux 12 une remise spéciale de 2% est accordée pour toutes commandes supérieures à (od. dépassant) DM 1.000,— 13 numéro spécial du périodique 14 paquet spécial 15 rabais spécial 16 la prime de qualification spéciale 17 le matériau est destiné à des fins spéciales
les dimanches et jours fériés
1 pour d'autres raisons 2 toutes autres autorités compétentes ; tous autres services compétents
1 nous sommes libérés des soucis 2 nous craignions déjà que l'envoi n'arrive pas à temps 3 cela nous cause constamment des soucis 4 vous pouvez être sans craintes que ... 5 nous allons veiller à ce que ...
1 l'exécution de votre commande était à la charge de (od. incombait à) M. Freytag 2 prendre bien soin du stockage 3 nous avons pris l'initiative de nous en occuper nous-mêmes 4 nous allons nous occuper nous-mêmes de l'assurance 5 veillez à ce que l'emballage soit approprié
1 avec tout le soin requis 2 vérifier avec la minutie requise 3 apporter le soin requis à la sélection 4 soins exceptionnels ; diligence exceptionnelle 5 nous (y) avons apporté le plus grand soin 6 soins particuliers 7 cette exécution demandera les plus grands soins et une attention particulière 8 diligence (od. attention) d'un transporteur consciencieux 9 être responsable du soin requis lors de la

Sorgfalt — Sortiment

oder Geschicklichkeit 12 das beweist **Mangel** an pflichtgemäßer ~ 13 **mit** der notwendigen ~ **verfahren** 14 **übliche** ~ 15 durch **Unterlassung** pflichtgemäßer ~ **verschulden** 16 Ihrem Auftrag werden wir die größte ~ **widmen** 17 wir versichern Ihnen, daß wir Ihrer Bestellung alle ~ **zuwenden** werden

Sorgfältig, 1 ~ darauf **achten,** daß ... 2 Sie dürfen versichert sein, daß wir Ihre Bestellung besonders ~ zu Ihrer vollkommenen Zufriedenheit **ausführen** werden 3 –e **Ausführung** 4 wir sichern Ihnen eine –e **Ausführung** aller Ihrer Aufträge zu 5 diese Ware erfordert –e **Behandlung** 6 –e **Besichtigung** 7 wir hoffen, daß Sie den Auftrag möglichst ~ **erledigen** werden 8 **erwägen** Sie die Sache ~ 9 es ~ **überprüfen** 10 ... ~ **verpacken**

Sorte *f* 1 möglichst **ähnliche** ~ 2 wir bitten, uns alle –n von Nadeln in allen möglichen Qualitäten **anzubieten** 3 wir haben eine andere ~ **ausgewählt** 4 die Firma wird neue Waren–n **einführen** 5 **gangbare** ~ 6 **laufend** erzeugte –n 7 **Mittel**– (von Baumwolle) 8 nach den –n **ordnen** 9 wir erwägen eine **Vermehrung** der erzeugten –n 10 **Waren**– 11 gewünschte ~

Sortieren, 1 sortierte **Qualität** 2 die **Ware** wurde nicht sortiert wie vorgeschrieben 3 wir kaufen nur gut sortierte **Waren**

Sortierung *f* 1 den Lieferanten zu einer **besseren** ~ veranlassen 2 die ~ der **Musterkollektionen** wird geändert werden müssen 3 **Vorschriften über** die ~ von Waren

Sortiment *n* 1 das ~ durch neue Farben **ergänzen** 2 das ~ um neue Warensorten **erweitern** 3 die Firma **führt** ein reichhaltiges, großes ~ 4 **Grund**– 5 **Lager**– 6 **übliches** ~ 7 unser **umfangreiches** ~ ermöglicht uns, Ihnen alle Größen anzubieten 8 sie werden ein neues ~ **vorführen**

sélection 10 avec l'exactitude d'un commerçant consciencieux 11 manque de soin ou d'habileté 12 cela fait preuve d'un manque de la diligence requise 13 procéder avec le soin requis 14 soin habituel (od. usuel) 15 se rendre coupable en négligeant le soin requis 16 nous allons apporter la plus grande attention à votre commande 17 nous vous donnons l'assurance que nous allons apporter toute notre attention à votre commande 1 veiller soigneusement à ce que ... 2 vous pouvez être certains que nous allons exécuter votre commande avec un soin particulier et à votre entière satisfaction 3 exécution soignée (od. minutieuse) 4 nous vous donnons l'assurance d'une exécution soignée (od. minutieuse) de toutes vos commandes 5 cette marchandise demande à être traitée avec soin (od. attention) 6 examen méticuleux 7 nous espérons que vous allez exécuter la commande avec tout le soin requis 8 veuillez examiner l'affaire avec soin 9 vérifier ... méticuleusement 10 emballer avec soin (od. soigneusement)

1 variété aussi ressemblante que possible 2 nous vous prions de nous offrir toutes les sortes d'aiguilles dans toutes les qualités disponibles 3 nous avons choisi une autre variété 4 la firme va lancer (od. importer) de nouvelles variétés de marchandises 5 variété qui s'écoule facilement 6 variétés couramment fabriquées 7 qualité moyenne (de coton) 8 assortir 9 nous envisageons une extension (od. un élargissement) des qualités (od. variétés) fabriquées 10 type (od. qualité; variété) de marchandises 11 qualité (od. variété) demandée

1 qualité sélectionnée 2 la marchandise n'a pas été sélectionnée comme prescrit 3 nous n'achetons que des marchandises bien sélectionnées

1 inciter le fournisseur à mieux sélectionner (od. assortir) 2 la sélection (od. l'assortiment) des collections d'échantillons devra être modifiée (-é) 3 prescriptions concernant la classification de marchandises

1 compléter l'assortiment par de nouveaux coloris 2 étendre (od. élargir) l'assortiment par de nouvelles variétés de marchandises 3 la firme tient un assortiment nombreux et varié 4 assortiment (od. stock) de base 5 assortiment de magasin 6 assortiment usuel 7 notre assortiment important nous permet de vous

Sozial, 1 –abgaben 2 –dumping 3 Wirtschafts- und –rat der Vereinten Nationen
Spanne *f* 1 die **Dumping**– ist der festgestellte Preisunterschied 2 **Einzelhandels**– 3 angemessene **Gewinn**– 4 **Großhandels**– 5 **Preis**–
Sparen, bei der Erzeugung können wir etwas **Zeit** ~
Sparkasse *f* 1 bei jeder **Amtsstelle** der Staats- oder bei jedem Postamt bezahlen 2 laufendes **Konto bei der Staats**–

Sparmaßnahme *f* –n durchführen
Spät (s. auch Später, Spätestens) 1 –e **Lieferung** 2 zu ~
Später, 1 unsere Entscheidung werden wir Ihnen ~ **bekanntgeben** 2 –es **Datum** 3 –e **Lieferung** 4 –e **Reklamationen** können nicht berücksichtigt werden
Spätestens, 1 die Ware ist ~ bis **Ende** dieses Monats abzusenden 2 ~ acht Tage nach **Erhalt** der Waren 3 ~ **innerhalb** 6 Tagen ab …

Spediteur *m* 1 die Ware wurde heute durch den ~ an Sie **abgesandt** 2 den ~ um die Transporttarife **anfragen** 3 unser ~ läßt die Ware **aufladen** und mit der Bahn absenden 4 erteilen Sie dem ~ gleichzeitig den **Auftrag** zur Verschiffung 5 Allgemeine Deutsche –**bedingungen** 6 den Transport der Waren **besorgt** unser ~ 7 die Waren wurden dem ~ ordnungsgemäß **übergeben** 8 der ~ hat die Sendung zum Transport am 7. 2. **übernommen** 9 unseren Nachforschungen zufolge sind für den Schaden die –e **verantwortlich** 10 es wurde mit dem ~ **vereinbart** 11 der ~ erhält von uns genaue **Versandanweisungen**

Spedition *f* 1 –sauftrag 2 –sbeleg 3 –sbescheinigung 4 –skonnossement 5 –srechnung

offrir toutes les tailles 8 ils vont présenter un nouvel assortiment
1 charges sociales 2 dumping social 3 Conseil Economique et Social des Nations Unies
1 la marge de dumping est la différence de prix constatée 2 marge du détaillant 3 marge bénéficiaire raisonnable 4 marge de grossiste 5 marge de prix
nous pouvons gagner un peu de temps lors de la fabrication (od. production)
1 payer à toutes les agences de la Caisse d'Epargne d'Etat ou à tous les bureaux de poste 2 compte courant auprès de la Caisse d'Epargne d'Etat

prendre des mesures d'économie
1 livraison tardive 2 trop tard

1 nous vous ferons connaître notre décision plus tard 2 date ultérieure 3 livraison ultérieure 4 les réclamations ultérieures ne pourront être prises en considération
1 la marchandise devra être expédiée à la fin de ce mois au plus tard 2 huit jours après réception de la marchandise au plus tard 3 dans les 6 jours à partir de … au plus tard
1 la marchandise vous a été expédiée aujourd'hui par l'intermédiaire du commissionnaire de transport 2 se renseigner sur les tarifs de transport auprès du commissionnaire (de transport) 3 notre commissionnaire de transport s'occupera du chargement et de l'expédition des marchandises par chemin de fer 4 veuillez charger le commissionnaire de transport en même temps de l'expédition par voie maritime (od. de l'embarquement) 5 Conditions générales allemandes des commissionnaires de transport 6 le transport des marchandises sera assuré par notre commissionnaire de transport 7 les marchandises ont été remises en bonne et due forme au commissionnaire de transport 8 le commissionnaire de transport a pris en charge la marchandise le 7/2 pour l'expédition 9 d'après nos investigations (od. recherches), le dommage est imputable aux commissionnaires de transport 10 cela a été convenu avec le commissionnaire de transport 11 le commissionnaire de transport reçoit de nous des instructions précises pour l'expédition
1 ordre d'expédition 2 document d'expédition 3 certificat d'expédition 4 connaissement d'expédition 5 facture d'expédition

Spekulation — Sprache

Spekulation *f* 1 **Börsen**– 2 –**geschäft**
Sperr-, 1 –**gut** 2 –**gutsendung**

Sperren, 1 der **Hafen** wurde gesperrt 2 samstags wird der **Verkehr** gesperrt 3 **vorübergehend** gesperrt
Sperrig, 1 –e **Güter** 2 –es **Paket**

Spesen *pl* 1 –**abrechnung** 2 **Auslade**– 3 **Bank**– 4 die **Diskont**– werden zu Ihren Lasten gehen 5 der Preis **einschließlich** aller ~ 6 –**ersatz** 7 **Extra**– 8 **spesenfrei** gelieferte Waren als Ersatz für die fehlerhaften Waren 9 **Geschäfts**– 10 **Inkasso**– 11 **kleine** ~ 12 **Kontroll**– 13 **Lager**– 14 die ~ gehen zu Lasten des Kunden 15 die auf der Sendung **lastenden** ~ 16 **laufende** ~ 17 **ohne** weitere ~ 18 **Post**– vergüten 19 gleichzeitig wurden uns sämtliche **Prozeß**– zuerkannt 20 –**rechnung** 21 die **Reise**– den Monteuren vergüten 22 sämtliche eventuellen ~ werden wir **rückvergüten** 23 **Telegramm**– 24 **Transport**– 25 **Umschlag**– von der Bahn auf das Schiff 26 **Verlade**– 27 unnötige ~ **vermeiden** 28 die **Verpackungs**– werden gesondert berechnet 29 die ~ für die Reise nach Schweden **verrechnen** 30 **Versand**– 31 **Werbe**– 32 **Zollabfertigungs**–

Spezial-, 1 –**angebot** 2 erbitten Sie sich von ihnen einen –**bericht** 3 –**geschäft**

Spezialisieren, 1 in der letzten Zeit haben wir uns auf die **Erzeugung** von Strümpfen spezialisiert 2 wir sind auf **Glashandel** spezialisiert
Speziell, 1 –e **Anweisungen** hinsichtlich des rechtlichen Vorgehens im Falle der Nichtzahlung 2 –e **Einfuhr** 3 –er **Vorgang** 4 auf –en **Wunsch**

Spezifikation *f* 1 die Abmessungen der gelieferten Ware **entsprechen** überhaupt nicht der ~ 2 **Inhalts**– 3 der Inhalt der Kiste **stimmt** nicht mit der ~ überein

Spitze *f* 1 **Clearing**– 2 die **Clearing**– ist jetzt günstig 3 –**nleistung** 4 –**nqualität** 5 ... auf die ~ treiben

Sprache *f* 1 er **beherrscht** die deutsche ~

1 agiotage 2 affaire spéculative
1 marchandises encombrantes 2 envoi de marchandises encombrantes
1 le port a été fermé 2 la circulation est interdite le samedi 3 fermé temporairement
1 marchandises encombrantes 2 colis encombrant
1 décompte des frais 2 frais de déchargement 3 frais bancaires 4 les frais d'escompte vous seront imputés 5 le prix tous frais inclus 6 remboursement de frais 7 frais spéciaux 8 marchandises livrées sans frais en remplacement des marchandises défectueuses 9 frais commerciaux 10 frais d'encaissement 11 frais mineurs 12 frais de contrôle 13 frais de stockage 14 les frais sont à la charge du client 15 les frais afférents à l'envoi 16 frais courants 17 sans frais supplémentaires 18 rembourser les frais de port (od. de poste) 19 tous les frais de procès nous ont été accordés en même temps 20 état des frais 21 rembourser aux monteurs (od. mécaniciens) les frais de déplacement 22 nous rembourserons tous les frais éventuels 23 frais de télégramme 24 frais de transport 25 frais de transbordement du wagon au bateau 26 frais de chargement (od. d'embarquement) 27 éviter des frais inutiles 28 les frais d'emballage seront facturés séparément 29 décompter les frais du voyage en Suède 30 frais d'expédition (od. de transport) 31 frais de publicité 32 frais de dédouanement

1 offre spéciale 2 veuillez leur réclamer un compte-rendu (od. rapport) spécial 3 magasin spécialisé
1 nous nous sommes spécialisés ces derniers temps dans la fabrication de chaussettes 2 nous sommes spécialisés dans le commerce du verre
1 des instructions spéciales relatives aux actions en justice en cas de non-paiement 2 importation spéciale (od. particulière) 3 opération spéciale (od. particulière) 4 sur demande particulière
1 les dimensions de la marchandise livrée ne correspondent pas du tout à la spécification 2 spécification du contenu 3 le contenu de la caisse ne correspond pas à la spécification
1 balance de clearing 2 la balance de clearing est favorable actuellement 3 performance maximum 4 qualité supérieure 5 pousser ... à l'extrême
1 il parle et écrit l'allemand couramment

in Wort und Schrift 2 diese Sache zur ~ bringen 3 Telegramm in chiffrierter/offener ~ 4 er besitzt gute Sprachkenntnisse 5 Staats– 6 Welt–

Sprechen, 1 nichts spricht derzeit für die Annahme, daß ... 2 **ist** der Herr Direktor zu ~? 3 wir haben **mit** ihm über diese Sache schon gesprochen

Spruch *m* 1 **Arbitrage–** (ou Schieds–) 2 **Rechts–**

Staat *m* 1 **–sämter** 2 **–sangehöriger** 3 **–sangehörigkeit** 4 **–sanleihe** 5 **–sbürgerschaft** 6 **–sdelegation** 7 **–sgarantie** 8 **–sgrenze** 9 **–sinteresse** 10 **–slieferung** 11 **–sschuld** 12 **–ssekretär** 13 **–sprache** 14 die **Vereinigten –en** von Amerika 15 **Vertrags–**

Stabil, 1 **–er Kurs** 2 diese **Währung** ist ~

Stabilisieren, die finanzielle **Situation** des Kunden hat sich stabilisiert

Stadium *n* 1 sich in dem **Anfangs–** der Entwicklung befinden 2 in **diesem** ~

Stagnation *f* 1 **Markt–** 2 trotz der gegenwärtigen ~ am **Markt** 3 vorübergehende ~

Stamm–, 1 **–aktie** 2 **–haus** 3 **–kapital**

Stammen, 1 diese **Information** stammt aus zuverlässigsten Quellen 2 die **Waren** ~ aus Frankreich

Stand *m* 1 den **Auftrags–** gegenseitig **abstimmen** 2 ausschließlicher Gerichts– Hamburg 3 **Ausstellungs–** 4 **endgültiger** ~ 5 ~ der **Forderungen** 6 das **Wagen–geld** für einen Tag beträgt ... 7 **Gemeinschafts–** 8 **Gerichts–** 9 wir haben den ~ Ihres **Kontos** feststellen lassen 10 melden Sie den **Lager–** 11 den Vertreter über den **Lager–** informieren 12 **letzter** ~ der Wissenschaft 13 **Messe–** 14 wir freuen uns, daß Sie unseren **Messe–** besuchen werden 15 **Personen–** 16 lassen Sie ein amtliches **Protokoll über** den ~ der Ware aufnehmen 17 **–punkt/**(s.a. Standpunkt) 18 alles in den **ursprünglichen** ~ setzen 19 **Verkaufs–** 20 niedrigen **Wasser–es** wegen ist der Verkehr vorübergehend eingestellt worden 21 ~ unserer **Zahlungsbilanz**

2 mettre cette affaire en discussion 3 télégramme chiffré/en (texte) clair 4 il possède de bonnes connaissances en langues 5 langue officielle 6 langue parlée dans le monde entier

1 rien ne fait supposer à l'heure actuelle que ... 2 est-il possible de parler à Monsieur le Directeur? 3 nous avons déjà parlé avec lui de cette affaire

1 décision arbitrale; arbitrage 2 sentence; arrêt; jugement; verdict; décision

1 autorités gouvernementales; services officiels 2 ressortissant 3 nationalité 4 emprunt gouvernemental (od. d'Etat) 5 nationalité 6 délégation d'Etat (od. gouvernementale) 7 garantie d'Etat 8 frontière 9 intérêt national 10 livraison (od. fourniture) pour l'Etat 11 dette publique 12 Secrétaire d'Etat 13 langue officielle 14 les Etats Unis d'Amérique 15 état contractant

1 cours (od. prix) stable (od. ferme) 2 cette monnaie est stable (od. ferme)

la situation financière du client s'est stabilisée

1 se trouver dans la phase initiale du développement 2 à ce stade

1 stagnation du marché 2 malgré la stagnation actuelle sur le marché 3 stagnation temporaire

1 action ordinaire 2 maison mère 3 capital initial; capital social

1 cette information provient de sources des plus sûres 2 les marchandises proviennent de France (od. sont d'origine française)

1 accorder mutuellement la situation des commandes 2 pour toute contestation le tribunal de Hambourg est seul compétent 3 stand d'exposition 4 état définitif 5 état des créances 6 la taxe de stationnement du wagon (od. de la voiture) pour une journée est de ... 7 stand commun 8 le tribunal compétent 9 nous avons fait constater l'état (od. la situation) de votre compte 10 veuillez rendre compte de l'état des stocks 11 informer le représentant de l'état des stocks 12 les derniers résultats scientifiques 13 stand d'exposition 14 c'est avec plaisir que nous attendons votre visite à notre stand à la foire 15 état civil 16 veuillez faire établir un procès-verbal officiel sur l'état des marchandises 17 point de vue; avis 18 remettre tout à l'état initial 19 stand de vente 20 le trafic (od. la circulation) a été arrêté(e) temporairement en raison des basses eaux 21 l'état (od. la situation) de notre balance des paiements

Standard *m* 1 in –ausführung 2 –formeln für die Eröffnung von Dokumenten-Akkreditiven 3 die Firma **hält** ihren ~ aufrecht 4 Erhöhung des **Lebens**–s 5 –muster 6 –typ 7 üblicher ~

Standhalten, Ihre Ware kann einem **Vergleich** mit dem Konkurrenzmaterial nicht ~

Ständig, 1 –e **Ausstellung** 2 –e **Beschwerden** 3 unser Bulletin **informiert** Sie ~ über alle Änderungen der Konsulatsvorschriften 4 –er **Kunde** 5 –e **Nachfrage** 6 da die Preise ~ **steigen** 7 –er **Wohnort**

Standpunkt *m* 1 ablehnender ~ 2 unseren ~ können wir nicht **ändern** 3 wir hoffen, daß Sie unseren ~ **anerkennen** werden 4 von unserem ~ **aus** gesehen 5 ausgeprägter ~ 6 einen ~ **begreifen** 7 wir müssen auf unserem ~ **beharren** 8 sein ~ ist noch nicht **bekannt** 9 die Kunden mit diesem ~ **bekanntmachen** 10 wir bitten Sie, uns freundlichst Ihren ~ hinsichtlich ... **bekanntzugeben** 11 der Kunde **besteht** auf seinem ~ 12 wenn wir es von unserem ~ aus **betrachten** 13 definitiver ~ 14 wir sind beim besten Willen nicht in der Lage, uns Ihren ~ zu **eigen zu machen** 15 einen günstigen ~ in dieser Angelegenheit **einnehmen** 16 mit Ihrem ~ können wir nicht **einverstanden** sein 17 das ist unser **endgültiger** ~ 18 entschiedener ~ 19 vom **finanziellen** ~ 20 vom **Geschäfts**– 21 wir möchten gern den ~ Ihrer Behörden **kennen** 22 der ~ des Partners ist **negativ** 23 **positiver** ~ 24 vom **praktischen** ~ aus 25 vom **Rechts**– 26 auch wir **stehen** auf diesem ~

Stapel *m* 1 –platz 2 –waren

Stark, 1 die Kiste ist ~ **beschädigt** eingetroffen 2 die Einfuhr wurde ~ **eingeschränkt** 3 –e **Konkurrenz** 4 –e **Preissenkung** 5 –es **Sinken**

Station *f* 1 ab ~ 2 **Abgangs**– 3 Erfüllungsort ist die **Abgangs**– 4 **Aufgabe**–

1 présentation standard 2 formules standard pour l'ouverture d'accréditifs documentaires 3 le firme conserve son standard 4 relèvement du niveau de vie 5 modèle (od. échantillon) standard 6 type standard 7 standard habituel (od. usuel)

votre marchandise ne résiste pas à une (od. soutient pas la) comparaison avec le matériel concurrent

1 exposition permanente 2 plaintes permanentes 3 notre bulletin vous tient au courant en permanence des modifications des prescriptions consulaires 4 client permanent (od. régulier) 5 demande permanente (od. constante) 6 étant donné que les prix augmentent constamment (od. en permanence) 7 domicile habituel (od. permanent)

1 point de vue défavorable 2 nous ne pouvons pas changer notre point de vue 3 nous espérons que vous apprécierez notre point de vue 4 à notre avis; à notre point de vue 5 point de vue déterminé (od. attitude ferme) 6 comprendre un point de vue 7 nous devons maintenir notre point de vue 8 son avis (od. point de vue) n'est pas encore connu 9 faire connaître ce point de vue aux clients 10 nous vous demandons de bien vouloir nous faire connaître votre avis (od. point de vue) concernant ... 11 le client maintient sa position 12 si nous le considérons de notre point de vue 13 avis (od. point de vue) définitif 14 avec la meilleure volonté, nous ne sommes pas en mesure d'adopter votre point de vue 15 adopter un point de vue favorable dans cette affaire 16 nous ne pouvons pas nous déclarer d'accord avec votre point de vue 17 c'est notre point de vue définitif 18 point de vue déterminé (od. attitude ferme) 19 du point de vue financier 20 du point de vue commercial (od. des affaires) 21 nous aimerions bien connaître le point de vue de vos autorités 22 l'avis du partenaire est négatif 23 avis (od. point de vue) positif 24 d'un point de vue pratique 25 du point de vue juridique 26 nous sommes également de cet avis; nous partageons ce point de vue

1 lieu de stockage 2 marchandises de grande série

1 la caisse est arrivée fortement endommagée 2 l'importation a été fortement limitée 3 forte concurrence 4 forte baisse de prix 5 forte chute (od. baisse)

1 départ station 2 station de départ 3 le lieu d'exécution est la station de départ

5 die **Bestimmungs–** im Frachtbrief abändern 6 **Eisenbahn–** 7 **End–** 8 **Grenz–** 9 **Handels–** 10 ~ in Liverpool **machen** 11 **senden** Sie alles an unsere Adresse ~ Nürnberg 12 **Transit–** 13 **Umschlags–** 14 alle Risiken gehen in der **Verlade–** auf den Käufer über 15 **Zoll–** 16 Eisenbahn**zollgrenz–**

4 station d'expédition 5 changer la station destinataire dans la lettre de voiture 6 station de chemin de fer 7 terminus 8 station frontière 9 station commerciale 10 s'arrêter à Liverpool 11 veuillez tout nous adresser à la station de Nuremberg 12 station de transit 13 station de transbordement 14 tous les risques sont transférés à l'acheteur dans la station de chargement 15 station douanière 16 station douanière de chemin de fer

Statistik *f* **Außenhandels–**
Statistisch, 1 –er **Anmeldeschein** 2 –e **Daten** 3 das Statistische **Jahrbuch** für die Bundesrepublik Deutschland 4 –e **Meldung**
Stattfinden, 1 **Abnahmeprüfungen** finden im Werk des Verkäufers statt 2 die **Ausstellung** wird vom 15. 3. bis 29. 3. ~ 3 die öffentliche **Versteigerung** wird am 19. 8. ~
Stattgeben, wir hoffen, daß Sie unserem begründeten **Ersuchen** ~ werden
Statthaft, eine **Abweichung** ist ~ bis zu 10% nach oben oder bis zu 10% nach unten vom Akkreditivbetrag
Statuten *pl* nach den ~ unserer Gesellschaft

statistique du commerce extérieur
1 fiche de déclaration statistique 2 données statistiques 3 Annuaire Statistique de la République fédérale d'Allemagne 4 rapport statistique
1 les essais de réception seront effectués en usine du vendeur 2 l'exposition aura lieu du 15/3 au 29/3 3 la vente aux enchères publiques aura lieu le 19/8

nous espérons que vous voudrez bien donner suite à notre demande justifiée
une dérogation est admissible dans les limites de plus ou moins 10% du montant de l'accréditif
suivant le règlement de notre société

Stechen, 1 der **Dampfer** soll am 15. 9. in See ~ 2 die **Konkurrenz** aus dem Felde ~

1 le bateau doit lever l'ancre (od. prendre le large) le 15/9 2 déjouer la concurrence; triompher des concurrents

Stehen *n* 1 der **Artikel** steht 2 das steht außer **Frage** 3 die **Erzeugnisse** ~ zur sofortigen Lieferung **bereit** 4 wir ~ Ihnen stets zu **Diensten** 5 es steht **fest,** daß ... 6 es steht Ihnen die Wahl **frei** 7 die Firma steht finanziell sehr **gut** 8 es scheint, daß der Rückgang der Kurse zum ~ gekommen ist 9 wir werden alles tun, was in unseren **Kräften** steht 10 auch wir ~ auf diesem **Standpunkt** 11 der Peso steht **tief** 12 die Firma steht mit uns in reger Geschäfts**verbindung** 13 die ersetzten mangelhaften Teile ~ dem Verkäufer zur **Verfügung** 14 niemals standen wir **vor** so ernsten Problemen wie heute 15 wir werden Ihnen nicht im **Wege** ~ 16 **wie** steht es? 17 so **wie** es steht und liegt (ou in Bausch und Bogen)

1 la vente de cet article est ferme 2 cela est hors de doute 3 les produits sont prêts pour la livraison immédiate 4 nous sommes toujours à votre service 5 il est certain que ... 6 vous avez le choix 7 la firme est en bonne condition financière 8 il semble que le recul des cours se soit arrêté 9 nous ferons tout ce qui est en notre pouvoir 10 nous aussi, nous partageons ce point de vue 11 le cours du peso est bas 12 la firme entretient des relations d'affaires suivies avec nous 13 les pièces défectueuses remplacées sont à la disposition du vendeur 14 nous n'avons jamais eu à affronter des problèmes aussi graves qu'aujourd'hui 15 nous n'allons pas vous barrer le chemin 16 comment vont les affaires? comment allez-vous? 17 en bloc; à forfait

Steigen, 1 –der **Absatz** 2 man erwartet einen –den **Absatz** 3 die **Aktien** sind um DM 4,— von DM 815,— auf DM 819,— gestiegen 4 das **Interesse** für unsere Erzeugnisse wird bestimmt ~ 5 die **Kurse** sind um DM 3,65 gestiegen 6 **langsam** ~ 7 ~ im **Preis** 8 **rapid** ~ 9

1 écoulement croissant 2 on s'attend à un accroissement de la vente 3 les actions ont monté de DM 4,— en passant de DM 815,— à DM 819,— 4 l'intérêt pour nos produits va certainement croître 5 les cours sont en hausse de DM 3,65 6 monter (od. augmenter; croître) lente-

die Preise sind **ständig** im Steigen begriffen 10 die Weltmarktpreise haben eine –de **Tendenz** 11 die Sätze zeigen eine –de **Tendenz** 12 **ununterbrochen** ~

ment 7 monter en prix 8 monter (od. augmenter; croître) rapidement 9 les prix sont en hausse permanente 10 les prix du marché mondial ont une tendance à la hausse 11 les taux montrent une tendance à la hausse 12 monter (od. augmenter; croître) continuellement (od. sans cesse)

Steigern, 1 den **Absatz** ~ 2 die **Erzeugung** ~

Steigerung f 1 infolge der fortschreitenden ~ der Rohstoff**preise** 2 wir rechnen mit einer **Preis**– 3 ~ der **Produktion** 4 unsere Konkurrenten haben eine intensive Werbeaktion zur ~ des **Verkaufes** eingeleitet

1 accroître l'écoulement (od. la vente) 2 accroître la production
1 par suite de l'accroissement progressif des prix des matières premières 2 nous nous attendons à une augmentation des prix 3 accroissement de la production 4 nos concurrents ont lancé une campagne de publicité intense pour l'accroissement de la vente

Stelle f 1 von **Amts**–n 2 **an** Ihrer ~ 3 geben Sie uns die **Aufgabe**– an 4 er kann zuverlässig die ~ eines Vertreters **bekleiden** 5 die erste ~ in der Ziegelerzeugung **einnehmen** 6 unser Vertreter wird die ganze Angelegenheit an Ort und ~ **erledigen** 7 **Geschäfts**– 8 die Intervention seitens **höchster** –n 9 an **kompetenten** –n 10 wenden Sie sich sofort an die **kompetenten** –n 11 laut Informationen von **maßgebender** ~ 12 aus **offiziellen** –n 13 Beschaffung von Waren durch **staatliche** –n für staatliche Zwecke 14 **übergeordnete** ~ 15 Preis-**überwachungs**– 16 diese Information stammt aus sehr **verläßlicher** ~ 17 **zuständige** ~ 18 sonstige **zuständige** –n 19 über die Angelegenheit mit den **zuständigen** –n verhandeln

1 de (la part de) services officiels 2 à votre place 3 veuillez nous indiquer le lieu d'expédition 4 il peut certainement occuper le poste de représentant 5 prendre (od. tenir) le premier rang dans la production de tuiles 6 notre représentant réglera toute l'affaire sur les lieux 7 bureau; agence 8 l'intervention des plus hautes autorités 9 auprès de services compétents 10 veuillez contacter immédiatement les services compétents 11 conformément aux informations en provenance de sources compétentes 12 de (la part de) service officiels 13 l'approvisionnement (od. l'acquisition) de marchandises par des services nationaux (od. gouvernementaux) aux fins de l'Etat 14 service supérieur; autorité supérieure 15 service de surveillance des prix 16 cette information provient de source très sûre 17 service compétent 18 autres autorités compétentes 19 négocier l'affaire avec les services compétents

Stellen, 1 es wurden folgende **Anfragen** gestellt 2 das wird große **Ansprüche** an die Beförderung ~ 3 ~ Sie einen **Antrag** auf die Regelung 4 wir haben dies als **Bedingung** gestellt 5 weit günstigere **Bedingungen** ~ 6 erlauben Sie uns, an Sie die **Frage** zu ~, ob ... 7 sie haben sich entschieden **gegen** diese Entscheidung gestellt 8 ein **Gesuch** ~ 9 der Preis wurde zu hoch gestellt 10 die Rechnung wurde **richtig**gestellt 11 unsere Anforderungen müssen **sicher**gestellt werden 12 ... zu Ihrer **Verfügung** ~ 13 die dem Käufer zur **Verfügung** gestellte Ware 14 wir wissen nicht, wie Sie sich zu unserem **Vorschlag** ~ 15 verschiedene Schwierigkeiten ~ sich uns in den **Weg** 16 den Kunden **zufrieden**–

1 les questions suivantes ont été posées (od. soulevées) 2 cela va demander de gros efforts en matière de transport 3 veuillez introduire une demande en règlement 4 nous l'avons imposé comme condition 5 poser des conditions beaucoup plus favorables 6 permettez-nous de vous poser la question de savoir si ... 7 ils se sont opposés énergiquement à cette décision 8 introduire (od. faire) une demande 9 le prix a été fixé trop haut 10 la facture a été corrigée (od. rectifiée) 11 nos exigences doivent être assurées 12 mettre ... à votre disposition 13 la marchandise mise à la disposition de l'acheteur 14 nous ne savons pas quelle attitude vous prenez à l'égard de notre proposition 15 nous avons à affronter

Stellenweise, wir haben ~ **Erfolg** gehabt
Stellung *f* 1 amtliche ~ 2 **Dienst**– des Herrn König 3 die kompetenten Stellen haben prinzipiell eine negative ~ in dieser Angelegenheit **eingenommen** 4 eine bedeutende gesellschaftliche ~ **einnehmen** 5 **–nahme** (s.a. Stellungnahme) 6 **Name** und ~ des Zeichnungsberechtigten 7 **Schlüssel**– 8 die ~ **überprüfen**

Stellungnahme *f* 1 Ihre ~ würde uns interessieren 2 **negative** ~ zu unserem Antrag

Stellvertreter *m* ~ des **Direktors**
Stempel *m* 1 **–abgabe** 2 die Worte „Fracht bezahlt" sind auf Dokumenten durch ~ oder anderes **angebracht** 3 **Datum**– 4 das im **Empfangs**– angegebene Datum 5 **Firmen**– und Unterschrift der berechtigten Person 6 **–frei** 7 **–gebühr** 8 **–marke** 9 der Antrag ist **–pflichtig** 10 Datum des **Post**-s 11 der ~ der Versand**station**/Bestimmungsstation 12 **Tages**– 13 ... mit dem ~ **versehen** 14 bitte **versehen** Sie den Fragebogen mit dem ~ 15 **Wiege**–

Sterling *m* 1 **–block** 2 **–gebiet** 3 **Pfund** ~

Steuer *f* 1 die ~ wird nachträglich **abgeschrieben** werden 2 **–abschätzung** 3 **–amnestie** 4 **–amt** 5 auf diese Ware wurde eine 6%ige ~ **auferlegt** 6 die ~ für diese Ware wurde seit dem 1. 6. **aufgehoben** 7 der **–aufschlag** beträgt 5% 8 **Ausfuhr**– 9 **–begünstigung** 10 **–behörden** 11 **–bekenntnis** einreichen 12 die Ware wird mit neuen –n **belastet** werden 13 **–belastung** 14 die ~ wird von der Grundlage DM 350.000,— **bemessen** werden 15 **–berater** 16 **direkte** ~ 17 **Einfuhr**– 18 die ~ für diese Ware wurde seit dem 1. 4. **eingeführt** 19 **Einhebung** von –n 20 **Einkommen**– 21 **–einzahlung** 22 **Einziehung** der ~ 23 **–entrichtung** 24 ~ **erheben** 25 eine **–erklärung** abgeben 26 **–ermäßigung** 27 **Erwerb**– 28 **–fall** 29 diese Erzeugnisse sind steuer**frei** 30 **–freibetrag** 31 **–geheimnis** 32 **Gewerbe**– 33 **Grund**– 34 **–grundlage** 35 **Hauszins**– 36 **–herabsetzung** 37 beabsichtigte **–hinterziehung** 38 **–hoheit** 39 die ~ ist im Preis bereits

---

certaines difficultés; nous rencontrons certaines difficultés **16** satisfaire le client nous avons eu du succès par endroits **1** position officielle **2** fonction officielle de M. König **3** les services compétents ont pris (od. adopté) une position de principe négative dans cette affaire **4** occuper une position importante dans la société **5** prise de position **6** nom et fonction de la personne habilitée à signer **7** position-clé **8** reconsidérer la position (adoptée)

1 votre (prise de) position (od. avis; point de vue) nous intéresserait **2** prise de position négative à l'égard de notre demande

directeur adjoint; adjoint du directeur
1 droit de timbre **2** les mots « fret payé » sont appliqués sur les documents par cachet ou par tout autre moyen **3** tampon (od. timbre) dateur **4** la date indiquée sur le tampon d'arrivée **5** cachet de la firme et signature de la personne habilitée **6** exempt de droits de timbre **7** droit de timbre **8** timbre-quittance **9** la demande est sujette au droit de timbre **10** date du cachet de la poste **11** tampon de la station d'expédition/de destination **12** tampon à dater (od. dateur) **13** timbrer ...; mettre le cachet sur ... **14** veuillez timbrer le questionnaire **15** cachet (od. tampon) de pesage

1 bloc (od. zone) sterling **2** zone sterling **3** livre sterling

1 l'impôt sera déduit ultérieurement **2** assiette de l'impôt **3** amnistie fiscale **4** Perception (od. Contributions od. Fisc) **5** cette marchandise a été grevée d'une taxe de 6% **6** la taxe pour cette marchandise est abolie depuis le 1er juin **7** la surtaxe est de 5% **8** taxe d'exportation **9** avantage fiscal **10** fisc **11** remettre la déclaration d'impôts **12** la marchandise sera grevée de nouvelles taxes **13** charge des impôts **14** la base d'imposition sera le montant de DM 350.000,— **15** conseiller fiscal **16** impôt (od. contribution) direct(e) **17** taxe d'importation **18** la taxe pour cette marchandise est levée depuis le 1er avril **19** levée d'impôts **20** impôt sur le revenu **21** paiement des impôts **22** recouvrement des impôts **23** paiement d'impôts **24** percevoir un impôt (od. une taxe) **25** remettre la déclaration d'impôts **26** réduction d'impôts **27** impôt sur les bénéfices **28** cas fiscal **29** ces produits sont exempts de taxes **30** déduction personnelle **31** secret fiscal **32** impôt sur les

Steuer — Stocken

inbegriffen 40 **indirekte** ~ 41 **Landwirtschafts–** 42 **–last** 43 **Lohn–** 44 **Luxus–** 45 **Mehrwert–** 46 **Miet–** 47 **–nachlaß** 48 **–n** einschließlich der **Neben**kosten 49 **–oase** 50 **Pauschal–** 51 **–pflicht** 52 beschränkte **–pflicht** 53 diese Erzeugnisse sind **–pflichtig** 54 **–pflichtiger** 55 **–rate** 56 **–reserve** 57 **–rückstand** 58 **–satz** 59 den **–satz** ändern 60 **–n** auf **Schenkungen** unter Lebenden 61 **Sonder–** 62 **Umsatz–** 63 das **unterliegt** einer 2% ~ 64 **veranlagte** –n 65 **–veranlagung** 66 **Verbrauchs–** 67 **–vergünstigung** 68 **Vermögens–** 69 **–vorteile** 70 **Wertzuwachs–** 71 **–zuschlag**

bénéfices des professions industrielles et commerciales; patente 33 impôt foncier 34 base d'imposition 35 impôt sur les loyers 36 réduction des impôts 37 fraude fiscale (od. évasion) intentionnelle 38 souveraineté fiscale; droit d'imposition 39 la taxe est déjà comprise dans le prix 40 impôt indirect 41 impôt agricole 42 poids des impôts; charges fiscales 43 impôt sur les salaires 44 taxe de luxe; impôt sur les articles de luxe 45 taxe sur la valeur ajoutée (T.V.A.) 46 impôt sur les loyers 47 remise de l'impôt 48 impôts avec leurs accessoires 49 oasis fiscal 50 le système du forfait 51 obligation fiscale (od. à l'impôt) 52 assujettissement partiel à l'impôt 53 ces produits sont sujets à l'imposition (od. sont frappés de taxes) 54 l'assujetti à l'impôt 55 taux d'imposition 56 réserve fiscale 57 arriéré d'impôts 58 taux d'imposition 59 remanier le barème de l'impôt 60 impôts sur les donations entre vifs 61 taxe spéciale 62 impôt sur le chiffre d'affaires 63 cela est grevé d'une taxe (od. d'un impôt) de 2% 64 impôts prélevés par voie de rôle 65 établissement de l'assiette d'imposition; assiette 66 impôt (od. taxe) de (la) consommation 67 avantage fiscal 68 impôt sur la fortune 69 avantages fiscaux 70 impôts sur les plus-values 71 surtaxe contrôle de la production

Steuerung f **Produktions–**

Stichprobe f 1 lassen Sie **–n** der Sendung von einer Amtsperson **entnehmen** 2 durch **–n** haben wir **festgestellt,** daß ... 3 **–n machen**

1 veuillez faire des prélèvements au hasard sur l'envoi par une personne officielle 2 des prélèvements au hasard nous ont permis de constater que ... 3 faire des prélèvements au hasard; faire des sondages

Stillegung f ~ des **Betriebes**

fermeture (od. immobilisation) de l'entreprise (od. de l'usine)

Stillschweigend, 1 ~ **einwilligen** 2 den Vertrag ~ **verlängern** 3 die Klausel über die **–e Weiterführung** eines Vertrages

1 consentir tacitement 2 prolonger le contrat tacitement 3 la clause de tacite reconduction d'un contrat

Stillstand m es herrscht ein ~ im **Geschäft**

les affaires sont en stagnation (od. stagnent)

Stimme f der Vorschlag wurde **mit –nmehrheit abgelehnt**

la proposition a été rejetée à la majorité des voix

Stimmen, die **Spezifikation** stimmt in vollem Umfang mit ...

la spécification concorde totalement avec ...

Stimmung f 1 ansteigende ~ 2 **Börsen–** 3 **Einkaufs–** 4 feste ~ 5 flaue ~ 6 gedrückte ~ 7 kritische ~ 8 ~ für Einkäufe **machen** 9 **Markt–**

1 tendance à la hausse 2 tendance de la bourse 3 tendance à l'achat 4 tendance ferme 5 tendance calme 6 ambiance pénible 7 ambiance critique 8 stimuler la tendance à l'achat 9 tendance du marché

Stocken, 1 der **Gütertransport** über Hof stockt infolge ... 2 das **Rohstoffgeschäft** stockt in letzter Zeit

1 le transport de marchandises via Hof est ralenti par suite de ... 2 l'activité sur le marché des matières premières s'est ralentie ces derniers temps

Stockung *f* Verkehrs–
Stoff *m* 1 brennbare –e 2 der **Grund**–fehlt
Stopp *m* Preis–
Stören, 1 so daß das **Arbeitsprogramm** nicht durch ständige Änderungen gestört wird 2 wir werden den ungestörten **Gang** des Betriebs sichern
Stornieren, 1 eine **Bestellung** ~ 2 Sie können den Auftrag als storniert **betrachten** 3 wir sind **gezwungen,** das Angebot zu ~ 4 im Falle der Nichteinhaltung der Lieferfrist **müßten** wir den Auftrag ~ 5 wir behalten uns das **Recht** vor, den Auftrag zu ~
Storno *m* od. *n* 1 wir betrachten den ~ unseres Auftrages als **begründet** 2 wir **bestehen** auf dem ~ wegen Nichteinhaltung der Lieferfrist 3 inzwischen wurde der ~ des Auftrags **durchgeführt** 4 **–gebühr** 5 der ~ ist mit der Post **gekommen**
Störung *f* 1 infolge einer **Betriebs**– 2 die Lieferungsverzögerung verursacht uns ernste –en in der **Erzeugung** 3 dies hätte schwerwiegende –en auf dem Markt zur **Folge** 4 –**sfrei** 5 **Leitungs**– 6 wegen ~ bei der **Lieferung** eines wichtigen Rohstoffes 7 wegen einer **Produktions**– 8 das Flugzeug ist wegen **technischer** ~ nicht abgeflogen 9 sobald die **Verkehrs**–en beseitigt sind 10 –en im Kapital**verkehr** 11 ~ in der Strom**versorgung** 12 die Verzögerung ist durch eine unerwartete technische ~ verursacht worden

embouteillage
1 matières inflammables 2 la matière première fait défaut
blocage des prix
1 de sorte à ne pas affecter le programme de travail par des modifications permanentes 2 nous allons assurer le fonctionnement impeccable de l'usine
1 annuler une commande 2 vous pouvez considérer la commande comme annulée 3 nous sommes obligés d'annuler notre offre 4 dans le cas du non-respect du délai de livraison nous serions obligés d'annuler la commande 5 nous nous réservons le droit d'annuler la commande
1 nous considérons l'annulation de notre commande comme justifiée 2 nous maintenons l'annulation de la commande pour non-respect du délai de livraison 3 la commande a été annulée entre-temps 4 droit d'annulation 5 l'annulation est arrivée par la poste
1 à la suite d'un arrêt de fonctionnement; par suite d'un incident d'exploitation 2 le retard de livraison nous occasionne des perturbations sérieuses dans la production 3 cela entraînerait des perturbations graves sur le marché 4 sans dérangement (od. perturbations; incidents) 5 dérangement de ligne 6 en raison d'une perturbation dans l'approvisionnement (od. la livraison) d'une matière première importante 7 en raison d'un incident de production 8 l'avion n'a pas décollé en raison d'un incident technique 9 dès que les perturbations dans la circulation auront cessé (od. été éliminées) 10 perturbations dans les mouvements de capitaux 11 perturbations dans l'alimentation électrique 12 le retard a été occasionné par un incident technique inattendu

Stoßen, 1 wir sind auf eine starke **Konkurrenz** ge– 2 wir ~ auf unvorhergesehene **Schwierigkeiten** 3 auf mangelndes **Verständnis** ~
Strafbar, –e Fahrlässigkeit

1 nous avons rencontré une très forte concurrence 2 nous rencontrons des difficultés imprévues 3 rencontrer un manque de compréhension
négligence coupable; négligence passible d'une peine

Strafe *f* 1 für Unterfakturierung und Überfakturierung wird eine ~ von 100% vom Wert der Defraudation **auferlegt** 2 eine ~ in der Höhe von DM 1.804,— **bezahlen** 3 **unter** ~ 4 eine ~ wegen Unterlassungen oder Irrtümer in den Zollpapieren **verhängen** 5 **Vertrags**– 6 widrigenfalls würde Ihnen eine ~ wegen ... **vorgeschrieben** werden 7 **Zoll**–

1 une pénalité de 100% de la valeur du détournement sera appliquée pour toute sous-facturation ou sur-facturation 2 payer une amende d'un montant de DM 1.804,— 3 sous peine 4 infliger une peine pour omissions ou erreurs dans les documents douaniers 5 peine contractuelle (od. conventionnelle; pénalité pour retard) 6 dans le cas contraire (od. sinon), une peine vous serait infligée pour (cause de) ... 7 peine douanière

Straße *f* 1 **automatische** Fertigungs– 2 –n**transport**

Strecke *f* **automatische** Fertigungs–
Streichen, ... **Nicht passendes** ~ !
Streifband *n* ... **unter** ~ **senden**
Streik *m* 1 im Hafen soll ein ~ ausbrechen 2 in Jena droht ein ~ **auszubrechen** 3 **infolge** des –s blieb die Ware in Hamburg liegen 4 **infolge** des –s kam es zu einer Verkehrsunterbrechung 5 **wilder** ~

Streit *m* 1 der ~ wurde außergerichtlich **beigelegt** 2 der ~ wurde zu Ihren Gunsten **entschieden** 3 alle –**fälle** durch Arbitrage endgültig schlichten 4 –**frage** 5 **Gegenstand** des –es 6 einen ~ zwischen den Partnern **hervorrufen** 7 –**parteien** 8 –**punkt** 9 **Rechts**– 10 –**sache** 11 die –sache wurde durch einen **Vergleich** der Parteien beendet 12 etwaige –fälle werden dem Schiedsgericht zur endgültigen Entscheidung **vorgelegt** werden

Streitigkeit *f* 1 etwaige –en aus diesem Vertrag werden durch das Schiedsgericht endgültig **ausgetragen** 2 alle sich aus dem Vertrag **ergebenden** oder mit ihm in Zusammenhang stehenden –en werden unter Ausschluß der ordentlichen Rechtswege durch ein Schiedsgericht endgültig entschieden 3 um Mißverständnisse und –en zu **vermeiden** 4 **Vertrags**–en 5 etwaige –en werden dem Schiedsgericht zur Entscheidung **vorgelegt**

Streng, 1 ~ **bewirtschaftet** 2 die Angaben sind ~ **geheim** 3 –**genommen** 4 ~ **vertrauliche** Information

Strich *m* sie könnten uns einen ~ durch die Rechnung **machen**
Strittig, 1 –e **Angelegenheit** 2 –er **Fall** 3 –e **Forderung** 4 –er **Punkt**

Strom *m* die –**lieferung** unterbrechen

Stück *n* 1 aus **freien** –en behaupten 2 die Ware muß ~ **für** ~ nachgewogen werden 3 mit einem **Stück–gewicht** von 100 kg oder mehr 4 die Kiste als –**gut** mit

1 chaîne de production (od. fabrication) automatique 2 transport par route, transport routier
chaîne de fabrication automatique
rayer les mentions inutiles
envoyer sous bande
1 il paraît qu'une grève va éclater au port 2 une grève menace (od. risque) d'éclater à Iéna 3 la marchandise est restée à Hambourg par suite d'une grève 4 la circulation (od. le trafic) a été interrompu(e) par suite d'une grève 5 grève sauvage

1 le différend (od. litige) a été arrangé en dehors de la voie judiciaire (od. à l'amiable) 2 le différend (od. litige) a été tranché en votre faveur 3 trancher définitivement tous les litiges par arbitrage 4 différend ; question litigieuse 5 objet du litige 6 créer un différend (od. une controverse) entre les partenaires 7 parties plaidantes 8 point litigieux 9 litige 10 affaire litigieuse 11 le litige a été vidé par un arrangement entre les parties 12 les points de controverse (od. litiges; cas litigieux) éventuels seront soumis au tribunal d'arbitrage pour décision définitive

1 les différends éventuels découlant (od. résultant) du présent contrat seront tranchés définitivement par arbitrage 2 tous différends (od. litiges) découlant du contrat ou y ayant trait seront tranchés (od. décidés) définitivement par un tribunal d'arbitrage sans (la) possibilité d'un recours aux tribunaux ordinaires 3 afin d'éviter des malentendus et des différends 4 contentieux (od. litiges) nés d'un contrat 5 des différends (od. litiges) éventuels seront soumis au tribunal d'arbitrage pour décision

1 strictement réglementé (od. contrôlé) 2 les renseignements (od. informations) sont très secrets (–ètes) 3 à proprement parler 4 informations strictement confidentielles

ils pourraient contrecarrer nos plans; ils pourraient anéantir nos desseins
1 affaire litigieuse 2 cas litigieux (od. de litige) 3 créance (od. revendication) litigieuse 4 point de controverse; point litigieux

couper (od. interrompre) l'alimentation en courant (électrique)
1 affirmer de plein gré 2 les marchandises doivent être repesées pièce par pièce 3 pour un poids unitaire de 100 kg ou plus 4 expédier la caisse comme colis (isolé)

Eisenbahn senden 5 –ladung 6 –preis 7 jedes ~ muß einzeln gewogen werden 8 –zahl 9 amtliche –zählung wurde veranlaßt

Stückweise, ~ **verkaufen**
Studieren, sobald wir Ihren **Vorschlag** studiert haben
Stufe *f* eine hohe ~ ... **erreichen**
Stunde *f* 1 **Amts**–n 2 **Arbeits**– 3 **bis zur** ~ 4 **Dienst**–n des Konsulats sind von 9 bis 12 Uhr 5 in den **frühen Morgen**–n 6 **Kassen**–n 7 **–nlohn** 8 die Banken sind nicht verpflichtet, Dokumente außerhalb ihrer **Schalter**–n entgegenzunehmen 9 **Über**– 10 nach vorheriger **Vereinbarung** von Tag und ~ 11 **Verkaufs**–n

par chemin de fer 5 chargement en colis isolés (od. unitaire) 6 prix unitaire 7 chaque pièce doit être pesée isolément 8 nombre d'unités (od. de pièces) 9 le comptage officiel à la pièce a été fait
vendre pièce par pièce
dès que nous aurons étudié votre proposition (od. suggestion)
atteindre un haut degré de ...
1 heures de bureau 2 heures de travail 3 jusqu'à présent 4 les heures de service (d'ouverture) du consulat sont de 9 à 12 h 5 de bonne heure; de grand matin 6 heures d'ouverture à la place 7 salaire horaire (od. à l'heure) 8 les banques ne sont pas obligées d'accepter des documents en dehors des heures d'ouverture des guichets 9 heures supplémentaires 10 après accord préalable sur le jour et l'heure 11 heures d'ouverture (od. de vente)

Stunden, dem Kunden eine **Zahlung** ~
Stundenweise, ~ **arbeiten**
Stundung *f* wir bitten um ~
Sturz *m* 1 –güter 2 **Preis**–
Stürzen, jede Kiste muß mit der Aufschrift „**Nicht** ~ !" versehen sein
Stützen, 1 **auf** langjährige Erfahrungen gestützt 2 unser Entschluß stützt sich auf ein **Rechtsgutachten**
Stützung *f* jede Form von **Preis**–
Subvention *f* 1 **Ausfuhr**– 2 eine ~ bei der Ausfuhr dieser Ware **gewähren** 3 den inländischen Erzeugern –en für die Herstellung oder Ausfuhr ihrer Erzeugnisse **gewähr**
Subventionierung *f* 1 **Ausfuhr**– 2 das **Ausmaß** und die **Art** der ~

accorder un délai de paiement au client
travailler par heures (od. à l'heure)
nous demandons un délai de paiement
1 marchandises en vrac 2 chute de prix
chaque caisse devra comporter la mention « Ne pas renverser » (od. culbuter)
1 basé sur de longues années d'expérience 2 notre décision s'appuie sur une expertise juridique
toute forme de soutien des prix
1 subvention d'exportation 2 accorder une subvention à l'exportation de cette marchandise 3 accorder des subventions aux producteurs intérieurs pour la fabrication ou l'exportation de leurs produits
1 accord de subvention à l'exportation 2 l'importance et la nature des subventions

Suchen, 1 wir ~ eine Firma, die die Vertretung unserer Artikel übernehmen würde 2 sie ~ neue **Lieferanten** 3 wir ~ neue **Märkte** für unsere Mikroskope 4 wir ~ einen **Partner** für ein Kompensationsgeschäft 5 von der **Polizei** gesucht 6 gesuchte **Waren**

1 nous sommes à la recherche d'une firme (od. société) qui s'occuperait de la représentation de nos articles 2 ils cherchent de nouveaux fournisseurs 3 nous cherchons de nouveaux débouchés pour nos microscopes 4 nous cherchons un partenaire pour une transaction de compensation 5 recherché par la police 6 marchandises demandées

Summe *f* 1 **End**– der Rechnung 2 die Kosten **erreichen** hohe –n 3 berichtigen Sie die **fehlerhafte** ~ 4 die **Gesamt**– beträgt DM 6.813,40 5 eine **Gutschrift** über diese ~ beifügen 6 es handelt sich offenbar um einen **Irrtum** in der End– 7 eine **Pauschal**– bezahlen 8 **Versicherungs**–

1 montant final de la facture 2 les frais atteignent des sommes importantes 3 veuillez rectifier le montant erroné (od. la somme fausse) 4 la somme totale s'élève à DM 6.813,40 5 joindre une note de crédit pour cette somme 6 il s'agit manifestement (od. apparemment) d'une erreur dans la somme finale 7 payer une somme forfaitaire 8 montant de l'assurance; somme assurée

Supermarkt *m* — supermarché
Sympathie *f* 1 große –n **erwecken** 2 –**streik** — 1 éveiller de grandes sympathies 2 grève de sympathie (od. solidarité)
Sympathisch, es ist ein –er **Mensch** — c'est un homme sympathique
System *n* 1 **herrschendes** ~ 2 **Kontingentierungs–** — 1 système régnant (od. prédominant) 2 le régime des contingentements

T

Tabelle *f* 1 **beachten** Sie die in der ~ genannten Maße 2 **vergleiche** dazu ~ Nr. 15 3 **Währungs–**

Tadellos, 1 –e Ausführung 2 –e Qualität

Tag *m* 1 **Abfahrts–** 2 **Abrechnungs–** 3 **alle** –e 4 **an** dem ~ 5 den **anderen** ~ 6 **Arbeits–** 7 ~ der **Arbeitsruhe** 8 tag**aus,** tag**ein** 9 am –e der **Ausfuhr** 10 **Ausstellungs–** des Wechsels 11 die Garantiefrist **beginnt** mit dem ~e, an dem ... 12 **bei** ~ 13 **bestimmen** Sie uns ~ und Stunde 14 an dem **bestimmten** ~ 15 einen Posten in das –e**buch** eintragen 16 –s **darauf** 17 **denselben** ~ 18 in **diesen** –en 19 zu **diesem** –e 20 **eines** –es 21 in **einigen** –en 22 bis zum Verfallsdatum des Originalakkreditivs **einschließlich** dieses –es 23 **Erfüllungs–** 24 am –e des **Exports** 25 **Fälligkeits–** 26 wenn das festgesetzte Verfalldatum auf einen ~ **fällt,** an dem die Banken geschlossen sind, wird die Gültigkeitsdauer auf den nächstfolgenden Arbeits– ausgedehnt 27 den **folgenden** ~ 28 ~ **für** ~ 29 den **ganzen** ~ über 30 **Gedenk–** 31 –**egeld** 32 am **gestrigen** –e 33 **heute** in drei –en 34 am **heutigen** ~ 35 es gilt während der Zeit von 12 Monaten vom **heutigen** –e an 36 bis zum **heutigen** –e 37 **innerhalb** 14 –en nach ... 38 **jeden** zweiten ~ 39 **Käufer–** 40 ~ –es**kurs** von DM 3,65 für 1 Dollar 41 im **Laufe** des –es 42 im **Laufe** einiger –e 43 die Garantiefrist **läuft** von dem –e der Lieferung 44 **letzter** ~ eines jeden Monats 45 der **Liefer(ungs)–** 46 –**elohn** 47 –**eslosung** 48 sie **machen** sich aus uns einen guten ~ 49 am **morgigen** ~ 50 fünf –e **nacheinander** 51 am **nächsten** –e 52 bis zum **nächsten** –e 53 ~ und **Nacht** 54 diese Angelegenheit auf die –e**sordnung** setzen 55 die Angelegenheit ist vorläufig nicht auf die –e**sordnung** gekommen 56 –es**preis** 57 –es**presse** 58 ~ der **Rechnungsausstellung** 59 noch am **selben** –e 60 –es**stempel** 61 –**süber** 62 **Verfall–** 63 **vergangener** ~ 64 Festsetzung des letzten **Verladungs–**es 65 **Verrechnungs–** 66 **Versand–** 67 **von** ~ zu ~ 68 **vor** einigen –en 69 den ~ **vorher** 70 **Zahlungs–**

1 veuillez observer les mesures indiquées dans le tableau 2 veuillez comparer avec le tableau n⁰ 15 3 tableau des cours des devises étrangères
1 présentation impeccable 2 qualité irréprochable; de toute première qualité
1 date de départ 2 date d'arrêté des comptes 3 tous les jours; chaque jour 4 le jour où 5 le lendemain 6 jour ouvrable; jour de travail 7 jour férié 8 jour après jour (od. journellement) 9 le jour de l'exportation 10 date de création de la traite 11 la période de garantie commence le jour où ... 12 de jour 13 veuillez nous indiquer le jour et l'heure 14 au jour convenu 15 porter une inscription au livre-journal 16 le lendemain 17 le même jour 18 ces jours 19 à ce jour 20 un jour 21 dans quelques jours 22 jusqu'au jour d'échéance inclus de l'accréditif original 23 date (od. jour) d'exécution 24 à la date de l'exportation 25 date d'échéance (d'une lettre de change) 26 si l'échéance tombe un jour de fermeture des banques, la durée de validité sera prolongée jusqu'au jour ouvrable suivant 27 le lendemain 28 jour par jour 29 (durant) toute la journée 30 anniversaire; journée commémorative 31 indemnité journalière 32 hier 33 dans trois jours 34 aujourd'hui même 35 c'est valable pour une période de douze mois à compter d'aujourd'hui 36 jusqu'à aujourd'hui (od. ce jour) 37 dans les quinze jours à partir du ... 38 tous les deux jours 39 journée réservée aux acheteurs 40 au cours du jour de DM 3,65 pour 1 dollar 41 dans le courant de la journée 42 dans quelques jours 43 la période de garantie court à partir du jour de livraison 44 le dernier jour de chaque mois 45 jour de livraison 46 salaire journalier 47 recette journalière 48 ils s'amusent à nos dépens 49 demain 50 cinq jours de suite (od. consécutifs) 51 le lendemain 52 jusqu'au lendemain 53 jour et nuit (od. nuit et jour) 54 porter cette affaire à l'ordre du jour 55 pour le moment, cette question n'a pas encore été portée à l'ordre du jour 56 prix du jour 57 presse quotidienne 58 jour de l'établissement de la facture 59 le jour même 60 tampon dateur 61 pendant la journée 62 date d'échéance 63 la veille 64 stipulation du dernier jour de charge-

Täglich — Tätigkeit

Täglich, die **Anzeige** sollte ~ eingeschaltet werden

Tagung f 1 –sort ist Berlin 2 wir **schicken** Herrn K. zur ~

Taktik f 1 **abwartende** ~ 2 die Konkurrenz ist zu einer neuen ~ **übergegangen**

Tara f 1 **Abzug** für –gewicht 2 schätzungsweise **bestimmte** ~ 3 **errechnete** ~ 4 **festgesetzte** ~ 5 amtlich **festgesetzte** ~ 6 der **Nachlaß** für die ~ beträgt 3% 7 die ~ darf 5% nicht **überschreiten** 8 **übliche** ~ 9 **Zoll**– 10 der **Zuschlag** für die ~ beträgt 3%

Tarif m 1 **Ausnahme**– 2 **Doppel**– 3 **Einheits**– 4 **–erhöhung** 5 **ermäßigter** ~ 6 **fester** ~ 7 **Flug**– 8 **Fracht**– 9 tarifgemäß 10 **Grund**– 11 **gültiger** ~ 12 **–klasse** 13 **kombinierter** ~ 14 **Maximal**– 15 **Minimal**– 16 **Pauschal**– 17 unter die **–positionen** der Liste B fallende Waren 18 **Präferenz**– 19 **Preis**– 20 **Regie**– 21 **gültige –sätze** 22 **Sonder**– 23 **Stück**– 24 **Telegrafen**– 25 **Transport**– 26 **Versicherungs**– 27 **Vertrags**– 28 **Vorzugs**– 29 **Wert**– 30 **Zoll**–

Tat f 1 **–bestand** 2 er verschleiert den richtigen **–bestand** 3 **–bestandsaufnahme** 4 **in** der ~ 5 **–sächlich** 6 **verdienstvolle** ~

Tätig, 1 im **Betrieb** sind achtzehn Angestellte ~ 2 Herr Grüner ist seit Jahren in diesem **Fache** ~ 3 der Kunde bestellt einen Vertreter, der als **Notadresse** bei Nichtakzeptierung ~ werden soll 4 **–er Teilhaber**

Tätigen, 1 wollen Sie ermitteln, zu welchen Bedingungen es möglich wäre, **Einkäufe** zu ~ 2 **Geschäfte** unter der Firma N.I.W.A. ~

Tätigkeit f 1 die Firma Arco hat ihre ~ unlängst **aufgenommen** 2 **Beratungs**– 3 das fällt nicht in unseren **–sbereich** 4 er soll uns laufend über seine ~ **berichten** 5 zu diesem Tage hat die Firma ihre ~ **eingestellt** 6 der Vertreter **entfaltet** eine unzulängliche ~ 7 eine intensive ~ **entwickeln** 8 **Erwerbs**– 9 **Erzeugungs**– 10 **Forschungs**– 11 auf diesem **–sgebiet** 12 **Geschäfts**– 13 während einer solchen Unterbrechung der

ment **65** jour d'arrêté des comptes **66** jour d'expédition **67** de jour en jour **68** il y a quelques jours **69** la veille **70** jour (od. date) de paiement
l'annonce devrait paraître journellement (od. chaque jour od. tous les jours)

1 le lieu (od. siège) du congrès est Berlin 2 nous enverrons M. K. à la réunion (od. au congrès)

1 tactique d'attente 2 la concurrence est passée à une nouvelle tactique

1 déduction pour tare 2 tare estimée 3 tare calculée 4 tare convenue 5 tare légale 6 la réduction pour la tare s'élève à 3% 7 la tare ne peut dépasser 5% 8 tare habituelle (od. usuelle) 9 tare douanière 10 le supplément pour la tare est de 3%

1 tarif exceptionnel 2 tarif double 3 tarif unitaire 4 augmentation des tarifs 5 tarif réduit 6 tarif fixe 7 tarif aérien 8 tarif du fret 9 selon le tarif 10 tarif de base 11 tarif en vigueur 12 classe de tarif 13 tarif combiné 14 tarif maximum 15 tarif minimum 16 tarif forfaitaire 17 marchandises tombant sous l'application du tarif de la liste B 18 tarif préférentiel 19 barème des prix 20 tarif de régie 21 taux tarifaire en vigueur 22 tarif spécial 23 tarif à la pièce 24 tarif télégraphique 25 tarif de transport 26 tarif d'assurance 27 tarif contractuel 28 tarif préférentiel 29 tarif d'après la valeur 30 tarif douanier

1 état de choses (od. cause) 2 il dissimule les faits réels 3 procès-verbal de constatation 4 en réalité 5 effectivement 6 action méritoire

1 l'entreprise occupe dix-huit employés 2 M. Grüner travaille depuis plusieurs années dans cette branche 3 le client indique un représentant qui peut être contacté en cas de non-acceptation 4 associé actif

1 veuillez examiner dans quelles conditions, des achats pourraient être effectués ce jour-là 2 réaliser (od. faire) des affaires sous la raison sociale N.I.W.A.

1 la société ARCO a débuté depuis peu 2 service consultatif 3 cela n'entre pas dans le cadre de nos activités 4 il nous tiendra en permanence au courant de ses activités 5 la société a cessé ses activités ce jour-là 6 le représentant n'est pas assez actif 7 faire preuve d'une activité intense 8 activité professionnelle 9 activité productrice 10 travail de recherche 11 dans cette sphère d'activité 12 activité commerciale 13 pendant une pareille

Geschäfts– 14 **Investitions–** 15 **mannigfaltige** ~ 16 **öffentliche** ~ 17 außerhalb des **Rahmens** unserer ~ 18 **Verkaufs–** 19 **Werbe–**

interruption de l'activité commerciale 14 activités d'investissements 15 activité multiple (od. diverse) 16 activité publique 17 en dehors du cadre de nos activités 18 commerce de vente 19 activité publicitaire

Tatsache *f* 1 **angesichts** dieser –n 2 wir machen Sie auf diese ~ **aufmerksam** 3 allgemein **bekannt** ist die ~, daß ... 4 **bewiesene** ~ 5 **bloße** ~ 6 **entscheidende** ~ 7 diese Nachrichten **entsprechen** den –n 8 **erwiesene** ~ 9 einwandfrei **festgestellte** ~ 10 **fragliche** ~ 11 Sie müssen sich an (die) –n **halten** 12 **Rechts–** 13 das **stimmt** nicht mit den –n überein 14 die ~, daß ..., macht uns **stutzig** 15 im Protokoll wurden folgende –n **übergangen** 16 in Ihrem Bericht haben Sie diese ~ **übersehen** 17 **unzweifelhafte** ~ 18 **wichtige** ~

1 en présence de ces faits 2 nous attirons votre attention sur ce fait 3 il est de notoriété publique que ... 4 fait prouvé 5 fait pur et simple 6 fait décisif 7 ces renseignements concordent avec les faits 8 fait prouvé 9 fait constaté sans contestation possible 10 fait douteux (od. contestable) 11 vous devez vous en tenir aux faits 12 fait légal 13 cela ne concorde pas avec les faits; cela est en contradiction avec les faits 14 le fait que ... nous étonne; ce qui nous étonne, c'est que ... 15 les faits suivants ont été omis dans le procès-verbal 16 vous avez négligé (od. omis) ce fait dans votre rapport 17 fait indiscutable 18 fait important

Tatsächlich, 1 –e **Aufwendungen** 2 –es **Gewicht** 3 das im Frachtbrief angeführte Gewicht stimmt nicht mit dem –en **Gewicht** der Sendung überein 4 die ~ aufgelaufenen **Kosten** 5 –er **Schaden** 6 der Ersatz der –en **Spesen** 7 –er **Wert**

1 dépenses effectives 2 poids effectif 3 le poids mentionné dans la lettre de voiture ne correspond pas avec le poids effectif de la marchandise 4 les frais déboursés effectivement 5 dégâts effectifs (od. réels) 6 le remboursement des frais effectifs 7 valeur réelle

Tausch *m* (s.a. Austausch), **–geschäft**

commerce d'échange; troc

Täuschen, 1 lassen Sie sich **dadurch** nicht ~ 2 wenn wir uns **nicht** ~

1 ne vous y laissez pas prendre 2 si nous ne nous trompons pas; sauf erreur de notre part

Technik *f* 1 **Verkaufs–** 2 **Werbe–**

1 technique de vente 2 technique de publicité

Technisch, 1 –e **Angaben** 2 –er **Ausdruck** 3 –e **Beschreibung** 4 –e **Dokumentation** 5 ~ ist es leicht **durchführbar** 6 wirtschaftliche und –e **Entwicklung** 7 letzte –e **Errungenschaften** 8 wissenschaftlicher und –er **Fortschritt** 9 aus –en **Gründen** 10 die Beschleunigung der Montage ist aus –en **Gründen** nicht möglich 11 wirtschaftlich–e **Hilfe** für die Entwicklungsländer 12 –e **Kontrolle** 13 –e Staatsnorm 14 **Schwierigkeiten** –en Charakters

1 données techniques; documentation technique (od. terme) 3 description technique 4 documentation technique 5 au point de vue technique, cela est facilement réalisable 6 développement économique et technique 7 acquisitions techniques récentes 8 progrès scientifique et technique 9 pour des raisons techniques 10 pour des raisons techniques, il n'est pas possible d'accélérer le montage 11 aide scientifique et technique aux pays en voie de développement 12 contrôle technique 13 norme technique nationale 14 dificultés d'ordre

Teil *m* 1 ~ eines übertragbaren **Akkreditivs** 2 das **Akkreditiv** im ganzen oder zum ~ dem Zweitbegünstigten verfügbar machen 3 **aliquoter** ~ 4 in drei –e **aufteilen** 5 zum ~ **beschädigt** 6 sich zu gleichen ~ an einem Geschäft **beteiligen** 7 **beträchtlicher** ~ der Waren 8 **betreffender** ~ 9 Fracht zum ~ **bezahlt**

1 part d'une lettre de crédit (d'un accréditif) négociable (od. transférable) 2 mettre la lettre de crédit en tout ou en partie à la disposition du second bénéficiaire 3 partie aliquote 4 diviser en trois parties 5 partiellement endommagé 6 s'associer à une affaire à parts égales 7 une partie considérable des marchandises

Teil — Telefon

10 –deckung 11 –erfüllung 12 das Ersatz– 13 der geringer ~ 14 zu gleichen –en 15 zum **Groß**– 16 ein **Groß**– der Aufträge 17 **größten**–s 18 tätiger **–haber** 19 **–ladung** 20 **–lieferung** (s. auch Teillieferung) 21 **–nahme** (s. a. Teilnahme) 22 teil**nehmen** 23 **Ober**– 24 ~ des Verkaufs**preises** 25 **proportioneller** ~ 26 **–schaden** 27 ~ der **Sendung** 28 die Lieferung erfolgt durch **–sendungen** 29 **überwiegender** ~ 30 **Unter**– 31 **untrennbarer** ~ 32 **–verladung** 33 **–verlust** 34 **–verschiffung** 35 **–weise** (s.a. Teilweise) 36 **–zahlungen** können angenommen werden 37 **zum** ~

8 la partie en question 9 fret payé partiellement 10 paiement (od. couverture) partiel(le) 11 exécution partielle 12 pièce de rechange 13 partie insignifiante 14 à parts égales 15 en grande partie 16 une grande partie des commandes 17 pour la plus grande partie 18 associé actif 19 chargement partiel 20 fourniture partielle 21 participation 22 participer à . . . 23 partie supérieure 24 partie du prix de vente 25 partie proportionnelle 26 dommage partiel 27 partie de l'expédition 28 la livraison s'effectue par expéditions partielles 29 partie prépondérante 30 partie inférieure 31 partie intégrante 32 chargement partiel 33 perte partielle 34 embarquement partiel 35 partiellement 36 nous acceptons les paiements partiels 37 partiellement; en partie

Teilbar, (un)–es **Akkreditiv**
Teilen, 1 wir können Ihre **Ansicht** nicht ~ 2 die **Ansichten** darüber sind geteilt 3 wir ~ die **Meinung,** daß . . .

lettre de crédit (non)divisible
1 nous ne pouvons partager votre façon de voir 2 les opinions à ce sujet sont partagées 3 nous partageons l'opinion suivant laquelle . . .

Teillieferung *f* 1 im **Akkreditiv** wird nicht mit –en gerechnet 2 –en sind nicht **gestattet** 3 –en werden getrennt in **Rechnung** gestellt 4 ist **Verladung** in –en innerhalb bestimmter Zeiträume vorgeschrieben 5 der **Versand** wird in –en erfolgen

1 l'accréditif ne prévoit pas de livraisons partielles 2 les livraisons partielles ne sont pas admises 3 les livraisons partielles seront facturées séparément 4 si des chargements partiels sont prévus dans une période déterminée 5 l'expédition se fera par livraisons partielles

Teilnahme *f* (s.a. Beteiligung) 1 wir versichern Sie unserer **aufrichtigen** ~ 2 **breiteste** ~ an der **Messe** 3 unter Ihrer **persönlichen** ~ 4 wir wurden zur ~ an einem öffentlichen **Wettbewerb** bezüglich Zündhölzer aufgefordert

1 nous vous exprimons nos plus sincères condoléances 2 participation considérable à la foire 3 avec votre participation personnelle 4 nous avons été sollicités pour participer à une adjudication publique relative à la fourniture d'allumettes

Teilnehmen (s.a. Beteiligen) 1 an der **Beratung** über Verkehr ~ 2 an der **Leitung** des Betriebes aktiv ~ 3 an der **Leitung** des Unternehmens aktiv ~ 4 sie konnten an der **Messe** in Frankfurt nicht ~ 5 wir werden an der **Verhandlung** mit Herrn Kühn persönlich ~

1 participer à une conférence concernant (od. sur, ayant trait à) la circulation 2 prendre une part active à la direction de l'entreprise 3 participer activement à la direction de l'affaire 4 ils n'ont pas pu participer à la foire de Francfort 5 nous prendrons personnellement part aux négociations avec M. Kühn

Teilung *f* einen Antrag auf . . . Gewinn–stellen

faire une proposition pour la répartition des profits

Teilweise, 1 das Paket war ~ **ausgeraubt** 2 Ihre Lieferung hat uns nur ~ **befriedigt** 3 alle Waren, die ganz oder ~ aus Holz **bestehen** 4 ~ **bezahlen** 5 die Überweisung **deckt** die Kosten nur ~ 6 den Ansprüchen nur ~ **entsprechen** 7 **–r Verlust** 8 ~ **Zahlung** anbieten

1 une partie du contenu du colis a été volée 2 votre livraison ne nous a donné que partiellement satisfaction 3 toutes les marchandises qui sont partiellement ou entièrement en bois 4 payer par acomptes 5 le mandat ne couvre que partiellement les frais 6 ne répondre que partiellement aux exigences 7 perte partielle 8 offrir de payer en plusieurs fois (od. par acomptes)

Telefon *n* 1 wir erwarten Ihren **–anruf**

1 nous attendons votre appel télépho-

2 **Blitz**–gespräch 3 –**buch** 4 **dringendes** –gespräch 5 –**gespräch** 6 –**leitung** 7 –**nummer** des Hotels Ambassador ist 79 63 17 8 **R**–-gespräch 9 –**schnellverkehr** 10 die –**verbindung** konnte nicht hergestellt werden 11 wir **versuchten** Sie mittels ~ zu erreichen 12 –gespräch mit **Voranmeldung**

Telefonisch, 1 wir ergänzen die –e **Abmachung** von gestern 2 wir werden Sie ~ **anrufen** 3 wir möchten Sie ~ **sprechen** 4 wir bestätigen unsere gestrige –e **Vereinbarung**, die wir noch wie folgt ergänzen: ... 5 –e **Voranmeldung**
Telegraf *m* das Telegramm haben wir auf dem hiesigen –en**amt** um 9 Uhr aufgegeben
Telegrafieren, 1 ~ Sie uns den **heutigen** Kurs 2 heute haben wir **Ihnen** telegrafiert, (daß ...)
Telegrafisch, 1 eingetragene –e **Adresse** 2 –es **Angebot** 3 den Versand der Ware werden wir Ihnen ~ **ankündigen** 4 dieses Angebot gilt unter Vorbehalt –er **Annahme** 5 wir erbitten –e **Antwort** 6 –e **Anzeige** 7 –e **Auszahlung** 8 –e **Bestellung** 9 –e **Deckung** 10 ~ **erhaltenes** Avis 11 ~ **mitteilen** 12 inzwischen haben wir Ihnen bereits eine –e **Nachricht** gesandt 13 –e **Überweisung**

Telegramm *n* 1 –**adresse** 2 ~ mit bezahlter **Antwort** 3 das ~ auf dem hiesigen Telegrafenamt **aufgeben** 4 wir bestätigen unser heutiges ~ 5 **Brief**– 6 **chiffriertes** ~ 7 ein ~ dem Unicode nach **dekodieren** 8 **dringendes** ~ 9 sollte das ~ nicht spätestens bis zum 6. d. M. **eintreffen**, wenden Sie sich bitte sofort an Herrn Tischler 10 ein ~ **entschlüsseln** 11 wir haben soeben Ihr ~ folgenden Wortlautes **erhalten** 12 das –**formular** ausfüllen 13 **Glückwunsch**– 14 **heutiges** ~ 15 –**kode** 16 **Kode**– 17 **kollationiertes** ~ 18 ~ in **offener Sprache** 19 ~. mit bezahlter **Rückantwort** 20 ein ~ an den Kunden **senden** 21 durch **Sonderboten** bestellte ~ 22 –**spesen** 23 **unzustellbares** ~ 24 da Ihr ~ **verstümmelt** eingelangt ist,

nique 2 communication téléphonique éclair 3 annuaire téléphonique 4 communication téléphonique urgente 5 communication téléphonique 6 ligne téléphonique 7 le numéro de téléphone de l'hôtel Ambassador est 79 63 17 8 communication en P.C.V. 9 service téléphonique prioritaire 10 il a été impossible d'obtenir la communication téléphonique 11 nous avons essayé de vous toucher par téléphone 12 appel téléphonique avec préavis
1 nous complétons l'accord conclu hier par téléphone 2 nous vous téléphonerons 3 nous désirons vous parler au téléphone 4 nous vous confirmons notre accord téléphonique d'hier que nous complétons comme suit: ... 5 préavis téléphonique nous avons déposé le télégramme au bureau télégraphique local à 9.00 heures

1 veuillez nous télégraphier le cours d'aujourd'hui 2 nous vous avons télégraphié ce jour (que)
1 adresse télégraphique enregistrée 2 offre télégraphique (od. par télégramme) 3 nous vous aviserons par télégramme de l'expédition des marchandises 4 cette offre est valable sous réserve d'acceptation télégraphique de votre part 5 veuillez nous donner réponse par télégramme 6 avis télégraphique 7 transfert télégraphique de fonds 8 commande par télégramme 9 nantissement (od. garantie) télégraphique 10 avis reçu par télégramme 11 informer par télégramme 12 entre-temps nous vous avons déjà envoyé un message télégraphique 13 mandat télégraphique
1 adresse télégraphique 2 télégramme avec réponse payée 3 déposer le télégramme au bureau télégraphique local 4 nous vous confirmons notre télégramme de ce jour 5 lettre-télégramme 6 télégramme chiffré (od. codé) 7 décoder un télégramme suivant Unicode 8 télégramme urgent 9 au cas où le télégramme ne vous serait pas parvenu au plus tard, le 6 de ce mois, veuillez vous adresser immédiatement à M. Tischler 10 décoder un télégramme 11 nous venons de recevoir à l'instant votre télégramme ayant le contenu suivant 12 remplir un formulaire télégraphique 13 télégramme de félicitations 14 télégramme de ce jour 15 code télégraphique 16 télégramme codé 17 télégramme collationné 18 télégramme en (texte) clair 19 télégramme

bitten wir um Wiederholung des zweiten Wortes 25 ~ mit **Zustellungsanzeige**

avec réponse payée **20** envoyer un télégramme au client **21** télégramme remis à destination par courrier spécial **22** frais de télégrammes **23** télégramme non délivrable **24** comme votre télégramme est arrivé tronqué, nous vous prions de répéter le second mot **25** télégramme avec avis de réception

Telex *n* (s. a. Fernschreiber, fernschriftlich) 1 –**anschluß** 2 Ihre –**nachricht** bezüglich unserer Bestellung 3 amtliches **Verzeichnis** der –**teilnehmer** 4 wir bestätigen unseren gestrigen –**wechsel**

Tendenz *f* 1 die Preise weisen eine **fallende** ~ auf 2 das Preisniveau hat eine **sinkende** ~ 3 die Weltmarktpreise haben eine **steigende** ~

Termin *m* (s.a. Frist, Zeit) 1 den ~ einer Konferenz **anberaumen** 2 die Bestellung im ~ **bestätigen** 3 wir können leider den versprochenen ~ nicht **einhalten** 4 Fälligkeits– 5 vor dem **festgelegten** ~ 6 wir waren außerstande, den Auftrag zum **festgesetzten** ~ zu beenden 7 –**geschäft** 8 mit Rücksicht auf den sich nähernden **Liefer–** 9 **Schluß**– 10 einen ~ **überschreiten** 11 wir werden gezwungen sein, den Liefer– um 2 Monate zu **verlängern** 12 den ~ um eine Woche **vorverlegen** 13 **zum** bestimmten ~

Termingemäß, ~ **bestätigen**

Termingerecht, ~ **bezahlen**

Teuer, 1 die Rohstoffe haben wir zu ~ **bezahlt** 2 zu diesem **Preis** ist es zu ~

Text *m* 1 Vertrags– 2 Werbe–

Tief, 1 –**druck** 2 die Preise haben ihren –**punkt** erreicht 3 die Konkurrenz bietet die Waren zu Preisen an, die tief **unter** dem Durchschnitt der üblichen Marktpreise liegen

Toleranz *f* 1 **bewilligte** ~ 2 mit Rücksicht darauf, daß die –**en** nicht **eingehalten** wurden 3 die zulässigen –**en** wurden nur unbedeutend **überschritten**

Tonne *f* 1 sie charterten ein Schiff von etwa 8000 **Bruttoregister**–n 2 –**ngehalt** (Tonnage)

Total–, 1 –**schaden** 2 –**verlust**

Tragen, 1 die Folgen werden Sie selbst ~ 2 die **Gefahr** des Unterganges, der Abnutzung oder Beschädigung während der Wirksamkeit des Eigentumsvorbehalts trägt der Käufer 3 die **Kosten** werden wir je zur Hälfte ~ 4 die

1 raccordement télex 2 votre message par télex relatif à notre commande 3 indicateur officiel des abonnés au service télex 4 nous vous confirmons notre échange de messages télex d'hier

1 les prix ont une tendance à la baisse 2 le niveau des prix est en baisse 3 le niveau mondial des prix a une tendance à la hausse

1 fixer la date d'une conférence 2 confirmer la commande dans la limite de temps 3 nous regrettons de ne pouvoir respecter le délai promis 4 date d'échéance 5 avant la date convenue 6 nous étions dans l'impossibilité de terminer la commande en temps voulu 7 opération à terme 8 compte tenu de l'approche de la date de livraison 9 terme final 10 dépasser un délai 11 nous serons obligés de prolonger le délai de livraison de deux mois 12 avancer la date d'une semaine 13 à la date convenue

confirmer dans les délais

payer en temps voulu (od. à la date convenue od. dans les délais)

1 nous avons payé les matières premières trop cher 2 c'est trop cher à ce prix

1 texte (od. termes) d'un contrat 2 texte publicitaire

1 impression en creux (od. héliogravure) 2 les prix ont atteint leur niveau le plus bas 3 la concurrence offre ses marchandises à des prix considérablement en dessous du niveau moyen du marché

1 tolérance admissible 2 en considérant (od. tenant compte du fait) que les tolérances n'ont pas été respectées 3 les tolérances admissibles n'ont été dépassées que d'une façon négligeable

1 ils ont affrété un navire d'environ 8000 tonnes de jauge brute 2 tonnage

1/2 avarie (od. perte) totale

1 vous subirez vous-même les conséquences 2 les risques de perte, d'usure ou d'avarie sont à charge de l'acheteur durant toute la période de réservation de propriété 3 nous supporterons les frais à parts égales 4 supporter la moitié des

Hälfte der Übernahmekosten ~ 5 für eventuelle Folgen werden Sie die Verantwortung ~ 5 diese Wertpapiere ~ hohen Zinsen
Tragfähigkeit *f* ~ des **Schiffes**

Tramp, –schiffahrt
Transaktion *f* 1 **Devisen**–en 2 die vorgeschlagene ~ ist wegen ... nicht **durchführbar** 3 **Export**– 4 **Kredit**– 5 **riskante** ~

Transfer *m* (s.a. Anschaffung, Überweisung) 1 neue **Beschränkungen** für den ~ 2 **Gewinn**–
Transit *m* 1 –**bewilligung** 2 in ~ durch Frankreich 3 –**gut** 4 –**handel** 5 –**verbot** 6 –**visum**

Transport *m* (s.a. Beförderung, Verkehr) 1 –**abteilung** 2 –**anweisungen** 3 –**art** 4 –**auftrag** 5 die Waren vom ~ **ausschließen** 6 **Auto**– 7 **Bahn**– 8 –**bedingungen** 9 –**behälter** 10 beim ~ der Waren nach Hamburg 11 –**belege** 12 wenn auch die **Beschädigung** während des –es entstand ... 13 –**beschränkung** 14 den ~ der Waren **besorgt** unser Spediteur 15 Luft–**brief** 16 –**büro** 17 **direkter** ~ 18 infolge der Nichteinhaltung der –**dispositionen** 19 –**dokumente** 20 den ~ werden wir mittels eines Spediteurs **durchführen** 21 –**einrichtungen** 22 –**flugzeug** 23 sichern Sie den ~ durch Sonderflugzeug 24 **Fluß**– 25 –**forderungen** 26 –**gebühren** 27 die üblichen **Gefahren** des Land- und See–es 28 –**gesellschaft** 29 **Güter**– 30 –**instruktionen** 31 **kombinierter** ~ 32 –**kosten** 33 den ~ auf dem **Landwege** veranlassen 34 **langwieriger** ~ 35 **LKW**– 36 **Luft**– 37 **Massen**– 38 –**mittel** 39 die –**möglichkeiten** per Eisenbahn feststellen 40 –**papiere** 41 –**parität** 42 **Personen**– 43 –**position** 44 laufende –**risiken** zu Lande und zur See 45 auf dieser **Route** ist der ~ billiger 46 kostenfreier **Rück**– 47 **Schiffs**– 48 –**schrank** 49 –**schwierigkeiten** 50 **See**– 51 –**spesen** 52 –**störung** 53 **Stück**– 54 –**tarif** 55 zum Weiterübergeben 56 der Spediteur **übernahm** die Sendung am 3. 7. zum ~ 57 **Übersee**– 58 **veranlassen** Sie den ~ via ... 59 –**versicherung** 60 den **Schiff**– dem **Eisenbahn**– **vorziehen** 61 **Waren**– 62 **Wasser**– 63 –**weg** 64 ~ auf dem üblichen **Wege** 65 –**zeit**

frais de prise en charge 5 vous serez tenu responsable des conséquences éventuelles 6 ces valeurs-titres rapportent de gros intérêts
tonnage du navire; portée en lourd du navire
(navigation au) tramping
1 transaction en devises étrangères 2 la transaction proposée n'est pas réalisable à cause de ... 3 transaction d'exportation 4 transaction à crédit 5 transaction risquée

1 introduire de nouvelles restrictions aux transferts 2 transfert de bénéfices
1 permis de transit 2 en transit par la France 3 marchandises en transit 4 commerce de transit 5 interdiction de transit 6 visa de transit

1 département (od. service) des transports 2 instructions de transport 3 mode de transport 4 instructions relatives au transport 5 exclure les marchandises du transport 6 transport routier 7 transport par chemin de fer 8 conditions de transport 9 container de transport 10 durant le transport des marchandises à destination de Hambourg 11 documents de transport 12 bien que les dommages se soient produits pendant le transport 13 limitation des transports 14 notre commissionnaire de transport s'occupe du transport des marchandises 15 lettre de transport par avion (od. voiture aérienne) 16 bureau de transports 17 transport direct 18 par suite de la non-observation des instructions de transport 19 documents de transport 20 nous ferons le transport par l'intermédiaire d'un commissionnaire de transport 21 installations de transport 22 avion-cargo; avion de transport 23 veuillez assurer le transport par avion spécial 24 transport fluvial 25 nécessités du transport 26 frais de transport 27 les risques usuels du transport par voie de terre et par mer 28 société de transports 29 transport de marchandises 30 instructions de transport 31 transport mixte 32 frais de transport 33 effectuer le transport par voie de terre 34 transport de longue durée 35 transport par camion 36 transport aérien 37 transport en vrac 38 moyens de transport 39 se rendre compte des possibilités de transport par chemin de fer 40 documents de transport 41 parité de transport 42 transport de personnes 43 le poste du transport 44 risques usuels du

Transportieren, ... mit dem **Schiff** ~
Tratte *f* 1 **Diskontierung** von –n 2 **dokumentäre** ~ 3 die von folgenden **Dokumenten** begleitete ~ 4 das Akkreditiv ist benutzbar durch **Sicht**– gegen folgende Dokumente
Treffen, 1 ein gütliches **Abkommen** ~ 2 gute **Auswahl** ~ 3 eine **Entscheidung** ~ 4 wir haben Gegenmaßnahmen gegen ... getroffen 5 eine **Vereinbarung** ~ 6 sämtliche **Vorbereitungen** wurden bereits getroffen 7 wir haben die erforderlichen **Vorkehrungen** getroffen
Treiben, 1 wir wollen die Sache nicht bis zum **Äußersten** ~ 2 die Konkurrenz in die **Enge** ~ 3 sie ~ **Handel** unter der Firma Smith und Co. Ltd. 4 den Preis in die **Höhe** ~
Trend *m* **Preis**–
Treten, 1 der Vertrag tritt am 16. d. M. in **Kraft** 2 an die **Stelle** unseres Vertreters Herrn Blau tritt Herr Molke 3 ~ Sie in **Verhandlung** mit der Bank
Treu, 1 ~ und **Glauben** 2 –**händer**
Triftig, 1 –e **Gründe** 2 ein so –er Grund muß in Erwägung gezogen werden

Trocken, 1 in einem –en **Lagerhaus** 2 an einem kühlen, –en **Ort** aufbewahren
Tropen *pl* 1 –**ausführung** 2 –**erfahrung** besitzen 3 –**feste Verpackung**

Trüben, wir hoffen, daß diese unliebsame Angelegenheit unsere guten **Beziehungen** nicht ~ wird
Trug *m* es ist ein –**schluß** zu glauben, daß ...
Trügerisch, in –er **Absicht**

transport par terre et par mer **45** le transport est moins cher par cet itinéraire **46** transport de retour gratuit **47** transport par eau **48** container maritime **49** difficultés de transport **50** transport maritime **51** frais de transport **52** interruption du transport **53** transport par unité **54** tarif de transport **55** remettre pour réexpédition **56** le commissionnaire de transport a pris en charge l'expédition en date du 3 juillet pour le transport **57** transport outre-mer **58** veuillez faire le transport via ... **59** assurance de transport **60** préférer le transport par eau au transport par chemin de fer **61** transport de marchandises **62** transport par eau **63** itinéraire du transport **64** transport par voie habituelle **65** période de transport transporter par bateau (od. navire)
1 escompte de traites 2 traite documentaire 3 la traite accompagnée des documents suivants 4 l'accréditif (od. lettre de crédit) est utilisable par traite à vue contre les documents suivants
1 conclure un arrangement à l'amiable 2 faire un bon choix 3 prendre une décision 4 nous avons pris les contre-mesures en vue de ... 5 conclure un accord 6 tous les préparatifs sont déjà faits 7 nous avons pris les précautions nécessaires
1 nous ne voulons pas pousser cette affaire à l'extrême 2 acculer la concurrence 3 ils font le commerce sous la raison sociale de Smith & Co Ltd. 4 faire monter le prix
tendance des prix
1 le contrat entrera en vigueur le 16 courant 2 M. Molke prend la place de notre représentant M. Blau 3 veuillez négocier avec la banque
1 bonne foi 2 agent fiduciaire
1 raisons pertinentes (od. valables); arguments solides (od. concluants) 2 un argument si concluant doit être pris en considération
1 dans un magasin à l'abri de l'humidité 2 emmagasiner en un endroit sec et frais
1 qualité pour les pays tropicaux; modèle tropicalisé 2 avoir l'expérience des tropiques 3 emballage spécial pour pays tropicaux
nous espérons que cette affaire regrettable ne troublera en aucune façon nos bonnes relations d'affaires
il est fallacieux de croire que ...

avec l'intention de tromper

Tüchtig, ein –er **Rechtsanwalt**
Tüchtigkeit *f* 1 es ist dank der **Geschäfts–** des Herrn Roth gelungen ... 2 **See–**

Tun, 1 er ist verpflichtet, **alles** zu ~, um den entstandenen Schaden zu mindern 2 wir haben ihn **aufgefordert,** dies zu ~ 3 wir werden unser **Bestes** ~, um Sie zufriedenzustellen 4 wenn Sie uns den **Gefallen** ~ würden 5 es tut mir **leid,** Ihnen mitteilen zu müssen ... 6 wir werden unser **Möglichstes** ~, Ihren Auftrag früher auszuführen 7 damit haben wir **nichts** zu ~ 8 mit etwas Ähnlichem haben wir noch **nie** zu ~ gehabt 9 Banken haben in keiner Hinsicht etwas mit solchen **Verträgen** zu ~ 10 wir haben damit **viel** zu ~

Tunlichst, man sollte ~ ... **vermeiden**

Typ *m* (Modell), den verlangten ~ haben wir nicht
Type *f* Schreibmaschinen–n
Typisch, das ist ~ für ihn

un avocat capable (od. de valeur)
1 grâce à l'habileté en affaires de M. Roth, il a été possible de ... 2 bonne tenue à la mer

1 il est de son devoir de faire tout çe qui est possible pour réduire (limiter) le dommage survenu 2 nous lui avons demandé de bien vouloir faire cela 3 nous ferons tout notre possible pour vous donner satisfaction 4 si vous voulez avoir l'obligeance de ... 5 je suis au regret de devoir vous informer que ... 6 nous ferons tout notre possible pour exécuter votre commande avant la date prévue 7 nous n'avons rien à voir dans cette affaire (od. cela n'est pas de notre ressort) 8 nous n'avons aucune expérience de ce genre de choses 9 de pareils contrats ne sont en aucune façon l'affaire des banques 10 cela nous prend beaucoup de temps (od. cela nous accapare beaucoup)

il faudrait éviter, dans la mesure du possible, de
le modèle désiré n'est malheureusement pas disponible
caractères de machine à écrire
cela le caractérise bien

U

Übel, 1 das ist nicht ~ 2 sein Benehmen **-nehmen**
1 cela n'est pas mal 2 prendre ses manières en mauvaise part

Üben, äußerste **Vorsicht** ~
observer la plus grande prudence

Überblick m 1 unser neuer Katalog über Fotomaterial **bietet** Ihnen einen ~ über das Neueste in diesem Fach 2 ~ der **Ereignisse** 3 während des Besuches haben wir nur einen **flüchtigen** ~ über den Betrieb gewonnen 4 einen ~ über .... **gewinnen** 5 guter ~
1 notre nouveau catalogue relatif au matériel photographique vous donne un aperçu des nouveautés dans cette branche 2 aperçu des événements 3 pendant notre visite, nous n'avons eu qu'une vue superficielle de l'entreprise 4 se faire une idée générale de .... 5 vue d'ensemble de ....

Überbringer m 1 dem ~ DM 680,– **auszahlen** 2 der ~ dieses **Briefes** ist Herr Bottai 3 wir **senden** Ihnen ... durch den ~ 4 **übergeben** Sie die Schlüssel dem ~ dieses Schreibens
1 payer au porteur la somme de DM 680,– 2 M. Bottai est porteur de cette lettre 3 nous vous transmettons (od. remettons) par porteur .... 4 veuillez remettre les clefs au porteur de la présente lettre

Übereinkommen n 1 durch ein ~ der Parteien wurde **bestimmt** 2 **gegenseitiges** ~ 3 es wurde ein ~ **getroffen** 4 nach **vorhergehendem** ~ verfahren
1 il a été décidé par accord entre parties 2 accord mutuel; accord bilatéral (od. de réciprocité) 3 un arrangement a été conclu 4 agir conformément à un accord antérieur

Übereinstimmen, 1 die **Abschrift** stimmt mit dem Original überein 2 Ihre **Angaben** stimmen nicht mit der Wirklichkeit überein 3 unsere diesbezüglichen **Ansichten** stimmen im großen und ganzen überein 4 mit den **Bedingungen** voll ~ 5 wir haben uns überzeugt, daß diese **Behauptung** mit den Tatsachen ~ 6 -d **buchen** 7 die Waren stimmen mit dem **Muster** nicht überein 8 der Inhalt der Kiste stimmt mit der **Packliste** nicht überein 9 in diesem **Punkte** können wir mit Ihnen nicht ~ 10 die **Rechnung** stimmt mit dem Lieferschein nicht überein 11 unsere **Rechnung** stimmt mit diesen Zahlen nicht überein 12 der Inhalt der Kiste stimmt nicht mit der **Spezifikation** überein
1 la copie est conforme à l'original 2 vos informations ne correspondent pas à la réalité 3 dans l'ensemble nos avis à ce sujet concordent 4 être entièrement d'accord sur les conditions 5 nous nous sommes rendu compte que ces affirmations correspondent aux faits 6 passer écriture conforme 7 les marchandises ne sont pas conformes aux échantillons 8 le contenu de la caisse ne correspond pas à la liste de paquetage 9 nous ne pouvons pas vous donner notre accord sur ce point 10 la facture ne concorde pas avec le bon de livraison 11 notre facture ne concorde pas avec ces chiffres 12 le contenu de la caisse ne correspond pas à la spécification

Übereinstimmung f 1 unser Auftrag wurde nicht in ~ mit unseren **Anweisungen** ausgeführt 2 die Zahlung ist nicht in ~ mit den Akkreditiv-**Bedingungen** durchgeführt worden 3 wir haben in allen grundsätzlichen Fragen eine ~ **erzielt** 4 in ~ mit den **Forderungen** des Kunden 5 sie **handeln** in ~ mit den Verhaltensregeln für die Werbepraxis 6 in ~ mit Ihrem **Schreiben** 7 die Ware in ~ mit dem Kaufvertrag liefern
1 notre commande n'a pas été exécutée conformément à nos instructions 2 le paiement n'a pas été fait conformément aux conditions de l'accréditif 3 nous avons obtenu un accord sur toutes les questions fondamentales 4 conformément aux exigences du client 5 ils agissent conformément aux usages de la pratique publicitaire 6 conformément à votre lettre 7 livrer (od. fournir) les marchandises conformément aux stipulations du contrat d'achat

Überfakturierung f für ~ wird eine **Strafe** von 100% vom Wert der Defraudation eingehoben
une pénalité de 100% de la valeur du détournement est applicable pour toute surfacturation

Überfällig — Übermitteln

Überfällig, 1 –e **Forderung** 2 die **Lieferung** der Ware ist vierzehn Tage ~ 3 –e **Tratte**
1 créance en retard 2 la livraison des marchandises est en retard de quinze jours 3 traite échue

Überfluß *m* es zeigt sich ~ an ...
il y a surabondance de ...

Überflüssig, Sie können sich darauf verlassen, daß es zu keiner –en **Verzögerung** kommen wird
vous pouvez avoir la certitude qu'aucun retard inutile ne se produira

Überführen, 1 die Waren in den **Besitz** des Kunden ~ 2 von Dollar auf **Pfund** überführt
1 mettre les marchandises en possession du client 2 converti de dollars en livres

Überfüllen, der **Hafen** ist mit Waren überfüllt
le port est encombré de marchandises

Übergabe *f* 1 ~ der Sendung **an** den Transportführer 2 wir sind mit der ~ der **Dokumente** gegen Bankgarantie einverstanden 3 **–protokoll**
1 remise des marchandises au transporteur 2 nous sommes d'accord pour remettre les documents contre une garantie bancaire 3 procès-verbal de remise

Übergang *m* 1 **Gefahren–** 2 Zeitpunkt des **Gefahren**–s 3 **Grenz–sbahnhof** 4 **–smaßregel** 5 **–speriode** 6 **–sstelle** 7 ~ von **Vermögen**
1 transfert des risques 2 le moment du transfert des risques 3 gare frontalière de transit 4 mesure temporaire 5 période de transition (od. transitaire) 6 point de passage; lieu de transbordement 7 transfert de propriété

Übergeben, 1 die Sendung wurde der Eisenbahn zur **Beförderung** ~ 2 der **Brief** wurde der Fabrik ~ 3 **Dokumente** der Bank ~ 4 ~ Sie ... **gegen** Vorlage des Konnossements 5 die ganze Angelegenheit wird unserem **Rechtsanwalt** ~ werden 6 diese **Reklamation** wurde zur Beurteilung unserem Lieferanten ~ 7 die Sendung wurde bereits zum **Transport** ~ 8 ~ Sie die Schlüssel dem **Überbringer** dieses Schreibens 9 das Inserat wurde zur **Veröffentlichung** ~ 10 wir sind geneigt, Ihnen die Allein**vertretung** für England zu ~
1 l'envoi a été remis au chemin de fer pour acheminement 2 la lettre a été transmise à l'usine 3 remettre des documents à la banque 4 veuillez remettre ... contre présentation du connaissement 5 toute l'affaire sera remise à notre avocat 6 cette réclamation a été transmise à notre fournisseur pour appréciation 7 l'envoi a déjà été remis au transporteur 8 veuillez remettre les clefs au porteur de la présente lettre 9 l'annonce a été remise pour publication 10 nous sommes disposés à vous confier notre représentation exclusive pour l'Angleterre

Übergehen, 1 bei Verkauf „ab Werk" geht die **Gefahr** vom Verkäufer auf den Käufer über, wenn ... 2 bevor wir zum nächsten **Punkt** ~
1 en cas de vente «départ usine», le risque est transféré du vendeur à l'acheteur lorsque ... 2 avant de passer au point suivant

Überhäufen, zu Weihnachten sind sie mit **Bestellungen** überhäuft
à Noël ils sont surchargés de commandes

Überhäufung *f* die unerwartet große ~ mit **Aufträgen** verhinderte uns, die Sendung rechtzeitig abzufertigen
l'accumulation inattendue de commandes nous a empêchés d'expédier l'envoi en temps voulu

Überlassen, 1 wir ~ es **Ihnen,** ob ... 2 wir ~ die Entscheidung **Ihnen** 3 Sie könnten uns diese Maschine leihweise ~
1 nous laissons à votre entière discrétion de ... 2 nous vous laissons l'initiative de décider 3 vous pourriez nous céder cette machine à titre de prêt

Überlastung *f* wegen **völliger** ~ der Betriebe mit Bestellungen
les usines étant surchargées de commandes

Überlegen, das muß er **gut** ~
qu'il y réfléchisse bien

Überlegung *f* 1 man hat ihm eine **–sfrist** gewährt 2 **nach** reiflicher ~ der Sache
1 on lui a laissé un délai de réflexion 2 après avoir mûrement réfléchi à la question

Übermäßig, mit –er **Verzögerung**
avec un retard excessif

Übermitteln, 1 er hat den **Brief** der Bank übermittelt 2 die Einreicher-Bank hat
1 il a transmis la lettre à la banque 2 malgré cela, la banque remettante a le

Übermittlung — Überprüfen

trotzdem das Recht, die **Handelspapiere** dieser benannten Inkasso-Bank zu ~
Übermittlung *f* die aus der ~ von **Telegrammen** oder Fernschreiben resultierenden Irrtümer
Übernahme *f* 1 die ~ der Ware **ablehnen** 2 der Fehler wurde bei der ~ **aufgedeckt** 3 Übernahme**bedingungen** 4 die Ware ist zur ~ **bereit** 5 Übernahme**bescheinigung** 6 die ~ **erfolgte** am 2. März 7 **–konnossement** 8 wir bestehen auf der ~ der Waren an **Ort und Stelle** 9 Übernahme**preis** 10 **Qualitäts–** 11 die **Qualitäts-** und **Quantitäts-** erfolgt durch unseren Vertreter 12 die Ware wird am 9. Juni zur ~ **vorbereitet** sein 13 **–zertifikat**

Übernehmen, 1 die Ware wird nur unter der **Bedingung** übernommen, daß ... 2 wir ~ alle rechtlichen **Folgen** eventueller in dieser Rechnung enthaltenen Ungenauigkeiten 3 die **Garantie** ~ wir wie üblich auf ein Jahr 4 Banken ~ keine **Haftung** oder Verantwortung für Echtheit irgendwelcher Dokumente 5 das Schiff übernimmt die **Ladung** um den 15. April 6 die Waren im **Lager** ~ 7 das **Risiko** ~ 8 die nicht übernommene **Sendung** wurde im Zollager eingelagert 9 der Spediteur übernahm die Waren zum **Transport** am 4. Mai 10 keine **Verantwortlichkeit** für Form und Richtigkeit der Dokumente ~ 11 wir ~ diese **Verpflichtung** nur dann, wenn ... 12 diese Versicherung übernahm die Versicherungsanstalt „Merkur" 13 die **Vertretung** ~ 14 die Firma ist bereit, die schadhafte Sendung unter **Vorbehalt** zu ~

Überprüfen, 1 wir haben Ihre **Abrechnung** überprüft und haben sie für richtig befunden 2 die **Angelegenheit** wird überprüft 3 wir bitten Sie, ihre **Behauptungen** zu ~ 4 ~ Sie das **Gewicht** aller Kisten 5 die **Kalkulation** ~ 6 sofort nach Eintreffen wurde die Ware auf **Menge** und Güte überprüft 7 die Angelegenheit wird vom **Ministerium** überprüft werden 8 die Verkaufsmöglichkeiten für unsere Erzeugnisse ~ 9 bitte, ~ Sie Ihr Konto **Posten für Posten** 10 wir haben Ihre **Preise** überprüft 11 die **Qualität** wird von einem Fachmann überprüft 12 Ihre **Reklamation** ist über-

droit de remettre les papiers d'affaires à la banque désignée pour l'encaissement erreurs résultant de la transmission de messages par télégraphe ou par télex

1 refuser d'accepter les (od. de prendre livraison des) marchandises 2 l'erreur a été découverte à la réception 3 conditions de réception (od. d'acceptation) 4 la marchandise est prête pour la réception 5 certificat d'inspection à la réception 6 la prise en charge a eu lieu le 2 mars 7 connaissement «reçu pour embarquement» 8 nous exigeons le transfert sur place des marchandises 9 prix d'achat 10 contrôle de qualité 11 notre agent est chargé du contrôle de la quantité et de la qualité 12 la marchandise sera prête pour la réception le 9 juin 13 certificat d'inspection

1 la marchandise sera réceptionnée à condition que 2 nous acceptons toutes les conséquences légales pouvant résulter d'éventuelles inexactitudes dans l'établissement de cette facture 3 nous prenons la garantie à notre charge comme à l'habitude, pour la durée d'une année 4 les banques n'assument aucune responsabilité en ce qui concerne l'authenticité de documents 5 la marchandise sera chargée à bord du navire le 15 avril 6 réceptionner les marchandises en magasin 7 couvrir les risques 8 l'envoi non réceptionné a été entreposé sous douane 9 le commissionnaire de transport a reçu l'envoi le 4 mai pour l'expédition 10 n'assumer aucune responsabilité en ce qui concerne la forme et la régularité des documents 11 nous n'assumons cette obligation que lorsque ... 12 l'assurance a été souscrite par la Compagnie d'assurances «Merkur» 13 assurer la représentation 14 la firme est disposée à accepter sous réserves l'envoi endommagé

1 nous avons vérifié votre décompte et l'avons trouvé exact 2 l'affaire sera examinée 3 nous vous prions d'examiner leurs assertions 4 veuillez vérifier le poids de toutes les caisses 5 vérifier les calculs 6 les marchandises ont été vérifiées dès l'arrivée quant au poids et à la qualité 7 la question sera examinée par le Ministère 8 étudier les possibilités de vente de nos produits 9 veuillez vérifier votre compte point par point (poste par poste) 10 nous avons vérifié vos prix 11 la qualité est contrôlée par un expert 12 votre réclamation a été examinée 13 vérifier la conformité de la signature sur l'ordre de paie-

prüft worden 13 die **Richtigkeit** der Unterschrift auf dem Zahlungsauftrag auf Grund des Unterschriftsverzeichnisses ~

Überprüfung f 1 nach ~ Ihres **Anspruches** auf ... 2 **bei** ~ der gelieferten Waren stellten wir fest, daß ... 3 verlangen Sie ~ der **Entscheidung** 4 **Inhalts**– 5 **nach** gründlicher ~ 6 **Waren**–

ment en la comparant avec la liste des spécimens
1 après examen de votre demande concernant ... 2 lors de la vérification des marchandises fournies, nous avons constaté que ... 3 veuillez demander révision de cette décision 4 vérification du contenu 5 après examen approfondi 6 vérification des marchandises

Überraschen, 1 wir waren von Ihrem **Brief** sehr überrascht, mit dem ... 2 –de **Nachricht**

Überraschung f 1 ~ über diese Nachricht **äußern** 2 zu unserer ~ **erfahren** wir aus Ihrem Schreiben, daß ... 3 das hat große ~ **hervorgerufen**

Überreichen, 1 in der **Anlage** dieses Briefes ~ wir Ihnen ... 2 wir haben ihnen Ihren Brief zur weiteren **Erledigung** überreicht 3 ~ Sie ein **Gesuch** beim Ministerium 4 wir ~ Ihnen einige **Muster** zur Beurteilung

Übersättigen, der **Markt** ist übersättigt

Überschätzen, 1 wir überschätzten unsere Lieferungsmöglichkeiten 2 den **Wert** des Angebotes

Überschreiten, 1 das **Akkreditiv** wurde um DM 1.200,— überschritten 2 der damit verbundene **Aufwand** hat bereits den angesetzten Betrag um 15% überschritten 3 das zulässige **Ausmaß** wurde überschritten 4 falls der Gesamtwert Ihrer Bestellungen den **Betrag** von DM 10.000,— überschreitet 5 somit ist die zulässige **Feuchtigkeit** von 8% um 2,1% überschritten 6 die Lieferfrist wurde um einen ganzen Monat überschritten 7 die **Grenze** in Straßburg am 15. April ~ 8 die **Kalkulation** kann höchstens um 10% überschritten werden 9 die **Kosten** werden wahrscheinlich den festgesetzten Betrag ~ 10 Ihr **Kredit** ist bereits um $ 521,— überschritten 11 das **Limit** um DM 11,26 ~ 12 die Grenzen der **Möglichkeiten** ~ 13 die **Norm** ~ 14 wenn die Kiste die **Reling** des Schiffes tatsächlich überschritten hat 15 unserer Schätzung nach wird der **Schaden** nicht DM 1.200,– ~ 16 die **Schranken** ~ 17 der **Verzug** wird jedoch einen Monat nicht ~ 18 die Kosten haben bereits den **Voranschlag** überschritten 19 wir ~ die **Zuteilung** um 10%

Überschreitung f ~ der **Befugnisse**

Überschuß m 1 ~ von **Aufträgen** 2 **Barschafts**– 3 bei der Nachprüfung unserer

1 nous avons été très surpris de votre lettre dans laquelle ... 2 nouvelles surprenantes
1 se montrer surpris à cette nouvelle 2 à notre grande surprise, nous apprenons par votre lettre que ... 3 cela a causé une grande surprise
1 ci-inclus nous vous remettons (à) ... 2 nous leur avons remis votre lettre pour suite à donner 3 veuillez introduire une requête en révision auprès du Ministère 4 nous vous remettons quelques échantillons pour appréciation
le marché est saturé
1 nous avons surestimé nos possibilités de livraison 2 surestimer la valeur de l'offre
1 l'accréditif a été dépassé de DM 1200,— 2 les débours entraînés par ... ont déjà excédé de 15% le montant estimé 3 les dimensions admissibles ont été dépassées 4 au cas où la valeur totale des vos commandes excéderait le montant de DM 10.000 5 par conséquent, le degré d'humidité autorisé de 8% a été dépassé de 2,1% 6 le délai de livraison a été dépassé d'un mois entier 7 passer la frontière à Strasbourg le 15 avril 8 le calcul ne pourra être dépassé que de 10% tout au plus 9 les frais dépasseront probablement le montant fixé 10 vous avez déjà dépassé votre crédit de 521,— dollars. 11 dépasser la limite de DM 11,26 12 dépasser les limites des possibilités 13 dépasser la norme 14 si la caisse a effectivement passé le bastingage du navire 15 d'après nos évaluations, le dommage ne dépassera pas DM 1200,— 16 dépasser les limites 17 le retard ne dépassera cependant pas un mois 18 les frais ont déjà dépassé le budget prévu 19 nous dépassons le contingent de 10%

abus d'autorité
1 excédent de commandes 2 excédent en caisse 3 à la vérification de nos écritures,

Überschuß — Übertragen

Eintragungen **ergibt sich** ein ~ in Höhe von DM 864,— 4 **Finanz**– 5 **Kassen**– 6 **Produktions**– 7 diesen ~ bestimmten Kunden unter dem Marktpreis zur **Verfügung stellen** 8 ~ an **Vorräten** 9 **Waren**–

Überschüssig, 1 –er **Betrag** 2 –e **Menge**
Überschwemmen, der **Markt** ist mit minderwertiger, aber billigerer Konkurrenzware überschwemmt
Überschwemmung f die gesamte Sendung wurde durch ~ völlig **vernichtet**
Übersee f 1 für unsere **Besucher** aus ~ haben wir neue Muster vorbereitet 2 der –**handel** wird immer reger 3 –**markt** 4 in –**packung** 5 die für ~ bestimmten **Sendungen** müssen besonders bezeichnet werden

Übersehen, den **Verlust** kann man noch nicht ~
Übersenden, 1 in der **Anlage** ~ wir Ihnen . . . 2 die Muster zur **Besichtigung** ~ 3 alle zum **Inkasso** übersandten Handelspapiere 4 die mit **Paketpost** übersandten Muster 5 mit gleicher **Post** ~ wir Ihnen den Katalog
Übersetzen, wir ließen den **Artikel** ins Deutsche ~
Übersetzung f 1 –**sabteilung** 2 eine ~ des Prüfungsattestes **anfertigen** lassen 3 **beglaubigte** ~ 4 besorgen Sie eine ~ aus dem Englischen ins Deutsche 5 **Irrtümer** bei der ~ oder Auslegung von technischen Termini 6 **wörtliche** ~

Übersicht f 1 **allgemeine** ~ 2 **eingehende** ~ 3 ~ über . . . **haben** 4 kurze ~ 5 **Markt**–

Übersichtlich, es ist ~ **geordnet**
Übersteigen, 1 eine auf einen die Akkreditivsumme –den **Betrag** lautende Handelsrechnung 2 das übersteigt unsere Lieferungs-/Zahlungsmöglichkeiten 3 die Rückfracht würde den **Wert** der Waren ~

Überstunden f pl die ~ werden **bezahlt**

Übertrag m der ~ des **Gewinnes** vom Vorjahre
Übertragbar, 1 un–es **Akkreditiv** 2 die **Fahrkarte** ist nicht ~

Übertragen, 1 das **Akkreditiv** ist an den Zweitbegünstigten ~ worden 2 **Eigentumsrecht** an die Ware –de Urkunde 3

nous trouvons un excédent de DM 864,—
4 excédent financier 5 excédent en caisse 6 excédent de production 7 mettre cet excédent à la disposition de certains clients à des prix en dessous du niveau du marché 8 excédent de stock 9 surplus de marchandises
1 excès; surplus 2 quantité en excès
le marché est inondé (od. surchargé) de marchandises concurrentes de qualité inférieure mais à de meilleurs prix
l'envoi entier a été complètement détruit par une inondation
1 nous avons préparé de nouveaux échantillons pour nos visiteurs d'outre-mer 2 le commerce d'outre-mer devient de plus en plus actif 3 marché d'outre-mer 4 en emballage maritime 5 les envois destinés aux pays d'outre-mer doivent porter une marque spéciale
on ne peut pas encore estimer la perte
1 nous vous envoyons ci-inclus 2 envoyer un échantillon pour examen 3 tous les documents commerciaux remis pour encaissement 4 échantillons envoyés comme colis postal 5 nous vous envoyons le catalogue par le même courrier
nous avons fait traduire cet article en allemand
1 service de traductions 2 faire établir une traduction du certificat de vérification 3 traduction certifiée conforme 4 veuillez nous faire parvenir une traduction de l'anglais en allemand 5 erreurs de traduction ou d'interprétation de termes techniques 6 traduction littérale
1 vue (od. étude) générale (aperçu général) 2 étude détaillée 3 avoir une vue d'ensemble de . . . 4 étude sommaire 5 étude de marché
cela est disposé clairement
1 facture pour un montant dépassant la valeur permise par la lettre de crédit 2 cela dépasse nos capacités de livraison / cela dépasse nos possibilités de paiement 3 le fret de retour dépasserait la valeur de la marchandise
les heures supplémentaires (seront) payées
le report des bénéfices de l'année précédente
1 lettre de crédit non négociable 2 le titre de transport (od. ticket, billet) est strictement personnel
1 la lettre de crédit a été transférée au second bénéficiaire 2 document transférant le droit de propriété de la marchan-

~ Sie den **Erlös** nach Abzug Ihrer Spesen auf unser Konto 4 wir haben von Ihrem **Konto** auf das Konto des H. Horst den Betrag von DM 500,— ~ 5 sie haben ihre **Rechte** auf die neue Gesellschaft ~ 6 den **Saldo** ~ wir auf neue Rechnung 7 im –en **Sinne**
Übertragung *f* 1 ~ des **Akkreditives** 2 ~ des **Eigentums** der Firma Rügen & Co. auf Herrn Monk 3 **Gesamtheit** von –en 4 bevor die –**skosten** dieser Bank bezahlt sind 5 ~ des **Patents** auf die Firma...
Übertreffen, 1 der Erfolg der Ausstellung hat alle **Erwartungen** übertroffen 2 das übertrifft alle **Erwartungen** 3 diese **Qualität** übertrifft die der Konkurrenzerzeugnisse
Übertretung *f* 1 ~ des **Gesetzes** 2 Zoll– **Übertrieben,** 1 diese **Behauptung** ist keineswegs ~ 2 –e **Forderung** 3 –er **Preis**

Übertritt *m* **Grenz**–zertifikat
Überwachung *f* 1 Preis– 2 **verschärfte** ~
Überweisen, 1 ~ Sie bitte diesen Betrag durch die **Bank** 2 zur **Deckung** der genannten Faktura DM 4.500,— ~ 3 das Geld werden wir Ihnen nach **Erhalt** der Waren ~ 4 den Betrag haben wir auf Ihr **Konto** bei der Postsparkasse überwiesen 5 heute haben wir Ihnen von unserem Postscheck**konto** DM 625,— überwiesen 6 ~ Sie bitte den ausständigen Betrag auf unser **Konto** bei der Bank 7 heute haben wir Ihnen per **Post** DM 500,— überwiesen 8 der Antragsteller kann die Gebühren per **Postanweisung** ~ 9 die **Provision** wird überwiesen, sobald...

Überweisung *f* 1 –s**auftrag** 2 die Bank hat die ~ am 11. März **ausgeführt** 3 **Bank**– 4 ... durch **Bank**– begleichen 5 **bargeldlose** ~ 6 die ~ **deckt** die Spesen gänzlich/teilweise 7 **dringende** ~ 8 die Bank hat die betreffende ~ bereits **durchgeführt** 9 sollte die ~ des vollen Fakturenbetrages bis Ende des Monats nicht **erfolgen** 10 wir bitten um **gelegentliche** ~ des Restbetrages 11 eine **Postscheck**– durchführen 12 **Teil**– 13 **telegrafische** ~ 14 die ~ wurde wegen eines Fehlers in der Rechnung **zurückgehalten**

Überwinden, 1 sobald die gegenwärtigen **Hindernisse/Schwierigkeiten** überwun-

dise 3 veuillez transférer le produit, après déduction de vos frais, au crédit de notre compte 4 nous avons fait un transfert de DM 500,— de votre compte au compte de M. Horst 5 ils ont transféré tous leurs droits à la nouvelle société 6 nous reportons le solde à nouveau 7 au sens figuré
1 transfert d'une lettre de crédit 2 transfert de propriété de la firme Rügen & C° à M. Monk 3 totalité des transferts 4 avant que les frais de transfert soient payés à cette banque 5 transfert du brevet à la firme...
1 le succès de l'exposition a dépassé toutes les prévisions 2 cela dépasse toute prévision 3 cette qualité surpasse celle des produits concurrents

1 infraction à la loi 2 infraction douanière
1 cette affirmation n'est nullement exagérée 2 réclamation exagérée; prétention excessive 3 prix exorbitant
certificat de passage de (la) frontière
1 contrôle des prix 2 contrôle renforcé
1 veuillez virer ce montant par l'intermédiaire de la banque 2 virer DM 4500,— en couverture de la facture en question 3 nous vous virerons le montant dès réception de la marchandise 4 nous avons viré le montant au crédit de votre compte auprès de la caisse postale d'épargne 5 nous vous avons transféré aujourd'hui, de notre compte chèques postaux, un montant de DM 625,— 6 nous vous prions de bien vouloir virer l'arriéré au crédit de notre compte auprès de la banque... 7 nous vous avons fait parvenir aujourd'hui, par la poste, un montant de DM 500,— 8 le requérant peut payer les taxes par mandat-poste 9 la commission sera payée dès que...

1 ordre de virement 2 la banque a effectué le virement à la date du 11 mars 3 virement bancaire 4 régler... par virement bancaire 5 paiement par virement 6 le virement couvre complètement/partiellement les frais 7 mandat urgent 8 le virement en question a déjà été effectué par la banque 9 si le montant total de la facture n'était pas versé avant la fin de ce mois 10 nous vous prions de virer le reliquat à la première occasion 11 effectuer un virement par chèque postal 12 virement partiel 13 virement télégraphique 14 le virement a été retardé par suite d'erreur dans l'établissement de la facture
1 aussitôt que les obstacles/difficultés actuel(le)s auront été surmonté(e)s

Überwinden — Umfang

Überzählig, 1 in der **Sendung** waren 10 Stück ~ 2 –e **Ware**
1 il y avait 10 pièces de trop (od. en trop) dans l'envoi 2 marchandise en surnombre (od. en excédent)

Überzahlung *f* 1 dadurch **entstand** eine ~ von DM 256,— 2 die ~ der **Fracht** senden Sie zurück 3 **Steuer**–
1 à cause de cela, un montant de DM 256,— a été payé en trop 2 veuillez retourner l'excédent payé sur les frais de transport 3 paiement excédentaire des taxes

Überzeugen, 1 –der **Beweis** 2 es ist nicht –d genug 3 –de **Gründe** 4 ~ Sie sich **selbst** von der Qualität unserer Waren
1 preuve concluante 2 cela n'est pas assez concluant 3 raisons concluantes 4 veuillez vous convaincre par vous-même de la qualité de nos produits

Überzeugung *f* 1 sie haben die ~ **ausgesprochen**, daß ... 2 wir **kamen** zu der ~, daß ... 3 wir **sind** der ~, daß ...
1 ils ont exprimé la conviction que ... 2 nous sommes arrivés à la conviction que ... 3 nous sommes convaincus que ...

Überziehen, 1 den **Kredit** ~ 2 Ihr **Kredit** wurde bereits um DM 4.000,— überzogen 3 die **Quote** ~
1 être à découvert 2 vous avez un découvert de DM 4000,— 3 dépasser le contingent

Üblich, 1 nicht –e **Abmessungen** 2 es ist im geschäftlichen Verkehr **allgemein** anerkannt und ~ 3 –e **Art** und Weise 4 –e **Ausführung** 5 wir bestellen ... zu den –en **Bedingungen** 6 die –en **Gefahren** des Land- und Seetransportes 7 im **Geschäft** –es Vertrauen 8 –e **Gewichtsabnahme** 9 „Incoterms 1953" Internationale Regeln für die Auslegung der handels–es Vertragsformeln 10 sofern es in dem betreffenden **Handleszweig** nicht ~ ist 11 –e **Norm** 12 –e **Packung** für Seetransport 13 eine solche **Praxis** ist hier ~ 14 –e **Qualität** 15 im –en **Sinn** 16 für die –e **Sorgfalt** in der Auswahl verantwortlich sein 17 der **Verlust** an Gewicht ist ~ 18 unter –em **Vorbehalt** 19 auf –em **Wege** 20 **wie** ~
1 dimensions inusitées 2 en affaires, il est courant et généralement admis 3 de façon usuelle 4 exécution habituelle 5 nous passons commande de ..., aux conditions habituelles 6 les risques usuels de transport par terre et par mer 7 confiance d'usage en affaires 8 perte normale de poids 9 «Incoterms 1953» Règles Internationales pour l'Interprétation des Termes Commerciaux 10 dans la mesure où il n'est pas d'usage dans la branche en question de ... 11 norme habituelle 12 emballage d'usage pour le transport par mer 13 pareille pratique est d'usage courant ici 14 qualité standard 15 dans le sens usuel du mot 16 être responsable des soins habituels dans le choix 17 la perte de poids est normale 18 avec toutes les réserves habituelles 19 par les voies habituelles 20 comme d'habitude (od. de coutume)

Übrigbleiben, es wird uns **nichts** anderes ~ als ...
il ne nous restera rien d'autre que de ... ; nous n'aurons pas d'autre choix

Umändern s. Abändern

Umarbeiten, den Vertrag müssen wir von **Grund** auf ~
nous devons réviser radicalement le contrat

Umdisponieren, 1 die **Sendung** ~ 2 die **Sendung** wurde nach Regensburg umdisponiert 3 die Sendung wurde **unterwegs** umdisponiert
1 acheminer l'envoi dans une autre direction 2 l'envoi a été dérouté sur Ratisbonne 3 l'envoi a été acheminé dans une autre direction

Umdisponierung *f* **Kosten**, die sich durch die ~ der Sendung ergeben, gehen zu Ihren Lasten
les frais résultant du changement de route seront à votre charge

Umfang *m* 1 mit Rücksicht auf den **außerordentlichen** ~ Ihres Auftrages 2 in größtmöglichem ~ 3 in dem ~ und in der Art, wie die Bank ausdrücklich zugestimmt hat 4 **Produktions**– 5 die Höhe
1 considérant l'ampleur exceptionnelle de votre commande 2 de la plus grande étendue possible 3 de l'ampleur et de la forme acceptées expressément par la banque 4 volume de la production 5 le

des Ersatzes entspricht dem ~ des **Schadens** 6 Ihren Schadenersatzanspruch haben wir im **vollen** ~ anerkannt

Umfangreich, -e Einkäufe
Umfassen, der **Handel** dieser Firma umfaßt eine mannigfache Tätigkeit
Umgehen, 1 es gehen **Gerüchte** um, daß ... 2 das **Gesetz** ~ 3 mit der Ware **vorsichtig** ~
Umgehend, 1 wir bitten um –en **Bescheid** 2 eine Bestellung ~ **bestätigen**

Umladen, die **Sendung** wurde unterwegs in den Waggon Nr. 283305 umgeladen
Umladung *f* 1 die ~ wurde gemäß Ihren Anweisungen **durchgeführt** 2 **mit** ~ in Southampton 3 dem Frachtführer gehört das **Recht** zur ~ 4 veranlassen Sie die ~ vom **Schiff** in Waggons 5 ~ ist **verboten**
Umlauf *m* 1 Geld– 2 es sind **Gerüchte** im ~, daß ... 3 es wurde die **Nachricht** in ~ gebracht, daß ...
Umpacken, 1 die Waren in **Kisten** ~ 2 die **Kosten** des Umpackens der Sendung gehen zu Ihren Lasten
Umrechnen, 1 rechnen Sie die **Dimensionen** in Meter auf Yards um 2 die Summe wurde auf Ihre Währung zum **Kurse** von $ 6,25 umgerechnet 3 für Zollzwecke werden fremde Werte auf chilenische Währung zum offiziellen **Kurs** umgerechnet 4 einen in Dollar ausgedrückten Preis in die betreffende **Währung** ~
Umrechnung *f* 1 –skurs 2 ~ von **Währungen**
Umsatz *m* 1 **Außenhandels**– 2 **Brutto**– 3 teilen Sie mit, welcher ~ auf diesem Markte erreicht werden kann 4 **erwarteter** ~ 5 einen recht zufriedenstellenden ~ **erzielen** 6 **Gesamt**– 7 **Geschäfts**– 8 **Großhandels**– 9 **Jahres**– 10 bei einem ~ von **mehr** als DM 100.000,– gewähren wir einen Mengenrabatt 11 jährlicher **Minimal**– 12 **Provision** vom ~ 13 Gesamt–**rabatt** 14 –**rabatt** 15 ~ **sinkt/ steigt** von Jahr zu Jahr 16 –**steuer** 17 **Verkaufs**– 18 ~ **geht zurück**

Umschlag *m* 1 Fenster**brief**– 2 nehmen Sie den ~ vom Schiff **direkt** zum Waggon vor 3 **Frei**– 4 –**sgebühr** 5 –**hafen** 6

montant de l'indemnité correspond à l'étendue du dommage 6 nous avons reconnu votre demande d'indemnité dans toute son étendue
achats importants
l'activité commerciale de cette firme embrasse des branches très variées
1 des rumeurs circulent, selon lesquelles ... 2 tourner la loi 3 manipuler des marchandises avec précaution
1 nous vous demandons réponse par retour du courrier 2 confirmer une commande par retour du courrier
l'expédition a été transbordée en cours de route sur wagon No 283305
1 le transbordement a été effectué selon vos instructions 2 avec transbordement à Southampton 3 le transporteur a le droit de transborder 4 veuillez ordonner le transbordement de la cargaison en wagons 5 le transbordement est interdit
1 circulation monétaire 2 des rumeurs circulent selon lesquelles ... 3 on a fait circuler la nouvelle que ...
1 réemballer les marchandises dans les caisses 2 les frais de réemballage sont à votre charge
1 veuillez convertir en yards les mesures indiquées en mètres 2 la somme a été convertie en vos devises au cours de $ 6,25 3 pour les besoins de la douane, les devises étrangères sont converties en monnaie chilienne au cours officiel 4 calculer dans la monnaie respective l'équivalent d'un prix exprimé en dollars
1 cours (od. taux) de change 2 conversion de devises
1 chiffre d'affaires à l'exportation 2 chiffre d'affaires brut 3 renseignez-nous sur le chiffre d'affaires qui pourrait être obtenu sur ce marché 4 chiffre d'affaires prévu 5 atteindre un chiffre d'affaires satisfaisant 6 chiffre d'affaires total 7 volume des affaires 8 chiffre d'affaires du commerce en gros 9 chiffre d'affaires annuel 10 une ristourne sur la quantité sera garantie si le chiffre d'affaires dépasse le montant de DM 100.000,– 11 chiffre d'affaires annuel minimum 12 commission sur le chiffre d'affaires 13 ristourne sur le chiffre d'affaires total 14 escompte sur le chiffre d'affaires 15 chiffre d'affaires diminue/augmente d'année en année 16 taxe sur le chiffre d'affaires 17 volume des ventes 18 les ventes sont en régression
1 enveloppe à fenêtre 2 veuillez arranger le transbordement direct du navire au wagon 3 enveloppe affranchie 4 frais de

Umschlag — Unaufschiebbar

–skosten 7 die Ware muß spätestens am 20. September am –splatz eintreffen 8 **Rückantwort**– 9 ... unter **separatem** ~ senden 10 –**spesen** von der Bahn auf das Schiff 11 –**sstation**

transbordement 5 port de transbordement 6 frais de transbordement 7 les marchandises devront arriver au port de transbordement le 20 septembre au plus tard 8 enveloppe pour la réponse 9 envoyer sous pli séparé 10 frais de transbordement du wagon sur le navire 11 station de transbordement

Umstand *m* 1 den Umständen **angemessen** 2 es ist den Umständen **angemessen** 3 richten Sie stets Ihr **Augenmerk** auf diesen ~ 4 unter **außergewöhnlichen** Umständen 5 im Kontrakt wird ein ~ dieser Art nicht **berücksichtigt** 6 unter **Berücksichtigung** aller Umstände 7 unter **Berücksichtigung** der außergewöhnlichen Umstände, die sich aus dieser Situation ergeben 8 sofern keine unerwarteten Umstände **eintreten** 9 unerwartete Umstände sind **eingetreten** 10 diese schwerwiegenden Umstände müssen in **Erwägung** gezogen werden 11 unter den **gegebenen** Umständen 12 unter **gewissen** Umständen 13 auf den ~ **hinweisen**, daß ... 14 **infolge** unvorhergesehener Umstände 15 das lassen wir uns unter **keinen** Umständen ausreden 16 je **nach** den –en 17 **nach** Umständen 18 wir werden uns nach den gegebenen Umständen **richten** 19 unter **solchen** Umständen können wir Ihren Vorschlag nicht akzeptieren 20 durch eine **Verkettung** der Umstände geschah es, daß ... 21 dies wurde durch Umstände **verursacht**, über die wir keine Gewalt haben 22 verzögert sich die Lieferung durch einen in Art. 10 **vorgesehenen** ~

1 dans ces circonstances 2 c'est adapté aux circonstances 3 ne perdez pas de vue ces circonstances 4 dans des circonstances extraordinaires 5 le contrat ne prévoit pas pareille circonstance 6 en prenant en considération toutes les circonstances 7 considérant les circonstances extraordinaires qui résultent de cette situation 8 sauf circonstances imprévues 9 nous sommes en présence de circonstances inattendues 10 ces circonstances très graves doivent être prises en considération 11 dans les circonstances données 12 dans certaines circonstances 13 se référer au fait que ... 14 suite à des événements imprévus 15 en aucun cas on ne nous fera changer d'avis à ce sujet 16 suivant les circonstances 17 selon les circonstances 18 nous agirons selon les circonstances données 19 dans ces conditions, nous ne pouvons accepter votre proposition 20 par un enchaînement de circonstances, il arriva que ... 21 cela a été provoqué par des circonstances indépendantes de notre volonté 22 si un retard dans la livraison se produit à la suite d'un événement prévu par l'art. 10

Umtausch *m* den Scheck zwecks –es **vorlegen**

présenter le chèque pour échange

Umtauschen, gekaufte **Waren** tauschen wir grundsätzlich nicht um

en principe, nous n'échangeons pas les marchandises vendues

Unabhängig, ~ **von** den Bewegungen der Ausfuhrpreise

indépendamment des fluctuations des prix à l'exportation

Unanfechtbar, die **Entscheidung** ist endgültig und ~

cette décision est définitive et inattaquable

Unangenehm, 1 es ist uns äußerst ~ 2 entschuldigen Sie bitte diesen –en **Vorfall**

1 il nous est extrêmement désagréable 2 ayez l'obligeance d'excuser cet incident désagréable

Unannehmlichkeit *f* 1 anderenfalls wären wir –en **ausgesetzt** 2 es hat für uns eine große ~ **bedeutet** 3 obzwar wir unseren Kunden nur sehr ungern weitere –en **bereiten** 4 dadurch sind uns beträchtliche –en **entstanden** 5 alle –en **vermeiden** 6 wir bedauern, daß wir ihnen ungewollt eine solche ~ **verursacht** haben

1 autrement, nous serions exposés à des ennuis 2 cela nous a causé de gros ennuis 3 bien que ce soit à contre-cœur que nous occasionnions des ennuis à nos clients 4 cela nous a causé des ennuis considérables 5 éviter tout ennui 6 nous regrettons profondément de vous avoir causé involontairement de tels ennuis

Unaufhörlich, –e **Beschwerden**

des plaintes persistantes

Unaufschiebbar, 1 –e **Angelegenheit** 2 –e

1 affaire urgente (od. pressante) 2 un

Arbeit — travail urgent

Unbeachtet, 1 Sie haben unsere **Mahnung** ~ gelassen 2 unser **Schreiben** blieb offensichtlich ~
1 vous n'avez pas prêté attention à notre sommation 2 notre lettre a manifestement échappé à votre attention

Unbeantwortet, unser **Schreiben** ist ~ geblieben
notre lettre est restée sans réponse

Unbedenklichkeit *f* -sbestätigung
déclaration de non-opposition

Unbedeutend, 1 -e **Beschädigung** 2 -er **Unterschied**
1 endommagement insignifiant 2 différence négligeable

Unbedingt, 1 die Anwesenheit des Havariekommissars ist ~ **nötig** 2 die Intervention ist ~ **notwendig** 3 -e **Zustimmung** zu diesem Vorschlag
1 la présence du commissaire d'avaries est absolument nécessaire 2 l'intervention est indispensable 3 acceptation inconditionnelle de cette proposition

Unbefriedigt, 1 -er **Bedarf** 2 -e **Nachfrage** nach diesem Artikel
1 besoins non satisfaits 2 une demande non satisfaite dans cet article

Unbefugt, das Scheckbuch gelangte in -e **Hände**
le carnet de chèques est tombé entre des mains non autorisées

Unbegreiflich, -es **Verhalten**
une conduite incompréhensible

Unbegrenzt, (beinahe) -er **Vorrat**
un stock (pratiquement) illimité

Unbegründet, 1 -e **Befürchtungen** 2 -e **Beschwerde** 3 wir weisen Ihre **Reklamation** als ~ ab
1 des craintes non fondées 2 plainte non justifiée 3 nous rejetons votre réclamation comme non fondée

Unbekannt, 1 der **Empfänger** ist ~ 2 eine **Firma** dieses Namens ist uns ~ 3 aus uns -en **Gründen**
1 le destinataire est inconnu 2 nous ne connaissons pas de firme de ce nom 3 pour des raisons que nous ignorons

Unberechtigt, 1 sie haben in die Handlung -erweise **eingegriffen** 2 -er **Gewinn** 3 die Einwendungen als ~ **zurückweisen**
1 ils sont intervenus dans cette négociation sans avoir pouvoir de le faire 2 bénéfice non justifié 3 rejeter les objections comme non fondées

Unberücksichtigt, unsere beiden letzten **Mahnungen** haben Sie ~ gelassen
vous n'avez pas pris en considération nos deux dernières sommations

Unbeschadet, ~ des **Rechtes** des Erstbegünstigten
sans préjudice des droits du premier bénéficiaire

Unbeschränkt, 1 -e **Haftung** 2 -er **Kredit**
1 responsabilité illimitée 2 crédit illimité

Unbeständig, -er **Markt**
marché instable

Unbestätigt, -e **Gerüchte**
bruits non confirmés

Unbestellbar, -es **Telegramm**
télégramme qui ne peut pas être remis au destinataire

Unbestreitbar, -er **Anspruch**
revendication incontestable

Unbestritten, unsere **Forderung** besteht ~ zu Recht
le bien-fondé de notre réclamation ne saurait être contesté

Unbeweglich, -e **Güter**
biens immeubles (od. immobiliers)

Unbezahlt, diese Rechnung ist seit langer Zeit ~
cette facture est impayée depuis longtemps

Undurchführbar, die **Aufgabe** ist ~
cette tâche est irréalisable

Uneinbringlich, -e **Forderungen**
créance irrecouvrable

Unentgeltlich, wir sandten Ihnen ~ einige Muster
nous vous avons envoyé quelques échantillons gratuits

Unentschieden, die **Angelegenheit** ~ lassen
laisser l'affaire en attente, en suspens

Unerläßlich, 1 -er **Bedarf** 2 Ihre **Beteiligung** ist ~
1 besoins essentiels 2 votre participation (od. présence) est absolument nécessaire

Unerledigt, -e **Angelegenheit**
affaire en suspens

Unerwartet, sofern nicht -e **Ereignisse** eintreten
à moins d'événements inattendus (od. imprévus)

Unfachgemäß, die Ware wurde durch -e **Behandlung** beschädigt
les marchandises ont été endommagées par une manipulation incorrecte

Unfähig, 1 die Maschine ist **betriebs-**
1 la machine est hors de service (od. en

Unfähig — Unlauter

2 der Schuldner ist **zahlungs**–
Unfähigkeit *f* **Zahlungs**–
Unfall *m* es kam zu einem schwerwiegenden ~, der sich durch keine vorbeugenden Maßnahmen verhüten ließ
Unfrankiert, 1 eine Sendung ~ **absenden** 2 die Waren werden ~ zum **Versand** gebracht
Ungeachtet, ~ der **Tatsache**
Ungebräuchlich, dieser **Ausdruck** ist ~
Ungedeckt, 1 –er **Kredit** 2 –er **Scheck**

Ungeduld *f* wir **erwarten** Ihre Antwort mit ~
Ungeduldig, wir **erwarten** ~ ihren Brief
Ungeeignet, –e **Packung**
Ungefähr (s. a. Annähernd) die Reparatur würde ~ DM 150,— **kosten**
Ungehalten, der **Kunde** ist sehr ~ wegen Ihrer verspäteten Erledigung der Korrespondenz
Ungelegen, 1 ~ **kommen** 2 das kam uns gerade zu –er **Zeit**
Ungelöst, –er **Fall**
Ungenau, 1 ... ~ **adressieren** 2 –e **Ausdrücke**, wie „übliche Risiken" sollen nicht verwendet werden
Ungenügend, 1 –e **Adresse** 2 –e **Begründung** 3 die Ware war ~ **verpackt** 4 –e **Verpackung**
Ungeschicklichkeit *f* durch eine ~ **entstand** großer Schaden
Ungewißheit *f* den Betrieb über ... in ~ **lassen**
Ungültig, 1 infolgedessen wird die frühere **Abmachung** ~ 2 betrachten Sie das **Angebot** vom 5. Oktober bereits als ~ 3 die Bestätigung für ~ **erklären** 4 wir machen Sie ausdrücklich darauf aufmerksam, daß die Katalog**preise** schon ~ sind 5 **rechts**–
Ungunst *f* es ist zu Ihren –en **ausgefallen**
Ungünstig, es hat eine –e **Reaktion** hervorgerufen
Union *f* einer **Zoll**– beitreten
Unkenntnis *f* 1 die ~ des **Gesetzes** entschuldigt nicht 2 wir wollen Sie nicht davon in ~ **lassen**
Unklarheit *f* damit keine –en **entstehen**

Unkosten *pl* 1 allgemeine ~ 2 wir werden damit **hohe** ~ haben
Unlauter, 1 der –en **Konkurrenz** Einhalt gebieten 2 diese Partei von der Fortsetzung ihres –en **Verhaltens** abbringen 3 Fälle angeblich –er **Werbung** 4 –en **Wettbewerb** bekämpfen

panne) 2 le débiteur est insolvable
insolvabilité
il s'est produit un accident grave qu'aucune mesure préventive n'aurait pu empêcher
1 faire partir un envoi en port dû 2 les marchandises sont expédiées en port dû

nonobstant le fait
cette expression est inusitée
1 crédit non couvert 2 chèque sans provision

nous attendons votre réponse avec impatience
nous attendons impatiemment votre lettre
emballage inadéquat
la réparation reviendrait à environ DM 150,—

le client est très mécontent du retard avec lequel vous répondez aux lettres

1 arriver mal à propos 2 cela nous est arrivé à un moment plutôt inopportun
cas non résolu ; affaire non réglée
1 mettre une adresse incomplète 2 des expressions imprécises, telles que « risques usuels » ne devraient pas être utilisées
1 adresse incomplète 2 motivation insuffisante 3 la marchandise était insuffisamment emballée 4 emballage insuffisant
d'importants dégâts ont été occasionnés par suite d'une maladresse
laisser l'entreprise dans l'incertitude au sujet de . . .
1 l'accord antérieur perd de ce fait sa validité 2 veuillez considérer l'offre du 5 octobre dès à présent comme nulle 3 annuler la confirmation 4 nous attirons expressément votre attention sur le fait que les prix catalogue ne sont déjà plus valables 5 juridiquement non valable
l'affaire a tourné à votre désavantage
il en est résulté une réaction défavorable

adhérer à une union douanière
1 nul n'est censé ignorer la loi 2 nous ne désirons pas vous laisser dans l'ignorance du fait
afin qu'il n'y ait pas confusion; pour éviter toute confusion
1 frais généraux 2 cela nous occasionnera des frais élevés
1 mettre un terme à la concurrence déloyale 2 dissuader cette partie de persister dans ses pratiques déloyales; amener cette partie à renoncer à ses pratiques déloyales 3 cas de publicité prétendue déloyale 4 lutter contre la concurrence déloyale

Unleserlich, -e Adresse
Unliebsam, wollen Sie freundlichst dieses -e unsererseits verursachte **Versehen** entschuldigen
Unmittelbar, 1 die Lieferungen sollten ~ aufeinander **folgen** 2 -e **Gefahr**
Unmodern, -e Farbe
Unmöglich, eine große Masse von Bestellungen hat es uns ~ **gemacht,** daß ...
Unmöglichkeit *f* ~ der **Erfüllung**
Unnötig, 1 es ist bestimmt ~ zu **betonen** 2 das **erschwert** ~ die Situation 3 -e **Kosten** 4 wir ersparten Ihnen -en **Verdruß**/ ~ **Mühe**
Unnötigerweise, das haben Sie ~ getan
Unordnung *f* wir haben ~ in den Akten festgestellt
Unparteiisch, bitte unterbreiten Sie die Sache einem Sachverständigen zu einer -en Begutachtung
Unpassend, -e Transportart
Unrecht *n* 1 mit der **Beschwerde** sind Sie im ~ 2 Sie **fordern** den Nachlaß zu ~

Unrein, -es Konnossement
Unrichtig, 1 Ware durch -e **Behandlung** beschädigen 2 -e **Berechnung** der Fracht 3 -e **Zolldeklaration** der Ware 4 -es **Gewicht** 5 infolgedessen reklamieren wir das -e **Gewicht**

Unruhe *f* 1 Versicherung gegen **bürgerliche** –n 2 –n **hervorrufen**
Unsachgemäß, -e Verpackung
Unschicklich, -es Benehmen
Unsicher, 1 das **Geschäft** ist bisher ~ 2 –er **Markt**
Unsicherheit *f* 1 **Preis**– 2 den Hauptfaktor bildet die **Preis**–
Unsichtbar, -e Einfuhr
Unstatthaft, 1 –e **Handlungsweise** 2 **rechtlich** ~
Unstimmigkeit *f* 1 –en sind **aufgetreten** zwischen ... 2 –en in den **Dokumenten**

Unstreitig, 1 –er **Anspruch** 2 -e **Forderung**
Unten, 1 die Gebühren auf volle DM nach oben oder ~ **abrunden** 2 eine **Abweichung** bis zu 3% nach oben oder bis zu 3% nach ~ ist gestattet 3 der –**angeführte** Brief
Unter-, -e Grenze
Unterbieten, 1 den **Preis** ~ 2 die Konkurrenz unterbietet das Welt**preisniveau** um 3%
Unterbrechen, 1 die **Montage** wird wegen

adresse illisible
veuillez excuser cette négligence fâcheuse de notre part

1 les livraisons devraient se suivre de près
2 danger imminent
couleur démodée
l'afflux de commandes nous a mis dans l'impossibilité de ...

impossibilité d'exécution
1 il est sans doute superflu de souligner 2 ceci complique inutilement la situation 3 frais inutiles 4 nous vous avons épargné un ennui/un travail inutile
vous avez fait cela sans nécessité
nous avons relevé des irrégularités dans les dossiers
veuillez soumettre l'affaire à un expert pour avis impartial

mode de transport inadéquat
1 votre réclamation n'est pas justifiée (od. fondée) 2 votre demande de ristourne ne se justifie pas
connaissement comprenant des réserves
1 détériorer des marchandises par une manipulation incorrecte 2 calcul erroné du fret (od. des frais de transport) 3 déclaration en douane inexacte de la marchandise 4 poids inexact 5 en conséquence, nous déposons une réclamation pour insuffisance de poids
1 assurance couvrant les risques de troubles publics 2 provoquer des troubles
emballage inadéquat
conduite inconvenante
1 jusqu'à présent, l'affaire n'est pas encore certaine 2 marché incertain
1 l'instabilité des prix 2 le facteur principal est l'instabilité des prix
importation invisible
1 conduite inadmissible 2 illicite

1 il y a eu désaccord (od. des divergences d'opinions) entre ... 2 erreurs dans les documents
1 revendication incontestable 2 créance incontestable
1 arrondir les taxes au DM supérieur ou inférieur 2 un écart de 3% en plus ou en moins est toléré 3 la lettre mentionnée ci-après

limite inférieure
1 faire une offre à un prix inférieur 2 la concurrence fait des offres inférieures de 3% au niveau des prix mondiaux
1 le montage devra être interrompu en

Unterbrechen — Unterlage

schlechten Wetters unterbrochen werden müssen 2 ~ Sie sofort Ihre **Reise** nach Rom 3 die **Telefonverbindung** mit New York war unterbrochen 4 die **Verhandlungen** mit der argentinischen Delegation ~

Unterbrechung f 1 während einer solchen ~ der **Geschäftstätigkeit** 2 ohne ~ 3 ~ der **Verjährung** 4 **Verkehrs**– 5 infolge eines Streikes trat eine ~ des **Verkehrs** ein

raison du mauvais temps 2 veuillez interrompre immédiatement votre voyage à Rome 3 la communication téléphonique avec New-York a été coupée 4 interrompre les négociations avec la délégation argentine

1 pendant une telle interruption de l'activité commerciale 2 négocier sans discontinuer (od. sans interruption) 3 interruption de la prescription 4 interruption du trafic (od. de la circulation) 5 le trafic a été interrompu par suite d'une grève

Unterbreiten, 1 wir ersuchen Sie, uns ein **Angebot** zu ~ 2 wir haben das Vergnügen, Ihnen dieses **Angebot** zu ~ 3 ~ Sie uns Ihre **Forderungen** 4 wir ~ Ihnen diesen **Vorschlag** zur gefälligen Erwägung

Unterbreitung f 1 die Frist zur ~ der **Angebote**

Unterbringen, 1 diesen **Auftrag** bei der Firma A.M.I. ~ 2 Monteure werden wir im **Hotel** ,,Splendid" ~ 3 hoffentlich gelingt es uns, die **Waren** zu einem annehmbaren Preis unterzubringen 4 den **Wechsel** ~

Unterdurchschnittlich, –e **Qualität**

Untereinander, die Mitgliedsstaaten haben ~ die Ausfuhrzölle **aufgehoben**

Unterentwickelt, 1 Bedürfnisse der –en **Gebiete** 2 wirtschaftlich –es **Land**

Unterfakturierung f für ~ wird eine **Strafe** von 100% vom Wert der Defraudation auferlegt

Unterfertigen (s. a. Unterzeichnen) 1 ... in blanko ~ 2 schicken Sie uns die beigeschlossene **Durchschrift** der Bestellung unterfertigt zurück 3 zu **Händen** des Unterfertigten 4 ich, der Unterfertigte, bestätige **hiermit** folgendes:

Untergang m die Gefahr des –s, der Abnützung oder Beschädigung während der Wirksamkeit des Eigentumsvorbehalts trägt der Käufer

Untergeordnet, dies ist von –er **Bedeutung**
Untergewicht n einige Kisten **haben** ~
Unterhalt m –skosten
Unterhalten, wir ~ gute **Geschäftsverbindungen** mit einer ganzen Reihe von Ländern
Unterhaltung f ~ von **Gebäuden**
Unterkunft f Hotel– für Herrn Kraus reservieren
Unterlage f 1 amtliche –n 2 **Berechnungs**– 3 die **Besorgung** der angeforderten –n wird längere Zeit in Anspruch nehmen 4 diese Angaben **dienen** als ~ für unsere Kalkulation 5 die Reklamation können

1 nous vous prions de nous faire une offre 2 nous avons le plaisir de vous soumettre la présente offre 3 veuillez nous soumettre vos exigences 4 nous vous soumettons cette suggestion (od. proposition) pour examen

le délai de présentation des offres

1 passer cette commande à la firme A.M.I. 2 nous logerons les monteurs à l'hôtel «Splendid» 3 espérons que nous réussirons à placer les marchandises à un prix acceptable 4 négocier (od. placer) l'effet

qualité inférieure à la moyenne

les Etats membres ont aboli entre eux les droits à l'exportation

1 les besoins des régions sous-développées 2 pays économiquement sous-développé

une pénalité de 100% de la valeur du détournement sera appliquée pour toute sous-facturation

1 signer en blanc 2 veuillez nous retourner le double de la commande avec votre signature 3 à l'attention du soussigné 4 je, soussigné, certifie par la présente ce qui suit:

les risques de pertes, d'usure ou de détérioration durant la validité de la réserve de la propriété incombent à l'acheteur

ceci est d'importance secondaire
plusieurs caisses ne font pas le poids
frais de subsistance
nous entretenons de bonnes relations d'affaires avec un grand nombre de pays

entretien de bâtiments
réserver un logement à l'hôtel pour M. Kraus
1 document officiel 2 base de calcul 3 la production des documents demandés prendra assez de temps 4 ces données (od. indications, informations) servent de base à nos calculs 5 nous ne pouvons pas juger

wir ohne die entsprechenden –n nicht beurteilen 6 wir können die **Fertigungs–** –n nicht länger entbehren 7 **Kalkulations**–n 8 **Preis**–n 9 **Produktions**–n 10 **Rechnungs**–n 11 **Rechts**–n 12 zur Begründung dieses Ansuchens können wir nachstehende –n **vorlegen** 13 **zahlenmäßige** –n

de la réclamation sans les documents afférents 6 nous ne saurions plus nous passer des documents de production 7 base de calcul 8 documentation relative aux prix 9 documents de production 10 pièces comptables; pièces justificatives 11 base (od. fondement) juridique 12 pour justifier notre requête nous sommes en mesure de vous soumettre les documents suivants 13 données numériques

Unterlassen, man hat die **Sicherheitsmaßnahmen** ~
Unterlassung *f* 1 der Zahlungsrückstand **beruht** auf einer ~ des Verkäufers 2 **durch** eine Handlung oder ~ des Käufers 3 der Schaden wurde durch ~ der schuldigen **Sorgfalt** verursacht 4 eine **Strafe** wegen –en oder Irrtümern in den Zollpapieren verhängen ~ 5 **verantwortlich** sein für irgendeine ~
Unterlaufen, 1 in unserem Brief ist leider ein **Fehler** ~ 2 der **Fehler** ist der Bahnverwaltung ~ 3 es ist Ihnen wahrscheinlich ein Additions**fehler** ~

on a négligé les mesures de sécurité

1 le retard de paiement est dû à une omission (od. négligence, un oubli) du vendeur 2 par acte ou omission de l'acheteur 3 le dommage est dû au manque de soins nécessaires 4 infliger une amende pour erreurs ou omissions dans les documents douaniers 5 être responsable d'une omission quelconque
1 une erreur s'est malheureusement glissée dans notre lettre 2 c'est l'administration des chemins de fer qui a commis l'erreur 3 vous avez probablement commis une erreur d'addition

Unterlegen, Sie ~ unseren Worten einen anderen **Sinn**
Unterliegen, 1 es unterliegt der Ausfuhr**bewilligung** 2 das unterliegt **Gebühren** 3 der Vertrag unterliegt dem **Recht** des Verkäufers 4 es unterliegt allzu leicht **Verderb** 5 diese Waren ~ dem Wert**zoll**

vous conférez un autre sens (od. une autre signification) à nos paroles
1 c'est sujet à licence d'exportation 2 ceci est passible de droits (od. sujet à une taxe) 3 le contrat relève de la juridiction du pays du vendeur 4 c'est trop facilement sujet à détérioration 5 ces marchandises sont passibles de droits de douane ad valorem

Unternehmen, 1 gemeinschaftliche **Aktion** ~ 2 wir haben **alles** für die Beschleunigung der Lieferung unternommen 3 sie haben ein gut gehendes Unternehmen **aufgebaut** 4 –s**forschung** 5 **gewagtes** Unternehmen ~ 6 es ist das **größte** Textil– am Platz 7 **Handels**– 8 **Industrie**– 9 wir glauben, daß dieser Vertrag den **Interessen** Ihres Unternehmens entspricht 10 Frachtbrief von **Kraftverkehrs**– 11 ein Unternehmen mit Erfolg **leiten** 12 an der **Leitung** des Unternehmens teilnehmen 13 ~ Sie vorläufig **nichts** 14 **prosperierendes** Unternehmen ~ 15 eine **Reise** nach Italien ~ 16 teilen Sie uns bitte mit, was in dieser **Sache** unternommen wurde 17 erforderliche **Schritte** ~ 18 der **Sitz** unseres Unternehmens ist Wiesbaden 19 **Transport**– 20 –s**verband** 21 **Vertriebs**– 22 **Werbe**–

1 entreprendre une action commune 2 nous avons fait tout notre possible pour accélérer la livraison 3 ils ont mis sur pied une entreprise prospère 4 recherche opérationnelle 5 entreprise hasardeuse 6 c'est l'entreprise textile la plus importante de la place 7 entreprise commerciale 8 entreprise industrielle 9 nous pensons que cet accord (od. contrat) répond aux intérêts de votre entreprise 10 lettre de voiture d'entreprises de transport par camion 11 diriger une entreprise avec succès 12 participer à la gestion d'une entreprise 13 n'entreprenez rien pour le moment 14 entreprise prospère 15 entreprendre un voyage en Italie 16 veuillez nous faire savoir ce qui a été entrepris dans cette affaire 17 entreprendre les démarches nécessaires 18 notre entreprise a son siège social à Wiesbaden 19 entreprise de transports 20 union d'entreprises 21 entreprise de distribution 22 agence de publicité

Unternehmung *f* 1 **Gegenstand** der ~ 2 –**sgeist** 3 kühne ~
Unternehmungslustig, ein –er **Geschäftsmann**
Unterredung *f* 1 wir berufen uns auf die ~ 2 unsere ~ **galt** besonders der Qualität 3 auf **Grund** unserer ~ mit Ihnen

Unterrichten, 1 die Einreicher-Bank **über** Zahlung ~ 2 der Direktor ist über den **Vertrag** eingehend unterrichtet
Untersagen (s. a. Verbieten) die **Einfuhr** der genannten Waren ist wegen ... untersagt
Unterscheiden, 1 in dieser Hinsicht unterscheidet man zwei **Arten** 2 unsere Erzeugnisse ~ sich von denen der Konkurrenz in folgenden **Punkten**
Unterscheidung *f* ohne ~ nach Staatsangehörigkeit
Unterschied *m* 1 bedeutender ~ 2 drahten Sie, worin der ~ **besteht** 3 der ~ besteht in der Qualität 4 der ~ kann mit bloßem Auge nicht **erkannt** werden 5 wir fordern von Ihnen **Ersatz** für den ~ 6 fraglicher ~ 7 den **Gewichts**– werden wir mit der nächsten Lieferung ausgleichen 8 **grundsätzlicher** ~ 9 wir bitten Sie, uns den ~ in Höhe von DM 21,— **gutzuschreiben** 10 man wird keinen ~ zwischen den Teilnehmern **machen** 11 **markanter** ~ 12 **offensichtlicher** ~ 13 Dumpingspanne ist der festgestellte **Preis**– 14 **prinzipieller** ~ 15 **Qualitäts**– 16 es bestehen **Qualitäts**–e 17 **Zeit**–

Unterschreiben, 1 eine Empfangs**bestätigung** über 200,—DM 2 die Spezifikation muß von einem ordnungsgemäß **bevollmächtigten** Vertreter unterschrieben sein 3 ein Dokument in **blanko** ~ 4 er hat es **eigenhändig** unterschrieben 5 **gemeinsam** ~ 6 **ordnungsgemäß** unterschriebenes Duplikat 7 **rechtsgültig** ~ 8 auf der **Rückseite** des Dokuments ~
Unterschrift *f* 1 beglaubigte ~ 2 wir bitten um gerichtliche **Beglaubigung** der ~ 3 er ist für die Firma unterschrifts**berechtigt** 4 ~ der **berechtigten** Person 5 die Zustimmung dazu mit seiner ~ **bestätigen** 6 die Bank ist für die **Echtheit** jeder ~ jedes Unterzeichners des Akzeptes nicht verantwortlich 7 seine **eigenhändige** ~ 8 **firmenmäßige** ~ 9 **gefälschte** ~ 10 die ~ ist mit Tinte oder

1 objet de l'entreprise 2 esprit d'initiative 3 entreprise hasardeuse
homme d'affaires entreprenant

1 nous nous référons à l'entretien 2 notre entretien a surtout porté sur la qualité 3 nous référant à l'entretien que nous avons eu avec vous
1 adresser avis de paiement à la banque remettante 2 le directeur est parfaitement informé de la teneur du contrat
l'importation des marchandises en question est prohibée en raison de...

1 à cet égard, il y a lieu de distinguer entre deux variétés 2 nos produits se distinguent de ceux de la concurrence sur les points suivants
sans distinction de nationalité

1 différence considérable 2 veuillez nous télégraphier en quoi consiste la différence 3 la différence consiste dans la qualité 4 la différence est imperceptible à l'œil nu 5 nous vous demandons une compensation pour la différence 6 différence en question; différence discutable 7 nous compenserons la différence de poids à la prochaine livraison 8 différence fondamentale 9 nous vous prions de vouloir nous créditer de la différence s'élevant à DM 21,— 10 aucune distinction ne sera faite entre les participants 11 différence notable 12 différence manifeste 13 la marge de dumping est la différence de prix constatée 14 différence fondamentale 15 différence de qualité 16 il existe des différences dans la qualité 17 différence de date (d'heure; de temps)
1 signer un reçu pour un montant de DM 200,— 2 la spécification doit être signée par un représentant dûment autorisé 3 signer un document en blanc 4 il l'a signé de sa main 5 signer conjointement 6 double dûment signé 7 signer valablement; revêtir d'une signature authentique 8 signer au verso du document

1 signature légalisée 2 nous vous prions de vouloir faire légaliser la signature 3 il a pouvoir de signer pour la firme 4 signature de la personne autorisée 5 confirmer son consentement par signature 6 la banque ne répond pas de l'authenticité de la signature de chacun des signataires de la traite acceptée 7 sa propre signature 8 signature sociale 9 fausse signature 10 pour être valable, la signature doit être

Kugelschreiber dokumentenecht zu leisten 11 die –en der zur Unterzeichnung von Rechnungen berechtigten Personen beim Konsulat **registrieren** 12 die **Richtigkeit** der ~ auf dem Zahlungsauftrag auf Grund des –sverzeichnisses überprüfen 13 ein Dokument mit ~ und Firmenstempel **versehen** 14 die ~ muß mit dem –sverzeichnis übereinstimmen 15 **vor** ~ 15 ein Protokoll zur ~ **vorlegen**

Unterstreichen, damit wollen wir den **Unterschied** in der Ausführung ~

Unterstützen, 1 das wird Ihre **Behauptung** ~ 2 wir versprechen Ihnen, Ihr **Gesuch** um ... zu ~

Unterstützung *f* Sie können auf unsere ~ **rechnen**

Untersuchen, 1 wir werden die **Angelegenheit** ~ lassen 2 die **Einkaufsmöglichkeit** ~ 3 die reklamierte **Sendung** bei nächster Gelegenheit ~

Untersuchung *f* 1 nach **Abschluß** der –en 2 die Ergebnisse der –en **bestätigen** 3 wir erwarten das **Ergebnis** der ~ 4 im Laufe der –en wurde **festgestellt,** daß ... 5 bei **genauerer** ~ 6 nach **gründlicher** ~ 7 nach **näherer** ~ 8 alle **Zoll**–en und Zollhandlungen sind auf dem Messegelände durchzuführen

Unterwegs, 1 der **Brief** ist ~ 2 die betreffende **Sendung** ist bereits nach Liverpool ~

Unterwerfen, dieses Konnossement ist den **Bedingungen** einer Charterpartie unterworfen

Unterzeichnen (s. a. Unterschreiben) 1 das **Abkommen** wurde unterzeichnet 2 der Unterzeichnete **bestätigt,** daß ... 3 von **Versicherern** unterzeichnet sein 4 den vorgelegten **Wechsel** (unter)zeichnen

Unterzeichnete *m*

Unterzeichnung *f* (s. a. Unterschrift) 1 die Unterschriften der zur ~ von Rechnungen **berechtigten** Personen beim Konsulat registrieren 2 das –s**recht** erteilen 3 zur ~ des **Vertrages** benötigen wir eine Ermächtigung

Unterziehen, 1 sich der Zollkontrolle ~ 2 die Maschine wird einer **Prüfung** unterzogen

Untragbar, solche **Kosten** sind für uns ~

Unübertragbar, 1 –es **Akkreditiv** 2 –e

apposée à l'encre ou au stylo à bille 11 faire enregistrer au consulat les signatures des personnes autorisées à signer les factures 12 vérifier au moyen des spécimens déposés les signatures figurant sur l'ordre de paiement 13 munir un document de la signature et du cachet de la firme 14 la signature doit être conforme au spécimen 15 avant signature 16 soumettre un procès-verbal pour signature

nous voulons ainsi faire ressortir la différence d'exécution
1 ceci viendra à l'appui de votre affirmation 2 nous vous promettons d'appuyer votre demande de ...

vous pouvez compter sur notre appui

1 nous ferons examiner (od. faire une enquête sur) l'affaire 2 examiner les possibilités d'achat 3 examiner à la première occasion l'envoi faisant l'objet de la réclamation
1 après clôture des investigations 2 confirmer les résultats des investigations 3 nous attendons le résultat de l'enquête (od. de l'examen) 4 au cours des investigations, il a été constaté que ... 5 en examinant de plus près 6 après un examen approfondi (od. minutieux) 7 après plus ample examen 8 tous contrôles et opérations de douane doivent avoir lieu dans l'enceinte de la foire
1 la lettre est expédiée 2 l'envoi en question est déjà en route pour Liverpool

ce connaissement est soumis aux clauses et conditions d'une charte-partie

1 l'accord a été signé 2 le soussigné certifie que ... 3 porter la signature des assureurs 4 signer la traite présentée

s. Unterschrift
1 faire enregistrer au consulat les signatures des personnes autorisées à signer les factures 2 donner pouvoir de signer; conférer la signature 3 il nous faut une autorisation pour signer le contrat

1 se soumettre au contrôle douanier 2 la machine sera soumise à un essai

nous ne sommes pas à même de supporter de tels frais

1 lettre de crédit (od. accréditif) non

Dokumente — négociable 2 documents non négociables (od. cessibles, transmissibles)

Unüberwindlich, –es Hindernis — obstacle insurmontable

Ununterbrochen, 1 –er **Dienst** 2 –e **Lieferung** — 1 service continu 2 livraison sans interruption

Unverändert, 1 die übrigen **Bedingungen** bleiben ~ 2 ~ **genehmigen** — 1 les autres conditions restent inchangées 2 approuver sans changement; accepter sans modification

Unverantwortlich, das geschah durch eine –e **Leichtsinnigkeit** — une négligence impardonnable en est la cause

Unverbindlich, 1 ~ **anbieten** 2 die Waren zur –en **Besichtigung** auslegen 3 –e **Empfehlung** 4 –e **Information** 5 –er **Preis** — 1 offrir sans engagement 2 exposer les marchandises pour une inspection sans engagement 3 recommandation sans engagement 4 information sans engagement 5 prix non garanti

Unverhältnismäßig, 1 –e **Ansprüche** 2 ~ **hoher** Abzug — 1 prétentions disproportionnées 2 déduction proportionnellement trop forte

Unverkäuflich, der Inhalt der Sendung ist ~ — le contenu de l'envoi est invendable

Unverkauft, –e **Ware** werden wir zurücknehmen — nous reprendrons toute marchandise non vendue

Unverläßlich, –e **Nachricht** — information douteuse

Unvermeidlich, –er **Verlust** — perte inévitable

Unverpackt, –e **Ware** — marchandise en vrac (od. non emballée)

Unverschuldet, –es **Unternehmen** — entreprise libre de toute dette

Unversehrt, das Paket ist in –em **Zustand** angekommen — le colis est arrivé en parfait état

Unversteuert, –es **Einkommen** — revenu non taxé

Unverwendbar, die Ware wurde für den beabsichtigten Zweck als ~ befunden — la marchandise a été jugée inutilisable pour le but envisagé

Unverzollt, 1 „Ab Kai ~" 2 –e **Waren** — 1 «pris à quai non dédouané» 2 marchandises non dédouanées

Unverzüglich, die bestellte Ware ~ absenden — expédier la marchandise commandée sans délai (od. sans retard, immédiatement)

Unvollständig, –e **Adresse** — adresse incomplète

Unvorhergesehen, 1 infolge –er **Entwicklungen** 2 –e **Kosten** 3 –er **Schwierigkeiten** wegen — 1 par suite d'événements imprévus 2 frais imprévus 3 en raison de difficultés imprévues

Unvorteilhaft, –es **Geschäft** — mauvaise affaire; opération sans profit

Unwahr, er verbreitet –e **Nachrichten** über ... — il propage des informations inexactes au sujet ...

Unwesentlich, –er **Unterschied** — différence négligeable

Unwiderruflich, –es **Akkreditiv** — accréditif (od. lettre de crédit) irrévocable

Unwirksam, ein Dumping ~ **machen** — rendre inefficace un dumping

Unzufriedenheit *f* die Kunden haben ihre ~ mit der Qualität **geäußert** — les clients ont exprimé leur mécontentement au sujet de la qualité

Unzulänglich, 1 ... ~ **adressieren** 2 –er **Beweis** 3 wir müssen unserem Unwillen über die äußerst –e Art der **Erledigung** unseres Auftrages Ausdruck geben 4 –e **Packung** — 1 préciser insuffisamment l'adresse 2 preuve insuffisante 3 nous sommes obligés d'exprimer notre mécontentement de l'exécution absolument insuffisante de notre commande 4 emballage insuffisant (od. inadéquat)

Unzulässig, der Abzug ist ~ — la déduction est inadmissible

Unzureichend, die Waren**beschreibung** ist ~ — la description des marchandises est insuffisante

Unzustellbar, 1 –e **Sendung** 2 –es **Telegramm** — 1 envoi en souffrance 2 télégramme ne pouvant être remis au destinataire

Unzweckmäßig, die **Klage** ist ~
Urgenz *f* 1 **dringende** ~ 2 ständig **kommen** –en in dieser Angelegenheit 3 **trotz** aller –en unseres Vertreters 4 mit Rücksicht auf die ständig **zunehmenden** –en seitens der Kunden

Urgieren, 1 ~ Sie die **Erledigung** des Gesuches 2 wir ~ hiermit Ihre **Rückäußerung** zu unserer Anfrage vom 30. August

Urkunde *f* (s. a. Dokument) 1 **amtliche** ~ 2 durch –n **belegen** 3 **Beweis** durch –n 4 Eigentumsrecht an die Ware **übertragende** ~

Ursache *f* 1 ~ zu **Beschwerden** haben 2 die ~ des Schadens **feststellen** 3 Fälle höherer Gewalt oder irgendwelche andere –n, die außerhalb ihrer **Kontrolle** liegen 4 das ist die ~ der **Reklamation**

Ursprung *m* 1 der ~ ist von der zuständigen Handelskammer **beglaubigt** 2 das –szeugnis muß von einem Konsulat **beglaubigt** werden 3 –**sbezeichnung** 4 Waren **deutschen** –s 5 **kombiniertes** Wert- und –szeugnis für nach der Republik Südafrika gelieferte Waren 6 die **Vorlage** des –szeugnisses wird verlangt

Ursprünglich, 1 wie ~ **angeboten** 2 auf –e Höhe 3 –e **Information** 4 in den –en **Zustand** bringen

Urteil *n* 1 ihrem ~ **nach** 2 **rechtskräftiges** ~

Usance *f* 1 **Akkreditiv**–n 2 **Börsen**–n 3 **Einkaufs**–n 4 **laut** Handels– 5 **Markt**–n 6 **örtliche** –n 7 **Speditions**–n (od. **Transport**–n) 8 es ist sehr wichtig, mit den –n dieses Handels **vertraut** zu sein 9 dieses Vorgehen **widerspricht** den Handels–n

Usancemäßig, –e Tara

l'action est inopportune
1 rappel urgent 2 des réclamations au sujet de cette affaire ne cessent d'arriver 3 malgré toutes les réclamations de notre représentant 4 eu égard aux (od. étant donné les) réclamations de plus en plus fréquentes des clients
1 veuillez insister pour qu'il soit donné suite à la demande 2 nous nous permettons de vous rappeler par la présente que nous n'avons pas encore reçu votre réponse à notre demande du 30 août

1 document officiel 2 prouver document à l'appui 3 preuve documentaire 4 document transférant le droit de propriété sur la marchandise
1 avoir sujet à réclamation; avoir lieu (od. des raisons) de se plaindre 2 déterminer la cause du dommage 3 des cas de force majeure ou toutes autres causes échappant à leur contrôle 4 ceci pourra donner lieu à réclamation
1 l'origine est certifiée par la chambre de commerce compétente 2 le certificat d'origine doit être légalisé par un consulat 3 indication d'origine (od. de provenance) 4 marchandises d'origine allemande 5 certificat combiné de valeur et d'origine pour des marchandises livrées à la République d'Afrique du Sud 6 la production du certificat d'origine est exigée

1 correspondant à l'offre initiale 2 au niveau primitif 3 première information 4 restaurer le status quo; remettre dans son état premier (od. d'origine)

1 selon leur jugement 2 jugement passé en force de chose jugée; jugement exécutoire

1 usages en matière d'accréditifs 2 usages boursiers 3 usages en matière d'achats 4 selon l'usage commercial 5 pratiques du marché 6 usages locaux 7 pratiques en matière de transports 8 il est très important d'être au courant des usages dans ce commerce 9 cette manière de procéder est contraire à la pratique commerciale
tare d'usage (od. conventionnelle)

V

Valuta *f* 1 **Ankauf** von Valuten 2 **-erklärung** 3 **fremde** Valuten 4 **-klausel** 5 Valuten**kurs** 6 **Vorrat** an Valuten

Variante *f* diese Sorte wird in einigen −n **hergestellt**

Veralten, 1 die **Art** ihrer Erzeugung ist veraltet 2 veraltete **Dokumente** 3 dieser **Katalog** ist veraltet 4 veraltete **Methode** 5 veraltetes **Muster**

Verändern, 1 unter den veränderten **Bedingungen** 2 die **Situation** hat sich wesentlich verändert

Veränderung *f* 1 der Kontoinhaber muß der Bank jede ~ in der Kontobenennung schriftlich **anzeigen** 2 **grundsätzliche** ~

Veranlassen, 1 ~ Sie gefälligst sofortige **Absendung** 2 nach Erhalt Ihrer Mitteilung veranlaßten wir die **Absendung** 3 folgende **Änderung** im Akkreditiv ~ 4 was wurde in dieser **Angelegenheit** veranlaßt? 5 ~ Sie die **Bezahlung** der Flugkarte 6 wir werden sie~, sich zu **entscheiden** 7 wir ~ sofort die **Erhöhung** des Akkreditivs um DM 1.200,— auf den Betrag von DM 7.200,— 8 wir werden sofort alles **Nötige** für diese Angelegenheit ~ 9 ~ Sie die sofortige **Verlängerung** des Akkreditivs bis 28. Mai 10 amtliche Stück**zählung** wurde veranlaßt

Veranlassung *f* auf ~ des Herrn Hasenberg

Veranschlagen, Kosten ~

Veranstalten, 1 die **Ausstellung** war mustergültig veranstaltet 2 die **Ausstellung** wird vom 6. bis 20. September veranstaltet

Veranstaltung *f* 1 die ~ der Messe wurde in letzter Minute **abgesagt** 2 die ~ wurde Herrn Stevenson **anvertraut**

Verantworten, sich wegen Vernachlässigung pflichtmäßiger **Sorgfalt** ~

Verantwortlich, 1 Sie werden für die Nichterfüllung ~ sein 2 -er **Angestellter** 3 -er **Sachbearbeiter** 4 für alle **Folgen** ~ sein 5 -er **Leiter** 6 Sie sind **persönlich** für die sorgfältige Ausführung ~ 7 wir sind für die Schäden nicht ~ 8 ~ für irgendeine **Unterlassung**

1 achat de devises 2 déclaration de devises 3 devises étrangères 4 clause de la valeur fournie 5 cours du change 6 réserve en devises étrangères

cette espèce est fabriquée en plusieurs variétés

1 leur méthode de production est démodée 2 documents périmés 3 ce catalogue est périmé 4 méthode arriérée 5 dessin démodé

1 dans les conditions modifiées 2 la situation s'est totalement modifiée; la situation est toute différente

1 le titulaire du compte est tenu d'informer par écrit la banque de toute modification de la dénomination du compte 2 changement fondamental

1 veuillez ordonner l'expédition immédiate 2 dès réception de votre communication, nous avons pris les mesures nécessaires pour l'expédition 3 apporter les modifications suivantes à l'accréditif 4 quelles sont les mesures (qui ont été) prises dans cette affaire (od. à ce sujet)? 5 veuillez faire payer le billet de passage aérien (od. d'avion) 6 nous les amènerons à se décider 7 nous ferons immédiatement le nécessaire pour majorer l'accréditif de DM 1.200,— et le porter à DM 7.200,— 8 nous allons immédiatement entreprendre toutes les démarches nécessaires dans cette affaire 9 veuillez provoquer la prolongation immédiate de l'accréditif jusqu'au 28 mai 10 le comptage officiel à la pièce a été ordonné

sur l'initiative (od. à l'instigation) de M. Hasenberg

estimer les frais

1 l'exposition était organisée d'une façon exemplaire 2 l'exposition aura lieu du 6 au 20 septembre

1 la foire a été annulée à la dernière minute 2 l'organisation a été confiée à M. Stevenson

être tenu responsable d'un manque de diligence dans...

1 vous serez responsable de la non-exécution 2 employé responsable 3 préposé responsable 4 être responsable de toutes les conséquences 5 chef responsable 6 vous êtes tenu personnellement responsable de l'exécution soigneuse 7 nous ne sommes pas responsables des dommages 8 être responsable de toute omission

Verantwortlichkeit f 1 den Reeder von der ~ für Transportschäden **befreien** 2 ~ **gegenüber** dem Begünstigten 3 **gesetzliche** ~ 4 ohne weitere ~ ihrerseits 5 keine ~ für Form und Richtigkeit der Dokumente **übernehmen** 6 **Verpflichtungen** und ~

Verantwortung f 1 jede ~ für die Beschädigung **ablehnen** 2 auf unsere ~ 3 wir haben es auf eigene ~ getan 4 der ~ **ausweichen** 5 wir sind uns der großen ~ **bewußt** 6 dadurch übernimmt er eine große ~ 7 dadurch **decken** sie sich gegen alle ~ 8 wir können Sie nicht der ~ für diesen Schaden **entheben** 9 Sie können sich nicht der ~ für... **entziehen** 10 wir **erklären** unter voller ~, daß... 11 wir fühlen uns **frei** von jeder ~ 12 **gemeinsame** ~ 13 gesetzliche ~ 14 die ganze ~ **lastet** auf uns 15 die ~ für die Einhaltung der Lieferfrist auf sich **nehmen** 16 Sie werden für eventuelle Folgen die ~ **tragen** 17 keine ~ für die Folgen von Verzögerungen oder Verlusten bei Übermittlung von Nachrichten, Briefen oder Dokumenten **übernehmen** 18 **unter** Ihrer persönlichen ~ 19 dafür wird man Sie zur ~ **ziehen**

1 dégager le fréteur de toute responsabilité en cas de dommages de transport 2 responsabilité vis à vis du bénéficiaire 3 responsabilité civile 4 sans autre responsabilité de leur part 5 n'assumer aucune responsabilité en ce qui concerne la forme et la régularité des documents 6 obligations et responsabilités
1 décliner toute responsabilité pour la détérioration 2 sous notre responsabilité 3 nous l'avons fait sous notre responsabilité 4 se soustraire à la responsabilité 5 nous nous rendons compte de la grande responsabilité 6 de cette façon il assume une responsabilité considérable 7 de cette façon, ils se couvrent contre toute responsabilité 8 nous ne pouvons vous dégager de la responsabilité pour ces dommages 9 vous ne pouvez vous soustraire à votre responsabilité pour... 10 nous certifions formellement que... 11 nous ne nous estimons aucunement responsables de 12 responsabilité collective (od. solidaire) 13 responsabilité civile 14 toute la responsabilité repose sur nous 15 prendre (od. assumer) la responsabilité pour l'observance (od. observation) du délai de livraison 16 vous répondrez des suites éventuelles 17 décliner toute responsabilité pour les conséquences de retards ou de pertes pouvant se produire lors de la transmission d'informations, de lettres ou de documents 18 sous votre responsabilité personnelle 19 vous serez tenu responsable de cela; vous devrez répondre de cela

Verarbeiten, 1 –de **Industrie** 2 aber **nicht** weiter verarbeitet
Verarbeitung f 1 wir werden sofort mit der ~ der Rohstoffe **beginnen** 2 die ~ der **Felle** läßt zu wünschen übrig 3 **industrielle** ~
Verausgaben, 1 sie verausgabten eine Menge **Geld** für Reklame 2 sich ~ für die **Mitarbeiter**
Verband m 1 Genossenschafts– 2 Industrie–
Verbessern, 1 in verbesserter **Ausführung** 2 die **Erzeugung** ~ 3 das neue **Modell** wurde nach einigen Richtungen hin verbessert 4 dieses **Modell** ist dem früheren gegenüber verbessert 5 Ihre **Musterkollektion** hat sich in der letzten Zeit nicht besonders verbessert
Verbieten, obwohl es **ausdrücklich** verboten war
Verbinden, 1 sie sind Ihnen dafür zu **Dank** verbunden 2 wir sind Ihnen für

1 industrie de transformation 2 mais sans autre façonnage
1 nous commencerons immédiatement l'usinage des matières premières 2 le traitement des fourrures laisse beaucoup à désirer 3 usinage industriel
1 ils ont dépensé de grosses sommes en publicité 2 se dépenser pour ses collaborateurs
1 union coopérative 2 groupement syndical de l'industrie; association industrielle
1 d'une exécution perfectionnée 2 améliorer la production 3 le nouveau modèle a été perfectionné en différents points 4 ce modèle a été amélioré par rapport au précédent 5 votre collection d'échantillons ne s'est pas beaucoup améliorée ces derniers temps
malgré la défense formelle

1 ils vous en sont obligés 2 nous vous sommes très obligés de votre complai-

Verbinden — Verbindung

Ihr **Entgegenkommen** sehr verbunden 3 die Transaktion wäre mit **Gefahr** verbunden 4 die sonstigen mit dem Ankauf verbundenen **Kosten** 5 der Handel mit diesem Land ist mit gewissen **Schwierigkeiten** verbunden

Verbindlich, 1 –es **Angebot** 2 wir haben ihnen Mehl ~ zur Lieferung in 30 Tagen nach Empfang des Auftrages **angeboten** 3 wir erwarten Ihre –e **Äußerung** 4 auf Grund Ihres Angebotes **bestellen** wir ~ 5 –e **Bestellung** 6 –e **Erklärung** 7 –e **Lieferfrist** 8 **rechts**– 9 es wurde nichts Verbindliches **vereinbart** 10 aber eine –e **Zusicherung** können wir nicht (ab)geben

Verbindlichkeit *f* 1 es **begründet** die ~ dieser Bank gegenüber dem Begünstigten 2 sie müssen ihre –en **einhalten** 3 den Spediteur von weiterer ~ **entheben** 4 sie **erfüllen** seine –en 5 **Gesamt**– 6 jede Information, die Sie uns eventuell geben könnten, wird selbstverständlich vertraulich und ohne **jegliche** ~ für Sie verwendet werden 7 wir sind unseren –en **nachgekommen** 8 ohne ~ 9 **Wechsel**– eingehen

Verbindung *f* 1 sofort jede Geschäfts– mit dieser Firma **abbrechen** 2 ~ mit dem Erzeuger **anknüpfen** 3 wir haben vor einem Jahr die ~ mit dieser Firma **aufgenommen** 4 die Geschäfts– **aufrechterhalten** 5 **Bank**– 6 wir hoffen, daß Sie auch weiterhin mit uns in Geschäfts– **bleiben** 7 wir bitten Sie, uns mit der zuständigen Firma in ~ zu **bringen** 8 wir freuen uns auf eine recht **dauerhafte** Geschäfts– 9 **direkte** ~ 10 **Fernschreib**– 11 nach diesem Ort besteht keine **Flug**– 12 unsere Geschäfts– mit dieser Firma **geht** reibungslos vor sich 13 **Geschäfts**–en anknüpfen 14 durch normale **Handels**–en 15 wir sind **in** Geschäfts– mit dieser Firma 16 **langjährige** ~ 17 eine für beide Seiten **nutzbringende** ~ 18 **Schiffs**– 19 wir **stehen** in direkter ~ mit den Herstellern 20 mit dieser Firma **stehen** wir seit dem Jahre 1961 nicht mehr in ~ 21 wir **suchen** eine neue ~ für den Einkauf von Waren 22 **telefonische** ~ 23 wir möchten gern mit Herrn Birnbaum in ~ **treten** 24 **vorteilhafte** ~ 25 um unsere Geschäfts–en **wiederherzustellen**

sance 3 la transaction ne serait pas sans danger 4 tous les autres frais résultant de l'acquisition 5 le commerce avec ce pays ne se fait pas sans certaines difficultés

1 offre ferme 2 nous leur avons offert de la farine à titre ferme pour livraison dans les 30 jours après réception de la commande 3 nous attendons votre réponse définitive 4 suite à votre offre, nous vous commandons à titre ferme 5 commande ferme 6 déclaration obligatoire 7 délai de livraison obligatoire 8 valable; obligatoire 9 aucun engagement n'a été pris 10 mais nous ne pouvons pas vous donner de promesse ferme

1 ceci constitue l'engagement de cette banque vis à vis du bénéficiaire 2 ils doivent remplir leurs obligations 3 décharger l'expéditeur d'obligations ultérieures 4 ils font honneur à ses engagements 5 obligations collectives (od. solidaires) 6 il va de soi que toute information que vous pourriez nous donner sera utilisée confidentiellement et sans aucune responsabilité pour vous 7 nous avons rempli nos obligations 8 sans engagement 9 s'engager par lettre de change

1 rompre immédiatement toute relation d'affaires avec cette firme 2 entrer en relation avec le fabricant 3 il y a un an que nous sommes entrés en relation avec cette maison 4 maintenir (od. entretenir) les relations commerciales 5 relation bancaire 6 nous espérons que vous resterez en relations d'affaires avec nous 7 nous vous prions de nous mettre en rapport avec la maison en question 8 nous espérons que nos relations d'affaires seront durables 9 relation directe 10 communication télex 11 il n'existe pas de liaison aérienne avec cette localité 12 nous entretenons avec cette maison de bonnes relations 13 entrer en relations d'affaires 14 par voies normales de relations commerciales 15 nous sommes en relations commerciales avec cette maison 16 relations de longue date 17 une relation d'affaires avantageuse de part et d'autre 18 ligne de navigation 19 nous sommes en rapport direct avec le producteur 20 nous ne sommes plus en rapport avec cette firme depuis 1961 21 nous sommes à la recherche de nouvelles relations pour l'achat de marchandises 22 communication téléphonique 23 nous désirons entrer en relations avec M. Birn-

Verbleiben, 1 bis zur **Abreise** ~ noch fünf Wochen 2 zur **Absendung** ~ noch fünf Kisten 3 wir ~ hochachtungsvoll

1 il reste encore cinq semaines avant le départ 2 cinq caisses restent encore à envoyer 3 veuillez agréer... nos sincères salutations

Verborgen, 1 im –en 2 –er **Mangel** 3 –e (od. stille) **Reserve**

1 à l'ombre 2 vice caché; défaut inapparent 3 réserve cachée

Verbot n 1 **allgemeines** ~ 2 das Einfuhr– wurde **aufgehoben** 3 trotz **ausdrücklichen** –s 4 **Ausfuhr**– 5 das ~ **bezieht** sich auf... 6 ein solches ~ wurde nicht **herausgegeben** 7 **vorübergehend** angewendetes Ausfuhr/Einfuhr– 8 das ~ wird wahrscheinlich **widerrufen** werden

1 défense générale 2 l'interdiction d'importation a été levée 3 malgré l'interdiction expresse 4 interdiction d'exportation 5 l'interdiction a trait à... 6 une pareille prohibition n'a pas été décrétée 7 interdiction d'importation/d'exportation temporaire 8 la prohibition sera probablement levée

Verbrauch m 1 –**sabgabe** 2 der ~ **fällt** ständig 3 –**sgüter** 4 Massen–**sgüter** 5 –**sindustrie** 6 **Inlands**– 7 **Material**– 8 die –**snorm** übertreten 9 inländischer –**spreis** im Exportland 10 –**spreis-Indices** 11 bei Modewaren ist die –**ssteuer** höher

1 taxe sur la consommation 2 la consommation diminue d'une façon permanente 3 biens de consommation 4 biens de consommation en masse (od. en grande série) 5 industrie de biens de consommation 6 consommation intérieure 7 consommation de matériel (od. matières premières) 8 dépasser les normes de la consommation 9 prix au consommateur sur le marché intérieur (od. national) du pays exportateur 10 l'indice des prix à la consommation 11 la taxe sur la consommation est plus élevée pour les articles de mode

Verbrauchen, den ganzen **Vorrat** ~

épuiser entièrement le stock

Verbraucher m 1 **End**– 2 –**genossenschaft** 3 –**preis**

1 consommateur final 2 coopérative de consommateurs 3 prix à la consommation

Verbreiten, 1 es wurde das **Gerücht** verbreitet, daß... 2 eine **weit**verbreitete Unsitte

1 on a fait courir le bruit que... 2 une mauvaise habitude très répandue

Verbuchen, 1 der **Posten** wurde am 23. Juni verbucht 2 wir ~ den **Verlust** auf Konto...

1 le poste a été passé en compte en date du 23 juin 2 nous passons la perte au compte...

Verbürgen, 1 verbürgter **Absatz** 2 wir ~ Ihnen einen ansehnlichen **Gewinn**

1 débouché (marché) garanti 2 nous vous garantissons un bénéfice appréciable

Verdacht m 1 **begründeter** ~ 2 für den **Diebstahl** haben wir Herrn M. in ~ 3 ~ **schöpfen**

1 suspicion justifiée 2 nous soupçonnons M. M. de ce vol 3 avoir (od. concevoir) des soupçons

Verdächtigen, wir ~ in dieser Angelegenheit Frau S.

dans cette affaire nous soupçonnons Mme S.

Verdanken, Ihre **Adresse** ~ wir der Liebenswürdigkeit des Herrn Bauer

c'est M. Bauer qui nous a aimablement communiqué votre adresse

Verderb m 1 **innerer** ~ der Waren 2 infolge schlechter Einlagerung dem ~ **nahe**

1 nature périssable des marchandises 2 les marchandises étaient sur le point de se détériorer par suite d'un emmagasinage non approprié

Verderben, 1 verdorbene **Ware** 2 die **Ware** verdarb während des Transportes 3 in verdorbenem **Zustand**

1 marchandise gâtée (détériorée) 2 les marchandises se sont détériorées pendant le transport 3 en état gâté

Verderblich, 1 –er **Einfluß** 2 leicht–e **Güter**

1 influence funeste 2 marchandises périssables

Verdienen, 1 dieses Angebot verdient

1 cette offre mérite toute attention 2 cette

Verdienen — Vereinbarung

volle **Aufmerksamkeit** 2 dieses Ansuchen verdient, ernstlich **erwogen** zu werden 3 Herr Schulze verdient viel **Geld** 4 der Spediteur hat sich um beträchtliche Beschleunigung verdient gemacht
Verdienst *m* od. *n.* 1 Ihre –e werden **anerkannt** werden 2 für den –**ausfall** werden Sie bezahlt 3 den Verkauf zu diesem Preis **betrachtet** er als sein ~ 4 –**entgang** 5 diese –**möglichkeit** lassen Sie sich nicht entgehen 6 **Neben**– 7 die –**spanne** ist so gering 8 **Tages**– 9 Ihre –e werden **gewürdigt** werden

requête mérite d'être examinée de près 3 M. Schulze gagne beaucoup d'argent 4 c'est à l'expéditeur que revient tout le mérite d'avoir accéléré considérablement le transport
1 vos services (od. mérites) seront reconnus 2 vous serez indemnisé pour la perte de gain 3 il considère comme son mérite d'avoir pu vendre à ce prix 4 perte de gain 5 ne laissez pas échapper cette occasion de réaliser un profit 6 revenus accessoires (od. supplémentaires) 7 la marge bénéficiaire est tellement minime 8 recette journalière 9 vos mérites seront pleinement appréciés

Verdientermaßen, ~ ist er **besser** bezahlt worden

il méritait d'être mieux payé

Verdolmetschen, Frau M. wird den **Wortlaut** ~

Mme M. interprétera le texte

Verdoppeln, wir konnten den **Ausstoß** ~
Verdrängen, unsere Qualität wird gewiß die Konkurrenzware vom **Markt** verdrängen
Verdruß *m* Sie haben uns damit vielen ~ erspart
Veredelung *f* –**sverkehr**

nous avons pu doubler la production
la qualité de nos produits refoulera certainement la concurrence du marché

vous nous avez épargné beaucoup d'ennuis
entrée et sortie libres des produits affinés

Vereidigt, 1 –er **Makler** 2 –er **Sachverständiger**
Vereinbaren, 1 eine **Abmachung** ~ 2 wir vereinbaren die **Abnahme** von 50 Waggons 3 falls nicht **anderes** vereinbart 4 diese allgemeinen Bedingungen gelten, soweit nicht die Vertragsparteien ausdrücklich und schriftlich **Abweichendes** vereinbart haben 5 sobald die Zahlungs**bedingungen** vereinbart sein werden 6 den vereinbarten **Betrag** wollen Sie bei der Bank hinterlegen 7 **definitiv** ~ 8 . . . **fest** ~ 9 innerhalb der vertraglich vereinbarten **Frist** 10 wie bereits **früher** vereinbart wurde 11 wenn nichts **Gegenteiliges** vereinbart ist 12 **gemeinsam** ~ 13 vereinbartes **Geschäft** 14 es gelang uns, ein gutes **Geschäft** mit dieser Firma zu ~ 15 im Rahmen der vereinbarten **Kontingente** 16 zum vereinbarten **Preis** 17 die Analyse des gelieferten Materials entspricht nicht der vereinbarten **Qualität** 18 zu der vereinbarten **Stunde** 19 im vereinbarten **Termin** 20 im vereinbarten **Umfang** 21 es wurde nichts **Verbindliches** vereinbart 22 **vorläufig** ~ 23 zur vereinbarten **Zeit** 24 ~ Sie eine **Zusammenkunft** mit dem Bankdirektor

1 courtier assermenté 2 expert assermenté
1 conclure un accord 2 nous sommes convenus de l'achat de 50 wagons 3 à moins qu'il n'en soit convenu autrement 4 ces conditions générales sont valables pour autant que des clauses divergentes n'aient pas été convenues explicitement et par écrit par les parties contractantes 5 aussitôt que les conditions de paiement auront été convenues 6 veuillez déposer le montant convenu auprès de la banque 7 convenir définitivement 8 conclure un arrangement ferme concernant . . . 9 dans le délai stipulé au contrat 10 ainsi qu'il a été convenu précédemment 11 sauf convention contraire 12 convenir mutuellement 13 affaire conclue 14 nous sommes parvenus à conclure une affaire favorable avec cette maison 15 dans le cadre des contingents convenus 16 au prix convenu 17 l'analyse du matériel livré révèle qu'il ne correspond pas à la qualité convenue 18 à l'heure convenue 19 dans le délai convenu 20 dans la mesure (od. selon l'importance) convenue 21 aucune obligation n'a été contractée 22 convenir provisoirement 23 au moment convenu 24 veuillez convenir d'un entretien avec le directeur de la banque

Vereinbarung *f* 1 wir können in keinem

1 en aucun cas, nous ne pouvons renoncer

Fall von den –en **ablassen** 2 die ~ über... zwischen Herrn Wagner und Herrn Lewis wurde am 6. Juli **abgeschlossen** 3 wir sind in keiner Weise von der ~ **abgewichen** 4 mangels **abweichender** ~ 5 mangels ausdrücklicher **anderer** ~ im Kaufvertrag 6 sich der ~ über Zusammenarbeit **anschließen** 7 nach **besonderer** ~ 8 falls keine anderweitigen –en **bestehen** 9 wir **beziehen** uns auf die heute mit Ihnen getroffene ~ 10 **Devisen**– 11 die ~ über Reparaturen **einhalten** 12 wir **ergänzen** die telefonische ~ von gestern 13 **gegenseitige** ~ 14 die ~ **gilt** 6 Monate 15 laut unserer ~ 16 **mündliche** ~ 17 **Rahmen**– 18 **schriftliche** ~ 19 **Sonder**– 20 falls die Parteien eine entsprechende ~ **treffen** 21 die ~ wird Ihrerseits ständig **verletzt**

aux conventions **2** la convention relative à... a été conclue le 6 juillet entre M. Wagner et M. Lewis **3** en aucune façon, nous n'avons dérogé aux conventions **4** à défaut d'autres conventions **5** sauf stipulations explicites au contrat de vente **6** se rallier à la convention relative à la coopération **7** par convention particulière **8** pour autant qu'il n'existe pas d'autres conventions **9** nous nous référons à l'accord conclu ce jour avec vous **10** convention de change **11** s'en tenir à la convention relative aux réparations **12** en supplément à l'accord passé hier par téléphone nous ajoutons... **13** convention mutuelle **14** la convention est valable pour six mois **15** conformément à notre accord **16** accord verbal **17** contrat cadre **18** convention écrite **19** convention spéciale **20** si les parties tombent d'accord sur un arrangement approprié **21** vous violez constamment la convention

Vereint, 1 Wirtschafts- und Sozialrat der –en **Nationen** 2 Wirtschaftskommission der –en **Nationen** für Europa
Verfahren *n* 1 Ergebnis des **Arbitrage**–s 2 **Bewilligungs**– 3 **Devisenbewilligungs**– 4 **Einfuhr**– 5 das Arbitrage– wurde am 23. März **eingeleitet** 6 unser **Erzeugungs**– 7 **Gerichts**– gegen die Firma Holt & Co. Ltd. einleiten 8 **Importlizenz**– 9 **Konkurs**– 10 **Offert**– 11 sich dem **Schieds**– unterziehen 12 mit der notwendigen **Sorgfalt** verfahren 13 **Spezial**– 14 **technologisches** ~ 15 auf Grund der **Weisungen** verfahren 16 **Zoll**–

1 Conseil Economique et Social des Nations Unies **2** Commission Economique des Nations Unies pour l'Europe
1 résultat de la procédure d'arbitrage **2** procédure d'allocation **3** procédure d'allocation de devises étrangères **4** contrôle des importations **5** la procédure d'arbitrage a été introduite le 23 mars **6** notre procédé de production **7** introduire une procédure judiciaire contre la maison Holt & Co **8** procédure d'attribution de licence d'importation **9** procédure de faillite **10** procédure de soumission **11** se soumettre à la procédure d'arbitrage **12** procéder avec les soins requis à... **13** procédé spécial **14** procédé technologique **15** agir selon les instructions **16** procédure douanière

Verfall *m* 1 ~ des **Anspruches** 2 –**datum** für die Präsentation der Dokumente zwecks Zahlung 3 **rechtzeitig** vor ~ 4 –**tag** des Wechsels 5 wir bitten Sie, den **Wechsel** bei ~ vorzulegen

1 déchéance d'un droit **2** date d'échéance de la présentation des documents pour paiement **3** à temps avant l'échéance **4** date d'échéance de la traite **5** nous vous prions de présenter la lettre de change à son échéance

Verfallen, 1 das **Akkreditiv** ist am 28. Februar ~ 2 –er **Anspruch** 3 es droht die Gefahr, daß die **Einfuhrbewilligung** verfällt 4 **längst** ~ 5 die beschlagnahmte **Ware** verfällt zu Gunsten des Staates
Verfälschung *f* Banken übernehmen keine Haftung oder Verantwortung für ~ irgendwelcher **Dokumente**
Verfassen, einen **Brief**/ein Telegramm ~
Verfließen, wir müssen Sie darauf aufmerksam machen, daß seit unserer Be-

1 l'accréditif est venu à échéance au 28 février **2** droit déchu **3** la licence d'importation risque de venir à échéance **4** déchu depuis longtemps **5** les marchandises confisquées reviennent à l'état
les banques n'assument aucune garantie ni responsabilité en cas de falsification de documents
rédiger une lettre/un télégramme
nous attirons votre attention sur le fait que deux mois se sont déjà écoulés depuis

Verfließen — Vergleichbar

stellung schon 2 **Monate** verflossen sind
Verfolgen, wir ~ diese **Angelegenheit** sehr sorgfältig
Verfolgung f gerichtliche ~
Verfügbar, 1 das **Akkreditiv** im ganzen oder zum Teil Zweitbegünstigten ~ machen 2 **Devisen** sind ~ 3 die diesbezüglichen **Kataloge** sind zur Zeit nicht ~
Verfügen, 1 über die Sendung **anderweitig** ~ 2 wir sind berechtigt, über die Sendung **frei zu** ~ 3 wir ~ über genügende **Kapazität** 4 die Firma verfügt über genügendes **Kapital** 5 über **Zahlung** in inländischer Währung kann unverzüglich verfügt werden
Verfügung f 1 über die Sendung verfügungsberechtigt sein 2 die Sendung zur ~ von Herrn Keneth **halten** 3 laut amtlicher ~ 4 wir behalten uns das –**srecht** über die Ware vor 5 es **stehen** keine Devisen zur ~ für die Einfuhr von... 6 die ersetzten mangelhaften Teile **stehen** dem Verkäufer zur ~ 7 zur ~ **stehende** Devisen 8 dem Lieferanten die Waren zur ~ **stellen** 9 die dem Käufer zur ~ **gestellte** Ware 10 alle –en zur Übergabe der bestellten Waren **treffen**

Vergangen, 1 **in** den –en acht Monaten 2 im –en **Jahr**
Vergeben, die **Produktion** unseres Werkes ist für einige Zeit im voraus voll ~

Vergeblich, 1 wir haben Sie schon einige Male ~ **gemahnt**, daß Sie... 2 es wäre –e **Mühe**
Vergessen, 1 der Fragesteller vergaß, seine Adresse **anzuführen** 2 ~ sie **nicht**, die starke Konkurrenz zu berücksichtigen
Vergleich m 1 außergerichtlicher ~ 2 in dieser Angelegenheit wurde ~ **beantragt** 3 wir wollen einem ~ mit Ihnen **beitreten** 4 beim ~ mit Ihrem Referenzmuster haben wir **festgestellt**, daß... 5 **gerichtlicher** ~ 6 gütlicher ~ 7 die Streitsache wurde durch einen ~ der **Parteien** beendet 8 **Preis**– 9 –**spreis** 10 die Qualität unserer Waren **verträgt** jeden ~ mit den Konkurrenzerzeugnissen 11 im –**swege**

Vergleichbar, –er **Preis** einer im normalen Handelsverkehr zur Ausfuhr nach

notre commande
nous suivons cette affaire de très près

poursuites judiciaires
1 rendre la lettre de crédit entièrement ou partiellement disponible en faveur du second bénéficiaire 2 des devises étrangères sont disponibles 3 les catalogues s'y rapportant ne sont pas disponibles pour le moment
1 disposer autrement de l'envoi 2 nous sommes autorisés à disposer librement de cet envoi 3 nous disposons de capacité suffisante 4 cette maison dispose de capitaux suffisants 5 on peut immédiatement disposer du paiement effectué en monnaie nationale
1 être autorisé à disposer de la marchandise 2 tenir l'envoi à la disposition de M. Keneth 3 suivant ordonnance officielle 4 nous nous réservons le droit de disposer de la marchandise 5 il n'y a pas de devises étrangères disponibles pour l'importation de... 6 les pièces défectueuses remplacées sont à la disposition du vendeur 7 devises disponibles 8 mettre les marchandises à la disposition du fournisseur 9 les marchandises mises à la disposition de l'acheteur 10 prendre toutes les dispositions nécessaires pour la livraison des marchandises commandées
1 dans le courant des huit derniers mois 2 l'année dernière
la production totale (od. entière) de notre usine est déjà attribuée d'avance pour quelque temps
1 nous vous avons déjà rappelé en vain à plusieurs reprises que vous... 2 ce serait peine perdue
1 le demandeur a oublié d'indiquer son adresse 2 n'oubliez pas de tenir compte de la forte concurrence

1 règlement extrajudiciaire 2 un règlement judiciaire a été demandé dans cette affaire 3 nous désirons nous arranger avec vous 4 en comparant la marchandise avec l'échantillon-référence, nous avons constaté que... 5 concordat 6 arrangement amiable 7 le différend s'est terminé par un arrangement entre les parties 8 comparaison des prix 9 prix comparable 10 la qualité de nos produits supporte toute comparaison avec les produits concurrents 11 au moyen d'un (od. par un) arrangement amiable

prix comparable d'une marchandise similaire destinée à l'exportation vers la

Belgien bestimmten gleichartigen Ware
Vergleichbarkeit *f* ~ der **Preise**
Vergleichen, 1 die Waren mit den **Mustern** ~ 2 wollen Sie bitte unsere **Preise** mit denen der Konkurrenz ~
Vergnügen *n* 1 wir haben mit ~ **erfahren** 2 an der geschmackvollen Ausstattung **finden** wir viel ~ 3 wir werden bald das ~ **haben,** Sie persönlich zu besuchen 4 mit ~ nehmen wir zur **Kenntnis,** daß... 5 es ist uns ein besonderes ~, Ihnen **mitteilen** zu können
Vergreifen, die betreffenden Prospekte sind im **Augenblick** vergriffen
Vergünstigung *f* 1 sie genießen **Sonder**–en 2 die **Steuer**–en werden schrittweise abgebaut
Vergüten, wir ~ Ihnen den vollen Materialwert
Vergütung *f* 1 aus den angeführten Gründen müssen wir die geforderte ~ **ablehnen** 2 **berechtigte** ~ 3 die Höhe der ~ **entspricht** dem entstandenen Schaden 4 **geforderte** ~ 5 **Geld**– 6 ~ der Anzeigenkosten 7 **Schaden**– 8 **Spesen**– 9 **Teil**– 10 **Versicherungs**– 11 ~ der Zölle oder Abgaben

Verhalt *m* der **Sach**– ist folgender :
Verhalten *n* 1 sie haben sich sehr **anständig** verhalten 2 wir können uns Ihr ~ nicht **erklären** 3 Internationale Verhaltens**regeln** für die Werbepraxis 4 die Partei, die die Verhaltens**regeln** verletzt hat, von der Fortsetzung ihres unlauteren Verhaltens abbringen 5 die **Sache** verhält sich jedoch anders 6 es verhält sich **schlecht** mit ihm
Verhältnis *n* 1 **angemessenes** ~ zwischen eingeführten und inländischen Waren 2 es herrschen **außerordentliche** –se 3 bei den **bestehenden** –sen 4 **Betriebs**–se 5 die Höhe der **Entschädigung** ist im ~ zu dem **entstandenen** Schaden 6 **Erzeugungs**–se 7 im **gleichen** ~ 8 **Markt**–se 9 **örtliche** –se 10 **Preis**–se 11 sobald sich die –se wieder **regeln** 12 **richtiges** ~ 13 die Verpackungskosten **stehen** in keinem ~ zum Wert der Waren 14 in **umgekehrtem** ~ 15 **unbefriedigende** –se 16 **ungeordnete** –se 17 **unhaltbare** –se 18 **unter** diesen –sen 19 das ~ der Gesamteinfuhr im ~ zur gesamten Inlandsproduktion **vermindern** 21 Vermögens–se 22 Vertrags– 23 Wirtschafts–se

Belgique en échange commercial normal
comparabilité des prix
1 comparer les marchandises avec les échantillons 2 veuillez comparer nos prix avec ceux de la concurrence
1 nous avons appris avec plaisir 2 nous apprécions la présentation particulièrement soignée 3 nous aurons bientôt le plaisir de vous rendre visite personnellement 4 c'est avec plaisir que nous notons que... 5 nous avons le grand plaisir de pouvoir vous communiquer que...
pour le moment les brochures publicitaires sont épuisées
1 ils jouissent de privilèges particuliers 2 les avantages fiscaux seront graduellement supprimés
nous vous rembourserons la valeur totale des matériaux (od. matières)
1 nous sommes obligés de vous refuser l'indemnité pour les motifs mentionnés 2 compensation justifiée 3 le montant de l'indemnité correspond au dommage survenu 4 indemnité réclamée 5 indemnité en argent 6 remboursement des frais de publicité 7 règlement d'avaries 8 remboursement des dépenses 9 compensation partielle 10 indemnité d'assurance 11 compensation des droits de douane
les faits sont les suivants:
1 ils se sont conduits d'une façon très correcte 2 nous ne pouvons comprendre votre façon d'agir 3 Code International pour la pratique publicitaire 4 empêcher la partie qui a violé les règles de poursuivre ses pratiques déloyales 5 la question est cependant toute différente 6 l'affaire se présente mal pour lui

1 un rapport équitable entre les produits importés et ceux d'origine intérieure (od. nationale) 2 il existe une situation anormale 3 dans les conditions actuelles 4 conditions de travail 5 le montant de l'indemnité est en rapport avec le dommage survenu 6 conditions de production 7 dans la même proportion 8 situation du marché 9 situation locale 10 situation des prix 11 dès que la situation se normalisera 12 rapport réel 13 les frais d'emballage sont hors de proportion avec la valeur de la marchandise 14 en rapport inverse 15 conditions non satisfaisantes 16 situation désordonnée 17 conditions intolérables 18 dans ces conditions 19 conditions de transport 20 réduire l'importation totale par rapport à l'importance de la production nationale 21 situation finan-

Verhältnismäßig, 1 ~ **geringer** Teil 2 wir haben zu einem ~ **niedrigen** Preis eingekauft 3 –er **Teil** 4 –e **Versicherungsprämie**

Verhandeln, 1 wir sind geneigt, über die **Bedingungen** zu ~ 2 ~ Sie **einstweilen** nicht mit Herrn Kurz 3 sie sind nicht **ermächtigt,** über diese Angelegenheit zu ~ 4 wir möchten die Sache nur ungern vor **Gericht** ~ 5 über die Angelegenheit wird **noch** verhandelt 6 über die Angelegenheit mit den kompetenten **Stellen** ~

Verhandlung f 1 die –en **abbrechen** 2 die ~ wurde erfolgreich **abgeschlossen** 3 Ihre persönliche **Anwesenheit** bei der ~ ist unbedingt notwendig 4 wir werden –en bezüglich einer Kompensation **aufnehmen** 5 der **Beginn** der –en wurde auf den 21. Oktober festgesetzt 6 **bezugnehmend** auf unsere –en mit Ihrem Herrn Keul 7 **direkte** ~ 8 unberechtigterweise in die –en **eingreifen** 9 zur ~ Herrn Klaus **einladen** 10 wir werden in neue –en **eintreten** 11 die ~ nähert sich dem **Ende** 12 die ~ zu einem erfolgreichen **Ende** führen 13 die ~ führt zu keinem **Ende** 14 die geschäftlichen –en **entwickeln** sich zufriedenstellend 15 bei der ~ wurde ein beträchtlicher **Erfolg** erreicht 16 sollten die –en zu keinem **Ergebnis** führen 17 sie sind nicht zu –en in dieser Angelegenheit **ermächtigt** 18 die –en sind auf den 5. Juli **festgesetzt** 19 in den –en wurde ein **Fortschritt** erzielt 20 die Kommission wird die –en am 19. April **fortsetzen** 21 die –en wurden mit Ihrem Herrn Beck **geführt** 22 die –en sind bereits im vollen **Gang** 23 die Sache wird **Gegenstand** der ~ sein 24 **geheime** ~ 25 die –en so **geheim** wie irgend möglich führen 26 **Gerichts–** 27 **Geschäfts–** 28 **handelspolitische** –en 29 die –en haben sich **hingezogen** 30 die –en über das Zahlungsabkommen werden **in die Länge gezogen** 31 mit Rücksicht auf den **Mißerfolg** in der ~ mit... 32 **persönliche** ~ 33 **Preis**–en 34 über die ~ wurde ein **Protokoll** aufgenommen 35 das –sresultat wird sofort nach dem Abschluß bekanntgegeben 36 diese –en sind auf die Herabsetzung von Zöllen gerichtet 37 **schwierige** –en 38 die –en über den Vertrag werden am 16. November in Stuttgart **stattfinden** 39 an der ganzen ~ über... **teilnehmen**

cière 22 relation contractuelle 23 situation économique
1 partie relativement réduite 2 nous avons acheté à un prix relativement peu élevé 3 part proportionnelle 4 prime d'assurance proportionnelle

1 nous sommes disposés à débattre les conditions 2 nous vous prions de ne pas négocier pour le moment avec M. Kurz 3 ils ne sont pas autorisés à traiter cette affaire 4 il nous déplairait de devoir porter l'affaire devant les tribunaux 5 cette question fait encore l'objet d'une discussion 6 négocier l'affaire avec les autorités compétentes

1 interrompre les négociations 2 les négociations ont été menées à bonne fin 3 votre présence personnelle à la négociation est absolument nécessaire 4 nous entamerons des pourparlers concernant une compensation 5 l'ouverture des négociations a été fixée pour le 21 octobre 6 nous nous rapportons à nos négociations avec M. Keul de votre firme 7 négociations directes 8 intervenir illégalement dans les négociations 9 inviter M. Klaus à prendre part aux négociations 10 nous allons entamer de nouveaux pourparlers 11 la fin des négociations est proche 12 mener la négociation à bonne fin 13 la négociation n'aboutit à rien 14 les pourparlers évoluent d'une façon satisfaisante 15 la négociation a apporté un grand succès 16 au cas où les négociations n'aboutiraient pas 17 ils ne sont pas autorisés à négocier en cette affaire 18 les négociations sont fixées au 5 juillet 19 un progrès a été réalisé dans les négociations 20 la commission continuera les pourparlers le 19 avril 21 les négociations ont été menées avec M. Beck de votre firme 22 les négociations sont déjà en cours 23 l'affaire fera l'objet de négociations 24 négociation secrète 25 mener les négociations dans le plus grand secret possible 26 procédure (judiciaire) 27 négociations d'affaires 28 pourparlers commerciaux 29 les négociations se sont prolongées 30 les négociations relatives à l'accord de paiement sont constamment traînées en longueur 31 vu l'échec des négociations avec... 32 négociations personnelles 33 négociations de prix 34 les négociations ont fait l'objet d'un procès-verbal 35 dès que les négociations seront terminées, le résultat en sera communiqué 36 ces négociations ont pour but la réduction des droits de douane

Verhandlung — Verkauf

40 treten Sie in ~ mit der Bank 41 wegen Abwesenheit des Herrn Schlosser wurde die ~ **vertagt** 42 **vorläufige** ~ 43 die Sache wird zur ~ **vorgelegt** werden 44 wir müssen neue –en in die **Wege leiten** 45 **weitere** –en 46 **Zoll**–en

37 négociations difficiles 38 les pourparlers relatifs au contrat auront lieu le 16 novembre à Stuttgart 39 prendre part à tous les pourparlers relatifs à... 40 veuillez négocier avec votre banque 41 la négociation a été ajournée par suite de l'absence de M. Schlosser 42 pourparlers préliminaires 43 la question sera débattue 44 nous devons mettre sur pied de nouvelles négociations 45 négociations ultérieures 46 négociations sur les tarifs douaniers

Verhängen, eine **Strafe** wegen Unterlassungen oder Irrtümer in den Zollpapieren ~

infliger une peine pour omission ou erreur dans les documents douaniers

Verhindern, 1 er ist **dienstlich** verhindert 2 die **Durchführung** dieser besonderen Aufgabe ~ 3 diese Partei wurde an der **Erfüllung** ihrer Verpflichtungen verhindert 4 wir werden alles tun, um weitere **Schäden** zu ~

1 il est empêché par des raisons de service 2 empêcher l'exécution de cette mission particulière 3 cette partie a été empêchée de remplir ses obligations 4 nous ferons tout notre possible pour prévenir tout autre dommage

Verhüten, 1 wir haben Maßnahmen getroffen, um in der Zukunft einen solchen **Irrtum** zu ~ 2 weitere **Reklamationen** ~ 3 weiteren **Schaden** ~

1 nous avons pris des mesures pour éviter à l'avenir de telles erreurs 2 prévenir d'autres réclamations 3 prévenir tout autre dégât

Verjähren, 1 Ihr **Anspruch** ist bereits verjährt 2 verjährte **Forderung** 3 verjährte **Frist** 4 verjährte **Schuld**

1 votre droit est périmé; votre réclamation est déjà prescrite 2 créance frappée de prescription; titre périmé 3 délai frappé de prescription 4 dette prescrite

Verjährung *f* 1 ~ der **Ansprüche** aus dem Frachtvertrag 2 –sfrist 3 die **Klage** wurde wegen ~ abgewiesen 4 ~ des **Rechtes** 5 **Unterbrechung** der ~

1 prescription des droits de réclamation aux termes du contrat de transport 2 délai de prescription 3 la plainte a été rejetée pour (cause de) prescription 4 prescription de droits 5 interruption de la prescription

Verkauf *m* 1 –sabrechnung 2 ~ **abschließen** 3 –sabschluß 4 –sabteilung 5 bei ~ „ab Werk" geht die Gefahr vom Verkäufer auf den Käufer über, wenn... 6 Mietkauf und **Abzahlungs**verkäufe 7 –saktion 8 **Allein**– 9 den **Allein**– für England vergeben 10 diese Waren werden frei zum ~ **angeboten** 11 der ~ dieser Artikel ist im **Ansteigen** 12 den ~ **aufnehmen** 13 **Auktions**– 14 die zum ~ **ausgestellte** Ware muß gegen Bruch versichert sein 15 **ausschließlicher** ~ 16 die Waren zum ~ **aussetzen** 17 –saussichten 18 die **Aussichten** auf ~ dieses Artikels sind sehr gering 19 –sausstellung 20 **Bar**– 21 –sbeamter 22 –sbedingungen 23 Erzeugung von zum ~ bestimmten Waren 24 ... zum ~ **bringen** 25 –sbüro 26 **direkter** ~ 27 unsere Konkurrenten haben mit einer intensiven Kampagne für –serhöhung begonnen 28 **Eröffnungs**– 29 zur **Erzeugung** von Waren zum ~ 30 **Fest**–

1 décompte des ventes 2 vendre; conclure une vente 3 contrat de vente 4 service de vente 5 en cas de vente «départ usine», les risques passent du vendeur à l'acheteur, lorsque... 6 location-vente et ventes à tempérament 7 campagne de vente 8 vente exclusive 9 confier la vente exclusive pour l'Angleterre à... 10 ces marchandises sont offertes en vente libre 11 la vente de ces articles est en progression 12 commencer la vente 13 vente aux enchères 14 la marchandise exposée pour la vente doit être assurée contre la casse 15 vente exclusive 16 mettre les marchandises en vente 17 perspectives de vente 18 les chances de vente pour cet article sont très réduites 19 exposition de vente 20 vente au comptant 21 employé du service de vente 22 conditions de vente 23 production de marchandises destinées à la vente 24 mettre en vente... 25 bureau de vente 26 vente directe 27 nos concurrents ont lancé une campagne de publi-

Verkauf — Verkehr

31 –sförderung 32 ~ aus **freier Hand** 33 ~ unter **Garantie** 34 –sgebiet 35 gerichtlicher ~ 36 **Groß**– 37 –skalkulation 38 –skampagne 39 **Klein**– 40 **Kommissions**– 41 wir werden Sie mit dem **Kommissions**– unserer Waren betrauen 42 –skontingent 43 –skosten 44 ~ auf **Kredit** 45 –skurs für hfl ist... 46 bei amtlichem –skurs DM... für 1 Pfund Sterling 47 –sleiter 48 –smittel 49 –s**möglichkeiten** 50 ~ nach **Muster** 51 –snetz 52 **Not**– 53 –splan 54 **Platz**– 55 –spolitik 56 –spreis 57 ~ zu amtlich festgesetzten **Preisen** 58 ~ auf **Probe** 59 wir erlauben uns, Sie mit unserem jetzigen –sprogramm bekanntzumachen 60 –sprovision 61 ~ auf **Raten** 62 –s**räume** mieten 63 –srechnung 64 diese Gesellschaft hat ausschließliches –s**recht** für Kanada 65 –sreferent 66 **Saison**– 67 –sstand 68 Genossenschafts–sstelle 69 –sstunden 70 –stätigkeit 71 –stechnik 72 **überstürzter** ~ 73 ~ durch **Vertreter** 74 **verwirklichter** ~ 75 **Waren**– 76 **Weiter**– 77 eine großzügige –swerbung vorbereiten 78 –szeit 79 **Zwangs**– 80 ~ aus **zweiter Hand** 81 **Zwischen**– vorbehalten

Verkaufen, 1 wir ~ die Ware nur gegen **bar** 2 um 5% **billiger** als die Konkurrenz ~ 3 ... im **Detail** ~ 4 **fest** ~ 5 die Waren aus **freier Hand** ~ 6 ... nach **Gewicht** ~ 7 im **großen** ~ 8 möglichst **gut** ~ 9 auf **Kredit** ~ 10 nach **Muster** ~ 11 wir ~ nur zu festen **Preisen** 12 ... auf **Raten** ~ 13 diese Ware verkauft sich **schwer** 14 ... **unter der Hand** ~ 15 mit **Verlust** ~ 16 ... in der öffentlichen **Versteigerung** ~

Verkäufer *m* 1 ~-**Markt** 2 die **Verpflichtungen** von ~ und Käufer bestimmen **Verkäuflich,** 1 die Ware ist **leicht** ~ 2 –es **Muster** 3 **schwer**–er Artikel

Verkehr *m* 1 –sabteilung 2 ~ auf dem

cité intense en vue de l'augmentation de la vente **28** vente d'ouverture **29** pour produire des marchandises destinées à la vente **30** vente ferme **31** encouragement à la vente **32** vente à l'amiable (od. de gré à gré) **33** vente sous garantie **34** district de vente **35** vente judiciaire **36** vente en gros **37** calcul du prix de vente **38** campagne de vente **39** vente au détail **40** vente en consignation **41** nous vous confierons la vente en consignation de nos marchandises **42** contingent de vente **43** frais de vente **44** vente à crédit **45** le cours de vente du florin néerlandais est de... **46** au cours vendeur officiel de DM... par livre sterling **47** chef du service de vente **48** moyen de vente **49** possibilités de vente **50** vente sur échantillon **51** organisation de vente **52** vente forcée **53** plan de vente **54** vente sur place **55** politique de vente **56** prix de vente **57** vente au prix officiel **58** vente à titre d'essai **59** nous nous permettons de vous faire connaître notre programme de vente **60** commission de vente **61** vente à tempérament **62** louer des locaux de vente **63** décompte des ventes **64** cette société a des droits de vente exclusifs pour le Canada **65** chef de vente **66** vente saisonnière **67** échoppe/boutique **68** centre coopératif de vente **69** heures d'ouverture du magasin **70** activité de vente **71** technique de vente **72** vente précipitée **73** vente par représentant **74** vente réalisée **75** vente de marchandises **76** revente **77** organiser une publicité de vente à grande échelle **78** heures d'ouverture **79** vente forcée **80** vente de seconde main **81** sauf vente intermédiaire

1 nous ne vendons la marchandise qu'au comptant **2** vendre 5% meilleur marché que la concurrence **3** vendre au détail **4** vendre à titre ferme **5** vendre en marché ouvert **6** vendre au poids **7** vendre en gros **8** vendre le plus avantageusement possible **9** vendre à crédit; vendre à tempérament **10** vendre sur échantillon **11** nous ne vendons qu'à des prix fixes **12** vendre à tempérament **13** cette marchandise se vend difficilement **14** vendre sous la main **15** vendre à perte **16** vendre... aux enchères publiques

1 marché de vendeurs **2** stipuler les obligations de l'acheteur et du vendeur
1 la marchandise se vend facilement **2** échantillon vendable **3** article de vente difficile

1 service des transports **2** le trafic sur le

Verkehr — Verlade-

Neckar wird bald wieder **aufgenommen** 3 ... vom ~ **ausschließen** 4 **Auto**– 5 **–sbeschränkung** 6 ~ auf der Elbe wurde vorübergehend **eingestellt** 7 **–seinschränkung** 8 **–seinstellung** 9 **Eisenbahn**– 10 **Expreß**– 11 **Fern**– 12 **Flug**–sgesellschaft 13 **–sflugzeug** 14 **Fluß**– 15 die Ware wurde in den **freien** ~ gesetzt 16 **Fremden**– 17 **Fremden**–sbüro 18 die Sendung befindet sich im **gebundenen** ~ 19 **gemischter** ~ 20 wir möchten mit dem Kunden **Geschäfts**– aufnehmen 21 **Grenz**– 22 **Güter**– 23 im normalen **Handels**– 24 trotz **–shindernissen** 25 **internationaler** ~ 26 **Kontinental**– 27 **Kraft**–sunternehmen 28 **Kraftwagen**– 29 **Küsten**– 30 ~ zu Wasser und Land 31 **–slinie** 32 **Lokal**– 33 **Luft**– 34 **Luft**–sbüro 35 Bundesministerium für ~ 36 **–smittel** 37 **–snetz** 38 **–sordnung** 39 **Orts**– 40 **Post**– 41 **regelmäßiger** ~ 42 **Reise**– 43 **Schiffs**– 44 **schriftlicher** ~ 45 **See**– 46 **Situation** im ~ 47 **Güter**–stockt 48 **–sstockung** 49 sobald die **–sstörungen** beseitigt sind 50 **Telefon**– 51 infolge des Streiks kam es zu einer **–sunterbrechung** 52 **Transit**– 53 **Überland**– 54 **Übersee**– 55 **unregelmäßiger** ~ 56 **Veredelungs**– 57 **Waren**– 58 freier **Waren**– 59 **Wasser**– 60 **Zahlungs**– (s. a. ,,Zahlungsverkehr") 61 anerkanntes **Fremden**–szentrum 62 **Zoll**–

Neckar reprendra bientôt 3 exclure du trafic 4 circulation automobile 5 restriction du trafic 6 le trafic sur l'Elbe a été suspendu temporairement 7 limitation du trafic 8 suspension du trafic 9 transport par chemin de fer 10 service express 11 transport sur grande distance 12 compagnie de navigation aérienne 13 avion de ligne 14 transport fluvial 15 les marchandises ont été admises à la consommation intérieure 16 trafic touristique 17 office de tourisme 18 la marchandise se trouve sous douane 19 transport combiné (od. mixte) 20 nous désirons établir des relations commerciales avec le client 21 trafic frontalier 22 trafic de marchandises 23 dans le trafic commercial normal 24 malgré les obstacles à la circulation 25 transport international 26 transport continental 27 compagnie de transports automobiles (od. routiers) 28 transport automobile 29 cabotage 30 transport par eau et par terre 31 ligne de transports 32 trafic local 33 trafic (od. transport) aérien 34 bureau de transports aériens 35 Ministère fédéral des Transports 36 moyen de transport 37 réseau de communications 38 code de la route 39 trafic local 40 service postal 41 service régulier 42 trafic touristique, tourisme 43 transport par eau 44 correspondance 45 transport maritime 46 situation du transport 47 le transport de marchandises est interrompu 48 embouteillage 49 dès que les difficultés de transport seront éliminées 50 trafic téléphonique 51 la grève a provoqué une interruption du trafic 52 trafic en transit 53 transport terrestre 54 transport outre-mer 55 service irrégulier 56 entrée et sortie libres des produits affinés 57 trafic de marchandises 58 trafic libre de marchandises 59 transport par eau 60 opérations de paiement 61 station touristique 62 trafic douanier

circuler entre Hambourg et Sydney

Verkehren, zwischen Hamburg und Sydney ~
Verkürzen, 1 die angebotene Ware würde uns nur dann interessieren, wenn Sie die **Lieferfrist** ~ könnten 2 die **Verladungsfrist** kann verkürzt werden
Verkürzung *f* Lieferfrist–
Verlade-, 1 die Ware wird in einigen Tagen **–bereit** sein 2 **–bescheinigung** 3 reines **–dokument** 4 **–ort** 5 **–rampe** 6 **–spesen** 7 alle Risiken gehen an der **–station** auf den Käufer über

1 les marchandises offertes ne pourraient nous intéresser que si vous pouvez réduire le délai de livraison 2 le délai d'embarquement peut être réduit
réduction du délai de livraison
1 d'ici quelques jours, les marchandises seront prêtes pour l'embarquement 2 certificat d'embarquement 3 connaissement net 4 lieu d'embarquement 5 rampe d'embarquement 6 frais d'embarquement 7 tous les risques passent à charge de l'acheteur à la station de chargement

Verladen — Verlängern

Verladen, 1 ... auf das **Boot,** das am 6. März den Hafen nach Hamburg verläßt, ~ 2 die Waren sind an **Bord** ~ 3 die Waren mit dem **Schiff** „Blue Star" ~ 4 die Sendung wurde heute in Ordnung auf das **Schiff** ~ 5 die Waren in den **Waggon** ~

Verladung f 1 **Auftrag** zur ~ 2 **Datum** der ~ 3 **–sdatum** muß eingehalten werden 4 nur für **Deck–** 5 ~ der Ware an **Deck** 6 **–sdispositionen** 7 die ~ **erfolgte** mit der erforderlichen Sorgfalt 8 die **–sfrist** kann verkürzt werden 9 **–shafen** 10 **–skosten** 11 zur **prompten** ~ 12 Festsetzung des letzten **–stages** ~ 13 **Teil–** 14 ist ~ in **Teillieferungen** innerhalb bestimmter Zeiträume vorgeschrieben 15 **telegrafieren** Sie täglich einen Bericht über die **–en** unter Angabe der Waggonnummern, des Gewichtes und der Menge 16 Waren**übernahme** zur ~ 17 ~ in **Waggons**

1 charger à bord du navire en partance pour Hambourg le 6 mars 2 les marchandises ont été embarquées 3 charger les marchandises à bord du navire «Blue Star» 4 la marchandise a été chargée ce jour, en bon ordre, à bord du navire... 5 charger les marchandises dans le wagon 1 ordre d'embarquement 2 date d'embarquement 3 la date d'embarquement doit être respectée 4 pour chargement en pontée seulement 5 embarquement des marchandises sur le pont 6 instructions d'embarquement 7 le chargement a été effectué avec tous les soins nécessaires 8 le délai de chargement peut être réduit 9 port d'embarquement 10 frais de chargement 11 pour chargement immédiat 12 désignation du dernier jour de chargement 13 chargement partiel 14 s'il est stipulé que des envois partiels devront être embarqués dans une période déterminée 15 veuillez télégraphier, tous les jours, les chargements en indiquant les numéros des wagons, les poids et les quantités 16 acceptation des marchandises pour embarquement 17 chargement en wagon

Verlangen, 1 auf **allgemeines** ~ 2 wir ~ folgende **Änderung** des Vertrags 3 wir vermissen noch immer die verlangten **Angaben** über... 4 ~ Sie ein **Angebot** für... 5 wir ~ **Antwort** spätestens bis 15. d. M. 6 **auf** ~ des **Käufers** 7 hauptsächlich wird eine gefällige **Aufmachung** der Waren verlangt 8 in verlangter **Ausführung** 9 verlangte **Belege** 10 auf unser **eigenes** ~ 11 wir müssen Ihre **Erklärung** ~ 12 wir werden von Ihnen **Ersatz** ~ 13 die Maschine in der verlangten **Frist** fertigstellen 14 das verlangte eine vorhergehende **Genehmigung** der Zentralbank 15 die verlangte **Lieferfrist** für Glühbirnen kann nicht garantiert werden 16 verlangte **Menge** 17 **Muster** auf ~ gratis 18 wir sind bereit, Ihnen den verlangten **Nachlaß** zu gewähren 19 wir ~ **unbedingt** rechtzeitige Lieferung 20 es wird **wenig** verlangt

1 à la demande générale 2 nous demandons la modification suivante du contrat 3 les informations demandées relatives à... ne sont pas encore en notre possession 4 veuillez demander une offre pour... 5 nous demandons réponse pour le 15 courant au plus tard 6 à la demande de l'acheteur 7 on désire surtout une bonne présentation de la marchandise 8 dans le type (od. l'exécution) demandé(e) 9 documents requis 10 à notre propre requête 11 nous sommes obligés d'exiger une explication de votre part 12 nous vous réclamerons une compensation 13 terminer la machine dans le délai prévu 14 une autorisation préalable de la Banque Centrale est nécessaire à ce sujet 15 le délai de livraison pour les ampoules électriques ne peut être garanti 16 quantité requise 17 échantillons gratuits sur demande 18 nous sommes disposés à vous accorder la remise demandée 19 nous exigeons absolument une livraison ponctuelle 20 il y a peu de demande (dans cet article)

Verlängerbar, –e Frist
le délai est prolongeable
Verlängern, 1 wir bitten um Mitteilung, ob die **Ausstellung** verlängert wird 2 die **Zahlungsfrist** von 3 auf 6 Monate ~ 3 die **Gültigkeit** des Akkreditivs um einen Monat bis zum 30. Juni ~ 4 falls

1 nous vous prions de nous faire savoir si l'exposition sera prolongée 2 prolonger le délai de paiement de 3 à 6 mois 3 prolonger la validité de la lettre de crédit d'un mois jusqu'au 30 juin 4 le contrat

Verlängern — Verlegen

der **Vertrag** nicht bis zum 31. Dezember gekündigt wird, verlängert er sich automatisch um 1 Jahr
Verlängerung *f* 1 veranlassen Sie die sofortige ~ des **Akkreditivs** bis 28. Mai 2 wir beantragen **Aufenthalts**– um eine Woche 3 wir **bewilligen** Ihnen die erbetene ~ 4 zwecks ~ der **Bewilligung** 5 beantragen Sie sofort die ~ der **Einfuhrlizenz** 6 wir bitten um **Frist**– um einen Monat bis zum 15. März 7 ~ der **Geltungsdauer** 8 wir bitten Sie um ~ des **Kredites** um 2 Monate 9 wir müssen Sie um eine ~ der **Lieferfrist** für Zement ersuchen 10 **Versicherungs**–

se prolonge automatiquement pour une nouvelle période d'un an, s'il n'est pas dénoncé avant le 31 décembre
1 veuillez faire prolonger immédiatement la lettre de crédit jusqu'au 28 mai 2 nous demandons prolongation d'une semaine de l'autorisation de séjour 3 nous vous accordons la prolongation demandée 4 pour prolongation de l'autorisation 5 veuillez demander immédiatement une prolongation de validité de la licence d'importation 6 nous vous demandons une prolongation de délai d'un mois, jusqu'au 15 mars 7 prolongation de la validité 8 nous vous demandons une prolongation de crédit de deux mois 9 nous devons vous demander une prolongation du délai de livraison pour le ciment 10 prolongation de l'assurance

Verlassen, 1 ~ Sie sich nicht **allzusehr** auf... 2 Sie können sich **darauf** ~, daß wir die äußersten Preise berechnen werden 3 das nächste **Schiff** soll am 8. Juni den Hafen ~

1 ne vous fiez pas trop à... 2 vous pouvez être assuré que nous facturerons les prix les plus avantageux 3 le prochain navire quittera le port le 8 juin

Verläßlich, 1 die **Firma** ist in jeder Hinsicht ~ 2 es handelt sich um eine **Firma,** die ~ ihren Verpflichtungen nachkommt 3 –e **Information** 4 wir haben –e **Informationen,** daß... 5 sie sind als –e **Lieferanten** bekannt 6 –e **Nachricht** 7 diese Information stammt aus sehr –er **Quelle**

1 la maison est en tout point digne de confiance 2 il s'agit d'une maison remplissant fidèlement ses obligations 3 information sûre 4 nous savons de source sûre que... 5 ils ont la réputation d'être des fournisseurs sérieux 6 information sûre 7 cette information provient d'une source très sûre

Verläßlichkeit *f* die **Maschinen** zeichnen sich durch ~ aus

les machines se distinguent par leur sûreté (od. fiabilité)

Verlauf *m* 1 im –e meines persönlichen **Besuches** bei Ihnen 2 der **bisherige** ~ zeigt, daß... 3 den **glatten** ~ der Verhandlung sichern 4 einen **günstigen** ~ nehmen 5 im ~ der **Herstellung** 6 den **Markt**– voraussehen 7 **nach** ~ von 3 Tagen 8 den ~ der Angelegenheit sorgfältig **verfolgen** 9 **während** des –es der **Messe**

1 lors de la visite que je vous ai faite 2 le déroulement (od. cours) actuel des événements fait ressortir que... 3 assurer un déroulement normal des négociations 4 évoluer favorablement 5 en cours de fabrication 6 prévoir l'évolution du marché 7 au bout de trois jours 8 suivre attentivement le développement de l'affaire 9 au cours de (od. pendant) la foire

Verlaufen, 1 diese **Angelegenheit** verläuft erwartungsgemäß 2 die **Lieferungen** müssen im Sinne des Kontraktes ~ 3 die **Montage** verläuft planmäßig 4 die **Zollabfertigung** ist nicht glatt ~

1 cette affaire se développe comme prévu 2 les fournitures doivent se faire ainsi qu'il est stipulé dans le contrat 3 le montage se poursuit comme prévu 4 les formalités douanières ne se sont pas déroulées facilement

Verlautbaren, die Preise wurden **amtlich** verlautbart

les prix ont été publiés officiellement

Verlautbarung *f* 1 es ist in der ~ des Ministeriums **angeführt** 2 sobald die betreffende ~ über die Tarife **erscheint**

1 il est prévu dans le communiqué du Ministère 2 dès que la communication concernant les tarifs sera publiée

Verlegen, 1 wir haben unsere **Büros** an folgende Adresse... (in neue Räume) verlegt 2 wir ~ die **Entscheidung** bis zum Erhalt Ihrer Äußerung 3 die **Messe**

1 nos bureaux ont été transférés à l'adresse suivante... (dans de nouveaux locaux) 2 nous renvoyons la décision jusqu'à (la) réception de votre avis 3 la foire

Verlegen — Verlust

wurde auf Oktober verlegt 4 der **Sitz** der Gesellschaft wurde nach München verlegt
Verlegenheit f 1 dadurch **bringen** Sie ihn in ~ 2 wir **sind** in ~
Verleihen, 1 seiner Behauptung verlieh er **Glaubwürdigkeit** damit, daß... 2 unserem letzten Modell wurde eine **Goldmedaille** verliehen 3 der Behauptung **Nachdruck** ~
Verletzen, 1 eine **Abmachung** ~ 2 das gültige **Recht** ~ 3 die Partei, die die Verhaltensregeln verletzt hat, von der Fortsetzung ihres unlauteren Verhaltens abbringen
Verletzung f 1 ~ des **Gesetzes** 2 **Patent**–

Verlieren, 1 wir würden ungern den **Anspruch** auf Schadenersatz ~ 2 ~ Sie nicht einen **Augenblick** 3 an diesem Geschäft haben wir größere **Beträge** verloren 4 der Kunde verliert bereits die **Geduld** 5 Sie würden eine einzigartige **Gelegenheit** ~ 6 bei diesem **Geschäft** haben wir viel verloren 7 die Getreidesendung hat an **Gewicht** verloren 8 sonst verliert das Abkommen seine **Gültigkeit** 9 die Kunden ~ endgültig das **Interesse** an dieser Ware 10 es muß ihnen daran liegen, den **Kunden** nicht ganz zu ~ 11 das **Regreßrecht** gegen den Verfrachter ~ 12 wir hoffen, daß Sie inzwischen die verlorene **Sendung** ausfindig gemacht haben 13 durch dieses leichtfertige Vorgehen haben sie unsere **Sympathien** verloren 14 dadurch wird die Ware an **Wert** ~ 15 um nicht unnötigerweise **Zeit** zu ~
Verlorengehen, 1 ein Dokument als verlorengegangen **erklären** 2 damit **nichts** verlorengeht 3 unsere Nachforschungen nach dem verlorengegangenen **Paket** sind noch immer ergebnislos 4 die Muster sind **unterwegs** verlorengegangen
Verlust m 1 die Höhe des –es läßt sich vorläufig nicht **abschätzen** 2 ~ an Gewicht 3 –**anzeige** 4 sie **arbeiten** mit ~ 5 die Bilanz hat einen ~ **aufgewiesen** 6 es würde für sie einen ~ **bedeuten,** falls... 7 **dadurch** einen großen ~ erleiden 8 **Devisen**– 9 **empfindlicher** ~ 10 an einem Geschäfte einen ~ **erleiden** 11 wir werden ihnen sämtliche eventuell entstehenden ~ **ersetzen** 12 Ihr Brief ist offensichtlich in ~ **geraten** 13 **Gesamt**– 14 –**geschäft** 15 **Gewichts**– 16

a été remise jusqu'en octobre 4 le siège de la société a été transféré à Munich
1 c'est ainsi que (od. de cette manière, façon) vous le mettez dans l'embarras 2 nous sommes embarrassés
1 sa déclaration a été rendue plausible par le fait que... 2 notre dernier modèle a obtenu une médaille d'or 3 insister sur l'assertion; donner du poids à l'assertion

1 violer un accord 2 violer la loi en vigueur 3 empêcher la partie qui a violé les règles de poursuivre ses pratiques déloyales

1 violation de la loi 2 infraction à un brevet
1 il nous déplairait de perdre notre droit (od. nos droits) au dédommagement (od. aux dommages-intérêts) 2 ne perdez pas une minute 3 cette transaction nous a causé des pertes considérables 4 le client perd déjà patience 5 vous perdriez une occasion unique 6 nous avons perdu beaucoup dans cette affaire 7 il y a une freinte de route à l'occasion du transport des céréales 8 sinon l'accord perd sa validité 9 les clients se désintéressent entièrement de cette marchandise 10 ils doivent tenir à ne pas perdre définitivement le client 11 perdre le droit de recours contre l'affréteur 12 nous espérons qu'entre-temps vous avez retrouvé l'envoi perdu 13 cette attitude négligente leur a valu de perdre entièrement notre sympathie 14 de cette façon, la marchandise diminuera de valeur 15 afin de ne pas perdre inutilement de temps
1 déclarer un document comme perdu 2 pour que rien ne se perde 3 nos recherches pour retrouver le colis perdu n'ont pas encore abouti (od. n'ont toujours pas donné de résultat) 4 les échantillons se sont égarés en cours de route

1 on ne peut encore évaluer l'importance (od. l'étendue) de la perte 2 perte de poids; freinte de route 3 déclaration de perte 4 ils travaillent avec (à) perte 5 le bilan accuse un déficit 6 pour eux, cela constituerait une perte si... 7 il en résulte une perte importante 8 perte au change 9 perte considérable 10 subir une perte en affaires 11 nous vous indemniserons de toute perte éventuellement subie 12 votre lettre semble s'être égarée 13 perte totale 14 affaire déficitaire 15 perte de

Ersatz für den **Gewinn**– 17 keine **Haftung** oder Verantwortung für die Folgen von –en bei Übermittlung von Nachrichten übernehmen 18 es **kam** zu einem bedeutenden ~ 19 **Kurs**– 20 sie können sich mit dem ~ des hiesigen Marktes nicht abfinden 21 es ist unmöglich, den –**nachweis** beizubringen 22 das ist ein **nachweisbarer** ~ 23 –**preis** 24 **Produktions**–e 25 **Rein**– 26 den ~ der Mustersendung bei der Post **reklamieren** 27 **tatsächlicher** ~ 28 **Teil**– 29 wir schlagen vor, die –e je zur Hälfte zu **tragen** 30 **unersetzlicher** ~ 31 die fehlerhaften Waren haben wir mit einem ~ von DM 650,— **verkauft** 32 ein großer **Zeit**–

Vermeiden, 1 um Mißverständnisse und Streitigkeiten zu ~ 2 um jedwede späteren **Reklamationen** zu ~ 3 unnötige **Spesen** ~ 4 um jegliche weiteren **Unannehmlichkeiten** zu ~
Vermerk *m* 1 das durch ~ **angebrachte** Datum auf dem Dokument 2 im Konnossement waren –e über Mängel der Waren **angeführt** 3 **Devisen**– 4 die Banken weisen Verladedokumente zurück, die solche Klauseln oder –e **enthalten** 5 **Sicht**– 6 ... im **Zoll**– einführen
Vermerken, die betreffenden **Preise** haben wir auf den beigefügten Mustern vermerkt
Vermieten, eine Miete für die zum Gebrauch im Exportland vermieteten **Maschinen** berechnen
Vermindern, verminderte **Menge**
Verminderung *f* **Wert**– der Ware durch Beschädigung
Vermissen, 1 wir ~ noch immer die verlangten **Angaben** 2 wir ~ immer noch das verlangte **Angebot** auf das neue Modell 3 wir ~ bis heute Ihre **Antwort** auf unseren Brief vom 18. d. M. 4 wir müssen mit Bedauern feststellen, daß wir seit einiger Zeit Ihre **Aufträge** ~ 5 den **Bericht** ~ 6 wir ~ bisher jegliche **Nachricht** über...

Vermitteln, den **Abschluß** eines Geschäftes vermitteln
Vermittlung *f* 1 wir möchten Sie um Ihre ~ in dieser **Angelegenheit** bitten 2 durch

poids 16 indemnité (od. compensation) pour bénéfice manqué 17 n'assumer aucune garantie ni responsabilité pour les conséquences de pertes pouvant se produire lors de la transmission d'informations 18 une perte considérable a été subie 19 perte au change 20 ils ne peuvent s'accommoder de la perte de ce marché 21 il est impossible de fournir la preuve des pertes 22 c'est une perte vérifiable (od. démontrable) 23 prix à perte 24 pertes de production 25 perte nette 26 réclamer la perte des échantillons à la poste 27 perte réelle 28 perte partielle 29 nous proposons de supporter les pertes à parties égales 30 perte irréparable 31 nous avons vendu les marchandises défectueuses avec une perte de DM 650,— 32 une perte de temps considérable
1 pour éviter tous malentendus et litiges 2 pour prévenir toute réclamation future 3 éviter des frais inutiles 4 afin de prévenir tout ennui
1 la date indiquée au document 2 le connaissement renfermait des mentions relatives à la défectuosité des marchandises 3 cours du change 4 les banques refusent les documents d'embarquement portant de pareilles clauses ou mentions 5 visa 6 importer des marchandises en admission temporaire
les prix ont été indiqués sur les échantillons joints
facturer le loyer des machines données en location pour usage dans le pays d'exportation
quantité réduite
dépréciation de la marchandise par suite d'endommagement
1 nous ne sommes pas encore en possession des informations demandées 2 nous ne sommes toujours pas en possession de l'offre sollicitée pour le nouveau modèle 3 à ce jour, nous n'avons toujours pas reçu de réponse à notre lettre du 18 courant 4 nous regrettons de devoir constater que depuis quelque temps nous n'avons plus reçu aucune commande de votre part 5 être encore sans (od. attendre encore un) rapport 6 nous ne disposons jusqu'à présent d'aucune nouvelle au sujet de...
agir en intermédiaire dans la conclusion d'une affaire
1 nous vous prions d'intervenir dans cette affaire 2 par l'intermédiaire de la

Vermittlung — Verpacken 322

~ der **Bank** 3 telegrafieren Sie, ob sie direkt oder durch ~ der Firma ... **einkaufen** 4 von allen durch Ihre ~ abgeschlossenen **Geschäften** erhalten Sie eine Provision in Höhe von 6% vom Nettobetrag 5 durch ~ der hiesigen **Handelskammer** erfuhren wir, daß... 6 wir können nur durch ~ unseres **Vertreters** Herrn Sloane anbieten

Vermögen, 1 –sabgabe 2 die Nachfrage ist so groß, daß wir die Bestellungen nicht zu **erledigen** vermögen 3 **Firmen–** 4 die Partner haften mit ihrem **gesamten** ~ 5 **Grund–** 6 **Rein–** 7 –**sschaden** 8 **Steuer** vom ~ 9 –**sverhältnisse** 10 –**swerte**

Vermutung f 1 **aller** ~ nach 2 **Rechts–** 3 **unwiderlegbare** ~

Vernachlässigen, unserer Ansicht nach haben wir **nichts** vernachlässigt
Vernachlässigung f es geht um eine **absichtliche** ~ der pflichtgemäßen Sorgfalt
Vernehmen, aus amtlichen Kreisen ~ wir
Verneinend, –e Antwort
Vernichten, 1 der ganze **Inhalt** einer Kiste ist vollkommen vernichtet 2 ein beträchtlicher Teil der **Sendung** wurde durch Bruch/Wasser vernichtet 3 die Ware kann unter **Zollaufsicht** vernichtet werden
Vernichtung f die Sendung war der **Gefahr** der ~ ausgesetzt
Vernünftig, 1 –es **Angebot** 2 einen –en **Preis** erzielen 3 auf jeden –en **Vorschlag** eingehen
Veröffentlichen, 1 mit Interesse haben wir den im „Handelsblatt" veröffentlichten **Artikel** betreffs Ihrer Füllhalter gelesen 2 ein **Inserat** ~
Veröffentlichung f 1 **Datum** der ~ 2 es geschah noch vor der ~ der **Vorschriften**
Verordnung f 1 ~ **aufheben** 2 Gesetz- und –sblatt 3 ~ **erlassen** 4 laut neuester ~, die am 22. Oktober **erschienen** ist 5 diese ~ **gilt** ab 1. Januar 6 die ~ **tritt** am 1. Juli in **Kraft** 7 die ~ über Lizenzen ist noch in Kraft 8 **Regierungs–**

Verpachten, wir haben den **Betrieb** an Herrn Alt verpachtet
Verpacken, 1 in **Behältern** zu je 1200 kg ~ 2 Stroh darf nicht zum Verpacken

banque 3 télégraphiez-nous pour nous dire si vous achetez directement ou par l'intermédiaire de la firme... 4 nous vous garantissons une commission de 5% de la valeur nette sur toutes les transactions faites par votre intermédiaire 5 nous avons appris par l'intermédiaire de la Chambre de Commerce locale que... 6 nous ne pouvons faire offre que par l'intermédiaire de notre agent M. Sloane
1 prélèvement sur la fortune 2 la demande est si forte que nous ne parvenons pas à exécuter les commandes 3 patrimoine de société; capital social 4 les associés sont tenus responsables sur la totalité de leurs biens 5 fortune immobilière 6 actif net 7 dommage aux biens 8 impôts sur la fortune 9 situation financière 10 valeurs de (od. en) capital

1 il est à supposer (od. présumer) 2 présomption légale 3 présomption irréfutable

à notre avis, nous n'avons rien négligé

il s'agit d'une négligence voulue des soins requis
nous apprenons de source officielle
refus; réponse négative
1 le contenu total d'une des caisses a été complètement détruit 2 une partie considérable de l'envoi a été détruite par bris/par l'eau 3 la marchandise peut être détruite sous contrôle de la douane

l'envoi était exposé au danger de destruction
1 offre raisonnable 2 obtenir un prix raisonnable 3 accepter toute suggestion raisonnable
1 nous avons lu avec intérêt votre article publié dans le journal «Handelsblatt» au sujet de vos stylos 2 insérer une annonce
1 date de publication 2 cela s'est passé avant la publication de l'ordonnance
1 abroger un décret (od. une ordonnance) 2 journal officiel (des lois et ordonnances) 3 promulguer une ordonnance 4 selon l'ordonnance la plus récente publiée le 22 octobre 5 cette ordonnance prend effet à partir du 1er janvier 6 l'ordonnance entre en vigueur au 1er juillet 7 l'ordonnance relative aux licences est encore en vigueur 8 décret gouvernemental

nous avons donné l'usine en location à M. Alt
1 emballer en containers de 1200 kg chaque 2 la paille ne doit pas être utilisée

Verpacken — Verpackung

benutzt werden 3 zu je 5 Stück in einem **Bund** ~ 4 zu 10 Dutzend in Kisten ~ 5 ... **getrennt** ~ 6 in Holzverschalung ~ 7 in **Holzwolle** ~ 8 ... in **Igelitbeutel** ~ 9 beim Verpacken ist ein **Irrtum** unterlaufen 10 in **Jute** ~ 11 ... in **Kartons** zu je 10 kg ~ 12 in **Kisten** zu 6 Paketen/Stück ~ 13 ... in **Lattenverschlägen** verpackt 14 **ordentlich** ~ 15 ... in **Ölpapier**/Wachspapier ~ 16 zu je 10 **Paar** verpackt 17 in **Pappschachteln** zu je 4 kg ~ 18 in doppelten/dreifachen **Säcken** zu je 50 kg netto ~ 19 das Paket war allem Anschein nach **schlecht** verpackt 20 ... **sorgfältig** ~ 21 zu je 12 Stück in **Steigen** ~ 22 in **üblicher** Weise verpackt 23 **vorschriftsmäßig** ~ 24 **vorschriftswidrig** ~ 25 gemäß den **Weisungen** verpackt

Verpackung *f* 1 **Anweisungen** des Kunden bezüglich ~ 2 –**sart** 3 **ausreichende** ~ 4 **äußere** und innere ~ 5 **Beschreibung** der –sart 6 **Datum** der ~ 7 die Menge in –**seinheiten** ist im Akkreditiv bezeichnet 8 die Preise verstehen sich **einschließlich** ~ 9 **Einzelhandels**– **Fehler** der ~ 11 die Ware wurde durch **fehlerhafte** ~ beschädigt 12 **feste** ~ 13 **geeignete** ~ 14 **genormte** ~ 15 das **Gewicht** der ~ herabsetzen 16 –**sgutschrift** 17 auf der ~ muß der **Inhalt** angegeben sein 18 **Jute**– 19 für **Kisten**– berechnen wir einen Zuschlag 20 –**skosten** 21 die ~ geht auf Ihren **Lasten** 22 **luftdichte** ~ 23 **mangelhafte** ~ 24 –**smaterial** 25 **ordentliche** ~ 26 die Grundsätze einer **ordnungsgemäßen** ~ wurden nicht beachtet 27 –**spapier** 28 die **Preise** verstehen sich einschließlich/ohne ~ 29 die ~ geht auf Ihre **Rechnung** 30 für **retournierte** leere –en schreiben wir DM 56,— gut 31 **rückerstattete** ~ 32 die Qualität der Ware hat infolge **schlechter** ~ gelitten 33 **seefeste/seemäßige** ~ 34 **sorgfältige** ~ 35 die –s**spesen** werden gesondert berechnet 36 –**stechnik** 37 **Transport**– 38 **tropenfeste** ~ 39 **Übersee**– ~ 40 **übliche** ~ 41 **ungenügende** ~ 42 **unmittelbare** ~ 43 infolge **unrichtiger** ~ 44 **unzweckmäßige** ~ 45 **wasserdichte** ~ 46 die ~ war zerrissen 47 die ~ wird nicht **zurückgenommen** 48 wir sind bereit, Ihnen für die **zurückgesandte** unbeschädigte ~ den

pour l'emballage 3 emballer en bottes de cinq pièces 4 emballer en caisses de 10 douzaines 5 emballer... séparément 6 emballer en caisses à claire-voie 7 emballer avec de la fibre d'emballage 8 emballer en sachets plastiques «igelit» 9 une erreur s'est produite lors de l'emballage 10 emballer en jute 11 emballer en cartons de dix kilos chaque 12 emballer en caisses de six paquets/pièces chaque 13 emballer en caisses à claire-voie 14 emballer convenablement 15 emballer en papier huilé/ciré 16 emballé en paquets de 10 paires 17 emballé en boites de carton de 4 kilos chaque 18 emballé en sacs doubles/triples de 50 kilos net par pièce 19 le colis était apparemment mal emballé 20 emballer soigneusement 21 emballer en caisses à claire-voie de douze pièces 22 emballé de la façon habituelle 23 emballer en bonne et due forme 24 emballer à l'encontre des instructions 25 emballé suivant les instructions

1 instructions d'emballage données par le client 2 mode d'emballage 3 emballage satisfaisant 4 emballage externe et interne 5 description du mode d'emballage 6 date d'emballage 7 les quantités par unité d'emballage sont spécifiées dans la lettre de crédit 8 les prix s'entendent emballage compris 9 emballage pour la vente en détail 10 emballage défectueux 11 la marchandise a été endommagée par suite d'un emballage défectueux 12 emballage solide 13 emballage approprié 14 emballage standardisé 15 réduire le poids de l'emballage 16 note de crédit pour emballage 17 le contenu doit figurer sur l'emballage 18 emballage en jute 19 nous facturons une majoration pour emballage en caisses 20 frais d'emballage 21 l'emballage est à votre charge 22 emballage hermétique 23 emballage insuffisant 24 matériel d'emballage 25 emballage correct 26 les règles d'un emballage correct n'ont pas été respectées 27 papier d'emballage 28 les prix s'entendent emballage inclus sans emballage 29 l'emballage vous sera porté en compte 30 nous vous créditons de DM 56,— pour emballages vides retournés 31 emballage remboursé 32 la marchandise a souffert par suite d'un emballage défectueux 33 emballage maritime emballage soigné 35 les frais d'emballage sont facturés séparément 36 technique d'emballage 37 container maritime 38 emballage tropical 39 emballage pour transport d'outre-mer

vollen Preis gutzuschreiben 49 für ~ in Jute wird ein **Zuschlag** von 4% berechnet 50 die ~ ist in gutem/schlechtem **Zustand**

40 emballage usuel 41 emballage insuffisant 42 emballage interne 43 par suite d'un emballage incorrect 44 emballage non convenant 45 emballage étanche 46 l'emballage était déchiré 47 les emballages vides ne sont pas repris 48 nous sommes disposés à vous créditer de la pleine valeur des emballages retournés en bon état 49 nous calculons un supplément de 4% pour emballage en jute 50 l'emballage est en bon état/mauvais état

Verpflichten, 1 die **Banken** sind nicht verpflichtet, Dokumente außerhalb ihrer Schalterstunden entgegenzunehmen 2 wir sind Ihnen zu **Dank** verpflichtet 3 obwohl Sie sich verpflichtet haben, uns sofort zu **informieren** 4 die Inkasso-Bank ist nicht verpflichtet, die Handelspapiere zu **prüfen** 5 wir ~ uns, alle **Reparaturen** kostenlos durchzuführen 6 wir sind verpflichtet, Ihnen die **Spesen** zu zahlen 7 die zur **Vertraulichkeit** verpflichteten Sachverständigen erhalten die erforderliche Einsicht in die Akten
Verpflichtung f 1 dieser Vertrag hat uns die folgenden –en **auferlegt** 2 die –en sind **befristet** 3 rechtlich bindende –en **begründen** 4 unsere neuen –en **belasten** uns sehr 5 –en, die auf ausländischen Gesetzen und Gebräuchen **beruhen** 6 die –en von Verkäufer und Käufer **bestimmen** 7 das Einzige, was Sie der ~ **entheben** kann, ist... 8 sie wollen sich ihren ~ **entziehen** 9 die Firma **erfüllt** ihre –en 10 diese Partei wurde an der **Erfüllung** ihrer –en gehindert 11 unsere –en **erlauben** uns nicht, Ihnen entgegenzukommen 12 **fällige** ~ 13 **gegenseitige** –en der Parteien eines Kaufvertrages 14 da wir selbst unseren –en pünktlich **nachkommen** müssen, ist es uns unmöglich... 15 Sie haben eine große ~ auf sich **genommen** 16 **ohne** ~ und Verantwortlichkeit ihrerseits 17 **Schadenersatz**– 18 wir können keine solchen –en **übernehmen** 19 die **Vertrags**– 20 **Wechsel**– 21 **Zahlungs**–

1 les banques ne sont pas obligées d'accepter des documents en dehors des heures d'ouverture des guichets 2 nous vous sommes obligés; nous vous savons gré 3 bien que vous vous soyez engagés à nous informer immédiatement 4 la banque effectuant l'encaissement n'est pas obligée de vérifier les effets de commerce 5 nous nous engageons à effectuer gratuitement toute réparation 6 nous sommes obligés de vous payer les frais 7 les experts, tenus au secret, pourront prendre connaissance des documents
1 ce contrat nous impose les obligations suivantes 2 ces obligations sont sujettes à un délai d'exécution 3 contracter des obligations légales 4 nos nouveaux engagements constituent pour nous une lourde charge 5 obligations se basant sur des lois et usages étrangers 6 déterminer les obligations de l'acheteur et du vendeur 7 la seule chose qui puisse vous libérer de vos obligations est... 8 ils essayent de se soustraire à leurs obligations 9 la société remplit ses obligations 10 cette partie a été empêchée dans l'accomplissement de ses obligations 11 nos obligations ne nous permettent pas de satisfaire vos désirs 12 obligation échue 13 les obligations réciproques des parties d'un contrat d'achat 14 étant donné que nous devons remplir nos obligations ponctuellement, il nous est impossible de... 15 vous avez endossé une grosse responsabilité 16 sans engagement ni responsabilité de votre part 17 obligation d'indemniser 18 nous ne pouvons prendre de pareils engagements 19 obligations contractuelles 20 obligations résultant d'une lettre de change 21 obligation de payer

Verraten, Fabrikationsgeheimnis ~
Verrechnen, 1 bitte diesen Betrag zu unseren **Gunsten** zu ~ 2 in der **Rechnung** haben Sie sich verrechnet
Verrechnung f 1 –sabkommen 2 –sbank 3 –sbelege 4 die ~ der Anzahlung wird

divulguer un secret de fabrication
1 veuillez décompter ce montant en notre faveur 2 vous avez commis une erreur dans l'établissement de votre facture
1 accord de compensation 2 banque de compensation 3 bons de virement 4 le

Verrechnung — Verschieben

nach der Warenexpedition **durchgeführt** werden 5 **End**– 6 **monatliche** ~ 7 **nachträgliche** ~

Verreisen, 1 da er auf längere Zeit **dienstlich** verreist 2 er ist am 6. Oktober von Bremen **nach** Liverpool verreist
Verringern, 1 diese **Menge** mußte verringert werden 2 die **Geschäftsmöglichkeiten** ~ sich dauernd 3 die **Schwierigkeiten** ~
Versammlung *f* 1 **General**– 2 außerordentliche **General**– 3 **Jahres**– 4 die **Mitglieder**– wird brieflich einberufen werden 5 **öffentliche** ~
Versand *m* 1 der Spediteur erhält von uns genaue **–anweisungen** 2 **–anzeige** 3 die Ware zum ~ **aufmachen** 4 **–auftrag** 5 den ~ werden wir Ihnen telegrafisch **avisieren** 6 die Ware ist versandbereit seit dem 14. August 7 **–bescheinigung** 8 Post**–bescheinigung** 9 den ~ **beschleunigen** 10 **–datum** 11 **–dispositionen** 12 der ~ per Bahn kann in wenigen Tagen **erfolgen** 13 **–haus** 14 laut Ihren **–instruktionen** abgesandt 15 der Preis wurde einschließlich der **–kosten** berechnet 16 **–land** 17 Post**–liste** 18 **–ort** 19 **–spesen** von München nach Paris 20 ~ der Maschine als **Stückgut** 21 **–tag** 22 **Verzögerung** im ~ 23 laut Ihren **–vorschriften** 24 wir sind mit dem ~ auf dem **Wasserwege** nicht einverstanden 25 postalisches **–zertifikat**

Versäumen, 1 die **Frist** ~ 2 wir haben die **Gelegenheit** versäumt, auf dem **Markt** durchzudringen 3 Sie werden gewiß nicht ~, die **Messe** zu besuchen
Verschaffen, 1 einer Ware **Absatz** ~ 2 **Angaben** über... ~ 3 **Arbeit** für die Druckerei ~ 4 wir gestatten uns, Sie zu **ersuchen**, uns Muster zu ~ 5 wollen Sie uns freundlichst nähere **Informationen** über Herrn... bei der Bank ~

Verschicken, den **Katalog** an alle Kunden ~
Verschieben, 1 der regelmäßige **Abflug** des Flugzeuges von Frankfurt nach London wurde wegen Nebels um 50 Mi-

décompte du paiement sera effectué après expédition des marchandises 5 décompte final 6 décompte mensuel des commissions 7 décompte supplémentaire (od. ultérieur)
1 vu qu'il est en mission pour un certain temps 2 le 6 octobre il a quitté Brême pour Liverpool
1 il a fallu réduire la quantité 2 les possibilités d'affaires ne cessent de diminuer 3 diminuer les difficultés

1 assemblée générale 2 assemblée générale extraordinaire 3 assemblée annuelle 4 l'assemblée des membres sera convoquée par lettre 5 assemblée publique
1 le commissionnaire de transport reçoit de notre part des instructions précises d'expédition 2 avis d'expédition 3 conditionner les marchandises pour l'expédition 4 ordre d'expédition 5 nous vous aviserons télégraphiquement de l'expédition 6 la marchandise est prête à l'expédition depuis le 14 août 7 avis d'expédition 8 certificat d'envoi postal 9 accélérer l'expédition 10 date d'expédition 11 instructions d'expédition 12 l'expédition par rail peut avoir lieu dans quelques jours 13 maison d'expédition 14 expédié suivant vos instructions de transport 15 les prix ont été calculés, frais d'expédition inclus 16 pays d'expédition 17 liste des départs postaux 18 lieu d'expédition 19 frais de transport de Munich à Paris 20 expédition de la machine comme colis de détail 21 jour d'expédition 22 retard dans l'expédition 23 suivant vos instructions d'expédition 24 nous ne sommes pas d'accord pour expédier par eau 25 certificat d'envoi postal

1 manquer (od. laisser passer) le délai 2 nous avons manqué l'occasion de prendre pied sur le marché 3 vous ne manquerez certainement pas de visiter la foire
1 trouver un débouché pour une marchandise 2 procurer des informations concernant... 3 procurer du travail à l'imprimerie 4 nous vous prions de nous procurer des échantillons 5 voudriez-vous avoir l'amabilité de nous donner de plus amples renseignements bancaires sur M....

envoyer le catalogue à tous les clients

1 le départ (od. décollage) régulier de l'avion de Francfort à Londres est retardé de 50 minutes par suite de brouillard

Verschieben — Verschluß

nuten verschoben 2 wir werden wahrscheinlich die **Absendung** um 1–2 Monate ~ müssen 3 die **Erfüllung** mußte verschoben werden 4 die **Eröffnung** der Messe wurde vom 12. auf den 19. Juni verschoben 5 die **Expedition** auf März ~ 6 die **Genehmigung** der Kompensation wurde leider wieder verschoben 7 die **Lieferung** muß auf nächste Woche verschoben werden 8 ~ Sie es auf eine spätere Zeit
Verschiebung *f* 1 ~ der **Liefertermine** 2 **Zahlungs**– gewähren
Verschieden, 1 unsere **Meinungen** sind ganz ~ 2 wir führen –e Teile auf **Lager** 3 die Ware von –en **Lieferanten** kaufen

Verschiedenheit *f* wegen **Meinungs**–en
Verschiffen, 1 ... getrennt ~ 2 „Verschifft" **Konnossement** 3 die **Ladung** mit nächstem Boot ~ 4 die Sendung wurde in 3 **Partien** verschifft 5 die **Sendung** wurde in den Kahn/auf das Schiff/in den Waggon verschifft
Verschiffung *f* 1 –sagent 2 –sanzeige 3 –sauftrag 4 ~ ausweisende Dokumente 5 die ~ der Waren **beschleunigen** 6 **Bewilligung** zur ~ 7 „an **Bord**" ~ 8 kompletter Satz –sdokumente 9 –en, die auf demselben Schiff und für dieselbe Reise **erfolgen** 10 –shafen 11 –sinstruktionen 12 **Konnossement** „Empfangen zur ~" 13 mit erster –smöglichkeit 14 –spapiere 15 **Teil**– 16 –szertifikat

Verschlag *m* das Motorrad **durch** einen ~ sichern
Verschlechtern, 1 der **Markt** verschlechtert sich nach und nach 2 die **Qualität** des Rohmaterials hat sich wieder verschlechtert 3 die **Situation** hat sich gegenüber dem Vorjahr verschlechtert
Verschlechterung *f* es ist eine ~ in der Rohstoffversorgung **eingetreten**

Verschleiert, –es **Dumping**
Verschließen, 1 sie ~ sich den **Argumenten** 2 Sie können **sich** nicht den Neuheiten ~

Verschluß *m* 1 den **Plomben**– beschädigen 2 die Waren sind unter **Zoll**–

2 nous serons probablement obligés de différer l'expédition de 1 à 2 mois 3 l'exécution a dû être retardée 4 l'ouverture de la foire a été reportée du 12 au 19 juin 5 retarder l'expédition jusqu'au mois de mars 6 malheureusement, l'autorisation de compensation a de nouveau été différée 7 il a fallu remettre la livraison à la semaine prochaine 8 remettez cette affaire à plus tard

1 remise de la date de livraison 2 accorder un délai de paiement
1 nos opinions (od. points de vue) divergent totalement 2 nous avons diverses pièces en magasin 3 acheter des marchandises auprès de divers fournisseurs

par suite de divergences d'opinion
1 embarquer séparément 2 connaissement «embarqué» 3 embarquer par prochain navire 4 les marchandises ont été embarquées en 3 lots 5 la marchandise a été chargée sur péniche/sur bateau/sur wagon

1 transitaire maritime 2 avis d'embarquement 3 ordre d'embarquement 4 documents constatant l'embarquement 5 accélérer l'embarquement des marchandises 6 permis d'embarquement 7 embarquement «à bord» 8 jeu complet des documents d'embarquement 9 embarquements s'effectuant sur le même navire et pour le même trajet 10 port d'embarquement 11 instructions d'embarquement 12 connaissement «reçu pour embarquement» 13 jeu embarquement à la première occasion 14 documents d'embarquement 15 embarquement partiel 16 certificat d'embarquement

protéger la motocyclette en l'emballant dans une caisse à claire-voie
1 la situation du marché se détériore graduellement 2 la qualité des matières premières a de nouveau baissé 3 la situation s'est aggravée par rapport à l'année précédente
la situation de l'approvisionnement en matières premières a empiré (od. s'est aggravée)

dumping dissimulé (od. camouflé)
1 ils refusent de prendre les arguments en considération 2 vous ne pouvez ignorer les nouveautés; vous ne pouvez fermer les yeux sur les (od. rester insensible, étranger aux) nouveautés

1 endommager la fermeture plombée 2 les marchandises sont sous contrôle douanier

Verschmutzt, die **Ware** ist ~ hier angekommen / la marchandise s'est salie en cours de route

Verschollen, –e **Sendung** / l'envoi perdu (od. égaré)

Verschulden *n* 1 **das** haben Sie verschuldet 2 das Geschäft haben wir **durch** Ihr ~ verloren 3 der **Fehler** wurde durch unseren Vertreter verschuldet 4 dem Verkäufer fällt **grobes** ~ zur Last 5 der Schaden entstand **ohne** ~ unsererseits 6 für **Schäden,** die ohne unser ~ entstanden, haften wir nicht 7 er ist **schwer** verschuldet 8 diese Firma hat **sich** schwer verschuldet / 1 c'est votre faute 2 nous avons manqué cette affaire par votre faute 3 l'erreur a été causée par la faute de notre représentant 4 le vendeur a commis une grosse faute 5 le dommage a été causé sans qu'il y ait faute de notre part 6 nous déclinons toute responsabilité pour les dommages survenus sans notre faute 7 il est fortement endetté 8 cette firme s'est fortement endettée

Verschwendung *f* **Zeit**– / gaspillage de temps

Versehen *n* 1 wir sind für dieses Jahr schon voll mit **Aufträgen** ~ 2 die Konnossemente mit einem späteren **Datum** ~ 3 wir **entschuldigen** uns für dieses ~ 4 wir hoffen, Sie werden dieses unangenehme ~ **entschuldigen** 5 dieser Fehler ist durch ein bloßes ~ **entstanden** 6 das Konnossement mit der **Klausel** ~ : 7 mit Waren gut –es **Lager** 8 jedes Stück muß mit der **Nummer** ~ werden 9 er kann verläßlich den **Posten** eines Vertreters ~ 10 die Kiste muß mit einem **Stahlband** ~ werden 11 ... mit dem **Stempel** ~ 12 die Ware muß mit fester **Verpackung** ~ werden / 1 notre capacité de production pour cette année est complètement absorbée par des commandes 2 postdater les connaissements 3 nous nous excusons de cette erreur 4 nous espérons que vous voudrez bien excuser cette fâcheuse erreur 5 cette erreur est due à une simple inattention 6 insérer dans la connaissement la clause : 7 magasin bien fourni en marchandises 8 chaque pièce doit porter le numéro 9 il est apte à remplir le poste de représentant 10 la caisse doit être munie d'un ruban d'acier 11 mettre le sceau sur... 12 la marchandise doit être solidement emballée

Versehentlich, 1 unserem Briefe wurden ~ keine Anlagen **beigefügt** 2 dies **geschah** nur ~ / 1 c'est par erreur que nous avons omis de joindre les annexes à notre lettre 2 ceci est arrivé par erreur

Versenden (s. a. Expedieren, Absenden) die **Ware** muß binnen 4 Wochen nach Eingang der Bestellung versandt werden / les marchandises doivent être expédiées dans les 4 semaines qui suivent la réception de la commande

Versendung *f* (s. a. Expedition) ~ **ausweisende** Dokumente / documents constatant (od. prouvant) l'expédition

Versetzen, 1 diese unerwartete Komplikation versetzte uns in große **Schwierigkeiten** 2 ... in einen ordentlichen **Zustand** ~ / 1 cette complication inattendue nous a mis dans une position très difficile 2 remettre ... dans un état convenable

Versicherer *m* von –n **unterzeichnet** sein / être signé par les assureurs

Versichern, 1 wir versicherten die Ware gegen **Ausplünderung** 2 die Waren **bei** der Versicherungsanstalt „Merkur" ~ 3 gegen **Beraubung** ~ 4 die Waren gegen **Beschlagnahme** ~ 5 ... gegen **Bruch** ~ 6 gegen **Diebstahl** ~ 7 gegen **Feuer** ~ 8 gegen alle **Gefahren** versichert 9 die Sendung von **Haus** zu Haus ~ 10 wir ~ **Ihnen,** daß... 11 versichertes **Interesse** 12 gegen **Kriegs**- und Minengefahr ~ 13 die Waren sind bis zum **Lager** des Kunden versichert 14 **lassen** Sie bitte diese Sendung wie üblich ~ 15 gegen **Leckage** ~ 16 die Waren für eine **Reise** ~ 17 gegen **Rost** ~ 18 Sie dürfen versichert **sein,** daß wir Ihre Bestellung / 1 nous avons assuré les marchandises contre les risques de pillage 2 assurer les marchandises auprès de la compagnie d'assurances «Merkur» 3 assurer contre le vol 4 assurer les marchandises contre tous risques de saisie 5 assurer... contre le bris 6 assurer contre le vol 7 assurer contre l'incendie 8 assuré contre tous risques 9 assurer l'expédition de domicile à domicile 10 nous vous affirmons que... 11 intérêts assurés 12 assurer contre les risques de guerre et contre le danger des mines 13 les marchandises sont assurées jusqu'au magasin du client 14 veuillez faire assurer l'envoi comme à l'habitude 15 assurer contre le coulage 16 assurer

Versichern — Versicherung

besonders sorgfältig zu Ihrer vollkommenen Zufriedenheit ausführen werden 19 die **Sendung** ist von der Versandstation bis zur Bestimmungsstation versichert 20 die Sendung wurde auf weniger als die Hälfte ihres **Wertes** versichert

Versicherung *f* 1 die ~ wird durch den Käufer **abgeschlossen** werden 2 –s**agent** 3 –**anstalt** (s. auch Versicherungsanstalt) 4 eine ~ gegen Diebstahl bei der Ersten Allgemeinen –s**anstalt** abschließen 5 –s**antrag** 6 einen –s**auftrag** dem Spediteur erteilen 7 –s**ausmaß** 8 Allgemeine –s**bedingungen** 9 die ~ beginnt ab Verladung der Fracht 10 –s**bescheinigung** 11 –s**betrag** 12 –s**betrug** 13 –s**dauer** 14 diese ~ deckt die laufenden Ris(i)ken der Land- und Seetransporte 15 der Schaden ist zum Teil durch ~ **gedeckt** 16 –s**deckung** 17 **einschließlich** ~ 18 –s**entschädigung** 19 –s**fall** 20 **Feuer**– 21 **Flug**– 22 **Fracht**– 23 **Garantie**– 24 ~ gegen alle **Gefahren** 25 besorgen Sie die ~ der Ware **gegen** übliche Gefahren 26 ~ für entgangenen **Gewinn** 27 **Haftpflicht**– 28 ~ von **Haus** zu Haus 29 die ~ ist im Preise **inbegriffen** 30 –s**interesse** 31 –s**klauseln** 32 **kombinierte** ~ 33 –s**kosten** 34 **Kredit**– 35 ~ gegen **Kriegsgefahr** 36 **kumulative** ~ 37 **Lebens**– 38 die –s**prämie**, die sich auf DM 620,40 beläuft, trägt der Kunde 39 **Rahmen**– 40 ~ für fremde **Rechnung** 41 ~ für **Rechnung**, wen es angeht 42 –s**risiko** 43 die ~ wurde zu einem möglichst niedrigen **Satz** abgeschlossen 44 einen zugunsten des Käufers geltenden –s**schein** beschaffen 45 er **schloß** mit der ~ ab, daß... 46 **See**– 47 die ~ der Sendung auf Kosten des Kunden veranlassen 48 **Sozial**– 49 –s**summe** 50 –s**tarife** 51 **Transport**– 52 **Unfall**– 53 **Unter**– 54 die ~ um einen Monat **verlängern** 55 –s**verlängerung** 56 **Währungs**– 57 –s**wert** 58 **Zeit**– 59 –s**zertifikat**

les marchandises pour la totalité du voyage 17 assurer contre la rouille 18 vous pouvez être assuré que nous exécuterons votre commande avec tous les soins requis et à votre entière satisfaction 19 l'envoi est assuré depuis la station de départ jusqu'à la station de destination 20 l'envoi était assuré pour moins de la moitié de sa valeur

1 l'assurance sera contractée par l'acheteur 2 agent d'assurance 3 compagnie d'assurance 4 conclure une assurance contre le vol auprès de la Erste Allgemeine Versicherungsanstalt 5 demande d'assurance 6 donner ordre au commissionnaire de transport de conclure une assurance 7 étendue de l'assurance 8 conditions générales d'assurance 9 l'assurance prend effet au moment du chargement 10 certificat d'assurance 11 montant d'assurance 12 fraude d'assurance 13 durée de l'assurance 14 cette assurance couvre les risques usuels des transports terrestre et maritime 15 l'avarie est partiellement couverte par l'assurance 16 couverture d'assurance 17 assurance comprise 18 indemnité d'assurance 19 sinistre 20 assurance contre l'incendie 21 assurance aérienne 22 assurance de transport 23 assurance de garantie 24 assurance tous risques 25 veuillez assurer la marchandise contre risques usuels 26 assurance pour perte de gain 27 assurance aux tiers; assurance responsabilité civile 28 assurance de domicile à domicile 29 le prix comprend l'assurance 30 intérêts assurables 31 clauses d'une police d'assurance 32 assurance combinée 33 frais d'assurance 34 assurance-crédit 35 assurance contre risques de guerre 36 assurance cumulative 37 assurance-vie 38 la prime d'assurance, s'élevant à DM 620,40, est supportée par le client 39 police générale 40 assurance pour compte de tiers 41 assurance pour le compte de qui elle appartiendra 42 risque d'assurance 43 l'assurance a été conclue au taux le plus favorable 44 conclure une assurance valable pour l'acheteur 45 il a convenu que l'assurance que... 46 assurance maritime 47 conclure une assurance aux frais du client 48 assurance sociale 49 somme assurée 50 taux d'assurance 51 assurance-transport 52 assurance-accidents 53 insuffisance d'assurance 54 prolonger l'assurance d'un mois 55 prolongation d'assurance 56 assurance contre risques de perte de change 57 valeur assurable 58

Versicherungsanstalt f 1 die den Schaden betreffenden **Belege** haben wir der ~ zur direkten Erledigung Ihres Anspruches übergeben 2 diesen Schaden wird die ~ **liquidieren** 3 sich unverzüglich mit der ~ in **Verbindung** setzen 4 die ~ ist **verpflichtet**, diesen Schaden zu decken 5 die ~ **weigert** sich, den Schaden zu ersetzen 6 **wenden Sie sich** mit dem Ansuchen um Schadenersatz an Ihre ~

assurance à temps **59** certificat d'assurance
1 les documents relatifs à l'avarie ont été transmis par nos soins à la compagnie d'assurance qui règlera directement votre demande d'indemnité 2 ces dommages seront remboursés par la compagnie d'assurance 3 se mettre immédiatement en rapport avec la compagnie d'assurances 4 la compagnie d'assurance est obligée de rembourser ce dommage 5 la compagnie d'assurance refuse de rembourser le dommage 6 veuillez adresser votre demande d'indemnisation à votre compagnie d'assurance

Versiegeln, 1 versiegelter **Brief** 2 den versiegelten **Mustern** gemäß
Versöhnlich, -e Lösung
Versorgen, 1 (un)genügend versorgtes Lager 2 der Markt ist mit dieser Ware **gut** versorgt 3 **reichlich** versorgt
Versorgung f 1 –s- und **Absatzbedingungen** 2 Schwierigkeiten in der ~ **mit bestimmten Waren** mögen auftreten 3 die **Rohstoff–** ist in letzter Zeit ins **Stocken** geraten 4 Störung in der **Strom–** 5 es ist eine **Verschlechterung** in der Rohstoff– eingetreten 6 **Vorzugs–**

1 lettre scellée 2 en concordance avec les échantillons scellés (od. cachetés)
règlement (od. arrangement) conciliant
1 magasin bien (mal) fourni 2 le marché est bien fourni de cette marchandise 3 amplement fourni
1 conditions d'approvisionnement et de distribution 2 des difficultés dans l'approvisionnement de certaines marchandises peuvent se présenter 3 l'approvisionnement en matières premières s'est arrêté (od. s'est ralenti) ces derniers temps 4 panne dans l'alimentation en courant électrique 5 la situation de l'approvisionnement en matières premières a empiré 6 approvisionnement préférentiel

Verspäten, 1 verspätete **Absendung** 2 infolge der verspäteten **Lieferung** 3 die **Lieferung** hat sich um 14 Tage verspätet 4 die **Post** hat sich etwas verspätet 5 da sich die **Sendung** verspätet hat
Verspätung f 1 ~ des **Fluges** 2 die ~ ist als **Folge** von Verkehrsstörungen eingetreten 3 das **Schiff** hat ~ 4 der **Zug** hat ~

1 envoi retardé 2 à cause de la livraison en retard 3 la livraison a été retardée de quinze jours 4 le courrier est arrivé en retard 5 vu qu'un retard s'est produit dans l'expédition
1 vol retardé 2 le retard provient d'un arrêt dans la circulation 3 le navire a du retard 4 le train a du retard

Versprechen, 1 leider ist es nur **beim** Versprechen geblieben 2 **bindendes** Versprechen 3 leider können wir Ihnen nichts **Bindendes** ~ 4 nichts **Derartiges** ist versprochen worden 5 wir müssen mit Bedauern feststellen, daß Sie Ihr Versprechen nicht **eingehalten** haben 6 er **erinnert** sich seines Versprechens 7 Ihr Vertreter versprach, die Angelegenheit mit Ihnen zu **erörtern** 8 die **Genehmigung** wurde spätestens bis 2. Februar versprochen 9 die **Lieferung** für Ende Januar ~ 10 von diesem Geschäft ~ wir uns nicht **viel** 11 **Zahlungs–**
Verständigen (s. a. Informieren) den Kunden von der **Änderung** ~
Verständigung f für eine ~ mit dem Lieferanten **eintreten**

1 malheureusement, tout s'est borné à de vaines promesses 2 promesse ferme 3 nous regrettons de ne pas pouvoir (vous) donner de promesse ferme 4 rien de semblable n'a été promis 5 c'est avec regret que nous constatons que vos promesses n'ont pas été tenues 6 il tient ses promesses 7 votre représentant nous a promis de discuter cette affaire avec vous 8 l'autorisation a été promise pour le 2 février au plus tard 9 promettre la livraison pour fin janvier 10 nous n'attendons pas beaucoup de cette affaire 11 promesse de paiement
informer (od. prévenir) le client du changement
essayer de trouver un arrangement avec le fournisseur

Verständnis — Vertauschen

Verständnis *n* 1 wir **haben** volles ~ für Ihre Schwierigkeiten 2 auf **mangelndes** ~ bei dem Kunden stoßen 3 sie **zeigen** mangelndes ~ für...

Versteckt, -e Reserve

Verstehen, 1 was versteht man **darunter** 2 die angeführten **Längen** ~ sich in Metern ~ sie können **nicht** ~, daß... 3 die **Preise** ~ sich F.O.B. europäischer Hafen einschließlich Verpackung 5 das versteht sich von **selbst**

Versteifen, die **Kurse** versteiften sich

Versteigern, die **beschlagnahmten** Waren wurden versteigert

Versteigerung *f* 1 **Erlös** aus dem Verkauf in der ~ 2 ... bei einer ~ **erstehen** 3 **freiwillige** ~ 4 **gerichtliche** ~ 5 es kam nicht zur ~ 6 ... in einer ~ **kaufen** 7 **öffentliche** ~ 8 wir lassen die Waren in einer **öffentlichen** ~ verkaufen 9 die ~ der Sendung wird am 15. Mai **stattfinden** 10 die beschlagnahmten Waren in einer ~ **verkaufen** 11 **Zoll**– 12 **Zwangs**–

Versteuern, die **Ware** muß versteuert werden

Verstoß *m* 1 das wäre ein ~ gegen die **Regel** 2 es handelt sich um einen groben ~ gegen den **Vertrag** von seiten des Kunden

Verstreichen, 1 diese **Frist** ist fruchtlos verstrichen 2 die Reklamation wurde nach Verstreichen der **Garantiefrist** erhoben 3 die **Lieferfrist** ist bereits längst verstrichen

Verstümmeln, da Ihr **Telegramm** verstümmelt angekommen ist

Verstümmelung *f* infolge einer ~ wurde in Ihrem Telegramm der Preis unrichtig angegeben

Versuch *m* 1 ~ **sauftrag** 2 wir werden mit der Maschine einen ~ **fahren** 3 es wäre eines –es **wert**

Versuchen, 1 ~ Sie es erst **gar** nicht 2 ~ Sie mit allen **Kräften** ein Übereinkommen zu erzielen 3 bitte ~ Sie einmal unsere **Schokolade** 4 ~ Sie, einen Streit zu **verhüten**

Vertagen, 1 die **Sitzung** mußte auf den 17. April vertagt werden 2 wegen Abwesenheit des Herrn Schlosser wurde die **Verhandlung** vertagt 3 die **Verhandlung** wurde auf unbestimmte Zeit vertagt

Vertauschen, die beiden **Muster** sind vertauscht worden

1 nous comprenons parfaitement vos difficultés 2 rencontrer un manque de compréhension chez le client 3 ils manquent de compréhension pour...

réserve cachée

1 qu'entend-on par là? 2 les longueurs données s'entendent en mètres 3 nous ne comprenons pas que... 4 les prix s'entendent F.O.B. port européen, emballage compris 5 cela va de soi; cela va sans dire

les quotations deviennent plus fermes

les marchandises saisies ont été vendues aux enchères

1 produit d'une vente aux enchères 2 acheter aux enchères 3 licitation volontaire 4 licitation légale 5 les enchères n'ont pas eu lieu 6 acheter... aux enchères 7 enchères publiques 8 nous ferons vendre les marchandises aux enchères publiques 9 la vente aux enchères de l'envoi aura lieu le 15 mai 10 vendre les marchandises saisies aux enchères publiques 11 vente aux enchères par l'administration de la douane 12 vente par exécution forcée

les marchandises sont imposables (od. assujetties à l'impôt)

1 cela constituerait une violation des règles 2 il s'agit d'une violation grave du contrat de la part du client

1 le délai a expiré sans résultat ; ce délai est passé sans résultat 2 la réclamation a été formulée après expiration du délai de garantie 3 le délai de livraison a expiré depuis longtemps déjà

étant donné que votre télégramme est parvenu (od. arrivé) tronqué

attendu que le texte de votre télégramme était tronqué, le prix communiqué était illisible

1 ordre d'essai 2 nous allons procéder à des essais avec la machine 3 cela vaut la peine d'essayer

1 n'essayez pas 2 faites l'impossible pour arriver à un arrangement 3 veuillez goûter notre chocolat 4 essayez d'éviter un conflit (od. différend)

1 l'assemblée a dû être ajournée au 17 avril 2 par suite de l'absence de M. Schlosser, la négociation a été ajournée 3 les négociations ont été remises à une date indéterminée

les deux échantillons ont été intervertis

Verteidigen, wir ~ nur unser **Recht** auf...
Verteilung *f* 1 ~ von kostenlosen Mustern ist nicht **erlaubt** 2 die ~ der Prospekte **vornehmen**
Vertrag *m* (s. a. Abkommen, Kontrakt) 1 **Abänderung** des Fracht–es 2 der ~ ist nach 6 Monaten **abgelaufen** 3 ein ~ wurde **abgeschlossen** zwischen Herrn Schneider auf der einen und Herrn Flowers auf der anderen Seite 4 es kommt höchstwahrscheinlich zum **Abschluß** eines –es 5 ~ über **Alleinverkauf** 6 **Arbeits**– 7 laut **Artikel B** des –es 8 wir sind mit der **Aufhebung** des Vertreter–es einverstanden 9 **aufgehobener** ~ 10 wir möchten, daß diese Bedingung in den ~ **aufgenommen** wird 11 Verjährung der Ansprüche **aus** dem Fracht– 12 die **aus** dem ~ fließenden Ansprüche geltend machen 13 einen ~ **ausfertigen** 14 irrige **Auslegung** des –es 15 –**sbedingungen** festsetzen 16 die Verkaufsbedingungen bilden einen untrennbaren **Bestandteil** dieses –es 17 im ~ wird **bestimmt**... 18 laut **Bestimmung** des Punktes 6 des –es 19 die –**sbestimmungen** einhalten 20 **Bruch** eines –es 21 wir sind durch keinen ~ **gebunden** 22 **Bürgschafts**– 23 **Dienst**– 24 einen ~ **einhalten** 25 einen ~ **entwerfen** 26 wir lassen den –**sentwurf** abfassen 27 wir bitten um Erklärung, warum der ~ nicht **erfüllt** wurde 28 den ~ haben wir unsererseits in vollem Umfang **erfüllt** 29 den ~ durch die Goldklausel **ergänzen** 30 der ~ kann in dem Falle **erlöschen**, daß... 31 der ~ wurde **erneuert** 32 den ~ durch einen entsprechenden Zusatz **erweitern** 33 im ~ wird **festgesetzt**, daß... 34 „Incoterms 1953" Internationale Regeln für die Auslegung der handelsüblichen –**sformeln** 35 wir legen ein –**sformular** zur Unterzeichnung bei 36 **Fracht**– 37 **Garantie**– 38 **Gegenstand** des –es 39 auf –**sgrundlage** 40 ~ zur **Gründung** der Europäischen Wirtschaftsgemeinschaft 41 **gültiger** ~ 42 die **Gültigkeit** des –es erlischt am 12. April 43 **Handels**– 44 **Kauf**– 45 die **Klausel** über die stillschweigende Weiterführung des –es 46 **Konsular**– 47 –**skontingent** 48 der ~ tritt am 1. September in **Kraft** 49 der ~ kann durch eingeschriebenen Brief mit einer dreimonatigen Kündigungsfrist **gekündigt** werden 50 auf Ihre –**skündigung** können wir nicht eingehen, weil...

nous ne faisons que défendre notre droit à...
1 il n'est pas permis de distribuer des échantillons gratuits 2 distribuer des prospectus
1 modification du contrat de transport 2 le contrat a expiré au bout de six mois 3 un contrat a été signé (od. conclu) entre M. Schneider d'une part et M. Flowers d'autre part 4 à la conclusion d'un contrat est à peu près certaine 5 contrat relatif à la vente exclusive 6 contrat de travail 7 aux termes de l'article B du contrat 8 nous sommes d'accord pour résilier le contrat de représentation 9 contrat résilié 10 nous désirons voir introduire (od. insérer) ces conditions dans le texte du contrat 11 prescription des droits de recours résultant du contrat de transport 12 faire valoir les droits découlant du contrat 13 rédiger un contrat 14 interprétation erronée du contrat 15 arrêter les termes du contrat 16 les conditions de vente constituent une partie intégrante du contrat 17 il est stipulé au contrat 18 suivant stipulations du point 6 du contrat 19 respecter les termes du contrat 20 rupture d'un contrat 21 nous ne sommes liés par aucun contrat 22 contrat de cautionnement 23 contrat de service (od. de prestations) 24 respecter les clauses d'un contrat 25 faire un projet de contrat 26 nous ferons rédiger un projet de contrat 27 veuillez nous expliquer le motif pour lequel le contrat n'a pas été exécuté 28 nous avons, pour notre part, exécuté complètement le contrat 29 compléter le contrat par l'insertion de la clause or 30 il y a lieu de résilier le contrat si... 31 le contrat a été renouvelé 32 élargir la portée du contrat par un addendum approprié 33 le contrat stipule que... 34 «Incoterms 1953» Règles Internationales pour l'Interprétation de Termes Commerciaux 35 nous joignons à la présente un exemplaire du contrat aux fins de signature 36 contrat de transport 37 contrat de garantie 38 objet du contrat 39 sur la base du contrat 40 Traité instituant la Communauté Economique Européenne 41 contrat valide 42 la validité du contrat s'éteint le 12 avril 43 traité commercial 44 contrat d'achat 45 la clause de tacite reconduction d'un contrat 46 traité consulaire 47 contingent contractuel 48 le contrat entre en vigueur au 1er septembre 49 le contrat peut être dénoncé à la fin de l'année par

Vertrag — Vertragsmäßig

51 kurzfristiger ~ 52 **Liefer**– 53 **Lizenz**– 54 **vertraglos** 55 es ist nicht möglich, den ~ grundlos zu **lösen** 56 **mehrseitiger** ~ 57 **Miet**– 58 einen **Montage**–über... abschließen 59 **multilateraler** Handels– 60 **Nachtrag** zum ~ 61 **Nichterfüllung** des –es 62 **Pacht**– 63 –**spartei** 64 zur Lösung des Abkommens ist die Zustimmung beider –**spartner** notwendig 65 –**spreis** 66 **Rahmen**– 67 außerhalb des Rahmens des Handels–es 68 im ~ wird damit **gerechnet** 69 **regelrechter** ~ 70 **Schieds**– 71 einen ~ **schließen** 72 **schriftlicher** ~ 73 **Speditions**– 74 dem Käufer eine –**strafe** in Höhe von 1% für jede Woche bezahlen, in der die Ware ungeliefert bleibt 75 –**sstreitigkeiten** 76 –**starif** 77 **Transport**– 78 **unerfüllter** ~ 79 der ~ wurde von beiden Partnern am 6. Juli **unterzeichnet** 80 **Verlängerung** des –es bis Ende dieses Jahres 81 der ~ wurde auf grobe Weise **verletzt** 82 **Verletzung** des –s 83 –**sverpflichtung** 84 gegenseitige **Verpflichtungen** der Parteien eines Kauf–es 85 **Versicherungs**– 86 der **Vertreter**– schließt Geschäfte durch dritte Person aus 87 **vielseitiger** ~ 88 ist im ~ eine verbindliche Lieferfrist **vorgesehen**, ... 89 **Werk**– 90 –**szoll** 91 vom Kauf– **zurücktreten** 92 **zweiseitiger** ~

lettre recommandée et moyennant préavis de trois mois **50** nous ne pouvons accepter votre résiliation du contrat parce que... **51** contrat à court terme **52** contrat de fourniture **53** contrat de licence **54** non contractuel **55** il n'est pas possible de résilier le contrat sans raison **56** traité (od. accord) multilatéral **57** contrat de location (od. bail) **58** conclure un contrat d'assemblage (od. de montage) relatif à... **59** traité de commerce multilatéral **60** supplément au contrat (od. avenant) **61** non-exécution du contrat **62** contrat de location (od. de fermage) **63** partie contractante **64** l'accord des deux parties contractantes est requis pour annuler le contrat **65** prix contractuel **66** contrat-cadre **67** en dehors du cadre du traité commercial **68** il est prévu au contrat **69** contrat régulier **70** contrat d'arbitrage **71** conclure un contrat **72** contrat écrit **73** contrat d'expédition **74** payer à l'acheteur le montant d'une pénalité contractuelle de 1% pour chaque semaine de retard dans la livraison **75** contentieux (od. litiges) nés d'un contrat **76** tarif conventionnel **77** contrat de transport **78** contrat non exécuté **79** le contrat a été signé par les deux parties contractantes le 6 juillet **80** prolongation du contrat jusqu'à la fin de l'année en cours **81** le contrat a été violé d'une façon grave **82** violation de contrat **83** obligations contractuelles **84** obligations réciproques des parties d'un contrat de vente **85** contrat d'assurance **86** le contrat de représentation ne permet pas la conclusion d'affaires par tierces personnes **87** traité (od. accord) multilatéral **88** si le contrat prévoit un délai ferme de livraison **89** contrat d'ouvrage **90** droits de douane conventionnels **91** se retirer d'un contrat d'achat **92** contrat bilatéral

Vertragen, 1 die Angelegenheit verträgt keinen (weiteren) **Aufschub** 2 die Kalkulation würde eine solche **Belastung** nicht ~ 3 die Ware verträgt den **Vergleich** mit der besten Qualität
Vertraglich, 1 –e **Beziehungen** zwischen den Banken 2 ~ **gebunden** sein 3 innerhalb der ~ **vereinbarten** Frist 4 ~ **vereinbarte** Bedingung 5 –e **Verpflichtung** 6 eine Prüfung am Aufstellungsort ist ~ **vorgesehen**

Vertraglos, 1 auf –er **Basis** 2 –er **Zustand**
Vertragsmäßig, 1 in folgender Angele-

1 cette affaire ne supporte aucun retard **2** le calcul des prix ne pourrait supporter de pareilles charges **3** la marchandise soutient la comparaison avec la meilleure qualité

1 relations contractuelles interbancaires **2** être lié contractuellement **3** dans le délai contractuel/au cours du contrat **4** stipulation contractuelle **5** obligation contractuelle **6** un essai (od. examen) sur les lieux de l'installation est prévu par contrat

1 sur base non contractuelle **2** absence de contrat

1 on n'a pas agi aux termes du contrat

Vertragsmäßig — Vertraut

genheit wurde nicht ~ **gehandelt** 2 –e **Qualität**
Vertragswidrig, es ist ~
Vertrauen n 1 das ~ in diese Währung **aufrechterhalten** 2 wir **danken** für das uns gezeigte ~ 3 wir fühlen uns durch Ihr ~ **geehrt** 4 sie haben dadurch das ~ der Lieferanten **eingebüßt** 5 er hat unser ~ **enttäuscht** 6 diese Firma **erfreut** sich des –s 7 das bisherige ~ **erhalten** 8 **erschüttertes** ~ 9 es ist eine **Frage** des –s 10 **gegenseitiges** ~ 11 die genannte Firma **genießt** unser volles ~ 12 wir haben das ~ zur guten Qualität Ihrer Ware **gewonnen** 13 zu Ihrem Vertreter **haben** wir ~ 14 **handelsübliches** ~ 15 wir **hegen** großes ~ zu Herrn Kändler 16 wir werden Ihr ~ nicht **mißbrauchen** 17 ein Kredit in der Höhe von £ 1000 kann mit ~ **gewährt** werden 18 eine –**stellung** haben 19 **unbedingtes** ~ 20 **unbegrenztes** ~ 21 sie **verdienen** Ihr ~ 22 diese Ware **verdient** Ihr volles ~ 23 wir haben das ~ zur Qualität Ihrer Ware **verloren** 24 **wenden** Sie sich vertrauensvoll an Herrn Rey 25 den Vertreter darüber ins ~ **ziehen**

dans l'affaire suivante **2** qualité stipulée au contrat
cela est contraire au contrat
1 garder confiance en cette monnaie **2** nous vous remercions de la confiance témoignée **3** nous nous sentons honorés par votre confiance **4** de cette façon ils ont perdu la confiance de leurs fournisseurs **5** il a abusé de notre confiance **6** cette maison jouit de la confiance de tous **7** garder la confiance **8** confiance ébranlée **9** c'est une question de confiance **10** confiance mutuelle **11** la maison mentionnée jouit de notre entière confiance **12** vos produits nous ont convaincus de leur bonne qualité **13** nous avons confiance en votre représentant **14** confiance commerciale habituelle **15** nous avons une grande confiance en M. Kändler **16** nous n'abuserons nullement de votre confiance **17** un crédit de 1000 livres sterling peut être accordé en confiance **18** revêtir un poste de confiance **19** confiance inconditionnelle **20** confiance illimitée **21** ils méritent votre confiance **22** cette marchandise mérite votre entière confiance **23** nous avons perdu confiance en la qualité de vos produits **24** adressez-vous en toute confiance à M. Rey **25** informer l'agent confidentiellement; mettre l'agent dans la confidence

Vertrauenswürdig, 1 die Inhaber der Firma werden als –e **Geschäfts**leute angesehen 2 –e **Information/Nachricht** 3 es handelt sich um eine **Person** 4 –e **Quelle**

1 les propriétaires de cette firme ont la réputation d'hommes d'affaires dignes de confiance (od. de foi) **2** information digne de confiance (od. de foi) **3** c'est une personne de confiance (od. de foi) **4** source digne de confiance (od. de foi)

Vertraulich, 1 –e **Angaben** 2 **betrachten** Sie bitte diese Auskunft als streng ~ 3 –er **Brief** 4 –e **Information** 5 der **Inhalt** dieses Briefes ist streng ~ 6 ... (streng) ~ **mitteilen** 7 –e **Mitteilung/ Nachricht** 8 **Preisgabe** –er Informationen 9 –e **Provision** 10 jede Information, die Sie uns eventuell geben könnten, wird selbstverständlich ~ und ohne jegliche Verbindlichkeit für Sie **verwendet** werden

1 données confidentielles **2** veuillez considérer cette information comme strictement confidentielle **3** lettre confidentielle **4** information confidentielle **5** le contenu de cette lettre est strictement confidentiel **6** communiquer... confidentiellement **7** communication confidentielle **8** divulgation d'informations confidentielles **9** commission confidentielle **10** il va de soi que tout renseignement que vous pourrez nous fournir éventuellement sera utilisé confidentiellement et sans aucune responsabilité pour vous

Vertraulichkeit f die zur ~ **verpflichteten** Sachverständigen erhalten die erforderliche Einsicht in die Akten

les experts tenus au secret auront accès aux documents requis

Vertraut, 1 aus den eingesandten Prospekten können Sie sich mit unseren Erzeugnissen ~ **machen** 2 sich mit den Regeln ~ **machen** 3 er ist **näher** mit der Sache ~ 4 mit den Gepflogenheiten ~

1 vous pouvez vous familiariser avec nos produits en consultant le prospectus envoyé **2** prendre connaissance des règles **3** il est au courant de cette affaire **4** être familiarisé avec les usages/connaître les

sein 5 wir sind damit **vollkommen** ~

Vertreiben, wir ~ **Waren** höchster Qualität

Vertreten, 1 wir ~ die **Ansicht,** daß...
2 wir ~ die **Interessen** unserer Kunden
3 sich durch einen **Rechtsanwalt** ~ lassen
4 ihr **Unternehmen** wurde durch den Disponenten ~

Vertreter *m* 1 **Allein**– für Indien 2 in der nächsten Zeit wird Sie unser ~ persönlich **aufsuchen** 3 **bevollmächtigter** ~ 4 sie haben sich entschlossen, Sie als ihren ~ zu **bestellen** 5 der Kunde **bestellt** einen ~, der in Notadresse bei Nichtakzeptierung tätig sein soll 6 wir nehmen Bezug auf den **Besuch** Ihres –s 7 Anfang Juli wird uns ihr ~ **besuchen,** um... 8 es muß von seinem ordnungsgemäß **bevollmächtigten** ~ gezeichnet sein 9 wir werden die Qualität des verwendeten Materials durch unseren **bevollmächtigten** ~ kontrollieren lassen 10 **durch** den ~ 11 weitere Einzelheiten **erfahren** Sie bei unserem ~ 12 die Rechnung muß von einem ordnungsgemäß **ermächtigten** ~ mit Tinte gezeichnet sein 13 wir haben uns entschlossen, Sie zu unserem ~ zu **ernennen** 14 –**firma** 15 nehmen Sie sofort mit unserem ~ **Fühlung** auf 16 **General**– 17 **Handels**– 18 gut ausgebautes –**netz** 19 **Platz**– 20 **Provisions**– 21 wir werden unseren ~ zu Ihnen **schicken** 22 wir würden es begrüßen, wenn Sie für uns als Allein**tätig** sein wollten 23 der ~ entfaltet keine ausreichende **Tätigkeit** 24 **unabhängiger** ~ 25 **Verkaufs**– 26 wenden Sie sich an unseren General– in London

Vertretung *f* 1 **Allein**– 2 wir beabsichtigen, die ~ für Ihr Gebiet **aufzuheben** 3 wir sind bereit, Sie mit der ~ unserer Erzeugnisse zu **betrauen** 4 die Firma Glaser & Co. **bewirbt** sich um die ~ ihrer Erzeugnisse 5 **diplomatische** ~ 6 eine ~ für Großbritannien **errichten** 7 **General**– 8 er wird in ~ des Herrn Hall **handeln** 9 **Handels**– 10 **konsularische** ~ 11 die ~ durch einen **Rechtsanwalt** ist notwendig 12 die Firma ist bereit, die ~ unserer Erzeugnisse zu **übernehmen**

Verursachen, 1 die dadurch verursachten **Auslagen** gehen zu Lasten des Kunden 2 es ist durch **höhere Gewalt** verursacht worden 3 der **Irrtum** wurde

usages **5** nous sommes parfaitement au courant
nous vendons des marchandises de la plus haute qualité
1 nous sommes d'avis que... **2** nous défendons les intérêts de nos clients **3** se faire assister d'un avocat **4** leur maison a été représentée par le gérant

1 agent exclusif pour les Indes **2** notre représentant vous rendra visite un de ces jours **3** fondé de pouvoirs **4** ils ont décidé de vous confier leur représentation **5** le client désigne un représentant pouvant être contacté en cas de non paiement **6** nous nous référons à la visite de votre représentant **7** leur représentant nous rendra visite au début de juillet pour... **8** cela doit être signé par un fondé de pouvoirs **9** nous chargerons notre fondé de pouvoirs de la vérification de la qualité du matériel employé **10** par le représentant **11** tout autre détail vous sera communiqué par notre représentant **12** la facture doit être signée à l'encre par un fondé de pouvoirs **13** nous avons décidé de vous désigner comme notre agent **14** agence **15** veuillez contacter immédiatement notre agent **16** agent général **17** représentant de commerce **18** un réseau de représentations bien organisé **19** agent local **20** représentant à la commission **21** nous vous enverrons notre représentant **22** nous vous saurions gré de vouloir agir comme notre représentant exclusif **23** l'agent n'est pas assez actif **24** agent indépendant **25** agent de vente **26** veuillez vous adresser à notre agent général à Londres

1 agence (od. représentation) exclusive **2** nous envisageons la fermeture de notre agence dans votre district **3** nous sommes disposés à vous confier la représentation de nos produits **4** la firma Glaser & Co sollicite la représentation de leurs produits **5** représentation diplomatique **6** établir une agence pour la Grande-Bretagne **7** représentation générale **8** il agira au nom de M. Hall **9** représentation commerciale **10** représentation consulaire **11** il est nécessaire de se faire représenter par un avocat **12** la maison est disposée à assurer la représentation de nos produits

1 les frais ainsi occasionnés sont à charge du client **2** cela a été causé par un cas de force majeure **3** l'erreur a été commise par le commissionnaire de transport

durch den Spediteur verursacht 4 das **Manko** wurde durch Vertrocknung verursacht 5 ein Aufschub würde einen schwer gutzumachenden **Schaden** ~ 6 wir entschuldigen uns wegen der Ihnen verursachten **Schwierigkeiten** 7 die Lieferungsverzögerung verursacht uns ernste **Störungen** in der Erzeugung 8 das verursachte große **Überraschung** 9 wir bedauern, daß wir Ihnen ungewollt eine solche **Unannehmlichkeit** verursacht haben

4 la différence de poids est occasionnée par dessèchement 5 un retard serait de nature à occasionner un dommage difficilement réparable 6 nous nous excusons des ennuis que nous vous avons occasionnés 7 le retard dans la livraison nous cause de sérieuses difficultés dans la production 8 cela a provoqué une vive surprise 9 nous regrettons profondément de vous avoir causé involontairement de tels ennuis

Vervielfältigen, 1 vervielfältigtes **Rundschreiben** 2 ... im **Schablonendruck** ~

1 circulaire polycopiée 2 reproduire... en autocopie

Vervollkommnen, um mein **Wissen** zu ~

pour perfectionner mes connaissances

Vervollständigen, wir werden unsere **Akten** ~

nous compléterons nos dossiers

Verwahrung f 1 **Gerichts**– 2 die Ware **ist** beim Abnehmer **in** ~ 3 die angeführten Waren haben wir **in** ~ **genommen**

1 garde judiciaire 2 la marchandise est sous la garde de l'acheteur 3 nous avons pris les marchandises susmentionnées sous notre garde

Verwaltung f 1 –**sabteilung** 2 –**sapparat** 3 **Bahn**– 4 **Hafen**– 5 **öffentliche** ~ 6 –**srat**

1 département administratif 2 appareil administratif 3 administration des chemins de fer 4 administration portuaire (od. du port) 5 administration publique 6 conseil d'administration

Verwechslung f im vorliegenden Falle **handelt** es sich um eine ~

il s'agit dans le cas présent d'une confusion

Verweigern (s. a. **Ablehnen**) 1 der Empfänger verweigerte die **Abnahme** 2 die **Annahme** des Wechsels haben sie ohne Angabe des Grundes verweigert 3 falls wir die Sendung nicht diese Woche erhalten, müssen wir die **Annahme** ~ 4 er verweigert die **Erklärung** 5 die **Zahlung** ~ 6 wir ~ die **Zustimmung** zu dieser Änderung

1 le destinataire refuse de prendre livraison 2 ils ont refusé d'accepter la lettre de change sans donner de motif 3 si nous ne recevons pas l'envoi cette semaine, nous serons au regret de devoir refuser la livraison 4 il refuse de s'expliquer 5 refuser le paiement 6 nous refusons d'accepter cette modification

Verweigerung f 1 ~ der **Annahme** 2 entschiedene ~

1 refus d'accepter 2 refus catégorique

Verweisen, 1 auf eine andere **Bestimmung** des Vertrages ~ 2 die Firma verwies uns an einen anderen **Lieferanten** 3 in bezug auf alle näheren Einzelheiten ~ wir auf unseren **Prospekt** 4 im übrigen ~ wir auf die gültigen **Vorschriften**

1 renvoyer à une autre clause du contrat 2 la maison nous a renvoyés à un autre fournisseur 3 pour plus amples détails, veuillez consulter notre prospectus 4 pour le reste, nous nous référons aux prescriptions en vigueur

Verwenden, 1 wir haben darauf viel **Geld** verwendet 2 wir bitten Sie, im Verkehr mit uns die **Kodes** Acme oder Unicode zu ~

1 nous avons dépensé beaucoup d'argent pour cette affaire 2 veuillez faire usage des codes ACME ou UNICODE dans vos communications avec nous

Verwendung f 1 geben Sie uns die **Art** der ~ an 2 ~ **für** Textilabfall finden 3 sie haben dafür zur Zeit keine ~ 4 Teile mit allgemeiner –**smöglichkeit** 5 –**szweck**

1 veuillez nous indiquer le mode d'emploi 2 trouver utilisation pour des déchets de textiles 3 ils n'en ont pas emploi en ce moment 4 accessoires à possibilités d'usage général 5 indiquer le but d'utilisation

Verwertung f die **Abfall**–

utilisation (od. récupération) des déchets

Verwiegung f 1 der Kunde besteht auf der **amtlichen** ~ aller Sendungen 2 ~ der **Kisten**

1 le client insiste sur le pesage officiel de tous les envois 2 pesage des caisses

Verwirklichen, 1 wir nehmen an, daß es sich ~ **läßt** 2 die Lieferung bis **Mitte** Februar ~

Verzeichnen, 1 die in der Anlage verzeichneten **Artikel** 2 es ist eine **Geschäftsbelebung** zu ~ 3 das **Inventar** ~ 4 der Zucker hat auf der Börse einen **Kurs** von ... verzeichnet 5 die Preise haben eine merkliche **Senkung** verzeichnet

Verzeichnis n 1 das ~ der Lizenzen **abstimmen** 2 **Adressen**– 3 **alphabetisches** ~ 4 **alphabetisches** Waren– 5 die im ~ **angeführten** Waren 6 wir haben ein ~ aller Ersatzteile **angelegt** 7 **ausführliches** ~ aufstellen 8 in das ~ der berechtigten Importeure **Einblick nehmen** 9 sie haben uns ein Adressen– geeigneter **Firmen** übersandt 10 ~ der **Importeure** 11 **Inserenten**– 12 **Inventar**– 13 **Namen**– 14 örtliches **Namen**– 15 **Unterschrift**– 16 ~ der exportierten **Waren**

Verzeihen, Sie werden uns wohl ~, daß wir Sie damit **belästigen**

Verzeihung f wir **bitten** Sie um ~

Verzicht m ~ des Berechtigten **auf** die erhobenen Ansprüche

Verzichten, 1 wir werden lieber auf das **Anrecht** auf eine Ersatzlieferung ~ 2 wir raten Ihnen, auf die erhobenen **Ansprüche** zu ~ 3 in diesem Falle ~ wir auf einen **Ersatz** 4 andernfalls müßten wir auf das **Geschäft** ~ 5 es wäre für Sie besser, auf die **Klage** zu ~ 6 wir ~ auf unser **Recht** auf die Option

Verzinsung f laufendes Konto mit **einprozentiger** ~

Verzögern, 1 Sie müssen die **Erledigung** der ganzen Angelegenheit nicht um Monate ~ 2 die **Lieferung** wurde mangels Schiffsraum verzögert 3 verzögert sich die **Lieferung** durch einen in Art. 10 vorgesehenen Umstand

Verzögerung f 1 der Kunde ist wegen der ständigen ~ der **Absendung** von Ersatzteilen verbittert 2 ansonsten **droht** eine ~ (in) der Lieferung 3 sie behalten sich im **Falle** einer Lieferungs– das Recht vor, den Auftrag zu stornieren 4 keine Haftung oder Verantwortung für die **Folgen** von –en bei Übermittlung von Nachrichten übernehmen 5 **infolge** dieser ~ 6 mit **übermäßiger** ~ 7 die Lieferungs– hat uns große **Unannehmlichkeiten** bereitet 8 ist die ~ durch die

1 nous supposons que cela pourra se réaliser 2 nous devons effectuer la livraison mi-février

1 les articles mentionnés dans la liste jointe 2 on constate une reprise des affaires 3 faire un inventaire 4 la cote en bourse pour le sucre est de ... 5 les prix ont marqué une chute sensible

1 vérifier la liste des licences 2 liste d'adresses 3 index alphabétique 4 index alphabétique des marchandises 5 les marchandises mentionnées sur la liste 6 nous avons établi une liste de toutes les pièces de rechange 7 dresser une liste détaillée 8 consulter l'index des importateurs autorisés 9 ils nous ont fait parvenir une liste d'adresses des firmes appropriées 10 liste des importateurs 11 liste des annonceurs 12 liste d'inventaire 13 liste nominative 14 liste nominative locale 15 spécimens des signatures 16 liste des marchandises exportées

vous voudrez bien nous excuser de vous avoir dérangé pour cela

nous vous prions de nous excuser

l'ayant-droit abandonne sa réclamation

1 nous renonçons à notre droit à une livraison de remplacement 2 nous vous conseillons de renoncer à vos revendications 3 dans ce cas, nous renonçons à une indemnité 4 sinon, nous devrions renoncer à cette affaire 5 il serait préférable pour vous de renoncer à votre plainte 6 nous abandonnons notre droit d'option

compte-courant produisant intérêt de 1%

1 il ne faut pas faire traîner durant des mois l'exécution de cette affaire 2 la livraison a été retardée par manque de tonnage 3 si la livraison a été retardée par une circonstance stipulée dans la clause 10

1 le client est mécontent à la suite de retards répétés dans l'envoi des pièces de rechange 2 autrement, il y a danger de retard dans la livraison 3 en cas de retard dans la livraison, ils se réservent le droit d'annuler la commande 4 ne pas assumer de garantie ou de responsabilité pour les suites provenant de retards dans la transmission de messages 5 suite à ce retard 6 avec un retard exagéré 7 le retard dans la livraison nous a occasionné des ennuis considérables 8 le retard a-t-il été

Bahn oder durch den Spediteur **verursacht** worden? 9 für jede volle **Woche** der ~ vom vertraglichen Lieferpunkt an berechnet 10 **Zahlungs–**

Verzollen, 1 die Ware ~ 2 „**Ab Kai** verzollt" 3 bei Obst wird das **Bruttogewicht** verzollt 4 „**C&F** verzollt" 5 „**Frachtfrei** verzollt" 6 „**Frei** verzollt" 7 die **Sendung** wurde bisher nicht verzollt
Verzollung f die ~ der Ware wurde schon **vorgenommen**

Verzug m 1 **entschuldbarer** ~ 2 der ~ in der Produktion ist infolge eines Streiks **entstanden** 3 weisen Sie auf die möglichen **Folgen** eines weiteren –s hin 4 es ist **Gefahr** im ~ 5 mit möglichst **geringem** ~ 6 es wird zu keinem ~ **kommen** 7 dieser ~ bringt uns in große **Schwierigkeiten** 8 in ~ **setzen** 9 **unnötiger** ~ 10 **unvorhergesehener** ~ 11 um jeglichen ~ in der Absendung der Ware zu **vermeiden** 12 mit der **Zahlung** in ~ sein 13 **–szinsen**

Via, 1 die Waren ~ Hamburg **absenden** 2 ~ Schwarzes-Meer-Hafen **liefern**
Viel, 1 ein **–beschäftigter** Direktor 2 der Verkauf ist sehr ~ besser geworden 3 wir **verkaufen** sehr ~ von diesem Artikel
Vielfach, -e Möglichkeiten haben
Vielleicht, wie Ihnen ~ bekannt ist
Vielseitig, -es Abkommen
Vielversprechend, 1 es bestehen **–e Aussichten** auf bedeutende Geschäfte 2 vorläufig **entwickelt** sich die Angelegenheit ~ 3 diese **Geschäftsverbindung** scheint ~ zu sein
Viertel n 1 im dritten ~ dieses **Jahres** 2 **–jährlich** 3 **–liter** 4 **Stadt–**

Visum n 1 das ~ wird persönlich **abgeholt** 2 einen **–antrag** bei dem mexikanischen Konsulat einreichen 3 sie **beantragen** das ~ zwecks dringender Geschäftsverhandlungen 4 ein Gratis– nach den Niederlanden **erteilen** 5 bei den zuständigen Behörden wegen der **Erteilung** des –s vermitteln 6 **–formalitäten** 7 **Messe–** 8 Paß mit ~ **versehen**

Vitrine f **Schau–**
Vizepräsident m ~ der **Handelskammer**

Voll, 1 die Spesen nach oben auf **–e DM abrunden** 2 das Flugzeug ist ~ **besetzt** 3 wir sind uns ~ **bewußt,** daß ... 4 die Rechnung ist ~ **bezahlt** 5 in –em **Ernst**

provoqué par le chemin de fer ou par le commissionnaire de transport? 9 pour chaque semaine entière de retard à compter de la date contractuelle de livraison 10 durée du retard de paiement
1 dédouaner les marchandises 2 dédouané «ex quai» 3 pour les fruits, le poids brut est à dédouaner 4 dédouané C.&F. 5 rendu franco dédouané 6 franco de droits de douane 7 jusqu'à présent l'envoi n'a pas été dédouané
la marchandise est déjà dédouanée

1 retard excusable 2 le retard dans la production a été occasionné par une grève 3 veuillez attirer l'attention sur les suites possibles d'un nouveau retard 4 il y a péril en la demeure 5 avec le moins de retard possible 6 il n'y aura pas de retard 7 ce retard nous occasionne (od. cause) de grosses difficultés 8 mettre en demeure 9 retard inutile 10 retard imprévu 11 pour éviter tout retard dans l'expédition de la marchandise 12 être en retard de paiement 13 intérêts moratoires

1 expédier la marchandise via Hambourg 2 délivrer via un port de la Mer Noire
1 un directeur très affairé 2 la vente s'est améliorée de beaucoup 3 nous vendons beaucoup cet article
avoir de nombreuses possibilités
comme vous le savez probablement
accord multilatéral
1 les perspectives d'affaires importantes sont favorables 2 l'affaire se développe actuellement de façon favorable 3 cette relation d'affaires nous semble pleine de promesses
1 dans le courant du troisième trimestre de cette année 2 trimestriellement 3 quart de litre 4 quartier (d'une ville)
1 le visa doit être retiré personnellement 2 requérir un visa auprès du Consulat mexicain 3 ils demandent le visa pour des négociations commerciales urgentes 4 accorder un visa gratuit pour les Pays-Bas 5 intervenir auprès des autorités compétentes pour la délivrance d'un visa 6 formalités relatives à la délivrance d'un visa 7 visa pour la foire 8 munir le passeport d'un visa
vitrine
vice-président de la chambre de commerce

1 arrondir les frais au DM supérieur 2 l'avion est complet 3 nous sommes parfaitement conscients du fait que ... 4 la facture est complètement payée 5 très

Voll — Voraussetzen

6 die Erzeugung ist in –em **Gang** 7 in –em **Maße** 8 –en **Preis** bezahlen 9 –er **Wert** 10 nachdem man –e **Zahlung** erhalten hat

Vollbeschäftigung *f* 1 zur **Erreichung** und **Erhaltung** der produktiven ~ 2 als Pensionär wird er nicht eine ~ **annehmen**

Vollmacht *f* 1 die erteilte ~ **bezieht** sich lediglich auf diesen Fall 2 Herrn Schur wurde die ~ zu Verhandlungen über diese Angelegenheit **erteilt** 3 **General**- 4 **ordnungsgemäße** ~ 5 –**schreiben** 6 **schriftliche** ~ 7 in ~ **zeichnen** 8 die ~ **zurückziehen**

Vollständig, 1 –e **Adresse** 2 wir erklären, daß die obigen **Angaben** zu Punkt I und II richtig und ~ sind 3 –e und genaue **Anweisungen** erteilen 4 eine –e **Auskunft** 5 geben Sie die –e **Benennung** der gewünschten Ware 6 die Befugnisse einer Notadresse klar und ~ **bestimmen** 7 die Form der Akzeptierung **erscheint** ~ und richtig 8 sind Sie sich dessen ~ **gewiß**, daß ...? 9 die Ware ist ~ **in Ordnung** angekommen 10 zu unserer –en **Zufriedenheit**

Vollwertig, –er **Ersatz**

Voranmeldung *f* wir werden Sie am 16. d. M. 9.00 Uhr mit ~ **anrufen**

Voranschlag *m* 1 **Brutto**- 2 der ~ muß **erhöht** werden 3 **geben** Sie uns einen ~ für ... 4 **Gesamt**- 5 der ~ muß **herabgesetzt** werden 6 **Kosten**- 7 **Teil**- 8 **ungefährer** ~ 9 **vorläufiger** ~ 10 **zusätzlicher** ~

Voranzeige *f* wir bitten um **baldige** ~

Vorarbeit *f* wir **benötigen** keinerlei ~

Voraus, 1 im ~ auf ein Risiko **aufmerksam machen** 2 den Besuch werden wir Ihnen im ~ brieflich **bekanntgeben** 3 im ~ **bezahlte** Kosten 4 wir **danken** Ihnen im ~ für Ihre Freundlichkeit 5 jeder Nachlaß muß im ~ **genehmigt** werden 6 die Qualität muß nicht im ~ **genehmigt** werden

Vorausbezahlen, 1 vorausbezahlter **Betrag** 2 **Fracht** vorausbezahlt 3 **Gebühren** vorausbezahlt

Voraussehen, die **Entwicklung** des Marktes weit ~

Voraussetzen, 1 vorausgesetzter Gewinn

sérieusement 6 la production marche à plein 7 abondamment 8 payer le prix global 9 pleine valeur 10 après paiement complet

1 pour obtenir et conserver un plein emploi productif 2 étant retraité, il n'acceptera pas un emploi à plein temps

1 la procuration donnée est valable uniquement pour ce cas 2 pleins pouvoirs ont été donnés à M. Schur pour négocier en cette affaire 3 procuration générale 4 procuration en bonne et due forme 5 lettre de procuration 6 procuration écrite 7 signer par procuration 8 retirer la procuration

1 adresse complète 2 nous certifions que les informations données ci-dessus relatives aux points I et II sont exactes et complètes 3 donner des instructions complètes et précises 4 une information complète 5 veuillez donner la désignation complète des marchandises désirées 6 délimiter complètement et clairement les compétences de la personne pouvant être contactée en cas d'urgence 7 la forme de l'acceptation paraît être complète et exacte 8 avez-vous la certitude que ... 9 la marchandise est arrivée en excellente condition 10 à notre entière satisfaction

compensation de pleine valeur

nous vous téléphonerons avec préavis le 16 crt. à 9 h

1 évaluation brute 2 les prévisions budgétaires doivent être augmentées 3 soumettez-nous votre estimation pour ... 4 prévisions budgétaires 5 le budget doit être réduit 6 estimation des frais 7 budget partiel 8 estimation approximative 9 estimation provisoire 10 estimation complémentaire

nous vous demandons de nous envoyer à bref délai un avis préalable

nous n'avons besoin d'aucun travail préparatoire

1 attirer d'avance l'attention sur un risque 2 nous vous aviserons préalablement et par lettre de la visite 3 frais payés d'avance 4 nous vous remercions d'avance pour votre amabilité 5 toute remise doit être approuvée d'avance 6 la qualité n'a pas besoin d'être approuvée d'avance

1 montant payé d'avance 2 fret payé d'avance 3 frais payés d'avance

prévoir le développement du marché longtemps à l'avance

1 profit espéré 2 en supposant toujours

Voraussetzen — Vorbehaltlos

2 **immer** vorausgesetzt, daß 3 das **konnte** man ~ 4 die Sache verläuft nicht so **wie** vorausgesetzt wurde
Voraussetzung *f* 1 wir **akzeptieren** unter der ~, daß ... 2 wir sind geneigt, Ihr Angebot zu **akzeptieren**, jedoch unter der ~, daß ... 3 unter der ~, daß wir Ihre **Antwort** erhalten 4 wir sind von der ~ **ausgegangen**, daß ... 5 **begründete** ~ 6 unter ~ schriftlicher **Bestätigung** spätestens bis 31. 8. 7 zur Zeit **bestehen** keine –en für eine Erhöhung des Kontingentes 8 unter der ~ **bewilligen,** daß ... 9 falls sich alle –en **erfüllen** 10 **grundlegende** ~ ist ... 11 unter ~ sofortiger **Lieferung** 12 –en für weitere Verhandlungen **schaffen** 13 **unerläßliche** ~ 14 **unter** der ~, daß ...

Voraussichtlich, 1 –e **Entwicklung** 2 –er **Gewinn** beträgt 15%
Vorauszahlen, vorausgezahlter **Betrag**
Vorbehalt *m* 1 **akzeptieren** unter ~ **akzeptieren** 2 gefährliche Ladung unter ~ **annehmen** 3 mit ~ der **Bestätigung** dieses Auftrages durch unseren Lieferanten 4 mit ~ des Eingangs einer schriftlichen **Bestätigung** spätestens bis 1. 12. 5 unter ~ der zugehörigen Einfuhrbewilligung 6 **Eigentums**– 7 unter dem ~ der Preiseinigung 8 unter ~ der Lizenz**erteilung** 9 unter ~ der **Genehmigung** seitens unserer Direktion 10 mit ~ der Kompensationsgenehmigung 11 hierzu **haben** wir einige –e 12 unter **üblichem** ~ 13 Zahlung unter ~ **veranlassen** 14 unter ~ der im **voraus** bezahlten Kosten

Vorbehalten, 1 „**Änderungen** ~" 2 wir behalten uns eine **Änderung** der Bedingungen bei dieser Lieferung vor 3 **Änderungen** ohne vorherige Benachrichtigung ~ 4 **Irrtümer** und Auslassungen ~ 5 wir behalten uns das **Recht** vor, die Ware anderweitig anzubieten 6 wir behalten uns das **Recht** vor, den Auftrag zu annullieren, falls sich die Lieferung verzögern sollte 7 alle **Rechte** ~ 8 wir haben uns im **Vertrage** ~
Vorbehaltlich, 1 ~ des **Einverständnisses** des Präsidiums 2 ~ der **Erteilung** der Ausfuhrbewilligung 3 ... ~ **Zwischenverkauf** anbieten
Vorbehaltlos, 1 wir haben es ~ **durchgeführt** 2 ~ **übereinstimmen**

que ... 3 c'était à prévoir 4 l'affaire ne se déroule pas suivant les prévisions

1 nous acceptons à la condition que ... 2 nous sommes disposés à accepter votre offre à condition toutefois que ... 3 pourvu que nous recevions votre réponse en temps voulu 4 nous sommes partis de la supposition que ... 5 supposition bien fondée 6 à condition d'une confirmation écrite pour le 31/8 au plus tard 7 en ce moment, les conditions requises pour l'augmentation du contingent ne sont pas remplies 8 accepter à la condition que ... 9 au cas où toutes les conditions seraient remplies 10 la condition primordiale est ... 11 à condition d'une livraison immédiate 12 ouvrir la voie à de nouvelles négociations 13 condition indispensable 14 à condition que ...

1 évolution probable 2 le bénéfice probable s'élève à 15%
montant payé d'avance
1 accepter cette offre sous réserves 2 accepter un chargement de marchandises dangereuses sous réserves 3 sous réserve de confirmation de cette commande par notre fournisseur 4 sous réserve de réception d'une confirmation écrite pour le 1/12 au plus tard 5 sous réserve de l'obtention d'une licence d'importation appropriée 6 réservation des droits de propriété 7 sous réserve d'un accord sur les prix 8 sous réserve d'obtention d'une licence d'importation 9 sous réserve de l'approbation de notre direction 10 sous réserve de l'autorisation de compensation 11 nous devons formuler certaines réserves à ce sujet 12 avec les réserves usuelles 13 effectuer un paiement sous réserves 14 sous réserve des frais payés d'avance

1 «modifications réservées» 2 nous nous réservons pour cette livraison le droit de modifier les conditions 3 sous réserve de modification sans préavis 4 sauf erreur ou omission 5 nous nous réservons le droit d'offrir la marchandise autre part 6 nous nous réservons le droit d'annuler la commande en cas de retard dans la livraison 7 tous droits réservés 8 nous avons fait des réserves dans le contrat

1 sous réserve de l'approbation du conseil de direction 2 sous réserve de l'obtention d'une licence d'exportation 3 offrir sous réserve de vente
1 nous l'avons exécuté sans réserves 2 être d'accord sans réserves

Vorbereiten — Vorgehen 340

Vorbereiten, 1 wir bereiten die **Entwicklung** eines verbesserten Modells vor 2 die Waren werden erst nächsten Monat zum **Liefern** vorbereitet sein 3 sich auf die **Reise** ~ 4 den **Weg** für weitere Verhandlungen ~

Vorbereitung f 1 mit den –en wurde bisher noch nicht **begonnen** 2 telegrafieren Sie, wie weit die –en zur Expedition der Sendung **fortgeschritten** sind 3 die **letzten** –en 4 ohne ~ 5 **treffen** Sie sofort –en zur Abfahrt

Vorbeugen, 1 um Ihren **Beanstandungen** vorzubeugen 2 der Bruchgefahr ~ 3 um unnötigen **Kosten** vorzubeugen 4 um etwaigen **Mißverständnissen** vorzubeugen 5 späteren **Reklamationen** oder Beschwerden ~ 6 um weiteren **Schwierigkeiten** vorzubeugen, schlagen wir vor:

Vorbringen, 1 neue **Argumente** für und wider ~ 2 eine **Beschwerde** die Qualität betreffend ~

Vordatieren, ein **Konnossement** ~

Vordatierung f ~ der Dokumente veranlassen

Vordergrund m es steht im ~ des **Interesses**

Vordruck m (s. a. Formular) 1 den ~ für die Kohlebestellung **ausfüllen** 2 nach dem ~ **ausfüllen**

Voreinsendung f die Formulare **gegen** ~ dieses Betrages per Post übermitteln

Vorenthalten, wir können Ihnen diesen **Bericht** nicht ~

Vorentwurf m allgemeiner ~

Vorerwähnt, wie ~

Vorfall m 1 dieser unangenehme ~ hat ihre freundschaftlichen Beziehungen **beeinträchtigt** 2 einen unliebsamen **bereinigen** 3 **entschuldigen** Sie bitte diesen unangenehmen ~

Vorführ-, das –**modell** gratis liefern

Vorführen, 1 auf Wunsch werden wir die **Erzeugnisse** ~ 2 man hat verschiedene **Filme** vorgeführt

Vorführung f 1 ~ der Apparate für Kunden 2 die ~ einer **Maschine** im Lauf 3 wir brauchen **Muster** zur ~ 4 **Werbefilm**–

Vorgang m 1 **Arbeits**– 2 wir **empfehlen** Ihnen bei der Liquidation folgenden ~ 3 spezieller ~ 4 **Verkaufs**–

Vorgehen n 1 mit **Bedacht** vorgehen 2 im

1 nous préparons en ce moment le développement d'un modèle perfectionné 2 les marchandises seront prêtes pour la livraison dans le courant du mois prochain seulement 3 faire des préparatifs de voyage 4 préparer des négociations ultérieures

1 jusqu'à ce jour, on n'a pas encore commencé les préparatifs 2 veuillez aviser par télégramme des progrès dans les préparatifs de l'envoi de la marchandise 3 les dernières dispositions 4 sans aucune préparation 5 prenez immédiatement vos dispositions de départ

1 afin de prévenir vos réclamations 2 prévenir les risques de bris 3 pour éviter des frais inutiles 4 afin de prévenir tout malentendu 5 prévenir toutes plaintes ou réclamations futures 6 dans le but de prévenir des difficultés ultérieures, nous vous proposons . . .

1 présenter de nouveaux arguments pour et contre 2 faire une réclamation au sujet de la qualité

antidater un connaissement

faire le nécessaire pour antidater les documents

il est de tout intérêt de (od. que). . .

1 remplir le formulaire pour commander du charbon 2 remplir un formulaire

envoyer les formulaires par la poste et contre paiement anticipatif de ce montant

nous ne pouvons pas vous cacher ce rapport

avant-projet général

comme mentionné précédemment

1 cet incident désagréable a refroidi leurs relations amicales 2 régler (od. arranger) un incident désagréable 3 veuillez nous excuser pour cet incident regrettable

fournir gratuitement le modèle pour démonstration

1 sur demande, nous vous ferons une démonstration de ce produit 2 plusieurs films ont été projetés

1 démonstration des appareils pour la clientèle 2 démonstration d'une machine en marche 3 il nous faut des échantillons pour la démonstration 4 projection d'un film publicitaire

1 procédé de travail 2 pour la liquidation nous vous suggérons la procédure suivante 3 procédé spécial 4 procédure de vente

1 agir avec discrétion 2 procéder suivant

Einklang mit den erteilten Anweisungen vorgehen 3 das ~ der Firma Perin, Worm & Co. macht auf uns einen günstigen **Eindruck** 4 mit Ihrem ~ sind wir nicht **einverstanden** 5 die **Erzeugung** geht langsam vor sich 6 dieses ~ hat die **Grenzen** des Anstandes überschritten 7 das ~ **gutheißen** 8 gehen Sie genau nach unseren **Instruktionen** vor 9 teilen Sie uns mit, wie wir bei der **Liquidation** vorgehen sollen 10 spezielle Anweisungen hinsichtlich des **rechtlichen** –s im Falle der Nichtzahlung erteilen 11 Sonderbestimmungen gehen diesen **Regeln** vor 12 **was** geht da vor? 13 ein solches ~ würde dem Vertrag **widersprechen**
Vorgesehen (s. a. Vorhergesehen) 1 die Schiffs**abfahrt** ist am 10. Juni ~ 2 wenn im Akkreditiv nichts **anders** ~ ist 3 –e **Ankunft** des Schiffes 4 Lieferungen im Rahmen des für Motorräder –en **Kontingentes** 5 wenn im **Vertrag** eine verbindliche Lieferfrist ~ ist 6 eine **vertraglich** –e Prüfung am Aufstellungsort

Vorher, avisieren Sie uns die Expedition 3 Tage ~
Vorhergehend, nach –er **Genehmigung**
Vorhergesehen (s. a. Vorgesehen) im Handels**vertrag** –es Kontingent für Zukker
Vorherig, 1 Änderungen ohne –e **Benachrichtigung** vorbehalten 2 wir nehmen Bezug auf die –en **Verhandlungen**
Vorig, 1 –en **Jahres** 2 –en **Monats** 3 26. **v. M.**

Vorjährig, die Preise auf der –en **Höhe** halten
Vorkalkulieren, vorkalkulierte **Fracht**
Vorkehrung *f* (s. a. Vorbereitung, Maßnahme) 1 alle **geeigneten** –en für … treffen 2 Ausnahmen unter besonderen **Sicherungs**–en genehmigen 3 wir haben die **unerläßlichen** –en für die Erhöhung der Produktion getroffen
Vorkommen, 1 es kommt uns vor, **als** ob … 2 das kommt mir **bekannt** vor 3 ähnliche **Beschwerden** kommen in letzter Zeit sehr häufig vor 4 so etwas **darf** nicht mehr ~ 5 etwas Ähnliches ist **gar nicht** vorgekommen 6 etwas Derartiges ist das erste **Mal** vorgekommen 7 eine solche Gelegenheit kommt **selten** vor 8 dafür sorgen, daß etwas Derartiges nicht **wieder** vorkommt
Vorladung *f* gerichtliche ~
Vorlage *f* 1 wir haben DM 1.230,— ge-

les instructions données 3 la façon de procéder de la maison Perin, Worm & C° nous fait très bonne impression 4 nous ne sommes pas d'accord avec votre façon d'agir 5 la production est en progression lente 6 cette façon de procéder dépasse la limite de la décence 7 approuver la façon d'agir 8 veuillez suivre nos instructions de près 9 veuillez nous faire savoir comment nous devons procéder pour la liquidation 10 donner des instructions spéciales concernant la procédure légale à engager en cas de non paiement 11 les dispositions spéciales priment ces règles 12 que se passe-t-il? 13 une pareille façon d'agir serait en contradiction avec le contrat
1 le départ du navire est prévu pour le 10 juin 2 sauf stipulation contraire dans l'accréditif 3 heure présumée d'arrivée du navire 4 livraisons à faire dans le cadre du contingent prévu pour motocyclettes 5 si le délai de livraison prévu au contrat est impératif 6 un essai au lieu d'installation est prévu contractuellement (od. par contrat)
veuillez nous aviser trois jours d'avance de l'expédition des marchandises
après autorisation préalable
le contingent de sucre prévu dans le traité commercial

1 sous réserve de modifications sans avis préalable 2 nous nous référons aux négociations précédentes
1 l'année passée (od. dernière, écoulée) 2 le mois passé (od. dernier) 3 le 26 du mois passé (od. dernier)
maintenir les prix au niveau de l'année passée (od. dernière, écoulée)
calcul prealable du fret
1 prendre toutes les mesures appropriées pour … 2 autoriser des exceptions sous réserve de mesures spéciales de garantie 3 nous avons pris les mesures indispensables pour assurer l'augmentation de la production
1 il nous semble que … 2 il me semble que je connais cela 3 des réclamations de ce genre sont fréquentes ces derniers temps 4 pareille chose ne doit plus arriver 5 chose pareille n'est encore jamais arrivée 6 c'est la première fois que pareille chose arrive 7 une pareille occasion est rare 8 prendre des précautions pour que de telles choses ne se reproduisent plus

citation en justice
1 nous avons payé DM 1230,— contre

Vorlage — Vorlegen

gen ~ der Dokumente **ausgezahlt** 2 die Sendung gegen ~ der Dokumente **aushändigen** 3 den Wechsel **bei** ~ akzeptieren 4 **bezahlen** Sie gegen ~ von Dokumenten 5 das Akkreditiv ist **gültig** für ~ bis 16. Juni 6 ohne ~ von neuen **Mustern** lehnt es der Auftraggeber ab, zu verhandeln 7 das Akkreditiv ist gegen ~ folgender Dokumente **nutzbar** 8 die ~ des **Ursprungszeugnisses** wird verlangt 9 die ~ folgender Dokumente **vorschreiben** 10 **zahlbar** bei ~ 11 ~ des Wechsels zur **Zahlung**

présentation des documents **2** délivrer les marchandises contre présentation des documents **3** accepter la traite sur présentation **4** veuillez payer contre présentation des documents **5** la lettre de crédit est valable pour présentation jusqu'au 16 juin **6** sauf remise de nouveaux échantillons, le client refuse de négocier **7** la lettre de crédit est utilisable contre présentation des documents suivants: ... **8** la présentation d'un certificat d'origine est exigée **9** stipuler la présentation des documents suivants **10** payable à vue **11** présentation d'une traite pour paiement

Vorläufig, 1 –e **Abmachung** 2 –e **Abrechnung** 3 wir haben ... ~ **akzeptiert** 4 –er **Auftrag** 5 –e **Ausgaben** 6 wir ersuchen um einen –en **Bescheid** 7 –e **Bilanz** 8 –e **Daten** 9 ~ ist keine Änderung **eingetreten** 10 –es **Ergebnis** 11 es wurde mit Ihrem Vertreter ~ **erörtert** 12 –e **Genehmigung** 13 das **genügt** ~ 14 nach den –en **Informationen** 15 –e **Maßnahmen** treffen 16 –er **Preis** 17 ein –es **Preisangebot** unterbreiten 18 –e **Quittung** 19 –e **Regelung** 20 einen –en **Standpunkt** mitteilen 21 –e **Vereinbarung** 22 –e **Verhandlung** 23 eine –e **Zusage** erreichen 24 –e **Zustimmung**

1 accord provisoire **2** décompte provisoire **3** nous avons accepté provisoirement **4** commande préliminaire **5** frais préliminaires **6** nous demandons un avis provisoire **7** bilan provisoire **8** informations provisoires **9** pour le moment aucune modification n'a eu lieu **10** résultat provisoire **11** cette question a été discutée provisoirement avec votre représentant **12** autorisation provisoire **13** cela suffit pour le moment **14** suivant les renseignements provisoires **15** prendre des mesures provisoires **16** prix provisoire **17** soumettre une quotation provisoire **18** quittance provisoire **19** arrangement provisoire **20** émettre une opinion provisoire **21** arrangement provisoire **22** négociations préliminaires **23** obtenir un consentement provisoire **24** accord provisoire

Vorlegen, 1 wir haben Ihnen unser **Angebot** mit einer Musterkollektion vorgelegt 2 die **Angelegenheit** dem Erzeuger ~ 3 den Entwurf zur **Annahme** ~ 4 den Wechsel zur **Annahme** (Akzeptation) ~ 5 der anderen Partei diesen revidierten Text zur **Annahme** ~ 6 die Angelegenheit wurde samt allen Unterlagen dem Ministerium zur **Rückäußerung** vorgelegt 7 die Angelegenheit einem örtlichen Sachverständigen zur **Begutachtung** ~ 8 die vorgelegten **Beweise** sind ausreichend 9 diesen **Brief** wird Ihnen Herr Haas ~ 10 **Dokumente** ~ 11 etwaige Streitigkeiten werden dem Schiedsgericht zur **Entscheidung** vorgelegt 12 wir legen Ihnen die Sache zur **Erwägung** vor 13 alle Ausstellungsstücke müssen zur **Genehmigung** vorgelegt werden 14 wollen Sie sofort die Dokumente zum **Inkasso** bei der Bank ~ 15 die **Inkassopapiere** sollen dem Bezogenen vorgelegt werden 16 die **Unterlagen** zur Genehmigung ~ 17 legen Sie gefälligst einen anderen **Vorschlag** vor

1 nous vous avons soumis notre offre avec une collection d'échantillons **2** soumettre la question au fabricant **3** soumettre le projet à l'approbation **4** présenter la traite pour acceptation **5** soumettre le texte à l'approbation de l'autre partie **6** la question a été soumise, avec tous les documents requis, au Ministère compétent pour prise de position **7** soumettre l'affaire à un expert local **8** les preuves soumises sont suffisantes **9** la présente lettre vous sera remise par M. Haas **10** présenter des documents **11** tout différend sera soumis à la décision de la Cour d'Arbitrage **12** nous vous soumettons l'affaire pour examen **13** tous les articles à exposer doivent être préalablement présentés pour approbation **14** veuillez présenter immédiatement les documents à la banque pour encaissement **15** les effets remis pour encaissement sont à présenter au tiré **16** présenter les documents pour approbation **17** veuillez soumettre une autre proposition

Vorlegung f 1 ~ der **Bücher** im Rechtsstreit 2 ~ zur **Zahlung** nicht später als zum in Betracht kommenden Fälligkeitsdatum vornehmen

1 la production des livres en justice 2 présentation ... pour paiement, au plus tard à la date d'échéance

Vorliegen, 1 sobald uns diese **Angaben** ~ werden 2 in –dem **Falle** 3 es liegt hier kein **Grund** vor

1 dès que nous serons en possession de ces données 2 dans le cas présent 3 il n'y a pas de motif pour ...

Vormerk-, 1 **Import**–verkehr 2 Sie sind auf der –liste 3 ... im –verfahren einführen

1 importation en admission temporaire 2 vous êtes inscrit sur la liste d'attente 3 importer en admission temporaire

Vormerken, 1 wir haben uns Ihre **Anfrage** vom 10. Juni vorgemerkt 2 die **Annullierung** des Auftrages ~ 3 wir haben uns Ihre **Bestellung** zur Auslieferung im Monat Mai vorgemerkt 4 wir haben uns Ihre **Nachfrage** nach Schränken vorgemerkt

1 nous avons pris note de votre demande du 10 juin 2 noter l'annulation de la commande 3 nous avons noté votre commande pour livraison au mois de mai 4 nous avons pris note de votre demande d'armoires

Vormerkung f 1 laut unseren Rechnungen 2 bei **Nachprüfung** unserer –en müssen wir feststellen ... 3 weitere Bestellungen können wir nicht in ~ nehmen

1 d'après nos livres 2 en vérifiant nos écritures nous constatons que ... 3 nous ne pouvons accepter en ce moment d'autres commandes

Vornehmen, 1 die **Auszahlung** wird durch die Post an Ihre Adresse vorgenommen werden 2 die **Besichtigung** wird am 6. April vorgenommen werden 3 die **Expedition** nach den Anweisungen des Kunden ~ 4 sämtliche **Reparaturen,** falls erforderlich, werden kostenlos vorgenommen 5 die Bank nimmt die **Übertragung** vor 6 **Veränderungen** in der **Produktion** ~ 7 **Vorlegung** der Tratte zur Zahlung ~ 8 die **Zahlung** gegen Akkreditiv ~

1 le paiement sera effectué à votre adresse par la poste 2 l'inspection aura lieu le 6 avril 3 effectuer l'expédition suivant les instructions du client 4 toute réparation, pour autant qu'il y en ait, sera effectuée gratuitement 5 la banque effectuera le transfert 6 effectuer des modifications dans la production 7 présentation de la traite en paiement 8 effectuer le paiement par lettre de crédit

Vorrang m 1 wir **geben** der Alternative Nr. 6 den ~ 2 der Einfuhr von diesen Waren den ~ **geben**

1 nous donnons la préférence à l'alternative n° 6 2 donner priorité à l'importation de ce produit

Vorrat m 1 wir können Ihnen noch aus alten Vorräten zum früheren Preise von ... **anbieten** 2 die Vorräte werden sicher **ausreichen** 3 mit dem **Ausverkauf** der Vorräte beginnen 4 weil unsere Vorräte vollkommen **ausverkauft** sind 5 eiserner ~ 6 unsere Vorräte gehen zu **Ende** 7 zur **Ergänzung** Ihrer Vorräte 8 unser ~ ist bereits **erschöpft** 9 ... ständig in ~ **haben** 10 die Warenvorräte müssen auf einer bestimmten **Höhe** behalten werden 11 laufender ~ 12 **Mindest-** 13 solange der ~ **reicht** 14 **übermäßiger** ~ 15 **üblicher** ~ 16 **verfügbarer** ~ 17 da sich unser ~ an diesen Artikeln **verringert** 18 wir haben uns bereits auf einige Monate hinaus mit Vorräten **versehen** 19 **Welt**vorräte

1 nous pouvons encore vous offrir aux anciens prix des marchandises de l'ancien stock 2 les stocks actuels seront suffisants 3 commencer la liquidation du stock 4 parce que notre stock est entièrement épuisé 5 stock de réserve 6 nos stocks touchent à leur fin 7 pour compléter votre stock 8 notre stock est déjà épuisé 9 garder toujours une réserve de ... 10 les stocks doivent être maintenus à un certain niveau 11 stock courant 12 stock minimum 13 tant que le stock n'est pas épuisé 14 stock excessif 15 stock habituel 16 stock disponible 17 vu que notre stock en cet article diminue 18 nous avons fait des réserves pour plusieurs mois d'avance 19 réserves mondiales

Vorschlag m 1 Ihr ~ wurde vom Ministerium **abgelehnt** 2 unter solchen Umständen können wir Ihren ~ nicht **akzeptieren** (annehmen) 3 **Änderungs-** 4

1 votre proposition a été rejetée par le ministère 2 dans de pareilles circonstances, il nous est impossible d'accepter votre proposition 3 projet de modifica-

Vorschlag — Vorschreiben

einen ~ **anfordern** 5 sich dem ~ **anschließen** 6 Sie haben sich bisher zu unserem ~ nicht geäußert 7 der ~ wurde **gebilligt** 8 sie haben ihren ~ **durchgesetzt** 9 auf jeden vernünftigen ~ **eingehen** 10 einen ~ für eine Werbeaktion **einholen** 11 wir sind mit dem von Ihrem Vertreter vorgelegten ~ nicht **einverstanden** 12 sie können Ihrem ~ nicht **entsprechen** 13 der ~ **entspricht** nicht genau dem, was wir benötigen 14 wir **ergänzen** unseren ~ folgendermaßen: 15 die jeweilige Art von Zusammenarbeit, die sich aus diesem ~ **ergeben** kann 16 wir **erwarten** Ihren ~ zur Liquidierung dieses Falles 17 **Gegen–** 18 wir betrachten diesen ~ als **gegenstandslos** 19 der ~ wurde einstimmig **genehmigt** 20 unser ~ hat großes **Interesse erregt** 21 **Kompromiß–** 22 einen **Standpunkt** zu unserem ~ einnehmen 23 unser ~ hat kein **Verständnis** gefunden 24 einen ~ **vorlegen** 25 den ~ auf die Lösung ohne Grund **zurückweisen** 26 den ~ auf gütliche Lösung **zurückziehen** 27 Ihr ~ fand **Zustimmung** 28 wir halten diesen Änderungs– nicht für **zweckmäßig**

tion 4 solliciter une suggestion 5 se rallier à la proposition 6 jusqu'à présent, notre proposition est restée sans réponse de votre part 7 la proposition a été approuvée 8 ils sont parvenus à faire accepter leur proposition 9 accepter toute proposition raisonnable 10 demander des suggestions pour une campagne publicitaire 11 nous ne sommes pas d'accord avec la proposition de votre représentant 12 ils ne peuvent donner suite à votre proposition 13 la proposition ne répond pas exactement à nos besoins 14 nous complétons notre proposition de la façon suivante 15 les différents genres de collaboration pouvant résulter de cette proposition 16 nous attendons votre proposition pour la liquidation de ce cas 17 contre-proposition 18 nous considérons cette proposition comme étant sans objet 19 la proposition a été acceptée à l'unanimité 20 notre proposition a suscité un vif intérêt 21 proposition de compromis 22 prendre position vis à vis de notre proposition 23 notre suggestion n'a pas été appréciée 24 soumettre une proposition 25 rejeter sans donner de raison la proposition pour une solution 26 retirer la proposition de règlement amiable 27 votre proposition a été approuvée 28 nous considérons comme impropre cette proposition de modification

Vorschlagen, 1 wir werden der vorgeschlagenen **Alternative** zustimmen 2 wir möchten Ihnen folgende zwei **Alternativen** ~ 3 es tut uns leid, daß wir auf die vorgeschlagene **Änderung** nicht eingehen können 4 das Angebot können wir zu den von Ihnen vorgeschlagenen **Bedingungen** nicht annehmen 5 eine andere **Lösung** ~ 6 mit der vorgeschlagenen **Regelung** der Angelegenheit werden Sie sicher einverstanden sein 7 sie würden deshalb als ihren **Vertreter** Herrn Röder ~ 8 wir sind bereit, unser Angebot, **wie** von Ihnen vorgeschlagen, zu revidieren

1 nous accepterons l'alternative proposée 2 nous voudrions vous suggérer l'alternative suivante: ... 3 nous regrettons de ne pouvoir nous rallier aux modifications proposées 4 nous ne pouvons accepter l'offre aux conditions que vous nous proposez 5 présenter une autre solution 6 vous serez certainement d'accord avec l'arrangement proposé en cette affaire 7 pour ce motif, ils désigneraient M. Röder comme leur représentant 8 nous sommes d'accord pour reconsidérer notre offre dans le sens que vous proposez

Vorschreiben, 1 das **Akkreditiv** schreibt eine Nachweisung oder Beglaubigung des Gewichtes vor 2 sofern im Akkreditiv nicht **ausdrücklich** etwas anderes vorgeschrieben ist 3 die vorgeschriebenen **Bedingungen** erfüllen 4 eine besondere **Bezeichnung** der Kiste ist nicht vorgeschrieben 5 die für Rechnungen vorgeschriebenen **Erfordernisse** 6 die fehlenden Stücke schreiben wir Ihnen zum **Ersatz** vor 7 in vorgeschriebener **Form**

1 la lettre de crédit prévoit une attestation ou certificat de poids 2 pour autant que l'accréditif ne stipule autre chose d'une façon expresse; sauf stipulation expresse contraire à l'accréditif 3 remplir les conditions requises 4 un marquage spécial n'est pas prescrit pour la caisse 5 les prescriptions prévues concernant les factures 6 nous vous chargeons du remplacement des pièces manquantes 7 sous la forme prescrite; en due forme 8 la facture

8 die Zollrechnung muß auf dem vorgeschriebenen **Formular** ausgestellt werden 9 vorgeschriebenes **Gewicht** 10 vom Käufer vorgeschriebene **Konstruktion** 11 widrigenfalls würde Ihnen eine **Strafe** wegen ... vorgeschrieben 12 ist **Verladung** in Teillieferungen innerhalb bestimmter Zeiträume vorgeschrieben 13 in vorgeschriebener **Weise**

Vorschrift *f* 1 diese –en unterliegen oft **Änderungen** 2 besondere –en für die **Anwendung** der allgemeinen Richtlinien 3 die –en genau **befolgen** 4 **beschränkende** Handels–en 5 **Betriebs**–en 6 diese –en **beziehen** sich auf Gastarbeiter 7 **bindende** –en 8 **Devisen**–en 9 **Dienst**–en 10 **Einfuhr**–en 11 die –en genau einhalten 12 bei **Einhaltung** aller –en 13 die Waren müssen in jeder Hinsicht den Zoll– und allen anderen –en **entsprechen** 14 in einer Form, die allen –en **entspricht** 15 vor dem **Erscheinen** der neuen –en 16 wir wollen nicht **gegen** die –en handeln 17 die Waren waren nicht –s**gemäß** signiert 18 im Rahmen der **gesetzlichen** –en 19 sich an eine ~ **halten** 20 **Handels**–en 21 **heutige** Zoll–en 22 **Inlands**–en 23 **laut** ~ 24 **Normungs**–en 25 **Post**–en 26 –en, die Einfuhr **regeln** 27 sich nach den –en **richten** 28 **Sicherheits**–en 29 im **Sinne** der geltenden –en 30 **Transport**–en 31 ~ **über** die Sortierung von Waren 32 geltende –en **übertreten** 33 die –en **umgehen** 34 **Verkehrs**–en 35 die –en **verletzen** 36 **Verschiffungs**–en 37 **Zoll**–en

Vorschriftsmäßig, jede Kiste muß ~ **bezeichnet** sein

Vorschuß *m* (s. a. Anzahlung) 1 –**abrechnung** 2 wir bestätigen den Empfang von DM 3.500,— als **Fracht**–

Vorsicht *f* 1 –**shalber** 2 –**smaßnahmen** ergreifen 3 man muß mit einer gewissen ~ **vorgehen**

Vorsichtig, 1 die Sendung muß ~ **behan**-

douanière doit être établie sur formulaire officiel 9 poids stipulé 10 construction stipulée par le client 11 dans le cas contraire, une peine pourrait vous être infligée pour ... 12 s'il est stipulé que l'embarquement doit se faire par livraisons partielles dans un délai déterminé 13 de la façon prescrite

1 ces instructions sont sujettes à de fréquentes modifications 2 prescriptions spéciales relatives à l'application des directives générales 3 observer strictement les prescriptions 4 règles restrictives du trafic commercial 5 prescriptions d'exploitation 6 ces prescriptions ont trait aux travailleurs étrangers 7 prescriptions obligatoires 8 réglementation des changes 9 règlements de service 10 réglementation sur les importations 11 observer strictement les prescriptions 12 en observant toutes les prescriptions 13 les marchandises doivent répondre à tout point de vue aux stipulations douanières et autres 14 sous une forme répondant à toutes les prescriptions 15 avant la parution des nouvelles réglementations 16 nous ne voulons pas agir à l'encontre des prescriptions 17 les marchandises n'étaient pas marquées de façon prescrite 18 dans le cadre des prescriptions légales 19 respecter une réglementation 20 règles de commerce 21 prescriptions douanières actuelles 22 réglementation intérieure (od. nationale) 23 selon la réglementation 24 réglementation de standardisation 25 réglementation postale 26 prescriptions réglant les importations 27 agir conformément aux prescriptions 28 prescriptions de sécurité 29 dans le sens des réglementations en vigueur 30 réglementation du transport 31 instructions relatives à la classification des marchandises 32 violer les réglementations en vigueur 33 éluder les règlements; se soustraire aux règlements 34 règlements du trafic 35 violer les règlements 36 instructions d'embarquement 37 réglementation douanière

chaque caisse doit être marquée de façon prescrite

1 décompte des avances 2 nous accusons réception de la somme de DM 3.500,— comme avance sur les frais de transport

1 par mesure de précaution 2 prendre des mesures de précaution 3 il faut agir avec une certaine prudence

1 la marchandise doit être manipulée

delt werden 2 die Waren erfordern –e **Behandlung**

Vorsitzender *m* 1 ~ der **Handelskammer** 2 stellvertretender ~ 3 ~ des **Verwaltungsrates**

Vorstand *m* 1 ~ der **Gesellschaft** 2 –s-mitglied

Vorstehend, wie ~ gesagt

Vorstellen, 1 teilen Sie uns mit, was Sie sich **darunter** ~ 2 die Abwicklung des Zahlungsverkehrs stellen wir uns **folgendermaßen** vor: 3 gestatten Sie uns, Ihnen **Herrn** Späth vorzustellen

Vorstellung *f* 1 die Durchführung **entspricht** nicht unseren –en 2 im allgemeinen haben wir eine ziemlich **genaue** ~ darüber, wie ...

Vorteil *m* 1 wir machen Sie auf die großen –e **aufmerksam,** die sich aus dem Gebrauch unseres Gerätes ergeben 2 zu **beiderseitigem** ~ 3 das Angebot **bringt** zahlreiche –e 4 die Zusammenarbeit könnte beiden Teilen zum ~ **gereichen** 5 den größten ~ wird der Kunde davon **haben** 6 der Luftverkehr **hat** gegenüber dem Eisenbahnverkehr den ~ größerer Schnelligkeit 7 **Steuer**–e 8 aus Ihrer Verzögerung kann die Konkurrenz ~ **ziehen**

Vorteilhaft, 1 sich ein –es **Angebot** entgehen lassen 2 legen Sie uns also bitte das –este **Angebot** auf Traktoren vor 3 wir können Ihnen keine –eren **Bedingungen** mehr gewähren 4 ~ **einkaufen** 5 –e **Lösung** 6 wir können Ihnen äußerst –e **Preise** anbieten 7 **verkaufen** Sie die Waren auf unsere Rechnung möglichst ~

Vorübergehen, wir haben keine **Gelegenheit** ~ lassen

Vorübergehend, 1 –e **Adresse** 2 –er **Aufenthalt** 3 –er **Aufschwung** 4 Zollzertifikat für –e **Ausfuhr** 5 Schwierigkeiten –en **Charakters** 6 die Erzeugung wurde ~ wegen geringer Nachfrage **eingeschränkt** 7 die Erzeugung wurde infolge einer Rekonstruktion ~ **eingeschränkt** 8 –e **Regelung**

Vorverkauf *m* 1 **Devisen**– 2 **Karten**–

Vorwand *m* 1 sie **fanden** hierfür einen ~ in ... 2 sie **nahmen** zum ~ 3 **unter** dem ~ des Mangels an Rohmaterial

Vorwerfen, es scheint aber, daß ihnen in dieser Angelegenheit **nichts** vorgeworfen werden kann

avec précaution 2 les marchandises exigent une manipulation prudente

1 président de la Chambre de Commerce 2 vice-président 3 président du Conseil d'Administration

1 Conseil d'Administration de la Société 2 membre du Conseil d'Administration

ainsi qu'il a été dit précédemment

1 faites-nous savoir ce que vous entendez par cela 2 nous supposons que le paiement se fera de la façon suivante 3 permettez-nous de vous présenter M. Späth

1 l'exécution ne répond pas à nos attentes 2 en général nous avons une notion assez nette concernant ...

1 nous attirons spécialement votre attention sur le grand avantage qui résulte de l'emploi de notre appareil 2 au profit mutuel 3 l'offre présente de nombreux avantages 4 une collaboration pourrait être avantageuse pour les deux parties 5 c'est le client qui y trouvera le plus grand avantage 6 par rapport au trafic ferroviaire, le trafic aérien a l'avantage d'une plus grande vitesse 7 avantages fiscaux 8 la concurrence tirera avantage de votre retard

1 manquer une offre avantageuse 2 veuillez nous faire parvenir votre offre en tracteurs la plus avantageuse 3 nous ne pouvons plus vous faire de conditions plus avantageuses 4 acheter avantageusement 5 solution avantageuse 6 nous pouvons vous faire des prix extrêmement avantageux 7 veuillez vendre pour notre compte ces marchandises le plus avantageusement possible

nous n'avons laissé échapper aucune occasion

1 adresse provisoire 2 séjour temporaire 3 reprise (od. essor) temporaire 4 certificat de douane pour exportation temporaire 5 difficulté de nature temporaire 6 par suite de la faible demande, la production a été réduite temporairement 7 la fabrication a été réduite temporairement pour cause de reconstruction 8 arrangement provisoire

1 vente anticipative de devises 2 location

1 ils ont trouvé un prétexte pour ... 2 ils ont pris comme prétexte ... 3 sous prétexte du manque de matières premières

il semble cependant que dans cette affaire, aucun reproche ne puisse (od. peut) leur être fait

Vorwurf *m* Ihr ~ uns gegenüber ist nicht berechtigt
Vorzeitig, 1 –e **Erfüllung** 2 –e **Schlüsse**

Vorziehen, wir ziehen den **Schiffstransport** dem per Bahn vor
Vorzug *m* 1 –**saktien** 2 dieses Erzeugnis **bietet** Vorzüge, durch die es alle anderen übertrifft 3 kanadischen Waren ist ein ~ **gewährt** 4 ... mit ~ **liefern** 5 –**srecht** 6 –**tarif** 7 die Waren britischen Ursprungs sind auf Neuseeland zum –**szoll** zugelassen

Vorzüglich, 1 mit –er **Hochachtung** 2 –e **Qualität**

votre reproche à notre égard n'est nullement justifié
1 exécution avant terme 2 conclusions hâtives

nous préférons le transport par eau au transport par fer
1 les parts bénéficiaires (od. les parts de fondateurs) 2 les qualités de ce produit le rendent supérieur à tous les autres 3 la préférence est donnée aux produits canadiens 4 fournir de préférence ... 5 droit de priorité 6 tarif préférentiel 7 en Nouvelle-Zélande, les produits d'origine britannique jouissent d'un tarif préférentiel
1 avec l'expression de ma parfaite considération; avec l'expression de mes sentiments distingués 2 qualité supérieure

Waage — Wahl

W

Waage *f* 1 lassen Sie bitte die Kisten einzeln auf einer **Dezimal**– abwiegen 2 auf einer **Waggon**– nachwiegen

Wagen *m* (s. a. Waggon) 1 **Beförderung** per ~ 2 **Eisenbahn**– 3 **gedeckter** ~ 4 **Güter**– 5 die Ware werden wir mit eigenem **Lastkraft**– absenden 6 **Liefer**– 7 **Liege**– 8 **Montage**– 9 **offener** ~ 10 **Personenkraft**– 11 **Schlaf**– 12 **senden** Sie bitte den ~ zum Flugplatz (ou zum Bahnhof) 13 **-sendung** 14 **-standgeld** für einen Tag beträgt...

Waggon *m* (s. a. Wagen) 1 **ab** ~ 2 der **Abgang** des –s wird Ihnen telegrafisch avisiert werden 3 „**Frei Abgangs-**" 4 die Waren vom ~ **abladen** 5 das **Abrollen** des –s wird Ihnen telegrafisch avisiert werden 6 dieser ~ war an den Personenzug **angehängt** (ou **angeschlossen**) 7 „**Frei Ankunfts-**" 8 der ~ Nr. 107501 wurde in der Station Hamm **aufgehalten** 9 der ~ wurde uns nicht rechtzeitig **beigestellt** 10 **-bestellung** 11 die –s sind an die Adresse des Empfängers zu unserer Verfügung zu **dirigieren** 12 **Flach**– 13 den **leeren** ~ nachwiegen 14 ... in offenen –s **expedieren** 15 der ~ **faßt** nicht die ganze bestellte Menge 16 „**Frei** ~" 17 „**Frei Ankunfts-**" 18 die Kisten werden in **gedecktem** ~ abgesandt 19 **Güter**– 20 **Kühl**– 21 als **-ladung** absenden 22 **-mangel** 23 beim **Nachwiegen** der leeren und vollen –s wurde festgestellt, daß... 24 telegrafieren Sie täglich die Verladungen unter Angabe der **-nummern**, des Gewichtes und der Menge 25 **offener** ~ 26 ... mit **Sammel**– absenden 27 **Schwerlast**– 28 **-sendung** 29 die **Umdisponierung** des –s nach der Station Köln veranlassen 30 die Sendung wurde unterwegs in den ~ Nr. 11 213 **umgeladen** 31 der ~ ist bereits **unterwegs** 32 die Ware werden wir in einem **Sammel**– **verfrachten** 33 die Sendung wurde heute in guter Ordnung in den ~ **verladen** 34 **Verladung** in –s 35 das Gewicht des **vollen** –s beträgt 14.260 kg

Wahl *f* 1 es **bleibt** uns keine andere ~

1 veuillez faire peser les caisses séparément sur une bascule décimale 2 repeser sur le plateau pèse-wagons

1 transport par camion 2 wagon de chemin de fer 3 wagon couvert 4 wagon de marchandises 5 nous expédierons les marchandises par notre propre camion 6 camion (od. camionnette) de livraison 7 voiture-couchettes 8 wagon-atelier 9 wagon découvert 10 voiture automobile 11 wagon-lit 12 veuillez envoyer la voiture à l'aéroport (od. à la gare) 13 wagon complet 14 la taxe de stationnement est de... par jour

1 pris sur wagon 2 le départ du wagon vous sera communiqué par télégramme 3 franco wagon au départ 4 décharger les marchandises du wagon 5 vous serez avisé par télégramme du départ du wagon 6 ce wagon était attelé au train de voyageurs 7 franco arrivée du wagon 8 le wagon n° 107 501 a été retenu en gare de Hamm 9 le wagon n'a pas été mis à notre disposition en temps voulu 10 demande de wagons 11 les wagons sont à diriger à l'adresse du destinataire et à notre disposition 12 wagon plat 13 repeser le wagon vide 14 expédier en wagon découvert 15 le wagon ne pourra contenir toute la quantité commandée 16 franco wagon 17 franco arrivée du wagon 18 les caisses ont été expédiées en wagon couvert 19 wagon de marchandises 20 wagon frigorifique 21 expédier par wagon complet 22 pénurie (od. manque) de wagons 23 lors du repesage des wagons pleins et vides, il a été constaté que... 24 télégraphiez-nous journellement le chargement en donnant les numéros des wagons, les poids et les quantités 25 wagon découvert 26 expédier par wagon collectif 27 camion poids-lourds 28 expédition en wagons complets 29 faire changer le wagon de direction en l'envoyant sur Cologne 30 l'expédition a été transbordée en cours de route sur le wagon n° 11 213 31 le wagon est déjà en route 32 nous chargerons les marchandises sur wagon collectif 33 le chargement sur wagon a été effectué ce jour en bon ordre 34 chargement sur wagons 35 le poids du wagon complètement chargé s'élève à 14.260 kg

1 il ne nous reste pas d'autre choix 2 par

2 durch eine Bank ihrer **eigenen** ~ 3 mit der ~ des Ladehafens sind wir nicht **einverstanden** 4 Waren erster ~ 5 für die zweite ~ **gewähren** wir einen Nachlaß von 10% 6 Sie **haben** die ~ zwischen beiden Sorten 7 wir **haben** keine andere ~ als ... 8 **Muster** zur ~ 9 **nach** ~ des Absenders 10 Waren **nach** Ihrer ~ 11 wir **überlassen** Ihnen in der Sache die ~

Wählen, 1 ~ Sie nach **Belieben** 2 ~ Sie das **beste** von den ausgestellten Erzeugnissen 3 wir haben fünf **Qualitäten** gewählt und legen unsere Bestellung Nr. 391 zur prompten Lieferung bei

Wahr, 1 es ist ~ 2 der -e Grund
Wahren, 1 wir werden absolute **Diskretion** darüber ~ 2 wir müssen das anvertraute **Geheimnis** ~ 3 Sie müssen unsere **Interessen** den Kunden gegenüber ~ 4 die **Interessen** anderer Parteien sind hinreichend gewahrt 5 Ihre **Rechte** bleiben Ihnen gewahrt
Wahrheit f 1 das **beruht** auf ~ 2 diese Angaben **entsprechen** der ~
Wahrheitsgemäß, 1 vollständige und -e Angaben über den für die Waren tatsächlich gezahlten Preis 2 ~ **sagen**
Wahrnehmen, 1 Sie haben rechtzeitig die günstige **Gelegenheit** wahrgenommen 2 ihre **Interessen** ~

Währung f 1 –sabkommen 2 Betrag in der ~ des **Ausfuhrlandes** 3 **ausländische** ~ 4 ~ des **Bestimmungslandes** 5 –sdumping 6 –seinheit 7 Entwertung der ~ 8 **feste** ~ 9 –sfrage 10 in freier ~ 11 –sgebiet 12 **gesuchte** ~ 13 **harte** ~ 14 **Inland**- 15 –sklausel 16 (un)konvertierbare ~ 17 –skurs 18 –smaßnahmen 19 –sreform 20 –sschutz 21 für Zollzwecke werden fremde Werte auf chilenische ~ zum offiziellen Kurs **umgerechnet** 22 **Umrechnung** von –en 23 in der **vereinbarten** ~ 24 –svorschriften 25 **weiche** ~ 26 in der ~ des **Zahlungslandes**

Ware f (s. a. Artikel) 1 –nakkreditiv 2 **Apotheker**– 3 **Auktions**– 4 **Ausfuhr**–n 5 **ausgewählte** ~ 6 **Ausschuß**– 7 –n **austausch**abkommen 8 **Auswahl**– 9 **Blech**– 10 –**nbörse** 11 **brüchige** ~ 12 **Bürsten**– 13 **dauerhafte** ~ 14 **Defizit**– 15 **Einfuhr**–n 16 **Eisen**– 17 **Emaille**–

une banque de leur choix 3 nous ne sommes pas d'accord sur le choix du port de chargement 4 marchandises de premier choix. (od. de première qualité) 5 pour le second choix, nous accordons une réduction de 10% 6 vous pouvez choisir entre deux sortes 7 nous n'avons pas d'autre choix que... 8 échantillons au choix 9 au choix de l'expéditeur 10 marchandises à votre choix 11 nous vous laissons le choix dans cette affaire
1 veuillez faire votre choix 2 choisissez ce qu'il y a de mieux parmi les produits exposés 3 nous avons fait le choix de cinq qualités et vous remettons ci-joint notre commande n° 391 pour prompte livraison
1 c'est vrai 2 la cause réelle
1 nous garderons le plus grand silence dans cette affaire 2 nous sommes tenus de garder le secret qui nous a été confié 3 vous devez défendre nos intérêts vis-à-vis des clients 4 les intérêts des autres parties sont suffisamment garantis 5 vos droits vous restent acquis
1 c'est la vérité même 2 ces informations correspondent à la vérité
1 des données complètes et fidèles concernant le prix réellement payé pour les marchandises 2 dire la vérité
1 vous avez profité à temps de l'occasion favorable 2 défendre leurs intérêts

1 accord concernant le change 2 valeur en devises du pays exportateur 3 devises étrangères 4 devises du pays de destination 5 dumping des devises 6 unité monétaire 7 dévaluation monétaire 8 devises stables 9 problème monétaire 10 devises libres 11 zone monétaire 12 devises rares 13 monnaie forte 14 monnaie intérieure 15 clause monétaire 16 devises (in)convertibles 17 cours du change 18 mesures monétaires 19 réforme monétaire 20 protection des devises 21 pour le dédouanement, les devises étrangères sont converties en monnaie chilienne au cours officiel 22 conversion de devises 23 en devises convenues 24 réglementation en matière de change 25 devise faible 26 dans les devises du pays de paiement

1 lettre de crédit documentaire 2 produits pharmaceutiques 3 marchandises à vendre aux enchères 4 marchandises d'exportation 5 marchandises sélectionnées 6 marchandises endommagées (od. de qualité inférieure) 7 traité concernant l'échange de marchandises 8 marchan-

18 entbehrliche ~ 19 entzündliche ~ 20 Ersatz– 21 erstklassige ~ 22 Export– 23 exportierte ~ 24 fehlerhafte ~ 25 Flecht– 26 frei geladene ~ 27 wir ersuchen höflichst um Adressen von Firmen, die diese ~ führen 28 Galanterie– 29 gefährliche ~ 30 Gemischt–nhandlung 31 Glas– 32 greifbare ~ 33 Gummi– 34 Halbfertig–n 35 handelsübliche ~ 36 –nhaus 37 Haushalts– 38 Holz–n 39 Hut– 40 importierte ~ 41 Industrie– 42 Klein–n 43 Kolonial– 44 Kommissions– 45 Korb– 46 kotierte ~ 47 bei amtlichem –nkurs $ 2,40 für 1 Pfund Sterling 48 Kurz– 49 Lager– 50 Leder– 51 liberalisierte ~ 52 liegengebliebene ~ 53 –nliste 54 Luxus– 55 Mangel– 56 mangelhafte ~ 57 Marken– 58 Massen– 59 Messe–n 60 Messer– 61 minderwertige ~ 62 Mode– 63 (an der Börse) notierte ~ 64 optische ~ 65 Papier–n 66 Partie– 67 Porzellan– 68 Qualitäts– 69 retournierte ~ 70 Saison– 71 Schmuggel– 72 Schnitt– 73 schwimmende ~ 74 Seiler– 75 sortierte ~ 76 Stapel–n 77 steuerpflichtige ~ 78 Strick– 79 Textil– 80 Textilstück– 81 tiefgekühlte ~ 82 Ton– 83 Transit– 84 unentbehrliche ~ 85 unfertige ~ 86 unsortierte ~ 87 unverarbeitete ~ 88 unverkäufliche ~ 89 unverpackte ~ 90 leicht verderbliche ~ 91 verdorbene ~ 92 veredelte ~ 93 verkäufliche ~ 94 freier –nverkehr 95 vertretbare ~ 96 ~ zweiter Wahl 97 Wegwerf– 98 Weiß– 99 Wirk– 100 Woll– 101 –nzeichen 102 Zoll– 103 zollpflichtige ~

dise de choix (od. de première qualité) 9 articles de ferblanterie 10 bourse de marchandises 11 marchandises fragiles 12 articles de brosserie 13 marchandises solides 14 marchandises rares 15 marchandises d'importation 16 articles de quincaillerie 17 produits émaillés 18 marchandises non essentielles 19 marchandises inflammables 20 marchandise de substitution 21 marchandise de premier rang 22 marchandise d'exportation 23 marchandise exportée 24 marchandise défectueuse 25 articles de vannerie 26 marchandise en vrac 27 nous vous prions de bien vouloir nous faire parvenir des adresses de firmes qui tiennent ces marchandises 28 articles de fantaisie 29 marchandises dangereuses 30 articles d'épicerie et de bazar 31 articles de verrerie 32 marchandises disponibles 33 articles en caoutchouc 34 marchandises demifinies 35 articles de qualité commerciale 36 grand magasin 37 articles de ménage 38 articles en bois 39 articles de chapellerie 40 marchandises importées 41 produits industriels 42 menus articles 43 produits coloniaux (od. denrées coloniales) 44 marchandises en commission 45 articles de vannerie 46 marchandises cotées en bourse 47 au cours de vente officiel de $ 2,40 pour une livre sterling 48 articles de mercerie 49 marchandises de stock 50 articles de cuir 51 marchandises libéralisées 52 marchandises non vendues 53 liste des marchandises 54 articles de luxe 55 marchandise rare 56 marchandises défectueuses 57 produits de marque 58 marchandise fabriquée en série 59 marchandises d'exposition 60 produits de coutellerie 61 marchandise de mauvaise qualité 62 articles de mode 63 marchandise cotée en bourse 64 articles d'optique 65 produits de papeterie 66 lot de marchandises variées 67 porcelaines 68 marchandise de qualité 69 marchandises retournées 70 articles saisonniers 71 marchandise de contrebande 72 mercerie; marchandises au mètre 73 marchandise flottante 74 cordages 75 marchandises sélectionnées 76 marchandises entreposées 77 marchandise imposable 78 articles de bonneterie 79 produits textiles 80 produits textiles ouvrés 81 marchandises congelées 82 articles de poterie 83 marchandises en transit 84 produits essentiels 85 marchandises non finies 86 marchandise non triée 87 marchandise brute 88 marchandise in-

Warnen, wir haben Sie vor dieser **Gefahr** gewarnt
nous vous avons mis en garde contre ce danger

Warnung *f* zwecks ~
en guise d'avertissement

Warte–, 1 Sie sind schon auf der **–liste** 2 erst nach der 120 tägigen **–zeit**
1 vous êtes déjà inscrit sur la liste d'attente 2 seulement après une période d'attente de 120 jours

Warten, 1 wir bedauern, daß wir Sie so lange auf **Antwort** ~ lassen mußten 2 ~ Sie auf Herrn Schroll auf dem Hauptbahnhof in Mainz am 16. d. M. um 9,56 3 es wird auf die **Genehmigung** gewartet 4 wir ~ nur auf **Nachricht** von einem Sachverständigen
1 nous regrettons de vous avoir fait attendre si longtemps notre réponse 2 veuillez attendre M. Schroll à la gare centrale de Mayence le 16 du mois courant à 9h56 3 l'autorisation est encore en suspens 4 nous attendons encore le rapport d'un expert

Wasser *n* 1 es wurde durch See– **beschädigt** 2 der Rheinverkehr wurde zeitweilig wegen niedrigen/hohen **–stands** eingestellt 3 **–straßen** 4 **–transport** 5 **–verkehr** 6 der Kunde ist mit der Beförderung auf dem **–wege** einverstanden
1 le dommage a été causé par l'eau de mer 2 par suite de la baisse/de la crue des eaux, le trafic sur le Rhin a été suspendu temporairement 3 voies navigables 4 transport par eau 5 trafic par (voie d')eau (fluvial od. maritime) 6 le client se déclare d'accord pour un transport par voie d'eau

Wechsel *m* (s. a. Tratte) 1 **Abrechnung** über diskontierte ~ 2 den ~ bei Vorlage **akzeptieren** 3 **Amortisation** eines –s 4 einen ~ **ankaufen** 5 die **Annahme** des –s haben sie ohne Angabe des Grundes verweigert 6 die Bank mit der Einholung der **Annahme** des –s beauftragen 7 **Bank–** 8 **bundesbankfähige** ~ 9 einen ~ **begeben** 10 eine dokumentäre Rimesse, der ein ~ **beigefügt** ist 11 ~ auf den **Betrag** von DM 7.600,— 12 **bezahlter** ~ 13 **diskontierbarer** ~ 14 **diskontierter** ~ 15 **Dokumenten–** 16 den ~ bei dieser Bank **domizilieren** 17 **domizilierter** ~ 18 **dubioser** ~ 19 **eigener** ~ 20 einen ~ **einlösen** 21 in der Leitung der Firma ist ein ~ **eingetreten** 22 die **Einziehung** von –n durch Geschäftsfreunde oder durch die Bank 23 **erstklassiger** ~ 24 der ~ ist am 1. März **fällig** 25 der **Fälligkeitstag** des –s ist der 15. Januar 26 **Gefälligkeits–** 27 **–gesetz** 28 **–gläubiger** 29 nicht **honorierter** ~ 30 **indossierter** ~ 31 einen ~ **inkassieren** 32 der Bank den ~ zum **Inkasso** überreichen 33 den **–kurs** ändern 34 **kurzfristiger** ~ 35 **langfristiger** ~ 36 von Begünstigten gezogener ~

89 marchandises non emballées 90 marchandises périssables 91 marchandise avariée 92 produits ouvrés 93 marchandise vendable 94 trafic libre de marchandises 95 marchandise de substitution 96 marchandise de second choix 97 marchandise à jeter après usage 98 articles de blanc 99 articles de bonneterie 100 lainages 101 marque de fabrique 102 marchandise d'importation temporaire 103 marchandise soumise à la douane

1 décompte des traites escomptées 2 accepter la traite à sa présentation 3 amortissement (extinction légale) d'une traite 4 négocier une traite 5 ils ont refusé l'acceptation de la traite sans donner de raisons 6 charger la banque de présenter la traite à l'acceptation 7 traite bancaire 8 traite escomptable à la Banque fédérale 9 négocier une lettre de change 10 remise documentaire accompagnée d'une traite 11 lettre de change pour un montant de DM 7.600,— 12 traite payée 13 traite escomptable 14 traite escomptée 15 traite documentaire 16 domicilier la traite auprès de cette banque 17 traite domiciliée 18 traite douteuse 19 seule de change 20 honorer une traite 21 un changement a eu lieu dans la direction de la firme 22 recouvrement d'effets par correspondants ou par une banque 23 traite de premier ordre 24 la traite vient à échéance au 1 mars 25 le jour d'échéance de la traite est le 15 janvier 26 traite de complaisance 27 législation sur les lettres de change 28 créancier d'une lettre de change 29 lettre de change non payée 30 lettre de change endossée 31 encaisser une lettre de

Wechsel — Weg

negoziieren 37 **Prima**– 38 –**protest** erheben 39 den ~ mangels Annahme/Zahlung **protestieren** 40 –**recht** 41 –**schuldner** 42 **Sekunda**– 43 **Sicht**– 44 **Sola**– 45 –**stelle** 46 wo befindet sich die nächste –**stube**? 47 einen ~ **unterzeichnen** 48 –**verbindlichkeiten** eingehen 49 **verfallener** ~ 50 **Verlängerung** des –s um 4 Wochen 51 diesen ~ **zahlen** wir bei Vorlage 52 über den Rechnungsbetrag haben wir am 6. 8. einen 30 Tage– auf Sie **gezogen** 53 der gezogene ~

change 32 remettre une traite à la banque pour encaissement 33 changer le cours du change 34 traite à courte échéance 35 traite à longue échéance 36 négocier une lettre de change tirée par le bénéficiaire 37 première de change 38 protester une traite 39 dresser protêt de la traite pour non acceptation/pour non paiement 40 régime juridique de la lettre de change 41 débiteur d'une lettre de change 42 seconde de change 43 traite à vue 44 seule de change 45 bureau (od. agent) de change 46 où se trouve le bureau de change le plus proche? 47 signer une traite 48 contracter des obligations résultant d'une lettre de change 49 traite échue 50 prolongation d'une traite pour une période de 4 semaines 51 nous paierons cette lettre de change à sa présentation 52 le 6 août, nous avons tiré sur vous une traite payable à 30 jours pour le montant de la facture 53 lettre de change tirée

Weg *m* 1 auf **administrativem** –e 2 von **Amts** –en 3 der **Amts**– muß eingehalten werden 4 das Schiff ist schon **auf** dem –e nach Hamburg 5 Beschädigungen der Waren **auf** dem ~ zu dem im Vertrag festgelegten Bestimmungsort vermeiden 6 die Sendung wurde **auf** dem ~ von Hamburg nach Solingen ausgeraubt 7 sich rücksichtslos den ~ **bahnen** 8 die Sendung auf anderem –e **befördern** 9 billigster und kürzester **Beförderungs**– 10 auf **diplomatischem** –e 11 wir hoffen, daß Sie einen ~ **finden** werden, wie ... 12 den ~ **freimachen** 13 die Angelegenheit auf **freundschaftlichem** –e lösen 14 auf dem **Gerichts**–e 15 die ganze Angelegenheit ist auf **gutem** –e 16 die Angelegenheit auf **gütlichem** –e lösen 17 sie legten uns große **Hindernisse** in den ~ 18 der Durchführung des Projektes stellten sich große **Hindernisse** in den ~ 19 das Geschäft kann nur im **Kompensations**– abgeschlossen werden 20 Beförderung auf dem **Land**– 21 den Transport auf dem **Land**–e veranlassen 22 wir müssen neue Verhandlungen in die –e leiten 23 auf dem **Rechts**– e 24 den **Rechts**– beschreiten 25 wir werden genötigt sein, die Forderung auf dem **Rechts**– einzutreiben 26 drahtlos oder auf anderem **schnellen** ~e 27 auf dem **schnellstmöglichen** –e 28 verschiedene **Schwierigkeiten** stellen sich uns in den ~ 29 Beförderung auf dem **See**– 30 nichts wird im –e **stehen** 31 **Transport**– 32 die Nachricht auf anderem,

1 par voie administrative 2 d'office 3 la procédure officielle doit être respectée 4 le navire est déjà en route pour Hambourg 5 éviter des avaries sur le trajet vers le lieu de destination prévu contractuellement 6 l'envoi a été pillé sur le parcours de Hambourg à Solingen 7 se frayer un chemin sans scrupules 8 expédier les marchandises par une autre voie 9 la voie de transport la moins onéreuse et la plus courte 10 par voie diplomatique 11 nous espérons que vous trouverez un moyen de ... 12 ouvrir la voie 13 régler l'affaire à l'amiable 14 par poursuites légales 15 toute cette affaire est en bonne voie 16 résoudre la question à l'amiable 17 ils nous ont causé de grosses difficultés 18 la réalisation du projet a rencontré de sérieux obstacles 19 l'affaire ne peut être réalisée que par voie de compensation 20 transport par voie de terre 21 arranger un transport terrestre 22 nous devons mettre sur pied de nouvelles négociations 23 par voie judiciaire 24 entamer une procédure en justice 25 nous nous verrons obligés d'avoir recours à la justice pour le règlement de notre créance 26 par télégramme ou par tout autre moyen rapide 27 par la voie la plus rapide 28 nous avons rencontré de nombreuses difficultés 29 transport maritime 30 rien ne s'opposera à ... 31 itinéraire, trajet, parcours 32 transmettre les nouvelles par d'autres voies plus rapides 33 transport par voie habituelle 34 préparer le terrain pour des négociations ultérieures 35 voies d'eau

schnellerem –e **übermitteln** 33 Transport auf dem **üblichen** ~ 34 den ~ für weitere Verhandlungen **vorbereiten** 35 **Wasser**– 36 auf dem **Wasser**– befördern 37 ~ des geringsten **Widerstandes**

36 transporter par eau 37 voie de la moindre résistance

Weglassen, 1 veranlassen Sie, daß die **Klausel** über ... weggelassen wird 2 lassen Sie diese **Position** ganz weg 3 dieser **Punkt** wurde im Vertrag weggelassen

1 veuillez prendre des mesures pour que la clause relative à ... soit supprimée 2 supprimez complètement ce poste 3 ce point a été supprimé dans le contrat

Wehren, gegen ein solches **Vorgehen** werden wir uns ~

nous nous opposerons à pareille façon d'agir

Weich, 1 –e **Packung** 2 –e **Währung**

1 emballage souple 2 devise faible

Weigern, 1 sie ~ sich, die Ware **anzunehmen** 2 der Bezogene weigert sich zu **zahlen**

1 ils ont refusé la prise en charge de la marchandise 2 le tiré refuse de payer

Weigerung f –sgrund

motif (od. raison) du refus

Weise f 1 auf jede andere ~ 2 der Transport über ~ ist nicht möglich 3 auf richtige **Art** und ~ 4 festgesetzte **Art** und ~ 5 der Vertrag wurde auf **grobe** ~ verletzt 6 wir müssen gegen eine solche **Handlungs**– entschieden Protest erheben 7 gehen Sie, bitte, in **üblicher** ~ vor 8 **Zahlungs**–

1 de toute autre façon 2 le transport par un autre moyen est impossible 3 de la façon (od. d'une manière) correcte 4 la façon prévue 5 le contrat a été violé de façon flagrante 6 nous devons protester énergiquement contre pareille façon d'agir 7 veuillez procéder de la façon habituelle 8 mode de paiement

Weisen, er wurde in die gehörigen **Schranken** gewiesen

il a été remis à sa place

Weisungsgemäß, unsere Bestellung wurde nicht ~ ausgeführt

notre commande n'a pas été exécutée suivant nos instructions

Weit, 1 ~ **besser** 2 so ~ wie möglich **entgegenkommen** 3 ein –er **Kundenkreis** 4 nicht ~ von der Wahrheit 5 im –esten **Sinne** des Wortes 6 **von** –em

1 beaucoup mieux 2 venir autant que possible au-devant de 3 une clientèle étendue 4 pas très éloigné de la vérité 5 au sens le plus large du mot 6 de loin

Weiter, 1 wir haben dazu nichts –es zu **bemerken** 2 falls Sie keine –en **Bemerkungen** haben 3 wir werden alles daransetzen, um es in Zukunft nicht zu weiteren **Beschwerden** kommen zu lassen 4 **bis** auf –es 5 –e **Einlagerung** 6 an –en derartigen Geschäften sind wir nicht **interessiert** 7 ohne –e **Verantwortlichkeit** ihrerseits 8 wir bitten um **Zusendung** –er Katalogexemplare

1 nous n'avons rien à ajouter 2 si vous n'avez pas d'autres remarques à faire 3 nous ferons notre possible (od. l'impossible; de notre mieux) pour prévenir à l'avenir toute réclamation 4 jusqu'à nouvel ordre 5 emmagasinage ultérieur 6 d'autres affaires de ce genre ne nous intéressent pas 7 sans autre responsabilité de leur part 8 nous vous prions de nous faire parvenir encore quelques exemplaires du catalogue

Weiter–, 1 –**befördern** 2 –**entwicklung** der Produktion 3 die Montage wird jetzt schon planmäßig –**gehen** 4 die **Klausel** über die stillschweigende –**führung** eines Vertrages 5 Ihren Brief vom 4. 4. **leiten** wir an die Fabrik ~ 6 die Waggons sind an die Adresse des Empfängers –**zuleiten** 7 –**verarbeitete** Produkte 8 die Waren werden durch den Importeur –**verkauft**

1 réexpédier 2 développement ultérieur de la production 3 le montage se poursuivra maintenant comme prévu 4 la clause de tacite reconduction d'un contrat 5 nous transmettons votre lettre du 4. 4. à l'usine 6 les wagons sont à diriger à l'adresse du destinataire 7 produits usinés 8 les marchandises seront revendues par l'importateur

Welle f es rief eine ~ der **Empörung** hervor

il en résulta une vague d'indignation

Welt f 1 –**ausstellung** 2 welt**bekannt** 3

1 exposition mondiale 2 universellement

Welt — Werbung   354

in der **ganzen** ~ 4 diese Waren exportieren wir in die **ganze** ~ 5 angemessener Anteil an dem –**handel** mit diesem Erzeugnis 6 –**handelsflotte** 7 –**krise** 8 auf dem –**markt** 9 diese Preise entsprechen den –**marktpreisen** 10 diese Ware besitzt –**niveau** 11 –**presse** 12 –**produktion** 13 –**sprachen** beherrschen

connu 3 dans le monde entier 4 nous exportons ces marchandises dans le monde entier 5 une part convenable dans le commerce mondial de ce produit 6 flotte marchande mondiale 7 crise mondiale 8 sur le marché mondial 9 ces prix correspondent aux prix mondiaux 10 ces produits ont un standard universel 11 presse mondiale 12 production mondiale 13 connaître des langues universelles

Wenden, 1 im **Auftrage** der Firma Sfinx ~ wir uns an Sie 2 sich an eine falsche **Adresse** ~ 3 wir ~ uns an Sie mit dem **Angebot** unserer allerneuesten Sorten 4 Sie müssen sich mit Ihrem **Anspruch** an den Spediteur ~ 5 ~ Sie sich mit der Beanstandung **direkt** an ... 6 ~ Sie sich zwecks näherer **Informationen** über die Maschine an unseren Vertreter 7 **post–d** 8 sich an die Bank um **Rat** ~ 9 die Angelegenheit wendet sich zum **Schlimmeren** 10 sich **vertrauensvoll** an den Vertreter ~

1 nous nous adressons à vous de la part de la maison Sfinx 2 se tromper d'adresse 3 nous vous adressons l'offre de notre assortiment le plus récent 4 vous devez adresser votre réclamation au commissionnaire-expéditeur 5 adressez votre réclamation directement à ... 6 veuillez vous adresser à notre représentant pour de plus amples informations sur cette machine 7 par retour du courrier 8 demander conseil à la banque 9 l'affaire prend mauvaise tournure (od. se gâte) 10 s'adresser en confiance au représentant

Wendung f 1 ~ zum **Besseren**/zum **Schlechteren** 2 es ist eine **plötzliche** ~ eingetreten

1 bonne/mauvaise tournure 2 les affaires ont pris une tournure inattendue

Wenig, 1 –er **entwickelte** Länder 2 wir bitten noch um ein ~ **Geduld** 3 **mehr** oder –er

1 pays en voie de développement 2 nous vous prions de patienter encore un peu 3 plus ou moins

Werbe–, 1 –**abteilung** 2 –**agentur** 3 –**aktion** 4 unsere Konkurrenten haben eine intensive –**aktion** zur Steigerung des Verkaufes eingeleitet 5 –**auslagen** 6 –**brief** 7 –**broschüre** 8 –**büro** 9 –**dame** 10 es wurde eine Belohnung für einen –**entwurf** ausgeschrieben 11 –**fernsehen** 12 –**filme** vorführen 13 –**geschenke** 14 –**kampagne** 15 –**kosten** 16 wie mannigfaltig unsere Auswahl ist, können Sie aus dem –**material** ersehen 17 –**mittel** 18 –**plakat** 19 –**plan** 20 Internationale Verhaltensregeln für die –**praxis** 21 –**spesen** 22 –**tätigkeit** 23 die Muster sind ausschließlich für –**zwecke** bestimmt

1 service de publicité 2 agence de publicité 3 campagne publicitaire 4 dans le but d'intensifier la vente, nos concurrents ont déclenché une forte campagne publicitaire 5 dépenses de publicité 6 lettre publicitaire 7 brochure publicitaire 8 bureau de publicité 9 hôtesse de publicité 10 le meilleur dessin publicitaire sera récompensé par un prix au concours 11 publicité télévisée 12 projeter un film publicitaire 13 cadeaux publicitaires 14 campagne de publicité 15 frais de publicité 16 de notre matériel publicitaire vous pouvez déduire l'étendue de notre assortiment 17 moyens publicitaires 18 affiche publicitaire 19 plan de campagne publicitaire 20 Code international de la pratique publicitaire 21 frais de publicité 22 activité publicitaire 23 les échantillons sont uniquement destinés à la publicité

Werben, 1 **persönlich** für die Sache unter den Kunden ~ 2 Sie könnten für diese Ware **wirksamer** ~

1 faire personnellement l'article auprès des clients 2 vous pourriez faire une publicité plus efficace pour ce produit

Werbung f 1 **Außen–** 2 dem Vertreter zur –**beitragen** 3 – **durchführen** 4 jedwede ~ soll den Grundsätzen des lauteren Wettbewerbs **entsprechen** 5 **Kino–** 6 **kostspielige** ~ 7 **Rundfunk–** 8 **Schleich–**

1 publicité à l'étranger 2 contribuer aux frais de publicité de l'agent 3 faire de la publicité (od. de la réclame) 4 toute action publicitaire doit répondre aux principes de la concurrence loyale 5 publicité ciné-

9 **schriftliche** ~ 10 Fälle angeblich **unlauterer** ~ 11 eine großzügige **Verkaufs**– vorbereiten 12 **wirksame** ~ 13 **zielbewußte** ~

Werfen, Waren auf den Markt ~

Werk *n* 1 die Preise sind franko **ab** ~ angegeben 2 **–sattest** 3 **Eintrittbewilligung** in das ~ 4 unser Monteur **kommt** am Montag in aller Frühe in Ihr ~ 5 **–tag** 6 Abnahmeprüfungen finden im ~ des **Verkäufers** statt

Werkstatt *f* 1 **Reparatur**– 2 –zeichnungen

Wert *m* 1 den ~ der Waren **abschätzen** 2 **–angabe** 3 Paket mit –angabe 4 **Anschaffungs**– 5 sollte der ~ Ihrer **Aufträge** den Betrag von DM 5.000,— überschreiten 6 dem Abkommen großen ~ **beilegen** 7 die Steuer wird vom Warenfrei Grenze, verzollt **berechnet** 8 der ~ der Sendung **beträgt** DM 1.500,— 9 **–brief** 10 Ihr werter **Brief** 11 **Buchungs**– 12 **deklarierter** ~ 13 **Devisen**– 14 **Einkaufs**– 15 das ist nicht einmal **erwähnens**– 16 **Erwerbs**– 17 **fremde** –e 18 den **Gegen**– verrechnen 19 **–gegenstände** 20 **Geld**– 21 Frachtkosten gemäß dem **Waren**– 22 **Gemein**– 23 **Gesamt**– 24 ihre Empfehlungen haben **geringen** ~ 25 wir **legen** besonders auf die Qualität ~ 26 **Markt**– 27 es ist nicht der **Mühe** ~ 28 **Muster** ohne ~ 29 den ~ **nach** 30 **Nominal**– 31 **–paket** 32 diese **–papiere** tragen hohe Zinsen 33 **Paritäts**– 34 **–preis** 35 **Rechnungs**– 36 **Schätzungs**– 37 **–tarif** 38 **tatsächlicher** ~ 39 die Waren **unter** ihrem normalen ~ auf den Markt bringen 40 dadurch **verliert** die Ware an ~ 41 **–verminderung** der Ware durch Beschädigung 42 die Sendung wurde zum vollen ~ **versichert** 43 **Versicherungs**– 44 **–voll** 45 das ist **von** ~ 46 Waren im ~ **von** oder über DM 250,— 47 ~ in ausländischer **Währung** 48 **Waren**– 49 Kombiniertes ~– und Ursprungszeugnis für nach der Republik Südafrika gelieferte Waren 50 diese Waren unterliegen dem **–zoll** 51 der **Zoll** wird vom –e der Ware bemessen 52 **Zoll**– 53 **Zoll**–ermittlung 54 ein **Zuschlag** von 200% auf den C.I.F.–~ 55 **–zuwachssteuer**

matographique 6 publicité coûteuse 7 publicité par radio 8 publicité déguisée 9 publicité par lettres 10 cas de publicité soi-disant déloyale 11 préparer une campagne de vente à grande échelle 12 publicité efficace 13 publicité systématique

lancer (od. introduire) des marchandises sur le marché
1 les prix s'entendent départ usine 2 certificat de production 3 permis de visite d'usine 4 notre monteur se présentera à votre usine lundi prochain de bonne heure 5 jour ouvrable 6 les essais (od. contrôles) de réception auront lieu dans les usines du vendeur

1 atelier de réparations 2 dessin d'atelier

1 estimer la valeur des marchandises 2 déclaration de valeur 3 colis avec valeur déclarée 4 valeur d'acquisition; prix d'achat 5 si le montant de votre commande dépasse DM 5.000,— 6 attacher grande importance à la convention 7 la taxe a été calculée sur la base de la valeur de la marchandise dédouanée franco frontière 8 la valeur de l'envoi atteint DM 1.500,— 9 lettre chargée 10 votre estimée (lettre) 11 valeur comptable 12 valeur déclarée 13 valeur en devises étrangères 14 valeur d'achat 15 cela ne vaut même pas la peine d'être mentionné 16 valeur d'acquisition 17 valeurs étrangères 18 décompter la contre-valeur 19 objets de valeur 20 valeur de l'argent 21 les frais de transport correspondant à la valeur des marchandises; frais de transport ad valorem 22 valeur commune 23 valeur totale 24 leurs recommandations n'ont que peu de valeur 25 nous attachons une grande importance à la qualité 26 valeur marchande 27 cela ne vaut pas la peine 28 échantillon sans valeur 29 d'après la valeur; ad valorem 30 valeur nominale 31 paquet en valeur déclarée 32 ces papiers de valeur (od. effets) rapportent un intérêt élevé 33 valeur au pair 34 bon marché 35 valeur facturée 36 valeur estimative 37 tarif ad valorem 38 valeur réelle 39 introduire des marchandises sur le marché en-dessous de leur valeur normale 40 cela provoque une diminution de la valeur de la marchandise 41 dépréciation de la valeur marchande par suite d'avaries 42 l'envoi a été assuré pour sa valeur intégrale 43 valeur assurée 44 précieux 45 c'est important 46 marchandise dont la valeur est de DM 250,— et plus 47 valeur en devises étrangères

48 valeur des marchandises **49** certificat combiné d'origine et de valeur pour marchandises livrées à vers la République d'Afrique du Sud **50** ces marchandises sont soumises à des droits d'entrée ad valorem **51** les droits de douane sont calculés sur la valeur de la marchandise **52** valeur en douane **53** enquête sur valeur en douane **54** une majoration de 200% sur la valeur C. A. F. **55** impôts sur les plus-values

Werten, die Kunden ~ die Ware **nach** ihrem Aussehen
les clients apprécient la marchandise selon sa présentation

Wertlos, –e Information
information sans valeur

Wertvoll, 1 –e **Devise 2** –er **Dienst 3** –e **Erfahrungen 4** –er **Ratschlag**
1 devises étrangères précieuses **2** service précieux **3** expériences précieuses **4** conseil précieux

Wesentlich, 1 –e **Änderung 2 im** –en sind dieselben Zölle angewandt **3** –er **Irrtum 4** –ste **Punkte**
1 changement important **2** en substance, les droits de douane sont identiques **3** erreur fondamentale **4** points essentiels

Wettbewerb *m* **1 Ausschaltung** des –s **2** einen ~ auf Durchführung von ... ausschreiben **3** –sbedingungen **4** das Ergebnis des –s wurde noch nicht bekanntgegeben **5** –sfähigkeit **6** unter Bedingungen des **freien** –s **7** –sfreiheit **8** jedwede Werbung soll den Grundsätzen des **lauteren** –s entsprechen **9** wir wurden zur Teilnahme an einem **öffentlichen** ~ bezüglich Zündhölzer aufgefordert **10** im ~ haben wir den ersten **Platz** belegt **11** –spreis **12** gemeinsame –sregel **13** –sregeln **14** rücksichtsloser ~ **15** unbegrenzter ~ **16** ungleicher ~ **17** Gesetz gegen **unlauteren** ~ **18** unlauteren ~ bekämpfen **19** –sverbot
1 élimination de la concurrence **2** mettre en adjudication l'exécution de ... **3** conditions du concours **4** le résultat du concours n'a pas encore été publié **5** capacité compétitive **6** sous conditions d'une concurrence libre **7** liberté de concurrence **8** toute action publicitaire doit répondre aux principes d'une concurrence loyale **9** nous avons été invités à prendre part à une adjudication publique pour la fourniture d'allumettes **10** nous avons obtenu le premier prix au concours **11** prix obtenu au concours **12** règlement général du concours **13** règles de compétition **14** une concurrence impitoyable **15** concurrence illimitée **16** concurrence inégale **17** législation relative à la concurrence déloyale **18** combattre une concurrence déloyale **19** l'obligation de non-concurrence

Wichtig, 1 äußerst ~ sein **2** wir **halten** diesen Vorschlag für ~ **3** –es **Staatsinteresse 4** es ist **lebens**- ~ **5** weniger ~ **6** eine ziemlich –e Aufgabe
1 être d'importance capitale **2** nous considérons cette proposition comme très importante **3** intérêts d'Etat importants **4** cela est d'importance vitale **5** moins important **6** une tâche assez importante

Wichtigkeit *f* **1** sie wissen, daß wir dieser Tatsache große ~ **beimessen 2** entsprechend der ~ **3** –sgrad **4** dies ist von größter ~ für uns
1 ils savent que nous attachons la grande importance à ce fait **2** selon son importance **3** degré d'importance **4** cela est très important pour nous

Widerlegen, 1 Ihre **Annahme** können wir mühelos ~ **2** dem Partner die **Argumente** ~ **3** **Einwände** ~
1 nous pouvons réfuter facilement votre hypothèse **2** réfuter les arguments du partenaire **3** réfuter des objections

Widerrechtlich, –e **Haltung**
action illégale

Widerruf *m* die Expedition bis auf ~ einstellen
remettre l'expédition jusqu'à nouvel ordre

Widerrufen, 1 das **Akkreditiv** Nr. 932 wurde am 11. 5. ~ **2** dieses **Angebot** gilt einen Monat, sofern es nicht früher ~

1 la lettre de crédit n° 932 a été annulée au 11.5. **2** cette offre est valable pour un mois à moins d'annulation préalable

Widerrufen — Wille

wird 3 den **Auftrag**/die **Bestellung** telegrafisch ~ 4 der Kunde hat seinen **Entschluß** ~ 5 das **Verbot** wird wahrscheinlich ~ werden

Widerruflich, (un)–es **Akkreditiv**

Widersprechen, 1 diese **Handlungsweise** widerspricht den Bedingungen 2 –de **Nachrichten**

Widerspruch *m* 1 Ihre **Behauptung** ist voller Widersprüche 2 vorerst müssen diese Widersprüche **beseitigt** werden 3 das muß unbedingt ~ bei dem Partner **hervorrufen** 4 es steht **im** ~ zur öffentlichen Meinung 5 diese Behauptung **steht** in krassem ~ zu den vereinbarten Bedingungen 6 **unüberbrückbarer** ~

Widerstand *m* wir **stoßen** dauernd auf ~

Widmen, 1 der Sortierung volle **Aufmerksamkeit** ~ 2 der betreffenden Angelegenheit wurde nicht ausreichende **Aufmerksamkeit** gewidmet 3 Ihren sämtlichen **Aufträgen** ~ wir die größte Aufmerksamkeit 4 ~ **Sie** uns bitte einige **Augenblicke** 5 Ihren Vorschlägen wird größte **Sorgfalt** gewidmet

Widrig, 1 –enfalls 2 rechts–

Wiederaufbau *m* ~ einer **Fabrik**

Wiederausfuhr *f* ~ über London

Widereinfuhr *f* ~ der Waren nach **Veredelung**

Wiederholen, 1 wiederholte **Anfrage** 2 da sich ähnliche **Beschwerden** sehr oft ~

Wiederholung *f* eine ~ des **Schadenfalles**

Wiederverkauf *m* 1 der bei dem ~ der Ware geforderte Preis 2 **zum** ~ bestimmte Waren

Wiederverpacken, die Waren sollen wiederverpackt werden

Wiege-, 1 –schein 2 –stempel

Wiegen, 1 jedes Stück muß **einzeln** gewogen werden 2 **Kontroll**– 3 **Prüfungen,** wie Messen, ~ und Zählen

Wille *m* 1 **aus** unserem freien ~ n 2 zum Vertragsabschluß ist beiderseitige gleichlautende –n**säußerung** notwendig 3 **beim besten** ~ n können wir Ihrer Forderung nicht entsprechen 4 wir sind gezwungen, **gegen** unseren ~ n zuzustimmen 5 **guten** ~ n zeigen 6 Mission des **guten** ~ ns 7 den **guten** ~ n anerkennen 8 das hängt alles vom **guten** ~ n des Kunden ab 9 diese **Verzögerung** hat eine vom ~ n des **Verkäufers** unabhängige Ursache 10 **wider** seinen ~ n

3 annuler la commande par télégramme 4 le client est revenu sur sa décision 5 l'interdiction sera probablement levée

accréditif (od. lettre de crédit) révocable

1 cette façon d'agir est en contradiction avec les clauses du contrat 2 nouvelles contradictoires

1 vos assertions sont pleines de contradictions 2 en premier lieu, ces contradictions doivent être écartées 3 cela doit provoquer inévitablement des contradictions de la part des partenaires 4 c'est en contradiction avec l'opinion publique 5 cette assertion est en contradiction flagrante avec les conditions convenues 6 contradiction insurmontable

nous rencontrons une résistance continuelle

1 accorder toute son attention à l'assortiment 2 l'affaire en question n'a pas rencontré l'attention suffisante 3 toutes vos commandes sont traitées avec la plus grande attention 4 veuillez nous accorder quelques instants 5 vos propositions jouissent de toute notre attention

1 dans le cas contraire 2 en contradiction avec la loi

reconstruction d'une usine

réexportation via Londres

réimportation des marchandises après affinage

1 demande répétée 2 vu (od. attendu) que de pareilles réclamations se répètent souvent

une répétition du sinistre

1 prix demandé lors de la revente du produit 2 articles destinés à la revente

les marchandises devront être réemballées

1 certificat de pesage 2 cachet de pesage

1 chaque pièce doit être pesée séparément 2 pesage de contrôle 3 vérification telles que mesurage, pesage et comptage

1 de notre propre volonté 2 pour conclure un contrat, il faut une expression de la volonté conforme et mutuelle de la part des deux parties 3 malgré notre meilleure volonté, nous ne pouvons satisfaire à votre revendication 4 malgré nous, nous sommes obligés d'agréer 5 faire preuve de bonne volonté 6 mission de bonne volonté 7 apprécier la bonne volonté 8 tout cela dépend de la bonne volonté du client 9 ce retard s'est produit indépendamment de la volonté du vendeur 10 contre son gré

Willkommen — Wissen

Willkommen, es ist eine –e **Gelegenheit**
Wirken, er wirkt als Ihr **Vertreter**
Wirklich, 1 –e **Entfernung** 2 –er **Grund** ist ...
Wirklichkeit *f* 1 **in** ~ 2 Ihre Angaben stimmen nicht **mit** der ~ überein
Wirksam, 1 **Annullierung** wird am 6. 11. ~ 2 –e **Nachfrage** 3 **rechts**–er Vertrag
Wirksamkeit *f* 1 **höchste** ~ 2 **Rechts**– dieser Dokumente
Wirkung *f* 1 die ~ der Anzeigenwerbung auswerten 2 –s**bereich** 3 alle Streitigkeiten aus diesem Vertrage werden mit **endgültiger** ~ vom Schiedsgericht entschieden werden 4 wir wissen nicht, welche ~ es **haben** wird 5 jede Gesellschaft ist auf einen bestimmten –s**kreis** spezialisiert 6 **mit** ~ vom 21. November 7 es bleibt **ohne** ~ 8 **Rechts**– 9 **schädigende** ~ 10 mit **sofortiger** ~

Wirtschaft *f* 1 –s**beziehungen** 2 –s**depression** 3 **Devisen**– 4 die Ziele dieses Abkommens durch eine fortschreitende **Entwicklung** der ~ erreichen 5 –s**ergebnis** 6 –s**gebiet** 7 Vertrag zur Gründung der Europäischen –s**gemeinschaft** 8 –s**hilfe** 9 –s**kommission** der Vereinigten Nationen für Europa 10 –s**konferenz** 11 –s**krise** 12 das Einfuhrverfahren wird durch einen Runderlaß des Bundesministeriums für ~ geregelt 13 –s**orientierung** 14 **Plan**– 15 –s**plan** 16 bei der Durchführung ihrer –s**politik** 17 –s- und Sozial**rat** der Vereinten Nationen 18 –s**steuerung** 19 –s**verband**

Wirtschaftlich, 1 –e **Belebung** 2 –e und technische **Entwicklung** 3 –-technische **Hilfe** für die Entwicklungsländer, 4 –e **Integration** 5 –e **Lage** 6 ~ **schwach** 7 im Rahmen der –en **Zusammenarbeit**

Wissen *n* 1 in diesem Fache wissen wir noch nicht recht **Bescheid** 2 wir wissen **bestimmt**, daß ... 3 vom **Hörensagen** ~ 4 **lassen** Sie uns Ihren Entschluß unverzüglich ~ 5 sobald wir Bericht (ou Meldung) erhalten, **lassen** wir Sie ~ 6 wir möchten gern ~, worum es sich eigentlich handelt 7 unseres –s **nach** 8 wir raten Ihnen **nach** bestem ~ und Gewissen 9 wir haben **nach** bestem –und Gewissen gehandelt 10 es ist sogar **ohne** ~

cette occasion est la bienvenue
il agit en tant que votre représentant
1 distance réelle 2 la cause réelle est ...

1 en fait; en réalité 2 vos données ne correspondent pas à la réalité
1 l'annulation prend effet le 6. 11. 2 demande efficace 3 contrat valide
1 la plus haute efficience 2 validité des documents
1 évaluer le résultat des annonces publicitaires 2 rayon d'activité 3 tous les différends pouvant résulter de ce contrat seront réglés définitivement et valablement par arbitrage 4 nous ignorons les incidences éventuelles 5 chaque société est spécialisée dans un rayon d'activité déterminé 6 prenant effet le 21 novembre 7 cela reste sans effet 8 valable; valide 9 effets préjudiciables 10 avec effet immédiat

1 relations économiques 2 dépression économique 3 régime des changes 4 atteindre les objectifs de cet accord par un développement systématique de l'économie 5 résultat économique 6 la région économique 7 Traité constituant la Communauté Economique Européenne 8 assistance économique 9 Commission Economique des Nations Unies pour l'Europe 10 conférence économique 11 crise économique 12 le contrôle des importations est réglé par une circulaire du Ministère fédéral de l'Economie 13 l'orientation de l'économie 14 plan économique 15 économie dirigée 16 lors de la réalisation de leur politique économique 17 Conseil économique et social des Nations Unies 18 la direction de l'activité économique 19 Union économique

1 regain de l'activité économique 2 développement économique et technique 3 assistance technique et économique pour les pays sous-développés 4 intégration économique 5 situation économique 6 économiquement faible 7 dans le cadre de la coopération économique

1 nous ne sommes pas encore très bien au courant de cette branche 2 nous savons avec certitude que ... 3 savoir par ouï-dire 4 veuillez nous faire connaître immédiatement votre décision 5 nous vous aviserons aussitôt que nous recevrons des nouvelles (od. des informations) 6 nous voudrions bien savoir de quoi il s'agit en réalité 7 autant que nous sachions 8 nous nous conseillons en conscience 9 nous avons agi en toute bonne foi

unser ~ und Zutun geschehen **11** mit der Sache wissen sie sich keinen **Rat**

Wissenschaftlich, 1 bei der Herstellung wurden die neuesten –en **Forschungsergebnisse** angewandt 2 –er und technischer **Fortschritt**
Witzig, –er **Einfall**
Woche *f* 1 zu **Beginn** der nächsten ~ 2 **bis zur** nächsten ~ 3 **Ende** dieser ~ 4 spätestens bis **Ende** dieser ~ 5 von heute **in einer** ~ 6 spätestens **innerhalb** einer ~ nach Fristablauf 7 Prozentsatz der Ermäßigung **je** ~ der Verzögerung 8 **jede** ~ 9 wochenlang 10 spätestens im **Laufe** der nächsten ~ 11 –**nlohn** 12 –**nmarkt** 13 6 –**n nach** Unterzeichnung des Vertrages 14 am –**ntag** 15 wochentags 16 **übernächste** ~ 17 die Lieferfrist wird **um** zwei –n gekürzt werden 18 für jede **volle** ~ der Verzögerung vom vertraglichen Lieferpunkt an 19 **vor** einer ~ 20 weiße ~ 21 –**nzeitschrift**

Wohlwollen, 1 sich das ~ des Kunden erhalten 2 wir werden darin ein **Zeichen** Ihres –s sehen
Wohnen, ab 18. bis zum 20. April im Hotel Adria ~
Wohnort *m* ständiger ~
Wohnsitz *m* 1 –**staat** 2 **steuerlicher** ~ 3 **vorübergehender** ~
Wohnung *f* 1 die **Privat**– 2 wir zahlen die Kosten des –**swechsels**
Wollen, ~ Sie sich im Bedarfsfalle an unsere Vertretung **wenden**
Wort *n* 1 –e ähnlicher **Bedeutung** 2 mit **anderen** –en 3 sie **bleiben** beim –e 4 wir dürfen nicht das ~ **brechen** 5 **Ehren**– 6 Sie haben uns Ihr ~ **gegeben,** daß ... 7 wir wollen unser ~ **halten** 8 der Betrag von DM 1.652,– **in** –en eintausendsechshundertzweiundfünfzig DM 9 **Kode**– 10 –**laut** 11 **Schlüssel**– 12 er beherrscht die deutsche Sprache in ~ und **Schrift**

Wortlaut *m* 1 den ~ des Vertrages **abfassen** 2 diese Richtlinien sind nach ~ und Sinngehalt **anzuwenden** 3 **authentisch** ist nur der deutsche ~ 4 **Erklärung** folgenden –s 5 ~ der **Firma** 6 getreuer ~ 7 im nachfolgenden ~ 8 dem ~ **nach**

10 cela est arrivé à notre insu et sans que nous y soyons pour rien **11** ils ne savent que faire dans cette affaire
1 pour la fabrication on a appliqué les résultats des dernières recherches scientifiques 2 progrès scientifique et technique

idée ingénieuse
1 au début de la semaine prochaine 2 jusqu'à la semaine prochaine 3 à la fin de cette semaine 4 au plus tard à la fin de cette semaine 5 dans une semaine à partir d'aujourd'hui 6 au plus tard dans une semaine après (l')expiration du délai 7 pourcentage à déduire pour chaque semaine de retard 8 chaque semaine 9 durant des semaines 10 au plus tard dans le courant de la semaine prochaine 11 salaire hebdomadaire 12 marché hebdomadaire 13 6 semaines après la signature du contrat 14 un jour ouvrable 15 les jours ouvrables 16 dans deux semaines 17 le délai de livraison devra être raccourci de deux semaines 18 pour chaque semaine de retard révolue à partir du jour de livraison prévu au contrat 19 il y a une semaine 20 semaine de blanc 21 (journal) hebdomadaire

1 garder la bienveillance du client 2 nous considérons cela comme signe de votre bienveillance
loger à l'hôtel Adria du 18 au 20 avril

résidence; adresse permanente
1 pays du domicile 2 domicile fiscal 3 résidence temporaire
1 résidence privée 2 nous payons les frais de changement de domicile
veuillez-vous adresser à notre agence en cas d'urgence
1 mots de sens analogue 2 en d'autres termes 3 ils s'en tiennent à leur parole 4 nous ne pouvons pas manquer à notre parole 5 parole d'honneur 6 vous nous avez donné votre parole de ... 7 nous voulons tenir notre parole 8 le montant de DM 1.652,—, en toutes lettres: mille six cent cinquante-deux DM 9 mot-code 10 texte; teneur 11 mot-clef 12 il connaît à fond la langue allemande; il parle et écrit couramment la langue allemande

1 rédiger le texte du contrat 2 ces instructions sont à suivre tant d'après le sens que d'après la lettre 3 la version allemande est la seule authentique 4 déclaration aux termes suivants 5 dénomination de la firme 6 texte authentique 7 dans le texte

Wortlaut — Wurfsendung

9 heute haben wir Ihnen ein **Telegramm** folgenden –s abgesandt 10 **ursprünglicher** ~

Wörtlich, 1 –e **Abschrift** 2 –e **Übersetzung** 3 ~ **zitieren**

Wunsch *m* (s. a. Bitte, Gesuch) 1 **auf** Herrn Plachers **ausdrücklichen** ~ 2 sie **äußerten** einen solchen ~ 3 den ~ des Kunden **berücksichtigen** 4 auf **besonderen** ~ der Käufer 5 auf Ihren **eigenen** ~ 6 im **Einvernehmen** mit Ihrem ~ 7 seinem ~ **entgegenkommen** (od. **entsprechen**) 8 hoffentlich **erfüllt** sich unser ~, daß ... 9 mit dem ~ angenehmer Feiertage und eines erfolgreichen neuen Jahres 10 Ihrem ~ **gemäß** 11 **Glück**– 12 **herzliche** Wünsche 13 wir werden bestrebt sein, Ihrem –e in jeder Hinsicht **nachzukommen** 14 mit den besten Wünschen für ein erfolgreiches **neues Jahr** 15 diesen Ihren ~ werden wir **respektieren** 16 wir **senden** Ihnen unsere aufrichtigen Wünsche 17 **Verpackung** nach ~ des Kunden

Wünschen, 1 wir ~ Ihnen angenehme **Feiertage** und ein erfolgreiches neues Jahr 2 die gewünschten **Größen** sind nicht auf Lager 3 zu dem bevorstehenden neuen **Jahr** ~ wir Ihnen alles Gute und viel Erfolg 4 wir ~ **lediglich** ... 5 wir ~ Ihnen fröhliche **Weihnachten** und ein glückliches neues Jahr

Wünschenswert, wir halten eine solche **Zusammenkunft** für ~

Würdigkeit *f* Kredit–

Wurfsendung *f*

suivant 8 littéralement 9 nous vous avons envoyé ce jour un télégramme avec le texte suivant 10 texte original

1 copie littérale 2 traduction mot à mot 3 citer littéralement (od. mot à mot)

1 suivant le désir exprès de M. Placher 2 ils ont exprimé un tel désir 3 prendre les désirs du client en considération 4 à la demande particulière de l'acheteur 5 à votre propre demande 6 conformément à vos désirs 7 aller au-devant de son désir 8 nous espérons que notre désir concernant ... pourra se réaliser 9 nous vous souhaitons des fêtes agréables et une nouvelle année prospère 10 selon votre désir 11 félicitations 12 souhaits sincères; vœux sincères 13 nous nous efforcerons de respecter votre désir à tout point de vue 14 avec les meilleurs vœux pour une année prospère 15 nous respecterons tous vos désirs 16 nous vous présentons nos meilleurs vœux 17 emballage répondant aux désirs du client

1 nous vous souhaitons de bonnes fêtes de fin d'année et une année prospère 2 les tailles désirées ne sont pas en stock 3 à l'approche de la nouvelle année, nous vous exprimons nos meilleurs vœux de prospérité 4 nous ne souhaitons que ... 5 nous vous souhaitons un joyeuse fête de Noël et une heureuse nouvelle année

nous considérons une pareille réunion comme désirable

solvabilité; honorabilité; solidité

envoi en bloc

Z

Zahl *f* 1 abgerundete ~ 2 annähernde Stück– ist 310 3 ansehnliche ~ 4 beginnend mit der ~ 25 und endend mit der ~ 28 5 die **Größe** wird durch –en von 1 bis 20 ausgedrückt 6 die **Mehr**– Ihrer Konkurrenten in dieser Branche 7 **Ordnungs**– 8 die **Stück**– in der Kiste Nr. 149 **stimmt** nicht mit der Faktura **überein** 9 inzwischen können wir nur **vorläufige** –en angeben

1 chiffre arrondi 2 le nombre approximatif de pièces est de 310 3 en nombre considérable 4 à commencer par le nombre 25 pour finir par le nombre 28 5 les mesures sont indiquées par des nombres allant de 1 à 20 6 la majorité de vos concurrents dans cette branche 7 nombre ordinal 8 le nombre de pièces de la caisse n° 149 ne correspond pas à ceux de la facture 9 en attendant, nous ne pouvons que vous citer des chiffres provisoires

Zahlbar (s. a. Fällig) 1 diese Rechnung ist ~ aus dem **Akkreditiv** Nr. 316/B 2 ~ in **bar** 3 ~ am **Bestimmungsort** 4 ~ in bar gegen **Dokumente** 5 ~ bei **Wareneingang** 6 ~ und **einklagbar** in Wiesbaden 7 ~ **innerhalb** drei Tagen ab Fakturendatum mit 1% Skonto 8 ~ bei **Warenlieferung** 9 ~ in **Monatsraten** 10 ~ 30 Tage nach **Rechnungseingang** 11 ~ nach **Rechnungserhalt** 12 bei **Sicht** –e Handelspapiere 13 **Wechsel** ~ 30 Tage nach **Sicht** 14 den Wechsel bei dieser Bank ~ **stellen** 15 ~ auf **Verlangen** 16 im **voraus** ~ 17 ~ bei **Vorlage** 18 ~ bei **Warenübernahme**

1 cette facture est payable par lettre de crédit n° 316/B 2 payable au comptant (od. en espèces) 3 payable à destination 4 payable au comptant contre documents 5 payable à l'arrivée de la marchandise 6 payable et protestable à Wiesbaden 7 payable dans les trois jours à partir de la date de facture moyennant un escompte de 1% 8 payable à la livraison de la marchandise 9 payable par mensualités 10 payable 30 jours après réception de la facture 11 payable dès réception de la facture 12 papiers de commerce payables à vue 13 traite payable 30 jours après vue 14 domicilier la traite auprès de cette banque 15 payable sur demande 16 payable d'avance 17 payable à la présentation 18 payable à la prise en change de la marchandise

Zahlen, 1 sie ~ DM 1.600,— als **Abzahlung** ihrer Schuld 2 ... durch **Akkreditiv** ~ 3 ... bei **Auftragserteilung** ~ 4 durch eine **Bank** ~ 5 –de **Bank** 6 die Waren in ~ 7 Fracht- oder Transportkosten sind **bei** Auslieferung zu ~ 8 über **Clearing** ~ 9 gegen **Dokumente** ~ 10 ~ vor **Fälligkeit** 11 „**Fracht** im voraus zu ~" 12 **in** transferierbaren Pfund ~ 13 durch **Kompensation** ~ 14 alle zusätzlichen **Kosten** tragen und ~ 15 für diesen Raum werden wir hohe **Miete** ~ 16 **nachträglich** ~ 17 **ordnungsgemäß** ~ 18 ... durch **Postanweisung** ~ 19 der Kunde zahlt mit größter **Pünktlichkeit** 20 den **Rechnungsbetrag** gegen Aushändigung der quittierten Rechnung ~ 21 **säumig** ~ 22 Sie werden **Schadenersatz** ~ müssen 23 durch **Scheck** ~ 24 diese Firma zahlt **schleppend** 25 **vom** Empfänger zu –de Kosten sind vom Absender zu bezeichnen 26 die Zinsen im **voraus** ~ 27 diese Tratte ~ wir bei **Vorlage** 28 der Bezogene

1 ils paient un acompte de DM 1600,— sur leur dette 2 payer ... par lettre de crédit 3 payer ... à la commande 4 payer par l'intermédiaire d'une banque 5 banque effectuant le paiement 6 payer les marchandises au comptant 7 les frais de transport sont à payer à la livraison 8 payer par clearing (od. compensation) 9 payer contre documents 10 payer d' avance (od. avant échéance) 11 fret à payer d'avance 12 payer en livres sterling transférables 13 payer par compensation 14 supporter et payer tous les frais supplémentaires 15 payer un loyer élevé pour ces locaux 16 payer après coup 17 payer régulièrement 18 payer par mandat-poste 19 le client paye toujours avec la plus grande régularité; le client est très ponctuel dans ses paiements 20 payer le montant contre remise de la facture acquittée 21 payer en retard 22 vous aurez à payer des indemnités 23 payer par chèque 24 cette maison paie difficilement; les paiements de cette maison se font toujours attendre 25 l'ex-

Zählen — Zahlung

weigert sich zu ~

Zählen (s. a. Rechnen) 1 wir möchten zu ihren ständigen **Kunden** ~ 2 wir würden gerne auch Sie zu unserer **Kundschaft** ~ 3 **Prüfungen** wie Messen, Wiegen und Zählen
Zahler *m* bisher war Ihre Firma als **pünktlicher** ~ bekannt
Zähler *m* amtlicher ~
Zahlung *f* 1 –s**abkommen** 2 die ~ **ablehnen** 3 ~ durch **Akkreditiv**, das bei einer erstklassigen Bank zu eröffnen ist 4 –s**anspruch** 5 –s**anweisung** 6 die Frage der –s**art** ist noch immer ungeklärt 7 ~ **auf** die Rechnung wurde am 6. August geleistet 8 wir verlangen ~ des gesamten Betrages **auf einmal** 9 –s**aufforderung** 10 –s**aufschub** 11 –s**auftrag** 12 die ~ **avisieren** 13 **Bar**– 14 **bargeldlose** ~ 15 wir akzeptieren Ihr Angebot nur unter der **Bedingung**, daß die ~ in £ erfolgt 16 mit Ihren –s**bedingungen** sind wir einverstanden 17 **bei** ~ innerhalb 30 Tagen gewähren wir 2% Skonto 18 die –s**bewilligung** ist an die Lizenzerteilung gebunden 19 ihre –s**bilanz** hat sich außergewöhnlich günstig entwickelt 20 ~ ausschließlich über **Clearing** 21 ~ gegen **Dokumente** 22 die ~ ist nicht in Übereinstimmung mit den Akkreditiv-Bedingungen **durchgeführt** worden 23 die –en **einstellen** 24 –s**einstellung** 25 ~ wird wie üblich **erfolgen** 26 wir hoffen, die ~ baldigst zu **erhalten** 27 Aufschluß über unsere –s**fähigkeit** können Sie von dieser Firma erhalten 28 vor Ablauf der –s**frist** die Schuld begleichen 29 Dokumente **gegen** ~ 30 die Dokumente dürfen dem Bezogenen gegen Akzeptierung oder **gegen**– ~ freigegeben werden 31 wir akzeptieren lediglich unter der Bedingung, daß die ~ **in** US $ erfolgt 32 **Jahres**– 33 ~ durch **Kompensation** 34 ~ auf 30 Tage **Kredit** 35 in der Währung des –s**landes** 36 ~ **laut** Vereinbarung 37 ~ ist binnen 30 Tagen nach Lieferung (nach Erhalt/nach Empfang) der Ware in bar ohne Abzug zu **leisten** 38 –s**mittel** 39 **nach**– ~ 40 **nachträgliche** ~ 41 –s**sort** 42 –s**pflicht** 43 die ~ an den Zweitbegünstigten wird an dem **Platz** vorgenommen, an den das Akkreditiv übertragen worden ist 44 ... zur ~ **präsentieren** 45 **Protest** mangels ~ 46 **Raten**– 47 wir erlauben uns, Sie auf

péditeur doit indiquer les frais qui sont à payer par le destinataire 26 payer les intérêts d'avance 27 nous payons cette traite à sa présentation 28 le tiré refuse de payer 1 nous désirons faire partie de votre clientèle régulière 2 nous voudrions bien vous compter parmi notre clientèle 3 des vérifications telles que le mesurage, le pesage et le comptage
jusqu'à présent, votre firme était connu pour la ponctualité de ses paiements
recenseur officiel
1 accord de paiement 2 refuser paiement 3 paiement par lettre de crédit (od. accréditif) à ouvrir auprès d'une banque de premier rang 4 droit à paiement 5 mandat (od. ordre) de paiement 6 la question du mode de paiement n'est pas encore résolue 7 le paiement de la facture a été effectué le 6 août 8 nous désirons que le paiement du montant se fasse en une fois 9 sommation de paiement 10 sursis de paiement 11 ordre de paiement 12 notifier le paiement 13 paiement comptant 14 paiement par mandat (od. virement) 15 nous acceptons votre proposition à condition que le paiement se fasse en livres sterling 16 nous sommes d'accord avec vos conditions de paiement 17 nous vous accordons un escompte de 2% pour paiement dans les 30 jours 18 le permis de paiement est lié à l'obtention de la licence 19 la balance de leurs paiements s'est développée d'une façon exceptionnellement favorable 20 règlement uniquement par voie de clearing 21 paiement contre documents 22 le paiement n'a pas été fait conformément aux conditions de l'accréditif 23 suspendre les paiements 24 suspension de paiements 25 le paiement s'effectuera comme d'habitude 26 nous espérons recevoir le paiement au plus tôt 27 cette firme pourra vous renseigner au sujet de notre solvabilité 28 payer la dette avant l'expiration du délai 29 documents contre paiement 30 les documents peuvent être remis au tiré contre acceptation ou contre paiement 31 nous acceptons seulement à condition que le paiement se fasse en dollars USA. 32 annuité 33 paiement par compensation 34 paiement avec crédit de 30 jours 35 en devises du pays de paiement 36 paiement suivant convention 37 le paiement est à effectuer au comptant sans escompte dans les 30 jours après livraison (od. réception) de la marchandise 38 moyen de paiement 38 après paiement 40 paiement supplémentaire 41 lieu

bisher unbeglichenen –srückstand aus dem zurückliegenden Zeitraum aufmerksam zu machen 48 der Käufer ist mit seinen –en im **Rückstand** 49 **rückständige** ~ 50 **Scheck**– 51 der Lieferant fordert ~ durch **Scheck** einer erstklassigen Bank 52 Herr Hunt ist in –s**schwierigkeiten** geraten 53 **Steuer**– 54 dem Kunden eine ~ **stunden** 55 –s**tag** 56 **Teil**–en können angenommen werden 57 ~ und **Transfer** 58 zahlungs**unfähig** 59 –s**unfähigkeit** 60 ~ unter Vorbehalt **veranlassen** 61 Sie genießen die gleichen –s**vergünstigungen** wie unsere größten Kunden 62 –s**verkehr** (s. auch Zahlungsverkehr) 63 sie sind immer ihren –s**verpflichtungen** korrekt nachgekommen 64 Ihre –en treffen mit beträchtlicher **Verspätung** ein 65 die ~ **verweigern** 66 Dauer der –s**verzögerung** 67 mit der ~ im **Verzug** sein 68 **Voraus**– 69 das Geschäft kann nur unter der **Voraussetzung** der ~ in $ abgeschlossen werden 70 den Wechsel zur ~ am Fälligkeitstag **vorlegen** 71 ~ **vornehmen** 72 **Vorzugs**–en 73 über ~ in inländischer **Währung** kann sofort verfügt werden 74 die Frage der neuen –s**weise** lösen 75 für einen Auftrag ein 30tägiges –s**ziel** gewähren 76 die ~ bis zur Liquidation der Reklamation **zurückhalten**

du paiement 42 obligation de paiement 43 le paiement au second bénéficiaire se fera au lieu auquel la lettre de crédit a été transférée 44 présenter ... pour paiement 45 protêt faute de paiement 46 paiement à tempérament (od. par tranches od. acomptes) 47 nous nous permettons d'attirer votre attention sur les arriérés de la dernière période 48 le client est en retard de paiement 49 paiement en retard 50 paiement par chèque 51 le fournisseur désire paiement par chèque sur une banque de premier rang 52 M. Hunt est en difficultés de paiement 53 paiement des taxes 54 accorder un délai de paiement au client 55 jour de paie 56 des paiements partiels peuvent être acceptés 57 paiement et transfert 58 insolvable 59 insolvabilité 60 effectuer paiement sous réserves 61 vous jouissez des mêmes facilités de paiement que nos plus gros clients 62 transactions (od. opérations) de paiement 63 leurs obligations de paiement ont toujours été exécutées ponctuellement 64 vos paiements se font avec des retards considérables 65 refuser le paiement 66 durée du retard de paiement 67 être en retard de paiement 68 paiement d'avance 69 la transaction ne peut être conclue que sous la condition de paiement en dollars 70 présenter la traite en paiement au jour d'échéance 71 effectuer le paiement 72 paiements préférentiels 73 le paiement en monnaie nationale peut s'effectuer immédiatement 74 résoudre la question des nouvelles conditions de paiement 75 accorder pour une commande un délai de paiement de 30 jours 76 retenir le paiement jusqu'à la liquidation de la réclamation

Zählung f amtliche **Stück**– wurde veranlaßt
Zahlungsverkehr m 1 **Abkommen** über den gegenseitigen ~ 2 Sonder**abkommen** über den ~ 3 die **Abwicklung** des –s stellen wir uns folgendermaßen vor: 4 **bargeldloser** ~ 5 **freier** ~ 6 **Protokoll** über Warenaustausch und ~

le comptage officiel a été fait

1 convention relative aux paiements mutuels 2 convention spéciale relative au trafic des paiements 3 nous concevons le déroulement des transactions financières de la façon suivante: 4 paiement par mandat (od. virement) 5 système de paiements libérés 6 procès-verbal relatif aux échanges de marchandises et aux paiements mutuels

Zedieren, zedierte **Forderung**
Zeichen n (s. a. Fabrikszeichen) 1 in Ihrer Antwort wollen Sie immer unser ~ **anführen** 2 das ist ein ~ der **Besserung** in den gegenseitigen Beziehungen 3 Ihr **Brief**– K/M vom 24. d. M. 4 **Fabriks**– 5 unser **Firmen**– genießt hier einen aus-

créance cédée
1 veuillez toujours indiquer nos références dans vos réponses 2 ceci peut être considéré comme un signe de l'amélioration des relations mutuelles 3 votre lettre du 24 crt. référence: K/M 4 marque de fabrique 5 notre marque jouit d'une très bonne

gezeichneten Ruf 6 **Güte**– 7 **Kontroll**–
8 die Kisten sind wie vorgeschrieben mit
~ und Nummern **markiert** 9 die Säcke
mit ~ und Nummern kennzeichnen 10
Waren– 11 eine mit **Waren**– versehene
Ware

Zeichnen (s. a. Unterschreiben, Unterzeichnen) 1 die H. & B.-Bank zeichnet
für eine **Anleihe** von DM 100.000,— 2
es muß von einem ordnungsgemäß **bevollmächtigten** Vertreter gezeichnet sein
3 diese **Erklärung** –de Partei 4 inzwischen ~ wir **hochachtungsvoll** 5 einen
Wechsel ~

Zeichnung (s. a. Unterschrift) 1 die betreffenden –en werden schnellstens **ausgearbeitet** werden 2 Name und Stellung
des –**sberechtigten** 3 Unterschrift des
–**sberechtigten** 4 diese Personen sind
laut Handelsregister zur ~ für die Firma
ermächtigt 5 **Werkstatt**–en

Zeigen, 1 das Hauptziel unserer **Ausstellung** besteht darin, Materialien, Einrichtung und die Technik zu ~ 2 sobald es
sich zeigt, daß sich die Ware für unseren
Markt **eignet** 3 die **Endergebnisse** werden ~, daß unsere Befürchtungen nicht
grundlos waren 4 in Ihrem Sortiment
hat sich in der letzten Zeit kein **Fortschritt** gezeigt 5 um Ihnen aber unseren
guten Willen zu ~ 6 sie ~ kein **Interesse**
für das Angebot 7 unsere Konkurrenten ~ eine schöne **Kollektion** 8 sie ~
Mangel an Verständnis für ... 9 bei
eingehenden **Nachforschungen** zeigte es
sich, daß ... 10 ... das Konto zeigt
einen **Saldo** zu Ihren Gunsten

Zeit *f* (s. a. Frist) 1 **Abfahrts**– 2 **Abflug**–
3 **Abgangs**– 4 –**abschnitt** (s. auch Zeitabschnitt) 5 in **absehbarer** ~ 6 –**abstand**
7 in **allerkürzester** ~ 8 es ist **an der** ~ 9
die Dokumente müssen innerhalb einer
angemessenen ~ nach Ausstellung präsentiert werden 10 **Ankunfts**– 11 **Arbeits**– 12 Lohn für **aufgewandte** ~ 13
die Verhandlungen bezüglich der ganzen Angelegenheit werden eine bestimmte ~ **beanspruchen** 14 wir brauchen eine **Bedenk**– 15 auf eine **bestimmte**
~ 16 **bis** zu dieser ~ 17 es wird eine
gewisse ~ **dauern,** bevor ... 18 **Dienst**–
19 **Ernte**– 20 damit würden Sie uns viel
~ und Geld **ersparen** 21 zur **festgesetzten** ~ 22 –**folge** der Maßnahmen 23 es
ist nur eine **Frage** der ~ 24 **freie** ~ 25
zur **geeigneten** ~ 26 zur **gegebenen** ~

réputation 6 marque (od. label) de qualité
7 marque de contrôle 8 les caisses sont
identifiées par marques et numéros ainsi
qu'il a été prescrit 9 identifier les sacs par
marques et numéros 10 marque de fabrique 11 marchandises pourvues d'une
marque de fabrique

1 la banque H & B souscrit à un emprunt
de DM 100.000,— 2 cela doit être signé
par un fondé de pouvoirs dûment autorisé 3 la partie signataire de cette déclaration 4 veuillez agréer entre-temps nos
salutations distinguées 5 signer une traite

1 les dessins en question seront achevés
au plus tôt 2 nom et fonction de la personne autorisée à signer 4 d'après le registre de commerce, ces personnes sont
autorisées à signer pour la firme 5 dessins
d'atelier

1 le but principal de notre exposition est
de montrer les matériels, les équipements
et les différentes techniques 2 dès que la
marchandise s'avèrera adaptée à notre
marché 3 les résultats finals démontreront que nos appréhensions sont bien
fondées 4 ces derniers temps, votre assortiment ne montre aucun progrès sensible
5 pour vous prouver notre bonne volonté
6 ils ne montrent aucun intérêt pour cette
offre; ils ne sont nullement intéressés par
cette offre 7 nos concurrents présentent
une belle collection 8 ils font preuve d'un
manque de compréhension pour ... 9
lors d'investigations plus poussées, il
apparut que ... 10 le compte accuse un
solde en votre faveur

1 heure de départ 2 heure d'envol 3 heure
de départ 4 période; laps de temps 5 dans
un avenir proche (od. peu éloigné) 6 intervalle de temps 7 dans le temps le plus
court 8 il est temps 9 les documents doivent être présentés dans un délai raisonnable à partir de leur établissement 10
heure d'arrivée 11 heures de travail 12
salaire pour temps de travail passé 13 les
négociations concernant toute cette affaire prendront encore quelque temps 14
il nous faut un temps de réflexion 15 pour
un certain temps 16 jusqu'à présent 17
cela peut prendre quelque temps avant
que ... 18 temps de service 19 temps de
la récolte (od. moisson) 20 ainsi nous
épargneriez-vous beaucoup de temps et
d'argent 21 au moment convenu 22 ordre
chronologique des mesures 23 ce n'est

27 in der **gegenwärtigen** ~ 28 unsere Erzeugnisse **gehen** immer mit der ~ 29 um die erforderliche ~ zu **gewinnen** 30 es wird noch eine **gewisse** ~ dauern, bis wir unsere Vorräte an Teppichen ergänzen 31 es **gilt** während der ~ von zwölf Monaten vom heutigen Tage an 32 es ist **höchste** ~, daß die Störung beseitigt wurde 33 auf der **Höhe** der ~ sein 34 **in** letzter ~ 35 **innerhalb** einer angemessenen –spanne 36 **Jahres**– 37 **jeder**– 38 für die **jetzige** ~ 39 in **Kriegs**–en 40 Lieferung in möglichst **kurzer** ~ 41 wir müssen auf Absendung der Ware in **kürzester** ~ drängen 42 **Lade**– 43 **Lager**– 44 eine –**lang** 45 **lassen** Sie uns ~ 46 Anleihen mit ~ **Lauf**– bis zu fünf Jahren 47 **in letzter** ~ 48 –**lohn** 49 wegen –**mangel** 50 **mit** der ~ 51 **nach** dieser ~ 52 in **nächster** ~ 53 **notwendige** ~ 54 **Öffnungs**– 55 –**plan** 56 **Probe**– 57 –**punkt** des Gefahrübergangs 58 im –**punkt** oder am Ort der Einfuhr 59 während des –**raums** 1972–1974 60 ist Verladung in Teillieferungen innerhalb bestimmter –**räume** vorgeschrieben 61 zur **rechten** ~ 62 zur **richtigen** ~ eingreifen 63 –**schrift** (s. auch Zeitschrift) 64 die Erzeugung muß mit der ~ **Schritt** halten 65 **schwere** ~ 66 innerhalb einer bestimmten –**spanne** von mindestens einem Jahr 67 **Transport**– 68 morgen **um** diese ~ 69 –**unterschied** 70 zur **vereinbarten** ~ 71 **Verkaufs**– 72 um nicht unnötigerweise ~ zu **verlieren** 73 wir haben keine ~ zu **verlieren** 74 **verlorene** ~ 75 **Verlust**– 76 um einen –**verlust** zu vermeiden 77 **Vertrags**– 78 **vor** einiger ~ 79 **während** dieser ~ 80 **während** der ganzen ~ 81 erst nach der 120tägigen **Warte**– 82 –**wechsel** 83 **zu** dieser ~ 84 wir haben bereits genug Nachsicht geübt, wenn wir so lange ~ **zugewartet** haben 85 **zur** ~ ist er verreist 86 **zur** ~, da der Vertrag abgeschlossen wurde

qu'une question de temps 24 temps libre 25 au moment approprié 26 au moment donné (od. en temps voulu) 27 de nos jours 28 nos produits répondent toujours aux exigences de l'époque 29 afin de gagner le temps nécessaire 30 cela prendra encore quelque temps pour compléter notre stock de tapis 31 cela est valable pour une période de 12 mois à partir de ce jour 32 il était grand temps de réparer la panne 33 aller avec son temps 34 ces derniers temps; récemment 35 dans un délai raisonnable 36 saison 37 en tout temps (od. à toute heure) 38 pour le moment 39 en temps de guerre 40 livraison dans le délai le plus court 41 nous insistons pour que les marchandises soient expédiées dans le plus bref délai 42 temps de chargement/jours de planche 43 temps de magasinage 44 pendant quelque temps 45 donnez-nous quelque répit 46 emprunts d'une durée de cinq ans 47 ces derniers temps (od. récemment) 48 salaire à temps 49 par manque de temps 50 avec le temps; à la longue 51 à partir de ce moment 52 dans un avenir proche 53 temps nécessaire 54 heures d'ouverture 55 horaire 56 période d'essai 57 moment du transfert des risques 58 au moment et au lieu d'importation 59 pendant la période 1972–1974 60 s'il est prévu que l'embarquement pourra se faire par livraisons partielles dans un certain délai 61 temps voulu 62 intervenir au moment propice 63 périodique 64 la production doit toujours être à la page 65 temps durs 66 dans une période déterminée d'au moins un an 67 période de transport 68 demain, à cette heure-ci 69 différence de temps (de date; d'heure) 70 au moment convenu 71 heures d'ouverture 72 afin de ne pas perdre de temps inutilement 73 nous n'avons pas de temps à perdre 74 temps perdu 75 perte de temps 76 afin d'éviter une perte de temps 77 durée du contrat 78 il y a quelque temps 79 pendant ce temps 80 pendant tout le temps 81 seulement après une période d'attente de 120 jours 82 traite à temps 83 à cet instant; à ce moment 84 nous avons fait preuve de beaucoup d'indulgence en attendant aussi longtemps 85 il est en voyage pour le moment 86 au moment où le contrat a été signé

Zeitabschnitt *m* 1 **Ende** des –es 2 **laufender** ~ 3 **vorgehender** ~
Zeitgemäß, unsere **Muster** sind immer ~

Zeitlich, 1 ~ aufeinander **abstimmen** 2 ~

1 fin de la période 2 période en cours 3 période précédente
nos dessins sont toujours modernes (od. actuels)

1 synchroniser 2 lettre de crédit (od. ac-

Zeitlich — Ziehen

begrenztes Akkreditiv 3 **–es Problem**

Zeitschrift *f* 1 aus Ihrer **Anzeige** in der ~ ersehen wir 2 diese ~ **erscheint** in einer Auflage von 10.000 Exemplaren 3 **Fach–** 4 **Monats–** 5 **Vertrieb** der ~ 6 **Wochen–**

Zeitung *f* 1 eine **Anzeige** in der ~ erscheinen lassen 2 **–sartikel** 3 der **–sausschnitt** 4 wir haben dieses Fachgebiet bei einem kanadischen **–sausschnittbüro** abonniert 5 als **–sbeilage** legen wir den Prospekt unserer Kundschaft vor 6 aus einer **–snotiz** entnehmen wir, daß ... 7 **–swerbung**

Zeitweilig, –e Einfuhr der Waren zur Veredelung

Zentral–, –bank
Zentrale *f* wir haben in der **Telefon–** angefragt
Zentrum *n* 1 **Handels–** 2 **Rechen–**
Zerbrechen, eine der **Kisten** war ganz zerbrochen
Zerbrechlich, leicht–e Ware
Zerlegbar, –e Kiste
Zerschlagen, die **Angelegenheit** hat sich ~
Zertifikat *n* 1 **Analysen–** 2 das ~ soll von einer international anerkannten Kontrollorganisation **ausgestellt** sein 3 **Desinfektions–** 4 **Gesundheits–** 5 **Gewichts–** 6 **Grenzübertritts–** 7 **Havarie–** 8 **Mengen–** 9 **postalisches** Versand– 10 **Qualitäts–** 11 **Reinheits–** 12 **Schadens–** 13 **Übernahme–** 14 **Warenursprungs–** 15 **Verschiffungs–** 16 **Versicherungs– vorlegen** 17 **Zoll–** für vorübergehende Ausfuhr

Zession *f* ~ der **Forderung**
Zettel *m* 1 **–bank** 2 **Börsen–**
Zeuge *m* 1 die **–n** haben **ausgesagt**, daß ... 2 **Beweis** durch **–n** 3 die Probe wurde in **Gegenwart** von –n durchgeführt
Zeugen, die Verpackung zeugt von **Mangel** an Sorgfalt
Zeugnis *n* (s. a. Zertifikat) 1 **Gesundheits–** 2 **Kaffee–** 3 das **Ursprungs–** muß von einem Konsulat beglaubigt werden
Ziehen, 1 ~ Sie gefälligst in **Betracht**, daß ... 2 **Bilanz** ~ 3 den **Durchschnitt** ~ 4 wir haben seine Verdienste in Er-

crédit) avec période de validité limitée 3 problème contemporain
1 nous apprenons par votre annonce dans le périodique ... 2 ce périodique est tiré à 10.000 exemplaires 3 périodique professionnel 4 périodique mensuel 5 service de distribution du périodique 6 (journal od. revue) hebdomadaire
1 mettre une annonce au journal 2 article de journal 3 coupure de journal 4 nous avons pris pour cette branche un abonnement auprès d'un bureau canadien de coupures de journaux 5 notre prospectus est présenté à notre clientèle sous forme d'un supplément au journal 6 nous apprenons par un article de journal que ... 7 publicité par la voie des journaux
importation temporaire de marchandises aux fins d'affinage (od. de transformation)

banque centrale
nous nous sommes informés auprès du central téléphonique
1 centre commercial 2 centre de calcul
une des caisses était entièrement cassée

marchandise fragile
caise démontable
cette affaire a échoué
1 certificat d'analyses 2 le certificat doit être établi par une organisation de contrôle internationalement reconnue 3 certificat de désinfection 4 certificat sanitaire (od. de santé) 5 certificat de poids 6 certificat de passage de la frontière 7 certificat d'avaries 8 certificat de quantité 9 récépissé postal 10 certificat de qualité 11 certificat de pureté 12 certificat de sinistre (od. de dommage) 13 certificat de réception 14 certificat d'origine de la marchandise 15 certificat d'embarquement 16 présenter des certificats d'assurance 17 certificat de douane pour exportation temporaire
cession de créance
1 banque d'émission 2 bulletin de bourse
1 les témoins ont déclaré que ... 2 preuve par témoins 3 l'essai a été fait en présence de témoins

l'emballage montre un manque de soins évident
1 certificat de santé od. sanitaire) 2 certificat de café 3 le certificat d'origine doit être légalisé par un consulat
1 veuillez prendre en considération que ... 2 dresser un bilan 3 prendre moyenne 4 nous avons pris ses mérites en considé-

wägung gezogen 5 voreilige Handlung wird noch **Folgen** nach sich ~ 6 die Verhandlungen über das Zahlungsabkommen werden **in die Länge** gezogen 7 wir sehen uns gezwungen, aus der Nichteinhaltung der Fristen **Konsequenzen** zu ziehen 8 Bescheinigung über das **Muster**– 9 **Nutzen** aus der Farm ~ 10 den Partner zu **Rate** ~ 11 haben Sie dies in **Rechnung** gezogen 12 aus dem ganzen Verhandlungsverlauf haben wir folgenden **Schluß** gezogen: ... 13 auf den Käufer einen **Wechsel** ~

ration 5 l'action prématurée entraînera certainement des conséquences 6 les négociations concernant les conventions de paiement sont constamment tirées en longueur 7 nous sommes obligés de tirer les conséquences de la non-observation des délais 8 certificat d'échantillonnage 9 tirer profit de la ferme 10 consulter l'associé 11 avez-vous tenu compte de cela? 12 de ces négociations nous avons tiré les conclusions suivantes: ... 13 tirer une traite sur l'acheteur

Ziel n 1 **beabsichtigtes** ~ 2 das ~ unserer **Bestrebungen** ist, den Absatz zu erhöhen 3 sie haben ihr ~ **erreicht** 4 **gemeinsames** ~ 5 **gestecktes** ~ 6 geradewegs auf das ~ **losgehen** 7 wir **nähern** uns dem ~e 8 **Reise**– 9 wir haben uns dieses ~ gesetzt 10 ein anderes ~ **verfolgen** 11 die Waren unter der Bedingung 30 Tage ~ **verkaufen**

1 but (od. objectif) proposé 2 le but de nos efforts est d'activer la vente 3 ils ont atteint leur but 4 but commun 5 but proposé 6 aller droit du but 7 nous approchons du but 8 destination 9 nous nous sommes proposé cela comme but 10 poursuivre un but tout différent 11 vendre les marchandises avec un délai de 30 jours

Ziffer f 1 **arabische** –n 2 die erzielten Ergebnisse sollen in –n **ausgedrückt** werden 3 den Betrag in –n und Buchstaben **ausschreiben** 4 **römische** –n

1 chiffres arabes 2 les résultats obtenus sont exprimés en chiffres 3 indiquer le montant en chiffres et en mots 4 chiffres romains

Zimmer n 1 die ~ sind durchweg **besetzt** 2 **bestellen** Sie ein Einbett/Zweibett– im Hotel für Herrn Kurz auf 5 Tage 3 –**nachweis**

1 les chambres sont (toutes) occupées 2 veuillez réserver une chambre d'hotel à un lit (à deux lits) pour M. Kurz pour une période de cinq jours 3 bureau de location de chambres d'hôtel

Zinsen m pl 1 man muß noch die ~ in **Anrechnung** bringen 2 die Bank hat uns mit den ~ **belastet** 3 ~ werden von dem nach Versand der Ware ausstehenden Betrag zum Satze von 6% pro anno **berechnet** werden 4 **Debet**– 5 zinsfreie Anleihe 6 **Kontokorrent**– 7 –**satz** 8 diese Wertpapiere **tragen** keine großen ~ 9 **Verzugs**– 10 ~ von **Wertpapieren** 11 **Zinsfuß**

1 les intérêts sont à porter en compte 2 la banque a débité notre compte pour les intérêts 3 des intérêts, à raison de 6% par an, seront calculés sur le montant à découvert à partir de la date d'expédition des marchandises 4 intérêts débiteurs 5 emprunt libre d'intérêts 6 intérêts en compte courant 7 taux d'intérêt 8 ces papiers valeur ne produisent pas d'intérêts élevés 9 intérêts de retard 10 intérêts sur papiers valeur; dividendes 11 taux d'intérêt

Zirkular n 1 –**kreditbrief** 2 durch unser –**schreiben** vom ... haben wir Sie informiert, daß ...

1 lettre circulaire de crédit 2 nous vous avons informé par notre lettre circulaire du ... que ...

Zitieren, 1 zitierter **Brief** 2 wir ~ ... **wörtlich**

1 lettre citée 2 nous citons littéralement (od. mot à mot)

Zögern, der Kunde zögert **noch**

le client hésite encore

Zoll m 1 –**abfertigung** (s. auch Zollabfertigung) 2 –**abgaben** 3 Allgemeines ~- und Handelsabkommen 4 **Abschaffung** der Zölle 5 **ad valorem**– 6 –**agent** 7 –**amt** 8 Grenz–**amt** 9 die Waren zoll**amtlich** abfertigen 10 die Ware wurde zollamtlich abgefertigt 11 –**anmeldung** 12 **Antidumping**– 13 den ~ auf die betreffenden Waren **aufheben** 14 –**auf-**

1 formalités de douane 2 droits de douane 3 Accord général sur les Tarifs douaniers et le Commerce (GATT) 4 suppression des droits de douane 5 droits de douane ad valorem 6 agent en douane 7 bureau de douane 8 bureau de douane frontalier 9 remplir les formalités de déclaration en douane pour les marchandises... 10 la marchandise a été déclarée en douane

Zoll — Zoll

schlag 15 **Ausfuhr**– 16 –**beamter** 17 wegen der **Befreiung** dieser Ware von Zöllen 18 –**befund** 19 –**begleitschein** 20 –**begleitung** 21 –**begünstigung** 22 –**behörde** 23 –**beleg** 24 der ~ wird vom Werte der Ware **bemessen** 25 Grundlage für die –**berechnung** 26 –**beschau** (s. auch Zollbeschau) 27 der ~ **beträgt** hfl 11.65 für 100 kg 28 der ~ wird vom Importeur **bezahlt** 29 ,,Frei ~ **bezahlt**'' 30 ,,**Frachtfrei**, ~ **bezahlt**'' 31 ,,C. & F. ~ **bezahlt**'' (Kosten und Fracht, ~ bezahlt) 32 ,,C.I.F. ~ **bezahlt**'' (Kosten, Versicherung, Fracht, ~ bezahlt) 33 ~ -**Deklarant** 34 unrichtige –**deklaration** 35 **Differenz**– 36 **Einfuhr**– 37 –**einfuhrschein** 38 ein ~ von 25% wird für Verbrauchsgüter **eingehoben** 39 der ~ wird nach dem Preis dieser Ware **erhoben** 40 die mit dem ~ **erhobenen** Gebühren und Abgaben 41 der ~ wird **erhöht** werden 42 –**erklärung** (s. auch Zollerklärung) 43 –**erlaubnisschein** 44 –**ermäßigung** 45 –**erstattung** 46 –**faktura** 47 Beibehaltung von **Finanz**zöllen 48 die –**formalitäten** wird der Spediteur erledigen 49 zoll**frei** (s. auch Zollfrei) 50 –**freiheit** 51 –**garantie** 52 –**gebiet** 53 –**gebühren** 54 **gemischter** ~ 55 –**gesetz** 56 ~ vom Bruttogewicht/Nettogewicht 57 –**grenze** 58 –**gut** 59 diese Verhandlungen sind auf die **Herabsetzung** von Zöllen gerichtet 60 –**kontingent** 61 –**kontrolle** durchführen 62 –**kredit** 63 –**krieg** 64 –**lager** 65 ,,**Frei-magazin**'' 66 **Maximal**– 67 **Mindest**– 68 –**nachlaß** 69 –**nomenklatur** 70 –**papiere** 71 diese Waren sind zoll**pflichtig** 72 –**politik** 73 –**posten** 74 **Präferenz**– 75 **prohibitiver** ~ 76 –**quittung** 77 –**rechnung** 78 den ~ für die zurückgesandte Sendung **reklamieren** 79 verlangen Sie **Rückerstattung** des –s für die vernichtete Ware 80 **Rückvergütung** für ~ 81 –**satz** (s. auch Zollsatz) 82 –**schätzung** 83 Abbau der Handels- und –**schranken** 84 –**schutz** 85 **Schutz**– 86 gegen –**sicherstellung** 87 **spezifischer** ~ 88 –**station** 89 –**strafe** 90 –**tara** 91 –**tarif** (s. auch Zolltarif) 92 –**tarifgesetz** 93 einer –**union** beitreten 94 die Einfuhr der betreffenden Ware unterliegt dem ~ in der Höhe von DM 3.90 für 1 kg 95 –**verfahren** 96 –**vergünstigung** 97 **Vergütung** solcher Zölle 98 –**verhandlungen** 99 ... im –**vermerk** einführen 100 –**verschluß** 101 die Waren sind unter –**verschluß** 102 **Vertrags**– 103 das

11 déclaration en douane 12 droits d'entrée anti-dumping 13 supprimer les droits de douane sur les marchandises en question 14 surtaxe en douane 15 droits à l'exportation 16 douanier 17 en raison de l'exemption des droits pour ces marchandises 18 constatation de la douane 19 acquit-à-caution 20 escorte douanière 21 régime douanier préférentiel 22 administration des douanes 23 document douanier 24 les droits sont calculés sur le prix de la marchandise 25 base de calcul des droits de douane 26 inspection douanière 27 les droits d'entrées s'élèvent à hfl 11.65 les 100 kilos 28 les droits d'entrée sont à payer par l'importateur 29 franco, droits payés 30 franco de fret, droits payés 31 D & F droits payés 32 C.I.F. droits payés 33 déclarant en douane 34 fausse déclaration en douane 35 droit différentiel 36 droits d'entrée 37 acquit d'entrée 38 des droits de 25% sont perçus sur les marchandises de consommation 39 les droits pour ces marchandises sont calculés sur leur prix 40 charges et taxes perçues avec les droits de douane 41 les droits de douane seront augmentés 42 déclaration en douane 43 permis de douane 44 réduction des droits 45 restitution des droits de douane 46 facture douanière 47 maintien des droits fiscaux 48 l'expéditeur accomplira les formalités en douane 49 exempt de droits en douane 50 franchise douanière 51 engagement cautionné; caution en douane 52 territoire douanier 53 taxes douanières 54 droits mixtes 55 loi en matière de douane 56 droits calculés sur le poids brut (net) 57 frontière douanière 58 marchandise soumise à un régime douanier 59 ces négociations ont pour but de réduire les droits de douane 60 contingent douanier 61 assurer le contrôle douanier 62 crédit d'enlèvement 63 guerre douanière; guerre des tarifs 64 entrepôt douanier 65 franco entrepôt douanier 66 droit maximum 67 droit minimum 68 réduction de droits de douane 69 nomenclature douanière 70 documents de douane 71 ces marchandises sont soumises aux droits de douane 72 politique douanière 73 poste du tarif douanier 74 taxe préférentielle de douane 75 droits de douane prohibitifs 76 acquit de douane 77 facture douanière 78 réclamer le remboursement des droits de douane sur marchandises retournées 79 veuillez réclamer le remboursement des droits de douane payés sur la marchandise détruite 80 rembour-

Verpackungsmaterial wurde auf einen **vormerkschein** importiert 104 **vorschriften** 105 die Waren britischen Ursprungs sind auf Neuseeland zum **Vorzugs**–zugelassen 106 diese Ware unterliegt dem **Wert**– 107 **–wert** 108 **–zertifikat** für vorübergehende Ausfuhr 109 **–zugeständnis** 110 Schätzung für **–zwecke**

sement des droits de douane 81 taux de douane 82 estimation des droits de douane 83 suppression des barrières douanières et commerciales 84 protection douanière 85 droits protecteurs 86 contre cautionnement des droits de douane 87 droits de douane spécifiques 88 poste de douane 89 amende douanière 90 tare de douane 91 tarif douanier 92 loi sur les tarifs de douane 93 adhérer à une union douanière 94 l'importation de la marchandise en question est soumise à un droit de douane de 3.90 DM le kilo 95 procédure douanière 96 régime douanier préférentiel 97 remboursement de pareils droits de douane 98 négociation douanière 99 importer en admission temporaire 100 sous contrôle douanier 101 les marchandises se trouvent sous plomb de douane 102 droit conventionnel 103 le matériel d'emballage a été importé sous le régime de l'admission temporaire 104 réglementations douanières 105 en Nouvelle-Zélande, les produits d'origine britannique jouissent d'un tarif préférentiel 106 cette marchandise est sujette à des droits ad valorem 107 valeur en douane pour exportation temporaire 109 concession douanière 110 évaluation en vue de tarification douanière

Zollabfertigung *f* 1 ~ der Ware zur **Ausfuhr** 2 die ~ wird in Form einer Hausbeschau **durchgeführt** werden 3 die ~ **erfolgt** an der Grenze 4 **–skosten** (od. **–spesen**) 5 die ~ wird am Flughafen/im Hafen... **vorgenommen**

1 déclaration en douane de marchandises à l'exportation 2 les formalités douanières seront effectuées par vérification à domicile 3 les formalités de douane se font à la frontière 4 frais de déclaration en douane 5 les formalités de douane seront effectuées à l'aéroport/au port

Zollbeschau *f* 1 zollamtlicher Beschaubefund 2 **Haus–**
Zollerklärung *f* 1 die ~ **abgeben** 2 Zoll**inhalts**erklärung ausfüllen 3 **Post–**

1 résultats de la vérification douanière 2 vérification douanière à domicile
1 faire une déclaration en douane 2 remplir un formulaire de déclaration en douane 3 déclaration en douane pour colis postal

Zollfrei, 1 eine Deklaration für **–e Abfertigung** der Ware einreichen 2 die **Einfuhr** dieser Ware ist ~ 3 **–e Einfuhr** von Lebensmitteln 4 **–es Lager**

1 remettre une déclaration d'entrée en franchise de douane 2 l'importation de cette marchandise est exempte de droits 3 importation de produits alimentaires en franchise de douane 4 entrepôt exempt de droits de douane

Zollsatz *m* 1 die Zollsätze wurden **herabgesetzt** 2 diese Ware unterliegt **hohen** Zollsätzen 3 ~ **nach** der Meistbegünstigungsklausel 4 falls kein **Präferenz–**vorgesehen ist 5 besondere **Senkungen** von Zollsätzen

1 les taux de douane ont été réduits 2 cette marchandise est soumise à un taux élevé 3 taux de douane conformément à la clause de la nation la plus favorisée 4 au cas où un taux préférentiel n'est pas prévu 5 réduction spéciale des taux de douane

Zolltarif *m* 1 **allgemeiner** ~ 2 **autonomer** ~ 3 nicht**diskriminierender** ~ 4 der

1 tarif douanier général 2 tarif douanier autonome 3 tarif douanier non discrimi-

Zone — Zugehörig

gemeinsame ~
Zone *f* **Frank**– 2 **Frei**– 3 **Freihafen**– von Colón 4 **Freihandels**– 5 Europäische **Freihandels**– 6 **Grenz**– 7 **Preis**– 8 **Tropen**–

Zubehör *n* die **Maschine** wird mit sämtlichem ~ geliefert werden
Zubilligen, einen **Nachlaß** ~
Zuerkennen, dieser Firma einen **Preis**/eine **Vergünstigung** ~
Zufall *m* 1 dank einem ~ 2 durch einen **glücklichen** ~ 3 –**skauf** 4 es war **nur** ein ~
Zufällig, 1 –e **Begebenheit** 2 ~ haben wir **erfahren**, daß ...
Zufrieden, 1 wir haben den Kunden –**gestellt** 2 wir hoffen, daß Sie mit der Ausführung Ihres Auftrages ~ **sein** werden
Zufriedengeben, wir müssen uns mit Ihrer **Erklärung** ~
Zufriedenheit *f* 1 die letzte Lieferung ist zur vollen ~ des Kunden **ausgefallen** 2 zu **beiderseitiger** ~ 3 wir wollen die Angelegenheit zur vollen ~ des Kunden regeln
Zufriedenstellen, 1 mit dieser **Abfindung** haben sie sich zufriedengestellt 2 wir möchten gerne diese Angelegenheit zu einem –den **Abschluß** bringen 3 wir werden **alles** tun, um Sie zufriedenzustellen 4 wir hoffen, daß die **Bedingungen** Sie ~ werden 5 die geschäftlichen Verhandlungen **entwickeln** sich –d 6 **jedenfalls** werden wir Sie ~ 7 –de **Offerte** 8 Ihre **Preise** sind im ganzen –d 9 wir sind überzeugt, daß Sie die **Qualität** ~ wird

Zug *m* 1 der ~ ist um 21.35 Uhr vom Hauptbahnhof **abgefahren** 2 wann soll der ~ in Wien **ankommen**? 3 nach Köln geht ein **direkter** ~ 4 **Güter**– 5 **Güterschnell**– 6 die Arbeit ist **im** –e 7 zum –e **kommen** 8 **Schnell**– 9 im –e der **Verhandlungen**

Zugabe *f* einen Aschenbecher als ~ **stiften**
Zugeben, 1 zugegeben, **daß** ... 2 Sie haben **selbst** zugegeben, daß unsere Beschwerde in gewisser Hinsicht gerechtfertigt ist
Zugehen, 1 Sie werden uns jeweils bis zum 28. des laufenden Monats **Abrechnung** ~ lassen 2 **wie** ist es zugegangen?
Zugehörig, ohne die da–en **Unterlagen**

natoire 4 tarif douanier commun
1 zone du franc français (od. zone Franc) 2 zone franche 3 zone franche de Colón 4 zone de libre-échange 5 zone européenne de libre-échange 6 zone frontalière 7 zone des prix 8 zone tropicale

la machine sera livrée avec tous ses accessoires
accorder une réduction (od. remise)
concéder une prime/un rabais à cette firme
1 grâce à une coïncidence 2 par une coïncidence heureuse 3 achat d'occasion 4 ce n'etait qu'une pure coïncidence
1 événement accidentel 2 nous avons appris par hasard que ...
1 nous avons satisfait le client 2 nous espérons que vous serez satisfaits de l'exécution de votre commande

nous devons nous contenter de votre explication
1 la dernière fourniture a été exécutée à l'entière satisfaction du client 2 à la satisfaction mutuelle 3 nous voulons liquider cette affaire à l'entière satisfaction du client
1 ils se sont déclarés satisfaits de cet arrangement 2 nous voudrions bien mener cette affaire à une conclusion satisfaisante 3 nous ferons tout notre possible pour vous donner satisfaction 4 nous espérons que les conditions vous donneront satisfaction 5 les relations commerciales se développent d'une façon satisfaisante 6 nous vous donnerons satisfaction de toute façon 7 offre satisfaisante 8 pris dans leur ensemble, vos prix sont satisfaisants 9 nous sommes convaincus que vous serez satisfaits de la qualité
1 le train est parti de la gare principale à 21 h 35 2 à quelle heure le train arrivera-t-il à Vienne? 3 il y a un train direct pour Cologne 4 train de marchandises 5 train de marchandises à grande vitesse 6 l'exécution du travail est en cours 7 avoir une chance 8 train rapide 9 au cours des négociations

offrir un cendrier comme prime

1 en admettant que ... 2 vous avez admis vous-même qu'en un certain sens, notre réclamation est justifiée

1 vous nous ferez parvenir régulièrement votre décompte arrêté au 28 de chaque mois 2 comment cela est-il arrivé?
sans les documents afférents

Zugeständnis *n* 1 sie haben sich auf der Grundlage **beiderseitiger** ~se geeinigt 2 **Preis**– machen 3 **Zoll**–

1 ils se sont mis d'accord sur la base de concessions mutuelles 2 faire des concessions de prix 3 concession douanière

Zugrunde (s. a. Grundlage) 1 die Gesellschaft ist ~ **gegangen** 2 bei der Berechnung unserer Preise **legen** wir den gegenwärtigen Dollarkurs ~

1 la société a fait faillite 2 nos prix sont calculés sur la base du cours actuel du dollar

Zugunsten (s. a. Gunsten) 1 einen ~ des **Käufers** geltenden Versicherungsschein beschaffen 2 er hat ~ unserer **Rechnung** den Betrag von DM 2.600,— hinterlegt

1 fournir un certificat d'assurance en faveur de l'acheteur 2 il a crédité notre compte d'un montant de DM 2600,—

Zukommen, 1 wir lassen Ihnen das Geld durch unseren **Boten** ~ 2 wir bitten Sie, uns Ihre Musterkollektion ~ zu **lassen** 3 die **Provision** kommt Ihnen in diesem Falle zu

1 nous vous ferons parvenir l'argent par notre garçon de course (od. de bureau) 2 nous vous prions de nous faire parvenir votre collection d'échantillons 3 dans ce cas, la commission vous revient

Zukunft *f* 1 ohne Sorge der ~ **entgegensehen** 2 in **naher** ~

1 envisager l'avenir sans soucis 2 dans un proche avenir

Zulassen, 1 die **Angelegenheit** läßt keinen **Aufschub** zu 2 die **Einfuhr** dieser Waren wurde erneut zugelassen 3 sie lassen sich keine **Sorgen** zu 4 keine **Zweifel** ~

1 cette affaire ne souffre aucun délai 2 l'importation de cette marchandise a été de nouveau admise 3 ils ne se font aucun souci 4 ne pas laisser de doute

Zulässig, 1 –e **Abweichung** 2 diese **Abweichung** ist nicht ~, wenn ... 3 –e **Belastung** 4 gegen den Beschluß der Kommission ist keine **Berufung** ~ 5 –es **Gewicht** 6 über –es **Maß** hinaus 7 **Teillieferungen** sind ~ 8 die Differenz liegt innerhalb der –en **Toleranz**

1 différence tolérée (od. admise) 2 cette divergence n'est pas tolérable si ... 3 charge admissible 4 aucun appel n'est possible contre la décision de la commission 5 poids admissible 6 dépassant les limites admissibles 7 des fournitures partielles sont admises 8 cette différence est dans les limites des tolérances admises

Zunächst, ~ müssen wir Ihnen **mitteilen**, daß ...

en tout premier lieu, nous devons vous faire savoir que ...

Zurechnen, zum Preis muß noch die **Fracht** zugerechnet werden

à ce prix, il y a lieu d'ajouter les frais de transport

Zurückbehalten, die Sendung als **Pfand** für den entstandenen Schaden ~

retenir des marchandises en gage pour les dommages survenus

Zurückbehaltungsrecht *n* der **Spediteur** hat ~ auf die transportierten Waren wegen der auf ihnen lastenden Spesen

pour se couvrir des frais encourus pendant le transport, l'expéditeur a un droit de rétention sur les marchandises

Zurückbleiben, 1 zurückgebliebener **Betrieb** 2 Ihre Erzeugnisse bleiben **weit hinter** der Konkurrenz zurück

1 entreprise en stagnation 2 vos produits sont dépassés de loin par ceux de vos concurrents

Zurückerstatten, die **Spesen** wurden Ihnen zurückerstattet

les frais vous ont été remboursés

Zurückfordern, die **Schadensumme** ~

réclamer le montant du dommage

Zurückführen, 1 dieser Irrtum ist auf eine falsche **Auslegung** zurückzuführen 2 diese Behauptung auf das **richtige** Maß ~

1 cette erreur doit être attribuée à une mauvaise interprétation 2 réduire cette assertion à ses proportions réelles

Zurückgeben, die ausgeborgte **Broschüre** haben wir Ihnen schon zurückgegeben

nous vous avons déjà rendu la brochure prêtée par vos soins

Zurückgehen, 1 die **Anfrage** nach Ihrer Ware geht unaufhaltsam zurück 2 der Eingang von **Aufträgen** ist in letzter Zeit zurückgegangen 3 das **Geschäft** ist in der letzten Zeit zurückgegangen 4 die **Preise** dieser Ware sind zurückgegangen

1 la demande de vos produits est en régression constante 2 le volume des ordres reçus a fortement diminué ces derniers temps 3 l'affaire a décliné ces derniers temps 4 les prix de ces marchandises ont baissé

Zurückhalten *n* 1 wir haben Auftrag er-

1 nous avons reçu des instructions pour

Zurückhalten — Zusagen

halten, die **Lieferung** der bestellten Waren zurückzuhalten 2 die **Käufer** hielten sich zurück 3 zurückgehaltene **Provision** 4 halten Sie bitte sofort die **Sendung** zurück 5 unberechtigtes ~ der Ware 6 die Waren unterwegs ~

Zurückkehren, 1 unser Direktor soll **aus England** nächste Woche ~ 2 sie sind unverrichteter Dinge zurückgekehrt

Zurückkommen, 1 auf diese **Angelegenheit** werden wir in Kürze ~ 2 wir kommen auf unseren **Brief** zurück ... 3 später werden wir auf diese **Frage** ~ 4 die **Ware** ist zurückgekommen

Zurücklegen, 1 **Geld** ~ 2 das Schiff wird die **Reise** ungefähr innerhalb 14 Tagen ~

Zurücknehmen, 1 wir müssen unsere **Bestellung** ~ 2 die **Ware** kann nicht zurückgenommen werden

Zurückschicken, das **Angebot** wurde zur Ergänzung mit technischen Angaben zurückgeschickt

Zurücksenden, dem Verkäufer die mangelhaften **Teile** zur Reparatur oder Ersatzleistung ~

Zurücksetzen, 1 die **Preise** ~ 2 zurückgesetzte **Ware**

Zurückstellen, 1 die **Erledigung** der Bestellung ~ 2 wir erwarten Ihre Gutschrift für die zurückgestellte **Ware**

Zurücktreten, 1 von diesem **Abkommen** ~ 2 wir können von unserem **Anspruch** nicht ~ 3 wir sind bereit, von unserer **Forderung** zurückzutreten 4 von dem **Geschäft** ~ 5 sie behalten sich das Recht vor, von dem **Geschäft** zurückzutreten 6 vom **Vertrag** ~

Zurückweisen, 1 leider müssen wir Ihre **Einwendung** als unberechtigt ~ 2 die Banken weisen **Verladedokumente** zurück, die solche Klauseln oder Vermerke enthalten

Zurückziehen, unseren **Vorschlag** auf ... ziehen wir zurück

Zurückziehung f wir empfehlen die ~ der **Klage**

Zusage f schriftliche ~ **machen**

Zusagen, 1 wir haben eine –de **Antwort** erhalten 2 würde Ihnen für den **Besuch** der kommende Freitag ~ ? 3 laut unseren Informationen soll das Ministerium eine günstige **Erledigung** zugesagt haben 4 obzwar die **Erteilung** der Einfuhrbewilligung grundsätzlich zugesagt wurde, ist sie noch nicht ausgestellt worden 5 der Handelsattaché hat seine **Hilfe** zu-

retenir la livraison des marchandises commandées 2 les acheteurs se sont abstenus 3 commission retenue 4 veuillez retenir immédiatement l'envoi 5 rétention illégale de marchandises 6 retenir les marchandises en cours de route

1 notre directeur reviendra de son voyage en Angleterre dans le courant de la semaine prochaine 2 ils sont revenus sans avoir rien fait

1 nous reviendrons sous peu sur cette affaire 2 nous nous référons à notre lettre 3 nous reviendrons ultérieurement sur cette question 4 la marchandise a été retournée

1 mettre de l'argent de côté 2 le navire effectuera ce voyage en quinze jours environ

1 nous devons annuler notre commande 2 la marchandise ne peut être reprise

l'offre a été renvoyée pour en compléter les données techniques

retourner au vendeur les pièces défectueuses pour réparation ou pour remplacement

1 réduire les prix 2 marchandises mises au rebut

1 remettre l'exécution de la commande 2 nous sommes dans l'attente de votre note de crédit pour les marchandises que nous vous avons retournées

1 se retirer de l'accord; cesser d'être partie à l'accord 2 nous ne pouvons abandonner notre réclamation 3 nous sommes disposés à abandonner notre réclamation 4 se retirer de l'affaire 5 ils se réservent le droit de se retirer de l'affaire 6 résilier le contrat

1 nous regrettons de devoir rejeter votre objection comme non justifiée 2 les banques refusent les documents d'embarquement contenant de pareilles clauses ou mentions

nous retirons notre proposition relative à ...

nous recommandons de retirer la plainte

faire une promesse écrite

1 nous avons reçu une réponse positive 2 (le) vendredi prochain vous conviendrait-il pour la visite? 3 d'après nos informations, le ministère aurait fait espérer une décision favorable 4 bien que la licence d'importation ait été promise, en principe elle n'a pas encore été établie 5 l'attaché commercial a promis son assistance 6 nous espérons que la solution

Zusagen — Zuschlag

gesagt 6 wir hoffen, daß Ihnen die Lösung ~ 7 –der **Preis**
Zusammen, das **macht** DM 136,50 ~
Zusammenarbeit f 1 in **enger** ~ mit Ihrem Vertreter 2 unsere ~ **entwickelt sich** günstig 3 wir hoffen, daß sich aus unserer Geschäftsverbindung eine gute ~ **ergeben** wird 4 wir **freuen** uns auf weitere ~ 5 **gegenseitig nützliche** ~ 6 Organisation für ~ auf dem Gebiet des **Handels** 7 **technische** ~ 8 **wirtschaftliche** ~ 9 Bundesministerium für **wirtschaftliche** ~ 10 **wissenschaftliche** ~

vous plaira (od. conviendra) 7 prix raisonnable
en tout, cela fait DM 136,50
1 en coopération étroite avec votre représentant 2 notre coopération se développe favorablement 3 nous espérons qu'une bonne coopération pourra résulter de nos relations d'affaires 4 nous espérons pouvoir poursuivre notre coopération 5 coopération avantageuse de part et d'autre 6 organisation pour la coopération commerciale 7 collaboration technique 8 collaboration économique 9 Ministère fédéral pour la collaboration économique 10 collaboration scientifique

Zusammenarbeiten, 1 unter diesen **Bedingungen** sind wir bereit, mit Ihnen zusammenzuarbeiten 2 auch **weiterhin** ~
Zusammenfassen, kurz alle **Daten** ~
Zusammenfassung f eine ~ des **Schadens** aufstellen
Zusammenhang m 1 in **diesem** ~ 2 im ~ mit diesem **Vorfall**
Zusammenhängen, 1 das hängt bestimmt **mit** seiner Reise nach Chicago zusammen 2 die mit dem **Kauf** –den Leistungen einschließlich Reparaturen und Kundendienst
Zusammenkunft f 1 **anläßlich** dieser ~ sollten vor allem die Kreditmöglichkeiten besprochen werden 2 **vereinbaren** Sie eine ~ mit dem Bankdirektor
Zusammenschluß m Unternehmen–

Zusammenstellen, 1 einen **Bericht** ~ 2 ein Reise**programm** für unseren Direktor ~
Zusammentreffen n 1 wir freuen uns, daß wir mit Herrn Cillich **anläßlich** der Messe zusammentreffen werden 2 durch ein glückliches ~ der **Umstände** 3 es war nur ein unliebsames ~ von **Umständen** 4 **wann** werden wir zusammentreffen?
Zusammenwirken n im ~ mit dem Konsulat
Zusammenzählen, ... auf der **Addiermaschine** ~

Zusatz m 1 einen ~ –**antrag** vorlegen 2 –**protokoll** 3 **–steuer**
Zusätzlich, 1 wir **bemerken** ~, daß ... 2 alle –en **Kosten** tragen und zahlen

Zuschlag m 1 für Verpackung **berechnen** wir einen ~ von 4% 2 **Einfuhr**– ist zu zahlen 3 **Einzelhandels**– –**sfracht** beträgt ... 5 **Geschäfts**– 6 den **Gewinn**herabsetzen 7 **Maximal**– 8 **Orts**– 9 **Prämien**– 10 **Preis**– 11 **Regie**– 12

1 dans ces conditions, nous sommes disposés à coopérer avec vous 2 coopérer dans le futur
résumer tous les renseignements
établir un exposé relatif à l'avarie

1 dans cet ordre d'idées 2 en relation avec cette affaire
1 cela est incontestablement en rapport avec son voyage à Chicago 2 toutes les prestations se rapportant à la vente, y compris le service après vente et les réparations
1 les possibilités de crédit seront examinées en tout premier lieu, lors de cette réunion 2 veuillez convenir d'un entretien avec le directeur de la banque
association commerciale; fusion commerciale
1 établir un rapport 2 préparer un itinéraire de voyage pour notre directeur
1 nous serons heureux de pouvoir rencontrer M. Cillich à la foire 2 par une coïncidence heureuse 3 ce n'était qu'une coïncidence malheureuse 4 quand pourrons-nous nous rencontrer?

en coopération avec le consulat

effectuer le calcul à l'aide de la machine à calculer
1 faire une proposition additionnelle 2 procès-verbal supplémentaire 3 surtaxe
1 nous remarquons en outre que ... 2 supporter et payer tous les frais supplémentaires
1 un supplément de 4% sera porté en compte pour l'emballage 2 payer une surcharge d'importation 3 majoration de prix pour le commerce en détail 4 les frais de transport supplémentaires se montent à ... 5 marge bénéficiaire 6 réduire la

Zuschlag — Zustehen 374

Sonder– für rasche Ausführung 13 **Steuer–** 14 ~ für die **Tara** 15 ein ~ von 200% auf den C.I.F.-**Wert**

marge bénéficiaire 6 réduire la marge bénéficiaire 7 majoration additionnelle maximale 8 indemnité de résidence 9 prime supplémentaire 10 supplément de prix 11 frais de régie supplémentaires 12 surcharge spéciale pour exécution rapide 13 surtaxe 14 tare additionnelle 15 une majoration de 200% sur la valeur C.A.F. le retard doit être attribué à des difficultés dans la fabrication

Zuschreiben, die **Verzögerung** muß Schwierigkeiten in der Produktion ... zugeschrieben werden

Zusendung (s. a. Sendung) *f* 1 wir **bitten** um freundliche ~ von ... 2 wir senden die beschädigten Stücke zurück und **bitten** um ~ von fehlerfreien 3 wir **danken** Ihnen für die ~ Ihres Möbelkatalogs

1 nous vous saurions gré de nous faire parvenir ... 2 nous vous retournons les pieces avariées en vous demandant de bien vouloir les remplacer 3 nous vous remercions pour l'envoi de votre catalogue de meubles

Zusichern, 1 wir sichern Ihnen sorgfältige **Ausführung** Ihrer Bestellung zu 2 **Diskretion** ~ 3 sie haben uns baldige **Lieferung** zugesichert

1 nous vous garantissons une exécution impeccable de votre commande 2 garantir une discrétion absolue 3 vous nous avez promis une prompte livraison

Zusicherung *f* 1 wir **erhielten** die ~, daß ... 2 gerne würden wir Ihnen die ~ **geben,** daß ... 3 aber eine **verbindliche** ~ können wir nicht (ab)geben

1 il nous a été garanti que ... 2 nous voudrions bien vous garantir que ... 3 nous ne pouvons vous donner une promesse ferme

Zustand *m* (s. a. Zustände) 1 **Ausnahme–** 2 die Kiste wurde in **beschädigtem** ~ entladen 3 in **betriebsfähigem** ~ 4 in diesem ~ kann es nicht länger **bleiben** 5 **Dauer–** 6 in **elendem** ~ 7 **früherer** ~ 8 die Maschine wurde in gutem ~ **gehalten** 9 die Sendung ist in **gutem** ~ 10 in einem **kläglichen** ~ 11 **mangelhafter** ~ 12 in **nassem** ~ 13 ... in einen **ordentlichen** ~ versetzen 14 Protokoll über den ~ der Sendung 15 **Rechts–** 16 die Sendung ist in einem derart **schlechten** ~, daß wir sie nicht annehmen können 17 in **tadellosem** (od. **unversehrtem**) ~ 18 in den **ursprünglichen** ~ versetzen 19 **vertragsloser** ~ 20 **vorübergehender** ~ 21 ~ der **Ware**

1 état d'urgence (od. d'exception) 2 la caisse a été déchargée en état détérioré 3 en bon état de marche 4 cela ne peut rester plus longtemps dans cet état 5 état permanent 6 dans un état lamentable 7 état précédent 8 la machine a été maintenue en bon état 9 l'envoi est en bon état 10 dans un état déplorable 11 condition défectueuse de la marchandise 12 à l'état humide 13 remettre ... en bon état 14 procès-verbal relatif à l'état de l'envoi 15 situation juridique 16 l'envoi est en si mauvais état qu'il nous est impossible d'en prendre réception 17 en parfait état 18 remettre dans son état original 19 absence de contrat 20 état provisoire (od. temporaire) 21 état de la marchandise

Zustande, 1 den Entwurf **–bringen** 2 falls keine Einigung ~ **kommt** 3 es kann ein beträchtliches Geschäft ~ kommen

1 réaliser le projet 2 si aucun arrangement n'intervient 3 une affaire considérable peut en résulter

Zuständig, 1 –e **Behörden** 2 örtlich –es **Gericht** 3 der Ursprung wurde von der –en **Handelskammer** beglaubigt 4 sonstige –e **Stellen** 5 bei den –en **Stellen** wegen Visaerteilung intervenieren

1 autorités compétentes 2 tribunal local compétent 3 l'origine a été certifiée par la Chambre de Commerce compétente 4 autres autorités compétentes 5 intervenir auprès des autorités compétentes pour la délivrance d'un visa

Zustehen, 1 jeden ihm –den **Differenzbetrag** fordern 2 dies steht Ihnen **nicht** zu 3 die **Provision** wird Ihnen nur von Geschäften ~, die Sie abschließen 4 beiden Vertragspartnern steht das **Recht** zu, diesen Vertrag zu lösen 5 der Bank steht eine angemessene **Zeit** zur Prüfung

1 réclamer toute différence lui revenant 2 cela ne vous revient pas (od. vous n'y avez pas droit) 3 il vous revient seulement la commission relative aux affaires conclues par votre intermédiaire 4 le droit de résiliation appartient aux deux contractants 5 la banque peut exiger un

der Dokumente zu

Zustellen, 1 das Geld lassen wir Ihnen durch unseren **Boten** ~ 2 Ihr **Brief** wurde uns erst heute zugestellt 3 ... durch **Eilboten** ~
Zustellung *f* 1 –s**dienst** 2 **Expreß**– 3 –s**gebühr** 4 **kostenfreie** ~ 5 die ~ der **Post** ist unregelmäßig 6 die verspätete ~ **reklamieren** 7 Telegramm mit telegrafischer **Rückmeldung** der ~

Zustimmen, 1 wir werden der vorgeschlagenen **Alternative** ~ 2 –de **Antwort** 3 in der Art und Weise, wie die Bank **ausdrücklich** zugestimmt hat 4 wir lehnen es ab, der **Erhöhung** zu– 5 ohne daß der Absender zuvor zugestimmt hat 6 wir stimmen vorbehaltlos Ihrem **Vorschlag** zu
Zustimmung *f* 1 die ~ zur Erhöhung um 10% **ablehnen** 2 **ausdrückliche** ~ 3 solange wir nicht Ihre ~ zum Verkauf **erhalten** 4 –s**erklärung** 5 wir haben die ~ zur Ausfuhr **erlangt** 6 wir bitten Sie, Ihre ~ zur Abänderung zu **erteilen** 7 das Ministerium hat die ~ zur Kompensation **erteilt** 8 Ihr Vorschlag hat volle ~ **gefunden** 9 volle ~ **geben** 10 hierzu können wir niemals unsere ~ **geben** 11 zur Lösung des Abkommens ist die ~ beider Vertragspartner **notwendig** 12 **ohne** unsere ausdrückliche ~ 13 unter **Voraussetzung** Ihrer ~ 14 ohne **vorherige** ~ des Ministeriums 15 **vorläufige** ~

Zuteil, 1 es wurde uns **Anerkennung** für unsere Arbeit ~ 2 allen Ihren Aufträgen wird die sorgfältigste **Aufmerksamkeit** ~ werden
Zuteilen, es wurden uns **Devisen** in unzureichender Menge zugeteilt
Zuteilung *f* 1 bei der Zentralbank um Devisen– zur Bezahlung der eingeführten Waren **ansuchen** 2 Devisen– **genehmigen** 3 –en für diese Periode wurden **herabgesetzt** 4 es ist uns besonders an einer baldigen **Lizenz**– gelegen 5 **Material**–

Zuverlässigkeit *f* die befragte Firma macht auf uns den **Eindruck** der ~
Zuwachs *m* jährlicher ~ der Industrieproduktion
Zuweisen, 1 im Rahmen der zugewiese-

temps raisonnable pour l'examen des documents
1 nous vous ferons parvenir l'argent par notre garçon de course (od. bureau) 2 votre lettre nous est seulement parvenue aujourd'hui 3 remise ... par exprès
1 service de remise à domicile 2 remise par exprès 3 taxe de remise à domicile 4 livraison gratuite 5 la distribution postale se fait irrégulièrement 6 se plaindre du retard de la distribution 7 télégramme avec avis télégraphique de délivrance

1 nous acceptons l'alternative proposée 2 réponse affirmative 3 de la même manière que la banque a donné son consentement formel 4 nous refusons d'accorder une augmentation 5 sans consentement préalable de l'expéditeur 6 nous acceptons votre proposition sans aucune réserve
1 refuser son consentement à une augmentation de 10% 2 accord formel 3 tant que nous ne recevons pas votre accord au sujet de la vente 4 déclaration d'accord 5 nous avons obtenu l'autorisation d'exportation 6 nous vous prions de nous marquer votre accord sur cette modification 7 la compensation a été approuvée par le Ministère 8 votre proposition a trouvé plein consentement 9 se prononcer d'accord sans réserve 10 nous ne pouvons, en aucune façon nous déclarer d'accord avec ceci 11 pour la résiliation du contrat le consentement des deux contractants est nécessaire 12 sans notre consentement formel 13 sous condition de votre consentement 14 sans consentement préalable du Ministère 15 consentement provisoire

1 notre travail a été apprécié 2 toutes vos commandes jouiront de notre plus grande attention

les devises étrangères nous ont été attribuées en quantité insuffisante
1 adresser une requête à la Banque Centrale pour l'attribution de devises en vue du paiement des marchandises importées 2 accorder une allocation de devises 3 les allocations ont été réduites pour cette période 4 il nous importe beaucoup qu'une licence nous soit accordée au plus tôt 5 allocation de matériel
la maison en question donne une impression de sérieux (od. d'honnêteté)
accroissement annuel de la production

1 dans le cadre des tâches attribuées 2 le

Zuweisen nen **Aufgaben** 2 der Fall wurde einer anderen Abteilung zur **Erledigung** zugewiesen

Zuwiderlaufen, dem gemeinsamen **Interesse** ~

Zuzüglich, ~ (der) **Zinsen**

Zwang *m* 1 wir haben es nur **aus** ~ getan 2 tun Sie sich **keinen** ~ an 3 –slizenz 4 **mit** ~ 5 **ohne** ~ 6 –sverfahren 7 –sverkauf 8 –sversteigerung 9 –svollstreckung

Zwar, und ~

Zweck *m* 1 das Material ist für Sonder–e bestimmt 2 ~ dieses **Briefes** ist, Sie über ... zu informieren 3 zu welchem ~ soll es **dienen**? 4 die Ware **entspricht** ihrem ~ 5 diese Verhandlung hat ihren ~ **erreicht** 6 das eignet sich ausgezeichnet für den **gegebenen** ~ 7 es wird nur für **Industrie**–e benützt 8 das hat keinen ~ 9 **Mehr**–maschine 10 **öffentliche** –e 11 der ~ seiner **Reise** ist, größere Mengen einzukaufen 12 zu **Reklame**–en 13 Beschaffung von Waren für **staatliche** –e 14 wir empfehlen diese Ausführung für den **verlangten** ~ 15 es wird laufend für diesen ~ **verwendet** 16 die Ware ist ausschließlich für **Werbe**–es bestimmt 17 **wirklicher** ~ 18 die Ware muß für **Zoll**–e als ... deklariert werden 19 **zu** diesem ~ sind folgende Bestimmungen zu beachten

Zweckmäßig, 1 das **erscheint** ~ 2 wir **halten** diesen Vorschlag nicht für ~ 3 schlagen Sie eine –e **Lösung** vor

Zwecks, Präsentation der Dokumente ~ **Zahlung**

Zweifel *m* 1 **außer** allem ~ 2 **berechtigter** ~ 3 diesbezüglich **besteht** kein ~ 4 im –sfall 5 diese Feststellung **gestattet** keinen ~ an ... 6 wir **haben** begründete ~ über die Wahrhaftigkeit dieser Nachricht 7 wir sind **im** ~ 8 **ohne** ~ 9 die Qualität der Ware **steht** gänzlich außer ~ 10 dies in ~ **stellen** 11 keine ~ **zulassen**

Zweifelhaft, 1 –e **Information** 2 –er **Ruf** 3 –es **Unternehmen** 4 –er **Wechsel**

Zweig *m* 1 **Bank**–stelle 2 eine –stelle

— Zweig 376

cas a été transmis à un autre département pour suite à donner

être contraire aux intérêts communs

intérêts en plus

1 nous avons agi sous contrainte 2 ne vous gênez pas 3 licence délivrée contre la volonté du titulaire 4 par contrainte 5 sans contrainte 6 adjudication judiciaire 7 vente forcée; subhastation 8 vente (aux enchères) forcée; vente par adjudication forcée 9 exécution forcée

à savoir pour préciser

1 le matériel est destiné à des fins spéciales 2 le but de cette lettre est de vous informer au sujet de ... 3 à quoi cela servira-t-il?; quel est le but poursuivi? 4 cette marchandise répond bien à sa destination 5 cette négociation est arrivée à son but; cette négociation a atteint l'objectif désiré 6 cela se prête parfaitement au but proposé 7 cela n'est employé qu'à des fins industrielles 8 c'est parfaitement inutile 9 machine à usage multiple (od. universelle od. polyvalente) 10 objectifs publics 11 le but de son voyage est de faire l'achat de grandes quantités 12 à des fins publicitaires 13 approvisionnement de marchandises pour les besoins d'Etat 14 nous vous recommandons ce modèle pour le but recherché 15 cela s'emploie couramment dans ce but 16 cette marchandise est destinée uniquement à des fins publicitaires 17 but réel 18 cette marchandise est à déclarer comme ... pour les besoins de la douane 19 dans ce but, les prescriptions suivantes sont à observer

1 cela paraît approprié 2 nous considérons comme impropre cette proposition 3 veuillez nous proposer une meilleure solution

présentation des documents pour paiement

1 hors de doute 2 doute justifié 3 il n'existe aucun doute à ce sujet 4 en cas de doute 5 les constatations faites ne laissent aucun doute au sujet de ... 6 nous avons des doutes justifiés au sujet de l'exactitude de cette information 7 nous sommes dans le doute 8 sans aucun doute 9 la qualité de cette marchandise ne fait aucun doute 10 mettre en doute 11 ne permettre aucun doute

1 information douteuse 2 réputation douteuse 3 entreprise douteuse 4 traite douteuse

1 succursale d'une banque 2 établir une

errichten 3 Geschäfts- 4 Industrie- 5 Produktions- 6 Lage des betreffenden Wirtschafts-es

Zweiseitig, -e Verhandlungen vereinbaren

Zwingen, 1 leider **sehen** wir uns gezwungen, unsere Bestellung zu widerrufen 2 diese **Umstände** zwangen uns, die Beziehungen zur Firma WINOP abzubrechen 3 zu einem derartigen **Vorgehen** kann uns niemand ~ 4 ansonsten **wären** wir gezwungen, Zinsen anzurechnen

Zwischenverkauf *m* 1 das Angebot gilt unter **Vorbehalt** des -es 2 ~ **vorbehalten** 3 Ware **vorbehaltlich** ~ anbieten

succursale à Londres 3 branche d'affaires 4 branche d'industrie 5 branche de production 6 situation du secteur économique considéré

convenir de tenir des négociations bilatérales

1 à notre regret, nous nous voyons obligés d'annuler notre commande 2 ces circonstances nous ont obligés à rompre nos relations avec la société WINOP 3 personne ne peut nous obliger à pareille façon d'agir (od. à de pareils agissements) 4 autrement, nous serions obligés de porter les intérêts en compte

1 cette offre est valable sauf vente intermédiaire 2 sauf vente intermédiaire 3 offrir des marchandises sous réserve de vente

Kennen Sie diese Wörterbücher?

Englisch

Bogenschütz	**Fachwörterbuch für Batterien und Energie-Direktumwandlung** E-D/D-E, 200 Seiten, DM 20,—
De Vries/ Herrmann	**Technical and Engineering Dictionary** Band I Deutsch-Englisch, 1178 Seiten, DM 110,— Band II Englisch-Deutsch, 1154 Seiten, DM 110, —
De Vries	**Wörterbuch der Textilindustrie** Band I Deutsch-Englisch, 533 Seiten, DM 35,— Band II Englisch-Deutsch, 368 Seiten, DM 25,—
Ernst	**Wörterbuch der industriellen Technik** Band I Deutsch-Englisch, 807 Seiten, DM 35,— Band II Englisch-Deutsch, 1411 Seiten, DM 60,—
Ernst	**Wörterbuch der Chemie** Band I Deutsch-Englisch, 727 Seiten, DM 40,— Band II Englisch-Deutsch, 1056 Seiten, DM 50,—
Goedecke	**Wörterbuch der Elektrotechnik, Fernmeldetechnik und Elektronik** Band I Deutsch-Englisch-Französisch, 908 Seiten, DM 60,— Band II Französisch-Englisch-Deutsch, 1020 Seiten, DM 60,— Band III Englisch-Deutsch-Französisch, 1252 Seiten, DM 70,—
Heinze	**Fachwörterbuch des Transportwesens** Deutsch-Englisch, 420 Seiten, DM 20,—
Heinze	**Fachwörterbuch des Versicherungswesens** Band I Deutsch-Englisch, 207 Seiten, DM 15,— Band II Englisch-Deutsch, 175 Seiten, DM 15,—
Herland	**Dictionary of Mathematical Sciences** Band I Deutsch-Englisch, 320 Seiten, DM 35,— Band II Englisch-Deutsch, 336 Seiten, DM 35,—
Hyman	**Wörterbuch der Physik und verwandter Gebiete** Band I Deutsch-Englisch, 671 Seiten, DM 50,—
Kleiber	**Wörterbuch der Schweißtechnik** Englisch-Deutsch/Deutsch-Englisch, 420 Seiten, DM 48,—

OSCAR BRANDSTETTER VERLAG · WIESBADEN

Kennen Sie diese Wörterbücher?

Englisch

Rau	**Wörterbuch der Kernphysik und Kernchemie** Deutsch-Englisch/Amerikanisch Englisch/Amerikanisch-Deutsch, 351 Seiten, DM 35,—
Schulz	**Wörterbuch der Optik und Feinmechanik** Band II Englisch-Französisch-Deutsch, 124 Seiten, DM 15,— Band III Französisch-Deutsch-Englisch, 109 Seiten, DM 15,—
Schwarz/Nunn	**Advanced Interpreting** 105 Seiten, DM 7,—
Strasak/Sulek	**Technisches Deutsch für Ausländer** 156 Seiten, DM 12,—
Wildhagen/ Héraucourt	**Wörterbuch der englischen und deutschen Sprache** Band I Englisch-Deutsch, 1180 Seiten, DM 65,— Band II Deutsch-Englisch, 1347 Seiten, DM 58,—
Zavada	**Satzlexikon der Handelskorrespondenz** Deutsch-Englisch, 356 Seiten, DM 20,—

Französisch

Bertaux/ Lepointe	**Wörterbuch der französischen und deutschen Sprache** Band I Französisch-Deutsch, 1312 Seiten, DM 56,— Band II Deutsch-Französisch, 1392 Seiten, DM 56,—
Ernst	**Wörterbuch der industriellen Technik** Band III Deutsch-Französisch, 1344 Seiten, DM 60,— Band IV Französisch-Deutsch, 1058 Seiten, DM 50,—
Potonnier	**Wörterbuch der Wirtschaft** Band I Deutsch-Fanzösisch, 1144 Seiten, DM 70,— Band II Französisch-Deutsch, 1506 Seiten, DM 100,—
Zavada/ Hartgenbusch	**Satzlexikon der Handelskorrespondenz** Deutsch-Französisch, erscheint 1971

OSCAR BRANDSTETTER VERLAG · WIESBADEN

Kennen Sie diese Wörterbücher?

Italienisch

Orlando/ **Technisches Wörterbuch**
Meyer Band I Italienisch-Deutsch, 1136 Seiten, DM ⎫ 80,—
 Band II Deutsch-Italienisch, 1412 Seiten, DM ⎭

Sansoni **Wörterbuch der italienischen und deutschen Sprache**
 Band I Italienisch-Deutsch, 1472 Seiten, DM 256,—
 Band II Deutsch-Italienisch, ca. 1500 Seiten, DM 256,—

Portugiesisch

Ernst **Wörterbuch der industriellen Technik**
 Band VII Deutsch-Portugiesisch, 955 Seiten, DM 50,—
 Band VIII Portugiesisch-Deutsch, 587 Seiten, DM 50,—

Russisch

Kučera **Technisches Wörterbuch**
 Band I Russisch-Deutsch, 330 Seiten, DM 25,—
 Band II Deutsch-Russisch, 464 Seiten, DM 35,—

Spanisch

Ernst **Wörterbuch der industriellen Technik**
 Band V Deutsch-Spanisch, 583 Seiten, DM 40,—
 Band VI Spanisch-Deutsch, 479 Seiten, DM 40,—

Slaby/ **Wörterbuch der spanischen und deutschen Sprache**
Grossmann Band I Spanisch-Deutsch, 759 Seiten, DM 37,—
 Band II Deutsch-Spanisch, 1332 Seiten, DM 46,—

Teide **Diccionario de Sinónimos**
 Spanisch, 527 Seiten, DM 10,—

Tschechisch

Naxerová **Technisches Wörterbuch**
 Band I Tschechisch-Deutsch, 1095 Seiten, DM 50,—

OSCAR BRANDSTETTER VERLAG · WIESBADEN

Répertoire Français – Allemand

Le terme allemand ne correspond pas toujours à l'équivalent lexicographique (lexical) du mot français, mais indique le mot-vedette, sous lequel on trouve les différentes correspondances en fonction du contexte.

abandonner aufgeben, (Recht) verzichten
aboutir führen
absence f Abwesenheit
absolument absolut, unbedingt
absorption f Aufnahme
abus m Mißbrauch, Überschreitung
abuser mißbrauchen
accélérer beeilen, beschleunigen
acceptable annehmbar
acceptation f Abnahme, Annahme, Akzept, Übernahme
accepter zustimmen (Bedingung), abnehmen, annehmen, akzeptieren, bewilligen, eingehen (zustimmen), entgegennehmen, übernehmen
   faire ~ (mit Preisforderung) durchdringen, durchsetzen
accessoire Neben... (in Zsstzg)
accessoires m pl Zubehör
accident m Unfall
accompagner begleiten
accord m Verständigung, Übereinkommen, Einvernehmen, Abkommen, Vereinbarung, Abmachung, Einigung, Einwilligung, Zustimmung
   donner son ~ einverstanden (sein)
   en ~ im Einklang
   être d'~ einverstanden sein, übereinstimmen
   tomber d'~ einig werden, einigen
accorder bewilligen, genehmigen, gewähren, zubilligen
   s'~ sich verständigen, auskommen
accréditif m Akkreditiv
accroissement m Ansteigen, Anwachsen, Steigerung, Zuwachs
accroître steigern
accueil m Aufnahme
accueillir aufnehmen
accumulation f Andrang, Anhäufung
accusé de réception Bescheinigung, Bestätigung
accuser (réception) bescheinigen
achat m Kauf, Ankauf, Abnahme, Einkauf, Anschaffung, Bezug
   faire des ~s besorgen
acheter einkaufen, abkaufen, beziehen
   ~ en bloc aufkaufen, kaufen
acheteur m Käufer
acompte m Abschlag, Anzahlung, Rate
   par ~s ratenweise

acquisition f Anschaffung
acquitter begleichen, quittieren
   s'~ (Versprechen) erfüllen
acte m Handlung
actif m Aktiva, aktiv
action f Aktie
   ~ en justice Klage
   champ d'~ Wirkungsbereich
   intenter une ~ klagen
actionnaire m Aktionär
activité f Tätigkeit
(d')actualité aktuell
actuel gegenwärtig, zeitgemäß
adapter anpassen
addition f Addition
additionnel Zusatz... (in Zsstzg)
adhérer beitreten (Verein)
adjoint m Stellvertreter
adjudication f Ausschreibung
admettre annehmen, einräumen, zugeben
administration f Amt, Behörde, Verwaltung
admis zugelassen
   être ~ berücksichtigen
admissible zulässig
adopter (Haltung) einnehmen
adresse f Adresse
adresser senden, adressieren, einreichen, einsenden, (Brief) richten
   s'~ à herantreten (an jn), sich wenden an
aérien luft..., Luft... (in Zsstzg)
aéroport m Flughafen
affaire f Fall, Angelegenheit, Sache, Geschäft
   chiffre m **d'~s** Umsatz
   pour ~s geschäftlich
affiche f Plakat
affirmatif bejahend
affirmation f Behauptung
affirmer sous serment beeiden
affluence f Ansturm
affranchir frankieren
   non affranchi unfrankiert
affrètement m Charter
agence f Agentur, Büro, Vertretung
   ~ de presse Presseagentur
agent m Agent, Vertreter, Makler, Beamter (Zoll)
aggravation f Erhöhung
agiotage m Spekulation

agir handeln, wirken, vorgehen
  façon f **d'~** Handlungsweise
agrandir erweitern
agréable: être ~ begrüßen
aide f Hilfe
aider behilflich (sein), unterstützen
ailleur anderweitig
aimable freundlich
air m Luft
ajourner vertagen
ajouter beifügen, erweitern, hinzufügen, zurechnen
ajustement m Berichtigung
ajuster angleichen
alimentation f (Strom) Versorgung
alinéa m Absatz
allégement m Begünstigung
aller fahren, gehen
allocation f Bewilligung, Zuteilung
allouer ausgeben, auswerfen, bewilligen
alphabétique alphabetisch
alternative f Alternative
ambassade f Botschaft
ambassadeur m Botschafter
ambiance f Stimmung
amélioration f Besserung
améliorer bessern, verbessern
amende f Buße, Strafe
amendement m Änderung
amener qn à jn bewegen
amiable: à l'~ gütlich, Weise, freundschaftlich (Regelung)
amical freundschaftlich
amnistie f Amnestie
amortir abschreiben, amortisieren
amortissement m Abschreibung, Amortisation
ampleur f Ausmaß
an m Jahr
  par ~ jährlich
analogue ähnlich
analyse f Analyse, (Markt) Forschung
ancien alt
animation f Belebung
animé rege, lebhaft
animer beleben
année f Jahr
annexe f Anlage
annexer beifügen
annonce f Anzeige
annoncer bekanntgeben
annonceur m Inserent
annuaire m Adreßbuch
annulation f Annullierung, Aufhebung, Auflösung, Storno
annuler annulieren, aufheben, (Vertrag) lösen, widerrufen, stornieren, (Bestellung) zurücknehmen
antidater vordatieren
aperçu m Überblick
aplanir (Streit) schlichten
aplanissement m Beseitigung
apparaître (sich) zeigen
appareil m Apparat, Gerät
apparence f Aufmachung, Aussehen, äußerlich
apparent erkennbar, offenbar, offensichtlich
apparition f Auftreten
appartenir zustehen
appel m
  faire ~ à anrufen
  sur ~ auf Abruf
appeler au téléphone telefonisch anrufen
appellation f Benennung
applicable anwendbar
application f Anwendung, Durchführung
appliquer anwenden, auferlegen, durchführen
  s'~ à betreffen, beziehen (sich)
apport m Anteil
apporter aufwenden
appréciation f Beurteilung
apprécier bewerten, schätzen, werten
apprendre erfahren, ersehen, vernehmen
approbation f Annahme, Beifall, Billigung, Genehmigung, Zustimmung
approprié angemessen, geeignet, sachgemäß, zweckmäßig
  non ~ ungeeignet, unpassend
approuver billigen, genehmigen, gutheißen
approvisionnement m Beschaffung, Bezug, Versorgung
s'approvisionner beschaffen, (Bedarf) decken
approximatif annähernd, beiläufig, ungefähr
appui m Hilfe, Unterstützung
  à l'~ zum Beweis
appuyer unterstützen
  s'~ sur sich stützen auf
arbitrage m Arbitrage, Schiedsgericht, Spruch
archives f pl Archiv
argent m Geld
argument m Argument
armateur m Reeder
arrangement m Abmachung, Ausgleich, (Streit) Beilegung, Vergleich (jur), Verständigung, Übereinkommen
arranger arrangieren
  s'~ ausgleichen, sich einigen
arrêté m Erlaß
arrêter einstellen, aufhalten

arriéré *m* Rückstand
arrivée *f* Ankunft, Eingang (Brief)
arriver ankommen, eintreffen, erreichen, kommen
arrondir abrunden, aufrunden
article *m* Artikel, Posten, Ware
artificiellement künstlich
artisanat *m* Handwerk
arts et métiers *m pl* Gewerbe
assemblée *f* Versammlung
assermenté vereidigt
assigner anweisen
assistance *f* Hilfe
  prêter ~ behilflich sein
association *f* Assoziation, Zusammenschluß
associé *m* Gesellschafter
assortiment *m* Auswahl, Sortierung, Sortiment
assumer übernehmen
assurance *f* Versicherung, Sicherstellung
  ~ (de la) responsabilité civile Haftpflichtversicherung
assurer beruhigen, versichern, sichern, sicherstellen
assureur *m* Versicherer
atelier *m* Werkstatt
attaché *m* Attaché
atteindre erreichen
atteinte *f* Schädigung
  porter ~ beeinträchtigen
attendre abwarten, entgegensehen
  s'~ à erwarten, warten, gefaßt sein auf
  ... d'attente Warte... (in Zsstzg)
attente *f* Erwartung
attention *f* Aufmerksamkeit, Beachtung
  à l'~ de zu Händen von
attirer l'~ aufmerksam machen, hinweisen
  faire ~ achten, achtgeben, aufpassen
  retenir l'~ Aufmerksamkeit fesseln
attestation *f* Beglaubigung, Bescheinigung
attitude *f* Haltung, Auftreten
attribuer beimessen, zurückführen (ableiten), zuweisen
  ~ à zuschreiben
attribution *f* Einräumung, Zuweisung, Erteilung, Zuteilung
augmentation *f* Erhöhung, Ansteigen
augmenter steigen
aujourd'hui heute
authenticité *f* Glaubwürdigkeit, Echtheit (Urkunde)
authentique authentisch
autographe eigenhändig
autonome autonom

autorisation *f* Berechtigung, Bevollmächtigung, Bewilligung, Ermächtigung, Genehmigung
  sans ~ unberechtigt
autorisé befugt, berechtigt
autoriser bevollmächtigen, bewilligen, gestatten, ermächtigen
autorité *f* Autorität, Behörde, Stelle
autre ander, weiter (zusätzlich), sonstig
  d'autrui (einem anderen gehörig) fremd
avance *f* Vorschuß
  d'avance im Voraus
avancer fortschreiten
avantage *m* Vergünstigung, Nutzen
avantageux vorteilhaft
avarie *f* Dispache, Seeschaden, Havarie
avenant *m* (Vertrag) Nachtrag
avenir *m* Zukunft
avenu : non ~ nichtig
s'avérer sich erweisen
avertissement *m* Warnung
avion *m* Flugzeug
  par ~ Luft...
avis *m* Avis, Anzeige, Ansicht, Meinung, Begutachtung, Bekanntmachung, Benachrichtigung, Bescheid
  ~ préalable Voranzeige
  être d'~ Ansicht vertreten
aviser avisieren, anmelden
avocat *m* Rechtsanwalt
avoir *m* Guthaben, Haben
avouer bekennen

B

bagage(s) *m (pl)* Gepäck
bail *m* **à ferme** Pachtvertrag
baisse *f* (Preis)Rückgang, Abbau, Baisse
baisser fallen, ermäßigen, herabsetzen, senken, zurückgehen
  faire ~ les prix die Preise drücken
balance *f* Bilanz, Restbetrag, Saldo
ballot *m* Ballen
banque *f* Bank
barrière *f* Schranke
bas unten
  au ~ am Fuß (eines Formulares)
bascule *f* Waage
base *f* Basis, Grundlage
se baser sur sich stützen auf
bassin *m* Dock
bastingage *m* Reling
bateau *m* Boot, Schiff
battre schlagen
beaucoup weit (viel)
bénéfice *m* Gewinn, Nutzen

bénéficiaire — chargement

bénéficiaire *m* Begünstigter
bénéficier ausnützen, (Vorteil) genießen
besoin *m* Bedarf, Bedürfnis, Not
  avoir ~ de benötigen, brauchen
bien *m* Gut
  ~s *m pl* Vermögen
bienveillance *f* Wohlwollen
bienvenu willkommen
bienvenue *f* Willkommen
biffer durchstreichen
bilan *m* Bilanz
bilatéral zweiseitig
billet *m* Fahrkarte, Karte, Note (Banknote)
  ~ de passage aérien Flugkarte
blanc: en ~ blanko
bloc *m* Block
  en ~ Bausch (und Bogen)
blocage *m* (Preis) Stopp
boîte *f* Kasten
  ~ postale Postfach, Schließ–
bon *m* Beleg
bonification *f* Abzug
bord *m* Bord
borne *f* Schranke
borner (se) sich beschränken
bourse *f* Börse
bout *m*: au ~ de nach Verlauf
boycottage *m* Boykott
boycotter boykottieren
branche *f* Branche, Fach
brevet *m* Patent
breveter patentieren
brochure *f* Broschüre
bruit *m* Gerücht
brut brutto, roh
budget *m* Budget, Voranschlag
bulletin *m* Bericht, Bescheinigung, Blatt, (Börsen)Zettel
  ~ officiel Amtsblatt, Anzeiger
bureau *m* Amt, Büro
but *m* Ziel, Zweck

C

cabinet *m* Kanzlei (Anwalt)
cabotage *m* Schiffahrt
caché verborgen, versteckt
cachet *m* Stempel
cacheter versiegeln
cadre *m* Rahmen
  dans le ~ im Rahmen
C.A.F. (coût, assurance, fret) Cif
caisse *f* Kasse, Kiste
  ~ à claire-voie Lattenverschlag
  ~ d'épargne Sparkasse
calcul *m* Kalkulation, Berechnung

  faute *f* de ~ Rechenfehler
calculer rechnen, berechnen, errechnen, kalkulieren
cale *f* Dock
calme *m* Ruhe
camion *m* Lastkraftwagen
camionnage *m* Abfuhr
  frais de ~ Rollgeld
campagne *f* Aktion, Kampagne
capacité *f* Kapazität
capital *m* Kapital, Vermögen
caractère *m* Charakter, Type
cargaison *f* Ladung
carte *f* Ausweis
cartel *m* Kartell
carton *m* Karton
cas *m* Fall
casse *f* Bruch
casser zerbrechen
cassure *f* Bruch
catalogue *m* Katalog
catégorie *f* Klasse
catégorique entschieden
cause *f* Ursache
causer verursachen
caution *f* Garantie, Kaution
céder nachgeben
central *m* (Telefon) Zentrale
... central (in Zsstzg) Haupt...
centre *m* Zentrum
certain bestimmt, gewiß
certificat *m* Bescheinigung, Bestätigung, Schein, Zertifikat, Zeugnis
  ~ de non-opposition Unbedenklichkeits-Bescheinigung
certification *f* Beglaubigung
certifier beglaubigen, erklären
certitude *f* Sicherheit, Gewißheit
cesser einstellen
  ~ d'exister (Firma) erlöschen
cession *f* Zession
C & F (coût et fret) C & F
chaîne *f* Band, Fertigungsstraße, Fertigungsstrecke
  à la ~ am laufenden Band
chambre *f* Kammer, Zimmer
chance *f* Aussicht, Erfolg, Glück
change *m* (Geld) Wechsel
  lettre de ~ Wechsel
  changes *m pl* Devisen
changement *m* Änderung, Veränderung
changer ändern
charge *f* Belastung, Last
  être à la ~ de (zu Lasten) gehen, Kosten tragen
  prise en ~ Übernahme
chargement *m* Aufladen, Laden, Ladung
  de ~ Lade... (in Zsstzg)

charger beladen, verladen
~ **qn de qch** beauftragen
~ **de** befassen
se ~ de besorgen, erledigen
chef m Direktor, Chef
~ **de section, ~ de service** Abteilungsleiter, Referent
chemin m **de fer** Bahn, Eisenbahn
officiellement par les ~ bahnamtlich
chèque m Scheck
cher lieb, teuer
moins ~ billig
chercher suchen
chiffre m Zahl, Ziffer
chiffrer chiffrieren
choisir aussuchen, entscheiden, wählen
choix m Auswahl, Wahl
au ~ zur Ansicht
chose f Sache
chute f (Preis) Sturz
ci-dessus oben (Schriftstück)
ci-joint anliegend, beiliegend
circonstance f Umstand, Gegebenheit
circulaire f Runderlaß, Rundschreiben, Zirkular
circulation f Verkehr, Umlauf
circuler verkehren
citation f Ladung (Gericht)
~ **en justice** Vorladung
citer anführen, zitieren
civil bürgerlich
clair klar
classe f Klasse
clause f Klausel
clé f Schlüssel
client m Kunde
clôture f (Schluß)Antrag, Abschluß, Beendigung, Sitzungsschluß
clôturer (Bücher) abschließen
code m Gesetz (Buch), Kode
coder chiffrieren
coffre-fort m Kasse, Safe
coïncidence f Zusammentreffen
coïncider übereinstimmen
colis postal Paket
collaboration f Mitarbeit, Zusammenarbeit
collectif (in Zsstzg) Gemeinschafts-, Kollektiv, Sammel...
collection f Kollektion
colporter hausieren
colporteur m Hausierer
combat m Kampf
combattre bekämpfen
combiner kombinieren
comité m Ausschuß, Komitee
~ **de direction** Direktorium
commande f Auftrag, Bestellung

~ **supplémentaire** Nachbestellung
commander bestellen
commencement m Beginn
commencer (le travail) (Arbeit) aufnehmen, beginnen
commerçant m Kaufmann
commerce m Handel
~ **de détail** Einzelhandel
~ **en gros** Großhandel
~ **extérieur** Außenhandel
commercial geschäftlich
commettre begehen (Fehler)
commission f Provision, Kommission
commissionaire m Agent, Kommissionär
~ **de transport** Spediteur
(en) commun gemeinsam, beiderseitig
communauté f Gemeinschaft
communication f Verbindung, Verlautbarung, Nachricht, Gespräch (Telefon)
communiquer mitteilen
comparabilité f Vergleichbarkeit
comparable vergleichbar
comparaison f Vergleich
comparer vergleichen
compartiment m Aufteilung
compensation f Ausgleich, Ersatz, Kompensation, Vergütung
compenser aufwiegen, ausgleichen
compétence f Kompetenz
compétent fachmännisch, kompetent, maßgebend, zuständig
compétitif (konkurrenz)fähig
compétition f (Konkurrenz)Kampf
complaisance f Bereitwilligkeit, Entgegenkommen
complément m Ergänzung, Nachtrag
complet besetzt (Wagen), komplett, voll, vollständig
compléter ergänzen, komplettieren, vervollständigen
compliquer erschweren
composer: se ~ de bestehen (aus)
compréhension f Verständnis
comprendre verstehen, einsehen, begreifen, enthalten (umfassen)
compression f (Kosten) Abbau
compris inbegriffen
y ~ einschließlich
compromis m Kompromiß
comptabilité f Buchhaltung
comptage m Zählung
au comptant bar
compte m Konto, Rechnung
~ **rendu** Rechenschaftsbericht, Protokoll, Bericht, Befund
~ **tenu de** mit Rücksicht auf
à propre ~ in eigener Regie
en tenant ~ de unter Berücksichtigung

porter en ~, passer en ~ in Anrechnung bringen, buchen
rendre ~ referieren
tenir ~ de berücksichtigen
compter berechnen, rechnen, zählen
concéder einräumen, zuerkennen, bewilligen
concerner berühren, betreffen, gelten
en ce qui concerne hinsichtlich
concession f Konzession, Zugeständnis
concluant triftig, beweiskräftig
conclure abschließen, treffen, vereinbaren, (Vertrag) schließen
pour ~ abschließend
conclusion f Abschluß, Folgerung
arriver à la ~ zum Schluß gelangen
concordat m (Zwangs)-Ausgleich
concorder stimmen, übereinstimmen
concours m Wettbewerb, Mitwirkung
concurrence f Konkurrenz, Wettbewerb
concurrent m Konkurrent
condition f Bedingung, Voraussetzung, Lage (Verhalten), Verhältnis, Zustand
condoléance f Beileid
conduire führen
se ~ sich verhalten
conduite f Auftreten, Verhalten
conférence f Konferenz
confiance f Vertrauen
digne de ~ verläßlich, vertrauenswürdig
confidentiel diskret, geheim, vertraulich
confier betrauen, anvertrauen
confirmation f Avis, Bestätigung
confirmer bestätigen
être conforme (mit etwas) übereinstimmen
conformément Einklang, entsprechend
~ à planmäßig, übereinstimmend
conformer anpassen
se ~ sich anpassen, sich richten nach, (Vorschrift) beachten
conformité f Richtigkeit, Übereinstimmung
confusion f Verwechslung, Unklarheit
congédier entlassen
congestionner überfüllen (verstopft)
congrès m Kongreß, Tagung
conjoncture f Konjunktur
connaissance f Bekanntschaft, Kenntnis, Erkenntnis
avoir ~ bekannt
connaissement m Konnossement
connaître beherrschen (Sprache), bekannt, kennen
faire ~ Bekanntgabe, bekanntgeben, wissen lassen
connu bekannt
conscience f Gewissen

conscient bewußt
conseil Rat, Beratung
donner ~ beraten
conseiller m Berater
conseiller raten, beraten
consentement m Einverständnis, Zustimmung
consentir einverstanden (erklären), einwilligen
conséquence f Folge, Konsequenz
en ~ entsprechend
conserver aufbewahren, erhalten, bewahren
considérable bedeutend, beträchtlich
considération f Erwägung, Rücksicht; **(fin de lettre)** begrüßen
prendre en ~ bedenken
considérer Betracht (in Betracht ziehen), beurteilen, ansehen, betrachten, durchdenken, erachten, erwägen, halten
consignation f Depot (gerichtlich), Konsignation
consister bestehen (in)
consolidation f Beruhigung
consolider beruhigen
consommateur m Verbraucher
consommation f Verbrauch, Gebrauch, Konsum
~ de matériel Material-Aufwand
constatation f Befund
constater feststellen
constituer begründen, bilden, darstellen, gründen (Gesellschaft)
construction f Konstruktion, Aufbau
consul m Konsul
consulat m Konsulat
consultation f Beratung
consulter befragen (um Rat), Einsicht, Einsichtnahme
contact m Beziehung (Verbindung), Fühlung, Kontakt
container m Behälter
contenance f Fassung (Inhalt)
contenir enthalten
contenter: se ~ de qch zufriedenstellen, sich begnügen, zufriedengeben
contenu m Inhalt
contestation f Beanstandung
contester beanstanden, bemängeln, bestreiten
contingent m Kontingent
contingentement m Kontingentierung
continu ununterbrochen
continuel unaufhörlich
continuer fortsetzen
contracter abschließen
contractuel vertraglich
contradiction f Gegensatz, Widerspruch

contradiction — décharger

être en ~ widersprechen
contrainte *f* Zwang
contraire *m* Gegensatz, Gegenteil, entgegengesetzt
être ~ à zuwiderlaufen
rien de ~ nichts Abweichendes
contrat *m* Vertrag, Kontrakt
~ de fermage Pachtvertrag
contrebande *f* Schmuggelware
passer en ~ schmuggeln
contresigner gegenzeichnen
contribuer beitragen
contribution *f* Beitrag, Steuer
contrôle *m* Prüfung, Kontrolle, Steuerung, Überwachung, Aufsicht (Devisen), Bewirtschaftung
contrôler kontrollieren, nachprüfen, abstimmen
convaincre überzeugen
convenable geeignet
convenance *f* Anstand
convenir vereinbaren, abmachen, entsprechen, zusagen
convention *f* Abkommen, Einvernehmen, Abmachung, Vereinbarung
conversation *f* Gespräch
conversion *f* Umrechnung
convertible konvertierbar
convertir umrechnen
conviction *f* Überzeugung
convoquer einberufen
coopération *f* Zusammenarbeit, Mitarbeit
coopérative *f* Genossenschaft
coopérer zusammenarbeiten, mitarbeiten
coordination *f* Koordinierung
copie *f* Abschrift, Duplikat, Durchschlag, Kopie
correct richtig, ordentlich
correction *f* Berichtigung
correspondance *f* Korrespondenz
correspondant betreffend
correspondre entsprechen, übereinstimmen
corriger berichtigen, richtigstellen
cotation *f* Notierung
cote *f* Kurs, Notierung
côté *f* Seite
des deux ~s beiderseitig
laisser de ~ beiseite...
mettre de ~ (Geld) zurücklegen
coter (Börse) notieren
couche *f* Schicht
couleur *f* Farbe
coup *m* Schlag
coupable strafbar
coupure *f* (Zeitungs)-Ausschnitt
cour *f* Gericht
courant *m* Strom
être au ~ Bescheid wissen, auf dem laufenden sein, vertraut sein
courant laufend
courir laufen, (Gerücht) umgehen
commencer à ~ berechnen
faire ~ (Gerücht) verbreiten
courrier *m* Post (Briefe)
par retour du ~ postwendend, umgehend
cours *m :* **au ~** im Verlauf
courtier *m* Makler
coûts *m pl* Kosten
coutume *f* Brauch, Gewohnheit
couvert gedeckt
non ~ ungedeckt
couverture *f* Deckung, Anschaffung
couvrir (Kosten) decken
craindre befürchten
crainte *f* Befürchtung, Sorge
créance *f* Forderung
contre-~ Gegenforderung
~s *f pl* Forderungen, Außenbestände
créancier *m* Gläubiger
crédit *m* Kredit, Haben
à ~ auf Raten
avis de ~ Gutschrift (Anzeige)
porter au ~ gutschreiben
créditer abrechnen, gutschreiben, (Betrag) erkennen
crise *f* Krise
critère *m* Kriterium
croître steigen

D

danger *m* Gefahr
sans ~ gefahrlos
dangereux gefährlich
date *f* Datum, Tag, Termin
de longue ~ langjährig
déballage *m* Auspacken
déballer auspacken
débarquer ausladen (Schiff), Landung- (in Zsstzg)
débattre verhandeln
débit *m* Absatz, Debet, Soll
à votre ~ zu Ihren Lasten
note de ~ Belastung (Konto)
porter au ~ belasten (Konto)
débiter belasten (Konto)
débiteur *m* Schuldner
débouché *m* Absatz, Gebiet
début *m* Anfang
décent anständig
déchargement *m* Abladen, Entladen, Löschung (eines Schiffes)
décharger abladen, ausladen, (Schiff) löschen

déchargeur *m* Ablader
déchéance *f* Verfall
déchet *m* Abfall
déchiffrer entschlüsseln, entziffern
décider beschließen, bestimmen, entscheiden
  se ~ sich entschließen
décisif entscheidend, maßgebend
décision *f* Bescheid, Beschluß, Entscheidung, Entschluß
déclaration *f* Angabe, Erklärung
  ~ d'enregistrement Anmeldeschein
  faire une ~ anmelden
déclarer angeben, aussagen, anmelden, erklären
décliner ablehnen
décoder entschlüsseln
décollage *m* Abflug
décompte *m* Abrechnung, Verrechnung, Berechnung
découvert (Wagen) offen
décréter anordnen
décrire beschreiben
dédommagement *m* (Schaden)Ersatz
dédommager entschädigen
dédouanement *m* (Zoll) Abfertigung
dédouaner verzollen, (zollamtlich) abfertigen
déduction *f* Abzug
déduire abschreiben, abziehen, in Abzug bringen, (folgern) schließen
défaillant säumig
défaut *m* Mangel, Fehler
  sans ~ fehlerfrei
  à ~ de in Ermangelung
défaveur *f* Ungust
défavorable ungünstig
défectueux fehlerhaft, mangelhaft
défendre (Interessen) vertreten, wahrnehmen, verteidigen
défense *f* Verbot
déficit *m* Defizit, Fehlbetrag, Manko
définitif bestimmt
définitivement endgültig
dégager entheben (von Verantwortung)
  se ~ sich (einer Verpflichtung) entziehen
dégât *m* Schaden
dégrader verschlechtern
degré *m* Grad, Stufe
déguisé verschleiert
délai *m* Frist, Termin, (Zahlungs)Ziel
  ~ de paiement Stundung
  ~ de réflexion Bedenkzeit
  accorder un ~ stunden
délier befreien (entbinden)
non délivrable (Sendung) unzustellbar
délivrance *f* Ausgabe, Auslieferung, Ausstellung, Erteilung

délivrer aushändigen, ausstellen, zustellen, (Lizenz) erteilen
déloyal unlauter
demande *f* Anfrage, Antrag, Bitte, Nachfrage, Anspruch, Forderung, Aufforderung, Ansuchen, Gesuch
demander verlangen, fragen, anfragen, anfordern, beantragen, bitten, fordern, erbitten, erfordern, ersuchen
demandeur *m* Kläger
démarche *f* Schritt
demeure: mettre en ~ mahnen
demi halb... (in Zsstzg)
démodé veraltet (unmodern)
démonstration *f* Vorführung
démontable zerlegbar
démontrable nachweisbar
dénommer benennen
dénoncer kündigen
départ *m* Abfahrt, Abflug, Abgang
dépasser überschreiten, übersteigen, übertreffen, (Konto) überziehen
dépandant abhängig
dépendre abhängen
dépense *f* Ausgabe, Auslage, Geldaufwand, Aufwendung
dépenses *f pl* Spesen
dépenser verwenden, (Geld) ausgeben, verausgaben
déplacement *m* (Arbeiter) Entsendung
déplorer bedauern
déployer (Tätigkeit) entfalten
déposer anmelden, deponieren, hinterlegen, niederlegen
dépôt *m* Anmeldung, Depot, Magazin, Hinterlegung, Einlage (Bank)
dépouiller ausrauben
dépréciation *f* Abnutzung
dernier letzt... (in Zsstzg)
déroulement *m* Ablauf, Abwicklung
se dérouler verlaufen
désagréable unangenehm
désapprobation *f* Mißbilligung
désavantage *m* Nachteil
désavantageux unvorteilhaft
description *f* Beschreibung
désignation *f* Benennung, Bezeichnung
désigner bestellen (ernennen)
désir *m* Wunsch
désirable wünschenswert
désirer wünschen
désister: se ~ de ablassen von
désordre *m* Unruhe
dessaisir abtreten, aufgeben
dessin *m* Entwurf, Plan, Zeichnung
destinataire *m* Adressat, Empfänger
destination *f* Bestimmung, Zweck (Verwendung)

destiner bestimmen
destruction *f* Vernichtung
détail *m* Einzelheit
détaillé ausführlich, detailliert, eingehend
détérioration *f* Beschädigung
se détériorer verderben, verschlechtern
déterminant ausschlaggebend
déterminer bestimmen
détruire vernichten
dette *f* Schuld
dévaluation *f* Abwertung, Entwertung
développement *m* Entfaltung, Entwicklung, Verlauf
développer entwickeln
se développer verlaufen
sous-développé unterentwickelt
devise *f* Valuta, Währung
devises *f pl* Devisen
devoir *m* Pflicht
devoir schulden
~ **qc à qn** verdanken
diamètre *m* Durchmesser
différence *f* Unterschied
différend *m* Streit, Streitigkeit
différent verschieden
différer hinausschieben, verschieben
difficile schwierig, schwer
rendre ~ erschweren
difficulté *f* Hindernis, Schwierigkeit, Komplikation, Mühe
sans ~ reibungslos
dimanche *m* Sonntag
dimension *f* Abmessung, Ausmaß, Dimension
diminuer (Lager) abbauen, abnehmen, ermäßigen, herabsetzen, mindern
diminution *f* Beeinträchtigung, Verminderung Senkung
diplomatique diplomatisch
direct(ement) direkt
directeur *m* Direktor, Leiter
direction *f* Direktion, Leitung, Richtung
directive *f* Richtlinie
diriger leiten
discrétion *f* Diskretion
discrimination *f* Unterscheidung, Diskriminierung
discriminer diskriminieren
discussion *f* Diskussion, Erörterung
discuter besprechen, erörtern
dispache *f* Dispache, Seeschadenregulierung
dispacheur *m* Dispacher
disponible benutzbar, verfügbar
disposé
être ~ bereit (sein), geneigt sein
disposer disponieren, verfügen
~ **autrement** umdisponieren

disposition *f* Bestimmung, Verfügung, Disposition
changer de ~ umdisponieren
mettre à ~ beistellen, zur Verfügung stellen
disproportion *f* Mißverhältnis
disproportionné unverhältnismäßig
dissuader jemanden von etwas abbringen, ausreden
distance *f* Entfernung
distinction *f* Unterscheidung
distinguer unterscheiden
distribuer ausschütten, verteilen
distribution *f* Ausgabe
divergent abweichend
divers verschieden
dividende *m* Dividende
divisible teilbar
dock *m* Dock
document *m* Urkunde, Beleg, Unterlage, Dokument, (Wert)Papier
documentation *f* Dokumentation, Unterlage
doit *m* Soll
domaine *m* Bereich, Gebiet
domicile *m* Haus, Wohnsitz, Wohnung
remise à ~ Zustellung
domicilié ansässig
domicilier domizilieren
dominer beherrschen (Sprache)
dommage *m* Beschädigung, Schaden
~**s-intérêts** *m pl* Schadenersatz
donnée *f* Angabe
~**s** *f pl* Daten
donner geben, erteilen
~ **à entendre** andeuten
douane *f* Zoll
déclaration *f* **en** ~ Zollabfertigung, Zollerklärung
droit de ~ Zollabgabe
exempt de droits de ~ zollfrei
taux de ~ Zollsatz
douanier: tarif ~ Zolltarif
double *m* Doppel, Durchschrift
doubler verdoppeln
doute *m* Zweifel
douteux fraglich, dubios, zweifelhaft
douzaine *f* Dutzend
dresser anfertigen, (Bilanz) ziehen
~ **un plan** Plan anfertigen, aufstellen
droit *m* Recht, Anrecht, Anspruch, Befugnis, Gebühr
ayant ~ Berechtigter
exempt de ~ gebührenfrei
droits *m pl* Abgaben
dû ausstehend
être ~ beruhen (auf)
ducroire *m* Delkredere

dûment ordnungsgemäß
dumping *m* Dumping
duplicata *m* Duplikat
durable dauerhaft
durée *f* Dauer
durer dauern

E

eau *f* Wasser
écarter(s') abgehen, abweichen
échange *m* Austausch, Tausch, Umtausch
échanger umtauschen
échantillon *m* Muster, Probe
échéance *f* Verfall, (Frist) Ablauf, Fälligkeit
  venir à ~ fällig werden, verfallen
échelle *f* Maßstab
échouer (Plan) zerschlagen
éclaircir klären
éclaircissement *m* Aufklärung
éclater ausbrechen
économie *f* Einsparung, Ersparnis, Wirtschaft
  mesure d'~ Sparmaßnahme
économique wirtschaftlich
écoulement *m* Absatz
s'écouler (Absatz) finden, (Zeit) verfließen
écrire schreiben
écrit *m* schriftlich
  par ~ schriftlich, brieflich
écriture *f* Aufzeichnung, Buchung
éditorial *m* Artikel
effectif effektiv, tatsächlich
effectuer erfolgen, (Zahlung) vornehmen
effet *m* Wertpapier
  à cet ~ diesbezüglich
  prendre ~ wirksam werden
efficace wirksam
efficience *f* Wirksamkeit
s'efforcer sich bemühen, erstreben
effort *m* Aufwand, Kraft (Anstrengung), Mühe
  faire des ~ bemühen
efforts *m pl* Bestrebungen
effraction *f* Einbruch
  résistant à l'~ einbruchssicher
égale gleich
égalité *f* **de droits** Gleichberechtigung
égard *m* Hinsicht
s'égarer verlieren, (abhanden) kommen
élaborer ausarbeiten
élargissement *m* Erweiterung
s'élever à (Kosten) ausmachen, betragen, sich belaufen auf
éliminer ausschalten, beseitigen
emballage *m* Packung, Verpackung
emballer packen, einpacken, verpacken
embarquement *m* Verladung, Verschiffung
  d'~ Verlade... (in (Zsstzg)
embarquer verladen, verschiffen
embarras *m* Verlegenheit
embarrassant peinlich
embouteillage *m* (Verkehrs)Stockung
embrasser umfassen, einschließen
émission *f* (Paß) Ausfertigung, Ausgabe
emmagasinage *m* Einlagern, Einlagerung
emmagasiner aufstapeln, aufbewahren
empaquetage *m* Packung
empaqueter packen
empêchement *m* Hindernis
empêcher hindern, verhindern
emploi *m* Benutzung, Beschäftigung, Gebrauch, Verwendung
  plein ~ Vollbeschäftigung
employé *m* Angestellter, Beamter (Bank)
emprunt *m* Anleihe
emprunter entleihen
encaisse *m* Bestand (Kasse)
encaissement *m* Einziehung (Geld), Inkasso
enchère *f* Auktion
  vendre aux ~s versteigern
encombrant sperrig, Sperr-
encouragement *m* Förderung
encourager fördern
endommagement *m* Beschädigung
endommager beschädigen
endossement *m* Giro, Indossament
endosser girieren
endosseur *m* Indossant
endroit *m*: **par ~s** stellenweise
enfin endlich
engagement *m* Verbindlichkeit
  sans ~ freibleibend, unverbindlich
engager binden (verpflichten)
  s'~ sich einlassen, sich verpflichten
enlever abholen
ennui *m* Verdruß, Unannehmlichkeit
énoncer aussagen
enregistrement *m* (Gepäck)Abfertigung
enregistrer eintragen, registrieren
ensemble *m*: **d'~** (in Zsstzg) Gesamt-
s'ensuivre entstehen
entamer
  ~ des négociations *f pl* (Verhandlungen) aufnehmen
entendre hören, verstehen
s'entendre auskommen, einig werden
entente *f* Einverständnis
entier restlos, vollständig
entraîner führen (zur Folge haben), erfordern

entrée f Eintritt, Eingang
entreposage m Einlagern, Einlagerung, Lagern, Lagerung
  frais d'~ Lagergeld
entreposer aufbewahren, lagern
entrepôt m Lager, Lagerhaus
entreprise f Betrieb, Unternehmen, Unternehmung
entrer einlaufen (Schiff), einleiten
  ~ en relation Verbindung aufnehmen
entretenir (Beziehungen) pflegen, unterhalten
entretien m Instandhaltung, Unterhalt; Besprechung, Unterhaltung, Unterredung, Zusammenkunft
enveloppe f Kuvert, Umschlag
environ beiläufig, ungefähr
envisager planen
envoi m Sendung, Einsendung, Versand, Zusendung
envoyer absenden, aufgeben, entsenden, schicken, senden, verschicken, übersenden
épargner ersparen
épreuve f Probe, Prüfung
  contre-~ f Gegenmuster
épuiser (s') (Ware) ausgehen, ausverkaufen, erschöpfen (Kredit), verbrauchen
équipement m Ausstattung
équitable angemessen, gerecht
erreur f Fehler, Versehen
  faire ~ sich irren
  par ~ irrtümlich
erroné unrichtig
escompte m Diskont, Diskontierung, Skonto
escompter diskontieren
escroquerie f Schwindel
escpèce f Art
  ~s f pl Geld
espérance f Aussicht, Hoffnung
espérer hoffen
espoir m Hoffnung
esprit m Sinn, Geist
essai m Probe, Versuch
  ~ de réception Abnahme(prüfung)
essayer versuchen
essentiel wesentlich
essor m Aufschwung
estimation f Abschätzung, Schätzung, Beurteilung, Begutachtung, Achtung, Wertschätzung, Voranschlag
estimer schätzen, veranschlagen
établir zusammenstellen, (Bericht) abfassen, aufstellen, ausstellen, errichten, feststellen
  s'~ (Wohnsitz) niederlassen
établissement m (Fabrik)Anlage, Ausstellung, Anstalt, Vertragsausfertigung
étalage m Auslage
étaler (Ware) auslegen
état m Staat, Ausweis, Beschaffenheit, Stand, Zustand
éteindre löschen
s'étendre reichen, sich ausdehnen
étendue f Ausmaß, Umfang
s'éterniser hinziehen
(être) étonné befremdet (sein)
s'étonner erstaunen
étranger Ausland, auswärtig, außen
étroit eng
étude f Kanzlei
  procéder à l'~ bearbeiten
étudier studieren
évaluation f Schätzung, Voranschlag, Abschätzung
évasif ausweichend
évasion f Hinterziehung
événement m Ereignis, Begebenheit
éviter vermeiden
évolution f Entwicklung
exact genau, richtig
exagéré übertrieben
examen m Besichtigung, Probe, Prüfung, Erwägung, Überprüfung, Untersuchung
examiner ansehen, besichtigen, durchsehen, erwägen, untersuchen
excédent m Überschuß
excédentaire (Sache) überzählig, Bilanz
excellent hervorragend
exceptionnel Ausnahme- (in Zsstzg)
excessif außergewöhnlich, übermäßig
exécuter (Vertrag) erfüllen, erledigen
exécution f Erfüllung, Erledigung
exercer ausüben
exigeance f Anforderung, Anspruch
exigible fällig
exclure ausnehmen, ausschließen
exclusif Allein- (in Zsstzg), ausschließlich
exclusivement ausschließlich
excuse f Ausrede, Entschuldigung
excuser entschuldigen, verzeihen
exécuter ausführen, durchführen
exécution f Ausführung, Durchführung
exemplaire m Ausfertigung
exemple m Beispiel
exempt frei
exemption f Befreiung
exercer betreiben
exigence f Forderung
exiger beanspruchen, verlangen, fordern, dringen, bedingen, bestehen (auf)
exonération f Befreiung
expansion f Ausweitung, Entwicklung

expédier (Ware) abgeben, befördern, aufgeben, absenden, versenden
expéditeur *m* Absender
expédition *f* Abfertigung, Absendung, Aufgabe, Spedition, Versand, Versendung
expérience *f* Erfahrung
expert *m* Sachverständiger, Fachmann
expertise *f* Begutachtung, Gutachten, Besichtigung, Prüfung
expiration *f* Ablauf
expirer ablaufen, verfallen, (Frist) verstreichen, enden (Frist), erlöschen
explication *f* Aufklärung, Erklärung
explicitement ausdrücklich
exploitation *f* Ausnutzung, Betrieb
exploiter betreiben
exportation *f* Ausfuhr
exporter ausführen
exposant *m* Aussteller
exposé *m* Zusammenfassung
exposer aussetzen, ausstellen, (Ausstellung) beschicken
exposition *f* Ausstellung, Messe
exprès Eil... (in Zsstzg)
expressément ausdrücklich
expression *f* Ausdruck
exprimer ausdrücken, äußern
extension *f* Ausweitung, Erweiterung, Aufschwung, Ausmaß
extérieur Auslands-, ausländisch
extrait *m* Ausschnitt
extraordinaire außergewöhnlich, außerordentlich
extrême äußerst

F

fabricant *m* Hersteller
fabrication *f* Fabrikation, Herstellung, Produktion
 chaîne de ~ Fertigungsstraße, Fertigungsstrecke
fabrique *f* Betrieb
fabriquer erzeugen, herstellen
face *f*: **faire ~ à** bewältigen
fâcheux unliebsam
facilité *f* Begünstigung
faciliter erleichtern
façon *f* Art, Weise
façonner verarbeiten
facteur *m* Faktor
facturation *f* Berechnung
facture *f* Rechnung, Faktura
 ~ pro forma Pro-forma-Rechnung
facturer anrechnen, berechnen, fakturieren
faible schwach

faillite *f* Bankrott
faire machen, anfertigen, lassen, veranlassen
faisable durchführbar
fait *m* Tatsache
falsification *f* Verfälschung
se familiariser sich vertraut machen
faute *f* Fehler, Schuld, Verschulden, Versehen
 ~ de ... in Ermangelung von, mangels
 ~ de frappe Schreibfehler (Tippfehler)
fautif unrichtig
faveur *f* Gunst
 en ~ de zugunsten von
favorable günstig
favoriser begünstigen, fördern
fédéral (in Zsstzg) Bund..., Bundes...
 ministère ~ Bundesministerium
fédération *f* Bund
félicitations *f pl* Glückwünsche
féliciter beglückwünschen
ferme (Preis) bindend, fest, stabil, verbindlich
fermer (zumachen) schließen, sperren
fermeture *f* Stillegung
fête *f* Feiertag
feuille *f* Blatt
fiche *m* Schein, Zettel
fichier *m* Kartei
fictif fiktiv
fidèle getreu
se fier à sich verlassen
financier Finanz...
fin *f* Ausgang, Ende, Zweck
finissage *m* Ausführung, Bearbeitung
firme *f* Firma
fixe *m* Fixum
fixe fest
fixer festlegen, festsetzen, niederlegen
fluctuation *f* Schwankung
fluctuer schwanken (Preise)
foi *f* Glaube
foire *f* Messe
fonction *f* Aufgabe
fonctionnement *m* Betrieb
fonctionner: faire ~ bedienen (Maschine)
fond *m*: **à ~** eingehend, gründlich
fondamental grundlegend, wesentlich
fondé begründet
 ~ de pouvoir Disponent
 bien-~ *m* Berechtigung
 non-~ unbegründet, unberechtigt
fondement *m*: **sans ~** grundlos
fonds *m pl* Kapital
force *f* **obligatoire; à ~ ~** bindend, verbindlich
 ~ majeure (höhere) Gewalt
forfait *m*: **à ~** pauschal

forfaitaire pauschal
formalité *f* **douanière** Zollformalität
  ~ **officielle** Amtsformalität
forme *f* Form
  en bonne ~ ordnungsgemäß
formel ausdrücklich
formulaire *m* Formular, Vordruck
formule *f* Formular, Formel
  ~**s de politesse** Achtung
fort hart (Devisen), stark
fortune *f* Vermögen
fournir anbieten, (Unterlagen) beibringen
fournisseur *m* Lieferant
fourniture *f* Lieferung
  ~ **en contre-partie** Gegenlieferung
fraction *f* Bruch
fragile zerbrechlich
frais *m* Kosten, Auslage, Unkosten
  ~ *m pl* Gebühren, Spesen
  aux ~ zu Lasten ...
  exempt de ~ kostenfrei
  sans ~ kostenlos
franchise *f* Franchise
  en ~ zollfrei
franco frei
frapper auferlegen
fraude *f* Betrug, (Steuer) Hinterziehung
frauduleux betrügerisch
fréquentation *f* Besuch
fret *m* Fracht
  ~ **fluvial** Flußfracht
fréteur *m* Reeder
frontière *f* Grenze
fuite *f* Flucht
funeste (Einfluß) verderblich
futur künftig

G

gage *m* Pfand
gain *m* Verdienst (Gewinn)
garant: se porter ~ haften
garantie *f* Garantie, Pfand, Kaution, Gewähr
garantir bürgen, garantieren, gewährleisten, verbürgen, zusichern
garde *f* Verwahrung
  mettre en ~ warnen
garder aufbewahren, behalten, bewahren, einhalten, wahren
gare *f* Bahnhof, Station
  ~ **des marchandises** (Güter)Bahnhof
gaspillage *m* Verschwendung
gâter verderben
geler einfrieren
général allgemein; (in Zsstzg) General...
genre *m* Art
  ~ **d'affaires** Branche
  de ce ~ derartig

gérant *m* Disponent
(se) glisser einschleichen, (Fehler) unterlaufen
global Gesamt...
goût *m* Geschmack
  de bon ~ geschmackvoll
goûter (Speise) versuchen
gouvernement *m* Regierung
graduellement schrittweise
grand (bedeutend) schwer
grandeur *f* Größe
gratitude *f* Dankbarkeit
gratuit gratis, kostenlos
grave ernst
grève *f* Streik
groupe *m* Konzern
groupement *m* Konzern
guerre *f* Krieg
guichet *m* Schalter

H

habileté *f* Geschicklichkeit, Tüchtigkeit
habilité berechtigt
habiliter bevollmächtigen
habitude *f* Gewohnheit
habituel üblich
hasard: par ~ zufällig
hasardeux gewagt
hausse *f* Ansteigen, Aufstieg, Erhöhung, Hausse
hauteur *f* Höhe
hésiter zögern
heure *f* Stunde, (bestimmte) Zeit
  ~ **de décollage** Abflug
  ~ **de départ** Abfahrt
  ~ **supplémentaire** Überstunde
heureux froh, glücklich
  être ~ sich freuen, erfreuen
honneur *m* Ehre
  avoir l'~ beehren, erlauben (in Briefen)
honnêteté *f* Ehrlichkeit
honorabilité *f* **commerciale** (Kredit)Fähigkeit
honoraire *m* Honorar
honorer beehren, bezahlen, honorieren, (Wechsel) einlösen
horaire *m* Fahrplan
  ~ **aérien** Flugplan
hôtel *m* Hotel
humidité *f* Nässe
hygrométrie *f* Feuchtigkeit
hypothèque *f* Hypothek

I

idée *f* Ahnung, Begriff, Einfall, Gedanke, Idee

identique — insupportable

identique gleich, gleichlautend
identité f Identität
ignorance f Unkenntnis
illégal widerrechtlich
illimité unbegrenzt, unbeschränkt
illisible unleserlich
immédiat prompt, sofortig
immédiatement sofort
immeubles m pl Immobilien
immobilisation f Stillegung
impartial unparteiisch
impasse m Engpaß
impatience f Ungeduld
impeccable einwandfrei, tadellos
importance f Bedeutung
   sans ~ bedeutungslos
important ansehnlich, bedeutend, beträchlich, wesentlich, wichtig, umfangreich
importateur m Importeur
importation f Einfuhr, Import
importer (Ware) einführen
imposable pflichtig
imposé gebunden (Preis)
imposer auferlegen, aufzwingen, durchsetzen
imposition f Besteuerung
impossibilité f Unmöglichkeit
impossible ausschließen, unmöglich
impôt m Abgabe, Steuer
impression f (Buch)Druck, Eindruck
impressionner imponieren
imprimé m Flugblatt, Drucksache
inadmissible unzulässig
inattaquable unangreifbar
incertitude f Ungewißheit
inchangé unverändert
incident m Ereignis, Störung, Vorfall
inciter bewegen
inclure aufnehmen (in)
inclus inbegriffen
incompatible unvereinbar
incomplet unvollständig
incompréhensible unbegreiflich
inconnu unbekannt
incontestable unstreitig
inconvenant unschicklich
incorrect falsch, fehlerhaft, unrichtig
incorrectement falsch
Incoterms Incoterms
indemnisation f Entschädigung, Ersatz
indemniser entschädigen
indemnité f Abfindung, Entschädigung (Summe), Ersatz, Schadenersatz, Vergütung
indépendant unabhängig
index m Verzeichnis
indication f Angabe, Bezeichnung

indice m Anzeichen, Index
indiquer anführen, angeben, vermerken
indirect gemein (Kosten), indirekt
indispensable erforderlich, nötig, notwendig
indulgence f Nachsicht
industrie f Gewerbe, Industrie
industriel gewerblich
inefficace unwirksam
inévitable unvermeidlich
inexact ungenau
inexactitude f Ungenauigkeit
inférieur: être ~ nachstehen
inflammable entzündbar
infliger (Strafe) verhängen
influence f Einfluß
influencer beeinflussen, einwirken; (favorablement) begünstigen
information f Nachricht, Auskunft, Angabe, Bericht, Information, Mitteilung
   ~s Daten
informer benachrichtigen, informieren, mitteilen, verständigen
infraction f Verletzung (Gesetz), Übertretung
initial Anfang- (in Zsstzg)
initiative f Antrieb, Initiative
innondation f Überschwemmung
innonder überschwemmen
innovation f Neuerung, Neuheit
inopportun ungelegen, unzweckmäßig
inquiet ängstlich
s'inquiéter (sich) beunruhigen
inquiétude f Befürchtung
inscrire buchen, eintragen
insérer einreihen, einschalten
insignifiance f Bedeutungslosigkeit
insignifiant bedeutungslos, belanglos, unbedeutend
insistance f Betonung, Nachdruck
insister drängen
   ~ sur ausbedingen, drängen, dringen
insolvabilité f Insolvenz
inspection f Besichtigung, Kontrolle
instabilité f (Preis) Unsicherheit
installation f Anlage, Ausstattung, Einrichtung, Installation
instance f Instanz
instigation f Veranlassung
instituer errichten
institut m Amt, Anstalt
instruction f Anweisung, Auftrag, Disposition, Instruktion, Vorschrift
   suivant les ~s weisungsgemäß
insuffisamment unzulänglich
insuffisant mangelhaft, ungenügend, unzulänglich, unzureichend
insupportable untragbar

insurmontable unüberwindlich
intense intensiv
intensifier steigern, ausbauen
intenter (une action) (Klage) erheben
intention f Absicht, Gedanke
  avec bonnes ~s aufrichtig
interdiction f Verbot
interdire sperren, untersagen
intéressant interessant
intéressé m Berechtigter, Interessant, rege
intéresser beteiligen, interessieren
  s'~ pour (sich einer Sache) annehmen
intérêt m Interesse, Verzinsung, Zinsen
  sans ~ gegenstandslos
intérieur binnen, inländisch, national, inner (in Zsstzg)
intérieur m Inland
intermédiaire m: **par l'~** durch Vermittlung
interne inner... (in Zsstzg)
interprète m Dolmetscher
interpréter auslegen, (ver)dolmetschen
interroger befragen
interrompre unterbrechen
interruption f Unterbrechung
  sans ~ am laufenden Band
intervenir eingreifen, eintreten
intervention f Intervention, Vermittlung
intervertir vertauschen
introduction f Einreichung (Klage)
introduire einführen, (Beschwerde) einreichen
inutile unnötig
  être ~ sich erübrigen
invendable unverkäuflich
inventaire m Bestand (Waren), Inventur
  faire l'~ (Ware) aufnehmen, Inventur machen
invention f Erfindung
investir investieren
investissement m (Kapital) Anlage, Investition
invisible unsichtbar
inviter auffordern
irrégularité f Unordnung
irréprochable fehlerlos, einwandfrei, tadellos
irrévocable unwiderruflich

J

joindre beifügen, beischließen
jouir de sich erfreuen, (Vorteil) genießen
jour m Tag
  ~ férié Feiertag
journal m Blatt (Zeitung), Journal
journellement täglich
judiciaire gerichtlich
jugement m Beurteilung, Urteil
juger beurteilen, entscheiden
juridiction f Gerichtsbarkeit
  ~ arbitrale Arbitrage, Schiedsspruch
juridique rechtlich
juste gerecht, richtig
justice f Justiz
  en ~ gerichtlich
  poursuivre en ~ belangen (gerichtlich)
justification f Begründung, (Anspruch) Berechtigung, Nachweis
justifié berechtigt, gerechtfertigt
justifier begründen (Anspruch), belegen, berechtigen
jute m Jute

laisser lassen, überlassen
langue f Sprache
large weit (Sinn)
lecture f Durchsicht
légal gesetzlich
légalisation f Beglaubigung
légaliser beglaubigen, legalisieren
légitime gesetzlich
légitimer (se) ausweisen (sich)
lettre f Brief, Schreiben
  ~ de transport aérien Flugfrachtbrief
  ~ de voiture Frachtbrief
liaison f **aérienne** Flugverbindung
libellé m Wortlaut, Text
liberté f Freiheit
libre frei
licence f Bewilligung, Lizenz
licencier entlassen
licitation f (jur) Versteigerung
lier binden
lieu m Ort, Platz, Stelle
  avoir ~ stattfinden
  donner ~ à Anlaß geben; Gelegenheit bieten, erwecken
ligne f (Kabel) Leitung, Linie
limitation f Einschränkung
limite f Grenze, Limit
limiter befristen, beschränken, limitieren
liquidation f. Liquidation, Abrechnung, Ausverkauf
liquide m Flüssigkeit
liquider auflösen, abschließen
liste f Aufstellung, Ausweis, Liste, Verzeichnis
  ~ d'attente Vormerkliste
litige m Streit, Streitigkeit
litigieux strittig

littéral wörtlich
livraison *f* Ablieferung, Auslieferung, Lieferung
  de ~ Liefer... (in Zsstzg)
livre *m* Buch
livrer beliefern, liefern
local Lokal... (in Zsstzg), örtlich
local *m* Raum
location *f*: **donner en ~** vermieten, verpachten
  ~-vente *f* Mietkauf
logement *m* Quartier (Unterkunft)
loger wohnen (Unterkunft)
loi *f* Gesetz
loin weit
long lang
longueur *f* Länge
lot *m* Partie (Ware)
louer mieten
lourd schwer
loyer *m* Miete
lucratif einträglich
lutte *f* Kampf
luxe *m* Luxus
luxueux luxuriös

M

machine *f* Maschine
  ~ à écrire Schreibmaschine
magasin *m* Lager, Lagerhaus, Magazin
magasinage *m* Lagerung
main *f* Hand
  de propre ~ eigenhändig
maintenir aufrechterhalten, beharren, bewahren, halten, behaupten (Standpunkt), erhalten
maintien *m* Beibehaltung
maison *f* Firma, Haus
majoration *f* Aufschlag, Erhöhung, Zuschlag
majorer erhöhen
majorité *f* Mehrheit
mal übel, schlecht
malentendu *m* Mißverständnis
malgré ungeachtet
mandat *m* Anweisung, Auftrag
mandataire *m* Bevollmächtigter
manier behandeln
manière *f* Art, Weise
manifeste offensichtlich
manipulation *f* Behandlung, Handhabung, Machenschaft
manipuler (mit etwas) umgehen
manque *m* Manko
manquer fehlen, mangeln, versäumen
marchandise *f* Ware, Gut

marche *f* Gang
  mettre en ~ in Gang setzen
marché *m* Geschäft, Markt
  ~ noir Schwarzmarkt
  bon ~ billig
  meilleur ~ billig
marge *f* Spanne
maritime See... (in Zsstzg)
marquage *m* Bezeichnung, Kennzeichnung, Signierung, Markierung
marque *f* Kennzeichen, Marke, Zeichen
marquer bezeichnen
matériau *m* Material
matériel *m* Material
matière *f* **première** Rohstoff, Stoff
mauvais schlecht, übel
mécanicien *m* Monteur
mécontent ungehalten, verärgert
mécontentement *m* Unzufriedenheit
médiocre mäßig
se méfier mißtrauen
membre *m* Mitglied
même gleich
menace *f* Androhung
menacer drohen
ménagement *m*: **sans ~s** schonungslos
mener führen (Prozeß)
mensualité *f* (Monats)Rate
mensuel monatlich
mention *f* Vermerk
mentionner anführen, erwähnen, vermerken, verzeichnen
mérite *m* Verdienst (Wert)
mériter verdienen
message *m* **télex** Fernschreiben
messager *m* Bote
mesure *f* Maß, Maßnahme, Maßregel, Vorkehrung, Ausmaß
  être en ~ imstande sein
  pas en ~ außerstande
  prendre les ~s veranlassen
mettre einsetzen, setzen, (in eine Lage) versetzen
  ~ à part aussondern
  ~ en bouteilles füllen
  ~ sur pied aufbauen
milieu *m* (Kunden)Kreis, Mitte
minime gering
ministère *m* Ministerium
mission *f* Aufgabe
mixte gemischt
mode *f* Art, Mode
modèle *m* Beispiel, Modell, Muster
modéré mäßig
moderne zeitgemäß
modification *f* Abänderung, Änderung, Veränderung
modifier abändern, ändern, verändern

moins abzüglich
mois *m* Monat
moitié *f* Hälfte
  à ~ halb
moment *m* Augenblick, Zeitpunkt
  en ce ~ gegenwärtig
monde *m* Welt
... mondial Welt... (in Zsstzg)
monnaie *f* Geld
monopole *m* Monopol
montage *m* Montage
montant *m* Betrag, Summe
  d'un ~ de (in) Höhe (von)
monter steigen
monteur *m* Monteur
montrer zeigen
mot *m* Wort
  ~ à mot wörtlich
motif *m* Grund, Begründung, Ursache
  sans ~ grundlos
mouvement *m* Bewegung
moyen *m* Mittel
moyen durchschnittlich
moyenne *f* Durchschnitt
multilatéral vielseitig
munir versehen
mutuel beiderseitig, gegenseitig

N

naître entstehen
nation *f* Nation
national Staats... (in Zsstzg)
nature *f* Art
navigation *f* Schiffahrt
  ~ **fluviale** Flußschiffahrt
navire *m* Schiff
  le long du ~ Längsseite (Schiff), (Abkürzung): F.A.S.
nécessaire notwendig, erforderlich, nötig
  faire le ~ veranlassen
nécessité *f* Bedarf, Notwendigkeit
négligeable unwesentlich
négligence *f* Fahrlässigkeit, Nachlässigkeit, Vernachlässigung, Unterlassung
négliger (außer) acht (lassen), vernachlässigen
négociable begebbar, negoziierbar
  non ~ nicht begebbar, unübertragbar
négociation *f* Verhandlung
négocier begeben (Wechsel), handeln, negoziieren, verhandeln
net klar
neutre neutral
niveau *m* Höhe, Niveau
nom *m* Name
nombre *m* Anzahl, Zahl

nominal namentlich
nommer ernennen
normal normal
norme *f* Norm
notaire *m* Notar
note *f* Note
  prendre ~(s) vormerken
noter buchen, vormerken, notieren
notifier anzeigen
nouveau neu
nouveauté *f* Neuerung, Neuheit
nouvelle *f* Neuigkeit
nuit *f* Nacht
nul nichtig
  ~ et non avenu ungültig
numéraire *m* Geld
numéro *m* Nummer
numéroter numerieren

O

objecter einwenden
objectif *m* Ziel
objection *f* Bedenken, Einwand
  faire des ~s Beschwerden vorbringen
  sans ~ anstandslos
objet *m* Gegenstand
  sans ~ gegenstandslos
obligation *f* Pflicht, Verbindlichkeit, Verpflichtung
obligatoire bindend, verbindlich
obligé dankbar
  être ~ verbinden, verbunden sein, verpflichtet sein
obligeance *f* Entgegenkommen
  avoir l'~ ersuchen, freundlich sein
obliger zwingen
observation *f* Bemerkung, Einhaltung
observer befolgen, einhalten, halten, (Vorsicht) üben
obstacle *m* Hindernis
obtenir besorgen, erhalten, erlangen, erreichen, erzielen
obtention *f* Beschaffung
occasion *f* Gelegenheit
  à l'~ anläßlich
occasionner bereiten, entstehen, verursachen
occupé beschäftigt, besetzt
occuper (Stellung) einnehmen, innehaben
  s'~ sich beschäftigen
  s'~ de qc sich mit etwas abgeben, befassen, besorgen, behandeln, sich einer Sache annehmen
octroi *m* Gewährung, Erteilung (Bewilligung)
offenser beleidigen

office *m* Amt
officiel amtlich, offiziell
offre *f* Angebot, Offerte
  contre-~ *f* Gegenangebot
  faire une ~ anbieten
  soumettre une ~ anbieten
offrir anbieten, geben
omission *f* Unterlassung
opération *f* Geschäft (Börse), (Geschäfts-)Operation
opinion *f* Meinung, Ansicht
opportun passend, passen, ratsam, rechtzeitig
opposé entgegengesetzt
s'opposer wehren
optimalisation *f* Optimierung
or *m* Gold
ordinaire gemein (Kosten), gewöhnlich
ordonnance *f* Erlaß, Verfügung, Verordnung
ordonner veranlassen
ordre *m* Reihenfolge, Folge, Order, Anweisung, Auftrag, Ordnung
  dans l'~ Reihenfolge
  de premier ~ erstklassig
  jusqu'à nouvel ~ bis auf Widerruf
  par ~ Reihenfolge
organisation *f* Organisation, Veranstaltung
organiser anlegen, veranstalten
original ursprünglich
origine *f* Herkunft, Ursprung
oublier vergessen
ouï-dire *m* Hörensagen
en outre zusätzlich, außerdem
outre-mer Übersee
ouvert offen
ouverture *f* Eröffnung (Kredit), Beginn, Öffnen
ouvrier *m* Arbeiter
ouvrir eröffnen (Kredit), einleiten (Verhandlung), (Markt) erschließen, öffnen

P

page *f* Seite
  ~ intérieure Innenseite
paiement *m* Begleichung, Bezahlung, Zahlung, Auszahlung
  ~ à tempérament abzahlen
paire *f* Paar
papier *m* Papier
paquet *m* Bündel, Paket
  ~-lettre Päckchen
  ~-poste Postpaket
paraître erscheinen
  il paraît anscheinend
pareil: qc de ~ ähnlich

parité *f* Parität
parler sprechen
paroles *f pl* Wort (Rede)
part *f* Teil
  à ~ gesondert, getrennt
  à ~ de abgesehen von
partage *m* Aufteilung
partance *f* (Schiff) Abfahrt
  en ~ abgehend
partenaire *m* Partner
participation *f* Beteiligung, Teilnahme
participer beteiligen, teilnehmen
particularité *f* Besonderheit
particulier besonder, Sonder... (in Zsstzg), speziell
partie *f* Teil, Anteil (jur) Partei, Seite
  contre-~ Gegenwert
  faire ~ (de) gehören (zu)
  ~ intégrante Bestandteil
partiel teilweise
partir abfahren, abgehen, abreisen, abfliegen
  ~ pour abfliegen, (Schiff) auslaufen, abfahren
parvenir ausbleiben, gelangen
  faire ~ zugehen lassen, zukommen lassen
passage *m* Besuch, Durchgang, Übertritt
passation *f* Erteilung (Auftrag)
passeport *m* Ausweis, Paß
passer (Auftrag) erteilen
  faire ~ durchsetzen
  se ~ ausgehen, geschehen
  se ~ de etwas entbehren
passible: être ~ unterliegen
passif *m* Passiva
patience *f* Geduld
se patienter sich gedulden
patrimoine *m* (Geschäfts)Vermögen
payable fällig, einlösbar (Coupon), zahlbar
payer zahlen, bezahlen, einlösen, entrichten
payeur *m* Zahler
pays *m* Land
peine *f* Mühe, Bestrafung, Strafe
  passible de ~ strafbar
  valoir la ~ lohnen
pénalité *f* **contractuelle** Konventionalstrafe, Strafe
pénible peinlich
péniche *f* Flußkahn
penser denken
pénurie *f* Knappheit
percevoir erheben (Abgaben), beziehen, (Steuern) einziehen
perdre einbüßen, verlieren
  ~ l'espoir Hoffnung (verlieren)

perfectionner verbessern, vervollkommnen
période f Abschnitt, Zeitpunkt
périodique m Zeitschrift
périssable verderblich (Ware)
permanent ständig
permettre gestatten, erlauben, ermöglichen
permis m Bewilligung
permission f Erlaubnis
personnalité f Persönlichkeit
personne f Person
personnel persönlich
personnel m Personal
perspective f Aussicht
perte f Verlust, Untergang, Ausfall
perturbation f Störung
pesage m Wiegen, Verwiegung
  de ~ Wiege... (in Zsstzg)
peser wiegen, abwiegen
phase f Stadium
phénomène m Erscheinung
photo(graphie) f Aufnahme, Foto–
pièce f Stück
  ~ **comptable** Buchungsbeleg, Unterlage
  ~ **justificative** Beleg
pied m Fuß
  mettre sur ~ aufbauen
  prendre ~ (Fuß) fassen
place f Platz, Raum, Stelle
placer einreihen
plaindre (se) sich beklagen, beschweren
plainte f Beschwerde, Klage
plaire gefallen
plaisir m Freude, Vergnügen
  avec ~ gern
  avoir le ~ sich freuen
plan m Plan
planning m Plan, Planung
plein voll
pli m: sous ce ~ Anlage, beiliegend
plomb m Plombe
plomber plombieren
plus: de ~ en ~ (immer mehr) fortschreitend
en ~ (sus) zuzüglich
poids m Gewicht
  manque de ~ Untergewicht
point m Punkt
  ~ **de départ** Ausgang
  ~ **de vue** Ansicht, Hinsicht
  à ~ gelegen (passend)
police f Police, Versicherung
politique f Politik, politisch
polycopier vervielfältigen
pont m Brücke, Deck
pontée f Deck
popularité f Beliebtheit

port m Hafen, Fracht, Porto
  franco de ~ frachtfrei
portée f Umfang
porter tragen
  ~ **en compte** anrechnen, Anrechnung
porteur m Bote, Überbringer
poser stellen
positif positiv
position f Position, Posten, Stellung
  prise de ~ Äußerung, Stellungnahme
possession f Besitz
  être en ~ besitzen
possibilité f Möglichkeit
possible möglich, durchführbar
  faire le ~ (alles) dransetzen
postal postalisch
postdater postdatieren, nachdatieren
poste m Posten, Stelle
poste f Post
  ~ **aérienne** Post (Luft-) (in Zsstzg)
postérieur nachträglich
posture f Lage
pourcentage m (Prozent) Satz, Hundertsatz
pourparlers m pl Verhandlung(en)
poursuite f Verfolgung
poursuivre: ~ en justice (gerichtlich) belangen
pouvoir m Macht
  ayant ~ berechtigt
  plein ~ Vollmacht
pratiquable gangbar
pratique praktisch
pratique f Praxis, Usance
préavis m (Telefon) Voranmeldung
précaution f Vorsicht
précédant vorherig
précieux wertvoll
précis präzis, genau
préciser bestimmen
précision f Präzision
préférence f Vorzug, Vorrang
préférentiel Begünstigung, Präferenz (in Zsstzg)
préférer vorziehen
préjudice m Nachteil, Schädigung, Schaden, Präjudiz
  causer ~ schädigen
  porter ~ beeinträchtigen
  sans ~ unbeschadet
prélèvement m Abhebung
  ~ **au hasard** Stichprobe
premier erst
  en ~ lieu erst
prendre fassen, ergreifen, nehmen, ziehen
  ~ **à bail** pachten
  ~ **effet** beginnen (Frist)
  ~ **en considération** in Betracht ziehen

~ pied durchdringen (auf dem Markt), (Fuß) fassen
aller ~ abholen
faire ~ abholen lassen
préparatif *m* Vorbereitung
préparé bereit
préparer vorbereiten, zusammenstellen
~ le terrain anbahnen
prescription *f* Verjährung, Vorschrift
prescrire vorschreiben
se ~ verjähren
présence *f* Anwesenheit, Gegenwart
présent anwesend, gegenwärtig
présentation *f* Vorlage, Aufmachung, Ausstattung, Vorlegung
présenter anbieten, besitzen (Eigenschaften), einreichen, zeigen, präsentieren, aussprechen, vorlegen, vorbringen
se ~ sich bekanntmachen, sich bieten (Gelegenheit)
président *m* Präsident
présomption *f* Vermutung
presse *f* Presse
sous ~ (in) Druck
pressentir ahnen
pression *f* Druck
prestation *f* (Dienst)Leistung
présupposer (davon) ausgehen
prêt bereit
~ au départ abfahrtbereit, abgehend
prétendre behaupten
prétendument angeblich
prétention *f* Forderung
prêter leihen, (Sinn) unterlegen
prétexte *m* Ausrede, Vorwand
preuve *f* Beweis, Nachweis, Nachweisung
~ du contraire Gegenbeweis
faire ~ ausweisen
faire la ~ de (Beweis) erbringen
faire des ~s sich beweisen als
prévenance *f* Entgegenkommen
prévenir vorbeugen, verhüten, verständigen
prévision *f* **budgétaire** Voranschlag
prévoir bestimmen, voraussehen
prévu vorgesehen, geplant
comme ~ planmäßig, vorgesehen
prier bitten, erbitten
prime *f* Prämie, Zugabe (beim Einkauf)
principal Haupt... (in Zsstzg)
principe *m* Grundsatz, Prinzip
de ~ grundsätzlich, prinzipiell
prioritaire bevorzugt
priorité *f* Vorrang
en ~ bevorzugt
privé privat
prix *m* Preis
~ courant Preisliste

~ de revient Erzeugerpreis, Gestehung Kosten
liste de ~ Preisliste
probable voraussichtlich
probité *f* (Steuer)Moral
problème *m* Frage, Problem
procédé *m* Verfahren, Vorgang
procéder durchführen, vorgehen
procédure *f* Prozeß, Verfahren
procès *m* Prozeß
~-verbal *m* Protokoll
processus *m* Prozeß (Verfahren)
prochain Nächst... (in Zsstzg)
procuration *f* Prokura, Vollmacht
fondé de ~ Prokurist
procurer beschaffen, besorgen, verschaffen
producteur *m* Hersteller
production *f* Erzeugung, Herstellung Produktion, Verlegung
productivité *f* Produktivität
produire erzeugen, herstellen
se ~ geschehen
produit *m* Erlös, Produkt, Erzeugnis Ware
~ affiné (Waren) Veredelung
professionnel fachlich
profit *m* Verdienst, Vorteil, Nutzen
profitable einträglich
profiter (Gelegenheit) benutzen, ausnutzen
~ de wahrnehmen
programme *m* Programm
progrès *m* Fortschritt
progresser entwickeln
progressif fortschreitend
prohibition *f* Verbot
projection *f* (Film) Vorführung
projet *m* Projekt, Entwurf
avant-~ Vorentwurf
prolongation *f* Verlängerung
prolongeable verlängerbar
prolonger ausdehnen, verlängern
promesse *f* Versprechen, Zusage, Zu sicherung
promettre Aussicht, versprechen, zusa gen, zusichern
prompt baldig, prompt
prononcer (se) aussprechen
proportion *f* Ausmaß, Anteil, Verhältni
proportionnel proportionell
à propos gelegen (passend)
mal ~ ungelegen
proposer anbieten, vorschlagen
proposition *f* Vorschlag, Antrag, Anre gung
contre-~ Gegenvorschlag
propre eigen, eigenhändig

propriétaire *m* Eigentümer, Inhaber
propriété *f* Eigentum
prorogation *f* Verlängerung
prospection *f* Bearbeitung (Markt)
prospectus *m* Prospekt
prospérer gedeihen
protection *f* Schutz
protéger schützen
protestation *f* Protest
protester protestieren, (Einspruch) erheben
protêt *m* Protest (Wechsel)
protocole *m* Protokoll
prouver belegen, beweisen, nachweisen, (Beweis) erbringen
provenance *f* Herkunft (Waren)
provenir beruhen (auf), stammen
provision *f* Deckung (Scheck), Reserve (Rückstellung)
provisoire vorläufig, einstweilig, vorübergehend
provoquer hervorrufen, verursachen
prudence *f* Vorsicht
public öffentlich
public *m* Öffentlichkeit
publication *f* Bekanntmachung, Verlautbarung, Veröffentlichung
publicitaire Werbe-, Reklame- (in Zsstg)
publicité *f* Werbung, Reklame
 de ~ Werbe... (in Zsstg)
 faire de la ~ werben
publier verlautbaren, publizieren
pureté *f* Reinheit

Q

quai *m* Kai
qualifié fachlich
qualitatif qualitativ
qualité *f* Qualität, Güte, Eigenschaft
quantitatif mengenmäßig
quantité *f* Menge, Quantität
quarantaine *f* Quarantäne
question *f* Frage
 en ~ betreffend, bewußt
quittance *f* Quittung
quitter (Schiff) ausfahren, austreten, verlassen
quota *m* Quote
quote-part *f* Anteil

R

rabais *m* Rabatt
raccordement *m* Anschluß
 ~ télex Fernschreibverbindung
radio *f* Rundfunk
raison *f* Vernunft, Verstand, Grund
 sans ~ grundlos
 sans ~ d'être gegenstandslos
raisonnable angemessen, vernünftig
ralentir abnehmen
 se ~ stocken
ralentissement *m* Abnahme
rallier (se) anschließen
rampe *f* Rampe
ranger: se ~ à qch beitreten (Sache)
ranimer beleben
rapide schnell
rapidité *f* Beschleunigung
rappel *m* Erinnerung, Mahnung
rappeler erinnern, mahnen
rapport *m* Rechenschaftsbericht, Meldung, Bericht, Aussage, Befund, Beziehung, Ertrag, Verbindung, Verhältnis
 être en ~ zusammenhängen
 se mettre en ~ Fühlung nehmen
se rapporter anknüpfen; (à qc) sich beziehen auf
rassemblement *m* Beschaffung (Geld, Kapital)
rationalisation *f* Rationalisierung
rayer durchstreichen, streichen, löschen
réagir reagieren
réalisable durchführbar
réalisation *f* Gestaltung, Realisierung
réaliser ausführen, erfüllen, erzielen, realisieren, verwirklichen
réalité *f* Wirklichkeit
rebut *m* Ausschuß
recalculer nachkalkulieren
récépissé *m* Bescheinigung (Empfang), Schein, (Post) Abschnitt
réception *f* Eingang (Empfang), Erhalt
 accusé de ~ Bescheinigung, Bestätigung
 accuser ~ bescheinigen
recette *f* Einnahme
recevoir empfangen, erhalten
recherche *f* Forschung, Nachforschung
rechercher ermitteln, suchen, anstreben
récipient *m* Behälter
réciprocité *f* Gegenseitigkeit
réciproque beiderseitig, gegenseitig
réclamation *f* Beanstandung, Beschwerde, Einwand, Reklamation
réclame *f* Reklame
réclamer reklamieren, zurückfordern
recommandation *f* Empfehlung
recommandé eingeschrieben, einschreiben (Brief)
recommander empfehlen
récompense *f* Belohnung
reconnaissance *f* Anerkennung
reconnaissant dankbar

reconnaître anerkennen
reconstruction *f* Wiederaufbau
recourir anrufen
recours *m* Beschwerde, Regreß
recouvrement *m* Eintreibung, (Geld) Einziehung, Inkasso
rectification *f* Berichtigung
rectifier berichtigen, richtigstemmen
reçu: être ~ belegen (Platz)
récupération *f* Verwertung
redevable: être ~ Dank
rédiger abfassen, ausarbeiten, ausfertigen, verfassen
redressement *m* Belebung (Wirtschaft)
réduction *f* Nachlaß, Abbau, Beschränkung, Ermäßigung, Herabsetzung, Senkung, Verkürzung
réduire einschränken (Ausgaben), ermäßigen, herabsetzen, kürzen, senken, verringern, verkürzen, vermindern, (Preis) zurücksetzen
réel wirklich
réemballage *m* Umpacken
réemballer wiederverpacken
réexportation *f* Reexport
référence *f* Referenz, Bezug, (Brief) Zeichen
se référer beziehen, Bezug
réflexion *f* Bedacht, Erwägung, Überlegung
refouler verdrängen
refus *m* Ablehnung, Weigerung, Verweigerung
refuser ablehnen, verweigern, sich weigern, zurückweisen
refuter widerlegen
régime *m* **ordinaire** Frachtgut (Versandart)
région *f* Bezirk, Gebiet
registre *m* Verzeichnis, Register
règle *f* Regel
règlement *m* Erfüllung (Zahlung), Begleichung, Beilegung, Erledigung, Regelung, Statuten, (Geschäfts-)Ordnung
réglementation *f* Bestimmung, Vorschrift
régler begleichen, bezahlen, erledigen, (Apparat) einstellen, regeln, lösen (Angelegenheit)
régression *f* Rückgang (Verkauf)
regret *m* Bedauern
à (avec) ~ ungern
regrettable bedauerlich
regretter bedauern, bereuen
régulation *f* Regulierung
régulier regelmäßig
réimportation *f* Wiedereinfuhr
rejeter abweisen, (Vorschlag) zurückweisen

relatif bezüglich
relation *f* Beziehung, Bericht, Verbindung
en ~ im Zusammenhang
mettre en ~ mit jm. bekanntmachen
relativement verhältnismäßig
relevé *m* Abrechnung, Auszug, Ausweis
reliquat *m* Bestand, Rest, Restbetrag
remanier umarbeiten
remarque *f* Bemerkung
remarquer bemerken, beobachten
remboursement *m* Rückerstattung, Erstattung, Rückvergütung, Vergütung, Nachnahme
rembourser (Kosten) ersetzen, erstatten, vergüten, zurückerstatten
remédier (à qc.) beheben, beseitigen (etwas)
remerciement *m* Dank
remercier danken
remettre überreichen, übermitteln, aushändigen, übergeben, verlegen (Termin), verschieben, vertagen, zurückstellen (auf später)
remise *f* Rabatt, Rimesse (Wechsel), Nachlaß, Übergabe
~ en état Instandsetzung
remplacement *m* Ersatz
remplacer austauschen, auswechseln, ersetzen
remplir erfüllen
rémunération *f* Entlohnung
rencontrer begegnen, stoßen, zusammentreffen
rendement *m* Ertrag, Leistung (Maschine)
rendre zurückgeben
rendu geliefert (Ware)
renommée *f* Ruf
renoncer Abstand, absehen, verzichten
renouvellement *m* Erneuerung
renseignement *m* Information, Nachricht, Angabe, Auskunft
prendre des ~s (Erkundigung) einziehen
se renseigner sich erkundigen, ermitteln
rentabilité *f* Ertrag
renvoyer verweisen, hinweisen; zurückschicken, ... zurücksenden
répandre verbreiten
réparation *f* Reparatur
réparer reparieren
répartition *f* Aufteilung, Teilung
se répéter sich wiederholen
répétition *f* Wiederholung
répondre antworten, beantworten, äußern
~ à entsprechen
~ de qch haften

réponse f Antwort, Beantwortung, Äußerung
  sans ~ unbeantwortet
reporter (Datum) abändern, verschieben
repos m Ruhe
reposer lasten (auf)
reprendre (Ware) zurücknehmen
représentant m Agent, Vertreter
représentation f Repräsentation, Vertretung
représenter repräsentieren, vertreten
reprise f Belebung (Wirtschaft)
reproche m Vorwurf
reproduction f (Buch) Nachdruck
république f Republik
réputation f Ruf
  ~ solide (Kredit)Fähigkeit
requête f Ansuchen, Aufforderung, Bitte, Gesuch
réseau m Netz
réserve f Reserve, Vorbehalt, Vorrat
  sous ~ (unter) Vorbehalt
  sous ~ de vorbehaltlich
réservé vorbehalten
réserver reservieren
  se ~ sich vorbehalten
résidant ansässig
résidence f Wohnort, Wohnung
résiliation f Lösung (Vertrag), Kündigung
résilier zurücktreten
résistance f Widerstand
résister standhalten
résolu: non ~ ungelöst
résolution f Beschluß
respect m Einhaltung, Abmachung
respectable ehrbar
respecter beachten (Vorschrift), einhalten, halten
respectivement beziehungsweise
responsabilité f Haftung, Verantwortung, Verantwortlichkeit
  ~ civile Haftpflicht
responsable haftpflichtig, verantwortlich
  être ~ verantworten
ressemblant ähnlich
ressortir: faire ~ ausweisen, betonen, unterstreichen
ressource f Hilfsmittel
reste m Rest
rester bleiben, verbleiben, übrigbleiben
restitution f Rückvergütung
restreindre beschränken, einschränken
restrictif beschränken
restriction f Beschränkung, Einschränkung
résultat m Befund, Ergebnis, Resultat, Wirkung (Erfolg)
résulter (aus einer Sache) folgen, sich ergeben, hervorgehen, resultieren
résumer zusammenfassen
retard m Aufschub, Verzögerung, Verzug, Verspätung
  être en ~ im Rückstand sein, überfällig sein
retarder verschieben, verspäten, verzögern
retenir reservieren (Zimmer), zurückbehalten
retention f: **droit** m **de ~** Zurückbehaltungsrecht
retirer zurückziehen
  se ~ aufgeben, zurücktreten
retour m Rückkehr
retourner zurückschicken, ... zurücksenden
retrait m Entnahme (Geld)
rétribution f Entlohnung
réunion f Sitzung, Zusammenkunft, Tagung
réussir gelingen
revendication f Forderung, Geltendmachung
revendiquer beanspruchen
revenir zukommen, zustehen; zurückkehren, zurückkommen
revente f Wiederverkauf
revenu m Einkommen
révision f Berichtigung, Überprüfung
révocable widerruflich
risque m Gefahr, Risiko
  ~s et périls Rechnung
retirer (Geld) abheben
retour m: **par ~ du courrier** postwendend
réussir: ~ chez le client beim Kunden ankommen
  bien ~ gut ausfallen
révalorisation f Aufwertung
revendication f Anspruch
revêtir (Kiste) auslegen
révision f Revision
révocable widerruflich
revoir revidieren
revoquer widerrufen
riche reich
rigueur f äußerst
risquer ankommen lassen
rôle m Rolle
rompre abbrechen, brechen (Vertrag)
route f: **en ~** unterwegs
rubrique f Rubrik
rumeur f Gerücht
rupture f Bruch

S

sac m Sack

sachet — standard

sachet *m* Säckchen
saisie *f* Beschlagnahme
saisir beschlagnahmen, pfänden, erfassen, ergreifen
saison *f* Saison
salaire *m* Lohn, Gehalt
salutations *f pl* begrüßen; **(fin de lettre)** Empfehlung
sang-froid *m* Fassung
santé *f* Gesundheit
satisfaction *f* Befriedigung, Genugtuung, Zufriedenheit
  donner ~ befriedigen
satisfaire befriedigen, zufriedenstellen
  ~ **à** entsprechen
satisfaisant befriedigend
saturer sättigen, übersättigen
sauver retten
savoir bekannt, wissen
  faire ~ beibringen, mitteilen
sceau *m* Siegel
sceller versiegeln
scientifique wissenschaftlich
scrupuleusement ängstlich
scrupuleux gewissenhaft
séance *f* Sitzung
sec trocken
secret geheim
secret *m* Geheimnis
secteur *m* **de vente** Absatz (Gebiet)
section *f* Abteilung
sécurité *f* Sicherung
séjour *m* Aufenthalt
sélectionner sortieren, aussuchen
semaine *f* Woche
semblable ähnlich
sembler scheinen (Anschein), vorkommen
sens *m* Bedeutung, Sinn, Richtung
  au ~ **de** im Sinne von
sentence *f* Spruch, Urteil
séparément einzeln, gesondert, getrennt
série *f* Reihe (Folge)
sérieux ernst
serment *m* Eid
  en lieu de ~ eidesstattlich
service *m* Abteilung, Amt, Dienst, Dienstleistung, Dienststelle
  ~ **en retour** Gegendienst
  de ~ dienstlich
  rendre un ~ (Dienst) erweisen
servir bedienen, dienen
servi: déjà ~ gebraucht, schon benutzt
signaler hinweisen
signature *f* Zeichnung, Unterzeichnung, Unterschrift
signe *m* Anzeichen, Zeichen
signer zeichnen, unterfertigen, unterschreiben, unterzeichnen
signifier bedeuten
simple, simplement einfach
sincère aufrichtig
situation *f* Situation, Stand, Lage, Verhältnis, Zustand
social sozial
société *f* Gesellschaft
soigneux sorgfältig
soins *m pl* Sorgfalt
  aux bons ~ **de** zu Händen von
  aux ~ **de** per Adresse
  prendre ~ besorgen, sorgen
solde *m* Rest, Ausgleich, Ausverkauf
solidaire (Haftung) gemeinsam
solide fest
solidité *f* Dauerhaftigkeit
solliciter ersuchen
solution *f* Ausweg, Lösung (Problem), Beseitigung
solvabilité *f* (Zahlungs)Fähigkeit, Bonität, (Kredit)Würdigkeit
solvable (zahlungs)fähig
sommation *f* Mahnung, Aufforderung
somme *f* Betrag, Summe
sommer mahnen
sortie *f* Austritt
  ~ **de stock** Auslagerung
souci *m* Sorge
souffrir leiden
souhaiter (Glück) wünschen
souligner betonen
soumettre abgeben, unterbreiten, vorlegen, unterwerfen, unterziehen (sich)
  ~ **une offre** anbieten
soumis pflichtig
  être ~ unterliegen
soumission *f* (Angebot) Unterbreitung
soupçon *m* Verdacht
soupçonner verdächtigen
souple weich
source *f* Quelle
souscrire zeichnen, unterzeichnen
soutenir aufrechterhalten, standhalten
souvenir *m* Erinnerung
se souvenir sich erinnern
spécial spezial
spécialisé fachlich
spécialiser spezialisieren
spécialiste *m* Fachmann
  de ~ fachmännisch
spécification *f* Spezifikation
spécifique bestimmt
stabiliser stabilisieren
stable fest, stabil
stade *m* Stadium,
stagnation *f* Stagnation, Stillstand
standard *m* Standard

station *f* Station
statistique *f* Statistik
stipulation *f* Bestimmung
stipuler bestimmen, festsetzen
stock *m* Lager, Vorrat
stockage *m* Einlagern
stocker aufbewahren
strict streng
stupéfaction *f* Bestürzung
subir erfahren, erleiden, tragen, ertragen
subordonner anweisen
subsistance *f* Unterhalt
subvention *f* Subvention
succès *m* Beliebtheit (Ware), Erfolg
successeur *m* Nachfolger
successivement allmählich
succursale *f* Filiale
suffire genügen
suffisant ausreichend, genügend
suite *f* Folge
  à la ~ im Anschluß
  donner ~ à entsprechen, erledigen, stattgeben
  par ~ de infolge
suivant nächstfolgend
suivre folgen, einhalten, (auf etwas) hören
  ~ de près sorgfältig verfolgen
sujet *m* Angelegenheit
superflu überflüssig
  être ~ sich erübrigen
supérieur Ober... (in Zsstzg)
supplément *m* Zuschlag
supplémentaire zusätzlich, Zusatz... (in Zsstzg)
supporter vertragen
supposer voraussetzen
supposition *f* Annahme, Voraussetzung
suppression *f* Abbau, Abschaffung, Aufhebung
supprimer abbauen, aufheben, durchstreichen, weglassen
sûr sicher
surabondance *f* Überfluß
surcharge *f* Andrang, Überlastung, Überhäufung
surcharger überladen, überhäufen
surestimer überschätzen
sûreté *f* Sicherheit, Verläßlichkeit
surface *f* Fläche
surmonter bewältigen, überwinden
surplus *m* Überschuß
surprendre überraschen
surpris befremden
surprise *f* Überraschung
sursis *m* Aufschub
surveillance *f* Aufsicht, Überwachung
susciter hervorrufen
suspendre einstellen

suspens: en ~ offen (unentschieden)
suspension *f* (Zahlungs)Einstellung
symptôme *m* Erscheinung
syndicat *m* Verband

T

tableau *m* Tabelle
tâche *f* Aufgabe
tacite stillschweigend
tactique *f* Taktik
taille *f* Größe
tampon *m* Stempel
tard spät
tare *f* Tara
tarif *m* Tarif
  ~ douanier Zolltarif
taux *m* Satz; Quote
taxe *f* Abgabe, Gebühr, Steuer
  passible de ~ gebührenpflichtig
technique *f* Technik
téléphone *m* Telefon
téléscripteur *m* Fernschreiber
télétype *m* Fernschreiber
télex *m* Fernschreiber
  par ~ fernschriftlich
témoignage *m* Beweis
témoin *m* Zeuge
tempérament: à ~ auf Raten
temporaire vorübergehend, zeitweilig
temps *m* Zeit
  en même ~ gleichzeitig
  en ~ voulu rechtzeitig
  gagner du ~ Zeit sparen
tendance *f* (Börse) Stimmung, Tendenz
tendu gespannt
tenir halten
terme *m* Wort, Ausdruck, Termin, Frist
  à court ~ kurzfristig
  à long ~ langfristig
termes *m pl* Wortlaut
terminer abschließen, beenden
terrain *m* Gelände
  préparer le ~ anbahnen
territoire *m* Gebiet
texte *m* Wortlaut, Text
ticket *m* Karte, Fahrkarte
tiers: de ~ fremd
timbre *m* Marke, Stempel
tirage *m* Ausstellung, Auflage
tiré *m* Bezogener
tirer ausstellen
titres *m pl* Papier, Effekt
titulaire *m* (Patent) Inhaber
tolérance *f* **de poids** Gewicht
  ~ de mesures Maß
tolérer dulden

tomber fallen
tonnage *m* (Schiffs)Raum, Tonne
total gänzlich, Gesamt...
totalité *f* : **en ~** restlos
toucher betreffen, beziehen (Gehalt), erfassen
toujours jederzeit
tournure *f* Wendung
tracé *m* Plan
traduction *f* Übersetzung
traduire übersetzen
trafic *m* Verkehr
train *m* Zug
traîner hinziehen, verzögern, hinausschieben
traite *f* Wechsel, Tratte
traité *m* Abkommen, Vertrag
 ~ de commerce Handel
traitement *m* Gehalt, Verarbeitung
traiter behandeln
tranche *f* Abschnitt
trancher entscheiden
 faire ~ le litige auseinandersetzen
transaction *f* Geschäft
 ~ financière Zahlung
transbordement *m* Umladung, Umschlag
transborder umladen
transférable übertragbar
transférer (Büro) verlegen, (Besitz) überführen, übertragen
transfert *m* Übergang, Übertragung
transformer weiter verarbeiten
transit *m* Durchfuhr, Durchgang
transitaire *m* **maritime** Verschiffung
transmettre übergeben, überreichen
transmission *f* Übermittlung
transport *m* Transport, Auslieferung, Beförderung
 ~ routier Kraftverkehr
 prix de ~ Fracht
transporter befördern
travail *m* Arbeit, Verarbeitung
 ~ à la pièce Akkord
 ~ préparatoire Vorarbeit
travailler arbeiten
triangulaire dreiseitig
tribunal *m* Gericht
trimestre *m* Quartal, Vierteljahr
trimestriel Viertel...
tripartite dreiseitig
tromper irreführen
 se ~ sich täuschen
tronquer verstümmeln
trouble *m* Unruhe, Aufruhr
troubler trüben
trouver finden
trouver (se) befinden (sich), erachten
type *m* Typ

U

ultérieur nachträglich, weiter
unanimité *f* Einheitlichkeit (Ansichten)
une par une einzeln
uni vereint
uniforme einheitlich
unilatéral einseitig
union *f* Verband
unité *f* Einheit
universel Welt... (in Zsstzg)
urgent dringend, eilig
usage *m* Bedarf, Gebrauch, Gepflogenheit, Usance
 d'~ üblich
 faire ~ bedienen
 hors d'~ veraltet
usinage *m* Bearbeitung, Verarbeitung
usine *f* Fabrik, Werk
usiner bearbeiten
usuel üblich
 non ~ nicht üblich
usure *f* Abnutzung
utile nützlich
utilisation *f* Verwertung, Anwendung, Ausnutzung, Verwendung, Nutzung
utiliser anwenden, benutzen, nutzen, gebrauchen, verwenden
utilité *f* Nutzbarkeit

V

vague *f* Welle
vain: en ~ vergeblich
valable gültig
 être ~ gelten
 non ~ ungültig
valeur *f* Wert
valide wirksam
validité *f* Gültigkeit, Geltung
valoir: faire ~ geltend machen
varier bewegen
variété *f* Sorte, Variante
veiller besorgen, sorgen
vendable verkäuflich
vendeur *m* Verkäufer
vendre absetzen, verkaufen, (Ware) vertreiben
 se ~ Absatz finden
vente *f* Verkauf, Absatz
 ~ intermédiaire Zwischenverkauf
 en ~ erhältlich
verbal mündlich
vérifiable nachweisbar
vérification *f* Kontrolle, Prüfung, Beschau, Überprüfung
 ~ douanière Zollbeschau

vérifier prüfen, kontrollieren, nachprüfen, überprüfen, feststellen, durchsehen
 en vérifiant bei Durchsicht
vérité f Wahrheit
versé bewandert
versement m Einzahlung
version f Fassung
via via
vide leer
vie f Leben
vigueur f
 être en ~ gelten
 rester en ~ in Kraft bleiben
violation f Verstoß, Übertretung, (Patent)Verletzung
violer (Vertrag) brechen, verletzen
virement m Giro, Überweisung
virer überweisen
visa m Visum
visite f Besichtigung, Besuch
 rendre ~ besuchen
visiter besuchen
visiteur m Besucher
vite schnell
vitesse f: **grande ~** Eilgut
 petite ~ Frachtgut
vitrine f (Schau)Kasten, Schaufenster
vœux m pl Glückwunsch (Jahreswechsel), Wunsch
voie f Weg
 ~ administrative Amtsweg

 ~ ferrée Eisenbahn
voir sehen
voiture f **légère** (Personen)Kraftwagen
voix f Stimme
vol m Diebstahl
volontaire freiwillig
volonté f Wille
volume m Raum, Umfang
vouloir bien gern (haben)
voyage m Reise
voyager reisen, fahren
voyageur m Reisender
vrac m: **en ~** lose (Ware)
vrai wahr
vue f Blick
 ~ d'ensemble Überblick
 à ~ zur Ansicht, Sicht (Wechsel)
 avoir en ~ Augenmerk richten
 point de ~ Standpunkt

W

wagon m Waggon, (Eisenbahn)Wagen,
 ~ collecteur Sammelwaggon
 ~ complet Sammelwaggon

Z

zone f Bezirk, Block, Gebiet, Zone

NOTIZEN

NOTIZEN

NOTIZEN